本书为国家社会科学基金项目最终成果
山西大学出版基金资助

中国乡村社会研究丛书

黄河中下游
家族村落民俗
与社会现代化

段友文 著

中华书局

图书在版编目(CIP)数据

黄河中下游家族村落民俗与社会现代化/段友文著.
—北京:中华书局,2007.10
(中国乡村社会研究丛书)
ISBN 978-7-101-05795-9

Ⅰ.黄… Ⅱ.段… Ⅲ.黄河流域-村落-家族-
风俗习惯-研究 Ⅳ.K892.42

中国版本图书馆 CIP 数据核字(2007)第 118328 号

书　　名	黄河中下游家族村落民俗与社会现代化	
著　　者	段友文	
丛 书 名	中国乡村社会研究丛书	
责任编辑	张彩梅	
出版发行	中华书局	
	(北京市丰台区太平桥西里 38 号　100073)	
	http://www.zhbc.com.cn	
	E-mail:zhbc@zhbc.com.cn	
印　　刷	北京未来科学技术研究所有限责任公司印刷厂	
版　　次	2007 年 10 月北京第 1 版	
	2007 年 10 月北京第 1 次印刷	
规　　格	开本/850×1168 毫米　1/32	
	印张 20　插页 2　字数 460 千字	
印　　数	1—4000 册	
国际书号	ISBN 978-7-101-05795-9	
定　　价	42.00 元	

目　　录

上编　　家族研究

中编　村落研究

下编　个案研究

序

　　考古学和人文地理学的确凿证据很早已经告诉我们：地球上的大河流域是人类文明的发祥地。我国的黄河流域也不例外，它正是中华民族的摇篮。众所周知，几十万年前这里就有了人类的踪迹；新石器时代的遗址遍及大河上下两岸；这里，农耕文明源远流长直至今日。古往今来有多少人赞颂、讴歌和描绘这条母亲河的伟大恩惠，有多少人诉说和传讲着这条母亲河悲壮苦难的历史，如今已经数也数不清了。时代的巨轮转到了现代化的今天，一条"黄河断了流"的消息震惊了全国，震撼了全世界。数以亿计的黄河儿女在思考：母亲河断了流，母亲和儿女都忧愁，何时能出头？一场全面拯救母亲河的伟大工程启动了！

　　从此，人们特别关注青海巴颜喀拉山扎陵湖的黄河源，在那里竖立起"黄河源头"的牛头碑，期盼着像古老传说中说的那样：一头神牛吃下了黄河源头的神草，变成了乳汁，像一股股甘泉，从牛心、牛肺、牛的全身流出，流向了远方变成了黄河，成为生命的源泉，有了奔腾的黄河水，黄河儿女的生命才会有保障。

　　从此，人们又特别关注山东渤海湾的黄河三角洲，在这一片5400平方公里的我国最大的三角洲扇形地带，开始担着巨大的风险，掀起了经济开发的热潮。

　　从此，人们更加特别关注黄河中下游，从地下的仰韶文化一直到地上的水文气象、人口聚落和农业经济，集中了一系列复杂矛盾的调研课题，汇集了众多学科的人才智力，有计划地解决这一个战略核心地带的生存与发展的重大难题。其中段友文教授主持并完成的《黄河中下游家族村落民俗与社会现代化》就是一个令人瞩目的国家社会科学基金项目。

　　说它是令人瞩目的研究课题,还因为它拥有"传统民俗文化与现代化"这样一个充满难点、特点、焦点和疑点的矛盾主题;怎样客观准确地把握住这个主题,完成调查论证的任务,是该课题成员肩负的义不容辞的科学使命。他们对自己的使命是十分明确的,首先为课题的调研划定了一个确定的黄河中下游地理空间范围,然后采用了内查外调的作业方法,在查阅传统地方史志文献和现有相关学术成果的基础上,充分运用民俗学田野调查方法,进入大大小小的村落家户,做实地踏查和面对面访谈记录,把大量口述材料和所有相关的文字材料集中起来,进行比照印证,做出专题分析研究。这期间,他们用了几年的时间攀登在崎岖陡峭的黄土高原山路上,奔走在村村寨寨的庄户人家,为了得到最珍贵的第一手实证材料,付出了许多辛劳,最后在段友文教授的带领下,终于圆满地完成了任务,达到了预期的目标,并把调查研究成果《黄河中下游家族村落民俗与社会现代化》呈现在读者的面前。

　　这部研究成果包括以下重点内容:一是探讨了黄河中下游家族群体和社会所处的特定地域生态环境,以及它们所拥有的民俗文化的内涵和演变的历史;二是重点着眼于二十世纪家族群体和村落社会的民俗传承与农村现代化的内在关联;三是从探索基层政权主导地位与民间传统权威的互动关系,深入检测现代化进程中的乡村社会结构并为社会主义新农村建设提供有效的咨询。

　　这些研究成果显然具有十分重要的价值和意义。它不仅填补了当代黄河文化研究的空白,而且为当代民俗学对家族群体和村落社会的民俗研究做出了新的开拓。该课题十分注重黄河中下游的区域民俗特征,用大量原真性的实证材料进行微观的比对、比照和解析,从而清晰地展现了论题的焦点"家族村落"的鲜活特征,显然在方法上也有所创新和突破。

　　该课题的最终研究成果对于黄河中下游乡村在建设社会主义
新农村的历史性伟大工程中如何继承传统民俗文化遗产进而构建
城乡和谐社会,具有不容忽视的现实意义。

　　最后我建议并呼吁:应当以该课题项目的成果为范例,进一步
拓展成为囊括黄河流域全线全境民俗传统与现代化研究的大课
题,那将会对中国黄河文明的复兴产生巨大的效应。

　　是为序。

中国民俗学会名誉理事长　乌丙安

绪　　论

一　家族村落:透视中国社会的一个视角

1. "乡土中国"是中国社会的基质

论及中国社会的性质,费孝通先生用"乡土中国"四个字作了精辟的概括,"乡土中国"是他 1947 年出版的那部社会学经典著作的名称,书名的确立表明了对中国基层社会性质的判定,他认为乡土中国"并不是具体的中国社会的素描,而是包含在具体的中国基层传统社会里的一种特具的体系,支配着社会生活的各个方面"①。的确,中国是一个农业人口占 80%、全球 40% 的农民聚居的超大社会,在 960 万平方公里的土地上星罗棋布的山寨乡村是数量最大、引人注目的聚落景观。在一个个村落里,一辈辈农民在那片可以反复耕耘的土地上劳作,在那块到处是"熟人"的地盘上生活,乡村是他们情感的依托,土地是他们生存的命根,世世代代的农民生于斯,长于斯,葬于斯。研究中国农村社会的学者,素来习惯于从农村、农民、农业三个方面入手进行探讨,这是由学科的现实性所决定的,其实,在文化学者看来,研究中国的农民问题不能只局限于研究"种田人"的问题,同样研究农民文化也不能停留在乡村居民文化,中国的乡土村落就其本质来说是一种社会文化,它是随着历史演变而形成,随着社会的变迁而变迁的,它是一种层累的、历代

①　费孝通《乡土中国·生育制度》,北京大学出版社,1998 年,第 4 页。

传承的文化现象,应该从社会结构关系及社会经济基础的演变来考察。基于这样的认识,家族村落成为研究中国乡土社会的一个切入口和最佳的视角。

2. 家族村落是中国社会结构的基本单元

家族村落是中国社会结构中最基本的单元,是孕育中国民俗文化的摇篮,与之相关的家族村落民俗构成了中国社会文化的一个重要方面,也是研究中国国情和中下层民众生活不可或缺的部分。在本书展开论述之前有必要首先界定"家族村落"的内涵。

家族是父系血缘关系的各个家庭在宗法观念的规范下组成的最基本的社会群体。它的构成需要有三个条件,或曰三个要素,一是血缘因素,即组成家族的各个家庭的男性成员,共同尊奉祭祀同一个祖先,相互之间有着血缘关系,是血缘的纽带把每一位族众维系在一起;二是聚族而居,有同一血缘关系的人居住在特定的空间范围内,便于相互扶助,如太原王氏、太谷常家,意思是说同一大家族的成员都聚集在一起;三是有特定的组织,一般家族都有族长,大的家族下设有分支,每一个分支又有支族长,由他们出面把族众集合起来,使从高祖到玄孙"五服"之内不同辈份的家族成员构成一个有机的整体。

村落是农业社会中一个或数个血缘群体共同居住、生产、生活、繁衍在一个边缘清楚的固定地域所组成的空间单元。它是社会基层文化的集中体现,它"不仅是建筑的实体,同时也是地方文化、地方精神的物质体现"[①]。村落民俗文化是生活在同一生产方式和生活方式下的人群,以人们普遍认同的价值观念和行为模式为准绳而创造的内涵丰富、博大深厚的文化模式。村落的构成主要包括硬件和软件两个方面,用文化的术语表述称为物质文化和

---

① 刘沛林《古村落:和谐的人聚空间·代序》,上海三联书店,1998年1月,第2页。

精神文化,前者包括地域环境、村落选址、街道民居、水井、涝池等特殊设施;后者包括家族组织、村社管理、神灵崇拜,乃至以村落为空间所形成的社火、庙会、祈雨、祛灾等民俗事象,由地理环境、聚落景观、历史传统、民俗习尚等多方面复杂的因素综合而成。一句话,村落无论在物质生活或精神生活等层面都形成了"自足"的生活格局。

家族村落,是一个合成词,是由血缘和地缘结合而成的社会基层单元,中国传统的古村落不仅是一个地域空间,而且还是血缘群体聚落。在特定的空间范围内居住着一个或两个,甚或更多的由血缘关系组成的大家族,在这样一个特定的地域空间内,每一个个体都归属于一个血缘群体,每一个血缘群体都有一套内部的组织结构和家法族规制约着家族成员的行为,使之成为一个严密的血缘组织。这些血缘群体成员生活在同一地域空间,靠村规民约等习俗惯制维系村落内部的秩序以及与邻村的交往,村落对每一位个体成员又形成一种聚合力。从每一位个体成员的角度讲,他分别从属于一个家族血缘群体和村落地缘组织。因此,家族与村落形成了复杂的关系:研究家族总是要把它放在特定的地域空间考察,因为家族是存活于特定地域范围的血缘群体;研究村落总是要着眼于一个个血缘家庭与家族,村落是由活动在特定地域范围内的血缘群体形成的空间单元。

所以,在对黄河中下游家族村落民俗的田野考察中,我们的工作方法是既研究家族,也研究村落,同时把二者参照比较,研究特定地域的由不同的血缘群体组成的家族村落,中国家族村落的本质就是血缘与地缘的结合体。

3. 宗法共同体下的乡土村落及其农民

黄河流域的家族村落是从广袤厚重的黄土地的土壤里生长出来的,它既不同于海洋民族,也不同于游牧民族;既不同于工业社会,也有异于中世纪西欧等级制和印度的种姓制度,它是孕育于黄河这一大河流域农耕民族的一种社会组织文化,其特征就是不同的家族村落都是生活在乡土社会靠伦理自治的宗法共同体里,宗法共同体构成了乡上村落的显著特征。

所谓宗法共同体,是指生活在同一空间的若干小家族、家庭有着共同的父系祖先,他们组合在一起成为血缘关系集团,这样的血缘群体靠族长前辈进行管理,靠亲情伦理协调族众关系,靠孝的观念维持家族内部的稳定,靠单一的农业生产自然经济保证温饱生计,家族村落小共同体内部形成一种自治与和谐。传统乡土社会的小共同体伦理自治与以国家权力为标志的大共同体宗法制中国社会形成了同构,家族内部的血缘等级关系扩大到"小宗"、"大宗"的关系,甚至诸侯与天子的关系,臣民与国君的关系,于是,由家族、宗族伦理关系衍生出来的国家政治关系获得了存在的必然性和合法性,与国家权力相对应的家族组织也轻易地得到了国家的认可,中国社会由此走向了家国同构——家族与国家的统一,这也是在千百年的中国社会历史发展过程中家族村落能够滋长延续的重要原因。

宗法共同体成为我们分析黄河中下游家族村落的内部结构、农民生存状况、农民性格的出发点。以宗法共同体为特征的家族村落,在组织结构上,家族内部依照血缘关系的远近确定亲疏关系,形成了五服制,同一家族和同辈份的成员尊卑有序,等级分明,由此形成了重视血缘亲情和伦理秩序的农民价值标准。在经济生活上,是以家庭为单元的自然经济,同一家族的不同家庭经济上相对独立,自产自足,此一生产经营方式致使农民注重眼前,重视功利,形成了看重眼前利益的抱朴守拙、目光短浅、狭隘自私的"私利观"。在信仰观念上,敬重祖先,对健在的父母孝敬,对已故的父母或先祖怀念祭祀,谓之"追孝"。进一步延伸开去,扩大到对祖先的崇拜,表现在行动上就是在固定的时间有固定程序的祭祀仪式,慎终追远、尊祖敬宗为宗族成员共同的意识。

家族成员在单个家庭为基础的自然经济环境下形成了重视私利的价值观,在以血缘宗法共同体为基础的宗族生活中形成了重视群体、重视伦理秩序的价值观,这两方面构成了传统农民价值标准的二律背反,形成了二重价值观的分离①。中国现代化的重要标志是从乡土社会转向城市社会,从农业社会转向工业社会,从产品经济社会转向市场经济社会,在这些一系列社会转型的指标中,其出发点和归宿点都指向了中国的农村,都和家族村落有着难以割断的联系。要实现农业现代化,就必须变原有的以家庭为单元的自然经济、半自然经济为社会主义市场经济;变单一的农业经济结构为多种产业结构;变乡村人口为城镇人口。在现代化进程中最重要的是人的现代化,要把传统乡土社会中的家族个体成员,转变成具有现代观念的人,具体来讲,即把传统的农民变成在社会发展中"普遍参与的"、扮演主动角色的有自由个性的人,这就需要了解中国乡土社会的结构特点和民众心理,把握农民的社会心理基础,因势利导地带领他们步入现代化的大道。

二　学术史的简单回顾

中国现代化的进程从上个世纪初就已经启动,探求家族村落这样一个由血缘和地缘结合而成的中国基层社会以及由此而生长的民俗心理,成为迈向现代化之路不可或缺的一环,国人在争取民族独立和自强的百年奋斗中,已经把宗族问题置于自己的视阈之内,家族村落成为认识中国社会整体的一扇窗口,因此学术界对它的研究一直延续不断,兴趣未减②,学术成果林林总总,不胜枚举。

---

① 参见秦晖《耕耘者言——一个农民学研究者的心路》,山东教育出版社,1997年,第54页。

② 参见常建华《二十世纪的中国宗族研究》,《历史研究》,1999年第5期。

这里只侧重介绍和本研究课题相关的成果,梳理相关的学术史,了解学术研究的现状,使我们窥视到可资借鉴的宝贵经验,寻找到学术研究的出发点。

1. 家族村落的文献记载和开拓性著作

在古代典籍文献中,涉及家族民俗的时可查见,如"二十四史"、《清实录》、《文献通考》等都有记述。明清至民国年间各省、县的方志、家谱、乡约可谓汗牛充栋。中国近现代的民事习惯调查活动尽管是作为统治者施行教化和政策的手段而进行的,但最后结集出版的成果《中国民事习惯大全》按照债权、物权、亲属、婚姻、继承、杂录分为六编,详加记录,客观上为研究中国家族村落提供了较丰富具体的资料①。

近现代历史上热衷于社会改造的思想先驱和致力于社会革命的政治家都看到了宗族与传统社会的密切联系。严复于 1903 年翻译了英国人 E·甄克斯写于 1900 年的《社会通诠》,表露了他赞同甄克斯所概括的历史是一个从图腾社会向宗法社会,进而向军国社会发展的过程,指出了当时中国社会的宗法特点。陈独秀发表于《新青年》的《东西民族根本思想之差异》一文也明确指出:"宗法社会以家族为核心,……忠孝是宗法社会、封建时代的道德,也是半开化东洋民族的一贯之精神。"1927 年,毛泽东为了分析中国社会的性质,在湖南农村调查后写下了《湖南农民运动考察报告》,概括出中国社会存在着三种权力支配的系统:一是由国、省、县、乡的政权构成的"国家系统";二是由宗祠、支祠以至家长构成的"家族系统";三是由阎罗天子、城隍庙王、土地菩萨以及玉皇大帝和各种神怪的神权构成的"阴间系统"或称之为"鬼神系统"②。

---

① 《中国民事习惯大全》,1926 年上海法政学社编集、广益书局出版,上海书店出版社,2002 年 3 月影印出版。

② 《毛泽东选集》(合订本),人民出版社,1968 年,第 15、31 页。

毛泽东首次提出了"家族系统"这一概念,并放置到与"国家系统"和"鬼神系统"几乎等同的地位,认为要解决社会危机,建立新的社会秩序不可不对其予以关注。孙中山在 1924 年撰写的《三民主义》中也指出:"中国人最崇拜的是家族主义和宗族主义,没有国族主义,外国旁观的人说中国是一盘散沙,这个原因在什么地方呢?就是因为一般人民只有家族主义和宗族主义,而没有国族主义。中国人对于家族和宗族的团结力非常大,往往因为保护宗族起见,宁肯牺牲身家性命。……至于说到对于国家,从没有一次具有极大牺牲精神去做的。所以中国人的团结力,只能及于宗族而止,还没有扩张到国族。"[①]孙中山立志于改造整个中国社会,他更多地看到了家族在社会变革中的负面效应。

真正从学术史的角度对中国宗族进行通贯研究的是吕思勉出版于 1929 年的《中国宗族制度小史》[②],这是第一部中国宗族简史,是中国宗族研究的开拓性著作。在这部著作里他首先辨析了宗与族两个概念,具体论述了大小宗、祭祀、姓氏、谱牒、合族而居、族长与族产、立后等属于家族制度的问题,并探讨了其演变,对后来的家族文化研究具有筚路蓝缕之功。

2. 家族村落的通史和通论

进入新时期以后,伴随着家庭联产承包责任制的实行,在上个世纪的 80 年代和 90 年代之交,家族复兴成为农村变迁过程中日益凸现的重大社会现实,学术界对家族文化的研究也进入了空前活跃和繁荣的时期。徐扬杰《中国家族制度史》[③]是一部厚重的家族史研究专著,他认为中国的家族制度从原始社会末期产生,至上世纪 50 年代初消灭,其间包括四种不同的形式:原始社会末期的父

---

① 孙中山《三民主义》,《孙中山选集》,人民出版社,1981 年,第 617 页。

② 吕思勉《中国宗族制度小史》,中山书局,1929 年,后收入吕思勉《中国制度史》,上海教育出版社,1985 年。

③ 徐扬杰《中国家族制度史》,人民出版社,1992 年。

家长家族,殷周时期的宗法式家族,魏晋至唐代的世家大族式家族,宋以后的近代封建家族,他把家族史的划分与各个历史时期的社会、政治经济状况结合起来考察,对家族作出了负面评价,指出了家族对社会发展的阻碍作用。他的另一部论文集《宋明家族制度史论》①是在掌握了丰富的历史资料的基础上,从家族内部形态结构、家族同经济基础和封建政权关系入手,详细探讨了宋以后的中国家族制度,在学界产生了积极的影响。

冯尔康等合著《中国宗族社会》②把中国宗族史的发展分为五个阶段:先秦典型宗族制,秦唐间世族、士族宗族制,宋元间大官僚宗族制,明清绅衿富人宗族制,近现代宗族变异时代,该书着重分析了宗族的内在结构,肯定了宗族对社会的适应力和生命力。冯尔康在他的另外一本著作《中国古代的宗族和祠堂》③中,对宗族的形成演变作了进一步说明,并从祠堂祭祖、宗祠的教化,族人的经济生活、政治生活、宗族的谱牒编纂等方面勾勒出了古代宗族生活的具体情景,较客观全面地分析了宗族文化对传统文化和社会发展的作用。

常建华的《宗族志》从宗族制度的结构形态和功能形态等方面,全面系统地论述了中国宗族制度的具体内容。村落研究方面,刘沛林的《古村落:和谐的人聚空间》④一书引人注目,本书从文化地理学的学科角度出发,对中国古村落的空间意象与文化景观进行了系统论述,从古村落的选址、布局、意境追求、景观建构等空间意象入手,探讨了中国古村落体现的"天人合一"、人与自然和谐统一的聚落观念,对研究家族村落文化提供了参照。高占祥主编的

---

①　徐扬杰《宋明家族制度史论》,中华书局,1995年。

②　冯尔康等《中国宗族社会》,浙江人民出版社,1994年。

③　冯尔康《中国古代的宗族和祠堂》,商务印书馆国际有限公司,1996年7月。

④　刘沛林《古村落:和谐的人聚空间》,上海三联书店,1998年1月。

《论村落文化》①收录了1992年召开的全国村落文化研讨会上交流的学术论文28篇,典型经验3篇,这些文章有的从不同角度论述了村落文化的源流、特征、结构、功能,有的分析了新时期中国村落文化的发展状况与未来趋势,有的探讨了建设有中国特色的社会主义村落文化的思路与具体对策。这些论文的显著特点是关注中国村落的现实状况,对村落的发展具有理论参考价值和切实的指导意义。

3. 家族村落的区域研究

家族村落的区域研究,又可称为区域性家族村落研究,其学术重心是着眼于大的行政区域或地域范围内的家族村落,以个案调查为主,同时注意与面上的整体家族村落形成演变的现状相联系,使人们对特定区域内的家族村落文化有一个较清晰的认识。上个世纪30年代到40年代一批在英美受过正规训练的社会学和人类学的中国学者回国后,积极提倡社会学的中国化,最突出的有吴文藻、费孝通、林耀华、潘光旦、许烺光、李景汉、陈达、田汝康等人,他们都取得了卓越的成果,其中影响较大的有费孝通的《江村经济》和林耀华的《金翼》。《江村经济》抓住区域中的村落个案,从家开始推及到社会生活的诸多方面,最后把以家为基础的各种经济关系与社会结构统一在土地这一乡土社会的根本问题上来。林耀华的《金翼——中国家族制度的社会学研究》以小说体裁为我们描绘了福建义序黄、张两个有密切关系的家族,在经历了开店铺、打官司一系列的事件之后,各自走向了兴盛或衰微。正如作者所言:"《金翼》不是一般意义上的小说。这部书包含着我的亲身经验、我的家乡、我的家族的历史。它是真实的,是东方乡村社会与家族体系的缩影;同时,这部书又汇聚了社会学研究所必需的种种资料,展示了种种人际关系的网络——它是运用社会人类学调查研究方

---

① 高占祥主编《论村落文化》,河南人民出版社,1994年。

法的结果。"它为我们提供了从生活世界的重大事件入手分析家族文化要素和社会功能的成功范例。

在西方汉学界,英国人类学家莫里斯·弗里德曼关注宗族和社会问题,他认为家族组织是中国社会的一个重要特征,研究家族是寻求解决中国社会问题答案的有效途径。弗里德曼1958年在伦敦出版了《东南中国的宗族组织》,书中对福建、广东两省的宗族体系和结构进行细致的分析,这一研究被学界誉为"弗里德曼模式"。他在1966年又出版了专著《中国的宗族与社会》,其研究的角度是从宗族组织入手深入探讨了福建、广东两省宗族组织得以充分发展的原因,弗氏认为宗族组织常见于东南沿海,主要原因有三点:水稻种植、水利灌溉和所处的"边陲地区",虽然他的结论有点简单和绝对,但对汉族传统社会的基层单位地域化宗族的研究开拓出了新的途径。

许烺光是一位深受中西文化熏陶、中外生活经历丰富的社会学家和人类学家,他的《宗族·种姓·俱乐部》①一书的研究角度是从文化层面对中、印、美三国进行跨国文化比较,从社交、安全和地位三项需求上比较各国家族的特点,讨论了家族成长的文化心理要素,这对从文化心理深层研究家族组织颇有裨益。

大陆人类学、社会学的学者们立足于地理优势,在对本地域家族文化史料搜集的基础上,走出书斋,进行田野调查,撰写了有分量的区域性家族研究的专著。福建厦门大学的郑振满师承师傅衣凌对"乡族"的研究方法,着眼于宗族问题,撰写了专著《明清福建家族组织与社会变迁》②,书中重点探讨了继承式、依附式、合同式三种类型的宗族组织和宗族组织在福建不同地区的发展,并且对家族组织和社会变迁也有独到的见解,尤其是他对福建不同地

---

① [美]许烺光《宗族·种姓·俱乐部》,薛刚译,华夏出版社,1990年。
② 郑振满《明清福建家族组织与社会变迁》,湖南教育出版社,1992年6月。

区家族组织的研究,对于我们具体辨析同一大的区域范围内不同
的地域家族组织的区域差异有重要的启发。陈支平的《500 年来福
建的家族社会与文化》①是研究福建家族问题的又一力作,书中探
讨了族谱、族产、义田、家族管理、家族祭祀等各个层面的家族问
题,特别是对以往较少涉及的信仰、迎神赛会、居聚等家族文化都
进行了深入研究,扩大了家族研究的领域。

　　在村落研究方面,美国的汉学家黄宗智利用日本在战后出版
的"满铁"调查成果《中国农村惯行调查》的材料,撰写了研究中国
华北乡村社会的专著《华北的小农经济与社会变迁》②,他认为,传
统的华北农村村庄多为多姓村,宗族组织不发达,活动限于自然村
的范围,在自然村内一般都具有内在的而又相对封闭的政权结构,
这种结构植根于自然村的宗族结构。在华北的自然村内族政和村
政各有自己管辖的事务范围,但村政的建立又离不开村内宗族的
支持。他的研究结果对我们从血缘与地缘结合的角度剖析黄河流
域的家族村落有一定的参考价值。劳格文主编的"客家传统社会
丛书"③是在对福建闽西做田野调查的基础上完成的,丛书工程浩
繁,资料翔实,撰写者的成果都具有直接参与或真实目睹的重要品
质,其中房学嘉主编的《梅州地区的庙会与宗族》、杨彦杰主编的
《闽西的城乡庙会与村落文化》、刘大可《闽西武北的村落文化》三
本书是特定区域家族村落文化研究的重要成果,他们在选点上把
"乡"作为考察研究单位,在研究对象上关注民众文化,在研究重心
上注意社会边缘"小姓人"的生存状况和社会边缘"交界区"的村落
状况,都是十分宝贵的经验。尹钧科的《北京郊区村落发展史》④是

---

　　①　陈支平《500 年来福建的家族社会与文化》,三联书店上海分店,1991 年 5 月。
　　②　[美]黄宗智《华北的小农经济与社会变迁》,中华书局,2000 年 6 月。
　　③　劳格文主编"客家传统社会丛书",国际客家学会、海外华人研究社、法国远东
学院,1996 年至 2002 年陆续出版。
　　④　尹钧科《北京郊区村落发展史》,北京大学出版社,2001 年。

在多年的资料积累的基础上分析研究而撰成,该书以北京市现辖行政区域内的村落为研究对象,具体探讨不同历史时期北京郊区的村落状况,包括村落出现的历史时期、形成的原因、规模形态、地域分布、村落名称,力求理清不同历史断面上北京郊区村落的基本事实并论析其成因,填补了北京郊区村落研究的一项空白。

4. 家族村落与社会变迁、社会现代化关系的研究

王沪宁的《当代中国村落家族文化——对中国社会现代化的一项探索》①一书,从政治学专业出发,认识到村落家族在中国乡村社会现代化进程中的重要性,试图从"村落家族文化"这样一个视角切入,研究中国乡村传统的组织特征、文化特征,探讨乡村发展和整个中国社会现代化的关系,全书在 15 份田野调查报告的个案研究基础上进行宏观的综合分析,分背景、结构、功能、嬗变、选择五个方面进行论述,认为"中国的现代化、中国社会未来的发展,在很大程度上取决于人们对村落家族文化的何种态度,对村落家族文化的变化如何应变"。村落家族具备"生存、维持、保护、绵延、族化和文化"六项传统功能,作为一个完整的体系在社会变迁中发挥作用,近百年来的中国历史是中国社会由传统社会向现代化转变的历史,村落家族文化处在消解过程之中,但又有消解过程的不断往复,"从总体上说,消解是历史趋势,反复是特定现象"。钱杭和谢维扬合著的《传统与转型:江西泰和农村宗族形态——一项社会人类学研究》,与王沪宁关注家族文化、强调家族的结构—功能及其变迁的研究方法不同,他们关注家族形态,强调家族的价值和意义,主张按照文化人类学的"主位方式",运用区域和个案结合的方法进行研究,全书分六章论述了泰和的人文背景与宗族传统,宗族重建的环境,宗族结构的转型,谱牒的重修,祠堂的修复,农村宗族

① 王沪宁《当代中国村落家族文化——对中国社会现代化的一项探索》,上海人民出版社,1991 年。

文化,湖南部分地区宗族情况,着重从文化心理层面挖掘宗族重建的动因。作者认为,宗族的出现与持续存在,从根本上说是汉人为满足对自身历史感和归属感需求的体现,是汉人的本体性需求,宗族经过转型后可能形成一种能与现代生活相适应的形式。该书的主调是对社会转型期的宗族文化持乐观的态度,在思考家族与社会现代化的关系方面有独到的见解。至于探讨当代中国社会家族村落的学术论文更是蔚为大观,有的极富有启发性,如李银河《论村落文化》①是依据在浙江余姚和山西沁县的实地调查,提出了村落文化的理论,认为以信息共有为其主要特征的村落文化是中国农村最具特色的文化形式。王思斌《经济体制改革对农村社会关系的影响》②以河北省泊头市农村的农民家庭调查为例,说明20世纪80年代以来家庭与家庭之间的合作成为农村生产经营合作的主要组织形式,这是基于血缘和姻缘联带之上的相互信任而使得宗亲家庭之间的合作成为农户的主要选择。郭于华《农村现代化进程中的传统亲缘关系》③认为"中国农村社会变迁的现实显示了传统亲缘关系与现代社会关系并存,权力关系与象征体系并存",亲缘关系成为一定阶段内具有正面意义的可利用的资源,人们选择家族这一社会组织形式时,具体的和实际的利益要求以及家族的功能实现也是主要的动因。

三　本课题研究的意义、主要内容及其研究方法

1. 本课题研究的意义

家族村落的研究对深入认识中国社会的特点、规律和国情都

---

① 李银河《论村落文化》,《中国社会科学》,1993 年第 5 期。
② 王思斌《经济体制改革对农村社会关系的影响》,《北京大学学报》,1987 年第 3 期。
③ 郭于华《农村现代化进程中的传统亲缘关系》,《社会学研究》,1994 年第 6 期。

有着重大的意义,所以从上个世纪初开始近一百年学术成果显著,成为学界的热门话题,尤其是进入新时期以来,随着社会的发展和学术界气氛的宽松,学者们有更好的条件从事社会调查和科学研究,发表了一批有深度的学术论著。但是从既有的研究成果来看,仍存在着明显的缺陷,即时空上的不平衡。就时间而言,唐宋及明清时期的家族研究成果较多,而对纳入世界体系和处在社会大变动时期的清代末年直至民国年间的宗族研究则刚刚起步。从空间来看,研究的地域范围大都集中在闽台和江浙沿海一带,北方省份的研究相当薄弱。比较而言,北方较南方薄弱,南方地区的华中较华东、华南薄弱,北方黄河中下游的山西、陕西、内蒙、河南等省较河北、山东等省又显薄弱,尤其令人遗憾的是不同区域和类型宗族之间的比较研究尚属阙如。就研究重心而言,许多学者着眼于家族村落文化本体内容的探讨,而忽略了与当今社会现实的联系,这些方面都亟待加强。

黄河流域是中华民族的重要发祥地之一,黄河中下游的山、陕、豫、蒙等省区都是产生古代文明较早的地区,家族村落的孕育与发展也有着悠久的历史,研究黄河中下游的家族村落民俗对于透析中国社会的性质,探讨社会变迁的轨迹,寻找社会现代化的可靠途径都有着十分典型的意义。

实现社会现代化是一场空前的革命,是世界发展的共同趋势,它必将给古老的家族村落带来震动与嬗变。在推进现代化的进程中,一定要立足于了解中国的国情和民情,即时刻记住中国至今依然是农业人口占绝大多数的国家,中国政治体制改革与社会经济发展很大程度上取决于农村的发展。发达国家的绝大多数人口集中于城市,其发展就取决于城市的发展,而中国绝大多数人口在农村,其发展则取决于农村的发展。实现现代化指标体系颇多,其关键是人的现代化,占中国社会人口主体的农村以及生活在其空间地域的农民们的意识发展到何种程度,决定着社会的最终发展。

千百年来,家族村落是中国农民生存的特定环境,这样的乡村空间环境铸就了农民们传统的家族意识和文化心态,这些家族意识和文化心态构成了家族村落文化最内隐的东西。可以说世界上没有任何一个国家能像中国一样存在着根深蒂固的家族村落文化,以及由此孕育形成的家族精神和国民的乡土情感。在推进社会现代化的进程中,首先要完成对农村、农业、农民由传统到现代的转型,寻求传统与现代的对接融合,探讨国家权威与民间力量的相互牵动,窥视显在的主流意识形态与隐形的家族意识、乡土观念的碰撞交汇,这一切都要求我们必须了解现代社会的发展与传统的家族村落习俗的关联性,把家族村落作为我们研究社会现代化的出发点和归宿点。现代化如果一味模仿西方,必将“化”掉自我;现代化倘若离开国情、民情,也会成为空中楼阁。要建设有中国特色的社会主义现代化,必须立足本土,着眼民情,在深入调查研究的基础上,才能制定出切实可行的农村发展策略。

黄河中下游的山、陕、豫、蒙同处黄土高原,有着大体相近的生态环境和家族村落类型,这些省区内同一类型的家族村落既有着共同的内在特征和外在表现形态,又存在着一些较明显的区域差异,作为一个大的区域范围,在地理环境、历史发展、聚落景观等方面其相似性大于差异性。把这些省区家族村落的分布状况、历史演变、形态特征搞清楚,将可以填补黄河流域家族村落研究的一项空白,更为重要的是在对黄河中下游山、陕、豫、蒙四省区家族村落进行比较研究的基础上,进一步加强黄河流域的家族村落民俗与长江流域及南方地区家族村落的比较研究,这无论是对家族村落理论研究的深入,还是对家族村落现代化的现实指导与参谋都有重要的意义。

2. 本课题研究的主要内容

黄河中下游家族村落民俗与社会现代化关系是本课题的主要研究对象,围绕这一研究对象本课题研究的主要内容为:

　　上编,家族研究,运用区域文化理论,从地理生态和人文历史结合的角度探讨黄河中下游家族村落的生成原因和地域特色;研究构成家族文化的具体内涵,包括家庭、家族制度,尤其是作为家族文化重要支柱的祠堂、族谱、族规的历史传承及其在当下黄河中下游村落存活的情况是本章的应有之义。对南北方家族民俗比较进行尝试性研究,在此基础上,总结社会现代化视野下农村家族复兴,预测农村家族民俗的未来趋向。

　　中编,村落研究,随着作者田野调查的足迹,引领读者走进黄河中下游的山寨乡村,了解黄河中下游家族村落的时空特征、村落类型和民居景观,剖析山陕村落的特殊设施和显著标志,同时研究村落中民众的生活,诸如移民运动对北方村落重构的影响、乡村民俗传承方式、村落民俗信仰,具体分析传统乡村民俗文化资源的转换与利用,探讨村落现代化的可靠路径。

　　下编,个案研究,是一组田野调查报告的组合,这些田野报告都是笔者长期在乡村调查的基础上撰写而成,绝大部分先行发表在大陆或台湾的专业学术刊物上,它们将展现出发生在家族村落这一生存空间的乡村下层民众鲜活的生活情景。这组调查报告的内容主要涉及家族制度、村落组织、村落民俗信仰、乡村水利习俗以及家族村落的现实状况,为我们进一步了解家族村落,了解家族村落里民众生活和文化心理提供了佐证。

　　在上述内容的研究过程中,笔者注意处理好这样几个关系:一是家族和村落的关系,二者既有区别,又紧密相联,传统的乡土村落本身就是血缘与地缘的结合体,分编排列,只是为了论述的方便,具体论述时各有侧重,但又不可忽略二者的关联性。二是民俗学和相关学科的关系。家族村落是历史学、社会学、文化人类学、民俗学等学科的学者们共同关注的对象,各学科之间可以取长补短,借鉴相关的研究成果,但不可因此而淡漠了自己的学术取向。民俗学者研究家族村落,应该有一定的学科自觉,它不同于历史学者着重关注其历史演变,也不同于社会学者重点考察其在社会结构、社会运行中的作用,而是更多地把目光投向与家族村落相依相伴的民众生活和生活其中的民众,研究世世代代、祖祖辈辈的人们创造的民俗文化。唯其如此,才能彰显民俗学科在社会发展中的理论价值。三是传统文化与现代化的关系。传统文化是现代化发展的根基,现代化是传统文化未来的必然走向,因此本课题的研究既要注重黄河中下游家族村落民俗的历史形成和具体内容,又要关注家族村落民俗与社会现代化的关系,探讨当下农村家族村落民俗的现状,展示家族村落文化未来的发展轨迹和历史命运,以体现民俗学的"现在性",发扬民俗学科在社会发展中的实用价值。

3. 本课题的研究方法

综上可以看出挖掘黄河中下游家族村落固有的民俗文化内涵,凸现民俗学的学科特性,注重民俗学对社会发展的参与、指导作用是本课题的学术旨归。为了达到这样的目的,从方法论角度说,拟采用以下几种研究方法:

(1)文献考证法。我国古代典籍如"二十四史"、《文献通考》、《大清会典事例》都记载了不少关于家族村落的民俗事象,明清至民国年间印行的山、陕、豫、蒙等省、县方志也保存有大量的史料,本项研究所涉及的几个省的图书馆、大学图书馆、研究部门资料室,都保存有罕见的家谱,尤其是山西省社科院家谱资料研究中心藏谱甚多,为研究家族民俗提供了极大的便利。查阅已有的关于家族村落的学术著作和各种学术刊物上发表的学术论文,也是我们从事该项研究不可缺少的一环,它是我们学术研究的前提。

(2)田野调查法。田野调查是民俗学学科必有的方法,在田野调查之前首先是选点,本项研究理想的方式是沿黄河中下游的山、陕、豫、蒙四省区选择不同类型的家族村落进行调查,然后加以比较,作出普遍性的概括。我们以山西、陕西两省黄河岸边的村落为重心,兼及内蒙、河南两省,分别选择了考察地点。当然,由于时间、精力的限制,实际调查与预期的村落数量和地域范围还有差距。在具体方法上运用了"参与法"与"主位研究法",前者是提前设计问卷,在与调查对象直接交谈的基础上,发现信息源,然后在该村落或附近的镇里住下来深入到民众的生活中,不仅参与了解他们的生活方式,更重要的是探寻他们的社会心理和生活愿望;后者是把研究对象放在主位,把当地民众的描述、诠释、分析的恰当性与合理性作为判断的标准,研究者用人们必须懂得的范畴和规则知识,像当地人那样思考问题,这样我们对特定地域民众的家族生活、村落事件描述就更为准确,阐释就更为科学。当然,不可忽视调查者应有的知识修养和理性的分析判断。以大量的田野材料和实证分析为依据,配之以科学规范的学理探讨,其研究成果的学术价值会更高。

　　(3)比较研究法。这应该是本文的基本操作方法,本课题以山、陕、豫、蒙的家族村落为研究对象,黄河中下游四省区的家族村落民俗既有共同点,也有明显的区域差异。同时各省区又可以划分为不同的地区,其中的家族村落民俗也有差异,尤其是山区村落与平川村落,处于中原文化中心的村落与农耕游牧交汇区的村落,其历史形成、结构形态都呈现出各自的特性。在对黄河中下游家族村落民俗特点、类型、现实状况准确把握的基础上,对北方与南方家族村落民俗进行尝试性比较,有利于从整体上了解中国的家族村落民俗。具体方法上,可以是时间上的古今比较,也可以是空间上的地区与地区、地域与地域之间的比较,重点进行异同比较、有无比较,并探讨其原因,以获得对研究对象更深刻的认识。

　　(4)典型个案法。为了更好地说明问题,真实地展示黄河中下游家族村落的存活状况,我们选择了某一区域内的家族或村落作为典型个案,深入调查,搜集第一手资料,掌握相关的族谱、碑刻和口述史资料,然后进行细致客观的描述,深入具体的剖析。尽管由于交通、经费等原因,这些典型个案大多涉及笔者所在地的山西家族村落,但如果把它们和上、中编的论述结合起来,把典型个案和普遍的调查相结合,就能够说明黄河中下游家族村落民俗的基本特征、表现形态,得出带有普遍意义的结论。

上编　家庭研究

第一章 黄河中下游家族村落
形成的地域环境

黄河,是中华民族的摇篮,是海内外每一位炎黄子孙都引以为自豪的母亲河。这条曲折萦回、奔腾不息的大河自远古蛮荒之时就孕育了华夏民族,孕育了最初的华夏文明,也孕育了古老的聚落村社,在大河两岸凝定成了最初的社会组织,中华民族由此发展壮大。

以黄河人为主体所创造的黄河民俗文化,尤其是家族村落文化,是在黄河流域这个特定的自然环境中生成展开的。"世界上任何一种文化,总是和它产生的地域相结合的。黄河流域的文化与其地质、地貌以及自然地理的特色密切相关。黄河流域的自然环境,像土地母亲般孕育了黄河文化。"①黄河流域的家族村落文化也概莫能外。本章将重点考察黄河流域的生态环境与家族村落民俗的关系,为区域民俗学的建立进行尝试性探索。我们认为,研究黄河流域家族村落民俗与生态环境的关系,不能仅仅停留在对黄河流域地貌、气候的描述上,而要揭示它为黄河流域家族村落的形成到底提供了怎样的生态性本原,二者的内在关联是什么,黄河流域家族村落民俗生长的土壤是什么,其孕育发展走过了怎样的历程,这对我们从学理上把握黄河中下游的家族村落民俗生成的根因及其区域特征是至为关键的。

---

① 侯仁之等《黄河文化》,华艺出版社,1994年10月,第3页。

一　生态学视野中的地域民俗文化

1. 从人文地理学到文化生态学

文化生态学的产生与生态学和人文地理学两个学科关联最为密切。生态学本是生物学科的专用术语,最早是由德国生物学家 E·海克尔(E·Haeckel,1834—1919)在 1866 年提出的,他认为生态学是"研究生物有机体及其与其环境之间相互联系的科学……我们可以把生态学理解为关于有机体与周围外部世界的关系的一般科学,外部世界是广义的生存条件"[①]。生态学在生物学界主要是研究生物与环境的关系。人文地理学,根据我国人文地理学奠基人李旭旦教授的界定,它是"以人地关系的理论为基础,探讨各种人文现象的分布、变化和扩散以及人类社会活动空间结构的一门近代科学,人文地理学着重研究地球表面的人类活动或人与环境的关系所形成的现象分布与变化"[②]。实际上,无论生态学还是人文地理学与人及人类的活动都是密不可分的。自然环境是人类存在和发展的前提,为人类的创造活动提供了舞台,人在自然环境中烙下劳动的印迹,进而创造了人文环境,自然环境与人文环境相互作用形成了统一的综合体,二者是无法割裂开来进行研究的,脱离了人类活动的纯自然研究或脱离了自然环境的人类社会研究都是不全面的。"从宇宙整体性的观点看,人类的社会文化创造活动仍然是一种自然力,是宇宙间的一种自然力。从整个自然界的普遍存在与联系上说,人类既是创造活动的主体,又是对象世界的客体,他的整个活动是受外部自然环境制约的,是不能自由地选择自己

---

① 李博主编《生态学》,高等教育出版社,2000 年,第 3—4 页。
② 《中国大百科全书·地理学》,中国大百科全书出版社,1984 年。

的生产力的。"①人作为万物之灵长,就在于和其他动物相比,能够正确地运用自然规律以适应环境,与周围的万物和谐相处,创造出属于自己的世界。人类永远是一定环境下总生命网中的一部分,并与物种群的生成体构成一个生物层的亚社会层,这个层次通常被称为群落,人类最初的社会组织就孕育其中了。文化生态学就是把人类创造的文化事象放到整个环境中去考察它的发生、发展、演变的过程,即人如何适应环境创造了富有特征的文化,各种文化现象又如何适应环境变迁而向前发展。具体研究自然地理、居住条件、人口结构、亲属组织、生存资源的利用及科学技术的发展等因素,探寻各种因素如何相互作用进而形成鲜明的区域特征,这对阐释不同区域的文化特征及其不同区域群体的文化心理,具有更大的优越性和更强的说服力。由此可见,文化生态学不仅注重自然环境,同时也注重社会环境,它是在人类生存的整体环境中考察文化的发生、发展和变迁的规律的一门科学。

　　2. 中外学者对地域与文化关系的探索

　　民俗文化总是产生传承于特定的时空背景中,民俗有地域性,这一事实也很早就被人们注意。

　　老子在两千多年前就为人们描绘出了"人法地,地法天,天法道,道法自然"②的混沌化一的宇宙图像,说明上古时代民风是"尊天敬地",在古人眼中只有遵循了天地间的自然法则,才可天长地久,生活安康,在老子描绘的图像里,我们隐约地看到了文化与自然的天然联系。先秦时期的典籍《禹贡》、《周礼》、《管子》、《山海经》等,也都不同程度地涉及了自然与人、自然与文化之间的关系。如《禹贡》论及九州,不仅述区域、自然景观,也谈田土之异、物产之别,以及交通民俗产生的渊源。先秦时期谈论音乐艺术的典籍《乐

---

①　司马云杰《文化社会学》,山东人民出版社,1990 年 3 月,第 198—200 页。
②　陈鼓应《老子注译及评介》,中华书局,1984 年,第 452 页。

记》也为后人研究自然与文化的关系提供了借鉴：

> 乐者，天地之和也。礼者，天地之序也。和故百物皆化，
> 序故群物皆别。乐由天作，礼以地制。过制则乱，过作则暴。
> 明于天地，然后能兴礼乐也。

> 大乐与天地同和，大礼与天地同节。和故百物不失，节故
> 祀天祭地，明则有礼乐，幽则有鬼神。如此，则四海之内，合敬
> 同爱矣。

> 春作夏长，仁也；秋敛冬藏，义也。仁近于乐，义近于礼。
> 乐者敦和，率神而从天，礼者别宜，居鬼而从地。故圣人作乐
> 以应天，制礼以配地，礼乐明备，天地官矣。①

这里强调的是音乐艺术与天地的秩序、自然的时序、百物的位
序以及世道人心、伦理纲常皆有直接的联系，这种音乐理论的核心
是把音乐看做天地间本然的、真实的一种存在，虽然带有明显的自
然主义、存在主义的意味，但对后人从地域生态的角度考察文化艺
术的形成颇有启发性。《礼记·礼运篇》描绘了原始人类那种"构
木为巢"、"不耕不稼"、"不织不衣"的生活，说明先民对自然资源
的单纯依赖：

> 昔者先王未有宫室，冬则居营窟，夏则居橧巢。未有火
> 化，食草木之实，鸟兽之肉。饮其血，茹其毛。未有麻丝，衣其
> 羽皮。后圣有作，然后修火之利。②

尽管原始人类的生存图画是如此浑朴粗粝，但它却形象地说
明了衣食住行这些最基本的民俗事象正是远古先民在当时当地的
生存环境中的一种选择，与当时人类的生存需要紧密相联。司马
迁为了"究天人之际，通古今之变"，倾毕生精力撰写《史记》，在
《孟子荀卿列传》中曰"广谷大川异制，民生其间者异俗"，强调了自

---

① 《周礼·仪礼·礼记》，岳麓书社，1989 年 7 月，第 426 页。
② 《周礼·仪礼·礼记》，岳麓书社，1989 年 7 月，第 369 页。

然环境对经济生活、民俗文化的制约。唐代魏徵在《隋书·文学传序》中,比较了南北朝时期南方和北方的文化差异,意在阐明文学与地理环境的殊异:"江左宫商发越,贵于清绮;河朔词义贞刚,重乎气质。气质则理胜其词,清绮则文过其意。理深者便于时用,文化者宜于咏歌。此其南北词人得失之大较也。"[①]他考察了长江以南和黄河以北不同地域的文学风格,看到了地域环境对文学风格的作用,这一看法对后世文论影响颇大。

西方学者对地域与文化关系的探索也起步很早,且有许多精辟的见解。法国哲人海德格尔(M·Heidegger,1889—1979)痴心向往古希腊时代的"天、地、神、人"四重协奏曲,把这四者称之为"域中四大",并论述了四者的关系,进而纳入到他对艺术创作理论的思考中:

大地是承受者,开花结果者,它伸展为岩石和水流,涌现为植物和动物。

天空是日月运行,群星闪烁,四季轮换,是昼之光明和隐晦,是夜之暗沉和启明,是节气的温寒,是白云的飘忽和天穹的湛蓝深远。

在大地之上,天空之下,生存着有生有死的人。

"在大地上"就意味着"在天空下"。两者一道意指"在神面前持留",并且包含着一种"进入人的生存的归属"。从一种原始的统一性而来,天、地、神、人"四方"归于一体。[②]

而文化,就是这个浑然一体者的敞开与呈现。海德格尔对人诞生、文化的创造这个千古之谜作了充满哲理的追问,对天、地、神、人的关系进行了富有诗性的描绘,他旨在阐明文化艺术创造与

---

① 魏徵等撰《隋书》,中华书局,1973 年 8 月,第 1730 页。
② 孙周兴选编《海德格尔选集》(下册),上海三联书店,1996 年,第 1192—1193页。

自然环境难以割舍的关系是显而易见的。

实际上,研究西方学者对地域环境与文化关系的探讨还应追溯到"环境决定论"和汤因比的"挑战与应战"的理论,这些学者似乎对地域环境与文化深层关联研究得更为深入,同时对不同地域环境中民众的文化性格生成原因也有更令人信服的分析。

"环境决定论"在西方渊源甚长,不同学科的学者都有自己的学术建树,最有代表性的是亚里士多德、孟德斯鸠和黑格尔。希腊学者亚里士多德(公元前384—前322)在其《政治学》一书中论述世界不同地域气候条件与民族性格的关系时指出,北方寒冷的地区各民族的性格是"精力充足","富于热忱",然而大都拙于技巧而缺少理解;亚洲气候炎热,各民族"多擅长机巧,深于理解,但精神卑弱,热忱不足",故常屈从于人而为臣民,甚至沦为奴隶;希腊各族兼有这两种禀赋和品德,既具热忱,也有理智,精神健旺,所以能永葆自由,政治也得到高度的发展①。他认为希腊民族兼有两种优良品德,其原因概出自他们生活于寒冷与炎热的南北方不同的气候之间。孟德斯鸠(1689—1755)是18世纪法国的政治哲学家,其代表作《论法的精神》,在谈到民族性格、政治制度、宗教信仰等社会现象产生的原因时说:"炎热国家的人民就像老头子一样怯懦,寒冷国家的人民则像青年人一样勇敢。"在政治制度方面,"热带民族的怯葸常常使这些民族成为奴隶,而寒冷气候的民族的勇敢使他们能够维护自己的自由"。在宗教信仰方面,寒冷的气候使人具有独立自主的精神,炎热的地方使人具有顺从的性格,所以欧洲容易传播基督教,亚洲容易传播伊斯兰教②。德国哲学家黑格尔(1770—1831)在论及社会发展时,认为世界上有三种截然不同的地理环境:一是干燥的高地及广阔的草原和平原,这里生活着游牧

---

① 转引自袁华音《西方社会思想史》,南开大学出版社,1998年,第48—49页。

② 孟德斯鸠《论法的精神》(上册),商务印书馆,1982年,第228、273、260页。

民族,从蒙古经阿拉伯到北非沙漠地区都属于这一地域范围,他们好客,但掠夺成性,往往侵扰周围文明国土,过着无法律制度的家长制生活;二是平原地区,是巨川、大河所经过的地方,生活着定居农业者,地域范围包括四大文明古国所在地,这里的居民依靠农业,被束缚于土地之上,当地的季节规律性造成了其性情守旧、呆板孤僻、墨守成规的性格,他们过着君主制生活;三是和海岸相连的沿海地区,由于与外界接触较多,造成了工商业和航海业的发达,居民具有冒险精神,以勇气和智慧见长,过着民主制生活。

英国著名历史学家汤因比(Arnold Joseph Toynbee)在其代表作《历史研究》中论及文明的起源时提出了"挑战与应战"的原则,他以埃及的文明为例,指出当冰河时期结束时,北非地区的气候发生变化,原来的草原逐渐变成干旱的沙漠,环境向埃及人提出了挑战,面对逆境埃及人起而应战,经过长期艰苦的劳动,通过驯化动物和从事农业,把自己从变幻莫测的环境中解救出来,终于使尼罗河成为农业粮仓,创造了埃及文明。因此,倘若没有当时的应战就不会有埃及古国的文明。当然,汤因比并没有把应战的效果强调到极限,他认为应战与挑战的对应关系是有限度的,超越限度其效果就会走向反面。汤因比强调了人类的文化创造也是人与地理环境相互作用的结果,在强调地理环境对文化制约的同时,不可忽略作为文化创造主体的人的能动作用。他的理论对我们探讨地域与文化的关系提供了新的思路。

3.地域生态条件对家族村落民俗建构的影响

古今中外的学者以他们的睿智对地域环境与文化的关系提出了精辟的见解,可惜的是他们由于历史和认识的局限,其理论又存在着严重的缺陷,最主要的是他们过分强调了山川、气候、物产等自然条件对文化的影响,而忽略了人文环境对民俗的影响。研究地域与文化的关系,不考察该地区历史沿革、民族关系、生产形态、人口迁徙、社会组织等因素,就不易说明文化生成的那些极为复杂

的、深刻的方面。其次,是把环境和文化的关系简单化。自然环境
是影响人类文化的诸多因素中重要的一种,它为文化的形成提供
了一种背景,但环境对文化形成所起的作用并不是绝对的和全部
的,也不是简单的对应关系。在环境与文化之间还应有中间环节,
这种中间环节应该是人,人类在历史发展中进行着有目的的文化
选择,他们对所生存的环境进行汰选、应对和调适的"三重加工",
在漫长的实践中创造了富有地域特征的民俗文化。

　　地域环境对家族村落民俗建构的意义主要体现在以下几个
方面:

　　第一,地域环境为家族村落民俗发生提供了基本前提。对黄
河流域的民众来说,生存环境包括黄河这一大河流域的自然生态
条件,也包括黄河流域周围的人文历史背景,自然条件和人文状况
共同构成了人类的生存环境。从人类进化的角度来看,自然环境
是人类生产和生活赖以进行的基础,自然环境的地理差异、自然条
件的优劣以及自然资源的多寡,直接影响人类种群的分布和人类
群体的发展。反过来讲,人类的文化创造直接受制于所处地域自
然条件的优越或低劣,受制于资源的丰饶或贫瘠,人类在选择适应
自然环境的进程中,也创造着人文环境。二十世纪后半叶,学界围
绕"华夏文化起源"进行了长期的学术争鸣,提出了"四大文化区域
说",即黄河流域文化区、长江流域文化区、珠江流域文化区、辽河
流域文化区。这四大区域的文化都有自己的发展序列,共同构成
了华夏文明。这一学说动摇了以往那种只强调单一区域文化对华
夏文明的作用的观点。但是从古文献记载到大量的考古发现,加
上丰富的田野调查资料,都有力地说明了黄河流域是华夏文明起
源的主要区域,它率先走在文明进步的前列,抢先跻身文明时代,
是华夏文明的主源。这与黄河流域的自然生态环境有着密切的关
系。先秦时期黄河中游大部和下游地区植被丰茂,气候温润,非常
适合人类栖居,大河上下的大部分地区都覆盖着疏松肥沃的黄土

或次生黄土,属雨热同季的大陆性季风型温暖带半湿润气候,具备了发展农业的优良条件,成为农耕文化的发祥地,围绕着农耕活动产生的血缘组织和地缘群体成为家族村落的雏形。

第二,地域环境促成了黄河中下游超稳态的社会结构和文化类型。地理环境和物产资源是人类社会进行区域划分和社会分工的自然基础,不同地域的民族或群体适应环境创造了那些有代表性的、具有因果联系的特征,这些特征与该区域独特的社会结构和群体心理愿望有着生态上和功能上的联系,代表着一个特殊的时间顺序和发展水平,使之迥异于其他区域的文化①,这就是文化类型。如在江海湖泊生活的人们创造了渔业为主体的民俗文化类型,生活在广袤的草原上的马背民族创造了以畜牧为业的游牧文化类型,而生活在河流岸边的内陆平原的人们创造了农耕民俗文化类型。黄河流域特有的地理、气候、生态环境孕育了以农耕为主的黄河流域的经济格局,这种经济格局的突出特征就是"自给自足"。在传统农业社会里,与小农经济的封闭性、保守性相适应,社会的基本模式和核心结构是家族组织,个人依靠家族群体才能生存和发展,国家与家族有着惊人的相似性,家国同构是古代黄河流域政治社会的重要特征,国家与社会的关系实质上就是国家与家族的关系,治国就如治家,国家秩序成了家族秩序的放大。这样一种民俗文化模式培育了黄河人浓厚的宗法血缘情感,在社会活动里遵循着伦理本位,在处理人与人关系时恪守伦理道德,这成为黄河流域民众显著的社会心理。

第三,地域环境对民俗信仰为代表的精神民俗文化有潜在的支配作用。在远古时期,生活在黄河流域的古村落的先民们按照"日出而作,日落而息"的生产方式形成了自己的生活习惯,他们对自然节律的把握、季节的更换、时间的识记都是以日月的阴晴圆

---

① 司马云杰《文化社会学》,山东人民出版社,1990年,第255页。

缺、此消彼长为依据的,具有季节性的"春祈秋报"的各种赛事活动就孕育其中了。在黄河流域以农业为主体的农耕民族里,当人们还不能有效地支配与农业相关的资源如水利、土地、气候的时候,对各种自然崇拜的神祇信仰就出现了。在黄河流域神圣的世界里,对河流的崇拜产生了黄河神大禹、河伯以及支流的汾河之神台骀等,对雨水的崇拜产生了龙王、商汤等神灵,对土地的崇拜产生了后土信仰,还有对关公、财神、药王等神祇的崇拜,这些黄河流域的村落信仰民俗都是以落后的农业生产为基础的,这些民俗信仰的背后隐藏着的是黄河流域广大民众对自身生存状况的忧戚和关注。

二　黄河中下游家族村落民俗的形成

1. 黄河流域的分段

"君不见黄河之水天上来,奔流到海不复回。"李白气势磅礴、豪迈壮美的诗句表达了他对黄河这一条中华民族母亲河的寻踪追问,也反映了中国大陆西高东低而且相差悬殊的地貌特征。在这条大河上下,孕育了我们伟大的民族和文明,伴随它奔腾不息的洪流,中华民族走过了悠长的历史岁月。

摊开中国地图,展现在我们眼前的黄河恰似一条长带,蜿蜒东去,曲折萦回,中间像个"几"字形,由西向东贯穿于中国北部。

根据地势高低,地理学家把中国划作三大阶梯。最高一级阶梯是青藏高原,海拔 4000 米—5000 米。第二阶梯由青藏高原向东至太行山、崤山、熊耳山一线,海拔在 3000 米以下。第三阶梯是黄河下游的冲积平原,多为广阔的平原或低矮的丘陵,即使有陡峭的山岳,其高度也大约在 1000 多米,极少超过 2000 米的。

黄河的源头是卡日曲,它从青藏高原流出后,沿着阶梯形地势顺流而下,经过了青海、四川、甘肃、宁夏、内蒙古、陕西、山西、河

南、山东 9 个省区,最后在山东省的东营市注入渤海,总流长 5464
公里,流域面积达 75.2 万多平方公里,是我国第二大河流。

依照黄河水文特征,黄河干流可分为上游、中游、下游三个大
的河段,它像一条长龙滚动在中华大地,在它不同的部位,有着不
同的特性,呈现着不同的自然景观和人文景观。

黄河的上游段,从黄河源头到内蒙古托克托县的河口镇,河长
3472 公里,是全河最长的河段。黄河上游又可以划分为几个次级
的河段,不同的河段风貌各异。青海湖东南的龙羊峡以上河段,流
经青藏高原之上,天寒地冻,水分蒸发渗漏损耗较少。由龙羊峡到
青铜峡河段,峡深川广,河道忽而展宽,忽而收束,变化明显,峡谷
和川地呈串珠状相间分布,是黄河干道上峡谷最密集的河段,依次
排列着龙羊峡、松巴峡、积石峡、刘家峡、桑园峡、红山峡、黑山峡、
青铜峡等 17 个峡谷,这些峡谷两侧岸壁陡立,险峻高深,站在陡岸
向下望去,黄河好似嵌入地下的一股细流,令人头晕目眩,这一段
河流称为大峡谷区,湍急澎湃的水流和巨大的落差使这一段河流
蕴藏着巨大的水力资源。众多的大峡谷为建造高坝水库和取水发
电,提供了良好的条件,成为开发大西北的可靠保证。由青铜峡到
河口镇一段,河床平缓,两岸有大片的带状冲击平原,虽然气候较
为干旱,但由于有黄河之水灌溉的便利,这里也就成了极为富饶美
丽的农业区,著名的银川平原、河套平原就在这一河段上,素有“天
下黄河富宁夏”的美称和“黄河百害,惟富一套”的赞誉。

黄河中游段,从河口镇到洛阳北面的孟津,流程 1200 多公里,
又可以分为三段。从河口镇至龙门,黄河穿行于险峻的峡谷之间,
水深流急,河流切穿了黄土高原。它的西侧为陕北黄土高原,东面
为晋西北黄土高原,河深崖陡,千沟万壑,表层覆盖着厚厚的黄土
层,满目景色皆为“黄”,被雨水风沙切割得极为破碎的黄土地呈现
给人们的处处是塬、梁、峁、沟,形成了这一段黄河独特的地貌特
征。龙门至潼关段是黄河中游的又一特殊地段,龙门被作为晋陕

峡谷最南端的标志,黄河之水从狭窄的龙门喷涌而出,突然进入宽阔的河床之中,河流发生了很大的变化。黄河在这一段河床上散漫流动,主流忽南忽北经常摆动,俗语"三十年河东,三十年河西"就是指这里的水域特征。在这一河段黄河接纳了两条重要的支流汾河和渭河。汾河自北向南横贯山西全境,它发源于山西省北部的管涔山,流经晋中和晋西南地区,在龙门南面注入黄河,全长690公里,沿线串联着太原盆地、晋中盆地、临汾盆地、侯马盆地以及运城盐池,每个盆地内宽阔平坦,土质浑厚,恰如郦道元《水经注》所云"川土宽平,垣山夷水",为人类生存提供了优越的条件。关中平原开阔平坦,它西起宝鸡,东至黄河,长约360公里,东西长,南北窄,而西端尤为狭窄,东端颇为宽阔,呈不规则的条形,因古代为秦国所在地,又称为"秦川"。在渭河流域"八百里秦川"的宽广富庶的平原上,保存着大量的古代人类活动的遗存和遗址,是华夏先民重要的居住地,也是黄河中游家族村落的聚集地。黄河到了潼关以下,流经中条山与崤山之间的丘陵峡谷地段,黄河谷地又变狭窄,水势渐趋湍急,素有"鸡鸣闻三省"的潼关和由鬼门、神门、人门组合而成的"三门峡"就在这一段上。

黄河的下游段,从孟津到山东省东营市河口处,这一段长约780公里,穿行于平原地带,河床宽阔,水流缓慢,华北大平原和"悬河"是这一河段著名的景观。华北大平原开阔平坦,一望无际,悬河则是由于黄河泥沙多年淤积,使河床高出两岸平地所致。下游的黄河水夹在两道黄河大堤之内向东流去,每遇洪水季节浊浪滚滚,气势非凡,以摧枯拉朽、排山倒海之势奔涌向前,防止黄河决口、治理河患成为千百年来黄河人未了的心愿。

2. 黄河中下游的自然环境

任何一种文化类型总是和它产生的地域有着天然的联系。黄河流域远古时期的文化便颇为发达,在她的怀抱里孕育出了中华大地上最早的家族村落。尽管其中的原因很多,然而肯定与大河流域的地质、地貌、气候等自然地理因素密切相关。德国地理学家亚历山大·冯·洪堡(1769—1859)认为,空间区位的高度、温度、湿度这些因素都对植物群系构成重要影响①,把他这一看法引申到对黄河中下游家族村落生成原因的论析方面也是适宜的,黄河中下游这一特定环境中的地形、土壤、植被、水分等自然条件,共同构成了黄河先民生存、繁衍的环境,成为影响家族村落民俗文化产生发展的一个重要变量。这些因素主要包括以下几个方面:

地质因素。地质是指地球或某个局部的物质组成情况及其演变历史,它兼有空间和时间上的意义。黄河流域从太古延续到第四纪时,已形成了广袤的黄土地层,厚达几十米至四百余米,它们是形成肥沃土壤的优良物质来源,沿着这一条大河自西向东排列的甘肃黄土高原、陕北黄土高原、山西黄土高原,面积达三十万平方公里之多,形成了黄河流域地质的一大特色。黄河中的泥沙百分之九十来自于此,这些泥沙沿黄河顺流而下又积淀成了中下游的平原广漠。进入新生代时期经历了又一次强烈的造山运动之后,形成了中国大陆内稳定的地区华北台地。黄河支流两侧较大面积的冲积平原,宽广的台地,土层深厚,土质肥沃,依山傍水,是适宜于人类生息繁衍的地方。对于原始族群来说,产生血缘家族人类的社会组织形式,陆地的自然环境起到了重要的作用,从考古发现的周口店北京人、陕西蓝田人和山西匼河人的社会组织考察,他们都受到了生物界自然选择法则的支配,主要表现在各个时期血缘家族群体的大小都是和可供利用的居住穴洞、觅食范围相适应的,陆地自然条件直接赋予了血缘家族这一社会组织形式。

土壤因素。黄河中下游广阔肥沃的土地为农业生产提供了必要条件,数千年来,生活在这一地域的中华民族在这片土地上辛勤耕耘,创造了农耕文明,形成了华夏大地上最早的家族村落。我国

---

① [法]阿·德芒戎《人文地理学》,葛以德译,商务印书馆,1999 年,第 4 页。

最早的诗歌总集《诗经》记载了自西周初年至春秋时期五百年的历史文化，《大雅·生民》描述了周民族的始祖后稷教民稼穑，在肥沃的土地上种植农作物的情况："诞后稷之穑，有相之道。茀厥丰草，种之黄茂。"意即后稷种植庄稼时好像有神人相助，他除掉芜杂的草，田地上生长着金黄色茂盛的庄稼。在《大雅·公刘》、《大雅·绵》、《大雅·皇矣》、《小雅·大田》、《周颂·载芟》等篇章中也都写到了种植庄稼及"原"、"隰"等肥沃土地资源。成书于战国时期的著名古代地理著作《禹贡》开篇写道："禹别九州，随山浚川，任土作贡。"意思是说禹把天下划分为九州，根据土壤的好坏来确定贡献，黄河流域的土壤被列为好的或较好的土壤，如雍在山陕间的黄河以西，相当于今天的陕西中部和北部，兼有甘肃、青海各省地，雍州的土壤为九等中的上上等，九州之中属于黄河流域的就有雍、冀、兖、青、豫五州。兖州的土地为上中、青州为上下，豫州为中上，冀州为中中，可见，五个州的土壤在当时全国的九州之内全都算是好的[①]。黄土中腐殖质含量高，腐殖层含量厚，适合草本植物生长，且黄土结构较疏松，容易耕种，许多有益于人类的野生植物就生长其间。人类在长期的采集经济中认识了它们的特性，进而予以驯化，优选出了适于黄土地生长的麦黍等作物。在长期的对土壤认识、改良、耕作实践中，黄河中下游先民们积累了有关土壤和农业生产的丰富经验，为以定居为特征的家族村落的诞生奠定了基础。

　　气候因素。一般来说高寒区或温暖带地区的人类群体对居住地的选择趋近平坦宽阔的区位，而热带地区的人类群体则通常选择山地、高原，而不是低湿的隰原，其原因就在于平原地带过热过湿，排水不畅，加之丛林郁闭，毒虫猖獗，对人类生存的安全威胁甚大[②]。黄河中游的大部分和下游地区都属于温暖带，属我国东部季

　　① 侯仁之等编《黄河文化》，华艺出版社，1994 年，第 44—45 页。
　　② 江帆《生态民俗学》，黑龙江人民出版社，2003 年，第 47 页。

风区,其气候表现出四季分明的特点。夏季以东南风和南风为主,冬季则以北风和西北风为主,光照时间长,全年里大多数天气晴朗,光照时间和光照强度能充分满足农作物光合作用的需要。考古发现证明,远在公元前3000年至春秋时期黄河中下游的气候较现在温暖,而且空气湿润,连绵的山岭和低湿的河谷到处是繁密茂盛的森林,生长着水獐、竹鼠、貘、野猪、水牛,还有大象等动物种类,其中的一些动物经过驯养成为后来农耕文化需要的畜力使役。同时,远古时期由于森林茂密使人类族群的居住和生产活动受到限制,相传,尧之时草木畅茂,禽兽繁殖,影响农业生产,使五谷难有好收成。尧命益来治理,益用火烧的方法焚毁森林,然后播种①。就这样,黄河中下游的先民们伐木烧荒,辛勤耕作,创造了一个个柴扉上绕着牵牛花的居住处所和鳞次栉比的聚落村庄。对农业丰产造成威胁的气候条件主要包括旱和涝,相传,商汤之时曾经大旱七年②,至今在晋东南民间还流传着商汤在析城山祷雨的口承故事。同时由于黄河中下游一年中的雨水比较集中地降在夏秋季节,而且多有暴雨,造成洪水泛滥,淹没庄稼,所以形成了黄河中下游村落中祭祀龙王的习俗,龙王庙、禹王庙是黄河流域最普遍的庙宇。

河流因素。水资源是人类生存的重要条件,“逐水草而居”似乎成为远古族群生存的重要法则,河流的流域、流量、水体性状直接影响着人口的分布。世界上大大小小的人口稠密区都分布在天然水体附近。古埃及位于非洲北部,南有撒哈拉大沙漠,北临地中海,尼罗河流贯其间,两岸是狭长的沃野,这里气候温和,宜于农业生产,尤其是河流入海处形成一个广阔的三角洲,古埃及文明就发源于尼罗河两岸的土地上。美索不达米亚文化、印度文化的产生

---

① 参见《孟子·滕文公上》。

② 参见《荀子·王霸篇》,《吕氏春秋·顺民》。

都与河流有关,甚至当时度量制度、刑制法典都与水利灌溉、土地占有密切相关。在黄河中下游有许许多多的支流,如无定河、渭河、汾河、沁河、涑河、伊河等河流。它们两侧都有宽阔的冲积平原和广大的台地,对家族村落文化的产生具有重要意义。其中渭河是黄河支流中水量最大的一条,每年输入黄河中的水量占黄河总水量的 11.9%,长达 810 公里,在渭河流域分布着天水盆地和关中平原两大地形单元,已被发掘的大量古代人类活动遗存和遗址表明,这里是古代人类重要的居住地区。汾河谷地虽然没有像关中平原那样连成大片平原,但每个盆地之内土质深厚,土肥水美,对古代人类的生存来说自然环境也是很优越的,举世闻名的仰韶文化就孕育在黄河流域,尽管它以最早发现的河南渑池县的仰韶村而命名,然而其分布遍及黄河中下游,多达 1000 多处,最主要的有陕西省西安半坡、临潼姜寨、宝鸡北首岭、华县元君庙、河南陕县庙底沟、安阳后冈、洛阳王湾、淅川下王冈等处。仰韶文化之所以能在黄河中下游广阔的台地上发展起来也与其有利的地形、适宜的气候、肥沃的土壤以及充足的水量有关。正是在这样的自然环境中,形成了采集、渔猎经济生活,进而发展起了村落一类的氏族公社的社会结构[①]。

3. 黄河中下游的原始聚落

人类社会的经济形态大都经历了由采集狩猎到种植畜牧的转变,其生活方式也经历了由季节性定居向永久性定居的过程,与之相适应,社会组织也由原始的氏族部落演进为家族村落。家族村落是伴随着农耕文化而出现的,农耕文化是家族村落得以产生的根基。

人类社会的初期阶段与其他动物一样依靠天然的食物为生,由于天然食物并非全部可食,加之营养也不充足,分布上也不是到

----

① 　参见司马云杰《文化社会学》,山东人民出版社,1990 年,第 204—206 页。

处都有,随手可得,食物资源的匮竭威胁着人类的生存和延续,于是在那些动植物种类繁多的区域,有大量的遗传因子可供选择和杂交,同时多样化的地形和气候又为这些活动提供了条件,人类终于摸索出了一种方法,即把野生的植物驯化成作物,把野生的动物驯养成家畜,最早的驯化种植业就应运而生——人类在长期的生产实践中创造了原始农业。黄河中下游地形多为台地与平原,气候四季分明,冬季干燥寒冷,这样的自然条件最适宜于耐旱耐寒作物的生长。考古发现的磁山遗址的粟、裴李岗遗址的黍、大地湾遗址的粟和黍等,说明黄河流域的民众早在公元前6000年就已经掌握了粟、黍等农作物的栽培技术,与西亚、南亚、欧洲、非洲等地发现的同类作物相比要早千年以上。陕西赵家来和甘肃东灰山两地发现的炭化小麦,说明远在3000年前左右我国就开始了小麦的栽培,河南舞阳的贾湖、渑池班村遗址都发现了野生大豆种籽,说明6000年前的黄河人就开始了采食野生大豆,它距离栽培的时日肯定不会太远。总之,黄河中下游远在公元前5000—3000年就出现了以麦黍为代表的原始农业。植物的种植是以犁耕为物质保证的,正是犁耕文化的出现促进了农作物的种植培育,也带动了家族村落文化的形成。犁耕对家族村落文化的催生孕育主要体现在这样几点:一是犁耕大大促进了农作物的种植,使原始人类开始走上了定居生活。犁耕是人与自然契合的中间变量,是原始劳动力与土地结合的中介①。狩猎需要不断迁移,以寻求动物数量比较多的地方,采集资源出现匮乏时也需迁移他处,而农业生产是在土地上种植作物,其收获可以基本满足人们的生活需求时,人们就会定居下来,正是由于犁耕使人类的生活方式由原来狩猎采集时期不断流动的生活,转变成永久性的村落定居生活。二是犁耕文化奠定了农业区村落的血缘组织和经济模式。在采集狩猎时期出于安全

---

①　参见司马云杰《文化社会学》,山东人民出版社,1990年,第213—214页。

和实际需要,参加活动的群体人数少的在二三十人,多的在五十人以上,甚至以百计。到了定居的农业文化出现后,虽然农业群体并居一处,但土地耕作是以家庭或家族为单位的小群进行的,在原始村落中基层社会组织"是按照共产制的原则组成的,土地归原始村落中的全体成员所有,由整个血缘家族管理"①。到了后来的传统农业时期,就形成了以一家一户为基本生产单位的模式,在这样的家庭里强劳力承担主要的农事劳动,其他成员参加些辅助性劳动或有关手工业的劳动,生产主要靠体力,同时也用些畜力和简单的器械,是一种自给自足的生产生活模式,这种模式也决定了传统村落中农民们缓慢迟滞的生活节奏。三是传统村落中关于家族、土地、水利管理等制度文化和岁时节日、宗教信仰等观念文化也受到了犁耕文化的制约。随着农耕技术的提高,原始村落向传统村落发展,为了协调不同家族和同一地域内不同群体的关系,村落中的社会组织及相关的土地使用、水资源支配等制度愈来愈复杂多样。乡村里各种季节性的活动都是与春播秋收的农事活动有密切关系,农业丰产对土地、河流、气候的依赖遂使民众产生了土地神、河神、天神、龙王神一类的民间宗教信仰,这些原始村落的观念文化正是酝酿在农耕文化的土壤之上的,成为农耕文化区乡村百姓特有的生存策略和文化创造。

人类在由采集天然食物为主到生产食物为主的生存方式的转变中催生了原始农业,而农业生产方式的最终确立与定居生活密切相关,所以村落文化的形成经历了从采集游牧游移不定的生活方式到季节性定居,即定居与半定居的生活方式,最后到永久性定居的村落这样一个过程,正是在定居出现较早和较普遍的地方,分布着大大小小的原始聚落。聚落是指人类各种形式的居住场所,又称为居民点,它不仅是民居的集合体,还包括与居住地直接相关

---

① 参见司马云杰《文化社会学》,山东人民出版社,1990年,第214页。

的其他生活设施和生产设施,如房屋建筑、井泉池塘、道路修建、对外防御设计等,一般分为乡村聚落和城市聚落两大类,这里主要指前者。新石器时代的晚期,黄河流域的人们就进入了以农业为主的社会,在文化方面有仰韶文化和龙山文化,前者主要分布于黄河中上游,后者主要分布于黄河中下游,黄河流域的原始聚落大都位于河谷附近的台地上或黄河与支流河水的相交处,形成聚集而居的形状。

　　仰韶文化因河南渑池县仰韶村的考古发现而得名,一般认为是黄河中游及其附近地区约距今 6700 年前至 4800 年前的各考古文化的集合体,其时间阈限近 2000 年。仰韶时期的原始聚落遗址,早期阶段有陕西西安半坡、河南安阳后岗,中期阶段有河南陕县庙底沟、山东泰山沂蒙山一带的大汶口,晚期阶段有甘肃秦安大地湾遗址、郑州大河村遗址、山西太谷白燕遗址。其中每一文化村落的类型形态又复杂多样,如半坡村落文化还包括临潼姜寨、宝鸡北首岭等。这个时期的村落民居主要是地穴式或半地穴式,晚期出现了地上建筑,建筑样式大都是小型房屋,室内结构大都是一明两暗,即一座房子三间,迎门的一间称为明间,左右两侧有墙相隔的两间称为暗间,或者是“前堂后室”,即房子沿轴线分为前后两部分,迎门为堂,堂后为室。这些反映了仰韶时期原始村落里,最基层的一级组织是家庭血缘组织,依次由低级向高级为家庭、家族、氏族(或胞族)、村落这样四个层次的组织集结成了一种凝聚式的社会结构。

　　龙山文化晚于仰韶文化,它不同于仰韶文化的以磨光红陶为代表,而是以灰陶为主的原始文化,大约距今 4800—4000 年之间。龙山文化遗址在黄河流域的分布也相当广泛,从山东省东海沿岸向西延伸,直至陇山以东,包括内蒙古自治区也间或有之,如河南安阳市后岗,安阳市洹水沿岸,陕西武功县赵家来,陕西华县护泉村,山西襄汾县陶寺,甘肃秦安大地湾,甘肃广河县齐家坪都有古村落的遗址。龙山文化时期原始村落又得到了很大的发展,主要特点是:首先,村落分布稠密,不仅河旁台地到处可见一个个村落,就是远离河水的山岗、坡地也有人居住,例如河南安阳市洹水沿岸七公里半地区就发现了十九处龙山文化的村落遗址,平均不到半公里就有一处,这说明一方面人口急骤增加,村落数量上升,另一方面也说明黄河中下游的麦黍农业这一时期已可以大面积种植,满足了人们饮食方面的基本需要。其次,村落中民居建筑排列整齐,房屋设计合理,如龙山文化村落中的房屋不仅数量众多,而且往往东西成排,南北成行,井然有序。房屋设计上单个房子面积缩小了,间数却增多了,其样式不仅有圆形、方形,也有多间相连的套间式住房,这些变化都是为了适应人口增多的父权制家庭生活的需要。再次,村落的建筑设施更加齐备,使原始居民的居住条件更为舒适安全。民居住宅的建筑出现了夯筑技术,室内用白灰面涂抹,使墙壁光洁明亮,防潮坚硬。村落内出现了窑穴、水井,村落周围则挖掘沟壕或修筑一道土围墙作为防卫设施,这些说明长期定居在村落的原始先民已积累了相当丰富的生活经验。

仰韶文化和龙山文化遗址最密集的地区当为黄河中下游的渭河流域、汾河流域以及伊洛两河的下游,尤其是龙山文化遗址上古村落分布的密度已同现代村庄分布相差不多,可以说,绝大多数现代的村落都是龙山时期黄河先民居住过的地方,其中有许多就修建在龙山文化的遗址上,现代村落从选址到形制规模、村落设施都是原始村落的传递与延续。

第二章　黄河中下游乡村的婚姻习俗

婚姻家庭是两性结合的社会形式，二者既有密切联系，又是两个不同的范畴。婚姻是家庭建立的必要前提，家庭则是缔结婚姻关系的产物。《周礼》云："有夫有妇，然后为家。"[①]男女两性的结合本来是自然平衡在人类生活上的天作之合，然而，这种自然平衡一旦进入社会关系之网，经由人类理性的磋磨升华，就演变发展为一种复杂的社会关系。特别是进入私有制社会之后，婚姻就不是简单的两性结合，而是要受到诸多限制，这种限制进而演变为因时代变化规定各异的婚姻习俗、婚姻制度和婚姻观念，从而对男女两性的结合形成种种约束。同时，婚姻生活也构成了家庭生活的重要组成部分，婚姻形态、质量，婚姻生活是否和谐、美满，必然影响家庭生活方式和家庭质量[②]。婚姻与家庭的区别在于，婚姻是一种社会关系——经社会认可的、男女双方协议的契约关系，具有可置换性，而家庭是以血缘关系为主轴的社会实体，具有不可置换性的天然关系。在家庭实体中，除了婚姻关系外，还包括血缘关系、收养关系、母子关系、婆媳关系等，对个体家庭而言，婚姻的终结，并不意味着家庭生活的终结，只有"断子绝孙"，才会出现"绝户"、"绝家"。因此，从民俗学的角度研究婚姻家庭，既可以研究与婚姻基本形态相关联的婚姻年龄、婚姻范围、婚娶程序、婚嫁距离等，也可以研究家庭类

---

① 《周礼·地官·小司徒》郑玄注，《四库全书》90 册，上海古籍出版社，1987 年 6 月，第 202 页。

② 王玉波《中国家庭史研究刍议》，《历史研究》，2000 年第 3 期，第 165 页。

型、家庭规模、家庭秩序、家庭成员关系等,更为重要的是要关注婚姻家庭在不同历史时期的具体表现,探讨黄河中下游的下层民众怎样在传统社会设置下的婚姻家庭网络中生存、活动以及伴之而形成的惯制习俗、心理观念。本章探讨的重点是与家庭家族密切相关的婚姻习俗,从婚姻仪礼入手,进而考察不同亚区的区域差异,并运用符号学理论给予阐释。

一   黄河中下游乡村婚姻的缔结程序

婚姻的缔结担负着繁衍生命和维系社会关系的重要任务,《礼记·昏礼》曰:"昏礼者,将合二姓之好,上以事宗庙,下以继后世,故君子重之。"①中国是一个宗法制国家,非常重视人伦关系,一切社会关系正是由婚姻而衍生,维系社会和谐稳定的礼俗也以此为始。就个人而言,结婚是一生中的大事,"洞房花烛夜,金榜题名时",一婚一官,是世俗人生理想的寄托。古人认为小而齐家,大而治国,都有赖婚姻关系的和谐。古代的婚姻仪礼颇为繁复,据《周礼·仪礼·士昏礼》记载,周代的婚制有"六礼":纳采、问名、纳吉、纳征、请期、亲迎②。后世婚姻礼制因社会阶层、种族、地域的差异而呈现出不同的形态,但由于在社会变迁和上、中、下不同阶层的文化交融过程中,婚俗作为一种文化自有一种凝塑的力量,使之具有相当的一致性,所以后世传承中虽有变异,但内容犹存,大义不变。可以说,在全部的乡村文化中,婚俗中的传统是最持久、最顽强的。黄河中下游的山西、陕西、河南等省区,一般说来,整个婚礼包括五个阶段:提亲、议婚、相亲、订婚、迎娶。

1. 提亲。俗语云:"男大当婚,女大当嫁。"提亲是婚姻的开

---

① 《周礼·仪礼·礼记》,岳麓书社,1989 年 7 月,第 536 页。
② 同上,第 141—147 页。

始。这里首先涉及男"大"、女"大"的年龄标准,即婚姻的年龄,我们要注意历史文献资料中的婚姻年龄与历史上实际婚姻年龄的差别,还要考察官方规定的婚姻年龄与民间婚娶时的实际年龄的差别,才能洞悉黄河中下游乡村民众真实的婚姻状况和深层的民俗心理。《周礼·媒氏》记载:"男子三十而立,女子二十而嫁。"男三十,女二十是最迟婚龄,超过的被认为过期,实际的婚嫁年龄偏早。《韩非子》中提到男二十而室,女十五而嫁。唐代贞观元年(627)规定婚姻年龄男为二十,女为十五,开元时(714)又降为男十五,女十三岁,宋代以后一般规定男为十六,女十四。民国三十一年(1942)《中华民国民法·亲属》篇规定的婚龄男为十八,女为十六。建国后的中华人民共和国第一部《婚姻法》规定男婚龄为二十,女婚龄为十八。

中国古今婚龄表①

时代 年龄(岁) 性别	周·礼	春秋·齐桓公令	战国·越王勾践令	汉·惠帝令	晋·武帝令	北周·武帝令	唐·贞观令	唐·开元令	宋·天圣令	宋·司马光书仪	宋·朱子家礼	宋·嘉定令	明·洪武令	清·通礼	中华民国·民法	中华人民共和国·婚姻法	中华人民共和国·新婚姻法
男	30	30	20			15	20	15	15	16	16	16	16	16	18	20	22
女	20	15	17	15	17	13	15	13	13	14	14	14	14	14	16	18	20

中国历史上,历代官方对男女婚姻年龄尽管都有规定,但黄河中下游各省区的民间男女实际婚龄与法定婚龄不尽符合,民间男女婚配年龄差距,一般以夫妻同岁,或夫大于妻一二岁为宜。也有

---

① 转引自河南省地方史志办公室编纂《河南省志·民俗志》,1995 年 4 月,第 287 页。

一些地方约定俗成,认为妻应大于夫,或夫必大于妻的,谚语曰:
"女大两,黄金长;女大三,抱金砖;女大五,不受苦"。1950 年以前,
一些富裕人家以 10 余岁的童稚娶 20 岁上下女子者颇多,俗谓"春
童配"。民间大多情况下习惯于男大女两三岁,也有大十余岁的,
认为夫应大于妻是因为"妇大一,子孙稀","只许男大一层,不许女
大一岁",形成了种种婚姻禁忌。笔者曾对从民间收集到的民国三
十五年(1946)十月手抄本《高平县第一区南王庄行政村企甲院自
然村户口调查册》作了统计,列表如下:

高平县第一区南王庄行政村企甲院
自然村 54 对夫妻年龄差统计表

夫妻年龄差	夫妻对数	所占比例
妻大 1-2 岁	7	13.0%
夫妻同岁	2	3.7%
丈夫大 1-2 岁	12	22.2%
丈夫大 3-5 岁	8	14.8%
丈夫大 6-10 岁	17	31.5%
丈夫大 11-15 岁	6	11.1%
丈夫大 16 岁以上	2	3.7%

高平县位于晋东南,与河南省交界。该县南王庄行政村的企
甲院自然村夫妻年龄差尽管没有普遍的代表性,但通过对这一统
计材料进行分析,可以看出妻大于夫的占少数,而夫大于妻一至二
岁,或三至五岁的居多,夫大于妻六至十岁也占相当大的比例。

在乡村社会,与官方规定的婚姻年龄形成巨大反差的是早婚
现象严重。1950 年代以前山西、陕西、河南各省区的乡村里,男十
五六岁即娶,女十三四岁即嫁,民间谚语有:"庄稼长到寒露,女儿
养到十六","女儿十五六,娘家打发走"。如果女儿长到十六岁还
未嫁人,就会被人猜测有什么毛病,讥之为嫁不出去的老姑娘。一
些富户人家为了早抱孙子,使家庭人丁兴旺,就提前给未到结婚年

龄的儿子完婚,因此造成了大量的"等郎婚",即女子年龄大,丈夫只有七八岁或十来岁,媳妇娶过门后除操持家务外,还得照管丈夫。

案例一:陕北延安市临镇川,有个叫兰花花的姑娘,长到十八岁,出落得美丽大方,村上有不少青年倾慕于她,她也有了自己的意中人——那位在财主家"拦羊"的杨二娃。本村周家财主看上了她,想娶其为媳,买通媒人,说服了兰花花的父亲。兰花花的父亲因抽大烟欠债,收了财主家的彩礼,答应把女儿嫁给财主家身体瘦弱、年仅七岁的儿子。兰花花结婚后,在五月端阳节那一天,手提羊肉,怀揣油糕,与心上人"长工哥"双双逃走,再也没回来。但村上的年青人怀念他们,赞佩他们的抗争精神,一首脍炙人口、催人泪下的民歌《兰花花》,就在这样一个真实的生活故事基础上创作出来,并在黄河流域山村乡间广为传唱①。

案例二:山西襄汾 XZH 村的 CGJ 老太太,现在 86 岁,结婚时她十四岁,丈夫十岁。她说,"我那时虽然十四岁,但个子长得高,像个大姑娘,而我的丈夫又瘦又小。那个时候的婚姻全是父母包办,未来的丈夫从没见过一面,等到举行过婚礼,院子里人都走完了,仅剩下一个瘦瘦的男孩,坐在圪台上不动,我说'娃啊,别人都走了,你还等谁呢',他说:'我就是你的丈夫',当时我又好气,又好笑,原来我的父母就给我找了这样一位丈夫。从此我就和这样的一位丈夫生活在一起,一辈子也走过来了。"

文学作品中陕北的兰花花是用"逃婚"、"私奔"的方式反抗父亲包办的早婚,现实生活中晋南 CGJ 则是顺从父母之命,与不般配的丈夫共同度过了一生。

造成早婚的原因很多,归结起来主要是,政治方面,历代官方均鼓励生育,这对民间影响极大;经济方面,早婚可以为家庭增添

---

①　张建忠主编《陕西民俗采风》"陕南·陕北卷",西安地图出版社,1999 年。

劳动人口,同时抱养童养媳等,也可以为家庭节省一笔开支;民俗心理方面,多子多福,四世同堂,是世俗百姓的普遍愿望。当然,中国历代战乱频仍,造成人口损失严重,加上农村医疗条件差,婴儿成活率低,所以一般人家只要能筹办起结婚费用,都愿意为儿子早娶,以达到早生多生的目的。

2. 议婚。在黄河中下游的山乡村镇,一般是男方看中女方的品貌,就央求媒人向女方求亲,也有女方看中男方的门第,主动托媒向男方求亲的,俗称"倒托媒"。受正统礼仪的影响,民间的婚俗也严格恪守"父母之命,媒妁之言"。所谓"父母之命",是指男女双方的婚姻大事不是征求当事人的意见,而是遵从父母的意愿。据《周礼·婚义》所云,六礼之中除亲迎之外,都是在家长的名义下进行的,亲迎中即使是当事人新郎亲自出迎,也需"父亲醮子而命之迎"。汉代由祖父母与父母代定婚姻的例子很多,唐代以后的历朝法律都规定以直系的父母、祖父母为主婚人,当事人没有婚姻自主权①。所谓"媒妁之言",是说男女双方结合必须有媒人牵线说合,双方不得私订终身。媒人,又称"说合人"、"介绍人"。《诗经·邶风·匏有苦叶》:"士如归妻,迨冰未泮。"冰上为阳,冰下为阴,"君当为人做媒,冰泮而婚成"。经过媒人说合,男女方可成婚,因此称媒人为"冰人"、"冰翁"。黄河中下游的乡村民间,媒人常由能说会道的年长妇女担任,所以又有"媒婆"、"月老"、"红娘"等别称。俗谚云:"媒人是个称,两头称一称。"媒人通过对双方的门第、社会地位、财产多寡加以权衡比较,认为门当户对,才去提亲说媒,她们主动为男女双方物色对象,事成之后,可以得到双方丰厚的谢礼,或因有"成人之美"的功劳而使男女双方终生感恩。

案例三:PD 村有位媒婆,卒于 1995 年,享年 78 岁。该村由她牵线搭桥嫁出去的姑娘和娶来的媳妇共二十六对。其中有一家父

---

① 刘岱总主编《敬天与亲人》,三联书店,1992 年 3 月,第 439 页。

子两代都是她说的媒,如今该家庭已成为祖孙三代的复合家庭。这位媒婆临终前还给主家说:"只要我走得动,再过两年还要给你们家孙子说个媳妇回来。"

经由这位媒婆说合而成的夫妻,大多是男方家景穷得丁当响,女方遭遇过婚姻不幸,或生理、长相上有些缺陷。农村姑娘选择配偶的标准除了家庭富裕外,就是看重对方的"品性",认为"光景是人过下的",只要未来的郎君身强体壮、勤劳善良,日子就会有奔头。这位媒婆深谙农村女子的心理,所以经她从中说合,十有八九能成。

在山、陕、豫农村,每个村都有这样三至五位能说会道、说媒成功率颇高的"媒人",在漫长的封建社会男女设防甚严的环境下,有她们从中沟通并把握着婚姻的进程,对安定社会起到了积极的作用,同时也使许多男女青年喜结良缘,建立了自己的家庭。当然,也有不道德的媒人,往来于男女两方,故意隐瞒对方的短处,夸大男方的家产或女方的品貌,甚至虚捏聘金,贪图主家财物,人为地造成了许多婚姻悲剧。所以自周代以来,历代都有贱视媒婆的习俗。

3. 相亲。是在提亲之后,双方家长通过各种渠道打听对方的情况所进行的一个环节。晋南一带在民国年间相亲的过程,先是由媒人把写有女方生辰八字的"坤帖"送给男方,男方接帖后在神主案前祭告祖先,然后请算命先生根据《合婚九宫八卦图》合婚,占卜得吉,再把写有生辰八字的"乾帖"送给女方。女方也请人合算一遍,无相冲相克时再交换庚帖,表示乾坤已定,亲事告成,俗谓之"合神婚"。民间流行的谚语有:"白马怕青牛,羊鼠一旦休。蛇虎如刀错,兔龙泪交流。金鸡怕玉狗,猪猴不到头。"认为属相有冲犯,这桩婚事就不能继续进行。在山、陕、豫各地乡村普遍流行着"合神婚"的习俗,其做法大同小异,陕西的验证方法是,把女方的"八字"放在祖宗神龛下压三天,如果三天之内家中平安,一切顺

利,没出任何事故,就证明合乎神意①。河南泌阳一带是接到"生时
八字帖"后,将帖子压在"灶王爷"牌位前,三天内家中若无打架、吵
嘴、摔碗、摔盘之事,就说明婚姻吉祥,预兆可以联姻②。直到 20 世
纪 50 年代,合八字习俗仍在农村沿袭,不过废除了庚帖而通过媒
人口述男女双方生辰属相者为多。"文革"中,合八字被作为"四
旧"破除。20 世纪 80 年代以后的相亲,大多是由女方媒人带着姑
娘到男方家里看看,目的是对男方的家庭情况有个了解,主要考察
男方家庭是否殷实,如房屋是否宽敞、经济收入怎样、从事的职业
等。男方主要考察女方的容貌、品德,即先从外表上了解对方模样
长得如何,再深入了解其为人处事,甚至父母名声好坏。如果双方
都满意,就可以定下姻缘。

　　4. 订婚。实质上是"六礼"中纳吉、纳征的演变,是继相亲之
后一项重要的婚嫁仪礼,其隆重程度仅次于结婚,山、陕、豫民间对
订婚这一环节非常重视,因此各地都有许多讲究。民国年间,陕西
地区的做法是,男方准备齐全女方所要的彩礼,按照商定的吉日送
女家,并在亲友中找一位熟悉礼仪的人配合媒人将彩礼点交清楚,
女方收下彩礼,设宴款待。关中称为吃"会亲酒",陕南叫"准盅
酒",陕北直接叫"喝酒"。两家同意联姻后还要举行换帖仪式,
"帖",又叫"庚帖"、"龙凤帖",是一种彩色印刷品,专供办婚事用,
旧时商店多有出售,帖子的颜色在山西和顺一带是男红女绿,帖子
上的图案是,男方使用的龙帖封面上印有一双盘龙,女方使用的凤
帖封面上印有一对飞凤。帖子的内容已成定式,龙帖的内容多写
"乾生某年某月某日某时"和"久仰名门,愿结秦晋,愧之金田,敬恳
金诺"等表示求婚的词语。凤帖写"坤造某年某月某日某时",加上

---

　　①　杨景震主编《陕西民俗》,甘肃人民出版社,2003 年 5 月,第 237 页。
　　②　河南省地方史志编纂委员会编纂《河南省志·民俗志》,河南人民出版社,1995
年 4 月,第 290 页。

"敬接冰语,联婚高门,幸蒙俯允,愿切乘龙"等表示允婚的词语。龙帖和凤帖各装入红漆礼盒,由双方父亲妥为保存。

除交换庚帖外,男女双方还要互赠礼品或信物,晋中一带称之为"四色礼",即男方送给女方的有衣物、戒指、耳环、项链等四种,取四四方方之意;女方回赠男方的有文房四宝,还有钱包、扇子、裤带,其中裤带隐喻将双方拴住。晋南一带讲究"十全十美",男女双方互赠的礼物要有十件,男方给女方的有银元、绸缎衣服、八副罗裙、鞋面、红绿手帕等,女方回赠的礼品较简单,如"连生贵子"面人一个,面石榴十个,红纸包着盐和麦麸的红包十包。前者取连生贵子,多子多福之意;后者是把包着盐麸的红包带回男方,撒在公婆和妯娌身上,寓示婆媳、妯娌之间有"严(盐)法",全家老少有"福(麸)气"。

中国建立社会主义制度之后,订婚的习俗渐趋简化,尤其是20世纪60年代以后,只要男女双方同意结为伴侣,互相交换纪念品即可。在较贫穷的山区农村,多以手巾相换,换手巾时象征性地在手巾内包上一定数量的现金,更多的是照"订婚照",作为正式订婚的凭证。

在黄河中下游的乡村,订婚意味着男女双方从此后就有了夫妻名分,可以互相走动,逢年过节互相看望,农忙时节互相帮忙,盖房起屋互相扶助,一般情况下不许反悔,否则会遭到众人的非议。订婚后过段时日,有的要持续一两年后,男女双方到政府登记领取结婚证便可成婚。

5. 迎娶。这是婚姻程序的最后一个阶段,仪式异常繁复。因为婚礼对于男女双方当事人来说,它不但是个人的事,也是整个家庭和家族的事,通过婚礼新娘的社会角色得到了转换,获得了另一个新的亲属群体的认同;它不但是人世的事,也是通于天地鬼神的大事,所以"拜天地"成为婚礼的替代词;它不但是现世的事,也是关乎到过去和未来的事,所以婚礼上要祭拜祖宗,使一对新人在延续不断的大生命里求得一个位置,成为整个家族繁衍的一个链环,推动所属血缘群体持久稳定地发展。一般来说,迎娶主要有看日子、送彩礼、完婚日三个环节。

看日子。由男方择定娶亲吉日,通知女方,征求女家同意,河南民间称之为"看好儿"、"约日子",这就是古代"六礼"中的"请期"。清代至民国年间山、陕、豫乡村都是请算命先生根据历书和新娘的"八字"选择黄道吉日,例如白虎日、朱雀日、罗猴日都是凶日,一定要避开,否则凶煞恶神就会作祟。吉日良辰一般选两个,一个在上半月,一个在下半月,由女方选择后再确定,目的是为了避开新娘的经期。陕西民间对选娶吉日有一些流行的说法,如"杂乱姓氏三、九月,张王李赵六、腊月","一月三个六,强如看历头","三、六、九,不用瞅,二、五、八,事情瞎",人们相信阴历三、六、九是三个吉祥的日子。"过了腊月二十三,结婚不论哪一天",认为从腊月二十三晚送灶神"上天朝君"到腊月三十接回灶神的这段日子没有任何禁忌,哪一天都可以,所以乡村农家在这段时间内选择婚日的人特别多。山西称之为"赶乱年"或"赶阑岁",光绪《寿阳县志》"风土"篇云:"自二十四日至除夕,嫁娶颇多,谓之赶阑岁。"①一旦男女双方确定了婚期就不可轻易改动,河南林县一带认为"择号已定,不许移动,后移死婆,前移死公"②,实质上是怕定了日子后再生麻烦而延误婚期。建国后,在黄河流域的农村以选择春、秋两季为佳期者居多,春天万物复苏,阴阳交接,宜于婚配。秋天庄稼成熟,果实累累,象征婚姻成熟美满,婚配也很适宜。进入1980年,乡村青年也有选择"五一"劳动节、"十一"国庆节、元旦为结婚吉日的。

送彩礼。又称"纳彩"、"纳币",相当于"六礼"中的纳征,民间或称之为"送财礼"。本来,女方家把长大成人的女儿嫁出去,丧失

---

① [清]光绪八年刻本《寿阳县志》十三卷。
② 河南省地方史志办公室编纂《河南省志·民俗志》,1995年4月,第293页。

了劳动力,男家为女家送财礼作为对女家经济上的一种补偿,也是合乎情理的。同时,男家付出一定的礼金,出于经济上的利益而不致于悔婚,这对于婚姻的稳定也产生了积极的作用。所以"婚姻不论财,礼仪不在奢",曾是黄河流域各省区从官方到民间都倡导的良好风俗,乾隆四十七年刻本《大同府志》云:"其婚礼仪节,大都礼俗相半,而不计奁聘,不事奢靡。"①乾隆年间的《应州志》亦曰:"临妻前期,乃用茶饼、冠服衣饰,送至女家,不用聘金。"②清光绪年间的《怀仁县新志》也云:"怀邑婚姻,论财者少。"③但是,自清代末年至民国年间,嫁娶讲求聘金,而且愈演愈烈,导致买卖婚姻出现,使得中、下等家境的男子无钱娶妻。据民国十七年《新修曲沃县志》载:

> 清初,聘礼极微,言及财物,人咸耻笑之。光绪季年,风气下变,聘金有二三十金,或竟四五十金者。民国则变本加厉,议及婚事,先讲元额,"番饼二百板",亦几成为口头禅。中人之家,不敢轻言婚事,嫁娶失时,此亦人丁缺乏之一原因。④

类似的记载在民国年间陕西、河南、山西的县志中屡见不鲜,借嫁女而索取聘金、财礼成为黄河流域各省区普遍的现象。究其原因,一方面是自民国初年开始,社会动荡不安,战乱频仍,可谓国无宁日,民不聊生,乡村下层民众无法过上安定平和的日子,借嫁女索取财礼成为保证生存需求的一个重要来源;另一方面由于乡镇山村经济条件落后,终年收入甚微,人们也想通过嫁女积攒一些钱财,以备灾年和不测,尤其是在 20 世纪商品经济的刺激之下,古朴的婚俗渐次发生变化,聘金数目越来越大,而且越是偏远落后的

①　[清]乾隆四十七年刻本《大同府志》三十三卷。
②　参见张余、曹振武编著《中国民俗大系·山西民俗》,甘肃人民出版社,2003 年 11 月,第 242 页。
③　[清]光绪三十一年《怀仁县新志》十二卷(增补续刻清·光绪九年本)。
④　民国十七年铅印本《新修曲沃县志》卷三十。

地方索金越高,越是贫穷的男性家户婚娶时被索要的财礼越多。民国六年的山西《乡宁县志》曰:"百余年来,渐重财礼。光绪中,平家行聘,无过五十千者;至光绪末,增至二百千;今则三四百千不足异矣。"①三十年代的陕西《洛川县志》也云:"贫穷男子,女家索财特多,俗称所谓'将女陷崖',谓女亦将受贫也,因是贫汉多有一生不能娶妻者,俗称'白条'。"②聘金渐长,索取财礼之风炽盛,造成大量买卖婚和早婚,富有者为子早娶,贫穷者无力承担而每每愆期,所以男子婚龄远远大于女子,甚至贫寒子弟终身鳏居,没有家室。正如民国六年《乡宁县志》所载:"女子二十而嫁,古之常也,今则十五六岁,竟有十三龄即已及笄者;而男子之婚动二十、三十,亦有终身鳏居不能室者……"③1949 年以后,买卖婚姻被政府严令禁止,结婚仪礼逐渐删繁就简,除旧更新。1980 年以后,伴随着改革开放,集体结婚、旅游结婚也开始流行于乡村,与此同时,财礼也呈现出不断上涨之势,农村财礼高达一万元以上,"养得起儿子,娶不起媳妇"成为乡村民众的一大难题。

完婚日。在黄河流域各地,迎娶前有各种各样的"催妆"习俗。催妆的时间一般在结婚正日的前三天或前一天,山东德州称之为"下催妆衣",送给女方的礼物有红袄、红裤、红盖头等嫁衣和四包礼物,由媒人领着送到女方家中。晋北大同等地是送给女方家面粉、大肉,清代道光十年《大同县志》云:"迎娶之前一日,婿家备肉、面纳于女家,俗谓其肉曰'离娘肉',面曰'离娘面'。"④陕北是送白

---

① 民国版《乡宁县志》卷七"风土记",山西省乡宁县志编纂委员会翻印,1985 年,第 258 页。

② 民国三十三年铅印本《洛川县志》卷二十三"风俗志",《中国地方志丛书》(华北地方,第 536 号),成文出版社有限公司,1976 年,第 510 页。

③ 民国版《乡宁县志》卷七"风土记",山西省乡宁县志编纂委员会翻印,1985 年,第 258 页。

④ 《黄河文化丛书·民俗卷》,陕西人民出版社,2001 年 5 月,第 64 页。

面大卷 12 个,称为离娘糕,同时还有面花,一个面花足有二斤重,名目有"二龙戏珠"、"龙凤呈祥","莲生桂枝"等,并有生猪肉一块,从中割条缝,却不割断,寓意是母女骨肉相连,亲情不离。在陕西关中、渭南、陕北等地还有"上喜坟"与"祀祖先"的习俗。关中各地在结婚前一日或当日要祭祖,临嫁的姑娘亲自到祖坟烧纸祭祀,表示辞别祖宗,俗谓"上喜坟"。在渭南韩城一带,临娶前一天或当日早上男方家派人到女方家祭祀祖先,俗谓"祀先",去时要带上祀先帖,抬上去了毛的"烫猪"一头、当地面食"油轮"数座及香马、鞭炮等。祭祀完毕,女方家用素挂面或馄饨招待客人,留下一半肉,其余的退回。

结婚当日要行迎娶礼,黄河流域各省区民间迎娶用具因地理条件、时代变迁、经济状况而各不相同。20 世纪 50 年代以前,河南一带多用花轿,因家庭经济状况的好坏,轿数也不同,有的仅有一顶,有的二顶、四顶,多者达八顶。贫困人家也有用马、牛牲畜车的,如豫东、豫西南一带民间贫困者多用"席卜楞车"。在山西平鲁一带有别具特色的用具"骡驮轿",专门用于迎接新娘以及送亲的女客,其外形是不带车轮的旧式轿车,车身的前后都有辕杆,辕杆架在前后两头骡子身上,迎娶的时候,赶骡的"骡夫"格外神气,手持鞭杆,衣着整齐,轿子行走在崎岖的乡间小道上,只要他小心在意,轿子就会不摇不晃,四平八稳,否则新娘就要受许多颠簸之苦。在交通不便的山区新娘出嫁也有骑马、骡、驴的。

等到吉时,举行结婚大典,俗称"拜堂"或"拜天地",由司仪主持,一拜天地,二拜祖先,三拜高堂,最后夫妻交拜。新郎新娘入洞房后要同饮"交杯酒",又称"交心酒"、"合欢酒",它源于古代的"合卺"礼。周代有"同牢合卺"的习俗,《礼记·昏义》云:"妇至,婿揖妇以入,共牢而食,合卺而酳,所以合体,同尊卑,以亲之也。"①

---

① 《周礼·仪礼·礼记》,岳麓书社,1989 年 7 月,第 536 页。

就是夫妻同吃一牲,并把一个葫芦剖成两半,半个称为"卺",两瓢相合谓之"合卺"。喝酒时,按照夫向东、妇向西的位置夫妻对饮,表示同体合一。北宋以后,"合卺"就逐渐演变为交杯酒,孟元老《东京梦华录》"娶妇"曰:"两盏以彩结连之,互饮一盏,谓之交杯酒。"明清两代到民国年间,黄河流域各地又沿用"合卺"名称,有关史书方志中多有记载。民间流行的方式有的是同杯酒,即新郎新娘共饮一杯酒;有的是换杯酒,即新郎新娘中间有一人双臂交叉举双杯先让新郎新娘同时各饮半杯,再又交换酒杯让双方再饮。在陕西耀县一带,新郎新娘饮交杯酒时,院子里围满了观看的人群,大伙推举出一个口才好的人即兴编唱顺口溜,气氛非常热闹。

　　结婚当天,嘉礼完成,欢宴已毕,黄河流域各地都流行着"闹洞房"的习俗。民间历来有"新婚三日无大小"的说法,婚后三天之内,亲友邻里不论辈份高低、年龄大小都可挤在洞房里戏谑逗闹。当然,通常闹洞房的主要还是新郎的同龄伙伴,或晚辈、姑嫂,人们认为"不闹不发,越闹越发"、"人不闹鬼闹"。闹洞房从民俗心理看,有驱邪避祟、保佑新郎新娘婚后生活吉祥如意的功用;从社会学的角度看,能够增添喜庆的气氛,同时借助闹房甚至听房、偷房等习俗,在嬉闹中让新郎新娘相互熟悉,消除隔膜,也使新娘尽快熟悉环境,转换社会角色,获得男方群体的认同。

二　黄河中下游乡村婚俗的区域差异

1. 婚姻仪礼的民俗性质

　　婚姻仪礼是人生仪礼的一个重要环节。人生仪礼是人的一生中几个重要阶段所要经历的"具有一定仪式的行为过程,主要包括诞生礼、成年礼、婚礼和葬礼"①。一个人的生命过程包括自然生命

---

①　钟敬文主编《民俗学概论》,上海文艺出版社,1998 年 12 月,第 156 页。

和社会生命两个部分,人生仪礼所看重的并不是一个人的自然年龄和生理变化,而是通过生命历程中不同阶段的仪式获得家庭、宗族、社区对他社会地位和角色的认可,正如劳埃德·沃纳所说:"一个人一生的运动,从固定在母亲子宫内的胎盘中走出来,走向死亡和墓碑的最终固定点,最后作为死亡的肌体躺在坟墓里,这个运动是由一些重要的过渡时刻标志出来的,所有的社会都在这些时刻举行仪式并公开地用一些适当的礼仪把这些时刻标志出来,以便使个人和团体的重要性给社团中的活人留下深刻的印象。这些重要的时刻就是诞生、发身、结婚和死亡。"①

法国民俗学家范·热纳将这样一些"重要的过渡时刻"所举行的仪式称为"通过仪式",是指"伴随着地点、状态、社会位置、年龄的每一变化而实施的仪礼"②。他认为这些仪礼可分为三个阶段,即"脱离仪式"、"转变仪式"、"合入仪式",正是这些仪礼使人从一种社会状况转变为另一种社会状况。英国当代人类学家维克多·特纳提出了"阈限"理论,认为范·热纳概括的通过仪式的三个阶段中"转变仪式"尤为重要,因为受礼者在这样一种仪式中完成了身份转换,从而"进入了一种神圣的仪式时空,它处于中间状态,不同于过去和未来那按照世俗社会生活范畴构造起来的时空。在这个阈限期孕含着创新的象征意义"③。

运用上述"通过仪式"的理论分析黄河中下游各省区的婚姻习俗,我们可以清晰地看到,通过婚姻程序,一对男女青年"脱离"了原先的社会地位,再通过转变仪式使自己得到改造,最后通过原先状态的"死亡"换来新的状态的"再生",获得一个新的社会位置,从属于一个新的社会群体。具体来说,男性青年通过婚礼从此可以

---

①　史宗主编《20 世纪西方宗教人类学文选》下卷,上海三联书店,1995 年 4 月,第512—516 页。

②　同上。

③　同上。

操持家务,担当起管家理财的重任,所以1950年以前,许多地方成年礼与婚礼同时进行;女性青年通过婚礼由娘家到了婆家,由娘家这样一个所属群体转入了另一个社会群体,其身份由姑娘、女儿变成了妻子、媳妇,并且得到丈夫所在族群的认可,完成了社会角色的转变,成为新的一员。

黄河中下游乡村整个婚姻缔结的仪礼,大体可以分为建立婚约、正日迎娶和婚后习俗三大部分。这三大部分各有不同的内容和功能。建立婚约涵盖了"六礼"中的纳采、问名、纳吉、纳征、请期等内容,相当于近现代的提亲、议婚、相亲、订婚等环节。尽管不同时代、不同地域、不同家庭收取聘金数额不等,但所有这些环节中主要体现的是经济关系,即在建立婚约的过程中,男女双方通过媒妁发生一定形式的经济往来,维系男女双方家庭关系和婚姻稳定的因素很大程度上决定于经济关系。正日迎娶包括结婚当日的亲迎、拜堂、合卺等仪式。婚后习俗有庙见、拜大小、下厨、回门等环节。后两大部分主要体现了婚姻缔结中的社会学意义,即新娘子通过这些程序转变为男方家庭成员,为男方家族及所属社区群体所接纳[1]。黄河中下游各省区由于地域环境不同、生产力水平发展的不平衡、村落民众经济状况优劣不等而在婚礼仪式的各个环节中侧重点也不同,折射出民众的生存状况、婚姻观念也不同。

2. 黄河中下游婚俗的区域分布

文化区是指富有特征的文化在空间上的分布。一方面,从整体上与其他地区的文化形成差异;另一方面,在一个足够大的地域范围里,本地区内部文化的差异也是存在的,甚至也是很突出的。探讨黄河中下游这一大的地域范围内不同文化亚区的差异是饶有学术兴味和民俗学意义的一件事情。黄河中下游文化区的划分,

---

[1]   参见张晓虹著《文化区域的分异与整合》,上海书店出版社,2004年1月,第244页。

若从历史时期的文化区域着眼,可以分为三晋文化区、三秦文化区、中原文化区、齐鲁文化区、燕赵文化区,或可再细分为秦地、魏地、周地、韩地、赵地、燕地、齐地、鲁地等文化区。我们认为兼顾历史与地理的因素,从文化地理的角度划分,更有利于探寻黄河中下游各省区民俗的真实存在状态。按照目前文化地理学流行的分类方法,文化区可分为三种类别:功能文化区、乡土文化区、形式文化区。功能文化区是指在特定空间范围里具有受到政治、经济、社会功能制约的特征,如一个行政管辖区、一座城市等,大体相当于今天的行政区划;乡土文化区,又称为感觉文化区,是指在特定的文化地域里的群体有着大体相同的生活方式和区域意识;形式文化区是一种或多种具有相互联系的文化特征所分布的地理范围,是指具有同样文化特征或有某种特殊文化的人群的地域分布[①]。我们这里的文化区大体相当于后者,它侧重从历史文化地理的角度考察民俗文化,同时兼顾了语言、宗教、历史、地理等各种文化要素,进而对黄河中下游这一大的文化区域内各文化亚区之间的差异及其形成的背景、原因、演进过程进行细致深入的研究。

基于上述的理论视野,我们认为黄河中下游婚俗的地区分布大体可包括平川谷地文化区的婚俗、黄土高原文化区的婚俗、农耕与游牧交汇区的婚俗三大类型。不同文化区由于地理环境、经济条件,以及政治历史变迁的情况不同,呈现出明显的差异。

①平川谷地文化区的婚俗。地域范围包括渭河流域的关中各县、汾河流域的晋中、晋南各县和从属于古中原地区的洛阳、开封附近各县。在政治上,这一文化区在唐宋以前属历代王朝建都之地,或地理位置上紧靠京畿,受正统文化的濡染最重,历史文化积淀深厚,其民有先王遗风;在经济上,由于土地肥沃,物产丰富,加

---

① 周振鹤主著《中国历史文化区域研究·序论》,复旦大学出版社,1997年9月,第3页。

之有水利舟楫之便,民众生活富庶,可谓沃野千里,鸡犬相闻,一派田园风光。在这样的文化背景下,传统的婚姻仪礼保存得比较完整,具有很强的趋同性和稳定性,农耕文化区的婚俗特征尤为明显。这一文化区的乡村民众并不看重建立婚约阶段的经济关系,体现在"婚不论财",女方家看重的是男方的人品和家境,并不是当下的利益。如清光绪年间陕西《永寿县志》载:"永俗婚不论财","媒妁言允后,男家肃帖拜谢。起媒、接媒、会亲、纳币,丰约不等。"①清乾隆年间山西《太原府志》曰:"其婚姻仪节,大都礼俗相半,而不计奁聘,不事奢靡。"②而十分重视正日迎娶仪礼和婚后的"认大小"、"回门"等习俗,关注的是婚俗的社会学意义。许多有关这一地区的清代或民国年间的方志史料不惜笔墨,不厌其烦地记述了该地的婚姻仪礼中的具体情节和婚后的家族认同。根据民国十七年山西《新修曲沃县志》记载,尽管 20 世纪 20 年代"国体改革,礼节更新",但婚姻仪礼仍不能"从简",仅"典礼"一个环节就相当繁复:

> 系就庭前设礼案,奏乐,由司仪人入席,面北立,宣唱:"男女宾入席,面北立;男女族主婚人入席,面南立;男女族全体人入席,面东西立;介绍、证婚人入席,面南立;纠仪人入席,面北立;男女宾相引新郎、妇入席,俱面北立。奏乐。证婚人读证书,并为新郎、妇交换饰物。新郎、妇行结婚礼,东西相向立,双鞠躬。奏乐。主、证婚人致训、箴词。新郎、妇谢证婚、介绍人,三鞠躬。男女宾代表致颂词,赠花,两鞠躬。奏乐。新郎、妇致谢词,两鞠躬。女宾代表唱文明结婚歌。证婚人、介绍人、男宾、女宾俱退。新郎、妇行谒见男女主婚人及男女族全

---

① 　[清]光绪十四年刊本《永寿县志》卷四,《中国地方志丛书》(华北地方,第 308 号),成文出版社有限公司,1970 年,第 162 页。

② 　[清]乾隆四十七年刻本《太原府志》卷三十七。

体礼，奏乐，男女主婚人及各尊长面南立，三鞠躬；男女平晚辈面东西立，两鞠躬。男族、女族全体行相见礼，东西相向立，两鞠躬。男女宾相引新郎、妇退；男女两家主婚人及男族女族全体、纠仪人、司仪人俱退。茶点筵宴。①

　　地处晋中的太谷县也有类似的记载，至于"凡婚必亲迎"更是这一文化区普遍的习俗。至于婚后习俗的内容和时间安排，这一文化区的各亚区也基本相同。关中各地婚后第二天新妇"认大小"，新娘在新郎或姑嫂带领下挨门挨户拜见本族长辈和邻里乡亲，每到一家由姑嫂介绍户主的辈份和称呼，凡是长辈，新娘都要行礼并装烟点火表示尊敬，长辈要赐给装烟钱，俗称"认人"。新娘婚后带着新郎到女家，与女家的亲友会面，俗称"回门"或"会亲"、"请女婿"。回门的时间一般是在成亲后的第二天或第三天，也有在婚后第四、六、十天的。

　　黄河中下游各省区的迎娶方式和迎娶时间有较大的差异。一般来说，迎娶的方式主要有三种，一是"亲迎"，即新郎在伴郎、迎亲队伍的陪同下亲自到女方家迎接新娘；二是"等亲"，就是结婚当日，新郎不去女家，而是在家恭候，婚事的"总管"派新郎的兄弟叔侄或至亲好友去女方家迎娶新娘；三是"送亲"，男方不派人去女家，而由女方家选派亲人好友把新娘送来。这三种方式在黄河中下游各省区都较为常见。比较而言，靠近历朝政治文化中心城市的地方都亲迎，而稍偏远的地区则不亲迎。"不亲迎"的习俗屡屡见于地方志的记载，如民国年间陕西《宝鸡县志》云："俗不亲迎，只用花轿。女家送亲，男家制酒，亲友送助仪者陪宴。"②清代光绪年间的《凤县志》、《源县新志》都有同样的记载。清乾隆年间的山西

────────────

① 民国十七年铅印本《新修曲沃县志》卷三十。
② 民国十一年《宝鸡县志》卷十二"风俗"，《中国地方志丛书》（华北地方，第310号），成文出版社有限公司，1970年，第511页。

《太原府志》也云:"绝无行亲迎礼者。"河南孟津,县东是新郎亲往女家迎娶,县西则是"等亲"。迎娶的时间通常都在白天,也有的地方是在天黑或夜晚,晋南新绛、襄汾、洪洞等县都在晚上,山东曲阜、泰安等地是新郎和男方迎亲队伍到女方家后,女方设席款待,一直要到初更才打发新娘子出门,天黑迎娶。溯其古义,"婚"与"昏"同音,据《礼记·士昏礼》记载周代迎亲也在晚上,这无疑是古代抢婚习俗的遗留。

陕西关中的婚礼上还普遍保存着"尚白"的习俗。迎娶的当天,新郎新娘虽然也精心打扮,身着礼服,或施以浓妆,但都用白布装饰头部。清人徐珂《清稗类钞》中记载:"国初汉中风俗尚白,男女皆以白布裹头,或用黄绢,而加白帕其上。……西(安)、凤(翔)诸府亦然,而华州、渭南等处尤甚。凡元旦吉礼,必用素冠白衣相贺。"①清雍正《陕西通志》也云:在婚筵上"妇人虽浓妆,亦必以白布饰其首"②。对于这一习俗形成的原因,《临潼县志》上的解释是:"盖西方金也,山曰太白,故多尚白,从来远矣。"③

缔结婚约"不用庚帖"也是关中地区普遍存在的一种习俗,其特点是缔约不用庚帖,只请媒人作为中间人,双方财礼的商定全凭媒人从中说合,可谓"空口无凭",日后悔婚者较多,纠纷由此而产生。光绪陕西《永寿县志》曰:"县中案牍控婚姻者尚多。仅凭媒人口说,用钱百文挂于女孩之项,毫无庚条配婚及两家名帖。日后女孩长大,悔婚者有之,贪财另嫁者有之,以致缠讼。"④直至民国二十年间,"不用庚帖"的习俗仍持续不断,民国《华阴县续志》载:"男

---

① 〔清〕徐珂《清稗类钞》,中华书局标点本,第十三册,第6150页。

② 雍正《陕西通志》卷四十五"礼仪",《四库全书》,第553册,上海古籍出版社,1979年,第564—565页。

③ 同上,第565页。

④ 〔清〕光绪十四年刊本《永寿县志》卷四,《中国地方志丛书》(华北地方,第308号),成文出版社有限公司,1970年,第163页。

女庚甲,久不通之吉柬。近岁有悔姻者,构讼于官,邑宰素悉习俗,据媒庭断;而府宪以无庚帖为凭,遽然判离,援案继之者纷纷矣。"①这一习俗在关中地区的各县志中都有明确的记载,乾隆《临潼县志》也云:"村屯民庶,问名、纳采不用庚帖,惟用亲友为冰人。"当时的地方志撰写者对此俗深感忧虑,急切盼望改进,从中也可看出官方的态度,光绪《永寿县志》云:"务望读书之士开导愚民,婚姻系人伦大典,必须以媒人、庚帖为凭,言定聘礼,免滋讼端。古豳风俗,岂容如此,但陋习相沿,务宜整肃为要。"②民国《华阴县续志》里革除此风的态度更为坚决:"似此浇风,不可不惩创也。"③

　　②黄土高原文化区的婚俗。主要包括晋西的柳林、临县、兴县,晋西北的河曲、保德、偏关,陕北的府谷、神木、榆林、米脂、绥德、安塞、鄜州、宜川等县,这些县分布于山陕大峡谷两岸,举目眺望,连绵起伏的山山岭岭被厚厚的黄土覆盖着,近处俯瞰,沟沟岔岔交相毗连,长着密密的蒿草和稀疏的树枝,地形破碎,干旱缺水,贫穷成为缠绕着祖祖辈辈山民们的恶魔,他们世世代代在贫困线上苦苦挣扎,在这样的地域环境中其文化也有着明显的边区特色。在婚姻习俗方面,最明显的特征是强调婚前的经济关系,婚姻的缔结具有明显的买卖婚姻色彩,建立婚约阶段相当繁琐而复杂,缔约的重心集中在财礼的交付上,突出表现就是"重财礼",以及与之相关联的送"助年羊"和收"二成礼"的习俗。

　　财礼成为边区各县民众难以承受的负担,据民国《横山县志》载:"县俗定亲,先讲财礼,为数不等。中人之家至少一份为三十六

①　民国二十一年铅印本《华阴县续志》。
②　[清]光绪十四年刊本《永寿县志》卷四,《中国地方志丛书》(华北地方,第308号),成文出版社有限公司,1970年,第163页。
③　民国二十一年铅印本《华阴县续志》。

元,次须四六十元不等,贫者有至百元以上。"①民国《安塞县志》也云:"财礼只二三十金,近有增至四五十金者。"②围绕女方对"财礼"的索取与男方对财礼的支付,其间礼俗颇为繁复,横山县有"定婚"、"戴耳锤"、"戴采礼"、"商话"、"送衣裳"等名目,安塞县则有"议话"、"下礼"、"吃酒"、"喜头"、"拜礼"等名目,可见该文化区尤其看重婚俗中的经济关系,而且越是贫穷的男子付出财礼的价码越高,当地民众的解释是"将女陷崖"③,意谓男方家境贫寒,女子嫁去之后要受更多的贫穷,所以婚前要多索取一些财礼以保证婚后的基本生活需求。为了持续男方对女方家的资助时间,在陕北还有送"助年羊"的习俗,清雍正《陕西通志》云:安定县"缔姻后,男家为女家置羊酒三载"④。据民国《葭县志》记载,该地除了聘娶时"卜日开宴,随馈布帛、钗钏等物,号曰'定亲'",将娶时"先数月择吉,以衣服、喜银、米面等物馈送妇家,谓之'送采礼'",而且在定亲之后到迎娶之前,男方"每当冬至馈送妇家羊一,号曰'助年羊'"⑤。在洛川县,正式财礼外,临结婚时,须另讲"二成礼",俗谓"箱柜礼",如与女方舅家来往时,须添送"来往礼"⑥。

　　在婚娶仪式里,陕北和晋西都流行着一些地域特色颇为明显的习俗。陕北有"背圪塔"的习俗,即新妇到了婿家后,由迎娶妇把新妇扶到炕的角落,背朝吉方坐一夜,新娘通宵不能睡,灯火也彻

---

　　① 民国十八年石印本《横山县志》卷三"风俗志",《中国地方志丛书》(华北地方,第283号),成文出版社有限公司,1969年,第272页。

　　② 民国十四年铅印本《安塞县志》卷十二。

　　③ 民国三十三年铅印本《洛川县志》卷二十三"风俗志",《中国地方志丛书》(华北地方,第536号),成文出版社有限公司,1976年,第510页。

　　④ 雍正《陕西通志》卷四十五"礼仪",《四库全书》,第553册,上海古籍出版社,1979年,第565页。

　　⑤ 民国二十三年石印本《葭县志》卷二"风俗志",《中国地方志丛书》(华北地方,第535号),成文出版社有限公司,1976年,第141页。

　　⑥ 民国三十三年铅印本《洛川县志》卷二十三"风俗志",《中国地方志丛书》(华北地方,第536号),成文出版社有限公司,1976年,第510页。

夜不灭。道光《神木县志》曰:"及抵婿家,将新妇扶上炕隅,向吉方背坐,彻夜不睡,灯火不熄,谓之'背圪塂'。"[①]在横山县:"是夕男女俗忌交语,秉烛达旦。夜半,翁婆诣洞房外,浪掷糕饼,俗唤'叫儿孙'。"[②]清乾隆《府谷县志》也有"灯烛达旦"的记载[③]。在晋西则有"哄公公"的习俗,岚县一带是公公的同龄人给公公脸上抹黑,临县一带是给公公身上洒一层炒面,戏称公公为"炒面神"。"吃炒面",民间的解释为"扒灰"的意思,指公公与儿媳有不正当的关系。当地的一则传说解释了这一习俗的来历:公公在儿媳房中调情,不料儿子回来了,公公急忙之中跑到放有炒熟了面的瓮跟前,掀开盖子藏身其中。儿子对媳妇说饿的慌,掀起瓮盖子抓取炒面吃,忽然从瓮里蹦出个满脸满身都是面的人落荒而逃,儿子问媳妇跑出去的是什么人,媳妇急中生智回答道:那是个"炒面神"。从此,吃炒面成了公媳不正当关系的代名词。在黄河流域上游的甘肃河西走廊地区,人们还把逗闹的目标移向新娘的大伯子及新郎的叔伯等。这些习俗产生原因,主要是在边远地区正统的儒家伦理观念比较淡薄,同时也与北方地区、西北地区少数民族习俗的影响有关。

③农耕与游牧交汇区的婚俗。这一区域以战国、秦、汉时期的长城为标志,自西至东包括长城内外诸郡,即今天的甘肃东部、宁夏、陕西北部、山西北部、河北西北部的地区,历史上称为"塞上",在这一广袤的地域内属于黄河中下游的主要有陕西北部、山西北部、河北西北部地区。这一地区从自然环境来看处于季风区与干旱区的交界处,秦汉时候近戎狄,紧邻胡人,是中原农耕文化与北方游牧文化交汇的地区,文化特征上不重农商,崇尚勇力,鞍马骑

---

①　[清]道光二十一年刻本《神木县志》卷八。

②　民国十八年石印本《横山县志》卷三"风俗志",《中国地方志丛书》(华北地方,第283号),成文出版社有限公司,1969年,第272页。

③　乾隆四十八年刊本《府谷县志》卷四"风俗",《中国地方志丛书》(华北地方,第282号),成文出版社有限公司,1970年,第545页。

射,粗犷剽悍。婚姻习俗方面,也因蒙、回、汉民族不同或所处地理位置有别而各异。在宁夏、内蒙的汉族聚居地凡"接近汉地处,则婚娶、丧葬皆如内地"[①]。这里婚俗突出的特征是早婚和婚龄上女大于男。据民国八年《最新蒙古鉴》记载:"蒙古婚礼与内地不同。女子由二、三岁至四、五岁时,即须定婚,十六岁以上未成婚者绝少,多蹈早婚之弊。"[②]民国二十六年的《蒙旗概观》也云:蒙古社会之内,盛行早婚。女子由二、三岁至四、五岁,常多订婚;约至十七八岁,则无有不嫁者矣[③]。民国三十六年的《宁夏纪要》也云:"倘尚早婚,结婚年龄多在十五六岁左右,且女大于男数岁之婚姻,亦为习见之事。"[④]至于结婚的聘礼以当地特有的物产马、牛、羊这些牲畜充当,"礼聘共,马二匹、牛二头、羊二十头,为最普遍"[⑤]。极具有游牧民族的特色。据民国二十三年《绥远省分县调查概要·包头县》记载,在该地区还流行着婚娶看重寡妇的习俗:"少年寡妇改嫁,其所要求之聘金,较少女更奢,盖犹有燕赵遗风。"[⑥]在地处陕北的宜川县:"至丧妻再娶,率重寡妇而轻室女,以室女不谙操作,寡妇必善持家,一有寡妇,居为奇货,索价动逾百金,恬不为怪。"[⑦]

3. 黄河中下游乡村婚俗差异形成的原因

黄河中下游各婚俗亚区的习俗存在着明显的差异,这些差异的形成有一个历史累积的过程,其中包含着地理、历史、政治、民族、心理等方面的因素,归结起来主要体现在以下几个方面:

①自然环境、经济条件是婚俗区形成差异的基本原因。

---

① [清]光绪三十三年《蒙古志》三卷,上海中国图书公司铅印本。
② 民国八年铅印本《最新蒙古鉴》七卷。
③ 民国二十六年《蒙旗概观》,天津百城书店石印本。
④ 民国三十六年铅印本《宁夏记要》。
⑤ 民国八年铅印本《最新蒙古鉴》七卷。
⑥ 民国二十三年铅印本《绥远省分县调查概要·包头县》。
⑦ 民国三十三年《宜川县志》二十七卷,新中国印书馆铅印本。

　　黄河的两大支流渭河流域、汾河流域是典型的农耕文化区,地势平坦,土地肥沃,属于温暖带半湿润地区,温度适中,虽降雨量不足,但有赖于境内河流纵横交错,有灌溉之利,为发展农业生产提供了良好的自然环境,所以该文化区的民众大都安居乐业、生活富庶。与这样优裕的物质条件相适应,婚姻习俗沿袭古代"六礼",礼节繁缛多姿,程序细致复杂,其中的每一个环节、每一种物件都有着厚重的文化积淀和深刻的民俗象征意义。迎娶仪式,非常隆重,从笔者调查的民国年间晋南的迎娶仪式看,"结婚好比小登科",迎亲的队伍浩浩荡荡,气势非凡:前面是彩旗招展的仪仗队,旗上绘有"飞虎"、"青龙"图像,接着是一群吹鼓手鸣锣开道,有的挑着灯笼,有的举着"回避"、"肃静"的大牌,紧跟着的是为新娘准备的"花轿"和新郎乘坐的"官轿",因轿子幔上饰有龙凤图案,俗称"龙凤轿",沿途鼓乐齐鸣,人声喧闹,一派热闹气氛。迎亲队伍的人多势众,各种装饰的高贵华美都显示着经济实力和人们对迎娶仪礼的重视。婚后习俗也很复杂,以河南中原一带为例,有"闹房",如"摸虼蚤"、"吃瓜子"、"吃枣"、"对歌"等,名目不一、花样众多;"开拜",即依次拜公婆、同族尊长;"瞧亲",即婚后第二天新娘的叔、伯、舅、姑或兄弟到新郎家去瞧看,实为古代"嫁女"习俗的遗留;"回门",即婚后三天新娘与新郎一起回娘家看望亲人[①]。正是在这样繁杂的仪礼中,使新娘新郎在原先缺少交往和了解的情况下由陌生转为亲近,使新娘与新郎的家人、族中人及朋友密切了联系,完成了角色转换,同时也密切了以新郎为中心的由亲缘和地缘结合而成的社会群体成员之间的关系,婚俗的社会功能非常明显。

　　地处黄土高原的晋西、陕北却不同,这里地貌以黄土丘陵为

---

　　①　参见"中原民俗丛书",孟宪明著《民间礼俗》,海燕出版社,1997年5月,第181—199页。

主,地形破碎,多旱缺水,"黄茅土山高下相属,极目望,无十步平坦"①,自然环境恶劣,经济发展落后,在这样严酷的生存境遇下,人们在婚姻习俗中更看重经济利益,以嫁女换取经济上的补偿。因此,在整个婚姻礼仪中就形成了注重体现经济关系的建立婚约的程序,而婚姻仪礼后期的迎娶与婚后习俗非常淡薄,"其迎娶仪节,概从简约耳"②。对此种状况,民国《续修陕西省通志稿》有较详细的记载:

> (陕北)未婚之前,有所谓"议话",有所谓"下礼",有所谓"吃酒",有所谓"喜头",有所谓"拜礼",仪式可谓繁矣。而昏期即至,则不亲迎,且不交拜,甚至并合卺之礼亦不行,谒庙、拜亲属强半在三日之后。前期繁缛,后愚昧脱疏,抑何草草乃尔?此固事理之不可解者。③

《续修陕西省通志稿》的编纂者认为造成陕北婚俗中重前轻后的原因是:"大抵地近蒙疆,人民朴塞,礼经之探求绝少,国闻之传播亦稀。"④说明陕北地处极边,接受中原正统的婚姻仪礼较少,而接受与此紧相毗邻的蒙古婚姻习俗较多。我们认为,这只是从文化传播的角度说出了一部分原因,如果从自然环境、经济条件来做进一步分析,这一带婚俗之所以"前期繁缛,后期愚昧脱疏",以至"草草"收束,其根本原因在于这里地瘠民贫、经济落后,买卖婚姻成为这一自然环境下的产物。从男方来说,在前期建立婚约的"繁缛"仪礼中已花费大量财物酬偿给女家,无力再在迎娶、婚后铺排夸张;对女方家而言,在贫穷落后的自然环境下,通过索取财物增加家庭收入是主要目的,至于迎娶的热闹和婚后习俗繁杂也是空耗财物,对自己并无多少切实的利益。这样男女双方就只注重体

---

① 雍正《陕西通志》,卷四五《风俗》。
② [清]道光二十一年刻本《神木县志》卷八。
③ 民国《续修陕西省通志稿》,卷一九六《风俗》。
④ 同上。

现经济利益的建立婚约的过程,而忽视了具有社会功能的迎娶仪式和婚后习俗①。

②社会环境、民族传统是婚俗区形成差异的直接原因。黄河流域处在中原农耕文化与北方游牧文化这两个文化系统的中心地带,多民族文化传统的交融有着悠久的历史。自传说时代的黄帝开始就以各种方式进行着交流,周族的兴起与戎狄有着密切关系,先秦至秦汉活动在北方的东胡、林胡、楼烦、匈奴等精于骑射的游牧民族也受汉族的生活方式的影响,赵武灵王推行"胡服骑射",使得华夏文化与游牧民族文化进一步融合。魏晋南北朝时期,居住在北方地区的匈奴、乌桓、鲜卑、羯、氐、羌等族,大量地由塞外迁徙到中原,与内地汉人杂居通婚。隋唐时期,胡汉混杂,胡人的生活方式、婚姻习俗随胡人入主中原而播扬于内地。唐末五代之后,西北的契丹族、党项族、羌族、女真族,以及元代蒙古、清代满族进一步南下,促进着民族文化更深刻的互渗交融。今天的晋北、晋西北、陕北正是多民族杂居、多元文化汇聚之地,在婚姻习俗方面也留下了文化交融的印迹,这些婚俗亚区里保存着"拦门"、"戏妇"等婚姻仪礼和"转房婚"、"姑舅婚"、"招夫婚"以及"再醮不禁"、看重寡妇等多种特殊婚姻形式,大都是民族民俗影响的结果。黄河中下游各地,当新郎和迎娶的队伍来女家之后,女方的家门往往特意紧闭、上锁,让新郎和迎亲的人在外久等,更有甚者,有的地方用棍子佯装追打,将新郎拒之门外或赶走,俗称"拦门"。这种习俗北朝亦有,在婚礼上,女方在门外搭建起用青布幔围的小屋,俗称"青庐",当新郎来时,女方集合妇女,用棍子围打,有的新郎被打得很严重②。学界认为这是古代抢婚习俗的遗留,我们认为在不同民族

---

① 参见张晓虹《文化区域的分异与整合》,上海书店出版社,2001年1月,第256页。

② 刘岱总主编《敬天与亲人》,三联书店,1992年3月。

里都保留着相同的习俗,民俗文化的相互影响也是重要的原因。至于"戏妇",即在闹洞房的时候在场的男性青年强迫新郎新娘做各种亲昵动作或完成与性有关的行为,从戏谑新娘的活动中使躁动不安的性问题得到排遣,心理上得到满足,这种习俗在陕北、晋西、晋北很普遍,溯其渊源这和古代北方少数民族习俗的影响有直接的关系,如《汉书·地理志》记载燕地风俗:"宾客相过,以妇侍宿,嫁娶之夕,男女无别,反以为荣。"①这里的"宾客相过,以妇侍宿",说明这些地区曾流行"性接待"的风俗,即有客人来访把自己的妻子借给朋友宾客陪宿。至于"嫁娶之夕,男女无别",是指婚娶当天晚上非夫男子竟相与新娘戏谑,甚至发生性关系不足为奇,说明这些少数民族性观念开放。明清以来的地方志资料也有不少以正统口吻指责当地此类风俗的记载,从一个侧面反映了"以妻媚友"习俗的客观存在。有的学者认为这是远古掠夺婚的延续,即参与抢婚的亲友对新娘拥有"初夜权"②,后来的"戏妇"只是将远古习俗柔和化、游戏化了,变成了婚礼中青年人的狂欢行动。我们认为既然不同地区、不同民族都保留同一习俗,肯定也存在着民俗文化影响的因素。另外,兄死嫂嫁其弟的"转房婚",姑的儿子娶舅的女儿的"姑舅婚",或以夫随妇似赘非赘的"招夫婚",也普遍存在于晋西、晋北、陕北等边远地区和其他高原落后的山区。按民国三年《安塞县志》载:

　　　　再醮不禁,乃至事筹两便。以夫从妇而似赘非赘者名曰招夫,意以抚子理家,日久成就,不知后夫心属两头,有藉以营私者,有假外不归者,有不依年限引妇以逃者。种种丑态不堪言状,愿与民俗共涤洗之。

　　类似的习俗则主要是北方少数民族习俗影响所致,中唐以前

———————

　① 班固《汉书》,颜师古注,卷二十八下,中华书局,1962 年 6 月,第 1657 页。
　② 刘岱总主编《敬天与亲人》,三联书店,1992 年 3 月,第 448 页。

由于儒学不盛,胡风杂糅。元代北方民族入主之后,异族通婚非常普遍,与此同时在原契丹、女真、蒙古等族流行的收继婚、劳役婚(住在妻家服役一段时间)也开始羼入,使汉族风俗发生变化,最后不同民族的婚俗消融于同一文化亚区的婚姻俗制之中。

　　③生活方式、民俗心理是婚俗区形成差异的内在原因。

　　生活方式,通俗地说是回答人们"怎样生活"这一问题的。作为科学范畴的概念是指,"在不同的社会和时代中生活的人们,在一定的社会条件制约下和在一定的价值观制导下,所形成的满足自身需要的生活活动形式和行为特征的总和"[1]。生存在不同自然环境和社会环境中的活动主体,由于生产方式、社会历史条件不同,满足人的生活需求的方式就不同,在千百年的发展延续过程中,不同的族群形成了富有民族特色的社会心理结构,如与平川谷地婚俗区相对立的是男耕女织、安土重迁,而北方游牧民族则是"逐水草而居",以迁为贵为荣。生活方式、民俗心理对婚俗的影响是双重的:一方面不同的民族有自己独具特色的习俗;另一方面由于民俗的交融与同化,不同民族存在着同一民俗。例如,在平川谷地婚俗区财礼主要有耳坠、手镯、戒指等首饰以及银元、绸缎衣料等物品,在整个婚礼中经常出现的筷子、花生、枣、栗子等乡村的常见物;在黄土高原婚俗区由于人们生计艰难,女方索取的财礼往往是粮食、白面、羊肉、畜毛制品等生活实用之物;在游牧文化区如回族、蒙族则是马、牛、羊等现成的财富。婚俗中不仅有"异",而且也有"同"。如果说婚俗中的"异"是由于不同民族的生活方式、民俗心理直接驱动所致,那么婚俗中的"同"则是不同民族之间长期相互影响形成的,例如在晋北山阴等地流传着三种奇异的习俗:一是男家不亲迎;二是女的眼上蒙块黑纱;三是女的比男的大三岁。当地相传此俗的形成与王阁老即王家屏有关:

―――――――

[1]　王雅林《人类生活方式的前景》,中国社会科学出版社,1997 年 12 月,第 2 页。

　　王家屏幼年失去父母,长大后到财主家做活。财主家小姐比他大三岁,他们相识相爱,私订终身。财主知道后认为二人结合,门不当、户不对,于是赶走王家屏。王家屏走后,财主女儿在眼上蒙块黑纱,以眼瞎为借口拒绝提亲。几年过后,王家屏由于刻苦攻读,中举得官,派人到财主家提亲,定了婚娶的日子。财主此时对王家屏态度大变,而怕王家屏反悔,结婚当天,没等到迎亲队伍来到,就派人用轿子把女儿送上门去。聪明的姑娘要考验王家屏是否真心,仍蒙着黑纱。一对有情人终于结合,由他们的故事也形成了三种奇异的习俗。

　　不亲迎和脸上蒙黑纱与远古时期抢婚习俗以及驱邪避祟的心理有关,而"女的比男的大三岁"这一习俗形成的原因,一方面与这一带的历史地理条件有关,晋北历朝历代都是中原与游牧民族交战之地,男子死亡惨重,造成了男女比例的失调,因此,女方在择偶上就省除了像中原女子那样的苛刻条件;另一方面也是北方少数民族的婚俗影响使然,蒙古族就普遍实行妻大于男三岁,或更大年龄的习俗,这是因为内蒙地处北方大漠,地寒人稀,自然环境恶劣,因此娶年龄较大的成熟女性进而早婚早育得子,成为普遍的习俗,在这里"人口的繁衍"是压倒一切的大事。这一习俗在长期的民族交融尤其是蒙古族入主内地之后,在临近内蒙的晋北地区首先推行开来成为必然。

三　黄河中下游乡村婚俗的符号学阐释

　　婚嫁习俗是千百年来人类社会中形成的生活文化,是民众创造、传承并享用的民间文化模式,它不仅在实际的现实生活中服务于民众,具有鲜明的功利性,而且它还是一种文化积淀,全部婚嫁仪礼中蕴含着特定地域民众的社会观念和内在情感,具有深刻的文化象征性。黄河中下游作为华夏文明的重要发祥地,其乡村婚俗也有着悠久的历史,经历了由俗到礼、雅俗结合的漫长路程,构成了一种包含着婚姻行为、婚姻观念、婚姻礼仪、婚姻俚语多种因素的婚姻体系。研究婚俗应该超越婚俗资料收集与描述的层次,努力从绚丽多姿的婚嫁习俗中把握其实质,发现婚俗的文化价值和社会意义。借助符号学理论,可以帮助我们通过民俗符号来"阅读"有声有色、光怪陆离的婚俗文化的象征世界,为民俗学研究拓展出一片宽阔的天空。

符号包括形式和意义两个方面,其作用是指称现实现象。西方符号学理论对民俗符号学研究有着直接的应用价值。索绪尔在《普通语言学教程中》中曾经预言:

> 我们可以设想有一门研究社会中符号生命的科学,它将是社会心理学的一部分,因而也是整个心理学的一部分;我将把它叫作符号学(semiology,来自希腊语 semeion"符号"),符号学将表明符号是由什么构成,符号受什么规律支配。①

他试图把语言符号和语言所属的文化背景结合起来,探讨语言背后所体现的土著部落及其成员的土俗文化生活。与他大致同时的美国哲学家皮尔斯对符号的定义是:能够被用来在某方面代表其他的任何物象。德国哲学家卡西尔认为:"符号化的思想和符号化的行为是人类生活中最富于代表性的特征,并且人类文化的全部发展都依赖于这些条件。"②他甚至把符号同人的本质等同起来,与人类文化的产生和发展联系起来,把人界定为符号的动物,并确信:"只有这样,我们才能指明人的独特之处,也才能理解对人开放的新路——通向文化之路。"③符号是文化的载体,文化的创造和传承是以符号为媒介的。民众是整个符号活动的创造主体,各

---

① 索绪尔《普通语言学教程》,高明凯译,商务印书馆,1982 年,第 38 页。
② ［德］恩斯特·卡西尔《人论》,甘阳译,上海译文出版社,2004 年 6 月,第 38 页。
③ 同上,第 37 页。

种文化都是以民众为主体、为中心的符号活动的现实化、具体化。所以,符号就成为联系人与文化的媒介与桥梁。当然,对婚嫁习俗的象征系统进行符号学分析,并不是对符号理论的机械套用,也不是简单地运用于个别民俗现象的阐释,而是要确定民俗符号学阐释的一般原则,用符号学方法揭示鲜活生动、深刻具体的民俗现象。概括来说,民俗符号化过程中包含着三个要素:表现体、对象、背景性概念,即民俗符号作为民俗表现体"是用某一个民俗事物作代表,来表现或表示它所能表示的对象,最后还应由相应背景中的人们对它作出公认的解释,也就是指明它的含义或概念"①。在民俗信息交流过程,或曰民俗的符号化过程中,民俗符号表现为两方面的相互作用,即表现体和相应背景中的含义,这就构成了民俗符号的两个最基本的元素:能指和所指。能指,又称形符,是指在民俗的符号化过程中人们接触某种民俗信息时,通过听觉、视觉或其他感官接收到的一个直观的、形象的、具体的东西。能指只完成了符号传送信息的一半任务,它只显示出符号包含的文化密码中属于物象的一部分。那一个个被推知、被联想、被理解到的民俗含义或概念则是民俗符号的"所指",又称意符,也就是特定时空范围内的民众赋予此一民俗事象的内涵和外延。正因为有了民俗符号的所指,才最后完成了传递民俗信息的任务②。通俗地讲,民俗符号的能指和所指二者之间的关系便是符号的形式和内容的关系,能指和所指合二为一才构成了符号,借助符号可以对民俗文化意蕴作深层的阐释。

黄河中下游地区传统婚俗程序繁复、内容庞杂,按性质和表现形态划分,其民俗符号可以分为三类:物品用度的指符、时间色彩的指符、行为心意的指符。每一类、每一种民俗指符都包含着丰富

---

① 乌丙安《民俗学原理》,辽宁教育出版社,2001 年 1 月,第 221 页。
② 同上,第 227—228 页。

深厚的象征意义,它们共同构成了传统婚俗的符号象征体系,传达着这一区域民众的社会心理和生活追求。

1. 物品用度的指符

这一类民俗指符涉及面非常广,散布于婚礼程序的各个阶段,具体形态有动物、植物、人工物等,它们一方面是民众生活中的实际存在着的稀有物或常见物,另一方面又是民众民俗心理的物化呈现,成为荷载特定意义的民俗符号,这些吉祥物有雁、鸳鸯、龙凤、枣、栗、鱼、花生、石榴等。

雁在婚礼中是重要的礼物,《仪礼·昏礼》云:"纳采、问名、纳吉、请期、亲迎皆用雁。"可见,六礼之中,除纳征外,其余五礼都以雁为贽。婚礼用雁有什么意义呢?《白虎通·嫁娶篇》云:"用雁者,取其随时南北,不失其节,明不夺女子之时也;又取飞成行、止成列也,明嫁娶之礼,长幼有序,不逾越也。又婚礼贽不用死雉,故用雁也。"彭大翼《山堂肆考》亦云:"《古今诗话》:北方白雁,深秋乃来,来则霜降,谓之霜信。"①综合各家之说,婚俗中的聘礼用雁含义有二:一是不失节、不失时。雁为候鸟,秋南飞而春北返,来去有时,从无失信,所以用雁象征男女双方信守不渝。二是长幼有序、不相跨越。雁在转徙飞行中,总是以老而壮者在前引导,幼而弱者尾随其后,行止有序,从不逾越,这是其他候鸟所没有的。长幼有序是儒家伦理的重要原则之一,把这个原则用于嫁娶,长幼循序而行,勿使叔季跨越伯仲而结秦晋之好。可见,民间婚俗中受到了儒家思想的浸染。

各时代的聘礼有不同的特色,《通志》纳征列出聘礼多达三十种,都是贵重物品,这些物品大都兼有实用和象征的双重特征:"后汉之俗,聘礼三十物,以玄𫄸、羊、雁、清酒、白酒、粳米、稷米、蒲、

---

① 参见鲍宗豪《婚俗文化:中国婚俗的轨迹》,上海人民出版社,1990年7月,第84页。

苇、卷柏、嘉禾、长命缕、胶、膝、五色丝、合欢铃、金钱、绿得、香草、凤凰、舍利兽、鸳鸯、受福兽、鱼、鹿、鸟、九子蒲、阳燧钻。凡二十八物,又有丹为五色之荣,青为东方之始,共三十物,皆有俗仪。"①这些聘礼大抵与后世所谓"财礼"是相同的意思,但我们可以看出其中经济价值并不是第一位的,人们看重的是以各种常见物为象征手段,表达内心各种心愿和祈求,寄托人们对未来美好婚姻生活的憧憬和希冀。如羊、禄得、香草、鹿等取其吉祥福禄之意;胶、漆、合欢铃、鸳鸯、凤凰等象征夫妇和好,感情密切;蒲苇、卷柏、舍利兽、鸟、受福兽、鱼、雁、九子蒲等是以物之优点比附人之美德,以资鞭策激励新婚夫妇。

黄河中下游乡村婚俗中出现最多的枣、栗、花生、石榴,这些常见物都寄寓着早生贵子、多子多福的民俗心理。至于传统婚礼中用"龙凤帖"、坐"龙凤轿",是因为龙凤是华夏民族的图腾,龙呼风唤雨,威力无比;凤是百鸟之王,在民间传说中常常寓示着人间幸福的降临和太平盛世的到来。龙和凤作为历代民众创造的无比美好的物象,长久地伴随着民俗活动,装点着人们的生活,成为吉祥如意的象征。

　　2. 时间色彩的指符

　　黄河中下游乡村的婚俗伴随着该区域独特的人文环境和社会历史而形成,反过来,婚俗中的符号也传达了富有地域特色的民众情感、精神风貌。婚俗符号无疑成为表现民众思想观念的象征手段,集中传达了民众的时空观、色彩观以及数字观。

　　迎娶日期、迎娶时辰的选择和婚礼中方位的规定,都体现了婚俗中民众的时空观。迎娶日期的选择,周时多在春天,尤以仲春之月为尚。《周礼·地官》云:"仲春之月,令会男女,于是时也奔者不

――――――――――

①　转引自鲍宗豪《婚俗文化:中国婚俗的轨迹》,上海人民出版社,1990 年 7 月,第86 页。

禁。"这里"仲春之月"即二月，为什么以二月为佳期？《白虎通·嫁娶》解释道："嫁娶必以春者，春，天地交通，万物始生，阴阳交接之时也。"以为此时正当天地交合之际、万物化孕之时，所以顺乎天时，择为婚期。也有以秋冬为迎娶佳期的，如《诗经·卫风·氓》中曰："将子无怒，秋以为期。"这自有其道理在，因为农耕社会在二三月是青黄不接，而秋冬为秋收冬藏的黄金季节，又是农民悠闲的日子。在后世民间社会里，迎娶的日期并不固定，多视其经济条件和家庭实际条件而定，各地均有一些流行的说法，陕西有"杂乱姓氏三、九月，张王李赵六、腊月"，"一月三个六，强如看历头"，甚至直截了当的云："三、六、九，不用瞅，二、五、八，事情瞎"，"过了腊月二十三，结婚不论哪一天"。

迎娶时辰的选择，古时婚礼，以昏为期，据《酉阳杂俎》记载："婚礼必用昏，以其阳往而阴来也。"认为昏时行礼，是取其阳往而阴来，阴阳交接之意，新娘为女性，属阴，迎娶新娘就是"迎阴气入家"，所以尚黑，宜于夜间进行，这也间接体现了古代阴阳五行哲学观念对民间习俗的影响。研究文化史的学者认为，婚礼在夜间进行，实是古代抢婚制的遗留。在母系氏族走向解体，父系氏族逐步强盛的过渡时期，女性不愿出嫁到另一个男性氏族，于是男性氏族便实行强制性的抢婚，而当夜幕降临的夜半时分正是抢婚的时机，《易经·贲》形象地描绘了远古抢婚的真实情景："贲如，皤如，白马翰如。匪寇，婚媾。"①意译为：人马装饰得很华美，马蹄蹬蹬响阵阵，白马昂头向前进，自称不是去抢劫，而是为了去完婚。随着历史的发展，抢婚已由最早的部落与部落的械斗发展为双方假装的"佯战"，许多少数民族至今还保留着这样的习俗。据调查，陕西的一些地区、山西南部，解放前普遍是黄昏嫁娶，山西洪洞、新绛等地直至现在仍然是天黑娶亲，可以说保留了"抢婚"的影子。

---

① 《周易译注》，周振甫译注，中华书局，1991年4月，第81页。

　　婚礼中对地点、方位的限制,禁忌也颇多,体现了民众的空间观念。在黄河中下游山西沁县、山东德州等乡村,当迎娶新娘的车轿回到男方家门口时,鼓乐大作,迎亲的人对着车轿放一挂鞭炮或是点三声响炮,然后让车轿面对喜神所在的方位落定或停下,男方的大门紧闭,故意让车轿在门口停一会,俗称“憋性”,或叫“勒性”,寓意是要使新娘的性格软绵一些,进门后听从婆家管教。在陕西关中拜天地或夫妻对拜的礼仪中,新郎新娘相互争上下,民间以右为上、左为下,所以双方都竭力要占据右侧的位置,通常是为了仪式顺利进行,男方作出让步。新郎新娘进洞房后,新娘“坐帐”也讲究朝着喜神所在的方位坐下。这些婚俗符号的产生都有着深厚的民间文化背景,婚礼中的时空观包蕴着民众趋吉避凶的民俗心理。

　　在整个婚礼中,“红色”构成其基本的色调,营造了喜庆热烈的氛围,男家贴红对联、红喜字,新娘顶红盖头、踩红地毯,穿红婚服,坐红轿子,正如林语堂所云:“下意识中,所有中国姑娘都梦想红色婚礼裙子和喜轿;所有西方女子都憧憬婚姻面纱和婚礼的钟声。”[1]西方婚礼尚白,新娘穿着白婚纱象征着高洁;中国婚礼尚红,新娘身着红色的婚服连同周围红色的世界象征着吉祥、喜庆、幸福。中西方用不同的色彩符号构成了同样的充满喜庆的色彩世界。婚礼中的色彩符号愈到后世,愈是摆脱了最早的生命象征意义和巫术驱邪意义,而成为吉祥幸福的礼仪符号。婚礼中对数目的讲究显示了民众的数字观,如男方送给女方的礼品要成双成对,迎亲时陕西关中男家迎亲的队伍由五至七人组成,取单不取双,回来时加上新娘正好双数,女家送亲的人数比迎亲的人数多一倍,必为双数,俗称“一迎二送”,使用的钱物大多为四、六、八,取“四平八稳”、“六六大顺”之意。

---

　　①　转引自布雷多克《婚床》,上海三联书店,1986 年,第 1 页。

3. 行为心意的指符

在婚姻程序中有许多行为仪式散布于各个环节,在民众看来,它们被视作当然甚至视而不见地存在于热闹欢快的礼俗之中,实际上是凭借外在的符号或象征表达着乡村民众的内在情感与欲望,是特定区域内群体思维与行动的本质体现。这些行为心意指符主要有合婚、哭嫁、开脸、结发、撒帐、跨马鞍、跳火盆等,下面择其要点加以分析。

哭嫁。黄河流域各地在新娘出嫁之前都有"哭嫁"的习俗,陕西称之为"坐亲",即女儿在出嫁的前一夜,要通宵达旦坐在母亲身边,一边哭泣,一边倾诉着离家前的心里话。母亲也陪着哭,千叮咛万嘱咐,劝女儿婚后应注意哪些问题,母女相依,表达了骨肉亲情。新娘哭嫁的原因,人类学家提出了"蒙骗邪魔说",认为结婚为人生大喜,因此招致鬼魂的妒忌,魔鬼必来伤害新娘。为了保证新娘的安全,需要作出相反的行为,表现出伤心悲愤以欺骗鬼魅。民俗学家认为这是父系氏族时代"掠夺婚"的遗俗,因为生活在本部落的少女天真无邪,未曾与外部落异性接触,当另一部落男子以粗暴的方式抢走她时,因恐惧而痛哭也是常理①。这些说法都有一定的道理,但实地调查的情况看来,近现代乡村婚礼中的哭嫁,至少还有三方面的原因。第一,它是真情的表露,新娘自幼生长在父母的身旁,可谓情深意长,猛然分别,走到一个陌生的家庭里,难免伤心动情,痛哭一场;第二,心理上的迷信,人们认为新娘上轿不哭,娘家就不兴旺,民谚有"女儿哭一哭,娘家富一富"、"不哭不发,越哭越发",姑娘出嫁不哭,会受到非议;第三,它是妇女社会地位决定的,在长期的封建社会里,四条绳索束缚着妇女,她们难以摆脱"嫁鸡随鸡,嫁狗随狗"的命运,新娘子出于对未来生活的担忧与恐惧,自然涕泪交加。

---

① 参见马之骕《中国的婚俗》,岳麓书社,1988年,第72页。

撒五谷和撒帐。黄河流域各地的婚礼上,当新娘子下了车轿,步入大门时,就有一位福寿双全的老太太手拿簸箕,一边把其中的五谷杂粮、谷草节、麸皮、花生、红枣、瓜子、栗子、彩色纸屑大把大把地往新娘身上撒,一边吟诵着:"一撒金,二撒银,三撒媳妇进了门,进大门大吉大利,进二门万事如意。"这种习俗称之为"撒五谷"。宋代孟元老在《东京梦华录》的《嫁娶篇》中记录了北宋时东京流行的这一风俗:

> 新妇下车子,有阴阳人执斗,内盛谷、豆、钱、果、草带等,咒祝望门而撒,小儿辈争拾之,谓之"撒谷豆"。[①]

"撒五谷"旨在避邪气,禳三煞,保护新娘的安全。三煞者,谓青羊、乌鸡、青牛之神也。宋代高承在《事物纪原》的"撒谷豆"中有详细的记载:

> 汉世京房之女,适翼奉子,奉择日迎之,房以其日不吉,以三煞在门故也。三煞者,谓青羊、乌鸡、青牛之神也,凡是三者在门,新人不得入,犯之损尊长及无子,奉以谓不然,妇将至门,但以谷豆与草禳之,则三煞自避,新人可入也。自是以来,凡嫁娶者皆宜置草于门阃内,下车则撒谷豆,既至,蹙草于侧而入,今以为故事也。[②]

人们认为新娘娶来,三煞拦住了大门,于是撒下谷粒喂之,三煞自避,这种仪式分明带有巫术的性质。"撒帐"是新娘入洞房之后,把小馒头、枣子、石榴、核桃等撒向床内,或提前在陪送的被褥内放上水果、花生等,届时撒给在场的人们。《东京梦华录》释曰:"凡娶妇,男女对拜毕,就床,女向左,男向右坐,妇女以金钱彩果撒掷,谓之撒帐。"[③]《戊辰杂抄》说此俗始于汉武帝:

---

① 〔宋〕孟元老《东京梦华录》,文化艺术出版社,1998 年 8 月,第 33 页。

② 〔宋〕高承《事物纪原》。

③ 〔宋〕孟元老《东京梦华录》,文化艺术出版社,1998 年 8 月,第 33 页。

李夫人初至,帝迎入帐中共坐,饮合卺酒,予告宫人,遥撒五色同心花果,帝与夫人以衣裙盛之,云得果多,得子多也。[①]

后来这一习俗传至民间并得以延续,人们把枣子、桃子、石榴与孩子的"子"联系起来,预祝早生贵子、多子多福,企求人丁兴旺、富贵吉祥,其物平常,其意深重。

跨马鞍和跳火盆。在河南北部和山西南部地区普遍有跨马鞍的习俗。男方在大门口置一马鞍,新娘下轿后从马鞍上跨过去,这一行为符号的象征意义有两层:一是祈求将来的日子平平安安;二是让新娘懂得规矩,做到"好马不备二鞍,好女不嫁二男。""跳火盆"则是在二门口放置一个火盆让新娘跳过去,这种习俗的形成可追溯到远古的"尚火"观念。人类在蒙昧时期就开始使用火,用火成为人类战胜自然的强大手段,火不仅是熟食和取暖之源,也为人类发展生产创造了条件,原始先民凭借原始思维,认为火也有"灵",并且是具有特殊意义的神物,进而对火加以崇拜。对火的这一自然崇拜在人类的婚嫁习俗中留下了印迹,进婆家门要跳火,新婚第一夜要通宵达旦燃火——点长明灯。人们一方面把火作为清洁明亮的象征,认为它可以驱邪除魔,给人间带来光明和幸福;另一方面借其字音,寓示新婚夫妇的生活从此以后红红火火。

从符号学的观点看,民俗作为一种独特的社会文化现象,它反映着一定社会、民族的政治、宗教、经济等社会形态,蕴含着特定区域内民众群体的思想、观念、心理以及整个价值体系。千百年来,它以鲜活的形式承载着人类创造的文化,传播着文明,从而构成了文化的动态化符号,正是对人类文化的共同关注,促成了符号学与民俗学的结合,以婚嫁习俗中的民俗符号为例,透过一个个婚嫁符号的能指,解读其中的所指,我们就可以分析出其中的象征意义,揭示符号背后的民俗功能。婚俗符号的基本内涵主要有三个方面:一是传达性的内

① 参见《说郛》(宛委山堂本)《戊辰杂抄》。

容,表现人的生命本能意识,闹洞房中的许多节目及其中的动作、语言都具有暗示性;二是体现民众趋吉避凶的愿望,这在合婚、撒五谷、撒帐、跳火盆等行为指符中表现得尤为突出,这些习俗带有浓厚的巫术禁忌色彩;三是祈求早生贵子的心理,自周代形成宗法社会以来,以农耕为主的乡村民众就把家族延续,子孙繁衍作为婚姻的主要目的。有了子孙就可以使自己的血脉在下一代身上流淌,免除晚年劳作的辛苦和凄凉;有了子孙就可以让祖先在袅袅不绝的香火中享受永远的供奉,完成一生中对儒家孝道的要求。

第三章　黄河中下游乡村的家庭习俗

　　家庭是社会的细胞,是中国社会最现实、最直接的组织实体,是人的生命摇篮,是民众个体人生观、价值观、世界观形成的"第一课堂"。在乡村社会结构中,家庭成为维系民众个体与家族首属群体、村落地缘群体的纽带,千百年来对社会发展产生了巨大的影响,每个个体都是带着家庭的"烙印"走进社会、走向生活的。对于家庭的研究,社会学着眼于家庭的分类和家庭人口的组合方式,探讨各种类型家庭的变化趋势,如家庭规模逐渐缩小的"规律性"认识;历史学可以从社会史角度总体上探究不同历史时期家庭的际遇,各种类型家庭的延续演变及家庭观念的变革;文化人类学侧重关注家庭作为一种历史地变化着的社会现象,其产生和组合形式的文化特征,以及人类史上家庭演变经历了哪些形式,诸如血婚制家庭、伙婚制家庭(又称普那路亚家庭)、偶婚制家庭、专偶婚家庭等。民俗学需要充分借鉴相关学科的知识和理论,但必须有自己的学科重心,本课题的任务是从所掌握的区域民俗资料出发,研究黄河中下游乡村的家庭结构和社会功能,研究家庭人际之间各种微妙关系和心理动态,其中以山陕商人家庭中的妇女生活和乡村中分家析产习俗作为切入点进行研究,目的是让人们看到在家庭中充当各种角色的民众的身影和他们具体生动的表现,使我们对近现代乡村家庭有立体的、全面的了解。

一　黄河中下游乡村的家庭结构

1. 家庭的含义和性质

　　家庭是由夫妻关系、血缘关系或收养关系所组成的最小的社会生产和生活的共同体，以家庭成员直接的、面对面的互动方式为特点，是人们的首属群体。从语源学的角度看，据《说文解字》的解释，家是屋子里面圈养着猪，意思是在农耕社会里农家生活的重要内容是人畜都共同住在屋子里。从人类社会生活演进的角度看，家是伴随着农业文明而产生的，是以包括家畜养殖在内的定居生活为标志的。这种情形至今在黄河中下游的北方农村还是比较普遍的，乡村农民的住宅常常是一排三五间房子，一边住人，一边用作马、牛、驴、猪圈来喂养家畜。而在南方乡村大多为干栏式住宅，上下两层，上面修缮装饰得很精致，用于住人，下面用树枝木头围起来作为猪圈，上下之间用木板隔离开。"家庭"在古罗马人那里最初的含义是 famulus，意思指一个家庭奴隶，而 familia 则是指属于一个人的全部奴隶，罗马人 familia 一词表示父权支配着妻子、子女和一定数量的奴隶这一最基本社会群体。法国年鉴学派第三代的主要代表人物勒华拉杜里在其代表作《蒙塔尤》一书中说："所谓家庭，就是表现为一座持久性的'住所'和在里面共同度日的一家人，当地的语言将这种实体称作'奥斯塔尔'。在当地人的心目中，'家'在情感、经济和门第方面是至关重要的，家族的兴旺是一种最高价值。"①现在我们所讨论的家庭，通常是指由群婚中产生、并以母权制为基础发展而来的一夫一妻的群体形式②。从历史的角度

---

① 　刘景华编著"世界思想文化名著精读丛书"《文化·社会·人类学卷》，花城出版社，2003 年 8 月，第 364 页。
② 　刘豪兴主编《社会学概论》，高等教育出版社，1992 年 3 月，第 242 页。

看,家庭的产生是人类社会文明的起点和标志;从文化的角度看,家庭向来是人类文化和社会组织的中心。

　　和"家"密切关联的一个概念是"户",二者既有联系又有区别,家主要是以婚姻、血缘或收养关系为标志的群体,户则主要是以居住地为标志的群体,是国家对居民进行管理的一种单位。例如乡村里有分家未分户的人,城市里机关、工矿、学校中单身宿舍的人,共立一户。可见一家可能是一户,也可能不是一户;而一户可能是一家,也可能不属于一个家庭,考察家庭民俗时不能将二者简单地等同起来。

　　家庭的性质主要是指家庭与其他社会群体的区别。与其他社会群体相比较,家庭是由具有婚姻、血缘或收养关系的人组成的长期生活的共同体,其中最重要的是由婚姻构成了夫妻关系,由夫妻生育子女而形成了亲子关系,这两种关系并不是同时构成的,从根本上说也是一种社会关系,这种家庭的社会关系,费孝通先生概括为"社会结构中的基本三角",他认为丈夫、妻子和子女是家庭的三大要素,是三角形的三个结合点,如果把这三个点连接起来就是一个家庭三角形。家庭的三角关系,尽管在男女双方结婚时已经内定并在逻辑上是可以成立的,但夫妻和亲子两种关系的建立在时间上不是同步的。通常情况下,结婚使一对男女成为夫妻形成了一条实线(A),而在子女未出生前 B 和 C 就还是虚线,有待于变成实线,图示如下:

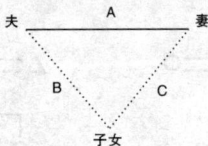

家庭的基本三角结构

　　没有子女的家庭,虽然经过夫妻两点可以引出一条线,表明情感彼此依托和生活相互牵挂,但毕竟没有形成稳定的结构,隐含着不安定的因素。费孝通引证他实地调查的广西花篮瑶族的资料来加以说明："夫妇间的共同生活要到了生了孩子之后才正式开始，在他们看来结婚到生孩子之间的一段时间是实现夫妇关系的预备。最有意思的就是他们把结婚的仪式拉得很长，等到孩子满了月才算结束。最重要的一节仪式，向社会公布婚约的'结婚酒'一直要到请'满月酒'时才举行。"[①]这里强调的是子女作为家庭关系连接点的重要性和正确处理各种家庭关系对维持家庭组织稳定、追求家庭生活完美的必要性，在费孝通看来，这三大要素都具备，并最终以父母与亲子关系正式建立为标志，一个等边三角形或者说一个和睦、稳定、完美的家庭才会出现在纷繁复杂的社会关系网络之中。在黄河中下游的乡村里，夫妻关系的稳定，尤其是女性作为他人妻要在一个新的家庭中确定自己的地位，是以生儿育女，在传统社会里尤其是以生男孩——延续男方的香火为标志的。

　　2. 家庭结构的类型

　　家庭结构是指家庭成员的组合状况，包括家庭中的代际结构和人口结构等多种因素的组合。分析家庭结构，我们可以采用现代社会学统一采用的符号图式来表示，主要的符号有："△"表示男性，"○"表示女性，"＝"表示婚姻关系，"〒"表示血缘亲子关系，"丅"表示领养亲子关系，"⼌"表示兄弟姐妹关系。运用这些符号对家庭的结构类型进行划分，一般可以分为下列几类：

　　①核心家庭，是由一对夫妻和他们未成年的孩子两代人组成的家庭。图示如下：

　　①　费孝通《乡土中国·生育制度》，北京大学出版社，1998 年 5 月，第 160 页。

这种家庭的特点是家庭规模小，人数少，只有一对夫妻，一个中心，而且以婚姻和血缘两条纽带相联结，父母与子女构成了家庭中稳定的三角。一般认为家庭关系简单，成员之间关系密切，是所有家庭类型中最稳定的一种。

②主干家庭，是由一对夫妻与父母和未婚子女聚居的三代人组成的家庭。图示如下：

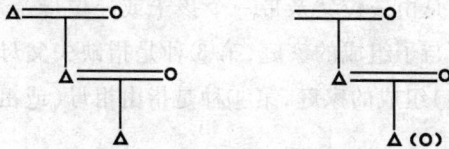

这是平常所说的"上有老，下有小"的家庭，是以直系亲属为主的几代人同堂的家庭，其特点是人数较多，代际层次增多，可以说是核心家庭纵向扩大的结果。这种类型的家庭符合中国传统的家庭模式，也顺应了父母扶助子女、子女赡养父母的实际需求，有其存在的现实依据。但由于家庭中有两个中心，也有婆媳关系等问题，所以家庭关系比较复杂。

③联合家庭，又称多偶家庭，由父母和两对以及两对以上已婚子女组成的家庭，有的同时还有其他亲属如小姑、小叔等。图示如下：

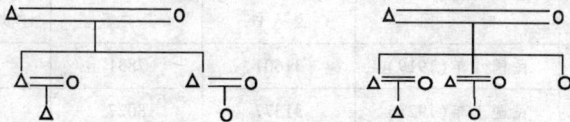

联合家庭是一种多代多偶家庭，其特点是几代的男系血亲及其配偶都在一个大家庭中生活，在纵横两方面包含了多个核心家庭。这种大家庭人数多，多中心，既有两代人之间的问题，又有婆媳、妯娌等问题，有的还有姑嫂、叔嫂矛盾等，是各种类型的家庭中最不稳定的一种。

④特殊家庭,是指不完全的家庭以及单身户、孤老户等类型的家庭。图示如下:

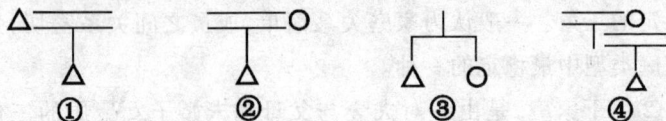

第①②种是由一位父亲带一个孩子或一位母亲带一个孩子的由父与子或母与子组成的家庭,第③种是指缺失父母、由未婚兄妹(或兄弟、姐弟)组成的家庭,第④种是指由祖母(或祖父)与孙子女组成的家庭。

3. 黄河中下游乡村家庭结构的历史和现状

黄河中下游乡村家庭结构的历史和现状怎样呢?就总体而言,由于时代的变迁、地理环境的差异使得不同时间、不同民俗亚区的家庭规模呈现出不同的状况。我们试从家庭的人口数量和代际层次角度,按照上述分类方法加以分析。在黄土高原山区我们选取了位于黄河岸边的晋西北河曲和晋西方山两县进行考察统计。

山西河曲县、方山县家庭规模表①

县	时　　间	总人口	总户数	户规模(人)
方山	民国八年(1919)	31601	7831	4.04
方山	民国十年(1921)	31377	8027	3.90
方山	民国二十年(1931)	35450	8535	4.15
河曲	1949	76473	21817	3.50

① 资料来源:河曲县地方志编纂委员会编《河曲县志》,山西人民出版社,1989年4月,第78页;方山县地方志编纂委员会《方山县志》,山西人民出版社,1993年2月,第95—97页。

县	时　间	总人口	总户数	户规模(人)
方山	1949	58013	16868	3.43
方山	1960	67130	20367	3.29
河曲	1961	86241	24153	3.57
河曲	1970	102357	26891	3.80
方山	1970	87959	23473	3.74
方山	1980	102017	25681	3.97
河曲	1982	117598	31851	3.69
方山	1985	106438	26797	3.97

以上我们分别对河曲、方山两县的家庭规模按不同年代作了统计,表中可见,民国年间方山县的家庭规模在四口以下,建国以后这两个县的家庭规模也都在四口以下,这大体能代表山陕黄土高原山区县的情况。据20世纪20年代金陵大学美籍学者卜凯对全国22个省的调查统计,河北省盐山县乡村家庭人口平均为5.17人,河南省新乡县家庭人口平均为6.97人,山西武乡为4.51人[1],这说明河曲、方山两县的家庭人口平均数不仅低于同一时期的河北省、河南省,而且也低于本省其他县区。原因主要在于山区县地瘠民贫,严重制约了人口的发展,其家庭人口数量偏少,家庭规模以核心家庭为主。据《方山县志》统计,清末至民国年间祖孙数代不分居的复合型家庭全县境内不超过百户,大都是富户人家,建国后复合家庭很少见,1980年前后,全县复合家庭约占全县总户数的2.7%,主干家庭约占全县总户数的14.3%,而核心家庭约占全县总户数的65%。

个案:时间,1985;地点,方山县峪口镇吉家庄村;内容,家庭规模调查。

---

[1]　卜凯《中国农家经济》(下册),商务印书馆,民国二十五年,第442页。

全村 181 户,764 人,男 372 口,女 392 口。其中复合家庭仅有
5 户,占 2.7%;主干家庭 26 户,占 14.3%;核心家庭 119 户,占
65.7%;只有一对夫妇的配偶型家庭 9 户,占 5%;夫丧妻、妻丧夫、
留下年幼子女或未婚子女的缺损家庭 10 户,占 5.5%;孤、寡老人
一人生活的单身型家庭 12 户,占 6.8%[①]。

这一个案说明,即使到了 1985 年,农村普遍实行了生产责任
制,山区县家庭规模不仅人数少,而且只有老夫老妻缺少儿女照顾
或缺损不全、鳏寡孤独的家庭仍占相当的比重,从这些数字背后隐
含的是山区农民艰辛度日、在贫困线上苦苦挣扎的境遇,自然条件
的恶劣、经济发展的滞后和农民生活的贫困都是这块土地上真实
的写照。

处于黄河中下游河谷平川地带的乡村,其家庭结构模式就明
显区别于山区,人口密度与山区相比也有较大的差异,下面以位于
黄河中游的陕西合阳县不同时期家庭人口统计为例进行分析。

陕西省合阳县家庭规模表[②]

时　　间	总人口	总户数	户规模(人)
民国元年(1912)	133024	19003	7
民国十二年(1923)	135905	17415	7.80
民国十七年(1928)	134073	21229	6.31
民国二十七年(1938)	121015	17288	6.99
民国三十七年(1948)	152093	21227	7.16
1949	178397	36446	4.89

---

① 方山县地方志编纂委员会编《方山县志》,山西人民出版社,1993 年 2 月,第 116
页。

② 资料来源:合阳县志编纂委员会编《合阳县志》,陕西人民出版社,1996 年 10
月,第 117—118 页。

时　　间	总人口	总户数	户规模(人)
1950	178066	39696	4.48
1960	231520	48585	4.53
1970	316367	60614	5.21
1980	360447	71828	5.01
1990	399832	96186	4.15

由表中的数字可见,以1949年为分界线,民国年间六七人的大家庭较多,20世纪头20年该县境内人口较多,而到了二三十年代,随着国内军阀混战和民族抗日战争爆发,人民生活于水深火热之中,家庭平均人口也呈下降趋势,至1948年又开始回升。1949年新中国建立之后,人民生活安定,总人口有了较大幅度增长,但户规模一直在四至五口之间徘徊,然而,自70年代到90年代人口数量大幅度增长,1990年的人口总数超过1949年的1.24倍,户均人数也上升到五口以上,1990年后总人数达399832人,而户均人数却降低到4.15人。根据全国第四次人口普查资料,1990年合阳县人口密度为每平方公里324人,稍低于渭南地区的平均数365人,却大大高于陕西省的平均数160人和全国的平均数118人。建国以后全县人口呈上升趋势,而家庭平均人数却呈现出曲线状态,家庭规模走向了小型化。

经历了上个世纪百年的历史变迁,黄河中下游乡村家庭结构表现出这样几个特点:

①1949年以前,黄河中下游不同民俗亚区的家庭规模相差悬殊。首先是地域的差异。由于自然条件相对优越,平川地带人口密度大,家庭平均人数多,而山区高原由于自然条件差,经济发展迟缓,人口密度小,因此家庭平均人口就少。即使是同一县区的不同村庄,由于自然条件的差别,家庭规模也有差异,如河曲县地处黄土高原,民众历来生活贫困,"河曲保德州,十年九不收。男人走口外,女人挖苦菜",是这一带普遍流行的民谣,"走西口"是这一带

特有的风俗,但前川乡的前川村由于土地宽阔,梁大峁多,宜农,宜林,宜草,宜牧,开发潜力较大,户规模 1949 年为 5.16 人,1960 年为 4.44 人,1970 年为 4.29 人,1980 年为 4.08 人,1990 年为 4.11人,1995 年为 3.57 人,1998 年为 3.4 人,明显高于同一时期的全县户均人数。其次是时代的差异。由于频繁的战乱和连续的灾荒使人口损失严重,家庭规模人数的变化实质上描绘出了战乱与盛世交替的图画,显示着历史的动荡变化。第三是阶级的差异。在漫长的封建社会,黄河中下游乡村的矛盾主要是农民和地主的矛盾,土地作为农民的主要生存资源,其分配极不公平,大都集中在富裕家庭手里,"家庭规模的大小和地亩的多少有直接联系,地亩愈少之家庭,人口亦随之愈少;地亩增多之家庭,人口亦随之增多。"①

②乡村家庭的基本结构是核心家庭和主干家庭,然而解放前与解放后情况各异。具体来讲,解放前主干家庭居多,这一方面是由于传统观念的影响,人们把同居共爨作为家庭兴旺的标志,以"三世同堂"、"四世同堂"为荣;另一方面是客观实际的需要,黄河中下游广大乡村的农民们以农业为主,自耕自足,生产方面的活计需要整个家庭完成,全家人的衣、食、住、行、用需要整个家庭供给,扶老育幼的任务需要整个家庭承担,只有几代人或同一血缘关系的几个核心家庭结合在一起,才能担负起这些重任。解放后,尤其是 1978 年以后农村实行家庭联产承包责任制以来,农村家庭的基本结构是核心家庭和主干家庭,但以核心家庭为主。促使农村家庭结构发生变动的因素:一是随着社会的发展、农民生活水平的提高、经济收入的增加,农村改变了单一的农业生产方式,发展了多种经营,生产其他的农副产品,或者去城镇或外地打工赚钱,新的生活方式促使原有的三代家庭开始分化,小型化的核心家庭更便于生产和生活;二是因生活方式、生活观念不同形成了家庭中的代

① 乔志强主编《近代华北农村社会变迁》,人民出版社,1998 年 11 月,第 98 页。

际差异,容易激发家庭矛盾,为了预防或解除家庭中的父子纠纷、婆媳冲突,许多已婚子女成家之后就从原来的家庭中分离出来,所以各县志家庭人口统计数字显示出总人数与总户数的增加成正比,而总人数、总户数与户规模人数的发展成反比的状况。也就是说,总人数和总户数直线上升,而户规模人数却呈下降趋势。

③家庭规模趋于缩小。20 世纪 70 年代末 80 年代初农村实行经济体制改革,极大地冲击了原有的生产方式和经济制度,乡村家庭规模也发生了重大变化,其特点是主干家庭仍占相当大的比例,家庭小型化速度加快。家庭小型化对社会的发展有积极的意义,同时也给农民家庭生活带来了新的变化。首先,家庭关系的简化,有益于克服“家长制”观念,消除代际间的矛盾,融洽婆媳关系。其次,农民的自主性得到了比较充分的体现,消除了大家庭中时时事事论资排辈的现象,减少了可有可无的权利和义务,在从事的工作或职业结构上可以自由选择,有利于家庭尽快富裕起来。三是家庭成员之间交流的时间和空间增多,每个人在家庭中都有重要的地位,相互之间的感情容易沟通融洽。

但是,在社会转型期,随着小型化家庭数的上涨,也带来了不少家庭问题,最直接的是老人赡养问题。尊敬长辈、赡养老人是传统家庭的一项重要功能,也是中华民族的美德。乡村家庭里亲子感情历来深厚,父母含辛茹苦养育子女,子女长大成人后尽力赡养父母,父母与子女之间有着双向的责任和义务,俗称为“反哺模式”。在与西方家庭模式进行比较后发现,中西方在亲子关系上的一个显著差别是,西方家庭中的亲子关系是单向传递模式,即父母对子女有抚育的义务,而子女对父母不存在赡养这一义务;中国家庭里的亲子关系则是一种双向对应模式,即父母抚养未成年子女,子女成年之后赡养父母,这是双方义不容辞的责任。费孝通先生把中西方这两种不同的家庭模式概括为“反馈模式”和“接力模式”,他做了这样的描述:“西方的方式是 $F_1 \rightarrow F_2 \rightarrow F_3 \rightarrow F_n$,而中国

的方式是 $F_1 \rightleftarrows F_2 \rightleftarrows F_3 \rightleftarrows F_n$（F 代表世代，→代表抚育，←代表赡养）。在西方是甲代抚育乙代，乙代抚育丙代，那是一代一代接力的模式，简称'接力模式'。在中国是甲代抚育乙代，乙代赡养甲代，乙代抚育丙代，丙代赡养乙代，下一代对上一代都要反馈的模式，简称'反馈模式'。"[1]中国这种双向对应模式已经由朴素的民俗民风变成一种婚姻家庭制度，如我国《婚姻法》第 15 条就明确规定："父母对子女有抚养教育的义务，子女对父母有赡养扶助的义务。"而实际情形是现代家庭正在削减传统农村这一养老功能，由传统长老统制社会中家庭老人在消费上有优先权，重老不重少变成了当今社会中重少不重老。年轻人的家庭收入超过了他们的父辈，其住房、穿着明显优于老人，加之计划生育政策落实，生育子女的数目由多变少，其消费重心也转移到儿女身上。在这种情况下，目前乡村家庭模式还应在一定程度上维护主干家庭，发挥传统社会家庭中的民俗功能，使老人老有所养。尽管随着社会现代化进程的加快，农村经济发展迅速，社会保障制度开始走向完善，子女对老年父母的经济负担会逐渐减轻，但老年父母日常生活的照料和精神的慰藉仍需要在家庭中完成。

二　山陕乡村的家庭关系

家庭关系，又叫家庭人际关系，是指家庭成员之间的联系和互动。从本质上讲，它是以血缘关系和婚姻关系为基本纽带所形成的各种关系，表现为家庭成员之间的相互作用。所以，家庭关系按其性质可分为两类，一类是血缘关系，以父亲的绝对权威和对父系血缘关系的重视为标志，包括支系血亲关系（如父子关系）和水平血亲关系（如兄弟姊妹关系）；另一类是婚姻关系，包括垂直姻亲关

---

① 费孝通《从事社会学五十年》，天津人民出版社，1983 年，第 86 页。

系(如婆媳关系)和水平姻亲关系(如夫妻关系、姑嫂关系)①。也可以从纵横两方面进行划分,把家庭关系分为横向关系和纵向关系,前者包括夫妻关系、兄弟姐妹关系、姑嫂妯娌关系;后者包括父母与子女的关系、婆媳关系、祖孙关系②。在传统中国家庭里,首先看重的是父子关系,中国人讲究"传宗接代"、"延续香火",它对保持宗法社会的持续稳定甚为重要,其次是旁系血亲关系,尤其是男性之间的血缘关系,它是认祖归宗的依据。第三才是姻亲关系,其中垂直关系又重于水平关系。在现代社会小型家庭中人们重视的是夫妻关系,而传统的宗法社会恰恰相反,姻亲关系置移到了血缘关系之后,姻亲关系里水平的夫妻关系也远远比不上垂直的婆媳关系。汉代《孔雀东南飞》中焦仲卿与刘兰芝双双殉情,宋代诗人陆游与妻子唐婉儿忍痛分离,都是因为婆媳不和而牺牲了夫妻关系的明证。

　　在中国乡村社会内部,家庭关系与家庭结构有着密切的关联。家庭是社会结构的中心或网结,由此向外延伸就形成了复杂的社会关系。第一圈是家族,是拥有同一祖先的不同家庭由家庭关系向外延伸的组合体,是经过多次分家之后许多家庭仍然由一个共同的祖先联系起来的血缘群。家庭关系向外延伸的第二圈是姻亲关系,是由于异姓家庭通过通婚形成的群体,它既是异姓家庭的联合,同时也是血缘关系的进一步扩大。家庭关系向外延伸的第三圈是由于家庭之间的联姻和生育而形成的各种表亲关系,这种关系比较淡薄,但涉及面颇广。这种由个人到家庭、由家庭到家族、再由家族到社会的推延线路,正应合了儒家"修身、齐家、治国、平天下"的理论。毫无疑问,社会关系是家庭关系的扩人,家庭是传

----

① 参见袁方等《中国社会结构转型》,中国社会出版社,1998 年 9 月,第 126 页。
② 参见刘豪兴主编《社会学概论》,高等教育出版社,1992 年 3 月,第 252—253页。

统社会结构的核心。我们这里重点分析黄河中下游乡村家庭关系中的父子关系、兄弟关系和婆媳关系。

1.父子关系(或说父母与子女关系)。这是由夫妻关系派生出来的一种最基本的家庭关系,是家庭内部最重要的代际关系。父母与子女有一种天然的骨肉之情,有一种固定的不可选择性。俗谓"儿不嫌母丑","血浓于水",自然的血缘纽带使亲子之间充满了最深厚的情和最真挚的爱,父母总是把儿女看成自己生命的延续。

父子关系中的伦理道德标准是"父慈子孝",在一个家庭里从一个新生婴儿呱呱坠地之时,就给夫妻带来了共同的乐趣,产生了性格上结合的媒介,也激发起了对夫妻生活的憧憬与希望。子女成为家庭三角中的一角,即使这个家庭中夫妻中有一方殒殁或离去,另一方仍可依靠亲子感情把家庭牢固地维持下去。从此,父母含辛茹苦,终日操劳,子女在父母亲情和家庭温暖中长大成人。子女侍奉父母的行为准则是"孝",正如孔子所云:"弟子出则孝,入则悌","事父母能竭其力"①。《孝经》中更是把孝上升到了伦理规范和哲学层次加以强调:"夫孝,天之经也,地之义也,民之行也。"认为"孝"是天道在人间社会的体现。

"孝"本来是源于子女对父母天然的真挚的情感,儒家把它系统化、理论化之后,又使其返回到民间,成为民众心意和行为结合的习俗。儿子对父母"孝"的具体内容表现在,父母在世要尽孝道,顺从父母的意志,父母亡故要继承父母的遗愿,秉承父志,兴家立业。平时居家,要关心父母的疾苦,照顾好父母的饮食起居,还要生儿育女,传宗接代,尤其是要有男性后代。正如孟子所云:"不孝有三,无后为大。"正是由于儒家思想的濡染,在民间才有"老莱娱亲"、"割股疗亲"、"取肝疗亲"等故事流传,野史、方志和民间流传的各种手抄本、刻印本中宣扬"孝"的例子不胜枚举。在黄河中下

---

① 《四书五经》,岳麓书社,2002年12月,第17页。

游的乡村,尤其是晋南一带流传着舜行孝的传说,内容是讲舜的后母百般虐待舜,其子象也推波助澜,然而舜在仙女帮助下每次都幸免于难、安然无恙,舜的孝行也终于感动了后母。晋中介休有个地方叫义棠,其地名的来历伴随着一则传说,体现了民众的思想观念和情感评价标准:

> 汾河东面有一家人,丈夫早逝,妻子带着年幼的儿子生活,备尝艰辛。后来她到了汾河西边山上寺庙里烧香化斋时和一个年轻的和尚相识相爱,和尚也常在河水小的时候过来与她幽会,久而久之村里风言风语地有了传闻。儿子聪明好学,刻苦勤奋,科举考试得中,在附近县里做官,回来后劝说母亲跟他走,以安度晚年。母亲一是留恋故土,二是舍不得对自己有恩的和尚,执意要留在故乡。儿子感到母亲一生经历了那么多艰辛,太不容易了,为了方便母亲与和尚的来往,在汾河上专门架起了一座小桥。几年后母亲患病去世,儿子安葬了母亲后,想到正是这个和尚让父亲和自己蒙受了耻辱,一气之下把和尚杀死。杀死后内心又有愧疚,感到和尚多年来照顾母亲,对这个家还是有功劳的,于是就为和尚在山上建起了一座塔。从此,当地流传开了这样一句话:"修小桥为母行孝,杀和尚替父报仇。"

以民众的眼光来看,母亲越轨不合礼教,但情与性也是人的基本需求,所以儿子为了方便母亲与和尚的往来专门修了一座小桥,修桥就是儿子的一种"孝"行;和尚使已故的父亲蒙受耻辱,在母亲过世之后杀死和尚,这符合民俗理念中"父仇子报"的逻辑推演,杀死和尚并为他建一座寺塔纪念之也是一种"义"举,所以该地称之为"义棠"。这则传说不是按儒家"从一而终"的伦理道德观对故事中女主人公作简单的评判,而是从理解同情的角度安排了儿子为其修小桥的情节,而儿子无论是支持母亲为其修桥,还是替父报仇杀死和尚,虽不合"法"却是合情又合理的,民众的情感天平是偏向人的正常生存需求的。

父母与子女的现实关系是抚育和赡养两个方面,前者是指父母对子女的抚养和教育,后者是指子女对父母在物质和生活方面的供养和照顾。在现实生活中,往往是父母从儿女出生到成婚竭尽全力,为了儿子结婚债台高筑,儿子成家后还要帮助他们照看小孩,买菜做饭,料理家务,而子女对老人的照顾却很难十分周到,乡村中不少老年父母或衰弱病残老人还不能确实得到子女的赡养和扶助,更无从谈到精神上的慰藉。父母与子女两代人之间的代际痕迹也是不容回避的事实,由于两代人的社会经历、年龄心理不同,在处理家庭事务和社区各种人际关系上势必存在差异,习惯称之为"代沟",尤其是在急剧变迁的现代社会里,子女在智力、能力、社会地位等方面超过了父母,开始提出与父母不同的见解或与之抗衡,家庭矛盾冲突不可避免。所以在现实条件下要树立父母与子女之间相互尊重的观念,在家庭中提倡尊老爱幼,建立平等、民主、和睦的新家庭。

2. 兄弟关系。这是由父母子女关系衍生出来的一种家庭关系。在自然经济为主体的农耕社会里,人口多寡是门户兴旺与否的重要条件,由此产生了多子多福、重男轻女的观念,在数代同爨人口众多的大家庭里,兄弟们亲密无间、相互忍让是家庭保持凝聚力和稳定性的关键所在。兄弟关系和父子关系一样具有天然的血亲关联,《礼记·礼运》云:"礼义以为纪,以正君臣,以笃父子,以和夫妇。"[①]孔颖达疏:"父子天然,故云笃。笃,厚也。兄弟同气,故言睦。夫妇异姓,故言和,谓亲迎合卺之事。"意思是说,父子兄弟的关系是天然的血亲关系,其亲睦是自然的,只是通过礼仪来加深的问题;而夫妇异姓,关系不是天然的,故需用礼义使之和好,这个礼义主要是指亲迎合卺的婚姻之礼。宋代以后,理学家们把兄弟关

---

① 《周礼·仪礼·礼记》,岳麓书社,1989 年 7 月,第 368 页。

系上升到宇宙生成论高度加以阐发,认为天地的动静特性转化为阴阳二气,二气交合,化生万物,人类也在其中。人同世间万物一样也是气的聚合之物,兄弟都是同受父母一气而生,因此关系至为密切。乡村民众也接受了这些理念,民间流传着"同气连枝原不解"的俗语,是指兄弟"分形连气"、"同气相连",同样道出了兄弟间的密切关系。兄弟关系的重要伦理规范是"悌",其本义原取于先后次第之义,先生者为兄,后生者为弟。古人认为子事父,弟从兄,这原本就是自然的本末、先后的伦次,尊此为顺,反此为逆,顺为合自然之则,逆则反必然之道。《中庸》曰:"君臣也,父子也,夫妇也,昆弟也,朋友之交也,五者,天下之达道也。"把兄弟关系列为五种人伦关系之一。在实际生活中兄弟之间一是长幼有序,二是亲疏有别。作兄长的要亲仁宽厚,关爱诸弟使之顺从;作弟弟的要尊重兄长,事兄必须竭尽心力。

以上礼俗是儒家为处理兄弟关系描绘的蓝图,带有理想主义色彩,地处黄河中下游的山、陕、豫乡村实际情形如何呢?由于长期受到正统的儒家伦理思想濡染,乡村中下层民众尊奉着正统的伦理观念,但在实际民俗生活中又呈现出复杂的形态。一般说来,兄弟之间由于年龄相近,所处的社会环境、家庭境况完全相同,幼年时期直至婚前,他们都围绕一个中心——父母,同吃一锅饭,同睡一铺炕,甚至同穿一件衣,即老大的衣服老二穿,老二穿了老三接用,共同经历了家庭中起伏升降的大小事件和坎坷不平的致富历程,在情趣、性格、见解诸方面容易相似,建立了情同手足的感情。而婚后的情形则不同,由于各有妻室,原来的一个中心变成了多个中心,加上姒娌之间缺乏血缘亲情,为了家庭权力和财产常常发生矛盾冲突,兄弟也会牵扯进去,甚至大动干戈。在黄河中下游山、陕、豫各省区民间,保存着大量的以表现家庭民俗为主的手抄本、刻印本、劝善图,民众以这些传播媒介表达着他们的思想观念,把现实的家庭生活转化为文化意义上的生活经验,构筑起了与现实世界相对应的一个精神空间。我们在实地调查中,从晋南临猗一带收集到一幅明代成化元年刻印的劝善图,长 44cm,宽 31cm,左右两边刻着一副对联:"荆树有花兄弟乐,砚田无税子孙耕。"上半部分刻有《枯荆重荣》的故事和插图,下半部分是劝善的内容,分别为劝兄弟、劝妯娌。《枯荆重荣》的故事前有说明:"板存临晋王润福家藏印送",内容如下:

> [汉]京兆田真兄弟三人,因听妇言,情饬手足,欲分家产。庭前有一紫荆树,议定二月天明,析为三段,连枝均分,不料次日荆树忽然枯死,兄弟见之各讶异,因叹曰:"树犹如此,何况乎人,兄弟一本之亲手足也,岂可稍伤,从今皆不愿分矣。"言未已,荆树忽复发青,兄弟应声而哭,即设香案大谢天地,誓言再不析居,和睦永远,叩谢毕,同观荆树重荣,合家喜之不尽也。

在民间信仰世界里,常常借助灵异、显灵的现象或传说,强化人们对某件事、某种信念确信无疑,然后对相关的民间文化思想加以阐释,本《劝善图》配有七字经文,押韵上口,如开头:"兄弟前生修积来,今生才得共母胎。兄要宽仁把弟待,弟须怀义敬兄台。"结尾为:"明年你我知谁在,难有二世又同胎。弟兄和气家不败,荆树有花岁岁开。"这些劝善经文重在"劝",征古引今,剖析事理,让世人受到感化。这些劝善经文从刻印问世传承至今,数百年仍保存完整,说明民众对它珍惜的程度,证实了它在世俗生活中所起的积极作用。

3.婆媳关系。婆媳关系是由母子关系而衍生的一种家庭关系,存在于主干家庭、联合家庭和扩大家庭等多种类型的家庭之中。一般说来,婆媳关系是家庭结构中非常重要的一组关系,但同时又是最微妙、最难处的一种关系。婆媳关系的复杂性、繁琐性形成的原因主要有这样几个方面:首先,从伦理的角度看,婆婆和媳妇是一种非血缘关系,本是路人却靠着另一个家庭成员——婆婆的儿子、儿媳的丈夫作为中介互相联系着，而且朝夕相处，难解难分。我们知道在家庭伦理关系中一般存在着三种成员之间的关系，即血缘关系（如父子、母子、兄弟姐妹）、婚姻关系（如夫妻）、非血缘婚姻关系（如翁婿、婆媳、妯娌），在这三种关系中非血缘婚姻关系相对于前两种关系较难处理，因为它既不如血缘关系稳定，又缺乏婚姻关系的亲密，而在所有非血缘婚姻关系中，婆媳关系又是最复杂最微妙的一种。婆婆和媳妇年龄悬殊很大，生活习惯各异，文化教养不同，由于有婆婆的儿子、妻子的丈夫牵扯结合在一起，在日常生活中频繁接触、碰撞引起不快，进而生出许多事端，而其中的是非曲直因为裹挟着亲情、爱情而很难用理性的标准作出评判，家庭矛盾的发生就成为必然了。在婆婆和媳妇这一对关系中，婆婆是作为父权家庭的代表人物对媳妇进行管教的，而媳妇在婆婆和家人眼中只是一个"外姓人"。传统的家庭认同心理是"非我族类，其心必异"，媳妇嫁给一个新的家庭要有一个由排斥到认同的过程。"多年媳妇熬成婆"，只有熬到婆婆的时候才能获得这个家庭的认同。其次，从社会习俗和思维定势看，中国是一个讲究孝道的国家，百善孝为先，父母即使在对待子媳的问题上有不对之处，做晚辈的也不能反对或顶撞，特别是母亲为家庭付出了许多辛劳，养儿育女，操持家务，是爱与无私的象征，长期的文化积淀在中国人心中形成了浑厚的崇母情结。当母亲和妻子因为家庭纠纷发生摩擦，哪怕责任不在妻子，夫妻感情再深，舆论和孝道都要求儿子站在母亲一边，甚至任凭母亲责罚或驱逐妻子。《礼记·内则》曰："子甚宜其妻，父母不悦，出。""七出"的第一条云："不顺父母去，为其逆德也。"这里的父母是指丈夫的父母，对媳妇来说，若不听公婆使唤，违背了家礼对妇德的起码要求就会被休弃。可见，封建时代婆媳关系是不平等的关系，婆婆是婆媳关系中主导的方面、决定的因素，儿媳对婆婆要绝对服从。第三，从生理和心理的角度看，女性的心理感受比男性强，婆与媳都是女性，其心理感受是比较敏锐的,尤其是孤儿寡妇家庭里,母亲爱情生活失落,人生遭遇不幸,在无所凭靠的境遇中把自己的全部感情与关爱移位到儿子身上,把儿子看成是自己生活的全部希望以及自己感情的归宿。当媳妇作为一个新的同性进门之后,打破了昔日母子感情的相互依归和小家庭生活的宁静,婆婆常常会以媳妇不听话、儿子偏向妻子为缘由掀起家庭矛盾,媳妇对婆婆、婆婆对媳妇这一对矛盾冲突成为难以解开的纽结。

1949年新中国成立后,随着社会主义制度的建立,婆媳关系也发生了新的变化,其基本特征是婆媳平等,媳妇和婆婆一样在家庭中具有同样的地位和发言权。20世纪六七十年代山陕乡村的主干家庭大都是婆婆在家做饭、料理家务,媳妇与儿子参加集体生产劳动,一般都能相互体谅,共同为家庭操劳。进入新时期后,家庭联产承包责任制给乡村带来了生机,也给千千万万个家庭带来了更多的闲暇时间,乡村家庭除了经营副业产品之外,农闲的时候夫妻共同经商做买卖或外出打工,婆媳的家庭权力、地位发生了很大的变化,由过去婆婆居主导地位变为现在媳妇居主导地位。许多媳妇们由于文化素质较高,思想观念新,年轻体壮,所以她们走向社会,广泛就业,在社会联系与家庭收入上与婆婆相比都具有明显的优势。社会转型期婆媳关系的这些变化,加上有的年轻夫妻为了支持儿女上学或盖房起屋进行家庭建设而疏于照顾老人,由此带来婆媳关系紧张也是现代乡村一个突出的社会问题。

三   山、陕、豫乡村家庭中的妇女生活

1. 封建伦理道德禁锢下的妇女生活习俗

黄河中下游山、陕、豫交汇的三角地带是华夏文明的重要发祥地,这里曾经展演过"民知其母,而不知其父"的母系氏族部落生活,那是一个令所有女性自豪骄傲的辉煌的女权时代,也涌现出了像女娲、嫘祖、姜嫄、简狄等部族始祖母的女性文化英雄。但是,自

从父系氏族社会取代母系氏族社会之后,伴随着父权社会所有制的形成,按女系计算世系的办法和女性的继承权被废除,而确立了以男系计算世系的办法和父系继承权。"母权制的被推翻,乃是女性的具有世界历史意义的失败。"①父权家长制社会是人类历史的一大进步,在这个漫长的历史时期里,男子权力发展的同时,伴随着的却是妇女地位的不断下降,一辈辈的中国妇女在社会的最底层痛苦地呻吟挣扎,抛洒着辛酸苦涩的泪水,在世俗的偏见中聊度一生。

　　黄河中下游的山、陕、豫是汉文化圈的中心地域,是儒家正统观念最早孕育并且持续时间最长的地区,儒家的"三纲五常"观念中,"夫为妻纲"中的"妻"是君臣、父子、夫妻六种人伦中地位最低的一伦,男尊女卑、男外女内、三从四德、夫唱妇随、男女有别、贵贱有分等道德礼教观念和女性价值观念通过对妇女观念与日常生活的禁锢使之转化成一种现实的道德控制和社会力量,数千年来束缚压迫着中国妇女,成为漫长的中国封建社会制造妇女悲惨命运的精神根源。儒家两性观念的男女差别早在五千多年前父权制时代形成初期就露出了端倪,甲骨文中的"女"字,是一个女人跪在地上的形象,"妇"字,是一个女人拿着一把笤帚的样子,表明女子在家庭、社会中卑下的、侍从的地位。《诗经·小雅·斯干》有关于"弄瓦"与"弄璋"的记载:

　　　　乃生女子,载寝之地,载衣之裼,载弄之瓦。乃生男子,载寝之床,载衣之裳,载弄之璋。其泣喤喤,朱芾斯皇,家室君王。

　　意思是生了女孩让她睡在地上,用裼布把她包裹上,戴上廉价的装饰品,说明她将来只能操持家务,纺线织布,干伺候人的事。而男孩出生后,让他睡在床上,给他穿上漂亮的衣服,并且佩带上

---

① 《马克思恩格斯选集》第四卷,人民出版社,1972年,第52页。

珍贵的玉珪,他显得格外华贵,就像家里的君主一样。可见,周代的男与女,从一出生就有了地位差异,女子是受歧视的。儒家两性观念建立的哲学基础是"宇宙阴阳说",其核心是天道为乾,地道为坤;乾为阳,坤为阴;阳成男,阴成女,故阳爻的意象代表男人,阴爻的意象代表女人。进而延伸出男性应刚,女性应柔,阳尊而阴卑,为男尊女卑观念找到了理念依据,也从哲学高度为女人做了定位。"卑弱"成为儒家对女性的伦理要求和女性对自身的人格体认。汉代班昭《女诫》对女子的要求是:"卑弱第一,古者生女三日,卧之床下,弄之瓦砖,而斋告焉……谦让恭敬,先人后己,有善莫名,有恶莫辞,忍辱含垢,常若畏惧,是谓卑弱下人也。"①

运用民俗角色期待理论分析明清直到民国年间山、陕、豫乡村妇女生活,大体包含这样一些内涵,社会赋予夫妻的角色任务分别为妻子相夫教子,侍奉公婆,操持家务;丈夫充当家人的供养和保护者,为家族传宗接代。角色分工是"男主外,女主内",角色规范是男主女从,角色形象是男强女弱,角色地位是男尊女卑。大量的民间谚语表现了民众的真实心态,"嫁出去的姑娘,泼出去的水",在娘家人看来,女儿是"赔钱货",迟早是别人的人,出嫁后就完全从属于夫家,成为丈夫的附庸。丈夫变成了妻子生存甚至整个生命的主宰,他对妻子的态度是"娶来的媳妇买来的马,任我跨来任我打"。从妻子的态度看只能是"嫁鸡随鸡,嫁狗随狗",听凭丈夫或婆家的摆布。这些妇女们或者听天由命,跟着丈夫受苦受累,期盼着苦尽甘来,或者在极端艰辛的环境中养育儿子,等待着把他们抚养长大后得到回报,或者在大家庭错综复杂的矛盾纠葛中忍气吞声,乞望着"堂屋椅子轮着坐,二十年媳妇熬成婆","熬"字或许最能表达无数妇女在清冷凄苦的生活中苦度一生的情感体验。在山、陕、豫地区最能表现妇女生存境遇的习俗主要有以下几个

---

① 参见侯杰、范丽珠《中国民众意识》,山西教育出版社,1999年1月,第129页。

方面：

①童养。这是传统社会贫困乡民万般无奈而选择的一种畸形婚姻，通常是家境贫寒人家的女孩在三五岁或七八岁时就送到婆家，待适龄后与婆家的儿子结为夫妻，俗称"圆房"，河南称为"童养媳妇"或"团圆媳妇"。童养媳的形成从女方来说，多为家境贫困或突遭不幸，父母死亡而无人抚养，将幼女卖给或送给比自家富裕的家庭抚养。从男方来说，一是可以省去一大笔聘礼，如民国初年的山西收买一个童养媳一般只花大洋5元左右，而娶妻的费用高达50元；二是可以帮助干家务、带孩子、充当劳动力。在黄河流域的山、陕、豫乡村，童养媳现象普遍存在，其习俗一般是找一位中人，立下字据，贫困之家将女儿卖出，童养媳到男家初为养女，待男方长大成人便圆房，成为正式儿媳。通常情况下作童养媳的女孩总比男孩大几岁，造成了大媳妇小女婿的畸形婚姻。在陕西眉县流传着这样的歌谣："十八大姐七岁郎，夜夜睡觉抱上床，说是夫，小得太，说是儿，不叫娘。待到郎大姐已老，待到花开叶已黄。"这是对不合理婚姻的控诉。元杂剧《窦娥冤》中，秀才窦天章因时运不济，一贫如洗，借了蔡婆婆20两银子，因贫困无法偿还，被迫将七岁的女儿端云送与蔡家做了童养媳，剧中窦天章一句道白："这个哪里是做媳妇，分明是卖与她一般。"说明窦天章确实是在万般无奈的情况下才卖出女儿，这道出了童养婚的性质。童养媳在家庭中地位低下，常被别人看不起，干活在前，吃饭在后，吃剩饭，睡灶窝，如同丫环仆女。童养媳在婚前与未来的丈夫姐弟相处，不允许发生性关系，在河南鹿邑县，童养媳若在成婚前与未婚夫发生两性关系，邻里知道后会戏称男子为"吃私盐的"，被视为不道德的行为。1950年国家新的《婚姻法》颁布后，此俗逐渐消失。

②再醮。意思是再举行一次酒宴，特指妇女夫死或离婚后再嫁。在陕西紫阳县把改嫁妇女统称为"过婚嫂"，其中又分为丈夫去世再嫁和原丈夫尚在离婚改嫁两种，前者称为"死人妻"，后者称

为"生人妻"。在不同的历史时期，人们对再醮习俗的评价态度不一，按照儒家礼制的要求，认为妇女再嫁是一种非礼行为，《礼记·郊特牲》曰："壹与之齐，终身不改，故夫死不嫁。"这成为后来统治阶层限制寡妇再嫁的理论依据。可是，在实际生活中，这一道德戒律的约束力并不强，春秋时期寡妇改嫁并不鲜见，据《礼记·檀弓》记载，孔子的儿子伯鱼死后，其妻虽生有儿子，后来还是改嫁到了卫国①。到了秦朝，秦始皇禁止寡妇再嫁，据《史记·秦始皇本纪》记载，他在今属浙江的古越地立下《会稽刻石》云："贵贱并通，善否陈前，靡有隐情，饰省宣义，有子而嫁，倍死不贞。"②在秦始皇看来，如果生有儿子还任意改嫁，就是做妻子的对丈夫不贞的表现，必须严格禁止。不过，对无子的寡妇改嫁仍持宽容的态度。汉代，上至皇亲国戚，下至庶民百姓，均有选择佳偶再醮的自由。隋唐五代寡妇改嫁的事例更多，直到宋代初中期寡妇改嫁也是一件比较容易的事。禁止寡妇改嫁是从宋代后期程朱理学大肆宣扬后才成为社会风气的。在山、陕、豫乡村，对男子再婚没有什么限制，对女子再婚则障碍重重，女子改嫁被族人视为"辱没门风"，要遭到干涉。即便历经周折得到婆家、娘家允许后，改嫁时也伴有许多污辱性的习俗，改嫁时间与头次婚不同，一般都放在下午或傍晚。在河南，新娘要坐没顶轿或反坐大椅、方桌，上轿时在村外十字路口，但不鸣鼓乐，不放鞭炮，下轿时，寡妇双手端一斗粮食绕着磨道或椿树旋转。沁阳县有的地方在寡妇下轿后让其踏在农具上，口中念道"踏踏耙，再不嫁"，以表示对新嫁丈夫的忠贞。有的地方让寡妇反穿罗裙，称"反穿罗裙，另嫁男人"，证明自己又另嫁他人。出嫁时不得在家中穿衣上轿，只能从侧门出去，抬到新夫家后从后门进屋。在陕西紫阳县，"生人妻"出嫁，要事先请人写婚书，这种婚

---

① 参见《礼记·檀弓》。
② 司马迁《史记·秦始皇本纪》，中华书局，1959年9月，第262页。

书不能在家里写,否则会玷污门户,对家族不吉,婚书只能在荒芜的坟园里、枯树下、石包上写,而且婚书中有大篇污蔑妇女的言词。可见,寡妇再醮受到种种歧视、不公正,甚至荒唐的"待遇",这些陋俗犹如在她们遭受失夫磨难的伤口上又洒上一把食盐,使其身心受到摧残。建国以后,寡妇改嫁受到法律保护,出嫁时也采用正常婚姻仪礼。

③典妻。又称租妻,出租妻子,是指丈夫把自己的妻子出租给需要老婆的人、暂时中断夫妻关系的婚姻关系形式。时间长的叫"典妻",时间短的叫"租妻",民间俗称"借妻生子",或"借腹生子"。典妻的原因,多是家庭生活贫困,独身穷汉,无力娶妻,或因妻久未生育,但为了延续香火,繁衍后代,出钱典买别人的女人做临时妻子。从出租妻子者一方来看,大多是因为贫穷养不起妻子儿女,愿意将老婆出租给别人,获得生活所需的金钱,也有妻子或寡妇出典自己和家人的。明清时期官方曾明令禁止,《明律·户律·婚姻》规定,凡将妻妾受财典雇与人为妻妾,杖八十。《清律辑注》曰:"必立契受财,典雇与人为妻妾者,方坐此律。"[1]这种习俗在明清到民国年间,盛行于浙江、福建、甘肃、山西等地。左翼作家柔石的小说《为奴隶的母亲》叙写了典妻习俗对妇女心灵的伤害,新时期山西作家郑义的《远村》写了"拉边套"的习俗,也是典妻的一种变相体现。乡间租妻习俗,一般都要寻找一人或两人作婚证,俗称"中人",出租者与典买者双方要书写契约,内容包括出典的原因、时间、租金、年限以及双方的约定。典当期一般为三年,也有一至两年的。出租期间不得与原夫同居,新生孩子跟典当者,原夫不得干涉,到期妻子被领回,如无力赎回,出租的妻子将永远跟随受典人。契约一式两份,分别由典当者和出租者保管。出租妻子到

① 叶大兵、乌丙安主编《中国风俗辞典》,上海辞书出版社,1990年8月,第173页。

典当者家里不举行任何仪式，只以薄酒答谢媒人，我们在实地调查中收集到晋东南平顺县袭封村一份"典妻"契约，原文如下：

> 袭封申安义府中下有三房四妾，但员缺后裔，今因族规亦传世，香火徐（许——著者）旺不许断，现愿将小妾王利氏携银贰拾两到壮男张有根家做事，直到怀胎生子又回到申府，其子女与张有根概无瓜葛，申安义愿再出纹银叁拾两酬谢张有根，恐口无凭，立约为证。
>
> 族长：申雪堂，中人：李仁义、王夫发
>
> 执笔人：申新则。光绪三十二年四月六日立。

这份立写于 1906 年的租妻契约，反映了晋东南在清代末年流行着租妻习俗。从契约内容来看，出租者不是因为家庭贫困无法生活而出典妻子，而是出于延续香火得到子嗣而为之。可见，在当地传宗接代、得子传家的观念远远超过了出租主人的"面子"和被出租者的贞节观念，在一向注重伦常、严守礼仪的黄河中下游的乡村民众，无法抵御养育子嗣、根脉相沿的诱惑，更无法摆脱"六十无孙，老树无根"等断子绝孙的恐惧。

在典妻习俗里，无论是出租者还是受典者都把女性当做一种商品，把有生殖能力的女性作为一种生育工具，为了男性的利益可以把毫无感情基础的男女撮合在一起，女性作为婚姻关系的一方，其感情受到漠视，其人格受到践踏，作为"母亲"的那种仁慈、温柔的美好情感受到亵渎，传宗接代的民俗心理愿望和典妻换取金钱的功利目的压倒了作为"人"的感情需要。

④买卖。即把未婚的女子、已婚的妻妾或夫死守寡的妇女卖给他人做妻子。它与典妻习俗相比，共同的特点是卖方以得到金钱或实际利益为直接目的。所不同的是，女子或妇女的被出卖是长期的、永久性的。下面以在实地调查中收集的山西临汾一份民间契约为例进行分析：

> 主婚书人张学勤，生母李氏，因次子学勤从先无子娶妾罗

氏，年二十四岁仅生一女，年五岁，并未生子。后因长媳王氏生有二子，与妾罗氏不和，时常口角，学勤见老母生气，于心不安，邀同妾罗氏娘家父亲罗永太讲妥，情愿将妾罗氏嫁与峪口村高成林名下为正妻，遂带生女与界峪村周廉之子为妻。两家俱各情愿，当日同媒妁言明，收聘资叁拾一千文整，两家俱不得反悔，空口无凭，立婚书存此。

咸丰四年正月二十九日

立婚书　张学勤

说合人　亲友

这份拟写于1854年的"卖妾契约"包含着清代咸丰年间山西乡村社会里丰富的民俗文化信息。第一，在乡村社会普遍存在着纳妾习俗，尽管元代就有了禁止纳妾的政策，明清时期的法律中也明确规定了纳妾有一定年龄限制：男性年四十以上无子者方可纳妾，违者杖四十[①]。但在民间，这些法律形同虚设，对民间百姓没有约束力，从该契约张学勤之妾年仅二十四岁已生女五岁推算，张学勤娶妾不会超过四十岁。第二，张学勤娶妾的目的是为了让其生子，设若这位妾真的生了子，而正妻没有子，那么她是绝对不会被出卖的，现实情形恰恰相反，因为她没有生子又和正妻不和，所以丈夫就打着孝顺母亲的招牌卖掉了这位弱女子。第三，妾罗氏被卖后转为正妻，同时罗氏所生一女，年仅五岁也送给别人做童养媳，读这份民间契约，我们眼前浮现着罗氏母女被抛弃、被迫分离的凄苦身影。

2. 山、陕、豫乡村烈女群的构成及其行为分析

地处黄河中下游的山、陕、豫是华夏文化的腹地，在这里，华夏文明留下了千百年来历史演进的轨迹，一代又一代的妇女们伴随

---

① 万历《明会典》卷14，转引自王跃生《十八世纪中国婚姻家庭研究》，法律出版社，2000年4月，第79页。

着儒家正统观念的传播渗透,社会地位经历了由高到低的嬗变,从先秦男女关系随意到魏晋南北朝婚娶再醮有一定的自由,从宋代以后设男女之大防到明清时期官方公开旌表贞女烈妇,儒家的性别观念和"失节事极大,饿死事极小"的贞节观念,对广大乡村妇女的塑造起了决定性的作用,女性贞节在民众意识中备受重视,这种对女性单方面的贞节要求不仅残酷地剥夺了女性的自由与幸福的生活,而且积淀为乡村民众的心理定势,使得无数女子在强大的社会舆论面前,为了守住贞节成为封建礼教的可悲、可怜的牺牲品,构成了乡土村落中一个个烈女群。

　　节妇守志,烈女殉身,这些妇女们为了"贞节"二字牺牲了自己一生的幸福甚至生命,换来的是石碑、牌坊或地方史志上的几句褒奖言辞:"一块石头,变作了贞节牌坊,便可以引无数青年妇女牺牲她们的青春与生命去博礼教先生的一篇铭赞,或志书'烈女'门里的一个名字。"①据清代编纂的《古今图书集成》记载,从周秦至清初共有节妇烈女 49034 人,其中节妇 36867 人,烈女 12167 人。各朝代节妇数量很不均衡,宋代以前节妇仅 92 人,占总节妇数的0.26%,宋代至清初为 36775 人,占节妇总数的 99.74%。宋代以前仅有烈女 95 人,占烈女总数的 0.69%,宋代至清初剧增至 12072人,占烈女总数的 99.31%②,这些数字反映出了全国范围的节妇烈女群的情况,为了把握各省区的烈女情况,我们对位于黄河中下游的山西省历代节烈妇女做了统计,并且采用抽样统计的方法对陕西米脂、山西洪洞、河南商丘三县历代节烈妇女做了统计,借以分析黄河中下游山、陕、豫烈女群的构成及其行为原因。先看光绪《山西通志》记载的节烈妇女的情况:

---

①　胡适《名教》,转引自《中国现代思想史资料简编》第 3 卷,浙江人民出版社,1983 年,第 136 页。
②　陆震《中国传统社会心态》,浙江人民出版社,1996 年 3 月,第 134 页。

山西各主要朝代节烈妇女统计表

项　　目 \ 朝代	汉晋	隋唐	元	明	清	合计
节孝妇女人数	2	4	61	1854	44740	46661
贞烈妇女人数	1	4	25	677	2027	2734
节烈妇女总计	3	8	86	2531	46767	49395
占贞烈妇女总数百分比	0.01%	0.02%	0.17%	5.12%	94.68%	

资料来源:光绪《山西通志》[清]王轩等纂修,中华书局1990年版。

　　表中数字说明,隋唐以前尽管作为官方意识形态重要组成部分的封建礼教、贞节观念已传播开来,但由于官方尚没有形成系统、严格的制度,所以民间节烈妇女人数甚少。元代以后,尤其是到了明清两代,节烈妇女人数剧增,其中记录着官方大传统和民间小传统、正统观念和民众心态的碰撞互动、契合交织,有着深刻的社会历史背景和深厚的下层民众的民俗心理动因。再看下面一组对明清时期山、陕、豫各县区节烈妇女的数字统计:

明清时期山、陕、豫三县节烈妇女对照统计表

朝代 \ 地区	商丘	洪洞	米脂
明	78	4	36
清	84	107	195
合计	162	111	231

资料来源:

(1)清康熙四十四年《商丘县志》,河南省商丘县志编纂委员会整理,中州古籍出版社1989年版。

(2)民国六年《洪洞县志》,孙奂仑修、韩垧纂,山西人民出版社1992年版。

(3)民国三十三年陕西《米脂县志》,载《中国西北稀见方志续集》,中华全国图书馆文献缩微复

印中心,1997 年版。

注:米脂县的数据含孝妇。

上表统计数字中,河南商丘、山西洪洞属于平川大县,明清两代见于县志记载的节烈妇女总数分别为商丘 162 人,洪洞 111 人,而令人惊奇的是,尽管米脂县地处远离汉文化政治中心的陕北,节烈妇女人数高达 231 人,尽管这一数字中包含着孝妇在内,但也说明了正统的贞节观念对民众的影响是根深蒂固的。这些节妇、烈女是怎样通过自己一生的磨难和宝贵的身体守护自己和夫家的名声? 遍布黄河中下游各省区的一个个烈女群构成的原因是什么? 我们将具体探讨这种现象背后的深层原因。

一般说来,烈女群里的妇女包括贞女、节妇、烈女三种类型,我们可以通过对明清至民国年间烈女群结构的考察来洞悉这些妇女们的生存状况和心灵叹息。

贞女,是指未婚而能守住贞节的女子,有的是许聘于人,尚未完婚,聘夫丧命,于是未婚女子为之守贞,称之为贞节女;有的是家中无男子,为赡养、孝顺父母,终身不嫁,称之为贞孝女;也有的是已许聘于人,尚未完婚,聘夫身故,于是未婚女子为聘夫殉身,或未婚待嫁,遇到战乱或抗御强暴而丧生的未婚女子,称之为贞烈女[①]。有关这几种贞女的记载,在各地方志中屡见不鲜,《商丘县志》有如下记载:

> 周氏女,水池浦人,许字董琏。夫故,自尽,县立碑表之。
>
> 李三姐,乡民李茂春女。康熙己卯,有强暴李大成者,窥其父母往田间,入室逼淫之,三姐不从,遂为所杀,官讯得情,诛大成,而为三姐建坊于墓前。
>
> 曹氏,故光禄署丞曹云龙女,未字。值寇至,前一日,家戒

---

① 　沈海梅《明清云南妇女生活研究》,云南教育出版社,2001 年 8 月,第 204—206 页。

严,治装,女泣谓母曰:"贼信已迫,犹为辎重顾恋,独不爱身命乎? 儿不爱一死,虑二老颠沛,幼弟难提抱耳。"次日逃避,忽遇寇,女遂投井。贼欲使出,女骂不绝口,被贼坠石击死。

中国在汉唐以前是买卖婚,其特点是双方结合之后才相互有责任,而在宋代以后发展成契约婚,其特点是一经确定婚约,双方就有相当的责任,女子一经订婚就对家庭负有责任,生为夫家人,死为夫家鬼,如果未婚夫早殇或遇到意外强暴事件也有为之守节而不惜献出生命,或者到夫家上门守节。上述几个例子中未婚女子为了守住贞操遇到强暴或贼寇能宁死不屈,客观上抵御了邪恶,其行动是正义的,这种献身带有悲剧的性质。而那种仅仅因为订下婚约,未婚夫早殇就随之自尽,未免蹈入"愚贞",是不值得褒奖的。

节妇,是指丈夫死后,寡居在家,终身不嫁,对死去的丈夫忠贞不二、贞操自守的女性,她们在漫漫数十年的守节岁月里,上侍奉公婆,养老送终;中和睦妯娌,任劳任怨;下代夫教子,养育后代,为夫家香火不断、后继有人而忍屈含冤,她们所受的苦楚是常人无法想像的。首先是身心的折磨,有个故事讲,一位寡妇当她儿子尚在襁褓中,丈夫就去世了,她为了儿子,为了夫家拒绝别人提亲再嫁,历尽艰辛把儿子拉扯成人。后来,儿子中了状元同时迎娶新娘,真是双喜临门。这时两鬓白发、体弱年迈的母亲拿出一把又光又亮的铜钱,上面的字迹已磨损无余,她满怀深情地对儿子说:"你父亲去世时,我还年轻,多少个难眠之夜呀,我常常从床上起来,把这些铜钱撒到地上,然后摸着黑把铜钱找到一起,直到找回最后一个铜钱为止。"①这位母亲把自己的情欲、心性、情感幽闭起来,在一个个难眠的夜晚青灯独守,孤单无助,在精神炼狱中所受的苦痛不是一般人可以想像出来的。其次是生存的艰辛,她们生活在贫穷落后的乡村,在自产自足的小农经济社会里,失去了丈夫这一主要劳动

---

① 侯杰、范丽珠《中国民众意识》,山西教育出版社,1991年1月,第132页。

力,生产方面孤弱无援,生活上没有帮手,经济上捉襟见肘,生活的
重担全部压在她的肩上,正如鲁迅所说:"节烈苦么?答道,很苦。
男子都知道很苦,所以要表彰她。凡人都想活;烈是必死,不必说
了。节妇还要活着。精神上的惨苦,也姑且弗论。单是生活一
层,已是大家的痛楚。"①节妇的孝行和生存状况各地方志中记载
甚多:

> 高顾氏,邑人高梗之妻,同治六年夫亡,氏年二十七岁,矢
> 志守节,至光绪三十三年身故,计守节四十年。
>
> ——民国《米脂县志》②

> 郭创基妻万氏,年二十七,夫没,二子俱幼,家赤贫。翁迫
> 之嫁,不从,曰:"以辟垆自给"。道光壬辰岁饥,翁谋强鬻,氏
> 觉之,乃被发佯狂,率子乞食,卒完其节。
>
> ——光绪《山西通志》③

> 屈学直妻张氏,北膏腴人。二十八岁夫亡。上事孀姑,下
> 抚幼子。含荼茹蘖,不以为艰。卒年八十三岁。
>
> 赵存礼妻廉氏,北赵人。二十九岁守节。孝事孀姑,抚育
> 幼子,家道艰难,不惮勤劳。寿逾七旬而终。
>
> ——光绪《太平县志》④

上述例子中的女主人公都属于农村底层社会的妇女,她们与
那些"监生"、"生员"、"巡司"、"吏员"的妻子们相比,后者尽管失
去了丈夫,一般家境条件都较富裕,丈夫在世时经济上尚有积蓄,
所以丈夫故去之后,她们除了精神上苦痛之外,至少可以得到衣食

---

① 鲁迅《坟·我之节烈观》,载《鲁迅全集》第 1 卷,人民文学出版社,1981 年,第
123 页。

② 民国三十三年《米脂县志》,载《中国西北稀见方志续集》,中华全国图书馆文献
缩微复印中心,1997 年。

③ [清]王轩等纂修,光绪《山西通志》第 22 册,中华书局,1990 年,第 11879 页。

④ 襄汾县志编纂委员会《襄陵县志、太平县志合刊》第四集,1986 年重印。

的保障,不为生计的困难而担忧;而丈夫身份为平民百姓的那些妇女就不同了,丈夫在世时只能勉强度日为生,丈夫死后当下就断绝了经济来源,她们立即陷入经济窘迫之中,生活贫困,家道艰难,为生存确实是"不惮勤劳","含荼茹蘗",有时还不得不对付来自家族的、社会的各种压力,其境遇是十分悲惨的。

烈女,是为了守住自己的贞操而牺牲生命或惨遭杀戮,与节妇相比较,节妇是牺牲自我幸福以"守志",而烈女是为了保住贞洁而"殉身",其特点是为了贞操而选择死亡,或由于夫亡而殉身,把贞操看得比生命还重要。烈女见于记载的也很多:

> 贾氏,高建鼎妻,君居吉徵店村,崇祯三年,遇贼欲污之,氏绐之曰:"汝在门外少待,我有私物取来即随汝。"因入内舍,取刀刎颈死。

> 高氏,杜良弼之妻,同治六年十一月初七日,回匪犯境,氏同合家人逃至李家坪崖窑避乱,为匪所获,强负马上,使其堂弟高千岱执鞭相随。走至中途,高氏曰:"汝为男子,何不速逃?余今为贼所获,生死未知,即得生亦无面目归乡里。"千岱欲逃,无间,仍自相行至五里砭,氏又曰:"汝其逃乎,吾事毕矣。"遂坠马颠崖而死。千岱十五日始逃归,与良弼共敛其尸,面色如生。

> ——民国《米脂县志》[1]

> 高氏,张维礼妻,年二十七岁,夫逝。氏号泣数绝,终自经于柩旁。邑令旌其门曰"节烈"。

> 李氏、陈氏,阴阳官马思齐一妻一妾也。思齐病死,李氏同陈氏缢柩前。事闻,表曰"双烈"。

> 张氏,孟纶妻也。纶,进士瑛之季子,耽学成疾而卒。张

---

[1]　民国三十三年《米脂县志》,《中国西北稀见方志续集》,中华全国图书馆文献缩微复印中心,1997年。

命工作宽棺,从容拜姑嫜,自尽,同棺葬焉。有司以闻,表其门曰"贞烈"。

——[清]康熙《商丘县志》①

从上述记载可以看出,正是以死守贞的贞节观断送了无数妇女的生命,她们用自己的血与尸筑起了一座座贞节的牌坊,维护了封建道德的秩序。当然,应把这些节烈的例子和烈妇们的行为放在特定的社会条件下去分析。从历史的角度看,在这种节烈观的支配下,当中华民族遭受外侮,村落群体受到敌寇侵扰的危急时刻,她们在战乱中为保持贞节,牺牲自己以维护尊严,是有一定意义的。这些战乱也包括我们今天所看到的正史所记载的被人们所肯定的农民起义。有些起义,如回民起义,由于起义者自身素质低或军中纪律不严,他们对广大下层民众尤其是广大妇女造成了身心的伤害,这些妇女在战乱中以出逃、抗争、杀身表述着对战乱的态度。而《商丘县志》中记载的四位烈妇则是夫亡而殉身于夫,即在非战乱时期,由于死去丈夫而痛不欲生,选择了自杀殉身,只能说她们是被封建礼教逼迫而死的冤魂,是可悲可叹的!

贞女、节妇、烈女构成了从清至民国时期山、陕、豫乡村一个特殊的社会群体,她们每个人都有着特殊的经历,并且在特殊的经历中表现了特殊的行为,分析烈女群形成的原因及其节烈妇女的行为,有利于我们从精神层面进一步了解中国的村落社会,了解妇女们的生命历程和心理活动。我们认为,烈女群形成的原因主要有三个方面,一是儒家思想和传统礼教的影响。宋代中期开始,程朱理学大力鼓吹"饿死事小,失节事大",提出了"去人欲,存天理"的道德学说,从本质上来说这些道德学说是对人的价值的否定,是对人身权利的变相剥夺,是对人性的无情摧残。但是,由于这些思想

---

① 河南省商丘县志编纂委员会,[清]康熙四十四年《商丘县志》,中州古籍出版社,1989 年。

代表了上层统治阶级利益,符合封建礼教的需要,使得整个社会的妇女们争相仿效,为了恪守那些极不公平的贞节观念,博得受人赞誉的名声而动辄献出生命,在道德的完善中寻找自己精神的寄托。二是政府褒奖和方志记录的鼓励。秦汉时期最高统治者只是用法律劝导、奖励贞节,宋明以来他们看到劝导、奖励不足化民,就用法律的形式使之规范化、制度化。《明会典》规定:"民间寡妇,三十以前夫亡守制,五十以后不改节者,旌表门闾,除免本家差役。"在这种情形之下,政府对贞节的妇女予以褒奖,整个主流社会都推崇贞节,乡村大众给贞节的妇女以鼓励。明清两代的省志、县志也开始把节烈的妇女写进史书,为她们立传,对于处于社会底层的乡间妇女来说,能把她们的事迹写进地方志之中,也是莫大的荣耀。反之,则面临着名誉毁坏,人格降低,甚至陷入在强大的社会舆论攻击下无法生存的境地。整个社会形成了一个严密的网络,对这些妇女们威逼利诱,使她们走向了人生的尽头。第三是乡村民众对亲情的守护,这一点常常被研究者忽略,在节烈妇女碑里丈夫死后独自担当起养家糊口、扶老携幼重任的女性占相当大的比例,这些妇女除了出于对丈夫感情的珍惜而守节之外,更主要的原因是出于母子、母女亲情,留守婆家抚养年幼的儿女,她们不愿在子女遭受失去父亲的痛苦之后,再遭受亲人分离的痛苦,也不愿让失去儿子并且曾经与自己朝夕相处的公婆落入无人奉养的境地,于是她们义不容辞地担负起了代夫养亲抚子的重任,在贫困、饥饿、凄苦中延续着夫家的香火。

四 山、陕"商人妇"的日常生活

1. 山、陕商业的崛起与商人阶层

山西、陕西是黄河中游隔河相望、山水相依的两个内陆省份。黄河水、黄土地浇灌培育出了两省相近的民俗风情和文化传统,编

定于光绪二十三年（1896）的《汉口山陕会馆志》序言曰："山陕古秦晋姻好之国，地近而人亲，客远而国亲。适百里者，见乡之人而喜；适千里者，见国之人而喜；适异域者，见似国之人而亦喜。"①从春秋时期的秦穆公开始，就东扩领土至黄河，加强与晋国的交流，对晋文化吸收甚多，"秦晋之好"，不仅仅指一种政治上的联姻关系，也内蕴着两省在地理、经济、文化等方面的亲密交往。"山陕商人"正是山、陕两省的商人在传统友邻关系浸润下，在与外界的商业活动中结成的商人帮派的统称，在历史上或文献记载里他们合称为"西商"、"西帮"。"山陕会馆"是明清之际山陕商人扩大经商地域范围，远离本土之后，为了加强团结，同心合作，共同抵御外来的排挤、压抑和冲击而建立的实体组织，是山、陕友谊的丰碑。

山陕商人发迹于明，兴盛于清，在其辉煌期以巨大的经济实力称雄于世，商业活动遍及华夏大地，甚至把触角伸向海外邻国，远涉日本、俄罗斯、印度以及东南亚等国，直接控制了明清两朝的经济命脉。经营门类有盐、粮、布、茶、木材、珠宝、药材等，在全国各大城市都设有分店，对中国都市的兴旺，对全国各地城乡民众的经济生活产生过重大影响，也为山西经济的繁荣和地方社会的发展做出了贡献。山陕商业的繁荣在元代就已显露出来，《马可·波罗游记》有这样一段描述：

> 自此太原府城，可至州中全境。向西骑行七日，沿途风景甚丽，见有不少城村，环以墙垣；其中商业及数种工业颇见繁盛，有大商数人自此地发足前往印度等地经商谋利。

> 行此七日毕，抵一城，名平阳府。城大而甚重要，其中恃工商业为活之商人不少，亦产丝甚饶。②

平阳在太原之南，而不是在西，马可·波罗明显地把方位搞错

①　刘文峰《山陕商人与梆子戏》，文化艺术出版社，1996年6月，第2页。
②　《马可·波罗行纪》，冯承钧译，上海书店出版社，2000年，第262页。

了,不过,他生动真实地记载了元代晋中盆地和临汾盆地商业繁荣的景象。

到了明清时期由于山、陕都紧靠京畿,山西沿汾河流域可达大漠塞北,陕西也是西北交通要道所在,加之这两省都地狭人稠,受到强大的人口压力和不利于农业发展的自然条件的限制,尤其是明政府实行"开中法"后,鼓励商人将内地的粮食、草料、棉布等军需物资运往辽东、蓟州、宣府、大同、偏关、延绥、宁夏、固原、甘州等边寨驻军重地,边仓发给商人收到货物的证明(即"仓钞"),换取盐引到盐场领盐,再把盐运到指定的地方销售,从中赢利颇大。这样山、陕两地不仅有"内商"经营盐、粮、布、茶、杂货等,又有"边商"到边境一带贩运粮草、棉布,或以内地生产的茶叶、丝织品等与蒙古等北方少数民族交换马匹、皮货等畜产品。秦地、晋省紧相毗邻,地理交通便利,在商界互相呼应,互相扶持,进而有了陕商、山商并称的秦晋大贾或西客。

唐力行先生根据政治、经济、社会的多元标准,将商人划分为四个等级序列:第一个等级层次是财产、声誉、权力皆备的商人,即官商;第二个等级层次是财产、声誉兼得的富商巨贾,拥资巨万乃至百万的中贾、上贾大多属于这一层次;第三个等级层次是仅仅拥有财产的商人,这一层次又由三类商人组成,其一是拥有千资的下贾,其二是穷凶极恶的聚敛财富的贪贾、奸商,其三是违禁从事走私贸易的商人;第四个等级层次是权力、声誉、财产俱无的小商小贩[1]。

参照唐力行先生的分类标准,我们认为明清以来山陕商人,大体可分为三个阶层。第一个阶层为拥有巨资的豪富商人,他们在乡土社会里具有很高的声誉,晋中的常、乔、渠、何、孙、王等资产雄厚的商业家族,他们大都由贫苦起家,由于经营得当,勤俭敛财,最

[1]　唐力行《商人与中国近世社会》,商务印书馆,2003年12月,第15—33页。

后生意兴隆,足迹遍及全国乃至远涉海外。其为人、气度也远非常人所能及,因此处于商人阶层最上方,备受社会群体的尊崇。第二个阶层为小康殷实的中层之家,包括行商和坐商两种,前者指那些"离土不离乡"的中小商贾,也有的家有门路,聪明伶俐,被掌柜相中的青年后生便离乡别亲,进入到各地商号做伙计,苦熬时日,最终衣锦还乡,光耀门庭。后者指那些家中小有资财,不愿背井离乡者,在城中寻一固定店铺,经营各种商品,辛勤操持,称为坐商。第三个阶层是小商小贩,他们本身少有资本,却迫于土狭人满,农业收入不足,不得不做一些小本生意来补贴家用,他们摆摊售货或串村叫卖,行走于村镇山乡,收入略有盈余或只够勉强度日,社会地位低下,时常受到人们的歧视。

明清直至近代山陕商人创造了辉煌的业绩,在社会发展史上写下了辉煌的一页,但是在他们身后有数量上远远超过他们的家属,有给他们避风挡雨、苦撑门庭的山陕商人的"婆姨们"。历史学、经济学、人类学界以往关注的大都是商人们经商的历史、发家的艰辛以及他们的商规商号、生活习俗,而忽略了他们相对应的另外一个社会群体——"商人妇"的生活史、心灵史。民俗学的研究有必要探讨山陕商人家族中妇女们表层的生活习俗与深层的心意观念,更应注重利用文献和田野调查资料展现明清到民国年间商人家族中妇女们劳作的身影和凄苦的心境,揭示"商人妇"过去不为人知或羞为人知的种种伤痛和隐秘,引起学界对她们生存状态的关注。

2．"商人妇"的家庭生活与婚恋观念

"商人妇"自婚娶之日开始,就与夫家,与商业结下了不解之缘,她们有的以嫁奁、聘金或辛勤纺织所得为丈夫经商提供劳动资本;有的主持家政,充当贤内助,帮助丈夫创业、守业;有的还直接通过各种方式参与商业经营,为夫家走向殷实富康起到了重要作用,在山陕商人走向经商巅峰的跋涉中,"商人妇"发挥了重要的社会功能。

"商之利倍于农",但是,商必远出,出则数载一归,并且远地贸易是一种相当艰苦和危险的行业。所以,对于商人家庭和商人妻儿来说,不可避免的难题有两个:一是"久客不归",二是"客死他乡"。

久客不归,主要是由于外地经商远离故乡的地理条件和商号俗规的限制所致。山陕商人经商远涉外省或边境地区,距家千里之外,在当时交通极不便利的情况下,几年难得有一次回家的机会。同时,商号店铺对店员学徒也有严格的要求,学徒年龄须在十五至二十岁之间,身高五尺以上,五官端正,家世清白,不怕远行,乐于吃苦,学徒入号需有人担保引荐。未婚而出境从商者,返里方成亲。十五六岁离家远游,二十五岁旋里成家,一般成家较晚。年轻男子学徒期满,娶妻成家,方可取得探家资格,通常是五年回家一次,住半年后离家返往经商之地。如忻州有个叫小南宋的地方,这一带的商人远赴新疆经商,俗称"西商",几十人结伙同去,数年后搭伴归来,在家乡住一段时间再走,他们的"婆姨"几乎是同时怀孕,同时生育,当地至今流传着的歇后语是"小南宋家养娃娃——一茬一茬的",意思是出生的小孩也是一茬一茬的,很有规律。就在这有规律的商人们返归故里的生活中,商人妇过的却是打破日常夫妻生活的日子,对她们来说,只要男人在外就有盼头,最担心的是丈夫久去不归,命丧异地。

客死他乡,是指商人遭受战乱、灾害、疫病等意外事件而死亡。地方文献资料中相关的记载颇多,择几例于下:

> 五寨县张自成父亲张训,为贾入川经商,适吴三桂反清,训不能归,竟客死焉。待后数年,三桂被平,自成尚不知父音,前往寻找。得至宁羌州,始闻已卒。然路途遥远,难以持丧归,遂葬其地。①

---

① 乾隆《宁武府志·余录》,卷一一。

在明代,蒲州人韩玻,娶妻薛氏,婚后不久,尚未生子,商于淮,操劳致病,死于淮。薛氏闻讣,恸不欲生,既痛守寡又恨无子。这时弟妻慰曰:嫂得无念后嗣乎,我生男,即为伯后,薛氏泣谢。①

乾隆四十二年,山西商人李元章自奉天向关内贩运粮食,在海船上,被舵工王有亮等谋财杀害,投入大海。②

这些记载反映出当时交通条件十分落后,社会有时动乱不安,外出经商带有很大的危险性。商人们久客不归或客死他乡,给在家的"商人妇"带来了沉重的心理压抑和难以负载的生活重担。明清时期,临汾封侯、贾墙、崔村、东杜、上官、屯头、王雅、大韩一带的村民,辗转千里赴北京学徒经商者多达 2000 余人。这些"京客"的妻子们凑在一起常常吟诵这样的顺口溜:"有女嫁给走京汉,十年夫妻二年半。白日里伺候公和婆,黑夜间改(嫁)与四堵墙。"新婚的夫妻生生分离,饱受相思之苦,克制生理上的欲望,确实有难言之隐。翟村有个叫羊娃的,十五岁进京入"长顺公"油盐店当学徒,过了十四年,年龄已二十九岁方回家成婚。新婚燕尔,夫妻如胶似漆,可短短假期转瞬即逝,他不得不抛下新妇赴京上工。由于直奉军阀大战,交通中断,书信隔绝,媳妇在家早起晚睡干家务,还受到婆婆虐待,晚上闭眼就做恶梦或美梦,苦等苦熬五个年头,丈夫依旧杳无音讯,她万念俱灰,闷气郁结,含恨离去。第七年,羊娃风尘仆仆返乡归来,看到的是长满荒草的爱妻的坟包③。从散落民间的山陕商人的有关信件中,也有关于商人死于外地,家中妻儿生活情况的记载:

星垣仁兄伟见:

---

①　光绪《永济县志·节孝》,卷一四。

②　乾隆《临汾县志·樊孝子传》,卷一一。

③　穆雯英主编《晋商史料研究史》,山西人民出版社,2001 年 3 月,第 513 页。

……承交待杨立基故后一事,曾到其家亲见其妻,将立基病前没后各情,所有银钱、遗物等件,大略相告。据该妻云:灵枢定拟运回。惟其抚孤方长,母子遇用,要求行中帮助等语。查其妻行为甚属贤良。所遗子女各一,女已十一,子仅五龄,孀妇幼子困苦难堪。方有心人无不恻怛于怀。①

这是署名张强的商人,在返回故里后给远在广西桂林的广西银行副理白星垣写的一封信,信中所提到的主人杨立基远在广西桂林蔚泰厚票号从业,因病死于异乡,其妻在他生前没有得到任何积储,在他死后全赖银行怜恤扶助,否则孤儿寡母难以为生。

商人妇代替丈夫养老育幼,任劳任怨,一旦丈夫亡故,她和她的孩子们一起被抛进悲惨的境地,成为孤儿寡母,这在传统的中国社会里是一种毁灭性的处境,"商人妇"不仅要带着子女苦熬岁月,而且还要经受生理上压抑性欲的煎熬。所以山陕"商人妇"的思想观念中形成了二律背反的矛盾心态:一方面向往财富,钦羡经商发家的豪富大商,很多做父母的愿意把女儿嫁入商家,以期获得更多的物质利益,这样一种重商的观念从对女儿的启蒙教育中就体现出来了:"咚咚喳,娶来啦,俺女儿不嫁啦。不嫁你那掏粪的,不嫁你那砍地的,俺要嫁的是字号里的掌柜的。"这首流传在晋中平遥一带的歌谣折射出了该地区重商的民俗习尚。祁太秧歌剧本《割田》、《助田》的女主角农家妇,尽管夫妻结发多年,情深意笃,但面对养尊处优的富家生活,妻子发出这样的抱怨:"奴男人他受苦奴把饭送,遭下这些受苦人不能歇心。"对商家富户妇女赞叹道:"财主家的妇女是何等体面","买卖人家的妻子是何等舒畅"。《打冻漓》中的女主人公设想未来的丈夫:"寻下个买卖人才合奴的意,问下个受苦人不称奴心思。"在晋中女子的意识中,择偶的天平偏向

---

①　史若民、牛玉琳《平、祁、太经济社会史料与研究》,山西古籍出版社,2002 年 5 月,第 475 页。

了富有商人一边，希望感情得到满足，个性得到张扬，表现出重利又重情的双重价值取向。商妇们虽然无衣食之忧，但内心是一片感情的荒漠，经受着思念丈夫的精神苦痛，在拥有了基本的物质条件后，即"利"得到保障之后，她们的内心渴求更多的是情感的满足，是一种夫唱妇随的生活理想。剧本《闹五更》中的妻子，丈夫经商在外，她盼望丈夫早回家："珍珠玛瑙奴不爱，倒不如你回来走一趟。""赚多赚少你回来吧，养上个孩子比口外强。"甚至由思念心切而生怨恨："出外的人儿把良心丧，三年守寡二年半"，"受苦人比买卖人强，半年辛苦半年闲"。《张公子回家》中的田氏甚至从情感需要出发，觉得嫁一个打铁、卖唱、种地、卖菜的也比作个商妇强，看到了丈夫落魄而归，她愤而发誓："待到明日天大亮，另行改嫁去他乡。"她们实在厌倦了"商人妇"的生活。

婚外恋，这个在传统农业社会遭人鄙弃的习俗，在农商文化语境下的"商人妇"群体中并不罕见。商人妇因丈夫久候不归，她们无法忍受孤独寂寞的折磨，更不愿在岁月磋砣中使红颜渐逝，于是她们抛弃了虚无的贞节道德观念，勇敢地选择两情相悦的另一位男子，祁太秧歌中通过商人妇出轨的情节表达民众新的伦理价值观念的剧本占有很大比例。《上北京》中的女主人公玉莲不满意有钱却不称心的丈夫，背着夫家另找心上人，并用夫家的钱暗中资助情人上京做生意。《做搂肚肚》中的女主角在丈夫外出期间与院子里姓王的后生相好，并将大洋送他。还有《做凉袜》、《做烟口袋》中的吴英英、赵兰英对情人的感情质朴真实，或在对方有困难时给予接济，使之度过难关，或真诚地劝情人改掉坏脾气，都是坦诚地为情人着想，没有任何矫饰。在这些剧本里作为丈夫的商人都隐而不见，剧本的创作主体——民间作者们的创作意图并不是要表现感情纠葛或情爱仇杀，而是对主流意识形态影响下的贞节观念提出抗议，对特定境遇中作为人的真实性情抱以宽容的心态，这些商人妇在与世俗生活的抗争中表现出了更为复杂更为深刻的性格内涵,也是剧本呈现出"复调"的关键。

祁太秧歌的剧本借故事衬托了人性的复杂与生活的多面,创造了与世俗观念相对立的文学世界。那么,在现实生活中世人与家族对越轨的商人妇持何种态度,她们的处境如何呢?我们看以下两个例子:

个案一:祁县 WQ 村的 YLY 老人回忆,他的师娘 15 岁嫁给了一个买卖人,丈夫一走七八年没有音讯,谣传已经死了。师娘当时才 22 岁,便自己做主嫁给了他的师傅。后来,原夫回到村里,知道情由后到师傅家要人,师娘执意不回,原夫无奈只好作罢。对这件事村里人并没什么非议①。

个案二:合阳县坊镇 HY 村的 SYZ 介绍:我们本家有位二叔,其父外出经商数年未归,其母作风不检点,偷汉子,二叔即为私生子。为此,本家长房的大爷一直歧视他,本家族中的其他人也知道他的底细,但是二叔人缘好,对本家族的兄弟关照体贴,他当厨师有一手烧菜的好手艺,人又勤快,闲暇时从黄河里捞条大鲤鱼做好请同堂兄弟和我们这些晚辈的侄子一起吃。我初中毕业回村后,他任生产队小组长,手把手地教我学庄稼活,还照顾我当了记工员。尽管这样,二叔一直有块心病。事情的原委是,1964 年我本家长房的大爷主持续族谱,二叔本来为老二家的人,但大爷硬要坚持把他写到老三家,把老二家他这一辈空下,到了他儿子那一辈再写到老二家,二叔知道大爷的用意,只好同意。后来,这次续的族谱没有传下来。

前一例的商人妇改嫁发生在农业和商业交汇区的晋中,婚姻的缔结又是在戏曲行业这一业缘的圈子里,所以再嫁要容易些,周围的人对"商人妇"也持相对宽容的态度。后一例就不同了,"商人

---

①　韩晓莉《从祁太秧歌看晋中社会女性观》,山西区域社会史学术讨论会会议论文(内部资料)。

妇"偷汉子的行为发生在陕西合阳这样一个以农业为主导的文化区域,家族制度像罗网一样束缚着每一位族众,对家族中妇女偷情,尤其是有了私生子的事情更是难以容忍,这样所谓的"私生子"就备受歧视,在屈辱与白眼中成长。幸运的是,建国以后,五六十年来国家权力对象征着民间权力的家族制度以毁灭性打击,使族长的传统血缘观念处于尴尬状态,加上标以"私生子"的二叔聪明且有能力,乐于助人,又任乡村最基层单位的生产队小组长,所以,在曲折的抗争中他终于成了家庭中的一员。1998 年 12 月 22 日二叔去世,作为乡村精英人物的 SYZ 此时在县某部门工作,他满怀深情地写了一篇祭文,其中一段为:

> 呜呼二叔,永难相见。年近耄耋,一生不凡。艰苦创业,家风永传。含辛茹苦,研肩摩担。新房盖起,老母开颜。战胜贫穷,爱妻作伴。披星戴月,种粮务棉。热爱祖国,支援前线。拥军优属,评为模范。担任组长,任劳任怨。合作高潮,勇挑重担。"硬梆"队长,群众称赞。大公无私,冲锋在前。和阳二队,面貌大变。粮棉增产,骡马满圈。上级表扬,邻村钦羡。二叔功高,领头大雁。

作者 SYZ 作为一个乡村文化人,在祭文中大量使用了符合国家权力话语的语言表达方式,本着"为死者讳"的原则,只用"一生不凡"、"含辛茹苦"含蓄的概括了二叔的屈辱与抗争,也只有在传统的家族制度、血缘意识受到摧毁的 20 世纪五六十年代,他的母亲才会"老母开颜"。我们从其母子的经历中看到了一部浓缩了的陕西商人家庭母子生活史。

第四章　黄河中下游家族
制度的形成演变

　　黄河流域的家族文化孕育于原始社会的氏族血缘群体,经历了周代的原始宗法制度,秦汉直至近代定型为较稳定的封建社会的宗法制度。从民俗学的视野审视,更具有民俗研究价值的是唐宋时期的社会性宗族和明清以来的乡村旷野上遍布着的平民家族。明清以来黄河流域的家族依其族人身份、社会地位来划分包括官僚家族、商人家族、普通家族三种类型,每个类型都有其独特的生长历程、表现形态和文化特征,而总体上又显露出北方的地域文化色彩。把北方家族文化和南方家族文化放在中国文化史的总体框架中进行比较,会看出各自不同的生存状况和巨大的文化差异性。

一　黄河中下游家族制度形成演变的历史轨迹

　　家族与村落是一对既关联紧密又有区别的概念,家族与宗族在学术界的使用中总是经常混淆纠缠在一起,有必要具体辨析。《白虎通》云:"族者,凑也,聚也,谓恩爱相流凑也,上奏高祖,下至玄孙,一家有吉,百家聚之,合而为亲,生相亲爱,死相哀痛,有会聚之道,故谓之族。""宗者,尊也,为先祖主者,宗人之所尊也。"[1]班

---

[1]　班固《白虎通义·宗族》中册,陈立疏证,商务印书馆,1937年12月初版,第330—333页。

固的解释大体指出了家族与宗族的不同含义,家族是以血缘关系为基础,由若干家庭构成的基本社会群体,一般是具有同一血统的五代以内的人生活在一起,这应和着古代的五服制和"五世则迁"的家族规模,五世之内是同一家族,一个家族延续五代就开始析产分裂,去建立新的家族,出了五世便只是同宗,从家族与家庭的关系来看,家族是由两个或两个以上有共同男性祖先的家庭组成;而宗族是指同一男性祖先的子孙,无论绵延多少世,若干世代都相聚在一起,按照一定的行为规范、组织原则结合而成的社会组织形式。宗族的内部组织和结构形态都大于家族,按其人数和辈份递相扩展的顺序是:家庭——家族——支族——宗族。家族和宗族的相同处是,强调拥用共同的男性祖先,在亲属关系上认为起决定作用的是同"宗",在这里"宗是一个排除了女系的亲属概念,即总括了由共同祖先分出来的男系血统的全部分支就是一个宗"①。在实际使用中我们笼统地把家族和宗族混用起来,尤其是明清以后,这一对概念在日常口头交流和学术研究中也总是交错出现。

原始社会末期的父系氏族血缘群体是家族制度的萌发期,这个时期的社会性质是由采集狩猎向定居半定居的农耕社会过渡,其主要的生产活动是治理洪水、垦荒耕种,满足生存中的衣食要求,而在当时恶劣的生存环境、低下的生产力水平、频繁的部落战争结合而成的背景中,需要的是氏族群体团结协作的精神。此时的父系氏族血缘群体正适应了这种社会要求,父系氏族制度在宗教信仰上的突出表现就是对男性祖先的崇拜,氏族长、部落酋长同时也是男性的家族长,在土地所有权方面是土地公有,氏族长享有土地支配权,土地及生活资源的共有成为维系氏族成员的纽带,氏族中蕴含着家族,国家混同于家族,所以这个时期可称为黄河流域

---

① 〔日〕滋贺秀三《中国家族法原理》,张建国、李力译,法律出版社,2003年1月,第15页。

家族宗法制度的萌芽期。

周代是原始宗法制度的成型期,周族灭商以后,直接把原始的父系氏族家长制时期孕育的血缘长老结构、祖先崇拜观念上升为行为规范,把原先不成文法的非强制性习惯通过国家的权力固定下来,把周族的氏族部落扩大为国家的统治机构,实行了大规模的宗法分封制。周王朝的"宗法"又可理解为父系宗族内部的宗子法,其核心内容是确立、维护宗子的权力,保证宗子权力能够顺利行使。在这套宗法制度里,周王是周族的大族长,也是政治上的共主,"他分封子、侄为诸侯,周王成为天下之大宗,诸侯对周王来讲是小宗;诸侯在封国内分封子、侄为卿、大夫,诸侯成为一国之大宗,卿、大夫对诸侯来讲是小宗;卿、大夫在封邑内分封子、侄为士、卿,大夫成为封邑的大宗,士对卿大夫来讲是小宗"[①]。通过这样自上而下的宗法分封,形成了自天子至士的金字塔式的宗法等级关系,正所谓:"故先王之法,立天子,不使诸侯疑焉;立诸侯,不使大夫疑焉;立嫡子,不使庶孽疑焉。疑生争,争生乱。是故诸侯失位则天下乱;大夫无等则朝廷乱;妻妾不分则家室乱;嫡庶无别则宗族乱。"[②]国家的宗法制度实质上等同于大家族制度,其内部严格地以血缘关系确立亲疏贵贱,以大宗小宗区别同姓家族的等级,作为权力继承、经济分配的标准。国以家为核心,国是家的延伸与扩大,君统与宗统合一,后世"家天下"、"家国同构"的说法皆脱胎于此。

秦汉至隋唐是强宗大族和普通小家庭并存的时期。秦王朝是依靠武力和兼并建立起来的,秦朝皇帝极其看重在统一的战争中立下的军功,然后论功行赏,分封官制,并不重视宗族制度。汉朝

　　① 钱宗范《中国宗法制度论》,《广西民族学院学报》(哲学社会科学版),1996年第4期,第78页。

　　② 《吕氏春秋·审分览·知度》,《四部备要》,第十七卷,中华书局据毕氏录岩山馆校本校刊,1936年,第125页。

取代秦朝之后,总结秦朝快速灭亡之教训,认为必须重新分封宗室,以取得支持皇室的力量,试图恢复大小宗法制度,在当时的历史条件下,出现了新的阶级分化、土地兼并,地主经济进一步发展。一方面旧的贵族家族、官僚家族得以漫延扩大,有着优越的地位和雄厚的经济力量;另一方面富家豪族、中小地主也通过兼并土地,进行经济剥削发迹起来,这些家族形态同时存在,成为强宗大族,也成为与封建国家有着尖锐矛盾的社会力量。魏晋至唐代这些强宗大族发展成为世家大族式的家族组织。大的宗族还拥有独立的政治、经济、军事力量,成为地方割据势力,这些家族一般都设立坞壁或者坞堡,如袁术在新安(今渑池)建有袁公坞,河东裴氏家族建有"裴氏堡",坞主就是该家族的族长。这些宗族势力和中央政权有分有合,时常处于对抗割据的状态。在这个时期,由于战乱接连不断,朝代更替频繁,广大民众过着迁徙不定、朝不保夕的生活,许许多多个体小家庭成为普遍的社会基层组织,平民宗族成为一股重要的社会力量。

宋元至明清是社会性家族制度迅速发展的时期,其主要家族类型是官僚宗族、绅衿宗族和平民宗族,以族长、祠堂、族谱、族产、族规为特征的宗族制度更为完善细密。到了宋代科举制度有了长足的发展,许多平民子弟,或身为庶民,通过参加科举进入了官僚集团,科举出身的官员里有相当多是平民出身。当然,也有一些官员的职位是捐输钱粮换来的。这些官僚掌握一定的权力,有了相当的资财,就大力组建宗族,开展宗亲活动,如贾琰任职三司副使,抚养昆季遗孤,"聚族凡百口,分给衣食,庭无间言"①,整个家族聚族而居,规模很大,《宋史》中类似的记载颇多。这种官僚家族中的活动至元代而不减,《元史·张闰传》载,延安张姓,族长在长房中产生,八世不异爨,家人百余口,从无斗殴争吵。绅衿宗族制是明

①　《宋史》第 285 卷"贾琰传",中华书局,1975 年 5 月,第 9622 页。

清时期重要的家族形态,士绅构成了中国乡村社会结构中的一个
重要阶层。绅衿又称缙绅、士绅,本来是以服饰象征官制,到了明
清是特指获得封建社会法律认可的身份,有了功名而没有出仕的
士人,或曾做过官但已不在职的,他们非官又非民,是官方与民间
的中介,是一个特殊的社会阶层。"绅衿有政治特权,是政府的依
靠力量,官僚队伍的后备队,又是社区社会的代表,官府与民间的
中介,对政府它是民间的代言人,对民众则是社区利益的代表,两
边都要借重于他,造成其特殊地位"①,使之成为宗族的主体,直到
民国时期,尽管科举制度已经废除,儒学独尊的地位丧失,使得传
统的士绅失去了制度保证,"乡绅"只成为表示乡村中社会地位较
高、财产丰富的那些人的一个模糊概念。但是,在乡村社会里由于
历史发展的惯性并没有从乡民组成中消失,在乡村话语评价体系
中,这一群体仍享有极高的声望,拥有极强的社会凝聚力和号召
力,在晋中祁县实地调查过程中,该县谷恋村老爷庙内存放的水利
碑,明白地告诉人们村落的重要事务都是村内士绅出面完成的。
到了明清时期,由于封建国家的权力鞭长莫及,对乡村家族制订族
谱、兴建祠堂等方面放宽了政策,同时属于乡村中下层的社会力量
有了较大发展,尤其是中小地主们社会地位的提高,聚族而居,累
世同居共财的大家庭非常普遍,在黄河中下游的山、陕、豫、鲁各
省,只要有汉人聚居便有祠堂。这些平民家族或同一家族组成一
个村落,或两个不同家族共居一村,也有的以一个村落为主,部分
分居于邻近的几个村落,他们有共同的祠堂,共同的祖先,共同的
祖谱,形成了严密的宗族组织系统和家法族规,宗族活动成为乡村
普遍性的社会活动。

---

①　冯尔康《中国古代的宗族与祠堂》,商务印书馆国际有限公司,1996 年 7 月,第
51 页。

二　黄河中下游家族的主要类型

在中国文化发展史上,黄河流域的家族组织众多,家族形态各异,有兴盛数千年的山东曲阜孔圣世家,有影响魏晋南北朝几个世纪的太原王氏,有号称中国历史上第一大世家的山西闻喜裴氏,更有明清时期垄断大半个中国经济市场的山陕商人家族,星罗棋布的乡村里还有大大小小数也数不尽的平民家族,所有这些家族组织构成了中国乡土社会的强大支柱,成为中国村落的重要标识。黄河中下游的家族文化依家族主要成员的身份、经济地位及其社会影响之大小,主要分为三种类型:官僚家族、商人家族、平民家族。

1.官僚家族

自夏商周开始,历经秦汉,直至唐宋,黄河中下游的陕西、河南都是历代帝王建都的地方,陕西西安、咸阳,河南洛阳、开封都曾做过“王都”、“京都”,号称“京畿”,山西、陕西、河南作为京都的“近水楼台”,出仕为官者甚多,由于这些为官者从小就受到家族文化的熏陶,光宗耀祖,荫庇后世的家族意识浓重,在他们仕途得意之时总是拿出相当的物力与财力扩大自己的家族,形成了强大的家族势力。黄河中下游典型的官僚家族山西有河东裴氏、解州柳氏、汾阴薛氏、阳城陈氏;河南有汉魏望族颍川长社钟氏,兴盛于北魏和唐代号称中华望族的荥阳郑氏,显赫于明代的灵宝许氏。中国十七世纪的爱国活动家和具有进步思想的启蒙学者顾炎武,在清兵南渡长江占领大片国土之后,为了避免迫害,同时也为了更广泛地接纳各地抗清志士,观察中原一带的地理形势以及社会风习,谋求恢复明朝的根据地,他于1656年只身北上跋山涉水,对陕西、山西、河北、山东等省区的风物历史作了实地调查,在《裴村记》中写道:“余至闻喜县之裴村,拜于晋公之祠,问其苗裔,尚一二百人,有释末而陪拜者。出至官道旁,读唐时碑,载其谱牒世家,登陇而望,十里之内邱墓相连,其名子官爵可考者尚百数十人。"在这篇文章中还列举了解州之柳氏、汾阴之薛氏、临猗之樊氏、王氏等,有的"历任数百年,冠裳不绝"。可见历史上晋南地区家族之盛,究其原因是"河中为唐近畿地","其地重而族厚"①,由于晋南即古河东地区地处历朝政治文化中心的附近,这些世家大族在接近朝庭,仕途升迁方面有地理上的优势,便于发挥作用而被皇朝看重,其家族势力相应地也更为强大。山、陕、豫官僚家族的强大,地理上"近畿地"的便利条件是一个重要原因,除此之外这一区域悠久的历史,深厚的文化传统,儒家通过读书出仕而"齐家、治国、平天下"的人生理想以及民间长久承续的"耕读传家"的思想也影响着一代一代黄河人。正是有了这样的文化传统,形成了京都南移或北迁之后,读书兴学之风依然盛行,通过科举出仕进入上层统治集团的大有人在。前者如闻喜裴氏家族中被后人誉为"中兴贤相"的裴度,后者山西上党地区阳城陈氏家族的陈廷敬堪称范例。

①毛泽东赞誉的裴氏家族

闻名遐迩的河东闻喜裴氏家族,上自周秦,下迄明清,在长达千余年的历史长河里将相蝉联,冠带不绝,位至宰相者 59 人,正史立传者 600 余人,其家族人物之盛,德业文章之隆,在中外历史上绝无仅有。1953 年,中共中央在成都召开政治局扩大会议,与会代表们会议期间参观了武侯祠,走进这座巍峨的蜀相祠庙,毛泽东看见矗立在武侯祠内的唐朝名相裴度撰写的碑文顿生感慨,回头找见时任山西省委书记的陶鲁笳,问他:"你知道中国历史上哪个县出宰相最多?"陶鲁笳正在思索,毛泽东又问:"你在山西当父母官,可知道裴度是谁?"没等陶鲁笳回答,毛泽东微笑着告诉他:中国出宰相最多的就是你治下的闻喜县,裴度是唐代的宰相,也是闻喜

---

① [清]顾炎武《顾亭林诗文集》,卷五,中华书局,1959 年 8 月,第 101 页。

人。裴氏家族千年荣显,是历史上最有名的家族。翻开一部中国现代史,难以看到毛泽东赞誉过哪个家族,在他看来,秦皇汉武,略输文采,唐宗宋祖,稍逊风骚,一代天骄的成吉思汗也只识弯弓射大雕,他一生粪土当年万户侯,以推翻整个旧的封建社会为己任,为何对河东裴氏家族偏爱有加?要解答这样的疑问,我们有必要探寻裴氏家族史。

据嘉庆10年(公元1805年)编写的《裴氏世谱》记载,裴氏出自有熊氏,与秦同祖,乃伯益之后。其祖先伯益善于养鸟,曾为舜饲养和调驯各种鸟兽,且帮助过夏禹治水,因此舜赐给他一个姓氏"嬴"。谁是裴氏家族的开源先祖呢?唐代河东裴氏墓志中提到这一问题时都众口一辞地说是秦公子针。针是秦穆公之玄孙,秦桓公之子,秦景公之弟,在秦朝建国兴邦历史上他曾说服各国停战,发展经济,在外交活动中才能出众,但却遭到噩运,为避免其兄陷害来到了晋国,晋平公将他安置在同川之裴中,赐甲地100顷。并因邑命氏,称为裴公。他在晋国生活了六年,其兄秦景公卒后他又回到了秦国,但他在晋国已留下后代,这些后人在同川之裴中艰难地创业繁衍。到了汉代,裴氏后代居住同川裴中,其代表人物裴晔,于汉安顺永建初年,为追求家族兴旺发达,招募60多个风水先生寻觅宝地,他们跃马奔跑了许多地方,仰观星辰,俯察地理,选中了闻喜裴柏这块地方,于是裴氏合族迁居此地,以此为发祥根基。

裴柏的风水宝地上孕育出了裴氏家族的繁荣盛景,裴晔的儿子裴羲、裴茂成了裴氏家族中最早登上宰相位置的两位人物,裴羲是汉桓帝时的尚书令,到汉灵帝时,裴茂又任尚书令。裴茂有四子:潜、徽、辑、绾,兄弟四人中,又有潜、绾二人登上了宰相位置。继他们之后,下一代里潜的儿子秀,微的儿子楷,同一辈中又出两位宰相,秀的儿子颁、邈又再次为相,真乃辈辈有位至宰相者。随着裴氏家族的发展,以裴柏村为中心开始向全国各地分支蔓延,遍布域内。从裴氏四兄弟潜、微、辑、绾那一代起就开始分支,裴辑为东都留守,携子孙家眷居于幽燕一带,称为东眷裴;裴徽任西陵看守,居于长安与西凉一带,称为西眷裴;裴潜、裴绾二人世居河东闻喜故地,称为中眷裴。后来,中眷裴里又派生出洗马川裴,南南吴裴,总称"三支五房"。宋代以后,裴氏子孙几乎遍布天下,陕西、河南、甘肃、河北、湖南、湖北、江西、江苏、安徽、四川、广东,甚至台湾及南洋等地均有裴氏后裔的踪迹,然而不论何地裴氏,细考其谱系源流,追其本来出处,皆为三眷之后,发端于闻喜裴柏村,故有"天下无二裴"之说。

据《裴氏世谱》载,裴氏家族在中国历史上有正史立传与载列者六百余人,名垂后世者多达千余人,总计大小官员四千余人,在上下两千余年间,出过59位宰相,59位大将军,14位中书侍郎,55位尚书,44位侍郎,77位太守,21位驸马,68位进士,郡守以下不计其数。众多的裴氏名人无论在政治、经济、军事、外交方面,或是在历史文化、艺术、科学方面,均做出了突出的贡献,享有很高的声誉。

在裴氏家族中裴度可谓佼佼者,他是唐朝后期一位重要的政治家,一生历仕唐代宗、德宗、顺宗、宪宗、穆宗、敬宗、文宗七朝。在宪、穆、敬、文四朝任宰相,身系国家安危、时局轻重者三十年。他平定藩镇割据,恢复中央集权、军功卓越,他反对宦官专政,罢除弊政,尤其是在平定淮西吴元济叛乱中立场坚定,力挽狂澜,使唐朝再度取得统一,出现了"元和中兴"的局面,在历史上被誉为"中兴贤相"。裴行俭也是唐代一位著名的政治家、军事家,他深谙兵法,善于征战,数次平定突厥叛乱,安定了北国边塞,著有军事书《选谱》10卷,裴耀卿也是显赫于唐代的政治家。他整顿漕运,发展经济,三年内运往长安粮食多达750万斛,改变了唐高宗到唐玄宗期间天灾时起、关中粮荒的困境,在开元年间传为佳话。

隋朝,裴矩作为外交家亲赴张掖,与西域各国贸易通商,并进行了实地调查,他著有《西域国记》三卷,以图文并茂的形式详细记载了西域四十四国的政治、经济、山川、河流、交通、特产、民俗等情况。裴世清则是中国第一位率隋朝政府友好使团出访日本的人,其路线是从山东出发,走海路,途经百济、耽罗、都丝麻等十个国家,抵达后,日方举行了隆重的欢迎仪式。这次外事活动不仅开启了隋朝与日本的交流,而且也为唐朝的中日交流奠定了基础,在中日关系史上具有划时代的意义。

晋代的裴秀,是西晋时的宰相,又是地图学家。他利用方格比例,主持绘制出当时全国古今地图《禹贡地舆图》18 幅,还绘出了全国的《地形方丈图》。他在总结前人制图经验的基础上,确定了"制图六体"的理论,这一理论比欧洲地图学家托勒密要早 600 年,可以说,世界"地图学"是从裴秀开始的。英国科技史学家李约瑟认为裴秀是中国制图之父,是世界科技绘图的创始人。此外,更有闻名于史学界的三裴,即裴松之、裴骃、裴子野。裴松之的《三国志注》开注史之先河,裴骃的《史记集解》80 卷流传后世,裴子野删撰《宋略》20 卷,享誉至今。总之,在裴氏家族史上可谓人才济济,群星璀璨,谱写出了一页页辉煌的篇章。

究竟是什么原因使裴氏家族在中国历史长河中崛起兴盛的呢?近年来,学界对此话题的探讨颇为热烈,有的说是他们崇尚儒学,有的说他们忠心事国,有的说他们仁德爱人,有的说他们联姻皇族,虽然这些原因都不可否认,然而,我们认为最主要的原因有这样几个方面:第一,从政治学的角度看,封建门阀制度、祖上的荫庇是裴氏荣盛的重要条件。在中国历史上,凭门第高低做官的制度由来已久,东汉初年就有了所谓"衣冠望族",魏晋以后士族门阀制度得以确立,到了隋朝,就被科举制度所代替,但这遭到了上层士族集团反对,唐太宗时让高士廉等撰《氏族志》,"收集全国士族家谱,根据史书,辨别真假,考正世系,推进忠贤,贬退世道,分清高低,定为上上至下下共九等"①。《氏族志》共100卷,293姓,1651家。不在293姓之内的人很难参加乡贡,更难被录取及第。而声势显赫的裴氏家族就不同了,他们作为关中郡姓自然列入其中,这对其子弟应考升迁极为有利。在封建社会,子承父爵顺理成章,裴氏家族自魏晋南北朝入仕崛起后久盛不衰,其中一个重要原因便是得到祖上的荫庇,如裴氏家族宰相榜上看到的裴遵庆、裴光庭、裴居道都是以门荫入仕的,有唐一代裴氏家族出了17位宰相,细细追溯开去,这和唐朝开国元勋,首任宰相裴寂有直接关系。正是世袭制,使裴氏家族出现了祖孙几代为同一官职的现象。第二,从社会学的角度看,以联姻为基础的姻缘关系是裴氏家族荣盛的可靠保证。裴氏家族为了依傍皇族,巩固其地位,通过缔结姻亲拉近关系也很常见。早在唐初高祖时,宰相裴寂就把女儿嫁于高祖的儿子赵王李元景为妃,他的儿子裴律师又娶高祖的女儿、太宗的妹妹临海公主为妻。宰相裴居道的女儿嫁给唐中宗,被封为孝敬皇后。在整个唐朝,高祖、中宗、睿宗、玄宗、肃宗、代宗、宪宗都有女儿与裴门联姻,仅玄宗就有六个女儿嫁于裴门,玄宗宠妃杨玉环的姐姐虢国夫人也是裴门的媳妇,因裴氏与皇室多次联姻,该家族先后出过皇后、太子妃、王妃,驸马等三十余人。通过这种联姻,一方面反映了裴氏的位高权重,使唐王室不得不加强同它的联系,以笼络裴氏,巩固政权;另一方面也反映出裴氏以此来巩固自己在官僚集团中的地位,为日后仕途顺利奠定了基础。这种以姻缘关系组成的网,保障了裴氏家族在官僚集团中稳固的地位,促使它长盛不衰。第三,从民俗学的角度看,重视教育,有严格的祖训家规是裴氏家族荣盛的坚实基础。裴氏家族重视家训、崇文尚武,在《裴氏世谱》中常有"好学有智"、"博学有远志"、"志操坚正"等词句出

---

① 范文澜《中国通史简编》(修订本)第三编第一册,人民出版社,1966年11月,第101页。

现。裴氏先祖为后代确立了"布衣白丁,不入祖茔"的家规,在闻喜裴柏村的一座座农家院门上至今镌刻着"耕读传家"、"书香门第"的题额。入仕后的裴家更发展了祖上的家规,形成了人人出口成诵的治家格言警句:推诚为应物之先,强身为立身之本;节俭为持家之基,清廉为做官之本。一代又一代的裴氏族人躬身践行,以此律己,也以此规正后人,使得在家训所要求的各个方面皆有楷模出现,在强身好学方面,裴炎在弘文馆就读时"每遇休假,他生或出游,炎读书不废"①。裴休"童时与兄俦,弟俅偕隐济源别墅,昼讲经,夜读书,终年不出户"②。在孝敬老人方面,《旧唐书·孝友传》记载,隋开皇时的太中大夫裴子通,其母死后,他建庐舍于墓侧,昼夜哭泣,直至双目失明,他兄弟八人都以孝悌著称,被誉为"义门裴氏"。在节俭方面,宰相裴坦的儿子娶杨牧的女儿为妻,陪嫁甚丰,金银玉器,宝车装载。裴坦见了非常生气,急令撤还,并说"休要乱了我家法"。在廉政方面,北魏的裴侠既是一名勇将又是一个法官,当时流传一首民歌赞颂道:"肥鲜不食,丁庸不取,裴公贞惠,为世规矩"。有一次他与各地牧守一起到京城拜谒皇帝,皇帝让他单独站在一边,对其他牧守说:"裴侠清慎奉公,为天下之最,今众中有如侠者,可与之俱立。"结果没有一人敢和他站在一起,朝野为之赞叹,称之为"独立君"。正是严格的家训家教保证了裴氏族人自强不息,奋发进取的精神,在裴氏家族中,虽不乏因袭父位走向上层社会的先例,但靠自我奋斗,强学攻读跃上高位者更多。裴氏家族良好的家风家教、传统和裴氏族人严于律己、自强不息的精神是裴氏家族兴盛的内在原因,也是毛泽东赞誉裴氏家族的直接缘由。

②《康熙字典》编撰者陈廷敬的家族

晋东南阳城县东北20公里处的皇城村,历史悠久、山川灵秀,

---

① 《裴氏世谱·列传》。
② 同上。

明清两代的官宦陈氏家族就孕育在此。从明弘治到清乾隆时期（1501—1760）的 260 年中，陈氏家族科甲鼎盛，人才辈出，共出了41 位贡生，19 位举人，并有 9 人中进士，6 人入翰林，享有"积德一门九进士，恩荣三世六翰林"之美誉。在此之间，38 人走上仕途，奔赴全国各地为官，并有多人政绩显赫，清正廉洁，受到百姓称颂。在康乾年间，居官者多达 16 人，出现了"父翰林、子翰林、父子翰林。兄翰林、弟翰林、兄弟翰林"的盛况。如果说河东裴氏是隋唐间的文化官宦巨族，那么阳城陈氏家族则是明清时期的北方文化官宦巨族，其中最为显赫的要数清康熙朝经筵讲官文渊阁大学士、《康熙字典》的总阅官、康熙的老师陈廷敬。

陈廷敬（1638—1712），字子端，号说岩，晚号午亭。清顺治十五年（1658）中进士，由翰林院庶吉士、日讲起居注官、侍讲学士、侍读学士、内阁学士、礼部侍郎、工部尚书、户部尚书、刑部尚书、吏部尚书，直至康熙四十二年（1703）拜文渊阁大学士。他被康熙委以重任，编纂了重要的文化典籍《康熙字典》、《佩文韵府》。康熙对他极为看重和赏识，曾多次赐诗、赐联、题字，康熙在陈廷敬花甲之年为其御书了"午亭山村"的匾额和"春归乔木浓荫茂，秋到黄花晚节香"的匾额，以示对其功绩的褒奖。康熙五十一年（1712）四月，陈廷敬病逝，享年 74 岁，康熙特令皇三子诚亲王胤祉率满汉文武大臣前往祭奠，并御赐挽诗云："世传诗赋重，国典玉衡平"，给予高度评价，还特遣官护丧归葬故里。至今皇城村旁边，还竖着康熙皇帝的许多臣僚撰修的碑文。

陈氏家族的家世系谱资料较缺，考之《陈氏上世祖茔碑记》、《槐云世荫记》①两通碑记，陈氏家族的始祖陈仲名原属河南彰德府临漳县籍，彰德府治所在今河南省安阳市，临漳县，今在河北省，明清属河南彰德府。二世祖为陈靠，到三世祖陈岩、陈林，于明宣德

---

① 栗守田编注《皇城石刻文编》（内部资料）。

四年(1429)徙居山西阳城县郭峪中道庄。陈氏家族的始祖至三世祖未见有读书为官的记载,至四世祖陈秀素娴文墨,官职仅为陕西两乡县典史。五世祖陈珏官为河南滑县典史。至六世祖陈天祐(陈珏之子)为明嘉靖甲午(1534)举人,甲辰(1544)年进士,官至陕西按察副使。到陈廷敬的父辈为陈氏家族的第九世,共兄弟三人,伯父陈昌言,父陈昌期、叔父陈昌齐。陈廷敬的伯父陈昌言,明崇祯七年(1634)中进士,清顺治年间任江南提督学政,陈廷敬的父亲顺治十一年(1654)为拔贡。陈廷敬为陈氏家族第十世,生活在康熙年间,他兄弟九人,且由于陈廷敬官职显贵而家族兴隆,陈氏家族宏大的建筑也完成于这一时期。

　　陈氏家族的居址皇城,是一座依山而筑的城堡式单姓家族村落,俗称"皇城相府"。皇城共有内外两城。内城称为"斗筑居",是陈廷敬的伯父陈昌言于明末崇祯六年(1633)为避战乱所建,整个建筑依山就势,东高西低,随形生变,巍峨壮观。东西相距71.5米,南北相距161.75米,设五门,墙头遍设垛口,重要部位筑堡楼,并在东北、东南角至高点建春秋阁和文昌阁,希图借神灵以保佑家族,内城的景观在河山楼、藏兵洞和祠堂。河山楼建于崇祯四年(1631),长三丈四尺,宽二丈四尺,高有十丈。共有七层,每层之间有墙内梯道或木梯相通,底层可深入地下,备有水井、石磨等生活设施,并有暗道通往城外,如遇兵荒马乱,楼内可容纳千余人避乱。藏兵洞与河山楼毗邻而建,计五层125间,洞洞相联,层层递进,为战时家丁、垛夫藏身憩息之所。祠堂位于皇城中重要位置,前面是一条依山而建的巷道,两旁分列着早期四合院主体建筑。祠堂最前面建有一座气势雄浑,出檐深远的垂花式牌楼。祠堂的门楼正中悬挂"陈氏宗祠"匾额一方,宗祠的正殿内供奉着陈昌言、陈廷敬等陈氏家族中显贵人物的牌位,在祭殿旁边的亭子里,陈列着十多位陈氏先人的画像以及陈氏家族二百六十余年的世袭表,从中可以了解到这一文化官宦家族发展状况,在祭殿前院的右侧墙壁上镶嵌着一块碑刻：

斗筑居铭垂训后人

斗筑拮据，二十余年，创之不易，守须万全。阴雨叵测，侮余耽耽，牖户绸缪，日夕谨焉。徙薪曲突，明烛几光，勿谓一星，势成燎原。疏渠补漏，夏秋更专，勿谓一隙，蚁穴滔天。曝晒蔬果，登屋相沿。最损瓦舍，切戒勿然。僻兹一隅，水绕山环，鹪鹩一枝，茅屋数椽。风雨可恃，俯仰托全。修齐敦睦，追本溯源。和气致祥，家室绵延。世守而勿替，惟子孙之贤。

余家自明宣德四年移往中道庄，盖二百一十五年。赖上世先人多贤而显达，故能绵长至此，余作《斗筑居铭》，凡百有三十一字，虽简朴不文，实保家至理。启佑我后人，深思远虑，触目警心，庶几与中道之河山并永云。

时顺治十有二年己未季夏縠旦斗筑居主人陈昌言识。

这通碑文以简短的篇幅叙述了"斗筑居"这一家族聚居地建成的艰辛，教育后人精心守护，切勿损害。在这样一个家族聚落空间里修身、齐家、和谐敦睦，使家室绵延。它表达了撰写者陈昌言对后人的殷切期望，也可以看做是陈氏家族里家训的重要内容。

外城紧靠内城的西面，为陈廷敬主持建造，完工于康熙四十二年（1703），名曰"中道庄"。整体建筑呈正方形，东西宽106米，南北长100米，城头设有垛口和蝶楼，有四个大门，城内主要建筑有冢宰第、大学士第，配套建筑有书房、花园、小姐院、管家院等。宰相府大门之外还有功德牌楼、南书院、花园、状元桥、飞鱼阁、八卦亭、祖师庙、上园书堂，这些建筑满足了陈氏家族成员们读书、娱乐、祭祀等各方面生活需求。

③晋北河边村阎氏家族

阎锡山，字百川，号龙池，乳名万喜，山西省五台县河边村（今属定襄县）人。民国时期阎锡山占据山西近40年，河边村阎锡山故居记下了阎锡山本人在政治仕途上升降沉浮的变迁，也成为研究阎氏家族繁衍兴衰的见证。

　　阎锡山的祖籍在山西洪洞县,是明代洪武年间随着山西洪洞
大槐树移民迁徙而移居晋北河边村的,阎锡山在为其父撰写的悼
念文章《哀启》中说:"先世于洪武初由洪洞棘针沟迁居阳曲县坡子
街,继而迁居五台县长条坡,终乃定居河边村,遂隶籍五台。"相传,
阎氏家族的始祖阎思悦,起初移民河边村时只是一个单身汉,靠给
有钱人放羊或做杂活过日子,直到五十岁左右才娶妻成家,阎氏的
第二代、第三代也是地位低下的下层贫民,连名字都没留下,第四
代阎全义开始才有了较准确的谱系,第五代阎锦绣、阎锦芳、阎锦
美兄弟三人成为阎氏家族史上东股、中股、西股三支。阎锡山属于
东股,支祖先是阎锦绣。阎氏家族第六代是阎兴泰,共生有二子腾
云、青云,腾云无后,独青云娶妻生子使阎氏家族血脉相传。阎青
云者,阎锡山之祖父,阎青云生有二子一女,大儿子书堂,二儿子书
典,女儿改变。阎锡山的父亲阎书堂从小生活条件优裕,没有参加
过体力劳动,7岁上私塾,却不喜欢读书,专爱读打卦算命之类的
书。十五岁时辍学经商,一方面聪明好学,为人谦和,一度经营得
当,财源兴旺;另一方面又因经常算卦问卜,输得一败涂地,直到辛
亥革命后,阎锡山做了山西都督,才替他清理完债务。阎锡山原配
夫人徐竹青一生未育,姜徐兰森为其生了五个儿子,使阎氏家族传
至第十世而人丁兴旺。

　　阎锡山家族的兴盛衰落与阎锡山为官升迁有直接关系。阎锡
山1883年10月8日出生于一个地主兼商业高利贷者家庭。他六
岁丧母,九岁入私塾读书,十六岁协助其父阎书堂经商。1902年入
山西武备学堂,1904年被清政府选送到日本振武学堂留学,1907
年在日本陆军士官学校步兵科学习。在此期间结识了孙中山,并
加入了中国同盟会。1909年春从陆军士官学校毕业后回国。先后
担任过山西陆军小学教官、学校监督、陆军团长等职。1911年10
月参加辛亥太原起义成功后,被推选为山西都督,时年28岁。1916

年被任命为山西督军,1917年被段祺瑞政府任命为山西省长,从此集山西军政大权于一身。1927年参加了北伐,1930年与冯玉祥、汪精卫联合反蒋,史称"阎冯倒蒋",旋即失败,蒋介石与之结下怨恨。"九·一八"事变爆发后,出于国家民族命运大计,同时也由于国民党内部错综复杂的关系,蒋介石与阎锡山和好,1932年2月阎锡山出任太原绥靖公署主任,1937年任第二战区司令官,1938年3月兼任山西省主席。1949年3月29日中国人民解放军兵临太原,阎锡山仓惶乘飞机飞往南京,从此离开了山西,1960年5月23日病死在台北阳明山寓所,享年77岁。阎锡山故居是其从1913年至1937年抗战爆发20多年时间里随着其官职升迁重金买地,不断扩建而成的。整个建筑占地面积达33000多平方米,包括30多座院落,700多间房屋,还在河边村修建了祠堂、陵园、学校、商店、医院、慈幼院等公共设施,其中文昌堡的都督府、得一楼、上将军府及二老太爷府至今保存完整。在东西花园墙壁上镶嵌着用青石板刻制的阎锡山亲撰的16幅阎氏家训。阎锡山镌刻这些家训旨在要求族人"以恕道处人"、"以忠道自处"、"以公道处世",从修身、持家、交友等多方面对族人提出了具体要求,让其铭记之。

　　2. 商人家族

　　山陕商人是我国明清以来直至近代最大的商人势力之一,它发迹于明代,时间上约为弘治至万历年间(1488—1619),从地域看主要是黄河中游两岸的县份,如陕西韩城、合阳,山西蒲州、平阳一带,后扩及到晋东南泽州、潞州。至明代万历年间山陕商人开始问鼎全国,居于全国商都之首。从明万历年间至清道光初年,晋商一直在全国领先,其中心地域由南向北推进,晋中商人崛起。从道光初年至光绪末年山陕商人影响扩及全国,创造了经济史上的辉煌。从宣统元年(1909)至辛亥革命,山陕商人开始衰落,自此以后无可奈何地摘下了全国商都之首的桂冠。山陕商人的崛起与他们所处的地理位置、明清时期商业的发展、国家北方边境贸易的需要等有密切关系。山陕商人从是否承担政府经济任务,如中盐,经手政府汇兑业务来看,可分为官商和民商;从经营品种性质来划分又可分为粮商、布商、盐商、茶商、票商等,他们的足迹远涉日本、俄罗斯、印度、东南亚等国,控制明清两朝经济命脉达数百年之久。山陕商人家族也伴随着其发迹与兴盛有了大的发展,一座座建筑豪华的大院在山陕大地拔地而起,一个个结实规整的古村落分布在河川盆地。山陕商人不仅带来了经济的繁荣,促进中国社会由传统农业社会向近代商品经济社会的转型,同时还带来了南北经济文化的交融,在整个中国经济社会发展和中国边疆地区开发中有着不可磨灭的功绩。

下面以祁县乔家、灵石王家为例,探讨商人家族的渊流、发展过程。

①祁县乔家

山西祁县乔氏家族的始祖乔贵发,约于康熙四十二年(公元1703年),出生在祁县乔家堡。其父亲乔壮威、母亲王氏是一对老实的农民,不幸早年去世。乔贵发幼年失去父母,寄居舅舅家,长大后复回到乔家堡,过着衣不遮体、食不果腹的生活。时逢清王朝统一了关内外,内、外蒙古和新疆也归回清朝版图。早在顺治年间清王朝就在右玉县边墙杀虎口设关,俗称"西口",与东口张家口对称,是汉蒙两个民族通商的必经关口,清政府号召内地民众去口外垦荒种地,为当地提供粮食。同时,内蒙与山西的黄河水上运输、陆地运输空前活跃,商业交往频繁,一贫如洗的光棍汉乔贵发就在这时下决心单身出外闯荡,卷入了走西口的潮流中,到口外谋生。他只身来到包头,与徐沟县大常镇秦姓结为异姓兄弟,共同受雇于人,在一起经商,后两人辞别主家,自己经营卖草料,进而磨豆腐,育豆芽、做烧饼,使生活有了转机,至乾隆十六年(1751)时年已48岁的乔贵发才回到原籍与一个姓程的寡妇结婚,程氏带来一个十几岁的孩子名叫全德,随乔贵发改为乔姓,婚后又生二子,名为乔全义、乔全美。也有人说乔贵发一生娶过两个妻子,乔全义、乔全美为后娶李氏所生。

　　乔贵发三个儿子长大后各自分门立户,各定堂名。由于种种原因,三门的境况不同,长门全德,住在乔家堡村西,立"德兴堂"。全德生一子名致祥,后继无人,相隔数世后方有二门致远的重孙过继,也是人丁缺乏,整个家庭消失,不为后人所知。

　　二门全义,住在村东,立"保元堂",生致远一子,致远又生嵘、超五二子,超五生伯谦、佑谦、尚谦三子。二门除经商外,极重读书,超五于咸丰己未(1859)中举,次子佑谦光绪甲午(1894)中举,三子尚谦丁酉(1897)中举。超五的女儿嫁给祁县城内一个商业大家渠源祯,生一子即为超五的外甥名渠本翘,渠本翘壬辰(1892)中进士,所以保元堂有父子、兄弟、舅甥同举佳话传世,二门的子弟因立志读书考举,所以经商力量薄弱,财富远不及三门"在中堂",当地民谚云:"保元堂出人,在中堂出钱。"证明二门"保元堂"出人才颇多,而三门"在中堂"以财富闻名。

　　三门全美,住在村子当中,立了"在中堂"。乔贵发的三个儿子里能继承父业,经营有方的是乔全美,他克勤克俭,艰苦创业,把原来广盛公改组为复盛公,在当时很有名气。他生有二子,长子致广,字守约,享年不久,无后。次子致庸,字仲登,号晓池,生于嘉庆二十三年(1818),卒于光绪三十二年(1907),享年89岁。乔致庸一生多子多福,多财多寿,是世俗百姓称羡的典型。他历经嘉、道、咸、同、光五朝,有6个儿子,11个孙子,离世时重孙已有6人,堪称"四世同堂"。乔致庸人称"亮财主",他不仅经商有方,而且乐善好施,经常周济乡邻百姓,他根据"致庸"二字定堂名为"在中堂",取"不偏不倚,执两用中"之意,可见儒家思想对他的影响。乔致庸的长子乔岱,人称"务财主",为人机警,善于交际,常在北京大德通票号内与清朝王公大臣往来,和京师九门提督马玉昆是把兄弟。后在包头市面经商遭同业嫉恨,被人暗算。次子乔景仪生于道光二十八年(1848),个性强,好争斗,官位至二品侯补道员,因在包头主持商务得罪了蒙古贵族,被对方派杀手行刺而亡。三子乔景俨生于同治六年(1867),一生深受其父为人处世之影响。一生未出外,是乔家的掌家人,他一生为人善良,热心公益,曾捐资挖成乔家堡村的永和渠,灌溉农田达一千七百余亩,还捐款资助祁县中学堂和太原私立光华女子学校的创立,颇受乡人的尊重。盛极一时的乔"在中堂"发展到景字辈开始走下坡。到了民国初年传至"映"字辈,"在中堂"先后由乔映霞、乔映奎主持,尽管他们都精明能干、办事持重,但由于此时官商银行出现,票号遭到沉重打击,乔氏家族每况愈下。20世纪20年代后期至30年代先是1926年冯玉祥属部向西撤退时,乔氏在包头的复字号损失粮食五万余石,元气大伤,接着1937年10月日寇侵占包头,复字号又受到致命的打击,勉强延续到1951年停业。在官僚资本、帝国主义双重打击下,乔家终于衰败。

乔氏"在中堂"发迹于包头,京包线的重要城镇都有他的各种生意买卖的字号。乔氏家族以其发达的商业促进了包头市场的繁荣,对包头城的形成和扩建起了推动作用,所以在民间有"先有复盛公,后有包头城"之说。"在中堂"凭借包头这块宝地,操纵垄断了包头市场,进而把商业发展到平津、东北、直到长江流域各大商埠城邑。

随着乔氏家族家业的扩大,乔家堡的宅院建筑也蔚为壮观。乾隆年间,乔全美与两兄弟分家后,自置地产开始兴建宅院。到同治年间,其次子乔致庸第一次扩建,至光绪中叶又由致庸之子景仪,景俨进行第二次扩建,民国初年由致庸之孙映霞、映奎增修,建成了至今保存完好的豪华气派、雕梁画栋的大型建筑群——乔家大院。乔家大院建于乔家堡村子正中,占地面积8724.8平方米,建筑面积3870平方米,共6个大院,内分19个小院,有房屋313间。从外观看去,大院三面临街,四周是高达10米的全封闭的砖墙,上层是垛口,还有更楼、眺阁点缀其间。整个大院设计精巧,建材考究,规整而富有变化,堪称清代民居之瑰宝,集中体现了中国北方民居建筑的地域风格。

②灵石王家

灵石县地处山西中南部,县名的来历,相传是隋开皇十年(590)隋文帝北巡,傍河挖道,获一巨石,"似铁非铁,似石非石,其色苍苍,其声铮铮",文帝以为祥瑞,因此以石立县,县以石名,成为汾河峡谷间的一座县城。灵石县城东12公里处的静升镇就是王家大院的所在地,灵石县静升王家本是太原王氏之一支,最初迁居灵石时定居于汾河峡谷间的沟营村,即今富家滩镇沟峪滩村。元朝仁宗皇庆年间(1312—1313),王氏后裔王实从沟营村迁入静升西村,这便是静升王氏的始祖。王实,人如其名,为人勤劳质朴,忠厚老实,以租种别人土地为生,农耕之余兼营豆腐,由于制作技艺精湛,待人诚恳,买卖日渐红火,积蓄越来越多,始购置薄田数亩,变佃户为自耕农。静升王氏传到第三世进入明朝,当时商业经济有了新的发展,王家以农为主,同时兼营小工商业,家族不断繁衍,至天启年间(1621—1626)已成巨族。据乾隆五十四年(1789)本《王氏族谱》记载,王氏五世祖彦通生五子,按五行之说分为金、木、水、火、土五派。其中三子斗无后,四、五子外迁,火、土两派实为长子贤的后裔,水、木、金三派当为次子的子孙,其余与彦通并列的兄弟的后世则全部归入金派。明万历年间,王氏家族传到第十世,男丁达408人,各派人丁兴旺。王氏第十一世、十二世后裔,或开典当,或营京货,奔走于晋京之间,商业经营为家族的发展奠定了物质基础。明代是中国社会发展的重要时期,明代经济的发展为包括王家在内的晋商发展提供了良好的环境条件,所以明代也是静升王氏家族兴盛的时期。王氏第十三世进入了清朝,其后人放弃典当商行,在河北、山东等地贩卖牲畜。明末以来河北山东平原地区因受战争破坏而导致畜力极为短缺,王氏后人顺应时势,重义气讲信用,打通了山西、内蒙、河北、山东等省区的贸易通道,家资积累更为丰厚,至康熙年间成为山西的巨商富户。王氏家族发迹之后便开始不惜工本,大兴土木,营造宅第,留下黄土高原宅第明珠——王家大院建筑群。

王氏家族最早的建筑是在静升村西张家槐树底附近,是由其始祖王实建的。仅为几孔窑洞。后来,由西向东,从低到高逐渐扩展,修建了三堡四巷五祠堂庞大的建筑群,总面积达15万平方米,现在列入省级文物保护单位向游人开放的有4.5万平方米。王家大院以高家崖建筑群和红门堡建筑群为代表。高家崖建筑群建于嘉庆元年(1796)至嘉庆十六年(1811),为全封闭城堡式建筑,占地11728平方米,院落26座,房屋212间,两座主院均为三进式四合院,每院除了有高高在上的祭祖堂和两旁的绣楼外,还有各自的厨院、塾院,以及共同拥有的书院、花院、长工院、家丁院。整个建筑依山就势,层楼迭院,鳞次栉比,错落有致,周边墙壁紧围,四门因地制宜,给人以总体布局严谨,局部变化灵活,院里套院,门里套门的如进迷宫的感觉。

红门堡与高家崖一桥相连,东西对峙,它的建筑年代比高家崖早近百年,却特色更为明显。整个建筑群占地面积达19800平方米,有院落28座,房屋834间。所有的院落由一条南北方向的马道分为东西两区,又由东西方向的三条马道分为南北四排,全部建筑隐含一个"王"字在内,其布局思路,可谓匠心独运。各院落虽多属四合院,但有的阔大,有的小巧,结构多变,院院相通,正所谓"一门辖三门,三门通四院",而且里面有水井、磨坊、碾房、书院和场院等,自成一片天地,形成一个封闭独立的生活区苑。

以上以祁县乔家,灵石王家为个案探讨了山陕商人家族发展历程及商人民居建筑状况。总的来看,山陕商人的发迹是与明清以来商业的兴起、宽松的经济政策密切相关。他们家族的兴盛也正是中国封建社会顺利发展的时期,如"康乾盛世"北方家族的发展速度就十分惊人。明清时期,山陕商人大都"以商贾兴,以官宦显",一旦经商发财,就捐官买官,或依附官府,使商业更好地发展。他们发迹之后第一件事就是在家乡故里大兴土木,修建豪宅,以示饮水思源,光宗耀祖。由于山陕商人经商足迹遍及大江南北,在建筑风格上,他们吸收了江南民居的风格,将北方民居的古朴大方与南方民居的精巧灵秀结合起来,整体上壮观雄伟,宅院内又曲径通幽,令人百看不厌,兴味盎然;在设计思想上,严格遵循明清以来盛行的宗法礼制,讲究孝祖敬宗、长幼有序、男女有别、尊卑分明、内外有异,物质的民居成为一个个富有民族文化内涵的家族符号。在建筑艺术上精雕细刻,尤其是三雕艺术,每一幅图案都在向人们讲述着一个生动的故事,在栩栩如生的造型内蕴含着一定的哲理,取材广泛,内容丰富,篆刻技艺精湛,集民俗、民艺、民间理想于一体,"一粒粟中藏世界,半升铛里煮三川","三雕艺术"成为民众思想的具象表现,王家大院也以其丰富的民俗文化蕴涵而成为传播中国北方传统文化的载体。

3. 平民家族

钟敬文先生在 20 世纪 80 年代曾提出了中国文化的"三层次学说"[1],即以社会成员的政治地位、经济状况等因素为依据把中国社会群体划分为上、中、下三个层次,其中上层主要是占有优越的经济和政治地位的统治阶级成员;中层指城市市民,主要是商业市民;下层包括广大乡村底层社会的民众,主要是广大农民。中下层广大民众组成的社会群体是民间社会的主要力量。平民家族主要是指乡村社会里社会地位低下的被排斥在"官方"之外的中下层广大民众所主要依据的血缘组织。在实地考察过程中,我们发现,20世纪 50 年代前,黄河流域广大乡村极其重视拥有同一祖先、具有

---

[1] 钟敬文《谈谈民族的下层文化》,《话说民间文化》,人民日报出版社,1990 年 2 月,第 3 页。

共同血缘的家族血缘关系,浓重的家族观念遮蔽了民众对"阶级"、"级层"的区分,也就是无论贫富,只要是同一祖先,同属一个大家族就是"一家人",温情脉脉的家族文化成为维系族众的精神力量。20世纪四五十年代后,随着中国共产党政权核心地位的建立,把地主富农作为乡村封建势力的代表,革命的主要对象,而经济地位低下的民众则是革命的主要力量。"阶级"成份的确立把原来同一家族的族众们一分为二,家族作为乡村实体组织被摧毁,家族观念、家族意识的延续呈现出更为复杂的状态。无论社会怎样变迁,平民家族都是数量最多,要真正走进民间社会了解北方家族文化,平民家族理应成为主要的考察对象。

①陕西韩城党家村党氏家族。党家村位于韩城市北,距县城仅9公里,占地面积16.5公项,地处泌水之阳、南北为塬的沟谷之中,现全村330户,1400人。党家村以村寨合一,四合院民居保存完整而成为韩城地区明清时期家族村落建筑的典型代表,被誉为"民居瑰宝"、"东方人类古代传统居住村寨的活化石"。韩城村主要居住着党、贾两大家族。党氏家族的始祖党恕轩,于元至顺二年(1331)从陕西省朝邑县(今大荔县)逃荒至此,租种庙田谋生,后在向阳半坡崖上挖窑洞,娶邻村樊氏女为妻定居下来,繁衍生息。此地原名为东阳湾,由于党姓在此居住,加之人口增多,元至正二十四年(1364)更名为党家湾,俗称党家圪崂。党恕轩有四个儿子,除四子君明赴甘肃河州"屯田"未归外,长子君星为长门,次子君仁为二门,三子君义为三门。他们都以种田务农为主,兼营商业,明永乐十二年(1414),党氏第三世党真中举,进一步界定了长门、二门、三门、四门的居住与扩展区域,党家湾遂有了"党家村"的称谓。

党家村另一大姓为贾氏,贾氏家族的始祖贾伯通于元顺帝末年(1333—1368)由山西洪洞迁居韩城,先寄居在县城和西庄乡的贾村等处,明成化十五年(1479)贾氏第五世贾连娶党家湾的党姓女为妻,贾姓与党姓联姻。生子取名为贾璋。明弘治八年(1495)

贾璋以甥舅之亲,移入党家村居住,贾氏逐渐发展成为党家村的一个大家族。

党氏与贾氏联姻后,相处和睦,并且由两个家族合伙经商。清乾隆初年贾氏十三世贾翼堂在河南南阳府郭滩镇设摊经商,因其经营有方,生意兴隆,渐有积蓄,邀请党氏族人一起经商,共同创立了"合兴发"商号。清朝道光年间,"合兴发"商号移到南阳的赊旗镇,与广东的"佛山镇"、江西的"景德镇"、河南的"朱仙镇"齐名,并称为中国四大镇。党氏家族于康熙三十八年(1699)始建党氏祠堂,贾氏家族于康熙四十九年(1710)建贾氏祠堂,这两大家族的分门又建有分门祠堂,全村合计分祠堂有 12 处之多。

党氏家族史上曾出现了不少著名人物,在地方上被人们久为传诵,明嘉靖年间的党孟辀,一生积仁行义,乐善好施,在家乡遇旱年歉收,百姓无力交纳田赋时,代乡里缴田赋三百两白银,出粮二百石赈饥,被称为"义翁"。党忠实生于 1906 年,一生作战勇敢,武艺高强,1936 年 4 月随刘志丹渡河东征,时任刘志丹警卫连连长。党建国,字蔚文,生于 1910 年,解放战争时期曾担任国民党军队的副师长、参谋长等职,在解放军突破长江天险时率一千余人起义,解放军在武昌隆重召开大会,他受到李先念、刘建勋等领导人的表彰。

②陕西合阳坊镇东清村颜氏家族。东清村九郎庙碑刻《清善庄　为修九郎煖阁碑记》镌刻于天启二年(1622),此碑刻开列了该村捐资的各姓名单,据统计颜姓 86 人,贾姓 52 人,除此之外雷姓占少数,可见当时的东清村是以颜雷两姓为主形成的"两姓村"。在实地调查采访中,颜氏家族的颜喜才老人说①:"我们颜氏始祖相传是从山西洪洞县大槐树下迁来的,后人为了保证世系不乱,大约每

---

①　调查时间:2002 年 8 月 16 日,参与调查的有段友文、高忠严、卫才华。被调查者颜喜才,农民,生于 1922 年,时年 80 岁。

三十年续一次谱,民国年间的那次续谱我经历过,续了谱,准备献谱,祭奠祖先,但由于遭了年馑,仪式简单,没有唱戏。"颜喜才老人说的民国年间续谱时间应为民国三十年(1941),《颜氏家谱》开首之《颜氏重修宗谱序》详述了颜氏家族五次修谱的经过:

> 尝思莫为之前,虽美弗彰;莫为之后,虽盛弗传。余颜氏宗谱之修肇自康熙三十八年,迭经嘉庆二十四年、咸丰元年以及光绪十五年埃次累修,旧谱尚存,历历可考。今之第五次叙修者,亦非彰其美而传其盛也,窃念此戎马仓皇,世局紧张,人事天时,后事何堪设想?况当兹春露既濡之际,纷纷叙修,十村有九爱集,合族商议,无不慨然乐事,劝功同襄盛举,其秉笔直书者,仍蹈前人之额例遵先辈之规模。所有谱中叙昭穆、辨亲疏,线脉曲直,了如指掌,可一目了亮。

该"序"的纂书、校正、书写、经理人为颜氏十六、十七、十八世孙,落款时间为民国三十年。由此可见颜氏五次修谱的时间为:第一次康熙三十八年(1699),第二次为嘉庆二十四年(1819),第三次为咸丰元年(1851),第四次为光绪十五年(1889),第五次为民国三十年(1941)。这五次修谱的时间间隔分别为:第一次至第二次是120年,第二次至第三次是32年,第三次至第四次是38年,第四次至第五次是52年。间隔时间最长者为第一次至第二次,竟达120年,其次是第四次至第五次达52年,这反映出了世事维艰,续谱艰难。颜问科老人说,颜氏家族分为四支,分别为长门、二门、三门、东四分和西四分,他本人属东四分,是颜氏第十七代传人[①]。他有三个儿子,大孙子也已54岁,可见东清现在的颜氏族人大多为颜氏第二十世。现在东清村的人,说到谁家,都知道归属哪一门,他本人属哪一代。东清村现有2000余人,700余户,其中颜姓500

---

① 调查时间:2002年8月16日,调查人段友文、高忠严、卫才华。被调查者颜问科生于1917年,时年85岁。

户,贾姓 200 户,其余为个别杂姓。东清村颜氏族谱保存完好的是中华民国三十年(1441)修纂的《追远堂颜氏合族家谱》,共十一卷,每卷规格长 50.5cm,宽 24.2cm,蓝布装裱的封皮,由颜氏家族的长门颜有闻保存①。

③山西临汾下靳村王氏家族。下靳村位临汾市南 15 公里,这里西傍汾河,地势平坦。土地便于浇灌,适合耕作。明末崇祯年间(1628—1644),下靳王氏的始迁祖王天恩告别了祖籍河南省新野县壤西镇,拖儿带女来到平阳府临汾县下靳村落户。初到此地,抬头望去满目荒滩,王天恩不怕吃苦,每天辛勤开垦,终使滩地变成了良田,光景也逐渐红火起来。有了积蓄之后买下了该村李家胡同一座院子,从此在这里扎下了根。王天恩有一子名三益,三益之子文奎,文奎之子王得发,得发之子永盛,王氏家族从始迁祖天恩到第五代永盛均为独子,俗称"五代单传"。到光绪年间,王氏第五代,王永盛娶本村梁氏女为妻,生有三子,长子学曾、次子学思、三子学颜,从此王氏家族人丁兴旺,除了耕种土地,还兼营商业,家产颇丰,王氏宗祠也修建于这个时期。

王氏家族以农为业,兼营商业,并提倡耕读传家,其始迁祖开始就要求族人勤劳节俭,积德行善,热心公益。本村关帝庙崇祯年间的碑铭中记有"王天恩施银若干",康熙年间的碑铭中记有村庙献殿修缮中"王三益捐资若干"。在当地民间流传着王永盛捐巨资修临汾城内铁佛寺塔的传说:咸丰年间,铁佛寺修复宝塔,和尚们到处化缘,王永盛背着粪筐来到铁佛寺,康庄堡侯老爷瞧其外表寒酸,嘲弄他无钱,王永盛一气之下在捐款簿上写了个"壹"字,当天下午赶着牛车,拉了满满一车银元到寺里捐资,惊呆了在场的人

---

① 2002 年 8 月 16 日第一次调查时,颜有闻 82 岁,身体有病,在家护养。当我们 2004 年 6 月 28 日第二次去东清村调查时,颜有闻老人已经去世,颜氏族谱由他的大儿子颜军虎保存。

们,侯老爷悄悄溜走。王氏家族第七代为"兆"字辈,第八代为"昌"字辈,第九代为"大"字辈。从"昌"字辈开始重视读书仕进,民国年间"大"字辈考取山西大学的就有七人。王氏从始迁祖至今十二代人,有几百人流布到全国各地,其后人除留守故乡耕作务农之外,大多从事科技、教育和卫生事业,在当地颇有影响。

④山西襄汾丁村丁氏家族。丁村以1954年在该地发掘了旧石器时代中期的"丁村文化"和"丁村人"化石而闻名遐迩。丁村开村时间应比丁氏家族迁入该村的时间为早,据丁村村西保存的最早一座建筑三义庙题记"大元至正二年创建",即三义庙最初创建于元至正二年(1336),题记上面并未见有丁姓者。丁村民居建筑上出现丁姓成员到了"大明嘉靖六年重修"的现丁村民居8号院正厅,署有丁凤仓、丁凤骥兄弟二人名姓,明嘉靖六年为公元1527年。那么丁氏家族大抵何时迁移到丁村的呢?据乾隆十九年(1754)丁氏十一世孙丁比彭撰修的《丁氏宗谱》载,襄汾丁村丁氏祖籍为"中州襄邑城内",即今河南襄城县的丁村迁徙而来。其始迁祖为丁复,谱云:"自始祖复递传至今,已十有一世矣。其间灭绝无继以及逋亡他乡者俱不必论,现今子孙居斯庄者,族颇繁衍。呜呼!始祖一身而兴此户口之繁,非积累之厚,何以枝茂流长若斯耶!"按照惯例每代30年向前推11世,那么襄汾丁村丁氏始迁祖丁复应是在明永乐二十二年(1424)来到此地。其迁徙背景应为元末明初中原经历元末长久的战乱,又遭遇连年大旱,大量难民流入山陕等地谋生,晋南自然灾害较轻,加之地理环境安宁,当然是一河之隔的河南难民迁移的首选之地。到乾隆十九年,距始迁祖离开河南原籍已三百多年,但移居晋南丁村的迁入民与原籍仍保持往来,丁比彭撰写的《丁氏宗谱序》云:"中州襄邑城内以及乡庄,有十余家与余有宗谊之亲,至今称好。"迁入民与原籍历三百余年仍保持着"宗谊之亲",足见追宗怀祖情结之深厚。

丁村始迁祖丁复生一子俊,俊生三子长学、次志、三文贵。丁学为丁氏家族中一个繁支,死后葬于村西瓜圪塔西崖下老坟内立祖。丁学又生五子为得晓、得强、得川、得生、得林。得川为丁比彭之三世祖,死后又另择墓地,葬于村东北老坟内立祖。得川生三子为长继先、次继明、三继忠。继明生一子翰卿,自丁翰卿开始广置土地,仅他与四个儿子占有的土地就达 600 亩,靠农业加强了经济实力,可见丁氏家族自明初丁复迁居此地,至万历间第六代丁翰卿已有了大的发展,族属庞大,枝繁叶茂,丁村现存的民居大多为这个时期所建。到了清代康乾之际,丁氏家族也进入了鼎盛时期,人口繁盛,据《丁氏宗谱》记载,乾隆时丁氏分为六支,按当时对每个村落都编里甲的行政管辖办法分别编入六个里甲,仅北院(大门里)排在武字辈的就有 55 人。

　　丁氏家族的生计经营手段以康熙朝为界分为前后两个大的时期,康熙朝之前以耕作为主,耕读传家;康熙朝开始直至清末,由于家族人口剧增,家族内部因财产分配矛盾重重,加之本地土地使用面积紧张,丁氏族人们突破了世世代代耕读传家、诗书继世的传统生活方式,开始外出经商,走上了农商官相互结合的发展道路。其经商的足迹遍及河南,陕西的三原、泾阳,甘肃的宁县等地,最后扩展到宁夏、青海一带,成为晋南商人"走西路"的创始人。

三　黄河中下游乡村家族的生长历程
——以山西襄汾古城邓氏家族为例

　　山西襄汾县古城是晋南地区一个大的城镇,位于襄汾县城西 15 公里,历史上有"古箴"、"古郡"等别称。明代以来一直沿用"古城"的称谓,1972 年地方政府根据该镇地理方位把它划分为东街、西街、南街、北街四个街村,西街村位于古城镇西边,现分为五个居民小组,285 户,合计 1283 口人,耕地面积 1205 亩。西街俗称"邓家巷",邓氏族人占总户数的 70% 以上,这里至今保存着邓氏的"来仪堂"祠堂。邓氏宗族的形成演变以及习俗惯例在黄河中下游的山陕地区具有一定的典型性,通过探讨这一家族的生长历程,我们可以对黄河中下游家族发展的规律、特点得出普遍性的认识。

1.起源与发展

邓氏家族是本地土著还是从外地迁徙而来?形成于哪个年代?现存的光绪乙酉(1885)《邓氏家谱》,是邓氏第十五世孙邓三辅为其本支(即北支)纂修的一部家谱,谱曰:"先宗自有明之初由南阳迁居太平古城镇,服田力啬,垂五百年,迨于今十有五世,丁族蕃衍,遂为邑之巨姓。"可见,邓氏家族最早是由河南南阳迁徙而来,是毫无疑问的。邓氏祠堂神龛两旁的对联为:谱系朔南阳快觇簪缨济美,云仍绵东敬欣传亏冶绍休[①]。其中也确认祖籍为河南南阳。关于邓氏家族迁徙的时间,乾隆五年(1740)《邓氏合族建祠堂碑记》碑阴刻写的"邓氏义捐人名"和邓氏祠堂神龛牌位开列的邓氏祖先里,都记有邓氏第十一世祖邓凌雯、邓加禄、邓凌汉等先祖。按30年为一代推算,十一代为330年,1740年上推330年应为1410年,恰为明朝永乐年间,故邓氏始迁祖由河南迁徙到山西的时间应为永乐年间或早一些的洪武年间,这与元末明初中原战乱平息之后,连年遭灾,朱元璋发起的移民潮流有必然的联系。

邓氏十九世传人邓国英说,在邓氏后世族人中流传着这样的家族传说:古城邓氏的祖先为兄弟二人,铁匠出身,老大无子,老二有三个儿子,这弟兄二人带着三个晚辈来到了古太平县的古城镇靠务农为生。从此在这里扎下了根[②]。民众的口述是与民间保存的民俗史料完全一致的,邓氏祠堂牌位正面用蓝色书写着"邓氏历代祖宗之神位",背面用红色按世系书写着历代祖先名讳,《邓氏家谱》上也清楚

① 这幅对联在邓氏祠堂神龛的两旁,为木板上镂刻镀金,每块木板高100cm,宽15cm。

② 调查时间:2003年4月6日。调查人:段友文、侯姝慧。被调查人:邓国英,75岁,生于1929年,属邓氏家族中第十九代。调查地点:古城镇邓国英家中。

地记写了历代祖先名字,可相互比照。古城邓氏始迁祖为邓智贤、邓智良,其中智良无后,智贤生有三子。二世祖为邓君用、邓君宝、邓君臣,分别分为北支、中支、南支,邓氏后世一直沿袭这三个支族,现在健在的老人说起来都知道自己属哪一支和哪一世。

根据邓氏祠堂神龛牌位背面记写的邓氏历代祖先统计,二世祖3人,三世祖8人,四世祖10人,五世祖14人,六世祖14人,七世祖29人,八世祖60人,九世祖76人,十世祖106人。家族人口的增长数量直接反映了家族生长繁衍的速度,从以上统计数字可以看出邓氏从二世祖至七世人口增长缓慢,从第八世开始有了成倍的大幅度增长,到第十世达到家族人口高峰,按年代推算第十世正是公元1710年,时值中国历史上著名的康熙盛世。然而据光绪乙酉(1885)邓氏十五世孙邓三辅纂修的《邓氏家谱》(北支)统计,邓氏北支第十二世祖有18人,第十三世祖有20人,第十四世30人,第十五世35人,第十六世27人,第十七世27人。尽管邓三辅纂写的只是邓氏宗族其中的一支,但从北支家谱历代人口统计可以看出邓氏家族从十二世以后发展缓慢,尤其是第十五世之后不增却减,这充分说明清朝的咸丰、同治、光绪年间正是中国封建社会晚期,其政治经济都走着下坡路。尤其是光绪三年开始,山陕地区遭受了"丁戊奇荒",旱岁大饥,饿殍满路,甚至出现了"人相食"的残酷景象,使乡村人口锐减,古城虽为镇所在地,地理和经济条件远比偏远的乡村优越一些,但是在当时的历史条件下,以家族的力量是抗不过天灾的。北方家族兴盛衰落与各个社会历史时期的政治经济条件息息相关。

2. 祠堂与祭祀

邓氏祠堂至今保存完好,它坐落在古城镇西街邓家巷内,堂名为"来仪堂"。祠堂坐北向南,正房三间面宽13米,其中中间一间宽3.3米,西侧一间宽4.3米,东侧一间宽4.3米,进深7.5米,高5米。祠堂两面的偏房宽8米,高2.6米。进入祠堂,正面有神龛宽

1.7 米,高 1.86 米,龛内设有"邓氏历代祖宗之神位"。祠堂正房内存放着四通碑刻,依镌刻时间的先后依次为:

乾隆五年(1740)《邓氏合族创建祠堂碑记》,规格:宽 63cm,高 210cm,厚 15cm。存放位置:邓氏祠堂最东一间之东南角。

乾隆二十八年(1763)《邓氏创建戏楼碑记》,规格:宽 68cm,高 160cm,厚 15.5cm。存放位置:邓氏祠堂最东一间之东南角。

道光十一年(1831)《补筑本巷北城记》,规格:宽 68cm,高 210cm,厚 15cm。位置:邓氏祠堂最西一间之西南角。

民国二年(1912)《创建影戏台碑记》,规格:宽 54cm,高 113cm,厚 15.5cm。位置:邓氏祠堂最西一间之西南角。

这四通碑刻客观真实地记载了邓氏家族祭祀、家族事务、文化活动等方面的情况,成为研究邓氏家族文化的珍贵的实证资料。

祠堂首要的功能是祭祖,在祠堂里把拥有同一祖先的后辈汇集起来,通过祭祀活动达到与祖先精神上的沟通,祈求先人保佑,在祖宗的感召下把宗族成员凝聚在一起。其次,祠堂是家族内部议事的场所,宗族修谱续谱,解决内外纠纷,惩戒违规的族人等大事,都由族长在这里主持进行。第三,宗祠还是礼仪的中心,族人遇婚丧大事,在本族祠堂内举行,男性族众到达年龄上谱"入丁"也在这里完成。《邓氏合族创建祠堂碑记》开头曰:"昔者自天子以至官师,莫不有祖庙以明报享,而近世士庶之家亦皆建祠堂。"这反映了我国祠堂修建的实际状况,祠堂的早期雏形应为祖庙,早在原始社会后期就已出现,《诗经·大雅·思齐》云:"雝雝在宫,肃肃在庙"[1],说明祖庙是上层统治阶层供奉先祖神位的地方。到了北宋产生祠堂,元代出现了祭祀群祖的祠堂,明中叶以后,平民之家创建宗祠家庙以及追祭远祖的行为被合法化,民间建祠之风大盛。比较而言,南方由于长期无战乱,经济稳定,祠堂修建起步早,数量

---

① 《诗经译注》,周振甫译注,中华书局,2002 年 7 月,第 410 页。

多,到明末祠堂已遍布城乡;而地处黄河中下游的山、陕、豫乡村由于长期战乱,民不聊生,度日尚且艰难,更无财力修建祠堂,正如《邓氏合族创建祠堂碑记》所云:"邓氏自始祖占居兹土,积德昌后,迄今通计合族大约百有余家。比年以来祀事虽举而祠堂未建,非不欲也,力不能也。"到了乾隆初年,邓氏家族经历了近百年的生长发展,逐渐兴盛起来,一俟财力允许,他们就积极筹划。邓氏创建祠堂发起人是族长邓印绍,从雍正丙午年(1726)开始他就筹措资金,后来把本族"入丁"所得银两汇集一起,得银五十两作为基数,然后发动合族人捐资,本利共成叁百柒拾陆两,于乾隆丁巳年(1737)正式动工,数月之后竣工,乾隆五年(1740)刻碑记之。邓氏修建祠堂,动员了全体族众,从发起至刻碑之时历经十多年,修建时可谓有钱出钱、有力出力,修建期间每位男丁管建房劳役饭三名。据碑阴刻写的"邓氏义捐人名并管饭丁数"统计,整个邓氏家族有186位男丁参与捐款和管饭。可以说,邓氏祠堂的创建动用了整个家族的人力、物力、财力,祠堂是家族实力的展示,同时也显示了家族对族人的凝聚力。

祠堂是家族活动的中心,也是族人祭祀祖先的地方,每年正月初一,各支族众都先在总祠内跪拜祖先,然后再回家过年。另外,如果清明节祭祖遇雨,则合族在祠堂内祭祀而不再去墓地。

宗族祭祀活动最隆重的是墓祭,每年清明节之前邓氏家族各支族众都要在该门支族长率领下到墓地祭祀,但三门祭祀的时间各不相同,其先后顺序是南支(即老三一支)最先上坟,时间是清明前六天。中支(即老二一支)和北支(即老大一支)是清明前五天上坟,但到了坟地以后,老大一支必须等老二一支祭祀完之后才去祭祀,最后坟头添土由老大一支的族众完成。为什么这样做?民间的解释是大的让小的,因为南支是二世祖老三的后裔,兄长让弟弟,体现了家族之间谦让的家风。

墓祭这一天,邓氏男性族众聚集在祠堂内以稍子面作为早餐,吃过早饭后由支族长率领去墓地,墓地在古城镇南面三里地的五里墩大路东面,进入墓地有壮观的碑楼和一道道墓碑。族人们带的祭品相当丰盛,有整猪、整羊,各种菜肴,面食有火烧、车囫囵,还有各种精致的纸扎。族长把各种祭品摆好,点燃供桌上的香烛,接着放炮,这时全体族众按辈份大小从前往后排列,磕头祭祀。祭祀完毕,族长讲话,内容是明确各位族众的辈份,阐述对族内事务的处理意见,然后带着祭品返回祠堂内分酢。

3. 组织和公益

邓氏家族的最高首领称"尊正",俗称"大爷",仅设一名,统管整个家族的事务,产生办法是由三个分支轮流推举,一般是家资殷实、在族中有威信的老人担任。下面三个分支的负责人叫"支长"。支长分管支族内的收入及祭祀等活动,一般是支族内各家庭轮流担任,每年一换,以示公平。"尊正"不仅管家族祭祀,还要处理家庭与社会外界的事务,本家族内寡妇再嫁、男性"入丁"都要通过"尊正"批准。"入丁"是邓氏男性成员确立家族身份的重要仪式,家族里男性成员要在成婚之后,由家长带领来到祠堂内,交纳二元钱"入丁费",在"尊正"主持下叩拜祖先,其名字正式写入族谱内,从此就承认是本家族的正式成员,和大人一样看待。过继来的"义子"、招赘来的女婿也必须入了丁才能获得该家族的认可。邓世英老人说,你入丁了,哪怕是十多岁的娃娃,也像成年人一样对待,清明上坟回来"享酢"和大人一样,分三个大馍,五斤肉(凭尊正开的票,可分期到集市上的肉铺领取);未入丁者,即使你六、七十岁,也只能和小孩一样分个烧饼。我们本支有个老汉叫邓太和,六十多岁没结过婚,是个老光棍,上坟回来,和小孩一样仅分得一个饼子,后来大家觉得他可怜,经过支族长提议,大伙商议,最后按入丁的对待①。

---

① 调查时间:2001年10月10日,调查人:段友文、高忠严,被调查者邓世英,68岁,属邓氏家族的第十九代。

邓氏家族内部开支来源主要有本族男性成员"入丁费"和族田、"市房"的收入。邓氏家族的族田俗称"宗地",在古城镇西北方向的小邓村,距古城镇约五里地,族田由外来的王姓耕种,后来王姓不断繁衍,人口增多,把这里发展成一个村庄,直到现在,小邓庄姓邓的人少,而姓王的占多数。"市房"是指古城镇集市上属于邓氏家族的商铺门面,租给外地来的商人,按协议收取租金。解放前邓氏各支族都有市房八至十余间,如中支就有肉铺2个,杂货铺1个,理发铺1个,馍铺1个,这些店铺的租金用于家族祭祀或其他事务活动。邓氏北支现任支族长邓国英说,市房到1949年以后都收为公有,其中原属北支的一间市房,六分之四是本人的,六分之二是支族的,到了1975年政策放宽以后,他以个人名义要了回来,可是该铺的收入全归自己又感到过意不去,所以北支每年清明上坟祭祖供品费用都由他来出①。从邓国英的讲述中可以知道,邓氏家族至今还有"市房",市房也仍在发挥着作用。

道光十一年镌刻的《补筑本巷北城记》,详细记载了邓氏家族参与修筑古城镇北城这一公益活动的经过,此碑刻一方面反映了道光年间,邓氏家族已发展到了第十四世至第十六世,随着家族的扩大,家族内部矛盾日益尖锐,矛盾的焦点是争夺地基,围绕着地基所有权个人与个人、个人与家族发生了利害冲突,前者如"至乾隆三十年,邓君豫等与邓廷瑶等争估旧城余剩基地,府县互控"。后者如"邓永禄执老年白契,冒认公业为己地,巷人俱不依允",这些矛盾是家族发展到一定时期的必然产物。另一方面是家族的精英人物主持公道,力排众议,处理各种纠纷,在复杂的家庭矛盾中维护家族利益,并协调整个家族力量修补北城,使邓氏家族自此以后"峙高峻,御寇盗,我巷人昼夜得其晏安",内排纠纷,外御寇盗,

---

① 调查时间2003年4月6日,调查人:段友文、侯姝慧。被调查人:邓国英,75岁,调查地:古城镇邓国英家中。

邓氏家族在更为复杂的历史环境中演进。

4. 戏台和演剧

　　黄河流域的山、陕、豫等省是北方戏曲的发源地和主要传播区,明清时期随着社会的稳定,经济的发展,各种戏曲剧种更为成熟,不仅名噪京城的"雅部"戏曲兴盛一时,而且称为"花部"的地方戏曲百花争艳,开放在乡村山野之间,在山陕乡村形成了"有庙就有戏台","村村有戏台"的戏曲演出的繁盛局面。到了清末民初皮影戏、木偶戏作为地方戏曲的一个品类,以其特有的演出内容和新颖的演出技艺吸引了更广大的乡村民众,山西晋中、晋南成了皮影戏、木偶戏的故乡。在明清至民国时期北方戏曲兴盛繁荣的历史条件下,广大乡村城镇较有实力的家族、宗族也建起了祠堂戏台,古城邓氏家族的两碑记:《邓氏创建戏楼碑记》、《创建影戏台碑记》具体生动地记载了乡村的戏曲演出习俗,同时也潜在地隐含着特定家族在地方社会权力地位的变化,展现了家族文化权力构建的历史。

　　《邓氏创建戏楼碑记》刻立于乾隆二十八年(1763),实际上根据碑刻内容所载,邓氏戏楼的创建过程是早在乾隆十年(1745)就公举出总管会一十六人,分管会三十二人开始筹建,筹备建戏楼的时间距建祠堂的时间(1740)前后只有五年,接着乾隆十三年(1748)巷人以银七十五两买下了蔺姓空地,乾隆二十年(1755)开始动工兴建,当年即完成。这说明一个从外省迁移来的家族要站稳脚根,首先要有物质基础作为支撑,邓氏祖先来到古城镇后,经过近三百年的生息繁衍,家族力量有了大的发展,并积累一定的族产,为了以血缘关系把族众维系在一个特定的地缘范围内,他们开始建立祠堂,逐渐完善了族规。有了祠堂,族众们春祈秋报、岁时节日有了聚集的场所,团结更加紧密,进而有了更高的精神需求,当时乡村戏曲演出之风盛行,他们也产生了建立家族戏楼的愿望,于是邓氏戏楼应运而生了。

碑曰:"忆昔未建之先,当春祈秋报必搭台演优,蓬布祀神而风雨漂摇,往往不克恭享,巷人忧之",因于乾隆十年八月二十日筹建家族戏楼。固然,戏台、戏楼初始都是为祭祀神娱乐神而建的,但这段话遮蔽了一个基本的事实,就是到了清代,随着社会的发展,家族势力的扩大,族人们文化娱乐的需要也在不断膨胀,邓氏戏楼的创建名曰祭神娱神,实质上是为了满足族人日益增长的文化娱乐心态。从乾隆十年至乾隆二十年,经过十年的筹划,动工之时"主土者有人,主木者有人,以及督工者、运材俱各有人,熙熙然能者运谋,强者效力,不数月而楼台之功告竣焉"。在这次创建戏楼的家族活动中,据碑阴"邓氏义捐管饭人名"统计,整个家族里捐钱和管饭者达 106 人之多,共收银伍百叁拾玖两,参与的族众正是邓氏的第十一世和第十二世族人。这与其说是由全家族完成了一项大型的建筑任务,毋宁说是到了乾隆年间邓氏家族男丁人数庞大,家族财力雄厚,在古城镇众多大家族中有超越他姓的社会地位,这无疑是邓氏家族力量的展示。

邓氏戏楼的位置不在邓氏祠堂内,而在远离祠堂的古城镇大街桥边建立,这是因为祠堂内面积窄小,而家族戏楼的创建要有前台、后台、演区、观看场地,原来的祠堂无法容纳数以千计的观众,所以只有另择他地。邓氏戏楼的形制为晋南中等戏台,建在大街十字路口的大桥边,受地形的限制,底下为水渠,戏台面宽三间,因建戏楼时已有别的建筑物,所以没有后台,后台设在戏台的东面。

邓氏戏楼的创建不是孤立的现象,而是反映了明清时期我国南北方乡村民众爱戏观戏,大建戏楼的普遍风尚。

下面试列举明清时期南北方宗族戏台兴建情况。

南方:

①浙江省新昌县儒岙南山村王氏永思祠堂戏台,始建于明嘉靖年间,后毁于火,万历元年(1573)重修。

②浙江武义县郭洞村何氏宗祠戏台,建于明万历三十七年

（1609）。

③江西德安县郭傅山乡陈氏祠堂戏台,建于明中叶。

④浙江三门县亭旁镇包家村包氏宗祠戏台,建于康熙二十八年（1689）。

⑤江西安义县石鼻镇京台村刘氏祠堂戏台,建于乾隆十年（1745）。

⑥浙江武义县新宅乡南塘头陈氏宗祠戏台,建于乾隆十八年（1753）。

⑦安徽省休宁县海阳镇程氏宅院戏台,建于光绪元年（1875）。

北方:

①河南省获嘉县西刘固堤村王氏祠堂戏台,建于道光二十六年（1846）。

②山西太谷县孔祥熙大院孔家大院戏台,建于咸丰年间。

③河南省新密市岳村乡西土门村李家祠堂歌台,建于光绪十二年（1886）。

④河南省新县吴陈河乡邱堂村邱氏祠堂戏台,建于清代。

⑤山西榆次车辋村常氏祠堂戏台,建于康熙年间。

⑥河南省洛宁县马店镇李家祠堂戏台,建于清代。

资料出处:

①车文明《20世纪戏曲文物的发现与曲学研究》,文化艺术出版社,2001年7月版。

②刘徐州编著《趣谈中国戏楼》,百花文艺出版社,2004年1月版。

从已发现的宗族戏台资料看,家族戏台的创建年代普遍晚于村落神庙戏台,而北方家族戏台又普遍晚于南方戏台。究其原因,南方战火和灾难较少,家族在明清两代得到了稳定的发展,兴建宗祠戏台就早些,北方有清一代战乱频繁,灾害不断,家族发展迟缓,宗族戏台创建年代晚于南方。

　　邓氏戏楼建在古城街当街,反映出宗祠初建时期家族力量弱小、族内资金窘迫,所以无力购置很大的地盘兴建祠堂,以致后来祠堂内没有空间容纳戏台的状况。但是,到邓氏创建戏楼的乾隆年间其家族力量已是今非昔比,这从《邓氏创建戏楼碑记》中透露出的三条信息可以得到验证:第一,在古城镇汇集了邓、李、蔺、贾、崔、吴、许、任、张、王、杨、吕、李等多个外省迁入的家族里,邓氏能稳步发展,至乾隆十二年购置了蔺姓空地一方,说明在经济实力上超过了其他姓氏,在古城镇众多家族中已属巨族;第二,邓氏能在全镇的当街位置,创建属于本家族的戏台,说明邓氏在地方权利网络中处于核心位置;第三,邓氏祠堂戏楼捐资者不仅有邓氏众多的族人,还有外姓人员以及古城镇上的各种信仰组织和商会的捐资,如春秋会、如春会等,这些个人和会社通过捐资的方式,不仅可以争取到看戏的机会,更重要的是得到邓氏家族的认同,在古城镇这一地方社会获得文化权利。邓氏创建宗祠戏台的背后内隐着其家族力量在地方社会权利网络中的潜滋蔓长。

　　《创建影戏台碑记》记载了古城镇西街邓家巷的影戏台创建,是由邓氏族人发起,由众多古城镇街市店铺、商会及其他外姓人员参与投资共同建成。据邓国英老人讲,影戏台建在邓家巷的官井上,在原井房的台基上把两边的墙基加高上面盖上顶子成悬山顶,做成过路戏台,唱戏时在围墙半腰有槽的石柱上搭起板子,唱完后就拆了,板子拆除后就可以继续搅水[①]。演皮影时观戏的人很多,挤满了台前的场地和巷子,巷子沿道挂着灯笼,很是壮观,邓福虎老人说,民国年间影戏台演出的情况是,每年正月十五前后演三天,十五是正日,由邓氏家族出钱,白天演木偶戏,晚上演皮影,演

　　①　调查时间 2003 年 4 月 6 日,调查人:段友文、侯姝慧。被调查人:邓国英,75 岁。调查地点:古城镇邓国英家中。

出的剧目有《火焰山》、《武松打虎》、《孙悟空三打白骨精》等①。

山西的皮影戏主要流行地区是晋中孝义县和晋南曲沃县,清末民初在晋南各地广泛上演。它兴起于清乾、嘉时期,相传清代光绪初年陕西同州(今大荔县)等地遭受旱灾,饥民东渡黄河逃荒来到山西晋南,搭台开张,以艺谋生,受到当地人喜爱,而广为效仿演出,遂得以流传开来。影戏班社由于所用人员少,索价低,流动性强,哪里需要就可以随时赶到,不仅元宵古会、农闲时节可以演出,而且小家小户有喜庆之事也可邀来助兴,所以风行一时。皮影戏剧目可分为神话戏和武打戏两类,邓福虎老人回忆看到的剧目与此正相吻合。

创建于民国初年的影戏台使银壹百柒拾柒两,尽管耗资远远不能与创建邓氏戏楼的开支相比,但是,从《创建影戏台碑记》的碑阴所开列的施财姓氏可以清楚地看到,为创建戏台捐银的除了邓氏族人之外,更多的是各种商号会社,竟达七十个之多,这说明影戏楼的创建已不是单靠邓氏一个家族的力量,而是发动了当时社会力量共同参与,这固然反映了邓氏难以凭一个家族的力量承担起影戏台修筑的全部费用,说明邓氏家族资财由此时开始衰落,然而更重要的是这种现象也正好说明了邓氏家族也在不断加强自己和地方社会各方面力量的联系,扩大其影响,由封闭走向开放,家族在民国初年更加民众化、社会化了。

5. 小结

从古城邓氏家族生长、演变的过程中,我们可以概括出黄河中下游山、陕、豫各省区家族村落生长的规律和共性特征。

①黄河中下游家族村落的构建紧紧关联着中国社会历史,伴随着中国历史的兴盛交替而起伏变化,尽管山、陕、豫家族村落历

---

①   调查时间 1999 年 4 月 2 日,调查人:段友文。被调查人:邓福虎,72 岁。调查地点:古城镇西街。

史悠久,然而绝大多数家族村落的催生、重建是在元末明初,明清时期是中国北方村落奠定规模、稳定发展的重要时期,家族的重要支柱祠堂、族谱、族田、家族墓地、家规家训也大都在这个时期开始普及,明清时期是北方家族平民化、大众化的时代。家族民俗只有在这个时段才真正推及到千家万户,成为中国乡土社会重要的文化标识。

②黄河中下游各省区迁徙流动频繁,尤其是元末战乱,清代光绪年间灾荒,造成了一次又一次的移民运动,家族来源里你中有我,我中有你,直至今日也常常会遇到山西的民众说祖籍河南,或"原系陕西民籍,宋元间迁移山西"①,河南的民众会说是从山西大槐树下走出来的,陕西的民众会说始迁祖是山西兄弟俩或是从河南迁来的,人口的迁徙不定,促进生活方式、语言特点各方面广泛的交流,进而也形成了文化心理、思维模式的一致性、趋同性。

③山陕乡村家族初建时期都是以农为本,经过几代人创业的艰辛历程,使家境好转,族产日丰,"耕读传家"成为乡村普遍的风尚。到清代中晚期由于人口增长速度加快,地稀人稠,加之山陕灾荒频仍,使人们靠原有的土地无法正常生存,乡村许许多多剩余劳力奔走他方,走上了亦农亦商,或弃农从商的道路。以至于很难分得清山陕乡村家族哪个属平民家族,哪个属商人家族。商人家族的涌起,使农村一个家族之内,或家族与家族之间拉大了贫富之间的差距,原来和睦温情的大家族内部出现了分化,虽系同源同祖,由于经济地位的不同,相互雇佣现象时有发生。如襄汾丁村丁氏家族嘉庆十年"丁阎氏因为不便","将自己祖遗的"土地三亩多"立契卖于本族丁铭名下";道光二十五年,"丁门王氏,因夫遗言用丁庭梅棺,情愿以地作价",将自己祖遗土地"卖于本里本甲丁庭梅

---

① 山西省乡宁县光华镇七郎庙村乾隆《杨氏家谱序》。

名下"①。古城邓氏家族中也有同样的情况,清代康熙年间的一份卖房契约就记录了孤寡贫困的邓阿单氏把房产卖给同一家族邓可全的全过程:

> 立卖房契文字人邓阿单氏,因为孤寡无子度不过(意为手中无钱,难于生活),使用不便,别无打兑,今将自己房院壹所,北面搭厅房三间,东厦房三间,西厦房三间,大小门楼俱全,毛(茅)房、过路一条,其业东北俱至邓可会,南至邓可兴,西至邓可庆,四至分明,上下土木砖石一并相连,依旧出入行走无阻,今立正契出卖于本家邓可全名下永远为业,同中言定,照依时值价银系银壹佰壹拾俩整,其银当日交足无欠。恐后无凭,故立卖契,永远照用。
>
> 　　　　康熙十六年七月初四日立　　　卖契人邓阿单氏

这份房契后面分别列有卖契人、亲房人、管见人,并且全部在名下画押,同时经所属地太平县府盖了官印②。

由于经济地位的不同,本是同一家族的族众又划分为不同的阶层,这样到了近现代在家族中处于低层的族众成为中国共产党建立民族国家的主要依靠力量,成为摧毁传统家族的内在原因。

四　南北方家族民俗之比较

就大的历史文化地理范围着眼,人们习惯上把中华民族分为南方和北方,这只是概略的划分,实际上从不同的角度还可以划分为许多不同的文化地理区域。在中国的版图上,由于自秦汉以来就实行高度中央集权,唐代更是完成了空前的国家统一,中华民族的不同民

---

①　张正明、陶富海《清代丁村土地文书选编》,《中国社会经济史研究》,1989 年第4 期。

②　刘武经主编《古城镇志》,黄河水利出版社,2001 年 12 月,第 424 页。

族、不同地域共同处在一个统一体中。在漫长的中国历史上,生活在中国大地上的各个区域、各个民族单位"经过接触、混杂、联结和融合,同时也有分裂和消亡",形成了一个你来我去、我来你去,我中有你,你中有我,而又各具个性的多元统一体"①。各个地区、各个民族的政治、经济、文化的交流和整合,促进了相互联系和友好往来,不断熔铸出具有文化包容力的多元一体格局。在这样的历史文化过程中不同地区与民族形成了文化的趋同性、一致性。家族文化也不例外,中国南北方家族文化的发展,经历了大致相同的历史进程,各个历史时期具有大体相似的家族文化形态,以至南北方乡村民众都具有共同的家族文化心理。其主要的内涵如尊祖意识,崇尚大家族聚族而居的生活方式,根深蒂固的宗法观念,维护祠堂族长的族权,家族文化与乡村小农经济的生产方式相结合,从而在漫长的封建社会里使以自然经济为主的乡野山村弥漫着浓厚的宗法色彩。乡村的宗法制度在不与国家政权形成对立的情况下,一直是作为国家法律的补充,尤其是在山高皇帝远的乡村山寨,家法族规就是王法,族长就是土皇帝,家族力量成为笼罩乡村民众的网,使族众们从心理到行动都受其束缚。

南北方乡村民众家族文化心理的相似性、趋同性形成的原因,除了共同经历的历史进程、文化变迁之外,南北方家族文化的交流互融也是重要的因素。一般说来,北宋之前南北方家族文化呈现为小型的、局部的交流,主要有两次,第一次是两汉间,北方的强宗大族首批渡江南下,迁入皖南徽州等地,如西汉元朔年间新安太守舒许,任官期间看见皖南新安山川秀丽,遂举家搬迁至此,形成了该地第一个大家族。司马长史方纮在王莽之乱中为避杀身之祸,从原籍河南举家迁徙至徽州歙县东乡(今淳安县),成为徽州的又一大家族。第二次是西晋时期,在史称"永嘉南渡"中,又有一批北

---

① 费孝通主编《中华民族多元一体格局》(修订本),中央民族大学出版社,1999年,第3—4页。

方的名门望族流徙南方,使南方的荒芜之地兴盛起来。如《福州府志》曰:"永嘉二年(308)中州板荡,衣冠始入闽者八族:林、黄、陈、郑、詹、邱、何、胡是也。以中原多事,畏难怀居,无复北向。"①此后,或因政治避难,或因游宦而留恋南方山水,不少名门望族又迁移到南方安村扎寨,如到皖南徽州的既有唐太宗李世民的后裔,也有"唐宋八大家"之一的韩愈的晚辈②。南宋以降,随着中国政治和经济重心的南移,在"世族南迁"大潮的裹挟下,黄河中下游山、陕、豫的强宗大族纷纷渡江南下,迁移到中南和东南地区寻找新的生存空间谋求家族的发展。这些分不同历史时期,来源于北方各个地区的世家大族流徙到南方之后,都以一家一族安营扎寨,形成了一村一族聚族而居的习俗惯制。有的在最初迁移地继续扩大范围,使家族村落人口越来越多,聚落空间越来越大;有的则随着家族人口繁衍而分房外迁,另建村寨,但和原宗族仍连为一体,形成同一宗族遍及一县至数县的现象,仅徽州地区就有汪氏宗族,鲍氏宗族,程氏宗族,韩氏宗族。这些宗族经过数百年的发展都树大根深,枝繁叶茂,他们虽累世居住南方,但与北方家族有着渊源关系,共同的家族文化心理是南北方家族割不断的血脉。

　　当然,由于生态环境、历史境遇不同,南北方家族又都经历着迥异的生长历程,造成了共同的民族历史文化背景下明显的区域差异,主要表现在以下几个方面:

　　1. 组织形态上,南方重宗族,北方重家族,具体表现是南方累世同居共财、同爨共食的大家族多,如宋代的江州德安陈氏,从唐中叶开始兴起,到南唐陈昉时,"又十三世同居,长幼七百余口,不畜仆妾,上下姻睦,人无间言。"③明代的浦江郑氏"累世同居几三百

---

① 乾隆《福州府志》卷七十五。
② 参见周山《村野文化》,辽宁教育出版社,1993 年 12 月,第 212—215 页。
③ 《宋史》卷四五六《陈竞传》,中华书局,1975 年 5 月,第 13391 页。

年"，人口"数千指"①。清代杭州姚氏，内外食指逾千②。据光绪
《湖南通志》记载，光绪初年，仅湖南一省，五世以上同居者就有一
千三百六十二家③。当然，在北方这样的大家族也为数不少，清道
光年间的张海珊云："今强宗大姓，所在多有。山东、西，江左、右，
及闽、广之间，其俗尤重聚居，多或万余家，小亦数百家。"④如明清
时期见于典籍的大家族就有明代山西泽州景氏，族指千余，五世同
居⑤，清代河南偃师任氏，九世同居，男妇百六十余人共爨⑥。然而，
相比较而言，从普遍性和数量上来看，南方的大家族远远多于北
方。这是因为南方相对来说，社会稳定、生活安宁，使大家族有了
繁衍生息的机会。同时历代北方大家族迁移南方之后，为了站稳
脚根，为了在和当地土著的竞争中立于不败之地，更需要聚族而
居，用家族的力量把族众们团结起来。南方地方社会不断出现的
局部动荡纷乱使每个家族成员都必须依附家族才有安全保证，家
族只有依靠全体族众的力量才可以抵抗来自他族和匪寇的欺侮。
如明嘉靖、万历时期福建沿海各地"倭寇"横行，肆虐于外洋异乡，
乡村民间家族只有紧密团结，共同对敌才能有生存的安全⑦，这种
情况成为大家族发展的客观原因。由于家族内部和外部的诸种原
因，使南方累世同居共爨的家族数量众多，用"宗族"指称这种状况
更为恰当。而北方在明清时期一个大的家族内多达千百人累世同
居共爨的现象较为少见，大多是"三世同堂"、"四世同堂"的主干家
族，以明代万历年间山西襄汾丁村丁氏家族的丁翰卿为例，他共有

---

①　《明史》卷二九六《郑濂传》，中华书局，1974 年 4 月，第 7584 页。

②　民国《杭州府志》卷一四三。

③　光绪《湖南通志》卷二〇一。

④　[清]张海珊《聚民论》，《清朝经世文编》卷五八，中华书局 1992 年 4 月。

⑤　光绪《山西通志》卷一三八。

⑥　《清史稿》卷四九九《任天笃传》，中华书局，1976 年 7 月，第 13794 页。

⑦　参见陈志平《500 年来福建的家族社会与文化》，上海三联书店，1991 年 5 月，第
31—33 页。

四个儿子十个孙子,其规模为"三世同堂"的家族,到他晚年儿孙长大后就析居分炊,财产也作了分配,丁氏十一世丁比彭等修的《丁氏宗族》云:"旧有老院四所,书院一处,前后左右相连……翰卿祖先高祖辈兄弟四人,析居时各授全院一所,卿祖与老祖妣独居书院,以终余年。"由此可以看出,丁翰卿的家族析居前,是由共祖父的成员为一个大家庭,三代同居,子孙共财;析居后,将一个共祖父的主干家庭裂变为以一对夫妻和未成年子女组成的四个核心家庭。这四个核心家庭之一的次子丁诏,前后生有六子,又由核心家庭升格为主干家庭①。丁氏家族这种情况在山陕地区颇有代表性,因此,我们认为明清以来的山陕乡村家族组织形态是以主干家庭为生活的实体,以家族活动为凝聚族人的方式,属于同一祖先的族众们在宗族祭祀、公益活动及宗族娱乐活动中聚集一起,家族主要在组织和精神方面对族众产生影响。

　　在讨论南北方家族组织形态的不同特点时,还应该看到,南北方家族组织形态不能一概而论,从历史上看,南北方宗族发展呈现出不平衡状态。总的说来,北宋之前,北方家族的规模、家族数量不亚于南方;北宋之后,由于政治、经济重心南移,世家大族大量向南方迁徙。南方有优越的政治经济条件,使家族迅速得到发展,而北方由于战乱灾荒等天灾人祸接连不断,使家族发展迟缓,有的甚至绝嗣,顾炎武考察了从南北朝到明末清初的北方家族,深有感慨地说,南北朝时期,许多大家贵族拥有近万户,少者也有二千余家,而"今日中原北方,虽号甲族,无有至千丁者,户口之寡,族姓之衰,与江南相去迥绝;其一登科第,则为一方之雄长,而同谱之人,至为之仆役。此又风俗之弊,自金、元以来,凌夷至今,非一日矣"②。他

────────────

① 陶富海《山西襄汾丁村丁氏谱系》,《平阳民俗丛谭》,山西古籍出版社,1995 年10月。

② 〔清〕顾炎武《日知录》卷 23《北方门族》,周苏平、陈国庆点注,甘肃民族出版社,1997 年 11 月,第 1009 页。

通过比较，认为北方家族规模明显小于南方，而且到了封建社会后期，族人家族观念淡薄，家族文化消褪，出现了严重的阶级分化，使家族走向衰落。

2. 活动方式上，南方公开的、大规模的活动多，而北方较少，最突出的是表现在对待地方资源的态度上。与家族相关联的地方资源主要有土地、水利、山林、坟地等，南方家族在与异族因地方资源发生纠纷之后，在得不到满意结果的情况下，继之而起的是诉诸武力，形成大规模的残酷械斗；北方则体现在长期的明争暗斗，迫不得已时断绝来往，而很少有过激的、暴力式的械斗。如明代嘉靖、万历年间，江西乐平县界首村马氏和杨林村程氏二姓为争夺黄源陂的水利灌溉资源，每值岁旱，水源缺乏，两姓争夺不已，乃至使械斗持续十多年，死者数十人。清光绪年间广东陆丰县卓、郑二姓因扫墓在道路抢先行走发生争执，引起了数千人参加的大械斗，不仅两大家族的男性族众参加了，而且所居村落蝉连一二十乡，绵亘二三十里①。福建泉州府"郡府械斗最为恶习，有大小族会，东西佛会，勾结数十姓，蔓延数十乡"②。在北方就少有上千族众参加，蝉连一二十乡的现象。溯其原因，既和地气民风有关，也与北方地区由于长期战乱，家族规模较小，其村落也大都为两姓村、杂姓村等有关，即使遇有家族与家族之间的纠纷，也不易在短时间内纠合起强大的力量参加家族械斗。

南方大的家族严格按照家族的血缘单位建村立宗，形成一村一族的聚族制度，血缘与地缘结合，这为同姓之间举行宗亲活动，或者同姓宗族之间的联宗奠定了基础。所以，南方以宗族为单位，宗亲、联宗活动频繁，而北方就较少见。进入20世纪80年代，即使有同一

---

① 雷家宏《中国古代的乡里生活》，商务印书馆国际有限公司，1997年3月，第74—79页。

② 陈支平《500年来福建的家族社会与文化》，上海三联书店，1991年5月，第123页。

宗姓举行的宗亲活动,也是由地方政府出面组织,如河东裴氏举行的宗亲活动,实质上属于政府行为。

3. 宗族观念上,南北方民众都有着浓厚的宗族观念,但其表现特点不同,南方家族观念体现在家族仪式和家族的三大支柱:祠堂、族谱、族田等方面;北方民众家族观念更多的情况下体现在"事件"上,通过一些重要的社会生活事件中家族成员的社会行动显露出来。祠堂的修葺,南方各省区的祠堂大都创建于清代乾隆之世,如安徽道光《怀宁县志》云:"国初经明之乱,各族人丁屈指可数,承平既久,户口溢滋。乾隆中叶,始有葺祠堂,修谱牒者,然不过一二望族。近则比户皆知惇叙,岁以清明、冬至子姓群集宗祠……其地方当举之务,各族皆以公堂互相佽助,急公慕义,无有难色。"①说明安徽怀宁县的家族宗祠修筑,清初尚少,乾隆兴建者渐多,道光年间出现兴盛局面。北方祠堂建筑的情形也大抵相同,平民宗祠一般是随着历史的兴盛兴建于"康乾盛世"之后,这是由于明末清初经过长期战争破坏之后,平民家族需要相当长的一段时间休养生息,渐积族产,方可动工兴建祠堂。但是就祠堂的兴建规模、耗资经费、建筑艺术、总体数量等方面南方却远远超过北方。如福建省三明地区尤溪县高士村的林氏宗祠始建于清道光十四年(1834),占地面积1280平方米,建筑面积487平方米,宁化县方田乡丁氏家庙毁于十年文革,重建于1998年,总体设计与原祠基本一致,占地面积586平方米,建筑面积317平方米。而在实地调查中我们看到,北方除少数宗族祠堂如陕西合阳灵泉村党氏宗祠可达此规模之外,大多数为南方宗祠建筑面积的三分之二或二分之一。族谱的保存、续修方面南方也较北方完善,如安徽新安地区:"千年之家不动一坯,千丁之族二尝散处,千载之谱丝毫不紊。"②一部族谱在

① 道光《怀宁县志》卷9 《风俗》。
② 光绪《重修安徽通志》卷三四引旧志。

手,千百个族众辈份、字号不会紊乱,究其原因,社会相对稳定,生活相对富庶,为族谱按期续修和保存奠定了良好的基础,而北方却不可能有这样的环境,由于战乱灾荒的原因,有的知始迁祖而中间续不下来,有的甚至只知接近自己的几世祖先。如山西襄汾《丁氏宗谱序》云:"每阅祖遗家谱,自始祖复递传至今,已十有一世矣。其间灭绝无继以及逋亡他乡者俱不必论。"《邓氏家谱》(北支支谱):"曩者宗人曾为族谱、支分派别,极为详明,録存宗祠,余户莫能尽有。咸丰之岁,邑遭兵燹,遂付焚如,至今族人聚处者尚多,岁时相见,莫能详为某支某房之后也。"陕西合阳孟家庄《党氏族谱》写到族源时一方面说本族始祖圭明洪武年间由洪洞迁至合阳;另一方面又说本村党氏与灵泉村党氏有往来:"故灵泉村党氏与吾族虽不同谱,而世世相因,遇有合族庆吊大典,每以仪礼往还。若是,则吾族究系来自西羌而繁衍于冯翊之一枝乎?抑系原住河东之另一宗派乎,今既别无文献可证,自不敢妄加臆断。"类似的情形在黄河中下游山、陕、豫乡村平民家族中不为少数。山陕豫乡村民众的家族观念更普遍的是表现在日常重大社会生活事件上,从具体的行动中潜在地表现出来。如陕西合阳东雷村每年春节社火节目"上锣鼓",是村与村以"社"为单位进行社火节目比赛。实质上"社"是由家族村落组成的,社火节目比赛也是家族力量的较量,所以都愿意在比赛中为家族村落争得面子。家族观念更多的情况下是在家族公益活动或群体娱乐活动中表现出来,如山西襄汾古城邓氏宗族修筑城墙,创建影戏台等活动也是家族力量的亮相。

第五章　二十世纪黄河中下游
乡村的家族活动

在中国乡村历史发展过程中,国家权力、地缘组织和家族血缘组织共同编织成了一个乡村社会控制的权力网络,在这一网络中农村家族血缘组织是国家和民众发生联系的中介,农村家族共同体是中国传统社会国家意志达于臣民的传输器,因此乡村家族组织是构成中国社会的基本元素,是理解传统社会、认识当代中国社会发展的透视角和切入点。在 20 世纪之初,孙中山先生就清醒地认识到了这一点,他在《民族主义》第五讲明确指出:"依我看起来,中国国民和国家结构的关系,先有家族,再推到宗族,再然后才是国族,这种组织一级一级的放大,有条不紊,大小结构的关系当中是很实在的;如果用宗族为单位改良当中的组织,再联合成国族,比较外国用个人为单位,当然容易联络得多。"[1]他比较了中西社会结构的差异,主张联成中华民族要用宗族的关系。从传统国家向现代国家的转型中,一般都经历了由国家与社会分离状态到国家与社会一体化的变迁,1840 年以后中国人面临亡国灭种的危险,开始了艰难的现代化探索历程。从 20 世纪开始,在国家权力强度进入农村的过程中,农村家族文化经历了强烈的冲击和嬗变,与千百年来的乡村传统家族习俗相比,发生了重大的变革。本章论述的主要内容:一是具体考察 20 世纪黄河中下游乡村的家族活动,进而了解家族文化在乡村存活的状况以及乡村民众的家族文化心理;二是力图大体勾勒出乡村家族民俗变革的历程,对二十世纪下半叶之后社会现代化

---

[1]　孙中山《孙中山选集》,人民出版社,1981 年 10 月,第 675 页。

进程中家族的复兴作出公允的评价,分析其未来走向及其政策选择。同时,分别以仪式化家族和事件中的家族两个方面探讨北方黄河中下游乡村家族的活动方式,从具体个案研究中,窥视南北方家族活动的差异性。

一 山陕豫蒙各省区家谱修纂保存的状况

在黄河中下游各省区广袤的黄土地上,散居着无数个大大小小的家族,他们都有各自共同的祖先,有明确的昭穆世次,血缘关系的纽带将他们牢固地联系在一起,在同一个家族共同体内同呼吸、共命运。虽然存在着贫富差异,但由于有严格细密的族规、共同的集体祭祀、节庆族内互动等,使他们长期共同居住在同一块土地上,即使是饱尝战乱、瘟疫、旱涝等的侵害,也不能将他们拆散湮灭。在传统中国社会里,家族有着顽强的生命力,记录同一家族血缘关系和血统世系的谱牒——家谱成为联络族众的纽带。

"家谱是以表谱形式记载一个以血缘关系为主体的家族世系繁衍及重要人物事迹的特殊图书形态"①,它与历史、方志共同构成了研究中国文化史的三大支柱。家谱又有宗谱、族谱、家乘、支谱、谱牒、谱系等别称。家谱作为谱牒文化的核心,就其历史跨度来说,上溯周秦,下迄当代;就其完备的形式而论,一般说来它始于宋代,盛行于明清。黄河流域是华夏民族的发祥地,历史悠久,家谱不仅名称众多,而且种类也丰富多彩,但是我们在山陕豫蒙等省区村落实地调查中发现,乡村民众家庭里保存的家谱并不很多,细细追问皆云:"原有'老谱',现已遗失。"概括分析,家谱保存数量偏少的原因主要有三点:一是历史上战乱不断,烽火相连,天灾人祸时有发生,毁掉了一些家谱,如陕西省合阳县坊镇灵泉村《党氏分支谱序》曰:"旧谱当回逆窜扰之时,委诸泥涂,为

---

① 徐建华《中国的家谱》,百花文艺出版社,2002年5月,第1页。

邻叟瑞之祖所获",方幸能得以保存,而实际上遗失者不在少数。二是现代史上"战争年代"或"革命年代"也使家谱几乎荡尽,新修《长子县志》写到抗日战争前境内许多大姓人家都编修了家乘谱牒,战争年代大多被毁。文革期间,家谱被列为"四旧"而在破除之列,一些成分略高的家族恐怕因保存家谱被扣上反社会主义的"帽子"而祸及子孙,因而纷纷交出或销毁了家谱。三是由于家谱作为一个家族的历史,历来有绝不外传的通规,这就使家谱的传承带有极强的隐秘性,严防外姓人看到,这样使族谱久久尘封,鲜为人知。20世纪80年代以来,随着家族史研究的深入,研究家族史的谱牒总目之类的大型书籍问世,主要有《中国家谱目录》、《中国族谱集成》、《中国家谱联合目录》、《上海图书馆馆藏家谱提要》等。笔者以中华书局版《中国家谱综合目录》[①]和山西省社会科学院家谱资料中心编《中国家谱目录》[②]为依据,对山西、陕西、河南、内蒙四省区的家谱保存数量做了统计,以此可以概略看到黄河中下游各省区家谱的保存状况、姓氏分布、地域分布,在此基础上再分析其形成演变规律、内容特点及民俗价值就有了立论的依据。

表一:《中国家谱综合目录》中黄河中下游乡村家谱统计

山西省现存家谱的姓氏分布

姓氏	种数	姓氏	种数	姓氏	种数	姓氏	种数	姓氏	种数	姓氏	种数
刘氏	12	王氏	5	韩氏	5	张氏	5	裴氏	4	李氏	4
徐氏	4	常氏	3	潘氏	3	晋氏	3	赵氏	3	白氏	3
窦氏	2	杨氏	2	陈氏	2	冯氏	2	翼氏	2	祁氏	2
令狐氏	2	路氏	1	陶氏	1	薛氏	1	苍氏	1	解氏	1
孙氏	1	卫氏	1	吕氏	1	傅氏	1	贾氏	1	苏氏	1

---

① 国家档案局二处、南开大学历史系、中国科学院历史所图书馆编《中国家谱联合目录》,中华书局,1997年9月。

② 山西省社会科学院家谱资料研究中心藏《中国家谱目录》,山西人民出版社,1992年4月。

姓氏	种数	姓氏	种数	姓氏	种数	姓氏	种数	姓氏	种数	姓氏	种数
郝氏	1	田氏	1	何氏	1	罗氏	1	乔氏	1	郑氏	1
辛氏	1	石氏	1	蔡氏	1	周氏	1	左氏	1	郭氏	1
温氏	1	马氏	1	段氏	1	孟氏	1				

共存山西谱 94 种

陕西省现存家谱的姓氏分布

姓氏	种数	姓氏	种数	姓氏	种数	姓氏	种数	姓氏	种数	姓氏	种数
张氏	5	李氏	4	马氏	4	王氏	2	杨氏	2	冯氏	2
周氏	1	高氏	1	温氏	1	谭氏	1	吕氏	1	梁氏	1
符氏	1	薛氏	1								

共存陕西谱 27 种

内蒙古现存家谱的姓氏分布

姓氏	种数	姓氏	种数	姓氏	种数	姓氏	种数	姓氏	种数	姓氏	种数
博尔济锦	3	张氏	1								

共存内蒙古谱 4 种

河南省现存家谱的姓氏分布

姓氏	种数	姓氏	种数	姓氏	种数	姓氏	种数	姓氏	种数	姓氏	种数
张氏	17	王氏	14	李氏	14	刘氏	11	程氏	7	吴氏	6
苏氏	6	陈氏	5	宋氏	5	何氏	5	朱氏	4	黄氏	4
袁氏	4	赵氏	4	徐氏	4	魏氏	4	田氏	4	周氏	4
杨氏	3	马氏	3	汪氏	3	方氏	5	邱氏	3	郑氏	2
丁氏	2	梁氏	2	阎氏	2	郭氏	2	胡氏	2	边氏	2
邵氏	2	岳氏	2	姚氏	2	谢氏	1	邓氏	1	雷氏	1
熊氏	1	齐氏	1	贺氏	1	徐氏	1	钟氏	1	丘氏	1
用氏	1	曲氏	1	张氏	1	汤氏	1	弓氏	1	荣氏	1
欧阳氏	1	高氏	1	冉氏	1	沈氏	1	伊氏	1	林氏	1
任氏	1	乔氏	1	范氏	1	卜氏	1	浮氏	1	夏氏	1
宁氏	1	窦氏	1	楚氏	1	蒋氏	1	江氏	1	崔氏	1

姓氏	种数	姓氏	种数	姓氏	种数	姓氏	种数	姓氏	种数	姓氏	种数
查氏	1	薛氏	1	羊氏	1	吕氏	1	祝氏	1	唐氏	1
裴氏	1										

共存河南谱 247 种

表二:《中国家谱目录》中黄河中下游乡村家谱统计

山西省现存家谱的姓氏分布

姓氏	种数	姓氏	种数	姓氏	种数	姓氏	种数	姓氏	种数	姓氏	种数
张氏	12	刘氏	8	王氏	7	徐氏	6	霍氏	4	李氏	4
冯氏	3	牛氏	2	陈氏	2	卫氏	2	吴氏	2	宋氏	2
温氏	2	杨氏	2	裴氏	2	魏氏	2	祁氏	2	郭氏	2
赵氏	2	韩氏	2	连氏	2	傅氏	2	罗氏	2	孔氏	1
司马氏	1	田氏	1	常氏	1	贾氏	1	卢氏	1	安氏	1
杜氏	1	延氏	1	武氏	1	竺氏	1	姜氏	1	劳氏	1
黄氏	1	曹氏	1	高氏	1	冀氏	1				

存山西谱 93 种

陕西省现存家谱的姓氏分布

姓氏	种数	姓氏	种数	姓氏	种数	姓氏	种数	姓氏	种数	姓氏	种数
余氏	2										

存陕西谱 2 种

内蒙古现存家谱的姓氏分布

姓氏	种数	姓氏	种数	姓氏	种数	姓氏	种数	姓氏	种数	姓氏	种数
满蒙旗氏	2										

存内蒙古谱 2 种

河南省现存家谱的姓氏分布

姓氏	种数	姓氏	种数	姓氏	种数	姓氏	种数	姓氏	种数	姓氏	种数
陈氏	5	叶氏	5	李氏	3	吴氏	3	高氏	2	朱氏	2
杜氏	2	汪氏	2	梁氏	2	边氏	2	周氏	2	岳氏	2

姓氏	种数	姓氏	种数	姓氏	种数	姓氏	种数	姓氏	种数	姓氏	种数
马氏	2	洪氏	2	姜氏	2	丁氏	1	戈氏	1	方氏	1
吕氏	1	伊氏	1	任氏	1	陆氏	1	杨氏	1	郑氏	1
韩氏	1	宁氏	1	乔氏	1	沈氏	1	余氏	1	金氏	1
胡氏	1	许氏	1	傅氏	1	蔡氏	1	谢氏	1	张氏	1
郭氏	1	蒋氏	1	应氏	1						

存河南谱 62 种

从以上两份统计表来看,尽管具体数字不同,但仍然可以总结出一些带规律性的东西,使我们了解到山、陕、豫、蒙各省区家谱的地区分布和其内容特点:第一,两部家谱目录记录的情况表明,黄河中下游各省区的家谱主要集中在河南、山西两省,其次是陕西省,内蒙只有少数。以洛阳为中心的中原地区家谱保存最多,山西省的家谱主要集中在太原以南的地区,尤以晋南、晋东南为多,究其原因这两个地区历史上与曾做过京城的西安、开封毗邻,其经济文化相对繁荣,因此,修谱之风盛行。而地处晋北的大同、朔州等地,自古以来都是中原汉族与北方游牧民族交战之地,死亡人数甚多,家族生存繁衍异常艰难,保存下来的家谱也较少,陕西省的家谱也大都集中在西安、潼关、户县等接近京城的平川地区。第二,历史上属于豪门望族的如山西的裴氏、王氏、郭氏等家族的家谱保存较好。同时,分布在山、陕、豫的各大姓,如张、王、李、赵、刘、杨等家谱数量最多。进入新时期后,大陆各省之间以及大陆与海外华人联宗认祖活动,也大都在这些大姓中展开。第三,家谱的纂修时间大都集中在明清至民国年间,这一方面是明代以后朝廷放宽了民间家族祭祀和纂谱的政策,普通平民之家只要有四世以上先祖都可纂修家谱,家族全面实行了平民化;另一方面,明清推行科举制度,凡家族内出过进士、举人者大都纂修家谱,以光宗耀祖。同时,明清时期社会相对安定,经济比较繁荣,"盛世修谱"反映了世俗大众的共同愿望要求。在实地调查中,我们发现,乡村家谱的保存呈现出散在性特点,许多乡村平民之家都保存着家谱,由于长期受到极左思潮的冲击,加之家谱不示外人的传统观念影响,使许多家庭不愿把家谱交给有关部门收藏。而事实上,这些家谱由于都是以手抄本的形式传承,纸质大多为麻纸,随着岁月的流失而极易损坏,所以民间家谱的收藏,应引起高度重视。

二 家族的象征符号与家族仪式

1. 家族文化的表现形态

王沪宁在对村落家族进行实地调查之后,归纳出村落家族文化的"基质"为血缘性、聚居性、等级性、礼俗性、农耕性、自给性、封闭性和稳定性八个方面①。这些"基质"主要是在对江南乡村家族调查的基础上概括出来的,"是以传统的村落家族文化为蓝本的"②,是传统的家族组织所具有的完备形态,这可以成为我们分析村落家族结构和功能的重要参照。但是,我们在对黄河中下游山、陕、豫、蒙乡村家族实地考察的过程中发现,具有上述完备形态的家族并不多。社会转型期的村落家族文化更多的是表现为家族成员固守着传统的家族意识,这些家族意识外化出来,不仅表现在家族的象征仪式方面,同时也表现在家族的日常生活当中,正如赵力涛所概括的家族的维持机制有两个,一是家族仪式,二是日常实践。前者主要指体现传统家族功能的家族象征符号,如祭祀仪式、祠堂修建、族谱编纂、族规家法的执行,这些构成了家族的内部秩序与家族成员之间制度化的交往方式;后者是通过日常生活实践来考察家族文化,家族活动和家族意识更多的发生在经济领域、政

---

① 王沪宁《当代中国村落家族文化——对中国社会现代化的一项探索》,上海人民出版社,1991年,第23—28页。

② 同上。

治领域和社会领域,家族意识正是从这些日常的实践中表现出来①。赵力涛眼光敏锐且概括准确,不过他认为具有完整家族仪式的家族在北方已经不多见了,对此应具体分析。实际情况是,20世纪80年代之前,在国家权力全面进入并控制乡村社会之后,冲荡着家族的象征系统,作为家族象征符号的祠堂、族谱、祭祀仪式受到了毁灭性的打击。但是1978年改革开放之后,随着家族文化复兴,家族的象征系统与仪式活动又得以恢复,而且不少地区又开始兴建祠堂,翻出埋藏多年的虫蛀水渍、霉迹斑斑的祖谱又重新整理修纂,家族势力在乡村逐步扩大成为无法回避的现实。所以考察当下乡村家族活动,应该对家族的象征符号系统和日常生活中的家族同样给予关注,通过实地调查资料,为农村现代化政策的制定提供文化资助。

2. 祠堂保存

中国人有着极浓的尊祖意识,祭祀祖先的活动很早就开始了。"宗"字从"宀"到"示",意思是在房子里举行祭祀。祠堂又称宗祠、家祠,就是供奉象征祖先神灵的神主牌位,举行祭祀等家族活动的场所。宋代以前,只有王室才可修筑祭祀祖先的地方,名曰太庙或宗庙,魏晋南北朝到隋唐,朝廷允许民间修建祖庙,但又有严格的身份等级限制,有资格修建者寥寥无几。南宋理学家朱熹的《家礼》确定了立祠堂之制,并且规定:"君子好营宫室,先立祠堂于正寝之东","正寝之东设四龛"。四龛者,谓父亲、祖父、曾祖父、高祖父四代祖先之牌位也。对于一般平民来说,尽管修建祠堂的等级限制难以僭越,但朱熹的《家礼》毕竟为民间修建祠堂做了舆论上的准备。到了明嘉靖十五年(1536),朝廷"许民间皆得联宗立

---

① 赵力涛《家族与村庄政治:河北某村家族现象研究》,1998级北京大学研究生硕士学位论文。转引自杨善华、刘小京《近期中国农村家族研究的若干问题》,《中国社会科学》,2000年第5期。

庙",准许庶民在冬至日祭祀始祖。从此以后,各地纷纷建祠立庙,祭祀祖先,一时间全国各地祠庙林立,牌楼高耸,民间祠堂的发展进入了繁荣期。

我们在山、陕、豫各地实地考察时发现,乡村祠堂并不像朱熹所说,只修在寝室之东,而是全都在生活居住区之外,自成一体,具有相当的规模。乡村祠堂就兴建者的身份来看,大体可以划分为望族富贾祠堂和一般平民祠堂。不论哪一种情况,祠堂的修建往往倾一地一族之力,集一地一族之智,从始创到完善由本族后代不断扩充修缮,使之成为本家族中质量最好,规模最大的建筑,也成为特定地域内独特的文化景观。在山西,有定襄阎家祠堂、榆次常氏宗祠、灵石王氏宗祠、阳城皇城相府陈氏宗祠,都保存完好;在陕西米脂县西北龙耳崖后沟的白氏宗祠、县城东街的泰安里艾氏宗祠、高氏宗祠、县东杨家沟村扶风寨的马氏宗祠、县城东的杜氏宗祠、县城后西街万丰里的高氏宗祠等①。韩城党家村的党氏宗祠、贾氏宗祠,合阳县坊镇灵泉村的党氏祠堂,至今仍十分壮观。与此形成对比的是,一般平民祠堂则闲置废弃,正在坍塌破败,如晋西北河曲巡镇河北村任氏祖庙、晋西临县碛口镇西湾村陈氏祠堂、陕西合阳县坊镇和阳村史氏祠堂等均是如此。在实地调查中发现,山西河曲巡镇河北村任氏祖庙为五间,面宽 12.76 米,高 3.35 米,房内进深 4.5 米,房梁上题字为:"民国 26 年伏月初旬九日辰时上梁大吉。"从民国 26 年(1937)建成祖庙,时过 60 余年,今天的任氏祖庙屋顶的破洞可见天日,屋内堆积着墙上的落土,院子里的蓬草超过了膝盖,一片凄凉残败的景象。80 岁的任全增老人说,盖祖庙时他才 12 岁,经历了盖祖庙过程和祭祀的场景。未盖祖庙前只在家里供祖宗牌位,祖庙盖成后就把牌位放在了祖庙里,一辈一辈排

---

① 民国三十三年(1944 年)《陕西米脂县志》,收入《中国西北稀见方志续集》(第三卷),中华全国图书馆文献缩微复制中心,1997 年。

下来,到他本人这一辈已是第 23 世,他参加了家族每一年的祭祀活动,尤其是祖庙建成那一年更为隆重,至今仍记忆犹新。

　　晋西临县碛口镇西湾村是个单姓村,村人全部姓陈,至今保存着两座祠堂,分别属于陈氏宗族的两个分支"东财主家"和"西财主家"。第一座祠堂坐落在村子中央,从外围看上去布局精巧,没有牌楼,没有照壁,倒更多了几分与吕梁山一样的浑厚与质朴。祠堂大门呈拱状,门额上写"承先启后"四个大字,大门两边的对联上联为:"俎豆一堂昭祖德";下联是:"箕裘千载振家声",字体优美遒劲,内容上巧妙化用了曹植"七步诗"中的豆萁典故,表达了同根同宗的亲密关系。院子里堆满了杂物,祠堂正房也显得局促窄小,靠墙放着几张桌子,上面摆放着写有祖先名讳的牌位,置身屋内有一种肃穆清冷的感觉。陈氏的另一座祠名为"思孝堂",位于村子西南端,这里也没有整体建筑中的门楼和院墙,只有一座孤零零的窑洞矗立在路旁,窑洞拱顶门上镶嵌着一个石制匾额,题写着"思孝堂"三个大字。门两边的窗户也是拱形,用砖堵塞着,紧挨拱状窗户两侧,有两块石碑镶嵌在墙内,右侧一块文字剥落,看不清内容;左侧一块尚保存完好,为我们研究山、陕家族祠堂兴建过程提供了实证资料,详录于后:

创修陈氏祠堂序

　　水有源而木有本,犲祭兽而獭祭鱼,凡物具然,而况人乎?是以古人君子时祭以联亲睦族以布化,无非追远报本。由亲及疏耳!后世不察,每好建寺供佛而不肯修祠奉先,妇女亦好游庙烧香而不肯从班助祭,悖礼伤化孰有甚焉!试思己身从何而来?舍一脉流通之祖先而不祀,向渺不相涉魂神而致敬耶?抑知古人将营宫室,先立祠堂于正寝之东,以奉先世神主,盖以神灵未安则子孙不敢晏处,况一族之中支分派别,聚散无常,不有始祖一祠以联之,将数传而后世代渐远,尊卑失序,有不知其□□氏之子孙者矣,此宗祠之不可不建也。余

□□祖父虑先泽之久湮，子孙之失序，曾修谱以□□之，而有志建祠特未远耳。余于咸丰元年意□□志因聚族而谋之，佥有同心，爰将族中遗□积数年始获钱五十余潜，固择于宅之西南隅创建一祠，使后世子孙陈边豆荐时食继继承承以相守于勿替，虽规模狭隘而报本睦族抑庶于先志不相谬耳。至于崇尚虚名侈谈世□将一本九族之谊略焉弗讲，虽炫耀耳目震惊退逖而本实已□，曷取乎枝叶之未有害也，□兼值祠成聊序其大略以志不朽云。

　　八世孙庠生焬伦沐手敬撰

　　同宗孙增生渭祥薰沐敬书

　　大清咸丰八年岁次戊午三日上

　　浣合族敬立

碑文详细阐述了创建祠堂的意义是为了"追远报本"，右侧的另一块碑文开首也云："盖闻万物本乎天，人本乎祖，此报本返始，古人所为奉先思孝也。"这道出了该祠堂名为"思孝堂"的原由，碑文中还记载思孝堂祀奉的始祖为"师范公"，《西湾村陈氏族谱》曰：始祖陈先模，字师范，明朝末年从方山县岱坡山迁于西湾，成为西湾陈氏的始祖。从陈氏始祖陈先模到二世祖、三世祖，陈氏都没有自己的祠堂，直到清咸丰八年（1858）陈氏因经商发迹兴旺之后才建了这座思孝堂。

山、陕、豫乡村的祠堂历经二十世纪百年的沧桑变化，尤其是遭遇了十年"文革"，大量的祠庙被当作"四旧"被拆除，幸存下来的祠堂，也由于离开了原有的社会基础，失去了族产、祠田等经济上的支撑，而失去其原有的功用。现存祠堂之所以能历经浩劫而完整地保存下来，主要原因有三，一是文物价值，如陕西韩城党家村党氏祠堂，山西晋中灵石王家祠堂，晋北杨家祠堂都因其建筑规模宏大，风格奇特，被当地有关部门列为文物保护单位；二是挪作它用，祠堂一般在当地都是规模最大，质量较高的建筑物，1949年以后这些祠堂归为公有,多数作为公共设施,一般用途有村公所、学校、卫生所、库房、饲养处等,如晋北定襄阎家祠堂是做库房,陕西合阳坊镇和阳村史氏祠堂是做生产队的饲养处;三是心意信仰,地处偏远的山区民众尽管贫穷,随着家族制度衰微,祠堂失去了原有的祭祀功能,但他们源于那种深深的崇祖意识,也不愿让祖先创建的祠堂毁于己手,而担上"不孝子孙"的骂名,所以更多的乡村平民祠堂是处于无人保护状态,随着岁月的流逝而损毁。改革开放之后,随着各省区建设文化县、文化村的呼声日高,随着旅游业的开展,如何发掘并保护这些濒临毁坏的祠堂,使之在建设文化村的进程中发挥作用,是摆在人们面前的一个现实课题。

3. 祭祀仪式

"仪式,通常被界定为象征性的、表演性的、由文化传统所规定的一整套行为方式。它可以是神圣的也可以是风俗的活动,这类活动经常被功能性地理解为特定群体或文化中沟通(人与神之间,人与人之间)、过渡(社会类别的、地域的、生命周期的)、强化秩序及整合社会的方式。"[1]在乡村百姓的心目中,祖先或已过世的长辈虽然作为生命的躯体埋入坟墓,但他们的灵魂仍然存在,护佑着本族的子孙。活着的族众通过祭祀仪式就可以沟通死者与活人的联系,使得他们在冥界安宁并佑助后人。所以死者的墓地就像生者的庭院一样会得到悉心照管,死者每年在固定的日子都会被"请"回来与家人团聚,并出席家族中的特别仪式[2]。莫里斯·弗里德曼在《中国家族和婚姻仪式状况》一文中把家族祭祀分为家庭膜拜和宗族膜拜两种情况。家庭膜拜围绕活人与死者之间的个人关系展开,一般祭祀从自已开始四代以上的祖先,通过在死者的忌日举行

---

① 郭于华主编《仪式与社会变迁》,社会科学文献出版社,2000年10月,第1页。

② 参见[美]许烺光《宗族·种姓·俱乐部》,薛刚译,华夏出版社,1990年12月,第44页。

相关的纪念活动,达到追思、供奉和抚慰家庭中已故的成员,以及使活着的人服从他们的权威。"宗族膜拜则代表一个由男性父系亲属所组成的紧密群体与其父系祖先之间以集体形式所保持的联系。一年两次在宗族祠堂(Lineage hall)中举行仪式,通过祈祷和祭祀那些与其他宗族不同的一群祖先,以肯定这一宗族本身。"①在山、陕、豫各省区乡村里,家庭膜拜表现为家祭,宗族膜拜表现为祠祭,除此之外还有墓祭。

①家祭,是指一般家庭在家中设置神龛,祭祀高、曾、祖、考四世神主。在陕西,一般家庭内部设有"神主套",神主套内设有牌位,高约一尺,形如石碑,上书"某某神主之位",背面写生日忌辰。神主牌用黑墨写成,把"主"字上面一点空出来,择吉日请有功名的人用朱笔点上这一点,俗称追神点主。此仪式十分隆重,陕北大多在为死者举行了殡葬仪式之后,即把亡者的牌位放入神楼中,吹响细打,迎回家中,用红笔点过"主"后,把牌位放入神主套里,从此以后就像其他祖先一样享有后人的祭奠。这种情形在南方也有,弗里德曼在对广东新安县的宗族习俗调查基础上,记录了该地"神祖牌"的特征及其保存方式:"一尊个人灵牌通常是'打点'的:即在上面点一个红点(墨水或血),把死者的'魂'置于其中,或至少是为这个'魂'(灵魂)提供一个落脚点。……就家庭礼拜而言,这个被点了的'神祖牌'就会成为活动的中心,只要它所代表的那个人的所有后代都希望集体礼拜它。"②看来在祖先崇拜方面南北方民众都有着共同的民俗心理。

②祠祭,又称庙祭,是各宗族在祖祠,即老祠堂祭祀。随着时代的推移、宗族不断扩大,有的家族又分出各分支祠堂,俗称长门

---

①　史宗主编《20世纪西方宗教人类学文选》(下卷),上海三联书店,1995年4月,第869页。

②　莫里斯·弗里德曼《中国家族和婚姻的仪式状况》,收入史宗主编《20世纪西方宗教人类学文选》(下卷),上海三联书店,1995年4月,第874页。

祠堂,二门祠堂,或曰老大门,老二门。家族祭祀比较隆重,一般由族长带领全族男子在祠堂内举行,摆放好祭桌,中间供桌上高悬宗谱,桌上放着祭品、香炉、烛台。陕西潼关一带的祭品有各种蒸馍花样、油炸果品及各式糕点,除此之外,还有大量纸扎花束之类,如全羊、全鸡、全鹅等,山珍海味,应有尽有。全族男子按辈份向祖宗叩头,族长讲话,缅怀祖宗之功德鼓励后人孝顺勤勉,光宗耀祖,整个祠堂内鼓乐喧天,热闹非凡。祭祖完毕后,全族人在一起吃顿饭,称为"祠中燕饮",陕北称为"吃公饭"或"吃祖宗饭",旨在追忆祖恩,以敦族谊。山陕乡村的下层民众因贫穷无力建祠堂者,就家祭、庙祭合二为一。据清宣统三年(1911)《泾阳县志》载,民间没有祠堂者"岁时伏腊,皆各就其家设位而祀"。民国十四年(1925)《白水县志》曰:一般设祠庙者,"就家园隙地构数椽以安先灵,乡民凡遇元旦,多在县市中茶店、酒肆悬先代影图,宰猪以祭,祭毕则群饮分胙而散。"祭祀时间各地不一,山西是在除夕或正月初一早晨,河南各地是在正月十五、清明、十月一日进行。另外,家族中有人娶媳妇时,也要到祠堂拜庙祭祖,俗称"认祖宗"。祭祀的当日还要商议族中大事,尤其是对族中违犯族规的人进行处罚,我们在晋南田野调查时搜集到了襄汾县南高村刘氏家族二支的《支谱》和完成于2001年的《南高刘家图籍》,并发现了该家族从光绪年间就成立了"祭祀会",且保存着从道光十三年(1833)至民国十六年(1927)的手抄本《祀先祖使用簿》。南高刘家是山西襄汾县乃至晋南的一个赫赫有名的大家族,根据刘氏家族二支族谱《本支百世》记载,该家族始祖为刘和、刘顺,从第二世开始分为五支。各支旧时祭祀时其费用采取公积金(本钱)放债收息办法解决,每年由本支中的一家轮流掌管并承担祭品的制作与采办事务,清明后结账移交给下一家。二支的《祀先祖使用簿》详细记录了从道光十八年(1838)至民国16年(1927)89年间的祭祀使费情况,兹录三则:

　　其一:(道光)十三年(1833)苟董(村)租十年上浦。本年①收利钱四百文,收租钱一百文,收苟董租钱二百五十文,共钱七百五十文。食十八斤,合钱六百四十八文。肉、青菜三六(即三斤六两)合钱九七(即九十七文);纸钱一百文;酒钱六十文,共钱九百零五文。

　　其二:

　　道光二十八年(1848)清明祀祖先使费开支于后:

　　共使钱壹千零七十四文

　　四家共摊出钱一百六十文

　　翟易荣　取本银五两,每月一分行息

　　刘思聪　取银四两,每月一分行息

　　其三:

　　民国十六年(1927)清明祭祀

　　柏林　利钱叁百陆拾文

　　庚林　利钱壹千壹百九拾文

　　锡荣　利钱壹千叁百文

　　文质　利钱柒百八十文

　　文炎　利钱肆百伍十文

　　文炳　利钱贰百伍十文

　　文治　利钱贰百八十文

　　陈家　租洋贰元整

　　韩家　租钱叁百文

　　出于成锁当户长钱壹千文

　　出化费钱九仟陆百贰拾文

　　除出净存钱贰千柒百叁十文

　　从《祀先祖使用簿》的内容可以看出,南高刘氏家族从道光十

────────────

①　指道光十八年(1838年)。

八年(1838)至民国十六年(1927)89年间的祭祀,基本上采用了放债收利和出租土地收租的办法,每年清明节的祭祖费用就凭靠这些放债和地租盈利来开支。道光十八年至咸丰七年20年间,每年支出祭祀费用后多有剩余;咸丰至同治十年14年间每年收不敷出,不足部分由每家分摊。后来又采取增加本银的措施,使收不抵支的状况得到扭转,达到除开支祭祀费用仍能保本而略有剩余。借银人大都为本支较贫困的族众,年息多为一分,有时为一分六的利息。道光二十三年(1843)族内专门制作木匣一个,放置本金、利息、借据及《祀先祖使用簿》。至光绪六年(1880)正式成立了"祭祀会",使祭祀活动更为严整有序。实地调查中发现,南高刘氏家族的四支也有相同的木匣,且保存完好。南高刘氏全族祭祀活动1949年以后曾中断多年,1978年以后全族族众协商,清明祭祀采取以户轮流主办的方法,即将本族各户写入牌中,从前到后每户一年,轮流负责,届时主办户自备祭品,其他户只携纸裱于清明节当天到始祖坟集中。祭祀的程序是先祭祖坟,接着祭支祖,最后各户自祭家坟,祭祀结束后将牌转交给下一户。

万荣县通化村是一个以苏姓为主的大村,村内整个苏姓有个总祠堂,门楼匾额上题写着"苏户总祠",文革前一直被村委会占用,1978年实行生产责任制之后私人承包,但无论集体占用或私人承包期间,每年清明节,全苏户的男丁都在此集中,祭祀祖先。整个全苏又分为前苏和后苏两门。前苏每年正月初一在"苏户前社祠堂"内祭祀,该祠堂为1984年重新兴建,屋梁上题写着"群策群力共建斯屋,公元1984年夏历腊月二十三日吉时前苏户共誌"。前苏户的神祇为布质,规格宽259cm,高350cm,最顶端绘有始祖画像,从上到下依次为历代祖先名讳。神祇中间的小对联为:"福降缮谱溯源远,位序尊卑疏流长",两旁的大对联为:"祖德宗功千秋遗范,人杰地灵百代师法。"正月初一神祇悬挂在祠堂前面,全族男丁在族长主持下举行祭祀活动。后苏也保存着布质的"后苏四门神祇",规格宽255cm,高

274cm，有两个人负责保存神祇，每年正月初一上午 10 点钟，后苏四门的人都集中在"老家"即族中辈份最大的人家里，合计 200 余人。神祇悬挂在北房门面上，摆上供品，所有参加祭祀的人按辈份高低从前到后排列开来。在"老家"主持下，祭奠祖先，之后由晚一辈的给上一辈跪拜，依次轮流，以体现尊卑有序。

③墓祭，俗称上坟，山、陕、豫各省上坟祭奠的时间普遍为清明节、中元节、十月初一"寒衣节"。清明节全族男丁到祖先墓地祭祀，出门在外的也要按时赶回来参加。民国三十三年（1944）《米脂县志》云，每逢于清明、中元、冬至（或十月初一日），主人夙兴，具香楮、酒馔、率子弟诣墓陈品，上香焚纸钱，序立，鸣炮再拜；并设酒、香于后土神前，行礼如仪。是日于家庙内设奠，礼毕合族同食共宴。民国《延长县志书》云，除清明祭祀之外，"中元烧纸钱，十月初一日以纸包棉焚之，为祖先送寒衣也"。在豫西偃师一带，许多没有祠堂的家族多采用"坟社"的形式，坟社由同族人参加，拥有坟田，坟社的负责人称为"神头"，由族内各门轮流担任，坟社每年都收取坟田租谷，以资聚族上坟的开支。在河南义马一带的"坟社"是按"门"轮流，轮到"哪一门"或"哪一户"做坟社，就称之为"神头"。神头当年按规定收取坟地租谷，以资族人清明上坟聚集时的一应开支。上坟之日，按照规定，神头要依传统的规格摆桌请吃，一般为十碗明底席，即四角四碗肉，并备有酒，上坟所用炮仗、纸箔、香火以及远在外地的族众食宿等费用均由神头准备①。

从以上的家族祭祀活动中可以看出，家族祭祀是以拥有共同祖先的族众组成的血缘群体共同的公共活动。祭祀的方式虽然有家祭、户祭、支祭、墓祭等，但在各种祭祀的活动中，由全族男丁参加的祭祀本族祖先的仪式最为神圣，规模最大，人数众多。各支

---

① 参见戴景琥主编《义马民俗志》，中州古籍出版社，1991 年 1 月，第 163—164 页。

族、家庭的祭祀与整个家族的祭祀,即族与"房"、"支"、"门"之间的关系是协调有序和谐共存的,祭祀始祖不忘近祖,悼念近祖亦顺流溯源,从始祖到近世祖先构成本族一个谱系,对本族族众形成深厚而巨大的凝聚力。弗里德曼认为,在一个宗族的系谱关系中,存在着不同的分支,这种从宗族分裂出的分支无论大小都统称为房。这样"族"和"房"就成为代表宗族和宗族分支的两个词,在祭祀活动中族和房是对立的。他进而提出了"祖先祭祀的二分法"一说,认为房或家庭只在家设坛祭祀四代以前的近祖,而四代以上的远祖在宗祠立牌位,由宗族全体成员祭祀,这样就形成了家庭中的祖先崇拜和公共祠堂里的公共祖先崇拜的对立。房里或家内崇拜较近的祖先,看重与活着的人的密切关系,而公共祠堂崇拜的公共祖先与之相比,则与活着的人关系较为疏远。由此,家庭祭祀带来了宗族的分裂性①。许烺光认为弗氏立论的错误在于"见木不见林",尽管弗氏看到了中国宗族组织的各种分裂现象,但又常在很大程度上夸大了这种现象。实质上,"宗族即便大到拥有许多居住在不同地区的分支和更多的分支集团,也常常在不同地区的几个祠堂里崇拜一个共同的祖先"。在祭祀仪式时各个下部分支集团的代表访问所有祠堂的情况也绝非罕见。换言之,在不同祠堂里崇拜不同的祖先,并不能认为是整个宗族中亲属统一的瓦解"②。笔者在实地调查中也发现了相似的情况,晋南万荣县通化村是一个家族、社、生产大队等血缘与地缘错综交织融合的村落群体,平时联系不多的各房在正月初一上午十点钟都集中在一起,把宗族神祇挂在院里北房墙上,把族谱献上,各个分支的男性都来这里祭拜祖先。在肃穆而热烈的氛围里,祖先的神灵仿佛从遥远的另一个世

---

① ［美］许烺光《宗族·种姓·俱乐部》,薛刚译,华夏出版社,1990年,第68—69页。

② 同上。

界来临,与每一位族众进行心灵的交流,每一位族众都似乎与未曾谋面的祖先相遇,接受每一位祖先恩泽的沐浴,浓浓的崇祖意识在每一个人的心里升腾,最终凝结为牢不可破的祖先信仰。中国的宗族组织原本就是一个动态的机制,即存在着"对立和联系"、"分化和统一"的辩证关系。大传统和小传统的分离,是一种有联系的分离,而非完全对立的关系,麻国庆由此把中国家族文化称做一种"分合的文化"①。宗族的"房"、"支"、"门"与整个宗族是一组有机的联系体,作为生活单元的房的"分"与作为伦理观念的宗族的"合",在祭祀活动中统一起来,相互弥补,这是中国宗族文化的本质特点。

4. 族谱

清代章学诚在《文史通义》中云:"有天下之史,有一国之史,有一家之史,有一人之史。传状志述,一人之史也;家乘谱牒,一家之史也;郡府县志,一国之史也;综纪一朝,天下之史也。"②国有史,地有志,家有谱,这些史、志、谱的纂修构成了我国古代一套完整的修史制度。作为一个家族或宗族的世系表谱的家乘谱牒,是一个家族历史和现状的反映,又是研究历代民众生活的重要史料,通常被称为族谱、家谱、宗谱、家乘、谱牒、支谱、系谱、图谱等,家谱是最常运用的说法。族谱是中国民众重视血缘纽带的基础上形成的维系家族关系的有形符号,它是民众认同血脉关系、寻找自身归属的家族观念的物化表现,假如没有族谱对于血缘亲属关系的明确描述,即使是同住一地也会视如路人,族谱发挥着收合族众、维护宗族组织的社会作用。

在漫长的岁月里,生活在黄河流域的祖先们编纂了难以计数

---

① 麻国庆《汉族的家族与村落:人类学的对话与思考》,《思想战线》,1998 年第 5 期。

② [清]章学诚撰《章学诚遗书》,文物出版社,1985 年 8 月,第 124 页。

的族谱,这些族谱在不同的时代发挥着不同的作用。夏商周直至汉代,家族世系普遍以铸刻在鼎彝等礼器上的铭文来表示,其主要作用是祭祀祖先、证明血统、辨别世系,成为权力与财产继承的依据。1976年在陕西扶风庄白村出土的微氏家族的《墙盘》和《庪钟》,是同一家族世次相连的两件青铜祭器,它反映出了当时的每一代人都为前一代或几代人铸造铭器,从铭器中可看到每一家族世次相承,蝉联而下,形成了该家族完整的谱系①。魏晋南北朝时期,实行士族门阀制度,在选官、婚娶等方面都以家谱为凭,族谱在政治、社会生活中的作用大为增强。为了特定的需要,魏晋南北朝时期官府设立了谱局籍库,专门负责家谱的编修与保管,家谱由家族文献变成了地道的政治工具。隋唐时期,废除了九品中正制度,通过科举取士,家谱在选官方面的政治作用逐渐下降,但在婚姻等方面的作用仍在增强。入宋以后,取士、婚嫁不看重门第,家族的政治作用基本消失,统治者放宽政策,允许各家族自行纂修家谱。在以“三纲五常”宗法伦理思想为核心的程朱理学的倡导下,通过收宗族来厚风俗,管慑天下人心,有宋一代家谱纂修发生了大的转向,即由原先的政治目的转移到了尊祖、敬宗、收族方面,民间纂修家谱之风盛行。明清两代家谱纂修达到了整个封建社会的最高峰,各个家族对编修族谱都非常重视,只要小有资产都一修再修,多次续修。到了民国年间仍绵延不断。明清以后的家谱编纂主要是为了记录家族历史,理清家族谱系,和睦家族,团结教育族人,提高本家族在社会中的地位和声望,增强家族的凝聚力。

　　黄河中下游的家谱体例至明清两代已基本定型,民国年间至建国后的家谱修纂也大都依循旧例,较为完备的家谱一般包括以下几个部分:序言、世系图表、世系谱、族规家法和家训、家族中主

---

　　① 参见刘黎明《祠堂·灵牌·家谱——中国传统血缘亲族习俗》,四川人民出版社,2003年1月,第167—168页。

要人物的事迹及所受的诰封或旌表、后记或附录。在黄河中下游各省区，家谱除皇室玉牒之外，民间修谱从家族世系的可靠和谱例的完善程度来看，首推山东曲阜孔府编纂的《孔子世家谱》。该谱倡修于 1928 年，经过一段时间的筹备，1930 年开馆纂修，历时 7 年，于 1937 年 11 月方告完成。参与修谱人员多达 66 人，由孔氏七十七代孙奉祀官孔德成为总裁，下辖提调、监修、编次、校阅、文牍、书记、收入、会计、交际、督列等部门。这部家谱共分四集，108 卷，加卷首一卷合计 109 卷，共 9900 余页，分为 154 册，堪称形制完备的合族大谱。本谱在开局修谱时孔氏各地各支派都派代表前来参加，举行了隆重的祭拜仪式，宣读誓词。仪式结束后在大堂设宴招待族人，大堂前搭起彩棚，奏乐放炮，十分热闹。谱成之后还要到孔庙、诗礼堂、崇圣祠、报本堂祭拜，举行一定的仪式，称之为"告庙颁发"。修谱时严格甄别，谨防"诡名冒认"，如有"干名犯义"或"异端"者，"除正家法外，仍不许滥入谱牒"。对于族中成员流入僧道、为下贱、邪巫、优卒、贱役者，概不许入谱；对于义子、赘婿，随母改嫁的养子也不能入谱；而对于忠臣孝子、义妇节妇均给予表彰。可见其条规之多，要求之严，最终目的都是为了保证血脉的纯正。

我们实地调查中搜集到的陕西省合阳县《南伍中村赵氏家谱》，其体例在山陕乡村平民家族族谱里颇有代表性。

第一部分是序言，包括首次撰写家谱的《总叙序》由该家族第五世赵伟撰写，这是所有序言中了解赵氏家族的关键。赵氏家谱的修订始于万历二十五年（1596），后又经过嘉庆二年（1797）、道光三年（1823）、光绪六年（1880）、民国二十四年（1935 年）四次重修，每次重修都有撰修者的序言，这些新旧序言尽管其内容大都是阐明本谱纂修之主旨，颂扬祖德，使子孙读之能敬祖向善，但是，从这些序言里可以了解到赵氏家族发展的史脉以及山陕地区家族生活状况，不妨赘述如下：

一、赵氏家谱家矩总叙序，增广生员赵伟（第五世）撰，主要是说明修谱的缘起和经过,追本溯源地叙述本家族的渊源与发展。赵氏追溯不到始祖,但为了让家族历史得到传衍,仍要收集资料修写家谱。

二、家谱引,(赵伟撰)阐明修谱的目的和原则,讲求家族谱系的"信",而不妄攀名贵。

三、世系歌,从最初宗祖到二十一世后人的辈份字号全部写出。

四、家矩引。认为一个家族的兴隆与制定家矩的人的德性有关,本族不是显宦巨族,因此取文公家礼作为家矩,以规范族人行为,形成良好的族风,所谓:"一家之风俗隆,则推而乡党而郡邑而天下。"

五、谱矩启跋。生员建勋撰(注:赵伟之侄,为第六世)。本族原无家谱,自从赵伟开始,撰写了家谱,其价值是:"使宗派不紊,先茔不迷,祖德不至湮没,家法不至失坠,以成不朽哉。"

六、重修谱序,生员攀桂撰修,时间为嘉庆二年(1797)。强调本族族谱虽伦次分明,但义例混乱,翻阅不便,所以重修,其目的是"连属脉络,贯通以气血,使我后生,由本及末,因流溯源,本目了然。念一本之谊,毋得恃强以凌弱,体同气之亲,毋得欺孤以侮寡"。

七、重修家谱序,儒士连璧席珍氏撰,时间为道光三年(1823)。自前次修谱,经过二十多年,无人续谱。族人不识宗派,屡犯祖讳,而雷同者不可枚举,为正宗派而再次修谱,"于是会族众于思孝堂,及属耆老与少壮而告之,众皆怂从。即于寒衣佳节告祖修理谱矩"。

八、重修家谱序,典籍厅集晋书,时间为光绪六年(1880)。此次修谱与上次相隔57年,记写本家宗族史实,"明万历十八年创修家庙,二十年创修家谱,并拟家矩若干条,义例已立"。

九、跋宗谱后,毓秀撰,时为光绪六年。记录了关于赵氏祖先的两种说法,其一先大父言,赵姓祖母梅氏避宋末红巾之变率孙九人,由山西洪洞来邰,先至伍塚,后迁至南蔡庄。其二,细查谱中所记"铜蹄庙壁记"云:元末梅氏率子八人来邰,分居各处。同时指出关于赵氏祖先的说法有待考证。

十、重修家谱序,二十世孙效斌撰,时间为民国二十四年(1935),强调续修家谱,使支派不紊,名讳不失传。感叹"近以兵燹饥馑之交⋯⋯今日之事,殊非往昔可比!"

十一、记录铜蹄村神庙墙壁之言。昔同胞兄弟八人各系媒(梅)氏之后,同系山西红铜(注:洪洞)县安昌村人氏,于大明洪武间迁居陕西合阳县民籍。

第二部分是谱系表,封建时代纂修的家谱,尤其重视血统世系,其重要目的就是明血统,序昭穆,以保持血缘关系的纯正。本谱书写方式采用常见的"曲尺脉",即用直线表示传脉,横线连起同辈亲生兄弟,伯仲叔季由右向左依次排列,直横两线状如曲尺。在每一男姓族人名下都写清楚生子多少,对过继的书写,如原系本族,不但写清原是谁生,而且也写清过继给谁,如写到廷状,在其生父运新名下写"生子叁,廷筠、廷簇、廷状",在廷状名下书写"与昌嗣",同时在其养父运昌名下书写生子一,嗣子一。廷状既写在其生父运新名下,也写到其养父运昌名下,并注明过继关系。如系"义子",就在其名下标明"义子",并书写出原为何姓,如熙名下写:"系外甥本姓贺"。

本谱依照家谱纂修中"隐恶扬善"之惯例,对为家族争光的为官者、德行者详叙其事迹。在赵氏先祖中,有勤俭治家、艰苦创业者,写到赵茂:"少亡父,随母代于外家,年长后归,与叔伯争家产,分谷数十石,以火焚之,发誓不以此起家。十四岁开始,治家勤俭,不数年而家道丰盈。督促孙子勤读而成名。"有勤奋攻读、奠定家族基业者,写到赵伟:"此祖绍一线书香,启百世后昆,善教恒多,髦俊懿行,无愧前哲,纂修家谱,创建祠堂,为吾家之永传,诚子孙之当景慕者也。"有在移风易俗中率先垂范且长于妥善处理与地方权力以及绅士之间关系者,写到赵价:"价祖嫁女不索马匹,装志亦嘉,且冬夏施舍粥汤,寿日济贫斋僧。秉公直以解争讼,县尹每多旌匾,绅士群相友会,诚乡评之雅重也。"也有在家族管理方面成绩突出者,写到赵运开:"赋性刚直,不念旧恶,严以治家,公以处族,数十年间族无争讼者。"

第三部分是家规家训,从礼仪、祭祀、为人处事等方面对族众作出了规定,其内容概述如下:

一、家长,选举公平正直者总理家事。

二、冠礼,成年者须告祠堂并举行冠礼以告族人。

三、昏礼,缔结婚姻应以德行品性为标准,不能单看其财货。

四、丧仪,殡葬乃人生大事,后辈应供佛事饭浮屠,为死者消灾免罪。

五、祭仪。

1. 家有筵席或新的果、菜、酒、饭,须先在祠堂或自家供献祖先。

2. 元旦族祭,应全族共祭,焚香、祭酒、焚纸,各依次序祭拜。

3. 清明族祭,于辰时定时合族而祭,违者罚银充作公用。

4. 祭品的准备,应提前准备完毕,违者罚银。

六、劝惩,有善行者记录在案以劝族人,作恶者在祠堂前族人共惩。

七、救恤,族人应共同帮助族内贫病有难者。

八、勤俭,总结近世倾家堕产者之教训,要求族众宁勤毋懒,宁俭无奢,有骄奢不知勤俭者由族长在祠堂内指名教诲。

九、饮食,食物简洁,设席宴宾时饮酒要轻淡有度。

十、庆贺,族内有婚、寿等大事,族人应分别或者合族共同道贺。

十一、悔过,宽容有错而知悔过之族人,严惩错而不改者。

十二、戏谑,宴庆场合应知礼持重,严惩轻浮戏谑者。

十三、谦忍,谦受益,满招损,遇事要谦让不恃气。

从以上《南经中村赵氏家谱》推及开来,我们可以概括出族谱的民俗文化价值。近代文化先驱者梁启超曾经指出:族姓之谱,"实重要史料之一,例如欲考族制组织法,欲考各时代各地方婚姻平均年龄、平均寿数,欲考父母两系遗传,欲考男女产生两性比例,欲考出生率与死亡率比较……等等无数问题,恐除族谱家谱外,更无它途可以得资料。我国乡乡家家皆有谱,实可谓史界瑰宝。将来有国立大图书馆,能尽集天下之家谱,俾学者分科研究,实不朽之盛业也"①。他的见解是非常深刻的,实为远见卓识!族谱有多学科、多方面的学术价值,从民俗学的角度看,主要体现在这样几个方面:

其一,族谱中祖先传说的史料价值。一部完整的家谱就是一部与历史并存的鲜活的生命史,族中的一代代子孙作为一个个文化载体,传承着特定时代的民俗文化,他们与本族血缘传递相伴随,也创造了丰富的家族文化。从族谱中我们可以探寻家族中所包蕴的种族遗传的神秘密码,领悟出这个生命群体的强大力量。许多族谱中都记写了始祖和开基祖、始迁祖及家族先祖的传说,对此要具体分析,区别对待。有的家族叙述渊源总要追溯到历史上某一高官或名人,如刘姓的刘邦,李姓的李世民,郭姓的郭子仪,杨姓的杨业,细细考察却毫无中间环节或无任何旁证,这些材料就不足信,而需要谨慎对待。而关于开基祖、始迁祖及本族先祖的传说,由于距纂谱者年代较近,其传说相对比较可信。如山西省乡宁县光华镇七郎庙村《杨氏家谱》记载本族人物,武略方面有被人称为"侠士"的八世祖杨彦吴,智杀土匪,报仇雪恨;文治方面有杨梦魁、杨占魁兄弟二人赶考前忽闻母鸡的鸣叫声,母亲为其圆解,结

---

① 梁启超《中国近三百年学术史》,山西古籍出版社,2001年10月,第319页。

果兄弟二人双双登榜,皆中秀才。前引的陕西省合阳县《南伍中村赵氏家谱》中所记该族先祖赵茂的事迹,这些传说轶闻亦真亦幻,凭文学虚构传家族历史,成为世代相传、族人耳熟能详的家族佳话,它们为家族史上的先祖人物罩上了神秘的光环,鼓励鞭策着后人,成为家族发展中的精神资源。

其二,对民众生活史研究的价值。族谱的内容从祠堂创建,到祭祀仪式,从族人字辈到家法族规,从日常生活到制度组织无所不包,在婚丧嫁娶、族内交往,血缘继嗣,寡妇改嫁等方面都提供了丰富的资料。如晋西临县碛口西湾村《陈氏家谱》中记录了两例"逐族人出谱"的事件,成为研究家法族规的宝贵材料。家谱字辈中包含着丰富的伦理道德内涵,折射着鲜明的时代特征和地域特征,河曲巡镇《任氏族谱》记写任氏分为西院和东院,西院字辈为"秉士汝远启,道永德安宁,智义圣民和,尧用命惟才",体现了忠孝节义、忠君爱民的儒家伦理,东院多据五行相生而命名。河南鹿邑县高集乡大河口村孙氏家谱,重续于1986年,在已经排出的二十二世辈字的基础上,又排出四十个辈字:"继业首先宗,兴创建茂新,生存知仁爱,聚乐荣贵春,行懿增高寿,繁衍满全洲,博才禄位显,强志定乾坤。"家谱上的一个字,就是一代人,按字命名,丝毫不会紊乱,而从历代族人辈字里又可看出该家族的文化追求。

重修于1988年的河南陈州《张氏族谱》的字辈确定为"富贵显光耀,华宝喜万春,瑞云成俊兆,兴国敬邦钦",融传统伦理与现代思想为一体。纂修于民国十九年(1930)的山西沁水徐村的《吴氏族谱》针对当时西风东渐,国家与民族利益受到严重冲击的时代背景,教育后人"反对浮慕欧西文化",从固守国家民族利益方面有可取之处。

其三,为移民史与村落演变的研究提供了资料。山、陕、豫乡村保存的每一家族族谱都详细记载了先辈在何时由何地迁移到了何地,这些民间家谱反映出明代以前由于社会长期动荡不安,长久在某一地生存繁衍的家族甚少,黄河中下游家族与村落形成的明确记载大都在明代以后,尤其对明代以后始迁祖的记载颇为详细准确。从族谱对家族迁徙情况的记载可以看出,山西、陕西、河南的家族呈现出互相流动,你中有我,我中有你的状况,比较突出的是许多家谱都集中反映了明代大槐树移民运动对个体家族的影响。陕西、河南以及山西境内的晋北、晋西北的许多族谱都不约而同地描述了迁始祖在何时由山西洪洞某地迁移而来。众所周知,大槐树移民是明代由官方安置的集中的、大规模的移民运动,对研究山陕豫乡村的家族史、村落史至关重要,然而正史和其他史料的记载却失之粗略,缺乏详细记述。如果我们阅读一定数量的山、陕、豫民间家谱,运用科学的定向与定量分析方法,研究明代移民运动前后有几次?有多少人被迁移?迁移到何处?迁移的路线怎样?多少人定居?多少人又返回了?进而得出科学的结论,这对中国北方家族村落史乃至中国史研究将会有大的突破。除此之外,山、陕、豫乡村有许多单姓村、多姓村、杂姓村,这些村落里保存的族谱,对研究村落的来源、历史、制度、习俗都是难得的资料。

5. 家族文化的象征意义

家族文化的构成要素主要有祠堂、族谱、族田、族规等,这些要素不仅在乡村民众日常生活中产生实际的功效,更重要的是它所组合成的一个家族文化体系,有着深层的内涵和文化象征意义,这是我们研究家族文化应该进一步探索的。家族是中国社会最基本的组织单元,中国民众是以家族为单位的,这不同于美国国民以个体为单位,孙中山先生曾说:"中国人最崇拜的是家族主义和宗族主义,所以中国只有家族主义和宗族主义,没有国族主义。"①这种浓厚的家族主义在祠堂、族谱、族田、族规等方面都有充分地体现。

----

① 《孙中山选集》,人民出版社,1956年,第590页。

祠堂是祭祀祖先的地方,也是联系同宗族众的精神纽带。从祠堂里不光可以看到家族制度的变迁,还可以看到乡村民众的精神追求和信仰变迁,每次在祠堂里举行的告庙仪式或祭祀仪式,都可以唤起族人对自己本源以及族众之间"千万人之身犹一人之身"的血脉亲缘关系的认同与回归,唤起他们对祖先的感恩与崇拜,以祠堂为中心把族人团结在祖先的周围。从这个意义上讲,祠堂不仅是乡村一地一族质量最好、规模最大的实体建筑,同时也是一地一族民众的精神家园。

　　族谱,是一个家族历史的记录,是该家族祖先德行的总汇,同时也是乡村民众宗族群体意识的具体化。从族谱里每一个族众都找到了自己的位置,确立本人与家族的关系,族谱反映了一个家族精神活动的各个方面,它从一个侧面具体真实地反映了乡村民众的习俗心理。许烺光在调查中国、美国、印度的生活方式和处世态度的基础上概括出了三种处世态度,即中国人情境中心的处世态度、美国人个人中心的处世态度和印度人超自然为中心的处世态度。认为"具有情境中心和相互依赖处世观的中国人,倾向于在家庭这个人类初始社会集团中来解决他生活中的问题"①。按照心理学上"需要"理论分析,人的需要大体可以分为社交、安全、地位三个层次,对于中国乡村民众来说,当他呱呱坠地降生到人世之后,他就归属一个血缘群体,家族群体生存生活方式熔铸了他的族群心理意识,即使他长大成人之后必须冒险离开家庭时,"他依然不断寻求并希望建立一种家族性质的纽带,以便根据他的地位和绝对互惠原则确定他的酬报和义务……因为他的文化心理取向使他确信,这样一个较为自然的组织能够满足他与别人交往的各种需

---

① 　[美]许烺光《宗族·种姓·俱乐部》,薛刚译,华夏出版社,1990年12月,第8页。

要"①。也就是说,对一个家族成员来说,他长期在本家族这样一个首属群体中生活,渐渐形成了浓厚家族意识,成为他的文化心理取向,制约着他人生道路的选择。作为体现家族文化有形符号的祠堂、族田、族谱、族规伴随着家族个体社会化的进程,都会转化、沉淀为家族意识,成为家族观念的象征符号,所以家族文化对一个人的影响力更主要地体现为心理深层的象征意义。

三 日常生活中的家族与事件中的家族

1. 理论预设

总结以往中外学者对中国家族习俗的研究成果,可以说涉及到了历史的和现代的,组织制度的和祭祀仪式的诸多方面。为我们深刻认识中国家族文化的特征及其未来走向提供了丰富的思想积累。然而,总体来看,呈现出这样三个不平衡,一是地域上的不平衡,东南沿海、中南部地区家族现象的研究成果明显多于北方;二是时间上的不平衡,中国古代家族习俗的研究成果明显多于1949 年建国以后的成果;三是研究侧重点的不平衡,对家族习俗的研究侧重于与从文献资料出发作静态的研究,而从田野调查入手,依据实地调查资料做动态地、立体地研究成果相对薄弱。民俗学视野下的家族文化研究,应立足于现代,立足于民众生活,立足于生活中的人——民众群体与个体的研究,真正通过研究成果,展现民众的生存状况和心理世界。

为此,本课题拟采用的研究途径与方法是,首先从民众生活世界中的重大事件入手考察黄河中下游乡村的家族生存状况。著名社会人类学家林耀华先生的《金翼——中国家族制度的社会学研究》一书为这类研究提供了成功的范例,他通过黄、张两个原本有

---

① [美]许烺光《宗族·种姓·俱乐部》,薛刚译,华夏出版社,1990 年12 月,第8 页。

着密切关系的家族经历了打官司、店铺分家等事件之后各自走向兴盛和衰落的过程,展示了家族变迁的真实图景①。本书虽是用小说形式完成的著作,然而,正如作者在序言中所说:"金翼不是一般意义上的小说。这部书包含着我的亲身经验、我的家乡、我的家族的历史。它是真实的,是东方乡村社会与家族体系的缩影;同时,这部书又汇集了社会学研究所必需的种种资料,展示了种种人际关系的网络——它是运用社会人类学调查研究方法的结果。"他的这部著作正是通过中国南方福建省闽江中游的一个农村中黄、张两家人生活世界中的重大事件入手,展开社会学的分析和研究,从生活中而不是从神话中探索家族兴衰的真正原因。不过对林先生书中"重大事件"的理解,我们认为既可以指历次大的政治运动中家族的相关事件,也可以是指民众日常生活中的婚娶、丧葬、寿诞等人生仪礼中的事件。前者是从政治视角考察家族,后者是从民俗视角审视家族。实际上乡村民众的日常实践活动,既可以发生在政治领域、经济领域,也可以发生在社会领域②,例如从乡村各种人生仪礼活动形成的各种社交圈子以及礼品的轻重,就可以看出家族在社会结构中的关系网络以及关系的亲疏。其次,通过不同家族成员在乡村重大事件中的具体行为,来考察家族文化的实际状况,从时间阈限上着眼于1949年以后,尤其是自1978年开始的农村进行经济体制改革、实行家庭联产承包责任制以来这一历史时段家族势力的新变化。

从研究程序上我们将通过选择具体的调查地点,联系当事人或知情人深入调查探访,进行个案研究。从研究方法上主要是实地调查和访谈,获取第一手的家族变迁资料和乡村民众口述史资

---

① 参见林耀华《金翼——中国家族制度的社会学研究》,三联书店,1989年12月,第24页、第117页。

② 参见杨善华、刘小京《近期中国农村家族研究若干理论问题》,载《中国社会科学》,2000年第5期。

料,尤其是讲述者心有余悸的或事件背后隐秘性的资料,通过直接或间接访谈的方式保障材料的可信性。

2. 日常生活中的家族

日常生活是伴随着乡村民众日出而作、日落而息的生活节奏的,涵盖了衣食住行、生老病死、岁时节日、崇神敬祖等内容的自发自在的世界。这个生活世界最重要的标志为:它是乡村民众最本源的生存空间,呈现着无比丰富的样态和自发自在的本质特点。衣俊卿对此作了具体而准确的界定:"以衣食住行、饮食、男女婚丧嫁娶、礼尚往来等日常消费活动、交往活动和观念活动所构成的日常生活世界,是一个凭借给定的归类模式和重复性思维,以及血缘、天然情感、经验常识、传统习俗加以维系的、自在的、未分化的、近于自然的领域,它直接塑造了自在自发的活动主体。"①日常生活丰富多彩的内容归纳起来,至少包括三个层面:一是以衣食住行、婚丧嫁娶基本生存需求为主的物质消费活动;二是以血缘、地缘、业缘各种人际关系结成的社会群体的交往活动;三是建立在以上两个层面基础之上的规范习俗和相关的信仰仪式活动。家族和日常生活不可分割的关系表现在:一方面家族活动是日常生活的重要组成部分;另一方面在传统的农本社会里,日常生活交往经常地、大量地是在具有血缘关系的家族和具有地缘关系的村落中展开,家族成为日常生活"别无选择"的、恒定的寓所。中国的农本社会是以血缘为纽带的宗法社会,本质上是一个自在自发的日常生活世界,具有封闭性、自在性、重复性等特征,中国乡村祖祖辈辈的农民,一代又一代的被封锁在一个特定的地域空间,在一个给定的血缘共同体和地缘共同体中生息繁衍,凭借俗制、惯习、经验、天然情感等文化基因调节着群体内部的关系。所以从日常生活世界入

---

① 衣俊卿《回归生活世界的文化哲学》,黑龙江人民出版社,2000 年 1 月,第 29 页。

手,考察山、陕乡村家族文化,无疑有助于我们了解到家族生活的真实状况和家族活动中"人"的文化心态。限于掌握的材料和篇幅,兹以晋西方山县乡村日常生活中的丧俗为例进行论述。

晋西方山县属山西省吕梁地区,位于黄河中游段山陕大峡谷的东岸,该地丧葬习俗程序中体现家族文化最为突出的是出殡、设宴、殡后议事三个环节。

出殡。择定出殡的日期后,孝子要亲自向家族族众、亲戚、挚友磕头报丧,如果死者生前的社会关系比较复杂,就要写出讣告,借此通知孝子一时想不到或来不及通知的亲朋。下葬前一天是丧葬仪礼中最繁忙的一天,其活动内容俗称"吊祭"或"开吊",孝子在这一天要办四件事:首先,要接收亲族朋友送来的祭品,通常本族或亲戚送供菜蒸盒、八仙点心等,朋友则是送挽联、挽幛、花圈之类以示哀悼。第二件是宴请宾客,开吊之日,亲戚朋友均来祭奠,主人设宴款待大伙,宴席的规模和档次一般依据死者的身份和主家的经济实力而定。第三件事是请吹鼓手奏乐,开吊当天,亲戚朋友分别下跪祭奠死者,乐班的鼓、锣、笙等乐器一齐吹打起来,音调悲伤凄惋。这时,周围总是挤满了众多看热闹的街坊乡亲,品评着每一位祭奠者的声调表情。最后一件是辞灵遣棺,即由孝子和亲朋拉着灵柩"转村"。在当地民众看来,再过一天死者就要连同棺木一起入土,告别生活了一辈子的这个现实世界,所以开吊之日就是死者躯体在阳间停留的最后一日,为了让死者最后看一看自己生活过的地方,孝子要在这一天举行"出祭"活动,在主要街道上转走一遍。"转村"时,吹鼓手前作导引,接着是抬着悬挂有死者大幅遗照的供桌,还有金山、银山、摇钱树及电视、冰箱、小轿车等纸扎模型,而后是身着孝衣的孝子、家族成员、亲戚,按辈分大小排开来。这支出祭队伍从死者家门出发,在村镇的主要街道转街,最后返回家门,沿途都会招来许多观看的群众,到了十字路口或村镇中心,队伍都要停下来由吹鼓手演奏表演,这时主家需要出点钱鼓劲,吹鼓手会竭尽全力显示其高超的演奏技艺,俗谓:"为个人扬名,为主家争气",在"出祭"活动中,出祭队伍越是浩浩荡荡,场面越是喧嚣热闹,越能显示主家家族势力的强大。到第二天出殡时,杠夫将棺材捆缚在杠上之后,灵柩前系一根很长很长的白布绳子,全体男孝子按年龄辈分排列来拉灵,乐队紧随其后。因为俗制规定女子送灵只能送到大门外而不许到坟前,所以女孝子在这最后告别亲人的时刻抓住拉灵的白布死死不放,杠夫催着前行,孝女们追着连滚带爬,号啕大哭,其场面甚是悲伤。

设宴。人的生老病死原本是个体成长的必然经历,是人的生命历程中几个阶段。但是在民间社会,死者作为特定群体的一分子,其丧葬仪礼都不仅仅是其个人的事情,也不可能单纯地表现为对死者的哀悼,更主要的是,传统丧葬仪式在沟通家庭、宗族、社会的人际关系中有着不可替代的作用。从主家设席宴请的来宾可以看出围绕死者而形成的集聚范围,编织出了一张错综交织的家族关系网络,或曰组合成一个层次分明的家族社交圈子,显示着该家族在特定地域空间的社会地位和实际影响。

首先是家庭集团,由死者的儿子、儿媳、孙子、孙媳、重孙等直系亲属组成,他们是家庭的主要成员,是丧葬仪式的主要承担者。在整个丧葬仪式中情感最为沉痛,应付的事情最为繁杂,要操办整个仪礼并分别向来宾叩拜致谢。

其次是家族集团,由死者的侄儿、侄媳、侄孙、侄孙媳以及堂兄弟、堂侄组成,他们与死者的家庭成员一起共同构成一个孝子集团。平时并没有共同的经济生活,但在婚丧寿诞等乡村大事上都以"一家子"、"本族人"的身份出现,在丧事活动中身着孝服,与家庭成员一起构成了庞大的家族集团。

第三个层次是姻亲集团,包括死者女儿的丈夫及其婆家人,儿媳娘家父母及其姐妹、姨母、姑姑的家人等,这些人的到来表示着对主家大事的关心,亲戚关系来往之密切。

第四个层次是邻里集团，是与主家居住地最为接近的前街后巷的邻居以及同一村落的乡亲，也包括死者嫁出去女儿的邻里乡亲，死者出嫁的女儿赶回家参加丧礼一般都要带来夫家村落的一班吹鼓手前来捧场。

最后一个层次是相关人士集团，这是由死者儿子、孙子、媳妇的朋友、熟人或工作单位的同事组成，这批人尽管与死者未见一面，但因为与死者某位亲属关系密切而作为宾客参加丧礼①。

从以上丧葬活动的参与者范围来看，丧葬仪礼实际上是凭借血缘关系的纽带，再加上姻缘、地缘关系勾联起一张社会人际关系网络，或曰家族交际圈子，丧葬活动成为家族社交往来的机遇，显示出明显的聚众功能。

殡后议事。商议解决家族中的具体事务也是丧葬活动中的重要一环。在吕梁地区的方山县以及周围的临县、柳林等县，主家不仅要宴请远亲近邻、平时友好，在觥筹交错中畅叙亲情友情，尽释平日的恩怨，使矛盾得到缓解，家族人际关系更为和谐，而且当宾客散去，丧礼接近尾声之时，族中长者或管事的人还要召集本家族的主要成员们聚在一起吃上一顿，一边吃饭一边商议家族内部事务，诸如族众之间以前的不和，家庭与家庭之间的矛盾，死者亡故之后带来的家产物品分配等问题都一一给予协商解决，这殡后一餐实际上成了解决家族事务、稠密家族关系的"现场会议"。

总之，丧事活动对家族的意义最为明显的是这样几点：第一，通过丧礼规模，尤其是出殡时人数的多少，显示了该家族的势力。吕梁一带的民众认为死者出殡时人数越多，越说明死者生前为人

---

① 参见郭于华《死的困扰与生的执着——中国民间丧葬仪礼与传统生死观》，中国人民大学出版社，1992年7月，第54—55页。郭于华在该书里把丧事活动参与者的范围划分为孝子集团、家族集团与姻亲亲属集团、邻里集团、相关人士集团四个层次。笔者结合实地调查与访谈，按照丧事活动中与死者关系亲疏和实际发挥作用大小，把第二个层次又具体划分为家族集团和姻亲集团，这样其范围大体包括五个层次。

好、人面宽,主家的家族力量强大,"白了一条街","白了一片山",即穿孝服的孝子布满了街头和葬地,这是他们追慕的场面。第二,通过宴请宾客,由参与者组成了一个人情关系的网络。家族社交圈子的大小反映了该家族在村落社会中的地位。第三,通过殡后家族议事,反映着家族内部人与人、家庭与家庭的矛盾,以及民间化解家族矛盾的特有方式,在这里,"习惯法"是家族关系运行的法宝。

其实,不仅丧葬仪礼上家族观念有突出的表现,在日常生活中的其他人生仪礼,以及盖房起屋、生产互助等方面,家族都发挥着重要的作用。乡村民众的日常交往主要在三个圈子中进行,一个是在有血缘和姻缘关系的首属群体中,如夫妻、父子、兄弟姐妹之间的交往;另一个是在天然共同体的次属群体邻人、熟人、朋友中展开;第三个是在具有地缘关系的社区、社团群体中活动,在这三个圈子里,相比较而言,家庭家族对日常生活的组织、管理和调控表现为一种自发和自在的活动,家族成员的衣食住行、礼尚往来甚至婚配嫁娶都要受到家族的制约。当然,应当看到在现代社会里,以技术操作、公共事务、社会化大生产为标志的非日常社会活动正在冲击着以自发自在、重复性、经验性为特征的日常生活状态,社会个体追求的以竞争性、参与性,目的性为特征的现代生存观念正在替代着传统的群体意识和家族伦理价值取向,父权和家法族规对个体的束缚正在弱化,家族关系逐步走向平等,这也是不争的事实。然而家族在日常生活世界里仍然发挥着组织管理作用,具有一定的软控功能。

3. 事件中的家族

事件中的家族是指在乡村政治生活、社会生活、文化生活中通过某一具体、典型的事件而表现出的家族势力或家族意识。它与日常生活中的家族相比较,其表现形态是自为的、显性的、集中的,而后者的表现形态是自发的、隐性的、散在的。如果我们把注意力集中在农村社会现代化进行中的一些重要事件,观察事件中活动的家族主体以及他们所拥有的民俗心理就会更准确地把握农村家族的现状,进而了解他们对民众生活及其农村现代化所起的作用。这里拟从家谱编纂中家族成员的参与、村政权中家族力量对比两个方面进行分析。

①家谱修纂中家族观念的体现。传统的家谱研究大都停留在对家谱义例、家法族规以及家谱的文化价值的层面上,而缺乏对家族修纂的参与者作具体访谈和深入解析。近年来,山、陕、豫乡村出现了"修谱热",甚至汇成一股潮流,不可遏制,不同年龄、不同经历的人对修谱的态度和投入的精力、财力是不同的。那么乡村社会里谁在修谱? 为什么参加修谱? 在实地调查中了解到,朔州应县温家坊村1998年1月修谱,采取的办法是,该家族凡是上谱的男丁,每人捐10元钱,再加上其他途径筹措,全体集资6万元,使修谱的开支有了着落。发谱之日,由几家靠经营煤运或开办企业的"大户"出资请歌舞团,演地方戏,热闹了好几天。在晋北的怀仁、右玉、左云等县也有类似的情况,甚至有极少数家族有跨省区的联络,把修谱演变为同宗亲的活动。参与修谱的人依年龄大体可分三个层次。

第一个层次是60岁以上的老人,他们是修谱的中坚和引导力量,这个层次的老人大体包括三类:一类是在同族内辈份高,热心公益事业,较有威望者;另一类是退休教师或有一定文化程度的带薪的国家干部;第三类是部分退下来的乡村干部。他们各自凭借自己的优势对族众产生影响。具体来看,第一类人靠天然的血缘关系和长者威望,本族人更看重他们的"为人公正",第二类人是靠文化展示实力,最后一类则是靠往日政治地位的惯性产生作用。这些老人大都有传统家族活动的经历和感觉,记忆中还有旧日家族管理的印象。他们大半生没有离开过本土,特别依恋赖以生存的社区环境,尤其看中家族群体和谐的人际关系和亲情氛围。同时,相当一部分老人对社会秩序、村民自治的现状不满,尤其对砍伐树木、道路失修、水源污染、生态环境的恶化痛心疾首。他们希冀这些社会问题能得到解决,而现实生活中又无能为力,于是只有运用他们熟悉的修谱等家族文化形式,借以促进社会秩序的稳定,保持人际关系的和谐。他们有丰富的阅历和宝贵的经验,在修谱时肯花时间,肯下力气,不辞劳苦,贡献最大。

第二个层次是30岁至50岁的中年人,对修谱大多持赞成或默认的态度。这些人无疑是乡村建设的主干,村干部主要产生于这个年龄段。从家庭生活状况看,一般家境稳定、生活富裕,在他们当中不乏有一些老知青或旧时家境条件好、有文化根基的后代,他们虽然不熟悉家谱的具体内容,但对农村改革后的形势和政策走向体察更直接,感觉更灵敏,能意识到纂修族谱这一"文化事件"久远的意义,成为家族中各家庭参与修谱的代表,也是做事的主要力量。至于担任村干部的中年人,既是干部又是族中一员的双重身份,通过修谱给他们带来了双重资源,他们在家族事务中的影响力往往因其在正式组织中的地位而得到加强;同理,其在村民委员会或党支部中的地位也会因其在家族事务中的影响力而得到巩固。另外,一批靠个体经营"先富起来"的中年人,他们的参与往往表现为财力上的支持。

第三个层次是30岁以下的青年人,他们是乡村中最活跃、最不安分且流动性最大的人群。他们受西方文化和"电视革命"影响最大,对家谱等"旧物"毫不了解,最缺乏承担重振传统家族伦理道德的责任感,故对修谱事件态度淡漠,距离也最远。但绝大多数都会以家族中一分子的身份出钱修谱,同时也会为自己的名字出现在家谱中而表露出某种好奇,或些许荣耀,他们尚无法组合成与老年人抗衡的新的社会力量。

在晋北乡村修谱事件中,海外侨胞也参与其中,有推波助澜之作用。本家族中的"三胞":台胞、港胞、海外侨胞介入族谱修纂的事件中,被一些传媒认定是推动大陆修谱的力量之一,此言有理!但事出有因，要对参与修谱人的复杂情感进行透视，在他们慷慨解囊、支持修谱的行为背后，包含着浓浓的思乡情结和复杂的血缘亲情。晋北应县一位台胞赵立生为族人撰写的家谱"前言"可为典型一例：

> 本族（旧）家谱尚属完整，并按年期增订，族人深感昔贤致力之功。惟自一九四九年社会变迁以来，人事已非，乃罹于困境，失修已属多年矣。兹值社会情况趋于稳定，城乡经济渐苏，人伦亦见返本还源。昔日流亡奔析者，日渐归乡。宗室重回，温馨可感，踵事先祖，盱衡他日族人之繁衍，绳绳相传，有赖脉索之联系者，谱牒自不可少也。众人皆曰：应踵续修家谱。

另一位族老赵应全在台病重，抱病为本族族谱撰写了一篇《告别家族书》，除了表达"梦回萦系，泪满衣襟"的深切思乡情怀外，还附了"献词数则"，作为对全体族人为人行事的劝诫，包含了"修身"、"处世"、"养性"、"进修"等条目，如"修身"条曰："修身：勿杀害生命，勿侵占非分财物，勿忌妒他人成就，勿干扰别人生活，勿害自己身心。"[①]训诫的内容极重个人道德修养，体现了浓厚的伦理教化内涵，其中不仅可以看到一位历经沧桑的老人对族人的殷切期望，也可以寻找到在文化心理上大陆与台湾同本同源的"根"。随着两岸关系的宽松，家谱成为两岸人民"血浓于水"亲情关系的历史见证。

每个修谱的家族或多或少都有在城市工作的族人，这些人作为家族中的精英，绝大部分也参与了修谱。家族对他们的要求有两个：一是按规定数额交钱；二是尽可能提供相关资料和其他方面的支持。在乡村里时常会听到村民们夸赞某村出去的"大款"或在职的领导干部也寄款修谱，且数额不小。从城市工作人员的角度而言，交点钱，

---

① 这些信函资料均为山西师大汉语言文学专业田莉同学调查所得，参见其本科毕业论文《民间修谱现状的调查与思考》（未发表），笔者为该同学的论文指导教师。

上了本族家谱,乡亲们还把自己当个人物炫耀,怎能拒绝了乡亲的情意呢?他们虽然脱离开了家乡的环境和文化氛围,但亲情、乡情难以抹去,何况这样的事情一生难遇一次,交点钱也算不了什么,不能因不交钱而把事做"绝",让族人非议。代表国家权力的乡镇和村级干部,对修谱采取既不支持也不制止的态度,以不引发地方矛盾冲突为原则,所以,晋北地区各县乡村20世纪80年代中期开始的修谱,成为一种自发的文化行为。

完成于1999年的晋北山阴《李氏族谱》,"跋"中详细记载了收支情况,兹引于下,以见乡村修谱筹款及实际用项之一斑:

　　　(李氏)三支入修资金收支帐概况:

本届收入壮丁一千九百九十一人,每人十五元,计款二万九千八百六十五元。

赞助款计三千九百八十五元整。

支出:

请谱师及印刷费,一万三千五百元。

招待来访族办事人员费,一千九百一十七元九角。

办公费,一百八十七元。

旅费,一千五百七十元一角。

首事人员十人工资,一万五千二百五十元。

其余费用,一千二百八十九元。

总支出三万三千七百一十四元。

其余出谱备用,待结帐详细公布。

以上只是修谱的开支,发谱时的花费不在其中,发谱被视为族中大事,族众极感风光,要唱戏、聚餐,如同过节。从修谱这一文化事件可以看出乡村民众保有一种浓浓的家族意识。与城市相比,他们生活在一个低头不见抬头见的亲属圈子里,同一家族的人有着共同的血缘关系,即使是地缘村落邻里关系,凡熟识者都用模拟亲属的称谓拉近了关系。建国后农村修谱出现了断层,现在乡村民众又在续谱。我们看到在"修谱"这一文化事件中其实包孕着复杂的文化心理，既有对传统伦理的追忆，也有顺应时代合乎理性的举措。例如：陕西省合阳县皇甫庄魏氏家族，在1998年续谱完成后举行了献谱仪式，他们打扫祠堂，搭建祭棚，请邻近村的大户族来"行门户"，并请了大戏、小戏、皮影戏来助兴，本族八十岁的魏世英老人为祭棚撰写的对联云：

> 献蒸尝魏氏分居一十三村三千二百多人同心敬祖；
> 谱告竣合族析枝六百余户一千四百多丁虔诚敬宗。

联首妙用"献谱"二字，上、下联把魏氏家族拥有族众人数、今日情况、献谱目的都表述清楚了。尤其是大门上的对联更具有强烈的时代特色：

> 献数回革命英雄事迹，教育子孙，高举邓小平理论旗帜，将华夏统一大业早日实现；
> 谱几曲香港回归凯歌，启迪后裔，沿着十五大会议精神，把祖国改革规划一定完成。

修谱本来是民间的一种文化行为，为了能得到社会的普遍认可，编纂者采取的策略是与国家主流意识形态接轨，借修谱撰写对联宣传邓小平理论，赞扬祖国统一和改革开放，使之在舆论上能得到国家权力的保护。合阳县渠西城马氏家族在1988年续谱时，不仅把女儿的名字写入谱内，而且本家族中已出嫁的女儿也详列谱后，标出姓名、出生年月、嫁于何村、配偶姓名，这符合现代人"生男生女都一样，女儿也是传代人"的生育观念，也契合了国家计划生育政策。从这个意义上讲，修谱不仅是乡村的一种文化活动，也是民众的一种生存智慧。

②乡村政权中家族力量的对比

在中国，阶级社会产生以来，家族与权力就有着密切的联系，封建社会的世袭制使某一权力持续把持在同一家族手中，乡村政权情形也是如此。乡村作为国家权力机构的最基层单位，由于它直接面对广大农民群众,同时又由于村领导代表着国家权力,完成征粮、征草、征税、征集劳力,协调邻里之间、村落与村落之间的矛盾冲突,有着实际的权力,所以政权的产生一直是乡村政治生活的焦点,是乡村中压倒一切的大事。村领导对于农民来说在某种意义上就是权力和利益的象征。在传统的农业社会里,生产力水平低下,农民经济贫困,法制不健全,农民家庭独自抵御风险和灾难的能力不高,一旦遇到重大困难只能依靠家族力量来解决,而此时家族中若有人充任村领导,对族众来说无疑有诸多便利。村政权内部往往伴随着家族与家族之间的明争暗斗,如果是同姓村,就存在着不同支族的竞争;如果是杂姓村,就存在不同家族的较量,有时甚至引发大的冲突。1949 年以后,村领导的产生不再是以往那样由村民自行协商解决,而是在乡政府的领导下,村民通过民主选举来产生。尽管如此,家族势力对村干部的产生仍有着重要的影响。试以晋西北保德县高村为例进行分析。

　　保德县地处黄河中游的晋西北地区,位于晋、陕、蒙三省交界处,与陕西的府谷县隔河相望。高村坐落在保德县的西北部,生态环境是典型的黄土高原地貌,沟壑纵横,裸露的丘陵被黄土覆盖着,交通闭塞,经济落后,全村有二百五十多口人,全部姓高,这样一个“单姓村”,却不是同一宗族,并没有共同的祖先,而是分为四个家族。相传,此地原来荒无人烟,只是邻近一些村的“地庄子”,播种或收获的农忙季节来一下,忙完农事就没人光顾了。后来,随着晋西北人口的增加,断断续续有人来此定居,定居者大多为邻村大户人家的长工,他们为有钱人家做活,日子久了,就落户于此,逐渐生息繁衍,形成了现在的高村。高村实际上也是个移民村,四个家族的家谱在 20 世纪 60 年代破“四旧”时全部销毁,唯一的一座“高村祠堂”也在文革中拆除,问及老者这四个高氏家族是否拥有共同的祖先? 是否有家族血缘关系? 答案都是否定的。为了叙述方便,这里分别用 GA、GB、GC、GD 的称谓来指代高村的四个家族。

在高村的四个家族中,GA、GB 两家势力最大,其余两家相对较弱,由于村干部在农村政治、经济、文化各个方面的重要性,因此高村的村干部也随着四个家族力量的此消彼长而发生更迭。高村村政权的变化可分为四个阶段,每一个阶段各家族力量的对比都显而易见。

第一个阶段,即第一届村政权,时间为 1949 年至 1967 年。1949 年建国之初,百废待兴,农村组织机构也有待完善。乡政府派人到高村考察干部,GA 家各方面都占有优势,GA 家有五个儿子,大儿子抗日战争时期参加了八路军,复员后在相邻的兴县任粮食局局长,加之他家经济实力胜于其他三家,所以,乡政府为了便于在乡村开展工作,就把村政权中最高行政领导的位置——村支书,安排给了 GA 的二儿子 GXM,为了平衡各家族力量,稳定村民情绪,让 GB 家的大儿子 GWD 任队长,GC 家出一人任会计,GD 家力量最弱,当时主要依附于 GA 家,在 GXM 的争取下,GD 家出一人任保管。这样,建国后高村的第一届领导班子就产生了。

当第一届村领导班子产生之后,高村家族矛盾的序幕也随之拉开了。GB 家对 GA 家心存不满,但基于当时 GA 家人多势众,力量强大就只好忍声吞气,把不满隐藏心底,寻找机会发泄。第一届村领导班子带领本村的初级社从 1950 年至 1951 年对各家拥有的土地和生产工具重新登记,统一分配。1951 年初 GXM 因病去大哥任职的兴县治疗,高村的财务暂时由 GWD 处理。在填土地证时 GWD 把本来分给 GA 家的约七亩好地填到自家名下,把自家一块土质差的土地换给 GA 家,而且乡领导在村期间没公布,等乡领导离开后才公布。GXM 母亲不识字接收了土地证,GXM 回来后发现自家分的地普遍不如 GWD 家,后到乡里反映,经查原始的土地分配帐时,才发现是 GWD 捣了鬼。然而此时木已成舟,若重新分配势必带来更多矛盾,只好就此了结。GXM 在分地时吃了亏,不便跟 GWD 明着干,表面上还得维护村领导班子的团结,只好伺机反击。

1953 年上级给高村分配了一个外出学习的名额,要求送派一名有一定文化基础的青年到忻县学习两年,回来后可转为国家正式干部。当时够条件的只有 GWD 的三弟,GWD 也知道过去有对不住 GXM 的地方,先是向 GXM 赔礼道歉,后又拉乡干部出面说话,但 GXM 以对方不务正业为由,卡住不同意,把这一名额送给了别的村子。从此 GB 与 GA 家积怨更深,不可调和,此时的 GC 和 GD 两家,表面上不介入两家矛盾纠纷中,实质上 GD 和 GA 家关系密切,GC 家慑于 GA 的家族势力,暗中与 GB 家则来往甚多,高村这样一个"小社会"就在复杂的家族矛盾中向前运行着。

第二个阶段,即第二届村政权的任期是 1967 至 1973 年。至"文革"初期 GA 和 GB 家族力量发生了较大变化。GA 的大儿子调回本县工作,大儿媳随夫到了县城,三儿子考入山西大学离开了村子,五儿子随大哥到县城读高中,GA 家一下冷清了许多。而 GB 家的四个儿子先后都娶了媳妇,并开始添加了孙子,家族人口迅速增加,成了村子里的大户。GC 家最为不幸,三个儿子死了一个,GC 也重病在身,行动不便。GD 家的三个儿子尚小,都没成家,其间变化不大。"文化大革命"开始后,GA 的大儿子在县粮食局局长的任上,下放到农村改造,三儿子也脱离了工作岗位下放到了农村。随着大儿子、三儿子的被下放,GXM 的领导地位岌岌可危,终于在 1967 年放下了任期十八年之久的村支书职务,之后因忍受不了 GB、GC 两家的合伙打击与欺侮,离开了高村,搬到邻近另一个村子居住。村支书由 GB 的大儿子 GWD 担任,队长由 GC 的大儿子担任并兼任会计。GD 仍任保管,然而 GA 家不仅完全被排除在村领导班子之外,而且移居他村。在这个阶段家族力量变化最为明显的是 GD 家,其大儿子参了军,二儿子、三儿子相继结婚生子,家族人口逐渐增加,经济实力较为强大,成为可与 GB 家直接抗衡的力量。GA 的小儿子 1970 年成婚生子,并且搬回了高村,GA 也通过各种方式想扩大自己在高村的影响,但在村领导班子内依然没有其发言权。倒是 GD 家随着家族力量的壮大,开始注意村支书这一乡村最高领导位置,给 GWD 出了许多难题,使 GB 与 GD 两家矛盾不断激化,其高潮是 1971 年两家发生了由全族人参加的械斗事件,结果是以 GD 家吃亏而告终。家族械斗事件发生之后,GD 家意识到联合其他力量扩大家族影响的重要性,原本与 GA 家冷淡下来的关系又开始升温,两家来往特别密切。

第三个阶段,即第三届村政权,其任期时间为 1973 年至 1990 年。1972 年 GA 的大儿子、三儿子相继恢复工作,GA 的二儿子 GXM 也于这一年底回到了离开六年之久的高村。他们返高村后,与 GD 家联合起来,直接威胁着 GWD 的领导地位。在各种矛盾的作用下,高村的领导班子于 1973 年又一次进行了调整,GXM 重新担任村支书,GD 的大儿子部队复员回村后出任队长,会计由 GXM 的儿子担任,GC 家仍担任保管,这样高村的第三届领导班子把 GB 家彻底排除在外。

尽管乡村每一届领导班子的产生,上级政府都要派人前往该村做大量细致周到的工作,既要推举出有能力的村领导,又要符合广大村民的意愿,协调各方面的力量,而且其产生方式是在上级政府监督下由村民选举产生,但是,村级领导班子有无该家族成员,在很大程度上依然取决于这个家族在村子里的力量如何。高村第三届村政权产生后一干就是十七年,在这十七年里伴随着国家改革开放政策和农村生产责任制落实,乡村社会发生了巨大的变迁。由于给知识分子落实政策,1984 年 GA 的大儿子全家、三儿子全家都相继离开了高村到了县城,都办了城市户口,五儿子也到县城做小买卖。由于国家政策放宽,高村其他村民也通过各种方式向城里转移,GB 家四个儿子就有三个离开了高村到县城打工,GD 的大儿子到邻近的岚县经营饮食,二儿子、三儿子到县城做起了运输业。1990 年 GXM 因年事已高,体力不支,无法再担任村支书,自动卸下了任期十七年的支书职务。

第四个阶段,即第四届村政权,任期为 1990 年至今。到了

1990 年高村的农村人口由于多种原因直线下降,由原来的二百五十余人减少到不足一百人。在 GXM 提出辞去支书职务后,村民们经过选举,又产生了高村的第四届领导班子,由 GC 家的 GGL 任支书,GXM 的儿子 GGH 担任队长,保管由 GB 的儿媳妇担任,会计由队长兼任。第四届村领导班子产生后至笔者调查时的 2003 年都没有变化。把 1949 年后高村四届村政权中家族力量对比图示出来,可以使我们更清晰地看到晋西北乡村政权中家族势力的影响。

晋西北保德县高村的村政权中各家族任职图表

届次	家族	担任职务	任职期限
第一届	G$_A$	村支书	1949 年—1967 年(18 年)
	G$_B$	队长	
	G$_C$	会计	
	G$_D$	保管	
第二届	G$_B$	村支书	1967 年—1973 年(6 年)
	G$_C$	队长兼会计	
	G$_D$	保管	
第三届	G$_A$	村支书	1973 年—1990 年(17 年)
	G$_D$	队长	
	G$_A$	会计	
	G$_C$	保管	
第四届	G$_C$	村支书	1990 年—至今(15 年)
	G$_A$	队长兼会计	
	G$_B$	保管	

从晋西北保德县高村村政权变化图可以看出,黄河两岸的家族村落,其村民虽然祖祖辈辈活动在同一地域空间,表面看来"日出而作,日落而息"的乡野生活是那么恬淡自然,可是当你深入其中,了解家族村落复杂的组织形态和家族矛盾之后,你会慨叹这里并不是一块平静的世外桃源。由于家族势力与家族观念的影

响,村子里从全村公共事务到每家的婚丧嫁娶都离不开家族,都萦绕在特定的家族圈子里,所谓"牵一发而动全身"是也,每个家族在村子里的地位高低取决于家族力量的强弱。家族矛盾的表现形式既有明争暗斗,也有箭拔弩张,既有持久抗衡,也有公开较量。家族势力对乡村政权的影响成为乡村现代化进程中不可回避的话题。

四　社会现代化视野下的农村家族重建

家族是传统中国社会最基本的结构单位,于国家,是其权力意志达于臣民的传输器;于民族,是其群体文化延续承传的组织载体;于民众,是其个体生命的寓所和首属的生活组织形式。因此,乡村家族文化构成中国社会的基本特质,是理解中国社会、认识乡村未来走向的透视角。1949 年以后,乡村经历了一系列翻天覆地的社会变革,古老的家族文化从不同层面受到了前所未有的冲击,其内涵要素发生了嬗变,从总体上呈现为一种逐渐削弱和消解的趋势。然而,1978 年以后,伴随着农村经济体制的改革,特别是家庭联产承包责任制的实行,农村的家族势力重新复活。对上个世纪 80 年代以来的家族复兴,学术界的评判有褒有贬,有喜有忧,形成了不同的见解,大体可分为三种类型:第一种是家族落后论者,认为家族本质上是封闭、保守、排他的,是反现代的,因此,认为家族复兴是封建势力抬头,"势必阻碍农民观念的现代化,不利于培养农民的市场主体意识"[1]。第二种是家族进步论者,认为现代家族的结构、功能较以往发生了很多符合社会发展要求的转变,如由族内互助到族外互助,维持乡村社会秩序,给族众实施爱国主义、

---

[1]　参见唐喜政《宗族势力对我国现代化进程的负面影响及遏制对策》,《郑州轻工业学院学报》(社会科学版),2002 年第 3 期。

新伦理观教育,发挥着积极的社会功能①。第三种是家族中性论者,认为乡村家族是一个客观存在,有其自然的生长历程,家族的消亡不能单靠行政律令,要正确引导家族这种文化整合功能体作必要的革新,使之适应现代社会发展的需要②。我们认为家族中性论者的观点比较中肯,如何看待家族文化,作出公正的评判,需要追溯社会变迁中家族演变的历史,把握民俗变革的内在规律,因势利导,才能够做出符合现实的理性选择。

1. 20 世纪下半叶四次社会变革对家族的影响

1840 年后,随着西方帝国主义的坚船利炮轰开了中国的大门,清王朝摇摇欲坠,中华民族也面临着亡国灭种危机,与此同时,先进的中国人开始了艰难的现代化探索路程。在有识之士和近代革命家的努力下,实现着传统国家向现代民族国家的转型,国家权力进一步向乡村社会延伸,1911 年辛亥革命建立了民国,农村的村政制度方面通过推行保甲制度来取代明清以来以乡族为村政主体的格局,县政权的派出机构区公所或村公所与地方自治性的保甲组织结合在一起,形成乡村社会控制网络,削减了宗族在乡村权力文化网络中的影响,出现了国家社会一体化的趋势。但是由于区公所和保甲组织并不具备完全的政府功能,并没有从根本上动摇家族文化在乡村社会的地位。真正形成国家与社会高度重合,进而对乡村家族形成挤压、冲击,是在 20 世纪的下半叶。社会变革对家族组织的影响主要有四次③。

第一次,土地革命时期。其历史跨度很长,从二十世纪二、三

---

① 参见王毅杰《论当前我国乡村家族现象》,《四川大学学报》(哲学社会科学版),1999 年第 5 期;肖业炎、周木岚《宗族势力兴起的原因及对农村稳定作用之思考》,《江西公安专科学校学报》,2001 年第 1 期。

② 参见唐军《当代中国农村家族复兴的背景》,《社会学研究》,1996 年第 2 期。

③ 参见邵冬霞《浅析家族组织在建国后四次社会变革中所受到的影响》,《山西高等学校社会科学学报》,2001 年第 9 期。

十年代开始,直至 1952 年,其全部工程方才完成。土地是农业社会里村民重要的生存资源,家族村落组织历来与一定的土地关系结合在一起。家族的兴旺,总是以该家族占有土地多少为标志,血缘关系在很大程度上渗透进土地关系,同一家族的族众总是与本家族的土地捆绑在一起。以毛泽东为代表的中国共产党在改造农村社会的过程中,成功地引进了阶级分析和阶级斗争理论,用土地数量和经济地位把同一家族的全体成员划分为不同的阶级或阶层,用阶级斗争的学说消解了浓浓的血缘亲情,清除宗族文化势力的影响。这样,本是一族的族众被划分为地主、富农、雇农、贫农、中农等阶层,原来的族长因其为地主阶级代表被推翻,而贫雇农在土改运动中成为新的主权阶层,形成了农村中新的权力格局。同时,建国后国家权力延伸到乡村,党组织挤掉了家族组织,乡村民众突破了原有的单一家族关系,随着新型社会组织的产生而拥有更多的社会组织,共产党的外围组织如农会、妇联、共青团、民兵等把人们按社会地位而非血缘地位组织起来,这些社会制度和非血缘群体组织都大大削弱了家族对族众的控制力。

第二次,社会主义改造时期。"其中的内容就是将分散的个体农民在经济上组织起来,使乡村社会成员在民主政权和集体经济的共同基础上发生紧密的联系,由个体农民转化为社会主义集体农民。"[①]社会主义改造的主要途径就是通过建立互助组、合作社把以分散的小农经济为基础的农民组织起来;在生产关系上建立生产资料公有制;在社会制度上,国家政权强力进入农村,建立超血缘控制系统的制度基础。其结果是消除了宗族文化的外在形态,形成国家与社会高度重合。

第三次是人民公社时期,在组织上实行"一大二公"和"政社合

---

① 邵冬霞《浅析家族组织在建国后四次社会变革中所受到的影响》,《山西高等学校社会科学学报》,2001 年第 9 期。

一"，前者是指公社的组织规模和范围比原来的农业合作社更大，生产资料的公有化程度更高，后者是指人民公社既是生产单位，又是乡村基层政权组织。人民公社时期统一经营、集体劳动、实行组织军事化和生产集体化，取消了家庭的生产职能，把家庭成员纳入到一个更大的行政范畴中，家族文化仿佛一下子跌入到了"最低谷"。但是，人民公社建立的只是形式上的体制，并没有有效地改变家族村落文化的其他特性，村民们在"队为基础"的原则下生产和生活，血缘群体仍在原有的范围内延续后代，传统的家族结构潜在地存在，血缘关系悄悄地联结着，在家族事务中发挥着作用。

第四次是1978年以来农村改革时期。十一届三中全会以后，改变了以阶级斗争为纲的路线，实行了以家庭联产承包责任制为核心的农村改革，国家政权在农村实行了收缩政策，对乡村生活的控制功能大大弱化。"包干到户"、"包产到户"的举措启动了以经济发展为中心的内生变迁过程。这场农村改革对家族的影响是双重的，一方面动摇了家族组织所赖以依靠的经济基础，削弱了家族制度；另一方面在恢复家庭生产功能的同时，村落中家族族众之间生产互助形成了"传帮带"关系，生产协作和生产资源的共享为家族族员之间相互往来、亲密交往创造了客观条件，家族势力重新抬头当在情理之中。

2. 家族复兴的社会文化背景

1978年中国农村经济体制改革以来，一方面促进了乡村经济的空前发展，另一方面也有不少属于传统的东西又开始复苏，如庙会、民间祭祀及地方文化娱乐活动等，其中最为突出的是家族力量的重新组合。这种重组在南北方表现出不同的形态，南方主要是立宗祠、修家谱、举行大型的家族祭祀等仪式性活动，北方除了部分地区、部分家族修纂家谱之外，更多地是通过日常生活和重大事件以非正式组织化的家族表现出来。

农村家族势力复活的原因是什么呢？钱杭认为，改革开放后家族现象持续存在的根本理由就在于,它能够满足农民对自身历史感、归属感的"本体性"需求,那些不存在利益分享的外地后裔参加重修族谱和修复祠堂的活动,也是由于非功利的历史性和归属性需求的提示①。他的见解是准确而深刻的,不过其视角集中于社会文化心理和家族功能,更多倾向于考察这一现象的文化哲学层次的意义,若能再注意从社会实践运作的层次上分析,其判断会更公允而又完善。我们认为其原因,主要有这样几点:一是家族文化的根基犹存,家族观念难以改变。历次社会变革使用强制手段或凭借外科手术式的风暴疗法,冲击的是家族的外在文化表征,如祠堂、族田、家庙、族谱等,但其内在的文化关联并没消除,尤其是传统家族自给自足的小农经济模式和聚族而居的生存环境并没有从根本上动摇。即使在破旧立新的特殊年代,家族成员仍通过各种方式保护该家族利益。陕西合阳县《南伍中村赵氏家谱》的幸存,就是由于20世纪60年代初期本家族成员有一人担任大队会计,当他从收集起来准备销毁的许多族谱中发现本族家谱后,悄悄收藏起来,用塑料袋包装好存放在水井壁窑,后又移至粮食缸底,使之完好无损。二是乡村社区管理出现真空状态,使宗族势力获得了生长的空间。在漫长的封建社会里,历代统治者对农村的社会控制主要靠家族势力和地方乡绅。这种状况直到民国年间才得以改变,国民党实行保甲制度控制乡村社会秩序,到了人民公社和"文革"时期,国家权力在乡村的延伸达到了顶峰。但是,由于这种延伸不是以提高物质生产力为前提,所以随着1978年以来家庭联产承包责任制的推行,原有的人民公社、大队生产体制实际处于瘫痪状态,而新的村民委员会及其村民自治制度尚未健全起来,国家行政力量在农村大大弱化,农村行政组织、生产管理和企业经营都处于青黄不接的真空状态。家族因而以同族家庭利益的保护者、协

---

①　钱杭《现代化与汉人宗族问题》,《上海社会科学院学术季刊》,1993年,第3期。

调者的面貌出现,站出来维持和创立新的社会秩序。所谓"能人",既来源于他所属的家族,同时又与外界有较多的联系,在血缘关系的基础上联结着地缘,成为乡村权力的代表。这些"能人"或村干部由于来源的本地化和身份的民间化,使得乡村权力难以挣脱家庭力量的束缚。三是 1978 年以来农村联产承包责任制的实行客观上强化了家庭的功能,农村家庭的生产功能重新处于决定性地位,同家族内的互助更为频繁。费孝通概括中西家庭差异时认为,西方家庭是"生活堡垒",而中国乡土社会采取的是"差序格局",即家庭利用亲属的伦常组合社群,扩大成家族,家庭要经营各种事业就离不开家族内部互助①。事实证明,农村实行联产承包责任制后,首先是血缘家族关系,其次是姻缘亲戚关系,这是乡村最重要的可利用的互助资源,单个家庭通过族内互助的方式既得到了实际的利益,又获取了情感满足。

3. 家族在农村现代化进程中的走势

何为"现代化"? 这是国内外学术界长期探索的问题,人们有着不同的理解。代表性的观点是:"广义而言,现代化作为一个世界性的历史过程,是指人类社会从工业革命以来所经历的一场急剧的变革,这一变革以工业化为推动力,导致传统的农业社会向现代工业社会的全球性的大转变过程,它使工业主义渗透到经济、政治、文化、思想各个领域,引起深刻的相应变化;狭义而言,现代化又不是一个自然的社会演变过程,它是落后国家采取高效率的途径(其中包括了可利用的传统因素),通过有计划的经济技术改造和学习世界先进文化,带动广泛的社会改革,以迅速赶上先进工业国和适应现代世界环境的发展过程。"②以工业社会和科技革命为

---

① 费孝通《乡土中国　生育制度》,北京大学出版社,1998 年 5 月,第 31 页。

② 罗荣渠《现代化新论——世界与中国的现代化进程》,商务印书馆,2004 年 1 月,第 17 页。

标志的社会现代化势必带来政治、经济、文化各个层面的变化,家族也必然会受到来自各方面的冲击。在现代化进程中原本属于传统社会的各种社会组织、制度文化都必须作出回应,实现转换调整,从而实现自身的现代化。家族现代化就是指在由传统农业社会向工业社会转变的过程中,家族组织不断调整自己,消除不适应现代化的因素,整合有利于社会发展的因素,使之与变迁中的社会大环境相适应的过程。

　　要完成家族文化由传统向现代的扭转,就必须探寻家族文化对社会现代化的正面与负面的的双重效应,预测其在现代化进程中的走势和对策。家族文化与现代化相悖逆的地方主要是,首先,家族是聚族而居的血缘群体,实行的是族老统治的"无讼"的自治,同姓之间有一种天然的亲和力、这形成了封闭性和排他性,与现代化的开放性相悖。其次,血缘性是家族文化的核心和基础,现代化是打破地域界限的工业化,提倡不同首属群体的协作,开展跨越地域界限的经济活动。人与人之间的关系是一种业缘关系,传统家族文化的血缘性与现代化的业缘性相悖。第三,家族的组织形态是宗法组织,族内各种事务和矛盾冲突由族长出面解决,依据的是族规、族约,在家族内部血缘人情关系占有至高无上的地位。有的村落家族势力渗透进基层政权,族长把持村内事务,村支部与村委会的作用受到制约,威胁到农村社会制度的稳定。而现代化的本质是法治,依法治理整顿社会秩序,把乡村政治、经济、文化纳入到法制的轨道上来,因此,宗族宗法制度实行的"人治"与现代化社会的法制相悖①。当然,家族文化对于现代化也有其积极功能,主要体现在,从社会实践的意义上看,家族力量发挥着互助功能,家族成员之间合作互助不仅体现在生产劳动上,还包括社会生活的各个方面;从家族个体成员的心理来看,

---

　　① 参见周维德《宗族文化与农村现代化》,《徐州师范大学学报》(哲学社会科学版),2001 年,第 4 期。

不同村落同一宗族不同群体之间通过修谱、认宗取得了联系,如1987年后,山东、河南的"大槐树移民"后代们寻根到山西洪洞。纂修家谱,举行联宗活动,获得了历史感、归属感,乡村普通民众在族内互助中完善了道德感、责任感,满足了本体性的需求;从文化伦理的观念层面来看,家族文化是传统文化的重要组成部分,20世纪80年代前半期,旷日持久的传统文化与现代化关系大讨论之后,人们看到了西方国家潜在的矛盾和文化危机,对西方现代文化怀有恐惧和拒斥的心理,从日本、新加坡、韩国、台湾等同属"儒家文化圈"的东亚新兴现代化国家的成功经验中总结出了儒家文化的现代意义①,充分认识到儒家思想中,孝与忠、家与国的内在同一性,基于此而提出了"儒家式现代化"的社会构想。

在农村现代化进程中,家族现象是必须面对的现实,家族重建是摆在我们面前无法回避的难题。在以家族为最基本社会单位的乡土中国,家族制度是几千年来民族文化传承的组织载体,血缘关系是比其他任何关系更牢固、更持久得多的人际联系纽带,建立在血缘性、聚居性、礼俗性、农耕性基础上的家族文化,在漫长的历史发展中已达到相当完备的程度。20世纪下半叶的历次社会变革消解的只是其外在文化形态,当国家权力的"刚性力量"退出乡村控制系统后,家族文化的内在生命力又重新催发。在农村现代化进程中,正确的态度是利用传统而不是否定传统,家族文化应该是能容纳而不是排斥现代文明的文化形态。我们应该面对现实,寻找家族文化与现代文明的对接与融合。主要举措是:第一,加强乡村基础政权建设,强化社区控制功能。20世纪80年代后,随着家庭联产承包责任制的落实,国家政权在农村进一步收缩,农村基层组织瘫痪或弱化,使家族势力乘虚而入,担当起处理村落事务的任

---

① 参见唐军《蛰伏与绵延——当代华北村落家族的生长历程》,中国社会科学出版社,2001年9月,第158页。

务。我们可以考虑在完成村民自治过程中,创建一套由行政权威、法制权威、市场权威、家族权威形成的多元制衡的社会机制,在乡村党支部领导下,实现社会权力网络中各种力量相互监督,使家族力量成为建立乡村自由公共空间的现实组织资源,发挥其积极的社会功能。第二,大力发展社会主义商品经济,提高社会化服务水平。当前广大农村,尤其是山、陕山区村落的生活条件还相当落后,农民在生产、生活中的困难只能求助于血缘或亲缘群体的内部帮助,家族成员间天然亲情关系和相互信任感,使其建立了牢固的互动关系。因此,乡村经济发展的战略应该是由小农生产方式向生产的社会化发展,鼓励多种经营,发展商品经济,提高农村社会化服务水平,逐渐消除家族制度赖以生存的现实基础,促使乡村民众从狭隘的血缘、地缘关系向以业缘为主的关系过渡,加快社会现代化的进程。第三,加强精神文明建设,重视对农村的教育。农村改革极大地改变了农民物质生活条件,但是存在的普遍问题是乡村文化建设缺乏明确目标,农民文化生活贫乏,修家谱、唱族戏、大办婚丧仪礼成为联络亲情、满足精神需要的途径。要改变这一状况,乡村党支部就要带领民众加强文化建设,开展各种健康的文化娱乐活动,如地方戏演出,锣鼓队表演,以及各种体育竞赛活动,创造良好的文化氛围。同时,运用灵活多样的方式对民众进行教育,对宗族文化进行正面引导,如按照社会主义道德规范重新制定或修改族规、族约,实现宗族文化从传统范式向现代化范式的转变,使其具有更丰富的时代性。费孝通先生认为,在社会现代化进程中,"强调传统力量与新力量具有同等重要性是必要的,因为中国经济生活变迁的真正过程,既不是从西方直接转渡的过程,也不是传统的平衡受到干扰而已"[1]。探求传统家族文化包含的现代因素,实现由传统向现代的转换,应该是我们对家族文化的正确态度。

---

[1]　费孝通《江村经济》,江苏人民出版社,1986年,第1页。

中编　村落研究

第六章　黄河中下游家族村落的
时空特征与民众观念

　　家族村落是农业社会中一个或数个血缘群体共同居住、生产、生活的空间,它是中国社会结构的基本单元。村落文化是生活在同一生产方式或生活方式下的人群,以人们普遍认同的价值观念和行为模式为准绳而创造的内涵丰富、博大深厚的文化模式,它历经千万年而能根深叶茂,显示出勃勃生机。从历时的角度看,它是长期生产、生活、聚居在一个固定区域的以从事农业生产为主的民众们所组成的一个空间单元。从共时的角度看,它包含着物质生产、血缘关系、社会组织、诸神崇拜、心理观念等多种因素,是民众们政治、经济、文化生活的舞台。一个村落就是一个相对封闭自足的生存空间,毛泽东在《湖南农民运动考察报告》中指出:"政权、族权、神权、夫权,代表了全部封建宗法的思想和制度,是束缚中国人民特别是农民的四条极大的绳索。"①在漫长封建社会里,家族村落内部不仅宗族制度完善、宗族观念深入人心,以血缘关系为纽带的家族聚居群深深地影响着中国传统村落的形态。在家族村落里,形成了维系固有观念、保持小农经济生产方式的生存境况。每个村落地域境界长久不变,村落环境、居民建筑、历史文脉、风俗习惯都保存完好,全面展示着地方小社会的文化传承,这样的村落我们称之为家族村落。

　　家族村落是国家权力达于民间最底层的组织,是联系大传统与小传统的纽带,它是中国乡土社会的缩影。从家族村落的时空

---

　　①　《毛泽东选集》第一卷(合订本),人民出版社,1964年4月,第31页。

结构里我们可以看到乡土社会的各个方面,如社会变迁、民众思想、风俗民情、礼仪伦常、宗教信仰等。村落景观作为乡土文化的见证,尽管历经世事沧桑,有的甚至几易其貌,但它们仍然积淀着千百年的乡土文化传统,从中可以窥视历史老人行走的蹒跚步履,发掘古村落厚重的文化积淀,寻找到现代社会可借鉴的历史经验,因为历代民众所创造的聚落环境,携带着丰富的历史信息和民俗文化内涵,对今天的人居环境学、文化地理学、城乡规划、旅游规划均有很高的学术价值。特别是传统村落所保留的丰富的建筑文化传统与聚落规划设计的经验,对当代聚落规划及未来的村落建设都有很重要的借鉴意义和参考价值。几年来,我们在晋陕两省的村落实地考察,收集了大量的材料,我们将依据这些材料来总体概括晋陕家族村落的时空特征,并探讨其中蕴含的民众观念。

山西和陕西均处于黄河流域的中游地区,是华夏文明的发祥地,有着深厚的民族文化积淀,而且这两个省区都属于北方麦黍农耕文化区域,该区域的家族村落完全是农耕文化的产物,其村落选址、内部组织、生活方式、乡土建筑、俗神信仰都体现着鲜明的农耕文化特征。以特定的地域为考察对象,从农耕文化的视野剖析家族村落的时空特征,正是本文的旨趣所在。

一 关乎风水、法乎自然——神秘而科学的空间

风水学是中国的民族传统文化,是"自然威胁人类生存的时候,由中国古代先哲'仰观天文、俯察地理、近取诸身,远取诸物'的实践、思考和感悟而建立的人与自然因地制宜、协调发展的理念"[①]。其核心内容是追求天地人三才和谐统一,它着意于探求建

---

① 元亮、元羽《风水与建筑》,百花文艺出版社,1999年2月,第4页。

筑的选址、方位、布局与天道自然、人类命运的协调关系,注重人类对自然的适应,即顺应自然界的规律,在适应自然中求生、求乐、求美,获得生存和发展,这些也是千百年来村落形成与发展的指导原则,晋陕家族村落空间往往与风水有着密切的关系。

1. 村落选址与风水

中国传统文化讲究"天人合一"、"天人感应"、"自然之道"的思维观念,晋陕村落的选址无一不是追求天地人三位一体的和谐统一。在黄河流域的山陕地区,原始农业时期,从考古发现的新石器时代聚落遗址来看,都遵从着风水学的背山、面水、向阳的原则,这适应了中原大地处于北温带的地理条件,有的依山、有的临水、有的环绕沟壑,聚落内部公共区、祭祀区、墓葬区都有合理的设计和布局。在漫长的封建社会,黄河中游的传统农业一直以种植业为主,这种生存方式把农民牢牢地固定在农田上,由此而带来把民众定居在一个地方,生老病死、繁衍生息都离不开辛苦耕耘、赖以为生的这一方土地。因此,凭借世代积累的风水经验,选择理想的定居环境,以求生活安定、子孙兴旺是乡村农民的理想。山西闻喜县裴柏村是裴姓的发源地。而裴氏是一个曾出过59位宰相、59位大将军、3位皇后和21位驸马的世家望族。据说,这与裴柏村的风水不无关系,裴柏村在礼元镇附近,地处闻喜县城东北。这里自然环境优美,北面、西面和南面为峨嵋岭的大小山岭所环抱,东面有从绛县发源的涑水河汩汩流过,这正应了背山面水的风水理论,而且裴柏村人有他们的说法,说这三面环山恰似一个圈椅,裴氏族人坐在当中,稳当可靠,前面河水长流则意味着裴氏福气不断。在河东裴氏的家族传说中有一则云:裴柏村南北西三面被附近峨嵋岭的几个山岭环抱,山岭上长满了清新吐翠的柏树,隔着一条南北通道,东面不远处是举目可望的平展展的凤凰塬,塬似凤凰卧地,长达四十余里,顺其象,称为"人凤朝阳"之宝地。由于此处柏林茂密,再加上其姓氏,二者合而为一,村名为"裴柏村"。这么好的风水才造就了河东裴氏昔日的辉煌。

2. 村落设施与风水

风水中的水,明代乔项在《风水辨》中对"风水"解释:"所谓风者,取其山势之藏纳,土色之坚厚,不冲冒四面之风与无所谓地风者也;所谓水者,取其地势之高燥,无使水近夫亲肤而已;若水势曲屈而环向之,又其第二义也。"①通俗地说,风就是通过山体起伏走向来达到遮挡不利之风,接纳有益之气,所谓水就是选择地势高燥,不使水侵蚀建筑物。在此基础上,如能做到水流曲屈环抱就更为美妙。在乡村民众的观念里,风水中的水类似人的血脉,具有荫地脉、养真气、聚财富、出人才的功能,少了它不行。因此,许多村落除了讲求村落的整体协调之外,特别强调对水的利用,水成为村落的重要组成部分。在山陕村落设施中,水井与涝池有着特殊的意义。在山陕地区,沿河而居的村落,水井一般比较浅,其深度一般在一丈到三丈之间,然而在黄土高原和山区地带,村落老井的挖掘与利用情形就迥然不同。在高原山区的村落里,几乎每个村庄都有几眼井,它们都处于各聚居点的中心,以井的位置为中心点向东、西、南、北四方延伸,形成村内的主干道,村民住房向外扩展,这样的格局无疑给人们的生活取水带来了方便。由于开凿艰辛和用水不便,村民们养成了惜水、节水的习惯,井神信仰非常普遍,历代民众创造出传说故事给予诗意的解释。如山西河曲樊家沟村东靠东山,西临黄河。在村西门口有一眼水井,由水井向东、北、南三面均有道路通往村内,这一格局便于村民取水。村民们把山上的一块巨石想象为凤凰的尾巴,村落形状想象为凤凰之身,靠近这眼水井的观音阁想象为凤凰的头部,这样一来,整个村落及其周围环境就构成了一幅凤凰饮水的图像。从这一朴素而浪漫的想象中,我们可以看到村民们对吉祥的追求,他们也正是把樊氏的兴旺归因

---

① 转引自王深法《风水与人居环境》,中国环境科学出版社,2003年1月,第39页。

于此。位于河谷、山脚的村落在临水处或建庙、或修塔，寻求人工环境与自然环境的有机结合，使环境意象具有高度的"可印象性"，称为该村落的象征性建筑。山西晋城郭峪村东北角有一缺口，樊溪水从这里流入郭峪河谷。为了挡住堪舆家所说的穿沟风带来的"煞气"，人们在这一缺口的两边山腰处，一连建起三座紧紧相连的风水塔，从东北向西南一字排开。村民们说，它们就像三根木桩，将煞气挡在了郭峪河谷之外，保住了村落的安全①。同时，为了培育文风，乡民们在附近的松山上建起了文昌阁和文峰塔，不论人们从山上还是从河谷中来，首先映入眼帘的就是那座雄奇的文峰塔。民间相传，松山原是一只凤凰，它与苍龙岭相聚在一起，其象征意义是"龙凤呈祥"，可以护佑附近村子里出文人，出做官的大人物：郭峪村风水塔和文峰塔的建筑反映出该地民众的民俗心理，前者是通过在交通要道或村寨入口处营造风水塔达到避害趋利的目的，这样的风水塔便具有厌胜的意义。后者反映了农耕文化区民众的内心祈愿，在乡土社会里，民众的传统观念是耕读传家，耕是读的基础，通过耕作土地满足基本的生存需求，同时，靠剩余经济满足子弟读书识字的需要。如能取仕为官，家族就会更加兴旺。因此，文峰塔不是一般的宗教崇拜物，而是具有风水涵义的、寄托民众愿望的标志物。晋陕村落里随处可见的还有"泰山石敢当"和民居上镶嵌的"照妖镜"，也是体现民众风水观念的村落设施。一般来讲，农家的院门忌讳直对巷口，在他们看来，巷口恰似一支土箭射向家中，为不祥之兆。晋南俗谚有"街门不走西北门，西北高而东南低，面向西北走脉气。有钱不住东南房，冬不暖、夏不凉"。如果建房时客观地理条件使之不能避免，就在院门上镶嵌一面镜子，谓之"照妖镜"、"八卦镜"，以破解它。或者在胡同直对的院子

---

① 李秋香、楼庆西、陈志华《中国乡土建筑　郭峪村》，重庆出版社，2001年1月，第23页。

墙壁上镶嵌一块坚硬的石碑,上面赫然镌刻着"泰山石敢当"的字样,这样就可以避免妖邪鬼魅的侵扰①。

3. 村落格局与风水

基于祈求荣华富贵的愿望,山陕村落往往"依山建屋,傍水结村",着意使聚落轮廓按照某种图案构筑,形成"象形"村落,以表达特定的心理趋向或空间意象,利用该地的自然气候、地理条件,通过当地材料、手工技艺及地方化的建造方式,因地制宜地形成了特定的风格和类型,在整体形象中寄托着强烈的心理追求和精神象征,力求村落建筑与自然山水的巧妙切合,形成了富有生态意识的聚落环境。山西晋中祁县谷恋村就是依照八卦造型而设计村落,形成了意韵丰富的人居空间。风水观念对山陕家族村落的选址和布局产生了深刻而普遍的影响,客观上达到了人工建筑与自然环境的融洽合一,成为山陕村落空间的一大特色。

二　尊宗敬祖、崇尚伦理——礼制的空间

家族村落是具有同一血缘关系的群体,共同营造的集体活动的生存空间。乡村社会运行的过程中,有必不可少的轴心,这个轴心就是以聚族而居为主体的社会群体所拥有的祭礼传统,这一传统的物化表现就是宗族祠堂,祠堂不仅是同一家族族众汇聚的中心,也是该村落文化景观的明显标志。初民时期,原始先民的活动与神道有着密切的关系,在神权观念的笼罩下形成了神灵崇拜象征系统。这样,神道就是社会的伦理,祭祀权成为权力的象征与源泉,在社会、宗教、祭祀各种因素的相互作用下,产生了上层社会的祭祀礼制,"国之大事,唯祀与戎"②,祭祀成为压倒一切的大事。下

---

①　乔润令《山西民俗与山西人》,中国城市出版社,1995 年 8 月,第 179 页。
②　《敬天与亲人》,三联书店,1992 年 3 月,第 365—366 页。

层社会在统治阶级允许的范围内，也形成民间祭祀习俗，"因而祭祀行为在中国社会里形成'礼''俗'两大脉络，承传于数千年的历史巨流里"①。祭祀活动慰藉了平民空虚的心灵，也维系了上下层社会正常有序地运转，这种祭祀活动在国家来说是祭天与社稷，在平民来说就是祭祖。上层社会与下层社会相因相成，形成上达国家、下至个人的祭祀系统及其与之相关联的中国民众的祭祀观。西安半坡遗址是陕西考古发现的早期聚落形式，位于浐河东岸，总面积达5万平方米，包括居住区、制陶窑场和公共墓地三个部分。居住区周围有一条都为深宽5—6米，长达300多米的壕沟，用来防御野兽的侵袭。聚居区除了各种形式的窑穴和古式蘑菇房式的房子之外，居住区中央建有一座长方形巨大的房屋，据考证，这是氏族公社成员举行集会、岁时节庆和宗教祭祀活动的地方。这种聚落布局反映出原始社会人们以血缘关系为纽带聚族而居的村落雏形，这样一种具有向心内聚状态的聚落空间，适应了凭借血缘群体力量达到防御目的的需求，有利于群体的生存和发展。宋元以后，上层贵族单独建立的宗祠大量出现，明代崇尚儒教、推行礼制，官方正式允许民间建祠立庙，用于收族祭祖，建立宗族祠堂成为乡村社会的普遍现象。

宗族祠堂是礼制的空间，也是宗族力量的象征，一般都是具有同一血缘关系的家族发展到一定规模，为了加强团结、追宗报族而建，往往是倾整个家族财力建得富丽堂皇、气势非凡，体现出肃穆庄严的特征。在山陕村落里，宗祠规模的大小一定程度反映着该家族势力的大小以及在当地的社会地位。在单姓村落里，每个家族都有一个总祠堂，有的家族族丁众多，形成几个支脉，每个支脉就会建立自己的分支祠堂，支祠与总祠分中有合，全部族众拥有共同的祖先观念；如果是两姓村或杂姓村，每个家族都会建立自己的

---

① 《敬天与亲人》，三联书店，1992年3月，第365—366页。

祠堂,围绕祠堂形成不同的血缘群体圈。山西襄汾县盘道村是一个以曹姓为主姓的大村,曹氏现有172户,758口人,但是,同姓不同宗,在村子里就分别建有三处曹家祠堂。可见,聚族而居是家族村落最基本的空间布局准则,它决定了不同血缘家族群体之间的地理界限,按照乡村俗制,同一宗族的人们通常围绕自己的祖祠而建造房屋,共同生活在特定的地域空间内,这一点无论在单姓村还是多姓村都是如此。位于晋东南的郭峪村是一个包含有几十个姓氏的杂姓大村,然而,以姓氏不同而划分的不同聚居区使该村落街巷严整、井然有序:

> 郭峪村几十个姓氏混住在一起,其中势力最强,人气最旺的为科第仕宦又兼富商的陈、王、张三大家族,他们各自占据了村中最好的地段,陈姓的大片住宅占据了村子的中部,即从丁字路口向北,前街西侧的大部分地段,它是村中最好的地段,与全村的主干街前街和上街联系便捷,既不紧靠河溪,免遭洪水泛滥之苦,与庄岭的山脚又有不小的距离,给宅子留有发展的余地。王姓的宅子在前街中段的东侧,是一块平坦完整的地段。张姓的住宅主要建在南沟街,在上、下街南侧,离上、下街不远。由于这三大姓均有功名,有钱有势,村民便将他们所居的位置根据街巷的关系编出了顺口溜:"前街西为陈,前街东为王,南沟庄张家。"①

在郭峪村这样一个杂姓村,每个家族在特定的空间里建立祠堂作为族人祭祖仪式活动的场所,每个祠堂依据地理位置和族人民俗心理表现出鲜明的布局特色,祠堂具有极强的家族凝聚力和直观的社会感召力。

家族村落整体布局的尊宗敬祖、崇尚伦理的特征,不仅体现在宗族祠堂的建造方面,并且在构成村落最基本元素——民居中也

---

①　李秋香《中国村居》,百花文艺出版社,2002年10月,第68页。

表现得很突出。山陕民居中最常见的四合院一般由正房、厢房和倒座组成，其房屋的布局和家庭成员住房的安排都有严格的规定。四合院建筑一般是正房高于厢房，住房安排一般是家长住正房，即堂屋的右侧，兄弟子侄则住厢房，在住房位置上能充分体现出家长在全家的支配地位。四合院往往专设堂屋，在堂屋里供奉天地君亲师的神位，婚姻、丧葬、寿诞等大礼都在此举行。四合院可谓融家族亲情、社会思想、文化教育、伦理道德于一体的生活空间。

三　人神同处、互利互惠——信仰的空间

在山陕家族村落中，庙宇是一种常见的文化景观，无论平川大村或山区聚落，村落的构成总是包含着以民居建筑为主的生活场所，以街巷老井为主的公共设施，以供奉各种神灵为目的的寺观、神庙的象征系统，这样乡土村落实实在在成为一种世俗与神圣并存、民众与神灵同居的世界。在家族村落的各种建筑中，人们通过兴建庙宇形成神明和庙宇的信仰空间，构成富有区域特色的信仰圈或祭祀圈。庙宇的兴建与民众的信仰息息相关，每一座庙宇都供奉着村民崇拜的神灵，这些神灵大体可分为宗教神与世俗神两种类型。在中国民间宗教的宇宙观里包含了三个世界，即超现实的天庭、世俗人间的现实环境和死后的归宿冥府。天庭是神的居处，神格代表了人品中最善良、最优美的品质，每一位神都有其特殊的神职功能，既可以下凡掌管人间，也可以主持阴间诸事，具有赐福、解厄、赦罪的超人间的全知全能。阴间冥府是一切亡魂——鬼的居处，其方位在暗无天日、幽冥昏晦的地下，在乡民的观念里，人死亡之后既可以通过灵魂转换升为神灵，也可以受到阎王惩罚变成阴间之鬼，其前提都是以前世所修阳功与造孽，或转生轮回，或打入地狱。鬼格代表了人性恶的一面，可以分为善鬼和恶鬼，长辈亲人死后变鬼可以转为祖灵，生前作恶有违人伦者则会变为孤

魂野鬼。人界,即人间阳世,这是世俗凡人居住的现实环境,是一个中性境地,天界的神仙可以下凡光顾这里,阴间的鬼怪妖魅也会时常出没,骚扰世人,所以民众必须祈求神明保佑,举行迎神、祭神、酬神仪式,希望借助神力达到驱妖逐鬼、趋利避害的目的[①]。在晋东南的潞城、长子、平顺、长治等县区的村落里,至今仍然盛行着迎神赛社的习俗,充分地说明了这一点。

中国传统家族村落追求一种理想的人界,既祈望得到天庭神圣的赐福、解厄,又希望阴间鬼魂安分守己不致侵扰人间,因而与这种多神崇拜的民俗信仰相联系,产生了许多崇信的神灵和为这些神灵建立的庙宇。翻开山陕地方文献,明清及民国年间的各县县志里都列有"祠祀志"的部分,几乎都有相同的记载,那就是把事神作为精神文化中的重要内容给予高度重视。走近中国传统的村落城镇,你会发现各种神明庙宇是何其之多!比如陕北安塞县境内有关帝庙、社稷坛、先农坛、雩坛、龙神坛、虫蜡祠、蜀猛将军祠、城隍庙、火神庙、马神庙、痘疹娘娘庙、阿姑圣母庙等;山西平遥县城内就有文昌庙、武庙、火神庙、龙王庙、关帝庙、观音庙、子孙娘娘庙、土地庙等共二十多座,从现今地图上看,平遥古城墙内还剩各种神庙八座;山西襄汾安李村清代有龙泉顶披头祖师庙、村东崖娲氏娘娘庙、东门内普润寺、西门内路北玉帝庙、东张家巷内轩辕黄帝庙、北门外三官庙、北城门楼西侧马王庙、村西北五圣祠、关帝庙、财神庙等共计大庙八座,小庙十余座[②]。至于关帝庙、土地庙几乎村村皆有,明清两代几乎村村有庙,村又称庙,许多村落名称就称作"某某庙"。庙成为村落的重要文化景观,成为与世俗生活紧密相联的象征世界,也构建起村民心意信仰的空间。在山陕乡村

---

①　参见刘沛林《论中国历史文化村落的"精神空间"》,《北京大学学报》(哲学社会科学版),1996 年第 1 期。

②　李社记主编《安李村史》(内部资料),1999 年。

民众的宗教生活中,"没有核心权威,没有专门的僧侣,没有言简意赅的信条,没有至高无上的仪礼,也没有要求所有人遵奉的原则"①,他们崇信的诸多神灵都是伴随着农耕生活而产生的,在他们诞生、婚配到死亡的人生旅途的每一个驿站都有崇信的神灵,在一年四季每一个岁时节日,每一个神诞日都有祭神的活动,他们通过祭拜庙宇中的各种神灵来解除现实生活中的种种苦难,神庙成为他们渲泄情感的空间。

四　建寨筑堡、安全防御——封闭的空间

安全防御是中国古村落由来已久的重要功能,远古时期,由于黄河流域资源丰富、开发较早,成为各个氏族部落的争战之地。村落、城镇形成之后,为了抵御外来氏族部落或四周少数民族的侵扰,加强自身的防护功能成为第一要求。秦代以前,中原四周的少数民族、有南蛮、北狄、东夷、西戎,汉代以后,北方、西北方的诸多少数民族不断向中原侵扰成为中原汉民族的大患,因此,与积极地抗击外族侵略相对应又有了被动防御的大大小小的城堡。原始社会时期,西安半坡村落布局体现出两大特点:向心聚合,周边有壕沟。从根本上讲都与防御有关,这种原始状态下形成的村落布局模式,凝定为一种文化原型或曰原始古村落意象,深深地影响着中国千百年来聚落空间的布局。

山陕家族村落的防御意识,从文化史的角度看,与原始时期积淀的潜意识有着密切的关系;从现实生存的需求角度看,自然地理环境和特殊历史背景又强化了这种意识,比如山西和陕西历朝历代战乱频仍,农民起义不断,匪寇盗贼横行,周边少数民族入侵等都成为该区域民众强化防御意识的现实根源。因此,安全防御成

---

① 　克里斯蒂安、乔基姆《中国的宗教精神》,中国华侨出版公司,1991年,第37页。

为山陕家族村落布局的重要特色。在陕西韩城、合阳等地,东部面临滔滔黄河,西北部紧靠连绵群山,沟壑纵横,地形复杂,因为地处中原汉族与西北少数民族交汇之地,自古以来就是兵家必争之地,加上土匪横行,地方军阀混战,乡村民众为保持日常生活的稳定宁静,每个村寨依据所处的地理位置和特殊的地形,建有避难用的城墙,这种在特殊地形建筑的城墙被称为寨。

　　根据掌握的史料可以知道,韩城、合阳宋代以前就已开始修建古寨了,但是仅仅限于官宦人家,需要官方批准方可修建。明代以后随着外患内忧的加剧,为了增强村落防御外来敌人入侵的能力,朝廷批准普通的乡村建寨,于是,在陕西民间形成了普遍的造城运动,据1999年韩城市文物旅游局编写《韩城文物志》时粗略统计,已发现从宋代至民国初年修建的各类古寨堡共计201座,其中石寨6座,土寨195座,这些大大小小的寨堡主要分布在韩城西部山区与黄河之间狭窄川道及部分山区的河谷地带。这些古寨堡通常距离主村五六百米,寨子选在险要之处,一般是在山头、沟边、高塬、河畔依势而建,便于在敌人到达之前能迅速转移到寨中。村落建寨一般是一村一寨,也有一村数寨或数村一寨,如龙亭镇三甲村修建的寨子多达五座,本村流行的民谚有:"东西寨子南北长,你看三甲村能行不能行。"①因为该村的寨子多且坚固,民众获得了更多的安全感,民谚中无不流露出自夸的成分。这些寨子遇到敌人入侵时是"避难"和"藏身"的空间;是抗击来敌入侵的"守卫"的空间,是敌人撤退之前"求生"的空间;还是积极反击来敌"战斗"的空间。在漫长的对敌斗争中,韩城合阳一带的民众遭受了惨重的损失,饱尝着战争中的苦难,也积累了丰富的对敌斗争的经验。村寨古堡形成了非常完备的生活和防御体系,古寨堡的建筑设施既有

----

① 张勇等《寻访韩城"军事要地"——201座古村寨堡》,《城乡建设》,2002年第3期。

生活所需的民房、马坊、老井、涝池、磨盘、碾子,也有满足心灵需求的神庙祠堂,更有长期作战所需要的粮仓、炮台、药库,物资储备充足,管理设防严格,在解家村的解老寨里至今仍可以看到用于储藏粮食的十孔大窑洞及店铺、当铺遗址,寨堡中的各种储备一般都能应付三个月的生活所需,这种长期备战的战术,常使急于求成的土匪无可奈何,主动退却。这些古寨堡的设计和管理也非常科学,一般是三面均为悬崖峭壁,只一面留门与外界沟通,门上设有机关,有专人把守,使寨堡壁垒森严,易守难攻,可谓"一夫当关,万夫莫开"。类似的寨子和堡子也散布在陕西其他地方和山西诸多村落,这种构筑物的形成和布局是以防御为目的的乡村民众生活空间。它将村落的防御意识发挥到了极致,它是古代军事防御技术在民间的具体运用,对研究古代军事思想有重要的参考价值,它也是民间建筑技术的集中体现,从现存碑刻和地方文献中发现,许多古寨堡的设计和建筑都曾经引进了外地工匠,把外地的防御经验和韩城合阳特殊地理空间相结合,吸纳了最广泛的民间智慧。在今天社会发展的进程中,古寨堡的旅游价值和民间文化象征意义颇值得关注,成为山陕村落保留下的引人注目的景观遗产。

五　诗意环境、理想居处——美意的空间

中国传统文化和建筑的精髓之一在于对生命的珍重,对人生的热爱,"贵生"成为传统聚落营建的一种重要的价值观。崇尚"返璞归真",崇尚"无为至上",尊重自然,尊重人格,这些中国民间文化的深层意识也深深渗入到了作为物质建筑的聚落之中。村落作为人的生命存在的一种空间形式,渗透着乡村民众的田园乡土之情、家族血缘之情、邻里交往之情等丰富的情感内涵。乡村聚落的形成是一个自然而缓慢的过程,作为民众智慧长期积累的结晶,作为东方农耕文化的载体,它包含了对历史困惑和现实生存以及环

境问题的适应和解决,包含了对聚落中共同生活方式的认可①。在诸多村落意象里隐含着血缘亲情和浓浓的乡情,让人觉得它是那样地亲切美好。当你走过山陕村落,举目远望,村内村外水系所形成的溪畔、桥头、街巷、井台等生活空间,布局合理,古朴大方,环境生机勃勃,极富有人情味。村头古树、村中空地、寨尾凉亭成为村民们谈天论地、亲密交往的场所,而神庙戏台、宗族祠堂是人们祭祀的场所,是宗教活动的中心,成为村落精神信仰的寄托,使乡民产生心理上的归属感。由于对自然的珍重,对环境的认同与民间聚落形成同一性,加强了聚落成员对以村落为代表的民间文化的认同感。

意境是人与环境、情感与物象、时间与空间的统一,只有在协调统一的条件下,在具有完整形式的环境空间中才能产生,然后在潜移默化中影响和作用于民众的生活方式。山陕村落意境在整体上具有粗犷浑厚、质朴自然的特征,它与该区域悠久的历史,广袤的黄土高原相适应,无论是自然景观还是人文景观,形成了令人惊叹的大意象。周路在《黄河流过的村庄》以饱蘸情感的散文笔调写下了这样一段:

　　"你晓得,天下黄河几十几道湾?我晓得天下黄河九十九道湾!"这高亢有力的信天游,自有人类在此居住,便一直环绕在高原河川。黄河自内蒙鄂尔多斯台地急转向南奔驰而来,可谓一泻千里,滔滔不绝。黄河流经陕北黄土高原,一座山崖一处弯道,一处弯道一块滩地,一块滩地一处人烟,人口聚多了便成了村落。不知从什么年代开始,黄河沿岸的村落已星罗棋布,如今的人们也说不清祖上多少代开始在此生息繁衍,但史学家公认这是中华民族五千年文明的发祥地。②

①　参见金涛等《中国传统农村聚落营造思想浅析》,《人文地理》,2002年第5期。
②　周路《黄河流过的村庄》,原载《文化时空》,2002年第7期。

　　作者以摄影形式记录了黄河流经延川县土岗乡的三个村庄：伏义河村、小程村、清水关村。其实，这样的村落在黄河"九十九"道湾里比比皆是，在这里你看到的不是文人笔下的小桥流水，也没有想象中曲径通幽的苏州园林，而是与大河、高原、与黄土融为一体的乡村聚落。传统的理想村落以田园山水、青山绿野为背景，与自然环境融为一体，表面看上去朴实无华，内部构造却形态各异、耐人寻味。乡村聚落的营建往往强调某种精神的体现、情感的表达，反映出中国以意为美的艺术审美观。山陕两省地处黄土高原，许多地方"十年九旱"，除个别村落临河、临溪或有泉水外，村落景观往往缺乏自然之水的点缀，但村落中的天池或曰涝池弥补了这一缺陷。天池是常年缺水的村落中为了充分蓄积雨季雨水所挖的池塘，池塘的位置往往建在村落的低洼处或者神庙的背后，平时村民洗衣建房、牲畜饮水都来自于它。有的池塘建在神庙背后，如陕西合阳上清村的戏台面对着神庙，戏台背后就是结实、幽深的涝池，神庙戏台演戏时，涝池增加了其音响效果，关键时刻还可当作神庙预防火患的蓄水池。在晋南襄汾县的盘道村，每隔几年就有在涝池里举行的擂台比赛，村民们在涝池中央用木头搭起平台，平台上撒满稀泥，参加擂台比赛的都是约十五、六岁的青少年，以把对方推到水里为胜，他们凭着高超的摔跤技艺和游泳技术参加比赛。四邻八乡的上万观众都前来观看，为他们的精彩表演喝彩。涝池的擂台赛成为黄土高原后生们健身强体、增强抵御大自然能力的独特的竞技项目。由于这些池塘的存在，给干旱贫困的黄土高原民众带来了波光云影、垂柳蛙声，为村落景观凭添了几分灵动的色彩，真可谓一池多能！正如绘画中"绘水绘其声，绘花绘其馨"，"未画之前，不定一格，既画之后，不留一格"，意境的完美，是中国传统农耕文化追求的最高境界。一些擅长山水诗画的文人常参与古村落以及乡村园林的创意和规划，提高了古村落的意境内涵。山陕家族村落普遍盛行的"八景"、"十景"、"十二景"构成了一幅幅村落山水画，表达了"山深人不觉，全村同在画中居"的意境。如陕西合阳县团结村，原名其南村，1966 年"文革"初期改为现名，村里长久流传着一首歌谣："真山真水绿草滩，立在高处把景观，舟船来往永不断，大河滔滔过潼关。"该村整体背景呈"龙腾虎跃"之势，村子周围寺庙塔楼与村内标志性景观结合在一起好似图画一般，构成了"其南八景"：秦驿古道、普济晨钟、通天古槐、圣池金马、三楼耸翠、独木单桥、南湖烟柳、十里阴城。陕西韩城党家村的"十二景观"是：古堡朝霞、梁山夕照、泌水毓秀、文星彩虹、节孝碑雕、护家楼阁、恕轩窑洞、老井甘泉、庭院彩楼、屋宇澄清、二仙峰举、村容如舟，既有自然景观，又有人文景观，世俗与神圣交融互渗，微观与宏观有机结合，有的为实景历历在目，有的为意象需心领神会。村落意境美除了体现于聚落与毗邻环境的完美和谐，为了达到创造特定的空间气氛或意境的目标，乡村聚落在建筑群及空间秩序的组织上往往通过构图规律的运用和艺术手法的斟酌，达到自然意象和人化意象二者的结合，实现表情达意的目的。

在历史沿革较长、传统文化保护较好的山陕两省，村落的景观层次及其内部空间秩序并不是均值化处理，而是有层次按序列地展现出来。村落的主要空间序列表现为村中央、居住区、村边、村周等几个层次，而这些层次又以中心点、巷道、小径、结点等连续性的实体标志物使空间层次整齐而富于变化，产生起承转合的韵律效果。走进农家的独家小院可以看到民居的设计也是如此，既重视整体的神韵气度，又重视局部的雕琢趣味，院落里的砖雕、木雕、石雕构成了一个民俗艺术的展览馆，不仅单个部件的造型变化多样，而且群体的空间序列也丰富严整。庭院的排列、结构的穿插、门窗的位置、房屋的高低均能让人感觉到韵律的起伏跌宕。民居中的青砖灰瓦与密密匝匝的房顶装饰物大疏大密，置放在黄色高原的背景之下，体现着传统村落的整体章法，气韵无尽，"意足不求颜色似"，在村落的空间结构里，神庙寺观、民居屋墙映衬着大面积的黄土和片片绿树,在素朴自然中给人以无穷回味。

村落是乡村民众政治、经济、文化、生活的广阔舞台,自古以来也是乡村民众精神的栖居之地,它通过自然环境和人工建筑的相互结合,以其相对简洁的造型、因地制宜且生动活泼的布局表现出了人与自然、建筑与风景、塑造与未塑造诸多因素之间的和谐。传统以其小尺度和富于变化的特点提供给人们体验的空间和形式语言,蕴含着民众的经济原则和生态观念,村落建筑从现代绿色生态建筑的角度看,属于"原生态"建筑;从中国传统哲学强调的"天人合一"的思想来看,它是人、建筑、自然三位一体,相互协调、和谐共生的典型范例,其中凝聚了民众天人合一、美善合一、神人合一的思想观念,给生活在现代的人们以多方面的启发和思考。

在农村社会现代化进程中,村镇建设被提到了议事日程上来,村镇建设的规划设计要体现出地方性和时代性,还需要有独到地构思和创新,但创新并不等于标新立异,而是扎根于传统的文化土壤,只有立足于传统才能够面向现代。当然,一方面我们应该看到传统村落民居的营建观和生存经验是自给自足的小农经济和宗法社会条件下的产物,其中体现的封闭保守、固步自封的意识以及尊卑贵贱的身份等级思想与当前新型的较为开放的社会形态不相适应,与地缘群体、姻缘群体社会所要求的频繁的人际交流和平等自由地尊重个人的价值观不相适应,这些都应作为传统历史文化积淀中的消极成分逐步摒弃;另一方面,作为一份丰厚的民间文化遗产,传统村落曾经从物质基础和精神象征上维系过乡村的历史与村落相关联的全部文化,渗透着民众朴素的天人合一、人与自然和谐相处的文化思想,由此呈现在乡土人文景观中的血缘亲情、故乡真情、田园情趣、生活情态无不反映着乡村民众对生命的关爱,这正是现代工业文明社会所需要吸取和借鉴的①。在当前村镇规划

---

① 参见金涛等《中国传统农村聚落营造思想浅析》,《人文地理》,2002 年第 5 期。

和环境设计热中,有一些值得注意的倾向,如无视地方性、冷落传统性,到处套用现代流行建筑时尚,不顾普通民众居住生活的基本需求,反而堆砌一些不伦不类、华而不实的人造景观等,这些都与我们所拥有的深厚民间文化传统相悖离,值得认真反思。中国农村聚落应着力营造出一个舒适、安静、祥和、朴实的人居场所,体现着人类创造的价值和理想,形成人、自然、社会、文化、建筑物相互联系的网络,使之浑然交融,由此所体现的内在实质表现为人居环境的生态、形态、情态和意态的有机统一,这正是乡村聚落能够适应现代社会、服务现代人生活需求的价值所在。

第七章　黄河中下游村落
类型与设施

　　村落是农耕文明的伴生物,是人类适应定居生活而选择的聚居方式,黄河中下游是华夏先民最早开发的聚居区之一,乡村聚落的形成发展有悠久的历史,存在着许多历史村落。同时黄河中游的黄土高原区地形复杂,既有平川又有沟壑,既有黄土高坡又有崇山峻岭,这使得村落选址与结构形态具有多样性特点。同时,不同文化亚区由于特殊的生态环境和文化心理制约着村落建构方面的文化选择,村落意象的构成标志烙上了鲜明的区域特色。村落意象是"指村落中那些有着确定含义且目标突出的物"①。它在外观形式上有明显的空间特征,在文化内涵上有着独特的感觉形象,渗透着民众社会心理和情感愿望,在黄河中下游的山陕地区,村落意象的突出标志是寨、堡、老井、涝池,这些标志物的选择与营造,不仅有重要的实用功能,而且渗透着乡间民众的建筑思想,是乡村民众重要的生活场所,围绕着它们发生过一幕幕史剧,留下了一部鲜活的民众生活史。民俗学学科具有熟悉村民日常生活的天然优势,探讨物质世界与精神世界、村落习俗与民众心理的结合是村落民俗文化研究的应有之义。本章将在总结黄河中下游各种村落类型、村落意象的基础上,探析不同的村落类型与家族文化的关系,

---

　　①　刘沛林《中国传统村落意象的构成标志》,《衡阳师专学报》,1994 年第 4 期。

力图动态地、立体地展现乡村民众真实的民俗生活。

一 黄河中下游的村落类型

传统的古村落按照不同的标准可以划分为不同的类型,刘沛林《古村落:和谐的人聚空间》概括出三种划分方法,第一种是按照成因来划分,包括原始定居型、地区开发型、民族迁徙型、避世迁居型、历时嵌入型等;第二种是依据所处地理位置划分为山地型、平原型、山麓型、临水型等;第三种是从功能特征入手划分为防御型、农耕型、山水型等①。传统的乡村聚落分类通常是以特定的需要出发,选择其中一项或几项特征为基础,拟定适当的指标而作出的。我们认为黄河中下游的乡村聚落,一方面依据特定的地理环境呈现出不同的形态;另一方面与该文化亚区的社会结构、经济形态运行特点相适应又显示着不同的社会文化功能。因此,从地理形态和社会功能来考察更有利于发现其本质特征。

1.黄河中下游家族村落按照地理形态特征来划分,分为密集型和分散型两大类

第一类,密集型。主要分布在平川地带,出现于人口密集的旱作农业地区,这些农业地区由于天然的地理优势,有着悠久的开发历史,村落紧相毗邻,村落中民众多代居住于该处,人口数量较多。当我们在同蒲线上乘坐火车由大同到运城观察沿途的村落,会明显看到,晋北、忻州地区的村落分布稀疏,行人较少,未免透出几分荒凉,自北向南村落逐渐增多,到达临汾地区、运城地区会看到,一片片绿荫掩映下的村落炊烟袅袅,鸡犬相闻,密集地汇聚于晋南盆地,是那样热闹繁茂。在陕西关中一带,受周代"井田制"影响,村落造型和民宅奠基按照以"十"字为中轴,以"井"字形相隔,互相依

① 刘沛林《古村落:和谐的人聚空间》,上海三联书店,1998年1月,第56页。

托，界墙相连。整个村子以共同的街道为限，从"十"字中轴两边排列，房屋相连，户与户相接，呈"十"字、"井"字形并列，体现出寻求平衡、协调、统一的建筑思想，许多村落至今未能超越这种古代模式①。密集型村落具体又可以分为棋盘式、长龙式、杂散密集式三种。

　　棋盘式，特点是排列整齐，形如方阵，村内街道纵横平直，成直角相交，民居建造也大致相同，远处望去好似棋盘。处于黄河流域中下游的河南省原阳、封丘、濮阳等县的村落大多如此。山西晋南汾河两岸的村落，陕西渭河流域的村落，均因有黄河支流的灌溉之利，土地肥沃，村与村距离很近，村子内人口数量众多，出现了许多巨村，如山西省襄汾县的盘道村、高一村、尉村，其人口均在三千至五千左右。有的是同一个乡镇里几个村落紧密相挨，东西和南北的距离无大差别，甚至村与村的城墙仅一路之隔，这种村落称为"团村"，如山西省襄汾县汾城镇的高一村有南高一、北高一两个村，中黄村又包括南中黄、北中黄、西中黄。该县曹家庄乡的安平村有南安平、西安平、中安平。相李村有南相李、北相李。焦彭村也有南焦彭、北焦彭。这些团村均包含两个或两个以上的村子，节庆演戏往往联合筹办，日常交往也较其他村子更为频繁，其形制规模当形成于明代，至清代村落的各项设施都更为完备②。从家族构成情况来看，这些棋盘式的大村，往往是多姓杂居，各家族的力量势均力敌。虽然也不同程度地存在着家族之间的矛盾冲突，但总体上处于平衡状态，尤其是在新的社会历史条件下，大村的地缘、业缘组织发展较好，有效地扼制了家族势力膨胀，使之无法取得绝对优势地位。

---

　　①　杨景震主编《中国民俗大系·陕西民俗》，甘肃人民出版社，2003 年 5 月，第 56 页。

　　②　光绪版《太平县志》对以上村落建村筑堡的具体年代均有记载。

长龙式,是指在河谷或山川地带选址建村,依山傍水,靠近水源,依山地形体或河流走势建成形似长龙的村庄。如晋东南的郭峪村处于太行山南端的山谷之间,村前的樊溪河谷从北向东南蜿蜒而行,长达五公里,郭峪村就坐落在樊溪河谷中游的最宽处。从外形上看,郭峪村东西方向窄,最宽处约 350 米,最狭处约 100 米;南北方向长,最长处约 1000 米,最短处约 300米,整个村子形状呈长龙形,樊溪河从东北至西南恰似一条玉带从村前飘过。晋西黄河古渡碛口镇位于临县城南 48 公里的湫水河和黄河交汇处,因镇西南数百米的黄河上有波涛汹涌的大同碛而得名。整个古镇分为前街、中街、后街三个部分,前街紧连西头村是古渡口通往离石、汾阳、平遥的必经之地,主要是骆驼店;中街是集市贸易,市民大都集居于此;后街依黄河而建,位于堤坝之上,是停泊运输的地带,最为繁华。三街相连构成一镇,呈龙形排列在湫水河与黄河交汇的堤岸上,该镇所依靠的卧虎山腰建有一座壮观雄伟的黑龙庙,居高临下,俯瞰滔滔黄河,护佑来往船夫和两岸居民,庙宇与古镇形成了独特的人文聚落景观。河曲县的前川村位于晋西北黄土高原的东部边缘山区,周围沟壑纵横,沙坪沟、川壕沟、门前沟、后川沟注入郑家洼沟,郑家洼注入悬沟河,悬沟河又注入县川河,县川河最后注入黄河,只有前川村这一带地势平坦,形成一个小平川,与后川村相望,故得名前川,整个村子顺河谷而建,有 175 户,595人。在以上三个长龙式村落里,其家族构成情形不一,碛口是黄河古渡的一个码头,商人家庭居多,大多是杂姓。晋东南的郭峪村建村较早,但并没有成为郭姓为主的血缘村落,而是杂居着王、张、陈、窦、卢、马等姓,这些杂姓家族自明代就迁入了郭峪村,而郭峪村的郭姓只有少数几户,查其家族迁徙历史,都是清朝中叶从外地迁来的。我们认为郭峪村这种杂姓并存的状况其形成原因是,宋代、元代几百年间由于长期战乱不断,这一带居住环境恶化,使原来的单姓村受到冲击并逐渐走向衰微。进入明代之后,朝廷重视边防守卫,在山西与内蒙交界处陈设重兵,山西腹地从此没有少数民族的侵扰,人口开始回流,村落再度重建,进而形成了多姓共居的村落。而晋西北的前川村,因为处于边塞地区,地理位置偏远,清代建村时为吕姓家族居住,之后一直是吕姓为主。这说明地理位置偏远的村落其内部组织流动缓慢,其他家族很难插入,更难以在乡村权力中占据主要位置。

杂散密集式,分布于山、陕、豫的丘陵地带或河谷地区,多傍路、跨路或沿河逐水而设,远处望去,一个个大方块挤在一起,村子笼罩在片片绿树之下,走到近处细看,村子布局并不整齐,农户住房排列得也不整齐,顺着乡村大道往前走去,会看到三里一村,五里一庄,每村大约四五百户或二三百户不等。在豫西、豫北、豫南等地区称这些村落为"片村",一个行政村包括几个或十几个小村,如偃师县汤泉村位于邙山南侧,紧靠伊洛河川,相连在一起的片村就达十多个。这些村落大都顺应自然环境依地形而建,尤其是首先选择供水方便而且水源充足的地方,这些村落所处地区一般地下水比较深,打个深井不易,乡民大都环绕水井形成了居聚区,取水用水成为这类村落构成的一个重要因素。这些杂散密集式村落以杂姓居多,围绕着日常生活用水,围绕着岁时节日期间在村落神庙的各种祭祀活动,形成了相关的村规民约,对各个家族起到软控作用,使之和谐地聚居在村落这一地域空间里。

第二类,分散型。主要分布在山区高原地带或历史上发挥过特殊作用的地区。前者是指黄土高原地形复杂,沟壑纵横,塬畔交错,耕地面积极为有限,而且比较分散,往往在较为平整的地方住着一些农户,形成了自然村;后者是指黄河流域历史悠久,在历史上有许多地处要塞或中原与周边少数民族结合部,出于防御等功能的需要,建成了许多以寨、堡、屯、关命名的村落,这些特殊的村落也总是依地形而建,呈分散状态。具体来说,分散型村落又有下列一些类型。

山塬型,山陕豫的许多村落都是随山、塬、沟、滩、川的自然地形走势构筑村落,散布于山山岭岭,沟沟洼洼。民居大都为窑洞,这些窑洞在晋西北大都为石砌窑洞,在山坡上取土成院,再根据需要掏挖窑洞,用石头垒砌,非常牢靠结实。在陕北大都是利用黄土崖优势,打挖土窑洞。在河南卢氏等山区县里,民间流传着这样的谚语:"九岭十八岔,地在空中挂,方圆几十里,只住七八家。"在陕北地区,村落称谓中常用的字有沟、坡、梁、峁、砭、畔、台、滩、河、湾、坪、川、岔、塬、铺、岭、墕、疙瘩、圪堵等①。这些村名形象地反映了陕北的地貌地形与村落特征。

关隘型,这类村落均置于山河边塞要冲之地,山陕地区地处黄土高原,晋北、晋西北、陕北都处于与少数民族的接壤之地,山河表里,地形复杂,有高原丘陵,也有大河深涧,还有古渡山关,是中原之屏障,自古以来就是兵家必争之地,形成了特殊的村落类型。这些关隘型村落的地域分布大致有两种情况,一是处于内外长城线上,作为沿自然天险而修筑的长城的重要组成部分,如外长城一线的位于晋、蒙两省区交界处右玉县西北的杀虎口,天镇县的榆林口,大同市的镇川口,内长城一线的关隘如宁武关,代县雁门关,灵丘县的平型关等,这些关隘的村落多以堡、口、卫、砦、关等命名,构成了以军事防御为主要功能的关塞文化。另一种情况是分布于山陉关隘和渡口河岸,如太行山巍峨雄壮,层峦叠岭,平均海拔在1500米以上,是沟通山西、河北、河南的要枢,历史上称为"东西之巨防"。连绵的群山之中有几条断裂带,随河流弯弯曲曲,穿越山

① 参见杨景震主编《中国民俗大系·陕西民俗》,甘肃人民出版社,2003年5月,第48页。

脊,由于关道峭狭,车不能方轨,骑不得并驱,险峻难行,自古以来,晋、冀、豫之间仅有八处相通,称为"太行八陉",从南往北依次为轵关陉、太行陉、白陉、滏口陉、井陉、飞狐陉、蒲阴陉、军都陉。沿这些天险要塞建成的村落独具地方特色,最有代表性的是上党地区的太行陉,是河南通往晋东的一条重要通道,其路线是以河南沁阳水南关起,往北渡沁河,经太行南麓的常平镇、大口隘,直上太行山顶之天井关,然后经高平、壶关就直达上党地区,即晋东南地区①。娘子关距山西平定县城北边45公里,是控制着晋冀两省的中部通道,与太行井陉口相对,出井陉口往东就是一望无际的华北平原,所以这里历来就是兵家必争之地,战略地位十分重要。娘子关正是由于隋末唐初李世民之妹平阳公主带兵驻防,修筑城池而建成。娘子关上的两副对联为:"雄关百二谁为最,要路三千此并名";"楼头古戍楼边寨,城外青山城下河"。准确生动地概括出了娘子关雄踞要塞,城固池深,虎踞龙蟠的军事地理优势。现在看到的娘子关是明代嘉靖二十一年的遗物,关城南北长400米,东西宽150米,东南各开一座关门,连接关门的是坚固厚实的砖砌城墙,居民是明清"军户"的后裔,多为赵姓,也有保存的家谱,这些居民们说起他们祖先的历史,颇带几分得意与自豪。

　　自先秦迄明清,历朝历代,广置关塞,固守邦国,光山西疆内就多达一百六十余处,现在保留下来的也有数十处。从民俗学研究的角度出发,所关注的是由这些关隘所构成的村落以及与此紧相毗连的村落,它们与黄河中下游其他地区的村落相比具有独特的民俗文化特征。在千百年的社会进程中,人们一方面据关隘抵御外敌,从中获得某种心理上的安全感和自足感;另一方面关隘所处的天然封闭的自然地貌,给村民的社会交往带来严重的束缚和限制。关隘型村落中的血缘组织、生产形

---

①　参见卢有泉《山西古关隘》,辽宁人民出版社,2005年1月,第127页。

态、对关隘产生的膜拜心理与敬畏感、与关隘相关的许多历史传说、风物传说和风俗民情是其重要的文化内涵,都是值得重视的。

屯垦型,这类村落是由于历代统治者为了守边抗敌,在边塞要地或军事要地派兵驻守,战时打仗,和平年代就组织军队垦荒种田,久而久之这些守边将士携家带子,在此安家落户,形成了军队屯垦的村子。除此之外,还有庶民屯垦、犯人屯垦以及商人屯垦而形成的村落,以明清以来最多。山西许多村名留下了痕迹,如大营盘、二营盘、马甸、南屯、镇边堡,巡镇等。清初,清廷把从福建等地"撤藩"的将士分别置于河南南部的荒旷州县,计时授田,屯垦自给,形成了许多屯垦村落。

移民型,是指由外来移民构成的村落,这是由于战乱,灾荒等原因而形成的特殊村落,构成了黄河中下游山、陕、豫乡村社会独具特色的村落类型,从迁移的时间来看,主要是明代从山西大槐树迁移到河南、河北、山东等地的移民在移入地建成新的村落,也有的是民国年间遭受天灾人祸之后,灾民逃到异地他乡建成移民村。这些村落的选址大都在地广人稀的山区,如山西安泽县、屯留县就是移民村落最多的县份,也有的是建在交通便利之地,处在土著村的边缘或夹缝之间的移民村,如山西霍州的朱杨庄,距霍州城十五里,村中居民95%以上其祖辈都是从山东博兴县逃荒而来,村址是当地土著村废弃的汾河滩地。明代官方对从山西大槐树迁徙到河南的移民放宽政策,"先到占平原,后到占山岗",移民们在荒废的村落旧址或无人居住之地定居下来,形成了数量众多的移民村落,这些移民村落从选址到对迁移地文化的认同,从生活方式到民俗空间的重构都有着鲜明的特征,相关的移民传说故事、移民家谱纂修成为研究移民社区精神文化的重要内容,移民们伴随着艰辛的创业历史而形成的适应环境、开拓进取、吃苦耐劳、宽厚包容的精神成为他们创业治家的宝贵财富。

2.黄河中下游村落按照其内部家族组织及其显示的社会文化功能可以划分为单姓村、两姓村、杂姓村

　　单姓村,是同一姓氏的居民共同居住的村落,心理观念上认为他们都是同一祖先的后代。在这样的村落里,居民姓氏与村名吻合,如苏家庄、孟家庄、赵家沟等。同一姓氏的居民在村里占绝对优势,很少有外姓人,既或有个别外姓家族也是由于亲戚等关系后来加入的,被村人视为小户,形不成主体。但是,这类村庄里家族势力也比较明显,同一姓氏的村民们往往分属于各个支族,家族的各支、各门有的表面平和,有的积怨很深,有的明争暗斗,交织着种种矛盾。笔者2000年7月下旬赴陕西省吴堡县丁家湾乡丁家畔村实地调查,试以该村庄为个案进行分析。

　　丁家畔位于山陕大峡谷的吴堡县境内的黄河边上,是典型的黄土高原上的山区村落,隔河望去就是位于晋西临县的黄河古渡碛口镇。全村108户,438人,耕地1800余亩,自1999年开始退耕还林,山上栽种树木230亩,耕地面积减少,林区增多,主要农作物是高粱、糜子、玉米及豆类作物,由于干旱少雨,时常歉收,农业收入仅占经济收入的30%,经济收入主要靠红枣,占到总收入的70%。老人传言,该村始迁祖是从山西洪洞大槐树下来的,共兄弟三人:丁龙、丁虎、丁狮子,分别为大门、二门、三门的始迁祖。现在全村属大门的人口占40%,二门人口占20%,三门人口占30%。该村外姓人仅有两户,为薛姓和李姓。薛姓户主是薛开基(1933年生)是上个世纪40年代来到本村的,因家里是地主成份,混不下去,本人有大学文凭,就来到这里当教师,于1973年去世。家中现有老伴和其子女。另一户李姓,户主李凡迎(1932年生),也是上个世纪40年代从山西碛口镇李家山过来,是招赘来的上门女婿,没有改姓,靠做蚕茧丝买卖谋生,1978年去世。建国之前,该村除一部分富户经商做大买卖之外,大部分以扳船为职业,靠到山下碛口古渡一带黄河上拉纤运货过日子,所以本村艄公很多。也有一部

分是石匠,靠修窑盖房为生。进入新时期以来,本村青壮年有三分之一在外打工,有些家户是搞批发,做生意,靠运输谋生,我们分别对该村支书、教师、老农作了访谈。

村支书丁保年,生于1955年,属于丁氏大门,在管理本村行政事务之余,开三轮车搞运输,从县城运回日常生活用品,家里开有小卖部,家境比较富裕。他在兄弟四人中排行第二,大哥和两个弟弟都在本村,大弟媳原是该村民办教师,去年转正为国家正式教师。谈及本村丁氏家族各支情况,他说:"'天下丁姓不分户',姓丁的都相认为一家人,我们全村姓丁的分为三门,还有邻村下山畔的人也是本村后代,60年代下山畔的人每年清明节还上山来到我村,于三门的人一起上了祖坟,然后分别上各门的祖坟。"

丁探来,生于1944年,在本村学校任教,属于二门。他的大儿子已成家在外地工作,现家中有夫妻二人和一个女儿,他说:"现在当支书也要有家族势力,过去一直是三门、二门的人当支书的多,现在是大门的人当支书。"他能清楚地数出历任支书的姓名、任职期限,属于哪一门,兹列表详述:

任职顺序	姓名	任职期限	所属族门	备注
第一任	丁常有	1949－1958	三门	
第二任	丁恩海	1958－1963	大门	
第三任	丁喜昌	1963－1968	三门	
第四任	丁探成	1969－1976	三门	连续两任
第五任	丁雄昌	1977－1983	三门	
第六任	丁探成	1984－1988	三门	
第七任	丁焕昌	1989－1995	三门	
第八任	丁探来	1996－1998	二门	
第九任	丁保年	1998－至今	大门	

丁来庆,生于1937年,属于二门。17岁开始扳船拉纤,父亲、

爷爷也是以扳船为生。本人兄弟五人,老大在延安地区安塞县,已去世,老二、老三在新疆,本人排行第四,老五过继给了别人。全家三儿二女,大儿子生于1955年,因有病一直未成婚。二儿子生于1958年,媳妇因嫌家穷,离婚后另嫁他人,留下两个女儿,媳妇另嫁时大女儿6岁,小女儿4岁,2000年大女儿16岁,小女儿14岁。三儿子,生于1960年,已成家,生有一女一儿。两个女儿一个随伯父在新疆,一个嫁于邻村。谈到家庭生活情况,丁来庆感慨万千,满腹忧伤,他说:"我们村虽然都是姓丁,但是二门最穷,从老人手里就穷,解放前在黄河上扳船的全是二门、三门的人,大门的财主多,念书的人多,做大买卖的人多,解放后确定成分,全村三四户地主、富农,全是大门的人,大门的人普遍家庭经济条件都比较好。我现在这么大年纪了,不仅要自己种地谋生,还得照管大儿子,另外二儿子和孙子、孙女也得我们操心。70年代,村里开展农业学大寨运动,大造平原,我的腿被山坡上滚下的大土疙瘩压伤,直到现在每逢天阴下雨就疼痛难忍,不能干重活,找村镇领导,他们对这件事一直拖着不管,不了了之。"

当我们爬山涉水来到陕北黄土高原偏僻的小山村,走进一个个普通村民的家庭时,会惊奇地发现,这里并不是世外桃源,没有身居城市的作家们所想象的悠闲舒适的生活,有的只是贫瘠的山坡地,稀疏干旱的庄稼和农民俭朴困苦的生活。这一单姓村的家族关系与矛盾或隐或显,呈现着复杂的状态,在以上访谈的三人里,分别代表着乡村基层干部,作为乡村精英的知识分子和普通村民三种民间力量。作为基层干部的村支书丁保年谈话的内容着眼于全局,是从维护全村团结安定出发的。作为教师的丁探来倒是说出了本村微妙而真实的家族关系,该村并没发生过大的家庭冲突,但在乡村权力和家族观念中表现得也很明显,丁探来说:"本村每一门的人都希望本门的人当支书,他总是向着本门人的。遇到谁家办红白喜事,也是本门帮忙的多,别的门的人也去,但很少。"

至于丁来庆老人,生活确实艰辛,更主要的是因参加上世纪生产队集体劳动腿部负伤,其抚恤照顾一直未能落实。这使我们看到在乡村基层社会保障无法兑现的情况下,乡村家族的抚助也显得软弱无力。分析其原因不外乎丁来庆所属的二门也大都是贫困户,无力相助,只有在新疆的同胞兄弟能帮帮他,而从整个丁家畔来看,这个村的人确实都是拥有同一祖先,甚至在繁衍了几代的时段内仍然是一个严格意义的家族。随着社会的变迁,这个初始家族的分子越来越多,村落规模越来越大,村落始祖的香火传至十几代之后,较远的分支之间的关系就越来越淡薄了。虽然从村民到支书都认同并强化着这种血缘关系,口头上都说"我们是同一祖先的后代",但实质上这种拥有同一祖先的家族意识已成为一种心理积淀和习俗意识,只在心理观念上起作用,而在村民实际生活中微乎其微。对于丁家畔来说,严重的问题是无论哪一门的人任支书,作为国家基层组织的村党支部,对丁来庆这样的困难户都要想想办法扶植他。

　　两姓村,由两个家族共同居住而形成村落,从村落形成的历史来看,往往是由单姓村演变扩展而来,一种情况是某一个家族扎村之后,繁衍起来,接着又来了另一个家族,逐渐形成了以两个家族为主体的村子;另一种情况是联姻,如陕西韩城县党家村,先有党氏家族驻扎,后与贾氏家族联姻,成为以党、贾两个家族同处一村的两姓村。后者因为有这样那样的姻缘关系,所以两大家族相处和睦,家族矛盾不太明显。而没有姻缘关系的两姓村,家族与家族存在着复杂的矛盾纠葛,随社会变迁而时隐时显。兹以大学生侯翠花的一份民俗调查资料为例予以分析①。

---

　　①　侯翠花,女,文化程度:大学,山西师大 9201 班学生,原籍山西平遥县。此项民俗调查是她依据对自己出生地畅侯村的调查写成的。

"两姓村"的故事

我们村原名叫畅侯村,远远近近的人们叫惯了就一直称之为"两姓村"。村里有两座庙宇,一座在村子的东南角,属于畅姓的;另一座在村子的西北角,归侯姓所有。

听老人们说,很久以前,这个村子仅有两户人家,一家姓畅,住南街;一家姓侯,住北街。姓畅的很有钱,也很霸道,肚里坏水多,常常欺侮忠厚老实的侯姓。姓侯的憋着一肚子窝囊气,横横心,把门锁上,带着全家挑上家当上了山。在山上一边开荒种地,一边靠手艺织毛口袋挣钱过日子。由于为人厚道,买卖公平,所以生意越做越好,越做越大。五年后,他挑着家当,装着满口袋的银洋下了山,回到村里修房置地,日子越过越兴隆。编织手艺成了侯氏家族的传家宝,直到今天方圆百里的人们说起我们村的口袋来,都要竖起大拇指夸赞。我们家到我爸那一代还织,不过到我哥这一辈就没人再学了,技艺濒临失传,爷爷说起来老是遗憾。

到了清朝年间,姓侯的家族里出了一个人叫侯万年,从小聪慧,学习刻苦,考上了县官。至此,侯家无论从经济实力还是社会关系上都压住了畅家,畅家的气焰再也不象先前那么嚣张了。侯、畅两个家族在村子的布局是分别占着南北的一半,家族力量也大体势均力敌,到现在还是这种格局。也许是由于历代的宿怨,侯畅两姓至今不通婚,北村的那些侯姓老人们一说起畅家的人来,都认为那边的人没一个心眼好的。

"两姓村"庙宇的修建,西北角那座庙是侯万年修的,老人们说侯万年娶媳妇的时候,轿子摆满了三道街,亲朋好友贺喜送的布匹绸缎一块挨一块摆满了两道街。侯万年得了头一个儿子的时候,在村子的西北角修了西庙。姓畅的气愤不过就在村子东南角盖了南庙。"十年文革"期间,西庙被砸了,改修为学校。南庙被保存下来,对面的戏台成了批斗人的场所,畅氏家族的人掌了权就把侯氏家族的人拉到戏台子上批斗;过些天侯氏家族的人掌权了,又在戏台上批斗畅氏家族的人,反反复复地闹腾,把整个村子闹得鸡犬不宁。

"两姓村"一直以侯畅两姓为主,后来虽然陆续迁来一些外姓人,但都住在村子边上,成不了气候,村子里 90% 的是侯畅两个家族的人。说来也怪,直到我们这一辈,虽然从小学到初中,侯畅两个家族的子弟都在一个学校读书,但深交的很少。老人们都说,这两姓人从小家传就不一样,怎么能合到一块呢?我当然不信这种说法,可直到现在,事实就是如此。

在这一篇村落民俗调查资料里,调查者与撰写者是当地人,是其中一个家族的成员,这使得她十分熟悉该村的民俗生活,写出的材料有真实感和现场感;另一方面由于她是侯氏家族的一员,在叙述侯畅两大家族矛盾纠葛时未免带上浓浓的主观色彩,甚至有攻讦对方的词语,如"姓畅的很有钱,也很霸道,肚里坏水多","侯姓老人们一说起畅家人来,都认为那边的人没一个心眼好的","老人们都说,这两姓人从小家传就不一样,怎么能合到一块呢?"而谈论起本家族历史上的精英人物如侯万年,流露出了赞赏的态度。撇开讲述者的主观情感,对类似畅侯村这样的两姓村进行冷静的分析,可以说,在两姓村里家族与家族之间的矛盾成为主要矛盾,而同一家族内各门、各支、各阶层的矛盾降为其次。在这类村庄里往往形成家族与家族互相对峙的状态,村民们也必须依靠本家族的势力才能不被欺负,在社会现代化进程中,当务之急是协调好家族与家族、家族与基层政权的关系,使之良性运行,朝着健康的方向发展。

杂姓村,是由最初的几个家族共同居住发展而成的,"整体上呈现'大杂居小聚居'的居住分布状态,同一姓氏的村民居住在村落的同一方位,仍然保持着'聚族而居'的特征"①。从北方村落的家族构成的实际状况来看,杂姓村的数量远远多于单姓村或两姓村,而且其地理分布的情况一般是单姓村往往在偏远的山塬沟寨,杂姓村大多在平川交通便利的地带,溯其渊源,这和北方历史上长期存在着民族间的战争有关。

地处中原边界的北方乡村战事频繁,人口损伤严重,以家族为单位的血缘组织迁徙不定,常常是多个家族汇聚在一个比较安定的村落共谋生存,所以形成了许多杂姓村。山西介休县龙凤乡的张壁村,据南门外关帝庙里保存的康熙五十年(1711)《关帝庙重建碑》和康熙五十九年(1720)《增修墙垣墁院碑》两通碑刻的碑阴所载捐助人姓名,除了张、贾、靳、王四大姓之外,其他姓氏多达四五十个,村子的重大事务不是由家族组织为单位完成,而是由村长、乡约、保正、纠首等主办,地缘群体组织发挥着重要的作用。

山西襄汾县盘道村是个拥有三千余口人的大村,也是姓氏多达三十多个的杂姓村,按各姓人口多少排序,前十位的是,曹姓为首,758人;郭姓次之,463人;段姓人口居第三位,275人;后面有刘、张、原、崔、吉、李、贾等姓,人口都在百人以上,其居住方位曹姓最多,散布于全村,段姓居住在村子的东北角,原姓居住在村子西北角,郭姓居住在村子南边,其布局都形成了一条深巷,村民们编的姓氏歌曰:"曹遍村,段一角,原家胡同郭家巷。"在杂姓村里各宗族之间的关系呈现着复杂的状况,一方面宗族伦理对同族成员的行为选择起着重要的导向作用,他们认可同一姓氏的村民有着或远或近的血缘关系,遇有红白喜事等,同姓人来往得更为密切。另一方面,各大姓之间形成相互制约,很少有某一大姓或某一宗族长期把持村政要职,这在客观上形成了各大姓之间关系的平衡,而且

---

① 黄涛《村落的拟亲属称谓制与"亲如一家"的村民关系》,载《中国人民大学学报》,2001年第2期。

在大多数情况下异姓宗族也不乏合作的利益基础,他们出于地缘互助关系,或缘于同学朋友关系而结成亲密的地域性团体,有的甚至拜把子,成为结拜兄弟,其子女也以拟亲属称谓的"爸"、"妈"来称呼对方夫妻。遇上红白喜事或盖房起屋的大事他们一拥而上,鼎力相助,显示出比同血缘的亲属更强的互助力量,或者说他们与具有血缘关系的家族力量在家族大事上所起的作用至少是"平分秋色"。他们之间的互助关系是由于同处一个空间单位,生活中需要互通有无、相互帮助而形成的,实质上是地缘关系,在这种情况下,同一家族的血缘关系更多地只存留于观念或情感中,失去了固有的主体地位。杂姓村由地缘关系结成的团体,在村落基层政权的选举中,也动摇了原先以宗族关系为上的习俗心理,呈现出复杂的状况。山西文水县胡兰镇伯鱼村现有人口3900多人,是一个杂姓大村,主要有十大姓:吴马高解张,梁彭曹申卢,历史上,各家族为了在村内占有优势,都谋求与政权结合,争取在村政权中占有一定的地位。村中的老爷庙作为乡村权力的象征,显示了该村各家族的力量,村内各姓依据在村中的财势和声誉,在老爷庙按序供奉着各种神祇,马家在大殿正面供奉关公,解家在庙宇西边供奉阎王,吴姓、高姓、李姓在东边供奉观音。各家族之间的敌对、竞争进入新时期后,随着社会的变迁,得到缓解与松动,由地缘关系而形成的同学、朋友关系直接冲击着原有的宗族血缘关系,山西师大2002级学生解艳敏作为亲历者见证了该村村干部的换届选举过程,反映了杂姓村家族关系的微妙变化[①]。

　　　　记忆犹新的一次选举是1998年村干部的换届选举。当时,我在刘胡兰中学读高三,正准备吃午饭时,一辆"松花江"开到我们女生宿舍区,本村一梁姓的男同志是我小学时的同

---

　　①　解艳敏,女,山西师大文学院2002级学生。参见其本科毕业论文《文水县胡兰镇伯鱼村解氏家族习俗研究》,指导教师:段友文教授。

学,他来接我们几位在高中读书的人回村参加选举。在车上他跟我们说清了此行目的:村里正在选举,现在有两位候选人,一位是我同族的叔叔,一位是这位梁姓小学同学他爸爸。他希望我念在同学的情份上,念他爸平时在各方面对我们家的照顾上,投他爸一票。回到村里,我们直奔选场——学校,场面是前所未有的严肃:一圈课桌井然有序的排成一周,供人们填写选票,课桌后有乡里来的干部监督着,在出处的桌子上放着一个投票箱。人们一个接一个地非常认真地填写选票,又把代表自己意志、并希冀能给自己家庭带来方便的选票投入选票箱,再看投票区周围,很多平时大门不出、二门不迈的老年人、刚结婚的新娘子、户口还在村里的外村媳妇都被接到现场。两位候选人各自穿梭在人群中,问候、寒暄着,虽表面上语气平和,但心底却无不为自己能不能中选捏了一把汗。在校门口可以看到的各自所雇的车辆迎来送往着一位位选民,两位候选人都发动了自己所有力量,利用自己所有的资源来争取选票。

　　在这种选举中,最令人感到头疼的是平日得到过两位候选者照顾的人,包括候选者本家族的人和家族之外受到照顾的人,前者看着自己本门的人入选,心里当然高兴,想想一旦有自己的人是"头儿",平时做事方便,自己面子上也有光。可是话又说回来,平时另一方候选人对自家也是百般照顾,从没有为难过自己,选自己的族人,觉得对不住另一方。实际上自己选谁没有别人知道,只是自我良心上进行着较量争战,认为两方面都不能对不住。结果就看受到谁家的照顾更多些。实际上选举与否,一是参照先前受到的恩惠,二是看游说者的许诺,选举结果就是权衡好处的结果。

从上述个案中可以看出,杂姓村里宗族组织较弱,宗族观念正在逐渐淡薄,而以地缘关系结成的邻里乡亲、同学朋友团体的作用正在上升,在村政权选举这件大事上,尽管选举涉及到方方面面,但实际利益是贯穿其中的因素。家庭联产承包责任制实行之后,村民们一方面需要求助于传统家族力量来获得自己需要的资源,解决生存中的难题;另一方面,如果靠宗族力量并不能给自己的家庭带来实际利益,或者同一宗族的人对其利益不管不顾,就只能偏向于地缘关系的一边。

二　村落防御设施:寨与堡

人类村落选址最为重要的两个条件是自然环境的物质因素和由此带来的精神信仰。前者包括土地、水源、能源等因素;后者是由自然环境及生产生活方式促发的人类精神信仰,如选址中的风水观念、祖先信仰、村落俗神崇拜等。黄河中下游的山、陕村落除了上述特征之外,更为重要的特征是具有防御功能,从村落外观上看,许多村落都有围墙,村子城墙上开一至四个大门不等,民居和各种神庙就建在城墙之内,上千口村民们居住在这样一个特定空间限定的"村子"里,从而获得了安全感。许多村子在主村之外都另外建有寨或堡,形成以防御功能见长的堡垒式村落。在地方文献和山陕乡村民众的口头叙述里对这些堡垒式村落都有习惯性称谓,在陕西一般称"寨"、"寨子";在山西通常称之为"堡"、"堡子"。从地理位置考察,寨子一般建在悬崖峭壁或四周为沟壑的险要之处,堡子是在地势较高处夯土筑城,再在围城外挖掘壕沟而为之,这些寨、堡与其归属的村落连在一起,形成了山陕地区村落密布、寨堡林立的景观。追溯这些寨堡建造的历史,发掘与寨堡紧密关联的风俗民情,复现发生在这寨堡里的一幕幕史剧,以了解特殊年代普通民众的日常生活应是民俗学视野下村落研究的重心。

1. 山陕寨堡修筑的历史

寨堡的起源最早可以追溯到尧舜时期,据多种史料记载,当时以定居为标志的农业文明初步形成,尧派鲧堆土作城,《吴越春秋》曰:"鲧筑城以卫君,造郭以守民。"《淮南子·原道训》记载更为详细,说明鲧所筑城墙的高度为"昔夏鲧作三仞之城",意思是说鲧筑的城为三仞之高,其高度按周朝的长度单位推算,一仞为八尺,三仞得两丈四尺;若按东汉的长度单位推算,也将近两丈。鲧所建造的虽然是都城,其目的是"卫君"、"守民",但无疑成为后世乡村筑城的先声。从文献资料和考古发现资料来看,聚落筑城有阻挡水淹、防止野兽侵扰、抗击敌人进犯等多方面目的,愈到后世,防御外敌入侵就愈成为村落最主要的甚至是唯一的功能。

山陕寨堡的兴起还与两汉魏晋南北朝的壁、坞、垒有密切关系。《正字通》释:"壁,军垒。"东汉末年社会动荡不安,乡里亭制随着国家权力的瓦解而消失,居住在一个村落、一个地方的村民们往往以本村本族的名门望姓为核心联合起来筑垒自保,出现了拥有防卫设施的壁、坞、堡,《晋书》记载河东的雁门、太原、上党诸郡有垒壁三百多个,关中地区垒壁多达三千多个。三至六世纪是中国历史上的魏晋南北朝时代,这是一个战乱频繁、民生涂炭、社会动荡不安的时期,为了防暴避乱,人们结成社会集团屯聚本地,结寨自保,通常称之为坞壁,如河东汾阴薛氏数世聚族而居,据坞而守,关中也有程银、侯选、李堪、张横、梁兴、成宜、马玩、杨秋八个坞壁集团,"各有众千余家"[1]。十六国时期北方民族的刘渊、刘聪、刘曜、石勒、石虎等胡族带兵侵入中原,残酷杀掠,迫使北方汉民纷纷结坞自保,凡有胡骑践踏之处,坞壁伴随而起,战乱最频繁的地域也是坞壁最多的地方。

明清以前,尽管山陕地区壁、堡甚多,但大都是以名门望族为核心,或者要么有人在朝廷为官,要么是有人在各级郡府出任官吏的村落才能筑堡建寨。全面放开建寨限制的时间始自明代末年,

---

[1]　参见赵克尧《论魏晋南北朝的坞壁》,《历史研究》,1980 年第 6 期。

此时农民运动风起云涌,为了御敌自卫,山陕村落纷纷筑堡建寨。有清一代更是放宽了建寨的限制,建寨筑堡更为普遍。不过,深入分析山陕寨堡形成的具体原因和建筑时间,其区别还是很明显的。

陕西的"寨子",大多建于以下三个时期,第一个时期是明末崇祯年间(1628—1643)。当时匪患不断,农民起义此起彼伏,较富裕的村子要求建寨防御土匪侵扰,朝廷也放松了对乡村建寨的限制。如韩城的解家寨于明嘉靖二十二年(1543)在村子的东、西、北三面筑城,并分别建有三个城门,南边有险崖。又于明天启元年(1621)修筑了解老寨,又名"金城寨"。到了清代顺治九年(1652),因山中贼寇作乱,到老寨避贼路途太远,全村合议又修建了"小寨"①。第二个时期是清代道光年间,其原因是为了防御来自南方的太平天国农民起义军。第三个时期是同治年间,主要是为了阻挡发起于西北部的回民起义。合阳县张家庄保存的清顺治三年(1646)《重修秦驿山庙记》碑刻记载,张家庄的古寨子重修于清同治十一年(1872),那么实际修筑的时间应早于这个时间,古寨子在同治年间回民起义时为了保护村民安全、防止战火袭扰曾发挥了重要作用②。韩城党家村的寨子俗称"泌阳堡",创建于清咸丰元年(1851)。陕西省韩城地区经历了以上三次建寨高潮,形成了数村一寨,一村一寨,或一村数寨的规模,据《韩城史志》统计,明代有168 个,清代为 472 个,合计 640 个,现在保存下来的也达 125 个,这些寨子又可分为石寨和土寨,密布于韩城西部与黄河接连的地区。(见下图)

---

① 　程来运主编《今古解家村》(内部资料本),1999 年 11 月,第 20—21 页。
② 　参见张十老著《张家庄史话》(内部资料本),1998 年 3 月,第 66 页。

韩城地区寨子分布图

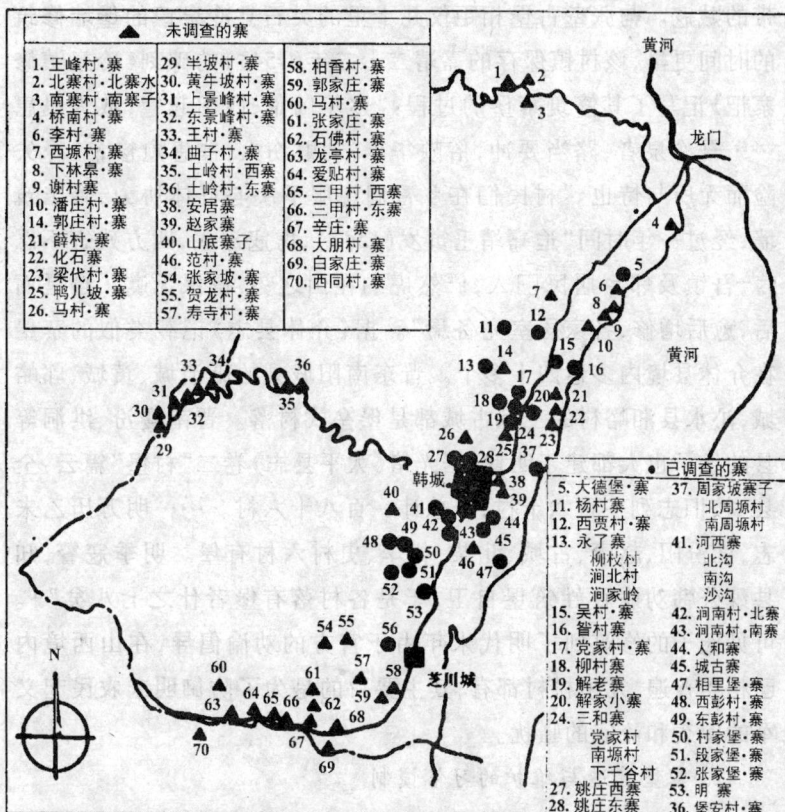

▲ 未调查的寨		
1. 王峰村·寨	29. 半坡村·寨	58. 柏香村·寨
2. 北寨村·北寨水	30. 黄牛坡村·寨	59. 郭家庄·寨
3. 南寨村·南寨子	31. 上景峰村·寨	60. 马村·寨
4. 桥南村·寨	32. 东景峰村·寨	61. 张家庄·寨
6. 李村·寨	33. 王村·寨	62. 石佛村·寨
7. 西堖村·寨	34. 曲子村·寨	63. 龙亭村·寨
8. 下林泉·寨	35. 土岭村·西寨	64. 爱贴村·寨
9. 谢村寨	36. 土岭村·东寨	65. 三甲村·西寨
10. 潘庄村·寨	38. 安居寨	66. 三甲村·东寨
14. 郭庄村·寨	39. 赵家寨	67. 辛庄·寨
21. 薛村·寨	40. 山底寨子	68. 大朋村·寨
22. 化石寨	54. 范村·寨	69. 白家庄·寨
23. 梁代村·寨	55. 张家坡·寨	70. 西同村·寨
25. 鸭儿坡·寨	56. 贺龙村·寨	
26. 马村·寨	57. 寿寺村·寨	

● 已调查的寨	
5. 大德堡·寨	37. 周家坡寨子
11. 杨村寨	北周塬村
12. 西贾村·寨	南周塬村
13. 永了寨	41. 河西寨
柳枝村	北沟
涧北村	南沟
涧南岭	沙沟
15. 吴村·寨	42. 涧南村·北寨
16. 督村·寨	43. 涧南村·南寨
17. 党家村·寨	44. 人和寨
18. 柳村寨	45. 城古寨
19. 睯老寨	46. 相里堡·寨
20. 解家小寨	47. 相里堡·寨
24. 三和寨	48. 西彭村·寨
党家村	49. 东彭村·寨
南堖村	50. 王家堡·寨
下千谷村	51. 段家堡·寨
27. 姚庄西寨	52. 张家堡·寨
28. 姚庄东寨	53. 明寨
	36. 堡安村·寨

资料来源:刘沛林《古村落:和谐的人聚空间》,上海三联书店,1998 年 1 月,第 51 页。

　　山西的"堡子",修建原因一是为了抗击外族侵略;二是为了防御明末李自成农民起义军的侵袭。修建时间大多为明清两代。晋中介休市龙凤乡张壁古堡,位于介休市东南十公里的丘陵地带,地势险要,易守难攻。据该村关帝庙保存的康熙五十年(1711)《关帝庙重建碑记》记载:"我等遭明末之时,贼寇生发,寝不安席。附近乡邻俱受侵凌。遇有贼寇来攻,吾堡壮者奋力抵敌,贼不能入。"可见,张壁村在明代末年就已有坚固的堡墙来抵御来自南部绵山一带的贼寇。与张壁古堡相距仅几十里的灵石县冷泉镇的堡墙修筑的时间更早,该村镇保存的嘉靖二十二年(1543)的碑刻《冷泉镇修寨记》记写了其修筑寨堡的过程:"迩年凶荒,西山起寇,数为民患……吾冷泉者,路当要冲,俗颇华丰,劫财伤人,罹患愈惨,盖缘失险而无所与恃也。"村民们在乡耆们说服下决心群体协力,聚工筑墙,经过一年时间"迨嘉靖壬寅岁(1542),房寇深入,四方残害不忍言,吾镇及邻乡居民□入,俨然虎豹在山之势,得保无虞。自是而后,愈后增修,各家居室完备焉"。据《介休县志》记载类似的寨堡在介休县境内多达四十多个。晋东南阳城县的砥洎城、黄城、郭峪城,沁水县湘峪村的三都古城都是堡垒式村落。晋南襄汾、洪洞等县的堡子也大都建于明代,据光绪《太平县志》卷二"村堡"篇云:全县"按旧志列一百六十村,今总计一百八十六村。……明万历乙未志,惟汾阳、赵康、古城、北柴、相李、史村六村有堡。明季寇警,知县魏公韩劝谕百姓筑堡自卫,于是各村落有堡者什之七八矣"①。可见堡子的修筑到了明代末年由于官方的劝谕倡导,在山西境内已相当普遍,几乎村村都有,其主要目的是为了防御明末农民起义军的侵袭和流寇的骚扰。

　　2. 寨堡建造与维护的习俗惯制

　　山陕寨堡的选址有的是在河畔或沟边的险要处依势而建,三面环沟,一面土夯或石砌,作为与主村连接的通道;有的是平地起墙,堆土夯墙,形成高约10米、宽约3米的土墙,远处看去十分坚固厚实。寨堡的面积依所容纳的人口和地理位置大小不等,从下列实地调查得到的资料中可以概略了解其形制规模:

　　山西介休张壁古堡南北244米,东西374米,周圈总长大约

---

① 光绪《太平县志》,《襄陵县新志　太平县志合刊》,襄汾县志编纂委员会,1986年1月重印本。

1300 米。

山西沁水县湘峪村三都古城堡东西长 280 米,南北宽 100—150 米,占地面积约 32500 平方米。

山西阳城县郭峪村城堡高 12 米,阔 5.3 米,城周 1400 米,城内面积 179000 平方米。

陕西韩城党家村的泌阳堡,是在咸丰元年(1851)由村中富户集银一万八千两,在村东北塬头就势修建,占地 24000 平方米。

陕西韩城张家庄古寨子,据前引《重修秦驿山庙记》碑刻记载,占地约 24600 平方米。

陕山地区寨堡修筑的过程,往往是村内殷实之户发起,全体居民参与,有钱者出钱,贫穷者出力,或寨堡建成之后通过承担守更等劳役抵之。如山西阳城黄城村是由陈氏家族出资于明崇祯五年(1632)修起了高达七层的河山楼,之后又环绕全村建起了高大的城墙。郭峪村是个杂姓村,于明崇祯八年(1635),依靠全村人力量修筑了郭峪城堡,由于郭峪村地处晋豫交通要道,剃头匠、裁缝匠、木匠、纺织能手等各种行业、不同姓氏的人汇聚在这里,使该村在遇有外敌侵扰的特殊历史时期,地缘意识大大超过了血缘意识。陕西韩城党家村的寨子"泌阳堡"建于咸丰六年(1856),是由村内殷实之户共同发起,在村子北边的坡崖上用地 36 亩,规划宅基地50 户,谁家要庄基,须预付纹银 500 两,由村上统一建造。镌刻于咸丰六年(1856)的《新筑泌阳堡碑记》详细记写了修筑过程:

> 是役经始于咸丰癸丑之秋,抄夫余庄户繁地隘,历有年矣! 何迟之又久至今始筑斯堡?盖里有仁风,俗尚醇厚,聚族此间,相与依依,不欲咫尺离也。今则俗尚犹是,而时势迥殊,数年来结伴掳掠,□□后所在多有。迄癸丑山西曲绛诸境扰攘尤甚,声震韩原陕西。
>
> 上古有版筑自卫之论,明又及于乡曲,余庄思御无善策,□族诸者谋兴斯举,而乐从者众,于是若者审曲面势,若者庀

材鸠工,各竭其力,所能为而□辞其□,至丙辰夏而其工竣矣。窃维固围乐灾一时之变,安居乐业百世之常,后之居斯堡,庶几有废即修,有坠即举,业益习醇厚,以培养仁风焉,是尤筑斯堡者之所深载。

落款为"大清咸丰六年岁次丙辰夏月合堡勒石"。碑刻现存泌阳堡城门上之关帝阁内,规格长258cm,宽48cm。碑内记载了该堡建筑时间为咸丰癸丑(1853)始,至咸丰丙辰(1856)竣工,前后历时三年,碑中详列了各户建房所处位置和面积。

寨堡内的建筑一般包括三类,一是民房院落,它占据绝大部分空间;二是公共设施,主要是老井、涝池,满足村民生活用水;三是神庙建筑,是在兵荒马乱年代里民众心灵的寄托,主要是关帝庙。山西襄汾县盘道村的堡子建成之后缺乏天池,出于生活实际需要和风水观念双重的习俗需求,又补建了天池,并立碑记之:

天险堡

堡邑西屏姑障,东临大壑,南北之间两岩竞秀,势虽偏隔,盖自古号天险云,然环山也而不带水,观风者每有憾焉!乡之人始议天池之开鸠其工,盖起自皇极之十六年也,若夫输资以勤厥成者,则有关帝众神社效力以亲厥务者,则惟庄内若而人经营以董厥事者,则赖总理若而人,其间功用颇烦,或作或休,不一其时,而告竣之日始为　皇极之十九年也。是举也,虽不敢谓金汤之险由此而辟,然清波涟漪,气钟涧谷之秀,碧文潆绕,瑞映岩□之精,履斯土者已可被其泽而沐其修焉,则即谓斯池之凿,于风不无所补也可。

该碑镶嵌于盘道村堡子城门左边墙壁上,规格宽50cm,高50cm。碑中记述了"天池"从乾隆十六年(1751)始修,至乾隆十九年(1754)告竣,用了整整三年时间。实地考察中发现,该池位于堡子之外一个四周峭壁的山丘上,只有一条小道与堡子的城门相通,堡子地势较高,这样遇有下雨天,雨水就全部汇于池内。碑后开列了输资神社并开池人名,计有关帝会、菩萨会、马王会、井泉龙王社、财神会、老土地会、新土地会七个"会"、"社"捐资,有柴、曹、刘、原、张、史六个姓氏的 34 人捐资,镌刻时间为"乾隆甲戌孟夏吉日上石",即公元 1754 年。可见,该堡子的内部组织不是以血缘家族为主体,而是由地缘"乡亲"关系和"会"、"社"共同所有。这告诉我们,在遇有匪寇或外敌侵扰的情况下,单单依靠家族的力量是不行的,城堡的修筑、管理及护卫,必须依靠全村人团结协作,乡土地缘观念有更强的凝聚力。

寨堡修筑工程浩繁,耗资巨大,往往倾一村之财力而成,因此,修成之后为了妥善地维护,就要制定出相关的规约,并镌刻于碑石,置放在寨堡引人注目之处,以起到劝谕警示之作用。陕西韩城党家村泌阳堡建成之后,随即定出寨堡使用与保护条规,镶嵌在堡门上关帝阁墙壁上:

中地亩粮石分数条规碑记

共计地叁拾六亩零一厘七毫九丝八忽,党合户与前二门建章粮在外。共计分数贰拾柒分,不论分地多寡,每分名下分粮伍拾肆合,下余粮壹斗四升叁合肆勺三抄五六一,居官每分入分金壹佰伍拾伍两,自起至工峻,共费金叁仟九佰有奇。

一议靠城不许挖坑堆粪土瓦块;

一议城周围崖下不许取土斩草伐木;

一议城上不许倒炭渣恶水并无事闲游;

一议城周围倘有损伤公中修补;

一议设湾地南边与开第除东□出路五尺;

一议周围崖下俱有石畔不得□行移易;

一议堡中分地年久不能无变通定要先尽堡中有分之家;

一议堡中不许招安闲杂匪顽之人。

　　　　　　　　丙辰夏月　　　议叙盐知事贾文皋书

　　该碑立于咸丰六年(1856)夏天,与《新筑泌阳堡碑记》同时,村民们在寨堡建成之初就把对它的保护放在重要位置。在关帝阁内还刻有《合堡甲牌碑记》,把寨堡内住户编成六甲,负责堡子内每年定期的祭祀活动以及庙宇打扫,要求"轮流交转,不得有误"。正是由于有极强的保护意识和约定俗成的惯制,时至今日泌阳堡仍然完好无损,成为人们理想的居住场所。

　　山西阳城郭峪城堡,建于明代末年,其建构的独特之处是在城墙上建窑,这种以窑成城的建造方式其优越性在于,一是在战乱的紧迫形势下,可以节省大量砖石,减少人力物力的投入。二是缩短了工期,加快了修建速度。三是在当时村舍破坏严重的情况下,城窑能作为一部分村民的居处①。城窑和墙堡一样,在抵御外来侵扰时发挥了重要作用。可是,进入清朝之后,随着经济复苏,郭峪村一带成为煤矿开采的中心,商贸货运逐渐繁忙,外来人口日益增加。城内住宅有限,外来人口就租住在城窑之内,他们缺乏保护意识,不爱护城堡设施,随意在里面养牲口、堆放干草、晾晒酒糟,使失火、塌漏,损坏等事故经常发生。这种状况引起了村社的重视,于顺治十三年(1656)十一月颁布了《城窑公约》,现存于该村汤帝庙戏台下的墙壁上。碑曰:

　　　　谛观久安之利大矣哉,然而非易事也。不明其害不能安其利,不防其所以害,亦不能久享其利也。本镇之城由无而有,由卑而高,其图安之计,无不至矣。然一时之利小,万世之安大,何以使有基勿坏乎,非勤为修葺之不可。修葺而尽出于捐输,恐又不能。首事者当筑城时,相其城宜增以窑座,一便于居,一便于守。窑凡三层,共计陆佰零玖眼半。积其所入之租,佐修葺守门等费,可不劳持钵,而久安之利或庶几焉。诚恐人心叵测,事久多变,或抗租不与,或拖欠不完,或霸窑为己

---

　　①　李秋香、楼庆西、陈志华著《郭峪村》,重庆出版社,2001年1月,第67页。

物,其有害于城与守者非浅小也。欲同享久安之利,岂可得哉。因勒款于左,以冀后之人相传勿替云。

为了严格管理,公约中对全部城窑的数量与面积详细统计,制定出租的具体办法,限定时间交纳租金,并设有城长、管窑人专门管理,对违规者以罚银的方法处理,甚者"合镇鸣鼓而攻"。这些条文式的规约和强制性的措施成为民间习惯法,约束着每一位村民,有效地保护了城堡内的设施。时至清雍正五年(1727),距明末农民战争九十四年之后,阳城一带又爆发了以靳广为首的农民暴动,郭峪村赖有坚固的城堡而免遭侵袭,而周围村落因疏于维护而损失惨重。事实使郭峪村民尝到了常备不懈的好处,对寨堡的修补维护成为村民们自觉的行为。

3. 寨堡内民众的日常生活

家族村落的民俗学取向,应关注占乡村人口绝大多数的普通村民,应力图展现特定历史时期民众生活的真实画面。山陕寨堡许多已经废弃,有的成为耕地或改作它用,只有少数寨堡设施较全,交通便利,仍然作为生活聚居地。在陕西韩城我们看到的情形是古寨子之外,又重建新村,年轻人都搬进了新村,只有年迈的老人们仍住在交通、用水都十分不便的寨堡里,成为最后的"守望者",在这里,古寨与新村、传统与现代对比是那样强烈! 鉴于此,要了解明清时期寨堡里真切的生活情景,资料极为贫乏,只有凭借民众的口述或地方碑刻、文献资料进行爬梳勾勒。

村民们修筑寨堡,其耗资费用通常是由全体村民共同捐资筹集,富裕之户和中等财力的商家捐资较多,占绝大多数的贫困小户为求得能避难于寨堡之内,也只得借钱凑钱或用役工抵钱,每一个村落寨堡建成之际,也是贫困村民债台高筑之时,他们的日子更为艰辛,雄伟高大的寨堡保障了他们的人身安全,也榨干了他们的血汗。保存在山西阳城郭峪村汤帝庙镌刻于清康熙十七年(1678)的《邑侯大梁都老爷利民惠政碑》昭示了这一事实:"……人见城垣完固,栋宇壮丽,辄谓富甲于诸镇,以空名而受其害,不知镇非富镇,里实穷里。今且镇虽不穷于皮,而穷于腹,里人更甚,私计不赡,国赋难办,茕茕里甲,非死即徙,劳且同归于尽。"此碑镌刻时间已是郭峪城堡竣工之后四十年,然而贫困的村民仍未从经济的重压下缓过气来,人身安全得到保障的同时,伴随着的是贫困生活的煎熬。

如果不是戴着有色眼镜来评价历史上的农民起义,如果不是站在"精英取向"的角度去研究文化,而是以"乡村民众"为主位,研究他们的生活史,我们就会发现,明末以李自成为首的农民起义军由于急于筹措军需和缺乏严肃的军纪,所到之处焚杀掳掠,对山西民众带来了深重的灾难。李自成农民起义军在山西辗转进攻的时间为明崇祯初年,崇祯四年(1631)四月,李自成属部王嘉胤带兵在平阳、阳城一带作乱,被官兵打败,崇祯五年(1632)至崇祯六年(1633),李自成主力军开赴晋南、晋东南一带,反复袭击,多次攻打有城堡的村落。阳城黄城村由于在崇祯五年(1632)建造起一座防御性堡垒"河山楼",而使陈氏家族和万余名村民幸免于祸。黄城村陈氏家族第七世陈昌吉撰写的《河山楼记》①记下了河山楼保卫战惨烈的一幕。该楼创建于崇祯五年(1632)正月,及至七月砖工仅毕,起义军就逼近这里,"初犹零星数人,须臾间,赤衣遍野,计郭峪一镇,辄有万贼。到时节劈门而入,掠抢金帛。因不能得志于楼,遂举火焚屋。余率壮丁百人镇静坚守"。至十七日其二弟陈昌期"见其久围,恐有不虞,谋出楼往州求援。乘夜缘绳以下,忽腕力不胜,从而坠地"。后派壮丁缘绳下去以竹箩提上,性命幸得保全。而周围其他村子因无堡子可恃,"郭峪数千家,无不遭其毒手"。另据阳城郭峪村"豫楼"五层西墙正中镶嵌的一块墙碑《焕宇变中自记》叙述,崇祯五年(1632)七月十五日,李自成农民军"夜宿于家

---

① 栗守田编注《皇城石刻文编》(内部资料本),第54页。

山、长河、苇町、湘峪、樊山、郭庄等处。十六日卯,贼由两路合为一处,先至吾村东坡,东坡初开,拒敌甚勇。渐渐贼来众多,东坡事败"。这里的"东坡",即郭峪村为防御农民起义军侵扰而在村东坡修筑的侍郎寨。义军来势凶猛,村民寡不敌众,再加上此时云雾迷漫,大雨淋漓,神枪火炮失去作用,"贼乃乘雨,一拥前来,四面围绕。一村之民,欲逃无门。以十分逃之,逃出者仅仅一二分。即有逃至山沟野地,又被搜山贼搜出"。农民军把村民聚集一起,逼他们交出钱财,交不出者严刑拷打,"贼于十六日至十七日夜间,将人百法苦拷,刀砍斧劈,损人耳目,断人手足,烧人肌肤,弓弦夹腿,火数家。即有苟存性命者,半多残躯。经查:杀伤烧死,缢梁投井饿死小口,计有千余"。其场面十分残酷!

陕西韩城、合阳一带的寨子,其主要功能是用来抵御西北地区回民起义军侵袭,民众口述中习惯称之为"跑回回"。清同治年间,在渭北持续了将近九十年的"回民起义",也给陕西乡村民众带来了深重的灾难。回民起义于同治元年(1862)爆发,先是活动于渭南、大荔一带,继之又扩展到渭北合阳、韩城一带,于同治五年、六年、七年三次来到这一带,乡村民众利用寨堡自卫,或与回民义军发生激烈战斗,但也常有寨堡被攻破,民众惨落敌手。韩城解家寨村民先是躲避"长发"即太平天国农民起义军,继之又抗御"回匪",即西北回民起义军,结果"家财耗尽,业产荡消,大凡家声,于斯不振矣"[1]。陕西合阳县张家庄尽管有寨子可以隐身,又有"团勇"数百人自卫,但仍不免在撤离主村进入寨堡时被抢劫或杀伤,甚至在敌情紧急的情况下产生出一些反常的生活事件:

> 沟西一刘姓富裕之家女儿,因缠足行走不便,其父声言"谁将我女儿背到寨子上,我便招他为婿",随即便有居住在沟西打更房内之杨弦匠应承把这家女儿背到寨子上,此后果成

---

① 　程来运主编《今古解家村》(内部资料本),1999 年 11 月,第 32 页。

婚配。①

这是当地民众记忆中真实的故事，试想，在生命濒临危亡的时候，谁还顾得上选婚时论那门当户对呢？在那特殊的年代里，村民们在寨、堡内的日常生活其实是处于紧张状态的"非日常"生活，其习俗惯制也是有别于和平时期乡村风俗的"非常态"习俗，但它毕竟是乡村民众生活的一个侧面，值得我们去关注。

三　村落生活设施：老井与涝池

1. 山陕乡村水井碑刻的民俗文化解读

十九世纪末，西方的传教士明恩溥考察了华北地区天津、河北、山东的村落后，对乡村水井有这样一段描述：

> 中国北方大平原上的水井一般比较浅，其深度在十到三十英尺之间，一个五十英尺深的水井就相当罕见了，当然，偶尔也会出现深一些的水井。尽管没有印度宗教沐浴那样的景观，但水井确乎是中国乡村外部装备的一个重要特征。为了节省运水的劳力，所有的牲口都被赶到井边喝水，其结果是，水井附近到处是泥水，特别是在冬令时节，简直脏得不堪入目，水井上面一般没有什么盖子，其开口处也不比地面高，所以，按理说牲口、小孩、盲人应当经常掉落井中，可是，这种事情虽然偶有发生，毕竟还是不常见，甚至最小的幼儿也学会了小心对待这种井口，随着年龄的增长，几乎所有的中国人都习惯于安然地面对这种危险。②

明恩溥写出了围绕井而形成的乡野情趣，他认识到了水井之

---

① 张十老著《张家庄史话》（内部资料本），1998 年 3 月，第 90 页。
② ［美］明恩溥《中国乡村生活》，午晴、唐军译，时事出版社，1998 年 1 月，第 41—42 页。

于北方乡村民众生活的重要性,然而,他所描述的"水井一般比较浅",水井上面"脏得不堪入目","水井上面一般没什么盖子",这仅仅只是作者所看到的北方乡村情形,绝不能代表整个北方的水井特征。地处北方黄土高原的山陕地区其水井景观恰恰相反,"井深汲艰"是我们在地方志中常见的词语,实地考察中发现地处平原与山区交汇地带的村落,井深往往达到四十丈以上,当地民众对水井加意保护,上面盖有井房,井台高出地面,井口上专门配置有厚厚的木头盖子,具有安全防护和保证井水洁净的双重作用。每个村子至少有三至五眼水井不等,因为大都开凿于明清时期,故谓之为"老井",每一口老井都有讲不完的故事,每一口老井都记写着一部乡村民众的生活史。

① 山陕水资源环境与老井

老井是中国村落景观的一个重要特征,山陕乡村多水井,实是生存环境使然。总体上讲,中国是一个农业大国,干旱缺水和水土流失是持续发展面临的两大难题,地处黄土高原的山陕地区其情形更为严重,地貌、地质、气候、水文是构成水资源环境的重要因素,明清以来由于砍伐山林,大兴土木,使生态环境趋于恶化,再加上人口大幅度地增长,为了满足人畜用水,为了发展农业,打井成为乡村普遍的社会风习。

山陕地区的水资源环境大体相近。先看山西,它位于黄土高原东部、华北平原的西北部,经纬坐标于东经110°12′至114°48′,北纬34°40′至40°48′之间,是一个夹峙在黄河中游峡谷和太行山之间的高原,大都海拔1000米以上,境内是一个由许多复杂山脉盘结而成的高台地,是一个内陆多山的省份。其地形特点大体可分为东部山地区,约占72%,西部高原区,约占12%,中部盆地区,约占16%。所谓盆地,也是周围环列群山,而中间的地面尚未经过沟谷分割的原地形。地层的分布,除了出露地面的一带较老岩层外,大多为黄土覆盖,厚度大约在 200—300 米之间①。地质条件使地下水埋藏较深,尤其是石灰岩地下水埋藏深度在 300—500 米或更深②。再看陕西,它地处东经 105°29′至 111°15′,北纬31°42′至 39°35′之间,位于中国中部偏东靠北地区,也是一个内陆省份。陕西境内地形复杂多样,以北山(凤翔、耀县、韩城连线的山脉)和秦岭为界,从北向南分为三大自然区域,北部为陕北黄土高原,中间为关中平原,南部是陕南秦巴山地和汉江盆地。我们重点考察的是位于陕西关中地区渭北黄土高原东部的韩城、合阳二县,其地势为西北高,东南低,虽然紧靠黄河可有灌溉之利,然而塬高水低,引水困难,地下水资源更为贫乏,打井取水成为村落重大的生活事件。山陕地区由于地下水资源紧缺,在传统农业社会勘测技术相当落后的条件下,发现一处井源和打成一口井都极为不易,往往要集全村的财力、人力,花费甚巨,井成之后为公平合理地利用之,往往要在地方精英如乡老、首事人主持下制定规约,刻之于石碑,置放在全村主神庙内,或镶嵌在井房墙壁上,这就形成了山陕乡村随处可见的凿井碑、浚井碑、井规碑,正是这些碑刻书写了山陕乡村的老井文化。

②　明清时期水资源管理的民间化趋势

有明一代随着社会稳定、经济复苏,以及村落人口的增加,挖凿水井成为一项重要活动,实地调查中发现的明代井碑有:

陕西合阳清善庄明万历四十八年(1620)《清善庄穿井碑记》,规格宽45cm,高60cm,现存放于合阳县坊镇东清村九郎庙正殿背后墙上。

山西襄汾西中黄村明嘉靖二十四年(1545)《穿井记》,规格宽

---

①　山西资料汇编编辑委员会编《山西资料汇编》,山西人民出版社,1960 年 1 月,第 10—15 页。

②　胡英泽《水井碑刻里的近代山西乡村社会》,《山西大学学报》2004 年第 2 期。

40cm,高77cm,现镶嵌于西中黄村北门口井房之墙壁上。

山西襄汾北焦彭村明万历二十七年(1599)《焦彭里北头后院井志》。

实地调查中发现的明代井碑较少,这除了年代久远,碑刻毁坏遗失的原因外,也反映了乡村打井尚不十分普遍。进入清代,除光绪初年遭受大的灾荒后人口死亡严重,总的看来其数量是持续增长,生齿日繁带来的是水源不足,这样人口增长和用水需求之间形成了矛盾,解决矛盾的直接而主要的途径是凿井。这种乡村凿井热潮的兴起一方面出自乡村民众生存发展的实际需要,另一方面与官方的倡导扶植也有直接关系,"清朝在乾隆时期和光绪初年,在华北地区都曾较大规模地倡导掘井"①,其举措一是设专管水利的工部尚书,"满、汉各一人,掌天下工虞器用,辨物庀材,以饬邦事。左右侍郎满、汉各一人掌综事训工,以贰尚书。工部所属有营缮、虞衡、都水、屯田,田清吏司,都水清吏司设郎中、员外郎均满五人,汉一人,主事满四人,汉一人"②。管理水利的官职数额远远多于明代以前,对各地水利兴修包括水井开凿给以督促引导。二是依靠地方精英如乡老、庠生、监生、廪生等参加组织并进行文化教化,使乡村水井开凿得以顺利进行。我们走访过的陕西韩城、合阳,山西万荣、稷山、闻喜、曲沃、临汾、襄汾、平定等县,保存着大量的清代水井碑刻,以平定县为例,乾隆年间8通,道光年间8通,咸丰年间3通,同治年间2通,光绪年间2通,民国年间4通③。这些水井碑刻依其内容可分为凿井碑和补修井碑。从打井时间分析,主要集中于乾隆、道光年间,"康乾盛世"带来经济的发展,人口迅速增长,各地乡村纷纷凿井以便民汲,正如山西襄汾盘道村仁义巷

① 王庆成《晚清华北村落》,《近代史研究》2002年第2期,第29页。
② 郑肇经著《中国水利史》,上海书店,1984年5月,第336页。
③ 参见张鸿仁、李翔主编《三晋石刻总目·阳泉市卷》,山西古籍出版社,2003年3月。

口保存的道光八年(1828)《修井碑记》所云:

> 仁义巷处本庄西北一隅,生齿殷繁,用物宏大,况水尤朝
> 夕所必需哉,乃井年深日久,颓坏大半,原一、曹太、原方鸠匠
> 修理,下掘一井,四旬而功告竣,费银六十五两有零,同井之人
> 按分均摊,督工者不设一粗糙,念输赀者不作一艰口状,同心
> 协力,庶有仁义风焉,特恐后或不仁不义,一汲水而辄起争端,
> 地则犹是,人叹其非,公立小石一块,永远示劝。

该通碑刻在晋南地区颇有代表性,它反映"井年深日久,颓坏
大半",因受地质条件限制,凿井艰难,费资甚巨,先前无力浚修,到
了道光年间"生齿殷繁,用物宏大",然而也只有这一时期,北方乡
村民众经过休养生息,方有财力完成凿井修井的工程。该井碑也
从一个侧面反映了随着人口增多而带来的井水使用过程中的
矛盾。

明清至民国年间山陕乡村水井数量大幅度增长,凿井、修井的
工程都由谁来组织管理?老井开凿与修浚资金来源又如何解决?
依据田野调查搜集的水井碑刻,从材料的实际出发,我们认为地方
精英阶层和乡村民众自己捐资是凿井修井工程顺利完成的重要保
证,这两个方面正是明清时期山陕水资源管理民间化趋势的具体
体现。

地方精英阶层是指在村落管理、文化教化等方面起到重要作
用的乡村各级人物,他们是联系国家权力和乡村民众的中枢,起着
上传下达、促进乡村社会正常发展的重要力量。地方精英阶层非
常复杂,山陕老井碑刻对其表述也不完全一致,从名称上看有乡
约、乡老、耆老、庠生、贡生、生员、廪生、监生、纠首、保甲、村长、甲
长等。从"内在本质"来看,又大体可分为三类,一类是道德型,是
以道德声誉充任、影响和管理乡村社会的人物,如乡老、乡约;第二
类是知识型,主要指受过良好教育又有相当文化水准的知识分子,
如监生、廪生、贡生、生员、庠生,他们或者是曾经为官,现告老还乡

安度晚年,或因怀才不遇、未被重用而寄寓故里,或是等待出仕、暂居在家,对村落中凿井、修渠、盖庙等大事出谋划策,鼎力相助。第三类是力役型,靠自身健壮的身体和较殷实的家资充任乡村下层民众的领袖,如甲长、保长、村长、纠首、经理、公直、闾长等。这些地方精英人物在村落水井开凿与浚修中发挥的作用,主要有两个方面,第一,他们作为国家与乡土社会的中间力量,是"官"与"民"联系的中介和桥梁,在维护乡村社会的政治安宁、发展村落经济、调解邻里纠纷、处理疑难或突发事件方面发挥着重要作用,明清以来国家权力向民间延伸,国家权力对民间的制约乃至渗透到民众的日常生活中,正是通过他们实现的,村落老井的开凿也概莫能外。如陕西韩城苏东乡留芳村大巷井井房内南墙壁上嵌有《重修井泉并建井房碑》,刻于咸丰三年(1853),碑文除详细列出布施花名二十九人外,末尾列有经理五人,乡老八人,庠生一人,这些乡村精英人物在"布施花名"已经出现,而末尾又专门列出,目的无非是强调他们与一般捐资村民比较在凿井的工程组织、事务管理与监督等方面起到了更突出的作用。山西阳泉市郊区河底镇河底村奶奶庙保存着一通清乾隆九年(1744)的井碑原文是:

奶奶庙打井碑记

州北河底镇因天旱无水,今公议,南镇后香火池内井一眼,全镇人所用,众合施钱,多寡不等,姓名开列于后:

生员葛正祥施银五两,生员刘□□施银四钱,生员刘大有施银壹钱贰分,生员刘大德施银壹钱贰分,生员宋名山施银壹钱贰分,宋□有施银壹钱贰分,生员刘大生施银七分,生员刘大有施银二分。

全镇人零星数文不等,共施钱二百六十三文,以上共攒银二两二分支二价银三两四分八。

纠首　乡约:葛　银　要文徵　田福才　郭成有

石匠　李　琏施银五钱

大清乾隆九年四月吉日立

　　该通碑文中除刘大有的名字重复刻写外,生员多达六人,纠首、约会四人,他们在打井这一关乎全村民众生存的大事中不仅积极组织管理,而且带头捐资,做出表率,是地方公务中积极介入者。第二,地方精英人物在国家权力文化的"大传统"与乡村民众思想"小传统"的互动交融过程中充当着重要的文化传承人角色。受教育的程度、获取的功名以及个人的道德人格都是传统社会中使人获得地位的重要资源;地方精英阶层中的知识型及道德型人物大都具有这些条件,在村落这一特定的社会空间里树立起了良好的声誉。在山陕乡村,神庙和井房是村民们最集中的公共空间,乡村井碑大都由乡村精英人物撰写本身就意味着一种特殊的身份和威望,再把它置放在庙内或井房墙壁更加快了其传播速度,扩大了其传播范围,知识型地方精英人物大都为乡村绅士,《辞海》解释为:"旧时称地方上有势力的地主或退职的官僚。"[1]从山陕老井碑刻表现的内容来看,有的为离退职的官僚,也有生于本土在外地为官的官僚,还有暂居在故乡的官僚,以及在乡村担任某种职务的知识人。他们担任水井碑刻"撰写"和"书丹"的角色,利用"书写"的权力,"运用儒家经典和官方意识对乡村水井事务进行注解和诠释"[2],宣传占统治地位的儒家思想、道教文化,如山西万荣县解店镇清咸丰十年(1860)《解店凿井碑》云:"尝闻耕田而食,凿井而饮。食贵有余,所饮者何可不足哉?⋯⋯不独乐夫生之厚,亦可望其俗之仁也夫。"下面刻有:"皇恩耆老:樊大魁书。"在约二百字的碑刻正文里宣扬了儒家"农本"思想和"仁义"观念。

　　山西襄汾北焦彭村明万历二十七年(1599)《焦彭里北头后院井志》开篇道:"易曰巽乎木而上,水井井养而不穷也。孟子曰,民

①　《辞海》,上海辞书出版社,1979年,第1160页。
②　胡英泽《水井碑刻里的近代山西乡村社会》,《山西大学学报》,2004年第2期。

非水火不生活,盖言井有及物之功,而人之需水甚急也。"井养"之说,原自《易经》的《井》卦,后来封建时代把此学说与君王的施行教化相比附,使"井汲以人,犹人君以政教养天下"成为正统的说教。该通碑刻开篇即引用之,使汇聚华夏先民参天悟地、推衍宇宙奥秘的《易经》中富有思辨的学说通过一块普通的乡间碑刻得到了张扬。山西平定县维社乡里社村天齐庙墙壁上镶嵌的清道光三十年(1850)《后思源井碑记》云:

> 昔夫子有言曰:用天之道,因地之利,谨身节用,以养父母。文曰:夫孝者,善继人之志。夫继志固有加余养,而天地之利亦亶,但书于养亲者哉。夫子殆为庶人言也,然而孝思之积,必有义行,泽被靡穷,功施莫既,理固然也。

开篇对"孝"、"义"的内涵进行了诠释,正文讲述本族族长义行,赞颂其为"好义人也"。在山陕老井碑文里常常出现"耕田而食,凿井而饮","出入相友,守望相助"的词语,乡村绅士用这些充分体现儒家思想、主流文化的字眼进行包装,使乡村日常生活事件赋予了文化的意义,他们"运用儒家精神和乡土特色对接的叙事策略,迎合了国家对乡村自治的需要,从而使乡村置于国家统治的视野和文化的覆盖之下"①。乡村精英通过"书写"碑刻内容介入村落事务中,达到了巩固其地方权威和宣传主流文化的双重目的。这一事实说明国家权力与民间力量的互动对接是一个复杂的过程,可以有多种形式,认识到这一点对我们研究家族村落的内部运行特点和雅俗文化双向交流规律意义重大。

清代至民国年间,国家一方面大力支持乡村社会凿井浚井,发展农业;另一方面又因缺乏财力,农村公有经济缺失,因此,只有依靠国家政权在乡村的代理人村长、甲长、闾长等办理水井事务,打井费用只有通过各种捐款方式在乡间筹措,这也是水资源管理民

---

① 胡英泽《水井碑刻里的近代山西乡村社会》,《山西大学学报》,2004 年第 2 期。

间化在水井事务中的具体表现之一。水井事务中的核心问题是筹措费用、商议出工及管理使用，其中费用筹措方式在村落水井碑刻中叙述最为具体细致。实地考察中发现，尽管镌刻井碑的村落都是处于水源奇缺、用水艰难的地区，但是由于各地的地形、地貌、水文、地质构造不同，其地下水的深度和凿井的难易程度不同，开支费用就不同，水井碑刻呈现出明显的区域差异，这些区域差异又是决定着捐款方式的极其重要的因素。如陕西渭北地区、山西晋南地区处于平原和山区交汇地带，地下水位很深，万荣县的水深七八十丈，襄汾县境西部村落井深四五十丈，打一口井工程浩繁，花费甚多，时间长达一年之久。而平定、盂县处于晋东山区之间，地下水较浅，凿井时间较短，只需一两个月，有的甚至"不数日水流洋洋"。水位深，地质复杂的地区，非一村之力，或一个"区位"的人们共同捐资而不足为之；水位浅、花费较少的地区多为个人捐资或个人捐资为主、受益者均摊为辅的方法。山陕各地区凿井捐资方式因地因时有多种不同的方式，以搜集到的水井碑刻资料为依据，概括起来主要有：

其一，"按分均摊"，其办法是先确定"井分"，同井之人按户统计井分，按户收费，如山西襄汾盘道村道光八年（1828）《修井碑记》写有"同井之人按分均摊"、"井分，共水九十二口九厘九毫"。与该村相距十华里的西中黄村明嘉靖二十四年（1545）《穿井记》详细记下"有分人"97 人。从井碑内容来看，有的地方对女子和未成年人未计"井分"，实际上这并不完全是男权意识的体现，而是考虑到未出嫁女子身分尚不固定，一旦出嫁就不再是娘家人，至于未成年人因为还没有独立的经济地位，也不计"井分"，这是符合乡村生活实际的。

其二，"按人均摊"，即先列出每户几口人，无论男女老少一律摊钱，如山西襄汾县古城镇北门口存放的清道光十八年（1838）《任户穿新井碑记》载，任氏宗族按每户人口"每口出钱一百文，共七十七口,共收钱七千七百文"。晋南闻喜县、晋东昔阳县的井碑也有类似的记载。

其三,"按丁均摊",如山西平阳土门村乾隆五十三年(1788)凿井碑记曰:"公议按丁摊水,协办穿井",山西洪洞、赵城地区也是"吃水论丁"。

其四,"按地均摊",山西襄汾北焦彭村顺治十三年(1656)《后院井泉碑记》云:开泉如有破坏"照依分为人丁粮口钱,不敢有违"。"每石粮出银四分",是采取了人丁和地亩结合的方法摊钱,碑后详列每户人丁和应纳粮数如"赵国红人十丁粮三石一斗,赵启芳人九丁粮三石八斗"。地亩多者捐资较多。晋东昔阳柳沟村同治四年(1865)《新建东廊并凿井记》写到全村"共地廿三顷九十四亩,每亩凑钱廿二文"。这种作法是把"打井"捐资方法这一民间俗制与国家赋役制度的"大传统"相链接,使之因具有"国家"色彩而赋予了合理性与权威性。

其五,"按甲捐资",陕西合阳东清村明万历四十八年(1620)《清善庄穿井碣记》载:"但有损坏者,二十三甲通修",碑文详细列出了每一甲的负责人名单。

其六,综合型,在万荣县解店镇,保存的清咸丰十年(1866)《解店凿井记》载:"人、地、牲一千七百之数,每一人、地、牲一样均摊。"这种办法公平合理,谁受益多谁出资多,而且通过碑刻实行财务公开,便于村民监督。在晋东平定、盂县等地由于凿井开支较小,往往是个人自愿捐资,或者"按户捐金",还有的是"菩萨会"镇上店铺捐资,出现了"众合施钱"、"多寡不等"的情况,这都是由打井的实际开支需求决定的。乡村社会通过不同的捐资方式筹得资金,乡村民众通过捐资得到了用水权,也获得了地方认同。

③ 老井与民俗文化

山陕乡村民众祖祖辈辈为水而困扰,饱尝着用水的艰辛,老井碑刻中关于民众用水苦状的记述颇多,山西襄汾盘道村原家巷民国十一年井碑云：

> 尝谓人非水火不生活，是水火之于人诚须臾而不可离者
> 也。然居此崇山峻岭之区，茂林蒿草之域，就地樵薪无或缺
> 之，惟当每年盛夏之际，天气亢旱，十井九歉，取水于邻村，借
> 重之威友，费工耗财，艰难处甚。

该村井深达 40 余丈，绞一担水需二人合力，而且每年夏季水量减少，每次只能绞半桶水。晋东平定县石门口乡小桥铺村人祖庙内保存的清乾隆四十八年（1783）《新建穿井碑记》也云："州东小桥村历来缺水，天旱径投柏井镇取水，往反三十里，艰苦寔甚。"围绕着老井形成了风水观念、井神崇拜及使用规约等富有区域特色的民俗文化。

风水。山陕黄土高原地区地质复杂，地下水位极深，加上传统社会里科学技术不发达，井址的选择充满了神秘的色彩，一般要请专门的堪舆师俗称"地师"进行探测，如襄汾古城镇《任户穿新井碑记》云："同井之家户口日增，市井之中商贾云集，旧井有不足余用者，合社公议，延地师穿新井一孔于坎门之乾地。"晋东平定县石门口乡小桥铺村人祖庙《新刻娘娘庙沟东宫井碑记》云，清"康熙五十六年春时，有客从西来者，辨土色以观流泉"，遂知此地有井泉。这位外来之客想必是懂风水者。水井的浚修要专门延请外地有经验的工匠完成，如陕西合阳灵泉村清光绪二十六年（1900）井碑《东井轮流时辰》上明确记有"修验工人，山西王文海、杨振全"。在山陕乡村流传着种种与寻觅井源相关的"灵验"或"显灵"传说，在老井碑刻中也有描述。晋东平定县维社乡里社村天齐庙里的《思源井碑记》云，碑刻撰写者的族兄，看到妇女孩童终宵轮流下绠，艰于引汲，"怜而悯之，私祷于神。出步门观，恍若有悟"，往前走十余步，以杖拄之，遂发现了井源。更有神异者，阳泉郊区李家庄乡柳沟村五道庙保存的清咸丰十年（1860）《施双眼井碑记》载，撰书者阎恕，其侄子阎会昌系哑童，有一日"突于门前持镬下掘，问其故，指天书

地似欲求水",哑童之父召集族人,协同开工,二月内即工程告竣。这些灵验或显灵传说,有些充满了迷信色彩,有的却是乡村民众探测井泉经验的曲折叙述,它们从一个侧面反映了民众对井泉的认识水平和艰难的探寻过程。

井神。山陕村落井房内正面墙壁上一般都设有神龛,供奉井神龙王。山西襄汾西中黄村明嘉靖二十四年(1545)老井的井房面宽3.4米,高2.5米,进深2.95米,井房正面墙壁上专门设置有龙王神龛,宽40cm,高85cm,深70cm,供奉的龙王为泥塑,高约20cm。该县北焦彭村清顺治十三年(1656)开凿的后院井泉,其井房规格为面宽3.22米,高3.2米,进深3米,龙王神龛宽54cm,高52cm,深65cm。该县盘道村原家巷道光八年(1828)老井,井房面宽3.6米,高2.55米,进深2.55米,龙王神龛高58cm,深36cm,内深25cm。陕西合阳县坊镇灵泉村除井房外,还专门建有龙王庙,祈求龙王保佑井泉旺盛,该村现保存着清光绪十三年(1887)《重修东井龙王庙及房屋碑记》,碑镶嵌在该村东井房北墙上,规格宽50cm,高50cm。以上碑刻史料说明,以龙王作为井神是山陕地区乡村普遍的民俗信仰。在晋南,有许多地方以伯益作为井神,并建"伯王庙崇祀之"。伯益,相传为虞舜时代东夷部落的首领,为嬴姓各族的祖先,《尚书·舜典》记载,他是替帝舜担任掌管山林川泽鸟兽的官[1]。伯益还是水井的发明者,最早记载见于汉代《淮南子·本经训》:"伯益作井,而龙登玄云,神栖昆仑。"[2]意思是说,伯益凿成水井,龙和神都视为天下发生了大变故而为之惊奇,龙腾空乘云而去,众神跑回了天国昆仑山。汉末高诱注曰:"伯益佐舜,初作井,凿地而求水。"他相信,伯益"作井"是发现地下水源而凿之,而非陷阱。宋代高承《事物纪原》也云:"《淮南子》曰:伯益作井,而龙登

---

① 参见李民、王健撰《尚书译注》,上海古籍出版社,2004年7月,第19页。
② 张双棣撰《淮南子校释》,北京大学出版社,1997年,第828页。

玄云。注：益佐舜，初作井。《世本》、《吕氏春秋》俱谓伯益作井。"[1]他同样肯定了伯益为水井的重要发明者之一。伯益是舜的大臣，晋南是他们活动的主要地域，历史上长久流传着伯益作井的传说，伯益就当之无愧地登上了井神的宝座。实地调查中发现保存比较完整的伯王庙有两处，一是山西襄汾汾城北社村西北隅的伯王庙，庙内有大殿一座，殿内雕有伯王塑像，献殿三间，戏楼三间，庙内古柏参天，围墙高深。庙内建筑为明崇祯年间，本县知县魏公韩来此地视察，看到庙貌破损严重，倡议重修，庙内有碑记可考。二是山西襄汾古城镇东街伯王庙，该庙为 2002 年在原庙址上重新修复而成，庙址所在地称为"伯王巷"，古碑尚存，宽 53 cm，长 91 cm，厚 9 cm。正殿三间宽 9.5 米，高 4.75 米，庙的大门上原悬挂有木匾，上书"伯王之殿"四个大字，该匾高 108 cm，宽 105 cm，左下角署有"峕大明成化三年岁次丁亥孟春建，戊辰吉日创修，牌面施银共□□"等字样，可见该庙至迟在明成化三年（1467）已经建成，凿井技术的发明，大大减少了人们对江河湖汊的依赖性，在本无水的地表掘出水，使人们改变了逐水草而居的游牧方式，而发展成为到肥沃的冲积平原或富饶的山间盆地去生活，进而形成了定居式的农业生产方式，甚至为国家的产生创造了条件。诚如徐旭生所说，凿井技术发明以后"人民拣择到平易的地方建设都邑，附近辟为耕田，方圆数十里或百里就成一国"[2]。可见，晋南广大乡村把伯益作为井神加以崇信，到了明代晋南各地普遍建立庙宇祭祀之，是有着悠久文化渊源的。

井规。山陕地区由于地下水很深，打井艰难，井成之后就要根据捐资情况确定水权，通过井规确定井水使用的秩序，以减少纠纷，维

---

①　[宋]高承《事物纪原》卷八"城市藩御部"，《四库全书》第 920 册，上海古籍出版社，1988 年，第 231 页。

②　徐旭生《中国古史的传说时代》，科学出版社，1960 年，第 154 页。

持正常的生活。陕西合阳张家庄现保存有两通井碑，一为李井巷明成化八年（1472）镌刻，碑中记述该井自成化四年（1468）始修，至明成化八年（1472）才成，时间长达四年之久；另一通是七家巷清康熙四十七年（1708）碑刻，碑云："余家居梁山之麓，山高土厚，得井最难。先是旧井之设由来远久、虽取之无尽，然人广用繁，时有不能给者"，乃至出现"尔虞我诈，智力相角"，可见因吃水引起的纠纷很多。山西平定县石门口乡小桥铺村人祖庙保存的乾隆五十四年（1789）《新刻娘娘庙沟东宫井碑记》也反映了小桥村与邻村土圪梁村因用水而产生的纠纷，讼至州县，"王宪明鉴如神"，判定井权归小桥村所有，"恐土圪梁民仍与小桥混行相争，因勒石碑以遗后也"。为了平息户与户、片与片、村与村之间的纠纷，各村落约定俗成制定出许多井规，刻之于碑，立之于井房或公众场合。实地调查中发现，山西襄汾盘道村原家巷保存的道光八年（1828）《修井碑记》，除记叙修井过程、捐资方式，并详列每甲之"井分"之外，还制定"井规"如下：

　　一议定九甲轮流取水，不得乱甲，如违，罚银五钱入官；

　　一议定取水之人日出下绳，日入盘绳，如违，罚银五钱入官；

　　一议定合井人间有典卖井分者，不得由己典卖于井外人，井外人亦不得典买，如违，典卖者罚银五钱，典买者亦罚银五钱，井分两家俱不能得，入官。

　　　　　　　　　　　　　道光八年十月十九日合井人公立

　　值得探究的是，这些井规除了所具有的控制功能外，其中包含着民众生存智慧和水权意识，如第二条"日出下绳，日入盘绳"是基于水源有限，如无限制地绞下去，会出现井水枯竭的现象，第一条里确定每甲"井分"，第三条规定"井分"不得典买，体现了该巷用井之户维护小区位利益的意识。

　　井匠。这是一群为凿井立下汗马功劳，而常常被世人遗忘的行业群体，在幽深昏暗的井底有他们辛勤劳作的身影，每一口井都记下了他们辛酸的生活史。山陕地区地下水很深,打一口井不仅费时甚长,而且危险性极大,常有地面物体掉下砸伤或井内塌方身亡的现象发生,所以打井者往往是出身贫困,家庭人口多,上老下小,为了养家糊口不得不去干风险性极大的活儿,他们具有身强力壮,胆大心细的特征。在山陕老井碑刻的末尾常常会留下"匠"、"石匠"、"修验工人",如陕西合阳东清村万历四十八年《清善庄穿井碣记》载:"匠　阳天宠造。"山西万荣解店镇清咸丰十年(1860)《解店凿井记》最后写有"井师:周咬狗;石匠:崔邦义"的字样。山西襄汾西中黄嘉靖二十四年《穿井记》有"石匠　王金囗",该县北焦彭顺治十三年《后院井泉碑记序》有"石匠　杨邦正"。陕西合阳灵泉村清光绪二十六年《重浚东井并舍宇碑记》云:"立石碑并匠工用银二两二钱,余银向后作补修井用",从一个侧面反映出井匠凿井可得收入。陕西合阳灵泉村清光绪二十六年《东井轮流时辰碑》载:"东井轮流时辰,甲乙丙丁戊己庚辛壬癸,重修东井至底深五百余尺,小井砖围八尺高,底有石窝一尺五寸深,以后年久淘井,以石窝为界,特此,修验工人,　山西　王文海,杨振全,　党正贵大清光绪二十六年三月立。"这块井碑反映出修验工人把自己浚修探测的结果记录下来,提供给后来修浚者参考,使浚井工程更为便利。由此可见,结合山陕碑刻资料,再深入乡村记录民众口述史,进一步研究井匠生活,应该是一个颇有民俗价值的话题。

　　2. 山陕村落涝池体现的民众生存策略

　　当你漫步于黄土高原的山陕村落,为找不到清泉流水而紧蹙眉头之时,当"干旱"的感觉向你袭来之时,猛一抬头,不远处有一池清亮的积水,你的心会为之一动,这就是涝池!是它保证了村民们正常生活所需,是它给穷困山区的民众以生存的希望。若问为什么在山陕乡村里村村有涝池?这必需到民众的生存环境中找原因,必须深入研究民众的用水思想。

　　山陕黄土高原多旱少雨,年降水量不多,雨季都集中在夏季的

六、七、八三个月，晋西、陕北塬高坡陡，不易存雨，晋南、渭北地势平坦，人口密集，生活用水常常不能满足需求，所以一般村子都在村口不远处，建一个占地好几亩的涝池，又深又大。池底在挖建时用石灰石子混在一起做特殊处理，池子周围用砖石加固，防渗防漏，所以涝池里清波荡漾，水光潋滟。每到夏日穿着花花绿绿的年青姑娘、媳妇们稳坐岸边，一边洗衣，一边说笑，晚上凉风习习，蛙声阵阵，洋溢着乡野情趣。涝池，是山陕村落民众对付干旱的经验总结，是他们在干旱环境中所选择的一种生存策略，其中蕴涵着丰富的民众用水思想，概括起来就是：益于人事，补于风脉。

益于人事，山陕村落挖池聚水可谓"一池多用"，具有多种目的，一是夏秋暴雨时节，村庄便于退水。山陕乡村自然环境就是这样：要么旱得土地裂缝；要么暴雨如注，洪水泛滥。每逢雨季，各家院子的水流向街道，街道的水汇聚起来流向低处，如果没有一个容纳大量雨水的凹地或使之很快排泄，就会形成洪汛，造成灾难。这时，涝池就起到了拦截洪水、蓄聚雨水、防灾防汛的作用。二是黄土高原十年九旱，一年四季缺水时间长，涝池把雨水汇集起来，经过沉淀澄清之后，是村民洗衣的好地方。有的旱塬地区因地下水位深，或没有水源，村民多吃窖水，然而窖水有限，旱季更是清水贵如油，在这种情况下涝池的积水就满足了民众生活需求。三是涝池也是孩子们村民们的娱乐场，夏季孩子们在里面戏水玩耍，个个练出了好水性，冬季涝池表面结上厚厚的坚冰，光洁明亮，成了孩子们天然的溜冰场。山西襄汾盘道村还形成了涝池擂台比武的娱乐竞技习俗，吸引了方圆百里的民众前来观赏。对涝池的用途、创建与疏浚原因、组织与管理等记录颇详的是收藏在山西运城博物馆的平陆县某村的光绪十二年（1886）《疏浚池塘记》①，兹引录

---

①　王大高主编《河东百通名碑赏析》，山西人民出版社，2002年10月，第354—355页。

如下：

> 尝思民非水火不生活,盖前人凿池聚水,其虑远矣。庄南门内,旧有水池,东南磊石为岸,西北注土为岸,周围数十余丈。村人饮牛马于斯,浣衣服于斯,筑墙泡土取水亦于斯。不意代远年湮,屡为混水所堰,淤泥过厚,而水不存焉。村人皆知不便而无人倡其端。于今年春,诸首事人同心协力,捐钱播工,不数月而功告竣焉。土以辙计,三千有余。人以工计,三百之谱。钱以数计,陆拾余串,幸而功成。甘霖日降,池水盈盈。是功也,不独小益于人事,而且大有补于风脉,然而,首事之勤劳与施财之姓名,岂可湮没不存乎? 因刻片石,以志不朽,云尔。

本庄邑庠生生员王金钺沐手撰

本庄任立、任国揖沐手书

（捐钱共 67 人,漫漶不清,略）

首事人:张铨　任九州　任效凤　任国栋

　　　　任敦义　　任春蓍　　任鸿业　张振宇立石

（捐资人名略）

　　　　　　　大清光绪十二年岁丙戌十月上浣敬立

　　该碑呈横式,高 52cm,宽 64cm。碑文所叙述的挖池聚水以供民用,在晋南传统乡村社会很有普遍性。涝池的发明与使用是古代乡村民众与干旱斗争的经验总结,是在十年九旱的环境中创造出来的一种生存智慧。池水浑浊虽不能用,但"村人饮牛马于斯,浣衣服于斯,筑墙泡土取水亦于斯",使池水得到了充分利用。实地调查中发现,晋南乡村水资源相对缺乏,雨季蓄水,旱季用水,井水食用,池水洗衣或用于其他,实在是一种自救互补的好办法。该碑还反映出了在疏浚水池的工程中几乎发动了全村力量,各个阶层,各个方面的人员都参与进来,这是因为挖修水池是全村的公共事务,关系到全村人的利益,与凿井相比,需要更多的人力物力,所以捐资者多达 67 人,首事人共有 7 位,乡村知识型人物王金钺等发挥了重要作用。正是由于首事人同心协力,集资疏浚,使得工程顺利完成。挖池聚水是全村的公益事业,需要有钱的出钱,有力的出力,尤其是受益者要竭尽全力,这是山陕村落的良风美俗,值得提倡。

补于风脉,山西平陆某村保存的光绪《疏浚池塘记》云:"是功也,不独小有益于人事,而且大有补于风脉",碑文限于篇幅,未能深入发挥,但是它高度概括出了乡村民众的用水思想。与洗衣服、饮牛马、筑墙泡土等实用功能相比,涝池更重要的功能是"大有补于风脉",结合实地调查采访,我们认为这句话大体包含两个层面的意思,一是涝池的挖修不单单属于物质生活民俗,而且还涉及到乡村民众心意信仰层面的风水观念。二是山陕黄土高原挖修涝池,可以减少水土流失,改善当地小气候,涵养地下水源,它和老井、民居、神庙等构成整体村落景观,形成了良好的生态效应。

在山陕乡村干旱缺水的生存环境中,涝池的选址首先考虑的是有补于风水,陕西韩城县巍东乡徐村涝池边碑楼内存放的清同治元年(1862)《徐村重修水池碑记》云:"余村文星阁下有池焉,堪舆家取象墨池以培养文脉,渊深巩固,经大旱不竭。"①似乎听信堪舆家的话而创建,对风水的崇信远远超过了实用的目的,关于涝池与风水的关系,在山陕乡村民众口述史里得到具体生动地反映,例举三则以分析之。

其一:圣池金马的传说。

陕西合阳县墨池镇团结村把本村的涝池称为"圣池",村子里世代传承着"圣池金马"的传说故事。涝池位于村子西边,其南北两旁是通往西南、西北村镇的两条大路,风水家称此为"二龙戏

---

①　韩城市农业经济委员会水利志编纂领导小组编《韩城市水利志》,三秦出版社,1991年2月,第195页。

珠"。每当夜深人静的时刻,过路人就会听到池内叮当作响,时而还能隐隐约约看见水面上有发黄色的闪光在移动,凡耳闻目睹者神奇地说,闪光会动的波光下是一个金马驹,脖颈上小铜铃发出了清脆的响声。后来,这件事情传到一个道人耳朵里,他便使用法术盗走了"金马驹",从此"圣池"内再也看不到移动的波光,听不到叮当作响的声音了①。

其二:石制动物到天池饮水的传说。

晋南襄汾安李村的天池②修在村子北门内,相传对面张相村"官儿坟墓"中有石象、石马、石龟等动物,天黑以后常来安李村北门内天池喝水。天长日久,天池的水被它们喝干了,影响村民们洗衣服和牲口饮水之用。另外,邻村大邓村南也有一石龟头朝南,每天也来喝天池内的水。俗传这些怪物行走时直来直去,不会拐弯,因此村民们将北门堵死,另在西边修建了一座简易的西门,绕道向北走去。自从北门堵死之后,天池内的水就保留下来了③。

其三:南涝池出金马和池底裂缝弥合的传说。

在陕西合阳南蔡村的南面有个涝池,俗称"南涝池",有两则传说,一则讲南涝池出了个金马驹,被西藏的喇嘛施法盗走了;另一则传说曰:民国二十三年阴历六月,该地下了一场特大暴雨,大雨过后涝池底部从中间向南裂开一道大缝,积水全部漏完。第三天又下了场大雨,电闪雷鸣中裂缝又重新弥合,从此又可以蓄水,村民们称之为"一大自然奇象也"④。

---

① 雷耀曾主编《团结村志》,2001 年编印(内部资料本),该资料为段友文、高忠严、卫才华 2002 年 8 月中旬实地调查时收集。

② 晋南乡村民众方言称之为天池或泊池,在陕西韩城、合阳等县习俗称之为"涝池",因此,文中的称谓随不同地域而有变化。

③ 李社记主编《安李村史》(内部资料本),第 6 页。

④ 资料来源:《陕西合阳南蔡杨家史话通谱》,2001 年编印(内部资料本),该资料为段友文、高忠严、卫才华 2002 年 8 月 18 日实地调查时收集。

以上三则涝池的传说,都反映了山陕乡村民众对与涝池相关的风水信仰深信不疑,或从正反两个方面,或从神异角度极力渲染了风水的灵验,这些口承传说间接表达了民间对自然规律的模糊认识,表达了民众素朴的自然观,当然也弥漫着神秘的色彩,客观上起到了保护涝池的作用,正是这种风水观念强化了民众修池聚水的行动。许多涝池碑刻中有春风鼓荡,秋月当空,碧波荡漾,蜻蜓飞舞,蛙声东西等褒扬词语,流露出当地民众对涝池的赞美之情,事实上,涝池所产生的生态效应是值得关注的。

第八章　北方移民活动对
村落构建的影响

　　移民活动是中国乃至世界各国历史上普遍存在的人口流动现象,中国移民历史之久,范围之广,数量之多,影响之大,在世界历史上都是绝无仅有的,这些人口移动的结果是带来了地域社会结构的重建和民众民俗文化的变迁。明清以来,山西是中国北方重要的移民发生地,由于它处于华夏中原民族与北方游牧民族相交汇的区域,其地理位置具有重要的战略意义。自秦汉开始,中国历史的各个时期,大量内迁的少数民族和外来民族都以山西为中转或者归宿,每遇分裂战乱,山西总是北中国的政治中心和战略要地[①],吸引了大量的外来人口,成为大批难民的庇护所;同时,山西也是重要的移民输出地,经由山西移入北方各省区的民众缩小了人口分布的不平衡,对社会经济的发展产生了重大影响。移民从其流向来划分,可以分为移出民和移入民,明清两代,以山西为中心的移出民突出地表现在以明代"大槐树移民"和清代"走西口"为标志的两次移民运动。然而,山西也一直是移入民迁徙的重要地区,尤其是清末至民国年间,由于社会动荡,灾荒不断,人口流动频繁,山西以其特殊的地理环境条件,吸引了山东、河南等省区逃难客民。迄今在山西各地分布着大大小小的移民村落,有的被称为"山东村"、"河南村",有的更具体地名之为"小莱芜"、"林县村"

---

　　① 葛剑雄《山西移民史·序》,《山西移民史》,安介生著,山西人民出版社,1999年10月。

等。移民由原住村落迁入外省区的客籍村落,不仅仅是空间区位的流动,更重要的是他们所负载的文化在空间的流动,一批批移民把原籍地的民俗文化带到移入地区,进行新的文化适应、选择、重构,所以说,移民运动在本质上也是一次文化的迁移与重构过程。本章以明代大槐树移民、清代"走西口"习俗、近现代山西移民村落为研究内容,具体考察由移民活动带来的村落社会重构及民俗文化的变迁。移民作为处在不同文化接壤处的特殊社会群体,作为文化上的混血儿,作为移入地的"边际人",他们所创造的独特民俗文化和具有的鲜明性格特征是本章研究的重点。

一　明代大槐树移民对北方村落重构的影响

明代山西洪洞大槐树是中国历史上辐射范围最广、影响最大的移民发源地,"问我祖先来何处,山西洪洞大槐树",这两句盛传于北部中国的民谣,委实道出了千千万万大槐树移民后裔对故乡故土魂牵梦萦的思念,在北方乡村妇孺皆知。数百年来随着北方人口的外迁,大槐树移民的后裔又扩散到全国各地,分布于全国 8 个省、市的 227 个县,大槐树成为移民心中故乡故土的象征符号,成为沉淀在移民内心深处的思乡情结。

1. 大槐树移民的历史背景

中国历史上的移民运动,从移民主体和组织过程来划分,可包括自然移民和官方移民两种形式,前者是为逃避天灾战祸而形成的黎民百姓乃至社会各阶层成员自发的迁徙;后者是基于军事、政治、社会稳定、经济发展诸原因,由官方组织的有计划,有目的的移民运动,明代以洪洞大槐树为中心的移民运动明显属于后者,无论从时间跨度、从地域范围、从组织规模来说,都达到了中国移民史的顶峰。明代大槐树官方移民运动是有其复杂的历史背景和社会原因的。

首先是元末连年不断的战乱,从至正十一年(1351)农民战争全面爆发,敲响了大元帝国的丧钟,河南、山东、河北以及安徽、江苏等地民众揭竿而起,发起农民起义多达上百次。其中规模较大的有至正十一年(1351)开始的颍川红巾军起义,至正十二年(1352)郭子兴为首的起义军攻占濠州,至正十三年(1353)泰州白驹场人张士诚率盐徒起义。元政府先是派精锐部队对付农民起义军,后因无力镇压就纠集一些地主武装配合元军与农民军作战,所到之地多"拨其地,屠其城",使河南、山东、河北、江苏等地"户口凋残,十室九空"。

其次,元朝末年水、旱、蝗、疫等灾害接连不断,黄河淮河多次决口,使中原地区田庐漂没,百姓死亡,村落城邑多成荒墟。据《元史》记载,元朝自至正元年到二十六年的水旱灾,山东20次,河南18次,河北16次,两淮地区10次①,造成了"禾不入地,人相食"②的悲惨景象。仅黄河决口,泛滥成灾就多达十余次。

至正二年(1342),黄河在归德府淮阳县一带泛滥。

至正四年(1344)正月,在曹州决口,五月间大雨,黄河暴涨,平地水深二丈,冲决白茅堤和金堤。

至正五年(1345)七月,在济阴决口,十月间再次泛滥。

至正六年(1346),至正八年(1348)连续决口。

至正十六年(1356),在郑州河阴县决口。

至正二十三年(1363),在东平县、寿张县决口,圮城墙,漂屋庐,人溺死者甚众。

至正二十五年(1365)在蓟州东平小流口决口,坏民居,伤禾稼。

① 《元史·五行志》。
② 同上。

　　至正二十六年(1366)黄河北徙。八月,济宁路肥城县西黄河发大水,漂没田禾民居百有余里①。

　　在《元史》里上述记载比比皆是,特别是河南省几乎年年都有大的洪水灾害,田禾不收,民不聊生。

　　第三,北方中原地区人口南流严重,早在宋室南渡之时,大量的北方农民就随宋室南逃,到了元代,北方的自耕民在战乱中被掠为驱奴,或沦为权豪的部曲,蒙古贵族在城市近郊和军营住所强占大片农田作为牧场,迫使大量北方民众流离失所,向南方逃亡。

　　由于天灾人祸,水旱蝗疫、人口南流多种原因,致使北方地区土地荒芜,人烟稀少,尤其是山东、河南两地受战争创伤严重,多有无人之地。到了明初,由于人口甚少,“户口旧有者仅三分之一”,只得把许多州府降格,如开封由上府降为下府,洪武十七年(1384)把不足三千户的三七州降为县②。

　　明朝建立后,面对内忧外患、民生凋弊的局面,如何巩固统治地位,稳定经济,恢复和发展农业生产,成为当务之急。洪武三年(1370)朱元璋采纳了郑州知府苏琦的进言,其一为屯田积粟以示长久之规;其二为选重臣驻边镇统辖诸番;其三为垦田以实中原③,决定在全国范围内推行移民屯田,奖励开垦的决策,拉开了明朝移民运动的序幕,此之谓“洪武移民”。值得注意的是,明初通过移民屯田,恢复生产,中原地区刚刚喘过气来,不幸的是自洪武三十一年(1398)开始,由于朱元璋死后,建文帝推行“削藩”政策,导致了燕王朱棣公开反叛,引发了前后持续四年的“靖难之役”,即中原民间盛传的“燕王扫碑”、“红虫吃人”,朱棣对建文帝的部队和统辖区的百姓残酷报复,又造

---

① 《元史·五行志》。
② 《明太祖实录》卷一百六十四。
③ 《明太宗实录》卷五十。

成了中原地区荒无人烟的局面,所以,继洪武移民之后,又有永乐移民。

　　山西作为明代移民的集散地不唯独是曾在华夏文明史上有过辉煌的历史,更重要的是赖其有特殊的地理生态环境。"山西东有太行之险,西有吕梁之阻,南有大河之堑,北有大漠、雁门之蔽,使此地成了中国历史上的'安全岛'。"①陕西关中与之相比,是历代王朝所在地,向为兵家必争之地,战火频仍。河南、河北、山东与之相比既是战场所在,同时也是黄河中下游黄河洪水恒灾之区。而山西在中原其他省区遭受战乱灾荒之时,赖有大山、大河作屏障,也较少发生大的水旱虫灾,因而获得了相对稳定的发展机会,与邻省相比社会安定,经济繁荣,人丁兴盛,据《明太祖实录》载,洪武十四年(1381),河南人口一百八十九万一千人,河北人口一百八十九万三千人,而山西人口四百零三万零四百五十四人,相当于河北、河南两省人口的总和②。山西由于"山川形便"的地势原因,在战乱分裂或黄河泛滥成灾之时,往往成为邻省民众的庇难所,它就像一个调节器,在灾难频发的中国北方维护了社会的运转。平阳府是山西人口最为稠密的地区,洪洞县是平阳府有名的人口大县,加之地处汾河流域的晋南盆地,东西南北交通便利,明政府便把移民局设在县城北边贾村驿旁的广济寺,广济寺大门前的汉植大槐树成为北方各省移民会集之地。

　　2. 移民分布的地区

　　根据方志和谱牒资料统计证明,"洪洞古大槐树处移民"分布于 11 个省市,227 个县③,其中河南、山东、河北规模最大。

　　河南,古有"中原"、"中州"之称,地处黄河中游。作为山西的

---

　　① 　刘毓庆《洪洞大槐树移民志·序》,《洪洞大槐树移民志》,张青主编,山西古籍出版社,2000 年 11 月。

　　② 　《明太祖实录》卷一百四十。

　　③ 　安介生著《山西移民史》,山西人民出版社,1999 年 10 月,第 311 页。

邻省,其地理与人口两个省份恰成反比,山西地狭人众,河南地广人稀。元朝末年,河南是兵荒天灾的重要地区,自然成为山西移民的重点地区之一。据《明史》、《明实录》记载大槐树移民迁往河南主要有四次,分别是洪武二十一年八月,二十二年九月,二十五年十二月和永乐元年八月。民国《孟县志·大事记》云:"明洪武三年,徙山西民于河北,而迁至孟州者十九,皆山西洪洞籍。"鹿邑县《刘氏家谱》曰:"始祖原籍山西省洪洞县枣林庄,明洪武二十年迁至河南归德府鹿邑县西南二十五里褚固堆村。"偃师县游殿村《滑氏家谱》,辉县穆营村《穆氏家谱》,温县招贤村《牛氏家谱》都有类似的记载①。山西洪洞大槐树移民主要迁于河南的彰德府、怀庆府、开封府、卫辉府、以及汝宁府、南阳府等地。

山东省简称鲁,地处黄河下游,元末明初,山东人口与山西人口不相上下,而土地面积远远大于山西,所以山东也是移民的重点地区。根据《明史》、《明实录》记载,由山西大槐树往山东的移民分别是洪武二十一年八月、洪武二十五年十二月两次,永乐元年八月、永乐五年五月两次,迁往的地区主要有东昌府、济南府、兖州府、莱州府、德州府。最初移民移入区主要在鲁西北、鲁西南地区,这是因为元末明初,朱元璋北伐、"靖难之役"等战争都发生在这里,黄河泛滥也以这些地区为甚,人口损失最为惨重,急需充实之。经过明初一段恢复时期,永乐之后的移民迁徙就分布到山东大部分地区了。

河北简称冀,位于黄河下游以北,明朝直隶京师。明朝初年,大都至漠北地区仍为元朝王室控制,明政府与其连年作战,为了巩固边防,充实粮饷,洪武年间组织向该地移民,还实行了军屯。永乐四年(1406)明王朝迁都北京,为了京畿安全,永乐年间又多次移

---

① 以上所引家谱参见张青主编《洪洞大槐树移民志》,山西古籍出版社,2000年11月。

民于河北地区。据《明史》、《明实录》记载,洪武年间四次,永乐年间六次,共计十次。迁往地区有北平府、真定府、顺德府、大名府、以及保安州所属各县,河北民间家谱、碑文资料中记载以永乐年间迁民为多。

陕西省位于黄河中游,与山西隔河相望,古时就有秦晋之好的典故,到了明代陕西管辖地域相当广阔,甘肃省元代属陕西行中书省,明代属陕西布政司。宁夏元代置宁夏路,属甘肃和陕西行中书省,明置宁夏府,后改宁夏卫,属陕西布政使司,元代末年陕西屡遭兵乱,明朝建立后也多次迁民或派兵屯田进入陕西境内。据《明史》、《明实录》记载,洪武十三年五月,洪武二十二年九月,洪武二十八年八月,永乐元年八月,先后四次有大批移民迁入该地区,其中以宝鸡、关中及邻近山西的县区为多。

除上述河南、山东、河北、陕西之外,山西洪洞大槐树移民还迁往京、津、内蒙、安徽、江苏、湖北等省区,以及本省的晋中、晋北等地,时至今日,可以不夸张地说,大槐树移民的后裔已遍及神州大地。

3.移民运动带来的北方村落重构

大槐树移民是明政府为了巩固封建王朝统治,迅速治疗战争创伤,使农业生产逐步得到恢复,保护国家安宁而推行的一项政策,其性质是一种官方行为,具有极强的强制性,移入地大多为地广人稀的边疆地区或是黄河、淮河两河重灾区。从河南、山东、河北几个移民大省的地方志、家谱、口碑资料以及实地考察的情况来看,移民村落分布范围广阔,由移民形成的村落为数众多。河南省孟县12个乡镇,有自然村395个,其中从洪洞迁去的就有138村,占总村数的34%,济源市有453个自然村,保留下来的明以前的土著村落130个,占28%,其余均为明代移民所建村庄。山东郓城县共有自然村1388个,其中明朝建村966个,有279个直接迁自山西洪洞县①。山东滕县、定陶县明代移民所建村落也为数甚多。由官方发动组织的移民运动对移入地经济、人口的恢复起到了积极的作用,也带来了村落社会新的选择与重建。

① 移民屯垦的组织形式

明代移民活动以洪武二十一年(1388)为界可分为前后两个时期,前期主要是为了消弥边患而进行的军事性移民;后期主要是为了缩小各地人口分布不平衡进而恢复农业生产的垦荒性移民。其中成为中原地区和边疆地区联系纽带的是商人,他们辗转奔波于内地和边远省区之间,或长期居住异地,或雇工种田以满足移入民的生活需求,也成为移民的一个重要组成部分,因此,明代移民屯垦的组织形式主要有军屯、民屯、商屯三种。

军屯,即令将士屯田,屯田的将士归全国各地的卫所组织管理,是由卫所士兵充当主要屯田劳动力的屯田组织。其方法是军队在驻防地划田耕种,每个士兵授田 50 亩,官府分给耕牛,农具和种子。明政府规定,边防地区军队"三分守城,七分屯种",内地军队"二分守城,八分屯种"。《洪洞大槐树移民志》"大事记"曰:洪武二十五年(1392)八月,"冯胜、傅友德帅开国公常升筹分行山西,籍民为军,屯田于大同、东胜立十六卫,计平阳,选民丁九卫,太原、辽、沁、汾选民七卫,每卫五千六百人。平阳选民在洪洞大槐树处集中办理有关立卫军屯之事宜"。又云,洪武二十八年(1395)正月,"山西马步官军二万六千六百人往塞北筑城屯田"②。军屯作为一种重要的移民组织模式,其主要的目的是军事防御,所在地区多为明代边疆或战乱频发地区,但客观上对村落的形成产生了重要作用。明代中叶有的军屯村落因久无战事屯区变为村镇,军士变

---

① 参见张青主编《洪洞大槐树移民志》,山西古籍出版社,2000 年 11 月,第 59—65 页。

② 张青主编《洪洞大槐树移民志》,山西古籍出版社,2000 年 11 月,第 380—381 页。

为村民，直至今日仍留下了许多与军屯有关的地名，如千户营、李官屯等。

民屯，洪洞大槐树处所迁之民，以及贫民、流民、罪囚等迁往地广人稀之地垦荒屯种谓之"民屯"。其方式是由各布政司编里发迁，或送往户部编里发迁，所迁之民由后军都督押解送交迁往各地州县辖治。据《明史》记载，被迁之民迁往各地后，以屯田之区域分为里甲，有别于土著以社分里甲，"土著以社分里甲，迁民分屯之地，以屯分里甲，社民先占亩广，屯民新占亩狭，故屯地谓之小亩，社地谓之广亩"，"河北诸州县土著者以社分里甲，迁民分屯之地，以屯分里甲"①。类似的记载还见于万历《香河县志》卷二《地理志·里社》："按土著之民编社，流徙之民编屯。"康熙《永平府志》卷五《里社》云："京东州县，则有社有屯。土著曰社，迁发曰屯。起于永乐之初。"这些记载隐隐约约地向人们透露了由于移民的迁入所带来的土地权的重新分配，也折射出了移入民与原土著民的矛盾冲突，他们移入新居地之初，无论从社会组织亦或是个人身份上，都是有别于当地"土著民"的"边缘人"。在明代移民屯垦的几种组织模式里，民屯数量最多，对北方村落构建影响也最为深入广泛，如正统直隶《大名府志》卷二载："姬文中屯、郭得人屯、京十五屯、韦志屯、张文中屯、李小二屯、杜宗道屯、正真屯、刘敬屯、侯二屯、杨起屯，以上十一屯，属浚县，并系迁民"②，反映了以迁入民的姓名建屯命名的情况。在山东郓城、巨野一带，至今可见到许多的"屯"、"营"命名的村落，如丁官屯、随官屯、程屯、李屯、张营、李营等，这些村落都是明代洪武、大历年间实行军屯、民屯时形成的。

商屯，即招募商人到边地开垦荒地，向军队交粮，然后回原籍

----

① 《明史·食货志》。
② 参见郑守来、黄泽岭主编《大槐树迁民》，中国档案出版社，2000年5月，第198页。

领盐引作买卖牟取利益。明代初年为了解决边军粮饷问题实行了
"开中法":商人把粮食远送到沿边各粮仓,就可换取贩卖食盐用的
盐引,然后持盐引到指定盐场取盐,再到指定地点贩卖,从中获得
暴利。《洪洞大槐树移民志》"大事记"载,洪武三年(1370)"山西
行省商人向大同仓入米一石,太原仓入米一石三斗,发给淮盐引票
一引,商人售引贩盐获利,以偿粮费"①。按当时计量标准,每一小
引盐200斤,一大引则为400斤,其后各省边境多仿此法。聪明的
商人们看到沿边重镇各处都有荒闲的土地,宜于垦植,于是就在边
地雇人开荒种田,把收获的粮食就地交纳以换取盐引,这样商屯就
兴起来了。在商屯里生产者是应募、雇佣而来的农民,管理者则是
大商人,二者之间是雇佣与被雇佣的关系,明廷规定,商人输米地
点为临濠、开封、陈桥、襄阳、安陆、荆州、归州、大同、太原、孟津、北
平、河南府、陈州、北通等仓,在这些粮仓附近形成了大大小小的商
屯,这些商屯在当时对边粮供应、边疆开发起到了促进作用,实行
百年后自动解体,则成为一个个新型的村落。

　　以上三种屯垦组织形式各具特色,民屯作为主要的模式,其目
的是为了充实迁入地人口,垦荒恢复农业,由民屯形成的村落更加
具备村落的各种特征,家族组织的影响非常明显。军屯主要是为
了解决边军粮饷供应,巩固边防,具有鲜明的军事管理性质,屯田
管理也实行军事化管理体制,有异于民屯。不过,随着军屯的建
立,许多军人迁移到边地屯住,把家乡文化也带到了移入地,各地
卫都陆续建立了学校,在荒凉之地建成了一个个文化中心,提高了
当地的文化水平,推动了地域文化发展。商屯相对于民屯、军屯来
说,管理较松弛,政策一旦发生变化,商屯这种形式便自己解体消
亡。民屯、军屯的管理与已有的卫所军事组织、里甲组织合而为
一,组织管理较为严密,在长期的屯种生产中,大批的移入者定居

---

① 张青主编《洪洞大槐树志》,山西古籍出版社,2000年11月,第378页。

下来,渐渐发展成为村落,这些移民村落对考察北方社会变迁有重要的意义。

② 移民村落形态

洪洞大槐树移民由于迁往各地的时间不同,地域分布不同,移民内部组织形式不同,与土著社会有一个逐渐融合的过程,在移入地形成的移民村落也就具有多种形态。最主要有以下几种:

重建式,即移入民来到新的地方后,以家族为单位,选择聚居地,独立建成村落。河南济源在元末明初,遭受二十多年战乱之后,明洪武年间实行了移民政策,从山西等地迁来移民,大部分是重建村落,另取村名。山东定陶湾子张《张氏家谱》真实地记载了移民建村初期的情况:"自明时洪武年间,奉旨迁民居于此土,三面临河俱未满里许,因河命为湾子张……。当其时自郡县领席片耕具,顺东南而来,至沙山寺北里许,芦席为室,掘地为灶,蔓草荒野四无居人,是夜之间不胜凄凉矣!"①移入民在最初来到移入地之后,首先是选择宜于耕种的地方居住,在荒郊旷野择地建屋,垦荒生产,逐渐扩展规模形成村落。

融入式,即移民进入旧有村庄与原土著民共居一村。在河南各县、直隶大名府各县的村落发现了明清以来的许多移民的私家墓碑和祠堂碑刻,其中河南浚县白寺乡郭庄保存有康熙三十七年(1688)的郭氏墓碑一块,碑云:"郭氏本山西洪洞县人也,粤自前明洪武开疆后,按户迁民,始迁于浚县迤西泊头村,肄业农圃,筑室而居焉。继即修茔于庄之东,葬始迁祖于茔中。"②该家族另存的一通乾隆四十七年碑《泊头村郭氏坟社序》也有同样的记载,这两通碑文反映了郭氏迁入浚县后,融入原有的泊头村,并且由官府给一定

---

① 张青主编《洪洞大槐树移民志》,山西古籍出版社,2000 年 11 月,第 111—112 页。

② 郑守来、黄泽岭主编《大槐树迁民》,中国档案出版社,2000 年 5 月,第 199 页。

数量的土地,从此在这里"筑室而居"。晋东平定县民国十一年(1922)《张氏世谱》中记有"张氏一派,于明朝时代,张财由平阳府洪洞县迁居东平县城西梁庄入在城都五甲。"①河北曹县明代属直隶大名府,现存曹县大马王《王氏合谱》云:"始祖原系山西平阳府洪洞县。老鹳窝之民,属洪洞东二十里王家滩,门前置槐三株,由大明永乐二年兄弟二人东迁。兄(子贤)居直隶大名府东明县汉军营,将村改名大马王。弟(彩元)住河南考城县东四十五里杨桥集,路途距此三十余里。"②这些资料都证实了移入民初到异地,采取了融入原有村落的方式居住下来,可以想象出移入民与原土著民必然存在着隔膜乃至矛盾冲突,经过一定时期的磨合而融汇在一起,甚至改变了原村名。

镶嵌式,是以附近较大的村落为核心,移入民多穿插在原有的集聚地带之间,或者在接近老村的边缘地带形成聚落。这种类型的村落与"重建式"的独立建村不同,它没有独立性,村落事务与行政管理上归属于老村管理,性质上属于附属村。这种类型村落的移入民在初期阶段往往受到原土著民的漠视和排挤,经过一个时期发展才被认同。如河南伊川县半坡乡的东村,明洪武年间,山西洪洞县人迁此,住大路东西两侧,因口音不一,当地群众称路东村为东蛮子营,路西村为西蛮子营,后演化为东村和西村③。从当地土著民对移民村落的称谓中透露出了极强的排外性,移民移入新的聚居地之后在相当一个时期是以"另类"、"边缘人"身份而图谋生存的。共同的经历、相似的磨难,使移民们相互扶持,相互团结,在异地他乡顽强地发展着。在山东省莘县樱桃园乡一带流传着一个《三姓同建"庄和"村》的故事:相传明朝洪武年间,山西洪洞的李

----

①　张青主编《洪洞大槐树移民志》,山西古籍出版社,2000年11月,第109页,第99页。

②　同上。

③　郑守来、黄泽岭主编《大槐树迁民》,中国档案出版社,2000年5月,第206页。

氏、岳氏、于氏三姓，随着迁民人流来到该地定居，分别立村为李村、岳村、于村。共同的生活境遇使三姓如同一家，白天一起开荒种植，夜晚促膝交谈，共议谋生之道。随着时间的推移，三个村庄都有了扩展，人丁不断增加，三村人共同商议，合三村为一村，取名"庄合"，有合村之意，后改名为"庄和"，包含着和睦相处的意思①。山东省莘县单庙乡的"八柳井"村有这样一个传说，明朝以前有段、朱二姓在该村居住，各有一眼好井，由于水资源好，这里万物茂盛，绿柳成荫，故称之为"柳井村"。元末明初遭受天灾人祸之后，柳井村民所剩无几，从洪洞大槐树下迁来了张、吴、林、徐、丁、黄等姓来此定居。张姓在柳井村旧址上盖上新房，成为一个较小的自然村，人们称其为"新村"，其他几姓均在新村周围安家落户，渐成为七个较小的自然村，并以各自的姓氏命名。以原村址为核心，共有八个自然村紧相毗邻，对外仍沿用旧村名"柳井村"，而此时的柳井村已由八个自然村组成，因此当地人又习惯称之为"八柳井"。

以上三种移民村落形态，虽形式不同，但均体现了移民村落建构过程中，由初期的"民皆散处"的状态，到后来人口不断繁衍，农业经济得到发展，形成了村落，或者是分布较散乱的村落通过相互合并，融为一体，整合成一个大的村落，它显示了移民村从零星聚落发展为血缘群体与地缘群体结合的村落这样一个生长过程及其内在规律。

③ 移民建村的特征

大槐树移民由地狭民众之地，迁入地宽人少之地，正如明户部郎中刘九皋上书所言：

> 古者狭乡之民迁于宽乡，盖欲地不生利，民有恒业，今河北诸处，自兵后，田多荒芜，居民鲜少。山东、西之民自入国朝，生齿日繁，宜令合丁徙居宽闲之地，开种田亩，如此则国赋

---

① 郑守来、黄泽岭主编《大槐树寻根》，华文出版社，1999年1月，第198页。

增而民生遂矣。①

　　朱元璋采纳了刘九皋的建议,迁山西泽潞二州民之无田者,往彰德、真定、临清、归德、太康等地,免其赋役三年,发给钱资,配置农具。永乐年间,山西移民迁出地主要是"二府五州",包括今天的晋中、临汾、晋东南三大地区,迁入地为"北平各府州县",泛指今北京河北广大地区。大槐树移民徙入各地,从聚居形式和建村定点的过程来看,具有以下几个特征:

　　顺河而居。河流是黄河先民繁衍生息的凭依,也是明初移民重建家园的首选场所,因为这里赖有较肥沃的土地,有可用于灌溉的水利资源,在迁徙异地窘迫贫困的境遇中可以尽快得到生存的物质资源,所以移民们大都顺黄河或分布于北方各省区的黄河支流寻找住地,定居下来。安徽安庆《阎族简史》载,该族始祖阎德祐,原籍山西太原府洪洞县人氏,元末天下大乱,先是飘泊于渝州之巴邑,洪武二年流落于夷陵,后沿江而下至笔架山麓之磊口河北半月地带,纵横二十余里,阎氏子孙在此繁衍,至今人丁三四千矣②。阎氏家族的发展有赖于大河流域肥沃土地。山东省曹县位于黄河下游平原冀、鲁、豫三省边陲衔联之处,明初成为接纳移民的适宜处所,大槐树移民顺黄河、白花河等河流两岸建村定居,仅白花河的流域面积就达200多平方公里,两岸水草丰茂,移民村落很多,村落名称大都冠以"河"字。在今属枣庄市,地处鲁南的薛城、滕县、峄县有一处由明初移民形成的"河东方言岛",原因就在于明代大槐树下迁往东南各省的移民,其迁徙路线是从河东渡黄河,经过河南中部,直达山东南部微山湖畔,然后再南下抵达苏、皖各省。地处微山湖两岸的薛城、滕县、峄县以移民大道的要冲和转

　　① 《明太宗实录》卷一九三,第2895页。
　　② 张青主编《洪洞大槐树移民志》,山西古籍出版社,2000年11月,第127—128页。

迁点这样独特的地理位置而留下了许多河东籍移民,也保留下了河东方言。

重建村墟。明代对移民编制保甲,既采取单独编制里甲,名称上称屯,以别于土著里社的编制方法,也有土著和移民混居,编制里甲不加区分的情形①。黄河流域中下游地区的河南、河北、山东经历了元代连年战祸、河患、疫病、蝗灾,满目荒凉,饿殍遍野,"道路皆榛寨,人烟几断绝","村庄尽成荒郊,鸡犬之声莫闻,寥寥然俱成空区"②。原来的村庄,几经天灾人祸而人亡村空,或所剩无几,大槐树移民有的与原土著村民混编里甲,混居一村;有的对原村址加以修整重建,作为栖居之地,至今仍沿用土著村名。

聚族而居。明朝移民带有强迫性质,徙民条律载:"四口之家留一,六口之家留二,八口之家留三。"③官府在洪洞县广济寺设局驻员,把移民编排队伍,发放"凭照川资",移入外省各地。移民大多是一家两三口,一姓数十人,同迁一处,聚族而居,他们同宗同族居于一处或分散在附近几处,相互依傍,相互照应,共求发展,形成了同一姓氏瓜瓞绵延,族丁兴旺的局面。山东曹县王庄王氏镌刻于清道光七年(1827)的《王氏先茔》④碑云:

> 我始祖及始祖妣蔡氏,于明洪武四年,自山西平阳府洪洞县,率我二世祖名仲宽及姑爷爷伊士谦来迁于兹,共爨一心协力,有此田产,若一家焉。数年之后,我始祖独回原籍,二世祖名友直兄弟三人始与伊氏四分田产,其家长门居茔东一里名后井,二门居茔东北名王庄楼,三门居茔东北半里名前老庄,伊氏居茔东一里即以姓名为庄名。

---

① 参见黄忠怀《从聚居到村落:明清华北新兴村落的生长过程》,《河北学刊》,2005 年第 1 期。

② 《明太祖实录》卷二十九。

③ 张青主编《洪洞大槐树移民志》,山西古籍出版社,2000 年 11 月,第 287 页。

④ 郑守来、黄泽岭主编《大槐树寻根》,华文出版社,1999 年 1 月,第 257 页。

大清道光柒年岁次丁亥秋八月吉日立。

该通墓碑高五尺二寸、宽一尺八寸、厚五寸,置于王庄村西,碑文记载了王氏徙移曹县后,聚族而居,合族共爨,连同具有姻缘关系的姑爷爷伊士谦分为四门。河南长垣县大张村张氏家族纂修于1956年的《张氏家谱》也云:"吾族本山西洪洞人,明初迁民徙来河南长垣县城西北十八里许,葺芦而居焉,厥后氏族繁衍,渐成村落,名曰'大张村',始祖讳辰字震宫。"①

这些民间碑刻资料反映了大槐树移民徙往异地之后,聚族而居,由最初的血缘聚落逐渐扩大形制规模,增加丁口,增补设施发展成家族村落,保持了家族成员间的血缘联系,又催生出了以地缘空间为标志的新的村落。

家族析居。查阅北方各省的地方志、移民族谱及碑刻资料,我们惊奇地发现,移民们徙入新的客籍地之后分家析产、异地而居者非常普遍。按照常理,由于亲情纽带的维系,又举家迁入一个陌生地,聚族共爨,同心协力,会更有利于发展,那么,移民为什么要手足分离,散居于不同的地方呢? 有研究者认为,这是移民们出于自愿,"为求生计,为从明廷多领一些生产、生活资料,移民采取父子分立门户,伯仲分家另居,祖孙各建一村的办法获取生产、生活必需品,为自身生存发展打下良好基础"②。我们姑且称这种观点为"自愿说"。但是,这只揭示出了移民家族析居的一部分原因,更重要、更直接的原因是由于被迫无奈,权且称之为"被迫说"——这是我们的看法。简捷地说,移民们析居散住与明初官府为迁民制定的律历有直接关系。为了迅速扩大开垦面积,尽快恢复生产,政府规定了在移民迁徙过程中同族同姓不准同居一个村子的律条,使

————————

① 张青主编《洪洞大槐树志》,山西古籍出版社,2000年11月,第110页。

② 郝秀玉《明初晋民东迁与曹县移民建村考》,张青主编《洪洞大槐树移民志》,山西古籍出版社,2000年11月,第291页。

得许多家族不得不被迫分开居住。这种情形在移民族谱和碑刻资料中有真切地记载，山东曹县长刘庄《魏刘氏合谱序》曰："予族山西平阳府洪洞县人士，大明洪武二年迁民诏下，条款具备，律历森严，凡同姓者不准居处一村。始祖兄弟二人，不忍暂离手足之情，无奈改为两姓，铜佛为记，传流至今五百岁依然相在。"①本则资料中叙写了兄弟二人虽然被迫分离，改为二姓，尚可在相距不远的同一地域空间居住，便于相互扶持。更多的家族是被迫析居，且距离遥远，难以相互照应，河南省内黄县王氏镌刻于1955年的碑刻《千秋不设马氏碑》②载：

> 始祖马二公讳克左，配赵太君墓。闻之，始祖原籍山西洪洞县标岗村，兄弟四人，长讳克旧，迁居安阳县郎固村；我祖讳克左，迁居内黄县西台头村；三讳克右，迁居汤阴县宋良桥村；四讳克良，迁居安阳县北坞村。系明永乐二年迁居各处，因地为家。

同胞四人分别徙往河南的安阳、内黄、汤阴三个县的四个不同村落，如果不是官方强制，他们就不会承受这骨肉分离之痛。为了对付官府的析居律规，移民们采取了更改姓氏，仍同居一个社区的策略，这样就出现了在移民区多姓本为一家的状况。河南永城县古城村民国十三年（1924）纂修并镌刻的《崔、谢、张、陈谱序碑》里，记载了明洪武三年春始迁祖崔公明自平阳府洪洞县携四子同来，不忍骨肉分散，"分为崔、谢、张、陈四姓，卜居于邑之艮方清凉集，使分门别户，各占土宇村落。一姓虽分四姓，四姓乃属一脉"③。兄弟四人分为四姓横布而居，相互支助，出入守望，俨然一家人也。因此，"异姓同宗"成为明代

---

①　郑守来、黄泽岭主编《大槐树寻根》，华文出版社，1999年1月，第242—243页。
②　同上，第254—255页。
③　同上。

大槐树移民村落的一种独特民俗文化现象,其中的原因是复杂的,有移民自身为了生存需求对自然地理条件的选择,为了多得到一些官方分发的生活资料的功利目的等因素,更主要的是由于官方的强制性政策使然。

4.移民村落的民俗文化特征

洪洞大槐树移民运动给明代社会带来的不仅仅是人口、经济、政治等方面的重大变化,与之伴生而来的移民村落民俗文化也独具特色,成为探析大槐树移民生活的切入点,在中华文化史上占有耀眼的一页。

① 古槐情结——移民的精神家园。

山西是明洪武与永乐年间规模最大、最集中的移民迁出区,许多地方方志、移民谱牒、口碑资料都把明代山西移民与洪洞大槐树紧紧联系在一起,"大槐树"成为研究移民无法回避的话题。

民国《洪洞县志》卷七《舆地志》曰:"大槐树,在城北广济寺左,按《文献通考》,明洪武永乐间屡移山西民于北平、山东、河南等处,树下为集会之所。传闻广济寺设局驻员,发给凭照川资。因年历久远,槐树无存,寺亦毁于兵燹。民国二年,邑人景大名筹募赀竖碑,以志遗迹。"①明廷当局在洪洞县城北二里的广济寺设局驻员,发给凭照川资,办理迁民事务,大槐树就在广济寺旁,驿道从树荫下通过。因广济寺临近汾河滩,河滩上的老鹳便在古槐间筑巢垒窝。迁民出发前,聚于广济寺大槐树周围,倾诉离情;临别时,一步一回头,眼看到古大槐绿荫覆盖,耳听见老鹳鸟声声哀鸣,"大槐树"和树上的老鹳窝成为迁民心中永远抹不去的记忆。

迁徙他乡的移民们,把大槐树和老鹳窝作为家乡的标志和象征,在迁居之地常常种槐树以示不忘故乡。河北省河间县高鲁村高氏家族在家门口栽一棵槐树以作纪念。山东菏泽袁固堆袁家祠

① 参见张玉吉等编著《洪洞大槐树志》,山西人民出版社,1988年10月,第43页。

堂的石碑上镌刻着一首诗:"昔日从戎驱鞑虏,今朝屯田太行东。洪洞分支老门弟,曹州安居旧家风。古岗植槐三五株,铭记山西父老情。"河南清丰县马村南街现存洪洞移民纪念树,胸围 2.8 米,高13 米,中空,主干枯损,侧枝茂盛,据考为明朝永乐年间山西洪洞移民为纪念故里所植,树龄约 590 年。此外,在河南濮阳县东关蔡家园、城关镇小集村、县城东关外李家堤村等地均发现有明代移民所种植的槐树。河南确山县有槐树庙村、大槐树村、槐树庄村等村名。历经几百年的风风雨雨,昔日移民种下的槐树大多已泛老枯损,变成了古槐,这些古槐见证了往日迁民们真实的生存状况、苦难的生活境遇和艰苦的创业历史,也目睹了移民零星散布的聚落如何生长繁衍为蔚为壮观的移民村落,乡村发展的历史就铭刻在古槐的年轮里。古槐成为许许多多移民村落特有的标志物,成为千千万万移民们情感的载体,成为一辈辈移民后裔心中的图腾。

② 民俗展演——移民的文化选择。

移民从祖籍地迁入一个新的地方,一方面坚守保留着故乡的民俗文化;另一方面势必存在一个与异地文化的碰撞、适应、选择的过程,最终通过移民这一文化主体,实现移出地与移入地两种文化交融共生,催生出包含着新质的、更具活力的民俗文化,最主要的有以下几个方面。

家谱族碑。家谱是一个家族延续的谱系,是该家族历史与现状的真实记录。明清两代黄河流域各省区乡村家谱的修纂达到了整个封建社会的高峰,洪洞大槐树移民运动是一场重大的社会历史事件,它使千千万万个家族牵动其中,在河南、山东、河北等省实地考察中发现了大量民间保存的谱牒碑刻,成为研究明代大槐树移民运动及其移民家族与村落的珍贵资料。移民家谱均不同程度地记载了各家族祖籍何处、迁徙原因、迁居哪里及定居后家族的发展变化等。由于族谱容易虫蛀水湿,加上移民初迁入聚居地之后,生活尚不稳定,不便保存,所以许多家族把家族世系、重大事件刻

碑记之,希望传之久远。河南永城县民国十三年《崔、谢、张、陈谱序碑》就翔实地描述了这一风俗习惯:

> 爰于民国十三年三月间修谱功竣,崔君象斋、谢君贯琼、张君文敬、文光、致远等,复聚而议曰:"今者虽成书,一经兵燹,仍为易失,是谱之寿世不如碑之延年。"于是便议立碑于始祖墓前,以垂久远。

移民的家族和族碑是移民民俗文化的具体展演,是他们徙入新的居聚地之后文化重构的结晶。大槐树移民运动对原有家族带来的拆解、离居,移入民通过纂修家谱、镌刻碑文等行为对家族重新整合,以实现澄清谱系,明确始迁祖、和睦家族、教化族人之目的,从而提高了本家族内部的凝聚力和在新移入社区的影响力。阅读丰富的移民族谱碑刻史料,我们颇感兴趣的是其中对移入民生活细节的描写。写移民初入异地荒凉凄惨的情景如:"至沙山寺北里许,芦席为室,掘地为灶,蔓草荒居四无居人,是夜之间不胜凄凉矣!至五更忽闻东南角下有更鸡报晓之声,我始祖闻之暗之思曰:'有畜必有人也'。至明天望东南而寻之,果有人焉。"[①]写移入民迁徙不定的生活如:"临于漠河,后因漠河水发,而将村浸漫无所居,所有本族者,而又移居东林召村。"[②]写迁民创业的艰辛如:"我始祖自山西太原府洪洞县迁此清邑,披荆斩棘,蒙霜露而居焉。当是时,垦田构室,几费艰辛,而不殚烦者贻厥后也。"写纂修家谱的苦衷和过程如:"民国甲子春,吾提倡定谱,合族众元老,十分赞成,爰将四世原委,始祖及临时三代,能绕之谏秉笔以志。恐宗派之紊乱也,作文以示之;恐远绦蔓枝之不亲也,联络以属之;恐村庄户口之不清也,缕拆以分之"。这些族谱族碑中的细节真切生动地写出

---

① 定陶湾子张《张氏谱序》,收入郑守来、黄泽岭主编《大槐树寻根》,华文出版社,1999年1月,第243页。

② 温县《牛氏家庙碑记》,收入郑守来、黄泽岭主编《大槐树寻根》,华文出版社,1999年1月,第252页。

了移民的"苦况",反映了移民最初的生活状况,也表达出了他们最真实的生命体验。

民俗的交融表现在移民生活的各个方面。在节日民俗上,山东部分地区在清明节有"蒸面燕"的习俗,"面燕"俗称"子推燕",顾名思义和纪念介子推有关,这显然是吸收了山西在寒食节吃冷食,纪念介子推的习俗而形成的。山东民间戏曲受山西影响的痕迹也很明显,在聊城、荷泽、定陶一带流传的梆子戏,叫做"泽州调",俗称"本地倔"。泽州即今晋东南晋城地区,而一个"倔"字,本身就是"山西人"三个字的组合,可见山东民间戏曲"本地倔"是由移民们从山西传播到山东是确属史实①。另据《肃州志》记载,明清时期酒泉一带"元宵前后之夕,张灯巷陌中,或竖木枋,或起高楼,蒙以佛幛,内燃油灯数百盏,照耀如白日,闻有扮演秧歌者,大约秦晋间客民也",说明了明清两代,屯田开荒的移民中山陕移民甚多,这些移民把家乡的民间艺术也带了过去,使酒泉一带的秧歌、社鼓等有秦晋之古风②。生产技艺也随着移民大潮被带到了各地,推动着当地生产力的发展,甚至成为当地兴盛的主导产业。如山东博山以盛产琉璃而驰名全国,有"琉璃城"之美称,明清皇室所用琉璃产品大都由此地供给。博山原为颜神镇,历史上属般阳县辖,般阳孙氏支谱记载,其始祖由山西洪洞大槐树迁来,并带来琉璃技艺。然而,查阅大多数孙氏家谱,均记始祖自直隶枣强县尚林庄迁来。原来,枣强县是洪洞大槐树移民到般阳(即博山)的"中转站",博山移民都是经由枣强再度迁徙的"二次移民"③,他们把山

---

① 参见叶涛《移民·山东人·山东民俗》,收入张青主编《洪洞大槐树移民志》,山西古籍出版社,2000年11月,第248—249页。

② 参见郑守来、黄泽岭主编《大槐树迁民》,中国档案出版社,2000年5月,第373页。

③ 参见孙发全《般阳孙氏由山西带来琉璃技艺考》,收入张青主编《洪洞大槐树移民志》。

西悠久高超的琉璃制做技艺带到了山东,利用博山原料丰富的地理优势,推动了博山琉璃业的发展。其实,博山琉璃业只是移民技艺中的一个典型案例,在大槐树移民潮流中更多的是数以千万计的工匠艺人带着他们的技艺在一个个新的迁居地赖以谋生,也传承着行业技艺及其相关的行业民俗文化,在岁月的长河里悄无声息地促进着移入地社会的发展,如山东莘县孙炉村,是明朝永乐年间从洪洞迁来一户孙姓人家,立村孙庄,以打铁为业,手艺精湛,名闻一方。当地人习惯上称该村为孙炉,类似的情形普遍存在于迁居地区。

③ 移民传说——一部形象生动的移民口述史。

伴随着大槐树移民艰辛的创业历史,在民间流传着大量反映移民生活的民间传说、民间故事,这些口碑文学的创作主体大都是始迁移民或移民后裔,反映了移民这一广大的社会群体生存状况和思想情绪,堪称一部丰富真实、形象生动的移民口述史。这些传说故事从历时的角度看,反映了移民活动的整个过程,包括迁民原因、迁徙路线、眷恋故乡、建村创业等方面的内容,从表现生活的艺术手法上,有的属于现实性较强的生活故事,有的则是融现实性与传奇性为一体的神奇传说,它们都从不同角度表现了移民曲折的生活经历和神奇的创业历史,有重要的社会意义和文化价值。

关于明代迁民原因,在河南、山东一带民间流传着《胡大海复仇》和《红虫吃人》的传说。前则传说讲,胡大海身材魁梧,相貌丑陋,年轻时在河南林县一带行乞,当地人看见这样一个壮汉不去干活谋生,却讨吃要饭,不但不给,还加以辱骂。胡大海深感此地人性太坏,暗暗发誓,日后得志了一定雪此奇耻大辱。后来他投奔朱元璋,作战英勇,屡建奇功,做了大将军。朱元璋即帝位后封赏众将士,胡大海什么也不要,只求允许他去河南报仇,朱元璋思虑再三,吩咐侍卫给他御箭一枝,只允许他报一箭之地的仇。于是,胡大海带上护兵、家丁来到河南,恰逢天上飞来一行大雁,胡大海一箭射中最后一只大雁的尾部，大雁带箭而飞，胡大海就一路杀去，大雁飞过河南，飞到山东，胡大海也就将河南、山东一带烧杀一空，只杀得天昏地暗，血流成河，所过之地造成了"白骨露于野，千里无鸡鸣"的凄惨景象。朱元璋知道后，为时已晚，只好下令从大槐树迁民。查《明史·胡大海传》①，胡大海勇武过人，却是一位仁义之士，他一生看重的三件事为：不乱杀人、不抢掠妇、不烧房屋。而在乡野村民口承文本里，胡大海变成一位杀人成性，睚眦必报的凶残之人，将中原、华北一带由于韩山童、刘云通白莲教起义，徐达、常遇春北伐等十多年战乱造成的十室九空、万户萧疏的惨象归结为胡大海一人所为，这其中不乏民众超拔的想象成分，但传说从一个侧面形象反映了元末明初历次战争的残酷无情，以及造成人口锐减的历史面貌。后者《红虫吃人》的传说与明朝"燕王扫北"的史实有关，燕王朱棣的军队头戴红巾，所以百姓称之为"红虫"，"红虫"含有瘟疫的意思，他们所过之地残酷屠杀，使村落几为丘墟，所以民间用"红虫"吃人来形容之。

迁民们离开祖祖辈辈生息繁衍的故土，踏上了艰辛曲折的异乡之路，因而产生了许多关于迁徙途中的传说。"解手"这一民俗用语是因为迁徙途中官兵们把移民一个个连着捆起来押解异地，途中有人大小便就请求解开："老爷，请解开手。"次数多了，口头的请求简化，"解手"就成为大小便的代名词。"背手"是移民及其后裔的行为特征，这是因为移民在押解途中，手臂被反捆着，路途遥远，逐渐麻木，不久就习惯了。因此移民们具有背着手走路的习惯，其后裔也具有这种特征。

故乡是移民的根之所在，是移民情感的寄托，关于眷恋故乡的传说也很多。河南、河北、山东等省把槐树视为吉祥树，当作家乡

---

① 《明史》卷一三三。

的象征，这一民俗心理的形成与"折槐枝"传说有关。移民动身时拽住槐树不忍离开，官员差人挥剑砍断槐枝，迁民手抓槐枝不愿扔掉，带到迁地栽植于庭院或大门口，面对槐树，祈求祖先保佑，遥寄思乡之情。在移民群体里还流传着"以锅为记，辨认同宗"的传说。河南偃师县牛庄牛氏家族，是明朝自山西洪洞县迁往河南温县，然后又转迁偃师县，始祖名川，生三子名洪、弼、超。牛川带三子迁往河南时，得知三子不能同迁一个地方，就把携带的一口锅打破，分为三部分，锅沿给老大，锅帮给老二，锅底给老三，以便日后相认。这兄弟三人后来即为牛氏三祖，其子孙又分十八个去处，家族里传有《十八祖去向歌》。后世牛氏本家相见就会问："打锅不打锅？"若回答："打锅"，就为本家；若回答："不打锅"，即为旁支牛家[1]。因此，当地人称该家族为"打锅牛"。山东莘县张寨乡申庄流传的传说是，官府强令同姓聚居的家族迁徙异地，本是一家会被拆得七零八落，申姓长者知道抵抗不过，上路前命人搬出大铁锅、大铜锅各一口，亲手用锤头砸成若干片，让主人各持一铁锅片，仆人各持一铜锅片，相称道："他年相聚，对片成锅，方认一家。铁、铜之分，为主仆标志。"安排立毕，申姓家族扶老携幼，车推担挑，踏上了不知尽头的东迁之路[2]。锅是日常生活用具，分锅是家族析居的具体表达，同时，铁锅皮因其结实耐久便于保存，具有同一家族辨认同宗的实物见证和心意象征的双重文化内涵。

移民建村创业的传说故事数量众多，内容也很复杂，有的表现移入民和土著民之间的冲突矛盾，因此，有"住户赵"与"迁民赵"之

---

① 《打锅牛的传说》，载张青主编《洪洞大槐树移民志》，山西古籍出版社，2000年11月，第365—366页，该书还收入了偃师牛庄《牛氏家谱》，温县《牛氏家谱》可以相互佐证。

② 《"铁锅申"与"铜锅申"的故事》，收入郑守来、黄泽岭主编《大槐树迁民》，中国档案出版社，2000年5月，第281—282页。

类的传说①。有的反映移入民内部因争夺资源,互不相让而结下世仇②。也有的是反映同胞兄弟因不和而分开聚居,分别成村,因此有了"前渠家"和"后渠家"两个村落③。更多地是反映移入民同病相怜,同舟共济,团结互助,共渡难关的创业经历,如前述《三姓同心建"庄和"的故事》④,讲李氏、岳氏、于氏分别立村李庄、岳庄、于庄,三姓情如兄弟,亲似一家,合并在一起,取名"庄和"村。山东莘县流传着《史杨两家好睦邻的故事》⑤,内容讲,明洪武年间洪洞杨姓移民建村后取名杨庄,史姓移民建村后取名"史家洼"。初到异地,缺这少那,又置办不起,杨庄人联户买了一辆大车,一时买不起牛,外村人便把杨庄称为"杨没牛",史家洼人买了一头牛,一时买不起车,外村人戏称其"史没车"。后来,两个村自发联合,亲密无间,日子也越过越好,在当地传为佳话。移民建村创业传说驳杂的内容,正反映了移民生活的各个层面,折射出了移民发展过程中艰难曲折的历程,恰恰展示了生活的本真状态,这是应该注意的。由此可见,移民传说是民众对迁徙活动的历史记忆,其中所反映的内容生动真切地记录了移民迁徙跋涉、艰苦创业的过程,相对于正史所记录的移民历史,民间传说更贴近民众的生活实际,许多内容均有据可考,对研究移民文化来说具有弥补正史的作用。

5. 移民运动对迁出地与移入地村落文化的双向促动

明代洪洞大槐树移民运动对黄河下游各省区的经济、文化产

---

① 《呈旺村神话传说》,参见郑守来、黄泽岭主编《大槐树迁民》,中国档案出版社,2000年5月,第285页。

② 《桑王西村不通婚的故事》,参见郑守来、黄泽岭主编《大槐树迁民》,中国档案出版社,2000年5月,第278—279页。

③ 《传说中的渠家"土龙"》,参见郑守来、黄泽岭主编《大槐树迁民》,中国档案出版社,2000年5月,第287页。

④ 郑守来、黄泽岭主编《大槐树寻根》,华文出版社,1999年1月,第198页。

⑤ 《史杨两家好睦邻的故事》,参见郑守来、黄泽岭主编《大槐树迁民》,中国档案出版社,2000年5月,第283页。

生了巨大影响,推动了村落社会重构与发展,成为明清华北地区村落构建的内在推动力。研究大槐树移民不能只关注它对移入地村落文化的影响,而应该注意对迁出地和移入地的双向互动作用。以洪洞大槐树为典型的迁出地在这场移民大潮中也发生了巨大变化,这种变化主要体现在两个方面。首先是缓解了山西因"地狭人众"所带来的土地不足之压力。明代初年,山西土地贫瘠,面积狭窄,而又人口众多,这无疑对社会发展和稳定造成了压力,移民活动不仅对"地广人稀"的中原地区起到了恢复人口,发展经济的作用,而且对山西等迁出地来说也缓解了土地狭小、人口众多带来的压力,保障了社会稳定发展。从这个角度讲,山西既是迁出地也是受益地。其次对原有的家族村落带来了巨变。按照正常的社会发展进程,村落随着经济发展、人口增长等因素规模逐渐扩大,自然而然发生了村落析分和人口流动,这是一个渐进的过程,而且呈现出自发流动的状态。然而,在由官方组织的明代移民运动的大背景下,迁出地的人口流动、村落变迁体现出一种突变性,乡村民众对此简直猝不及防,这种巨变引起的震荡是巨大的,突出的表现就是打破了村落原有的客观发展规律,形成了大面积的举家迁居,或被迫析分,形成了原有村落的再生与重建。

　　洪洞大槐树移民运动对移入地北方村落重构的影响主要表现在这样几个方面。第一,移民运动中的人口流动给北方各省区村落注入了新的活力,由于这次移民运动中人口流动规模大、分布广使北方地区的生产、经济得到了启动、恢复,同时,人口作为村落构成的重要元素在村落生长发展中突出地表现为迅速地补充了原有村落人口,或独家新建聚落,或多个家族联合建村,为北方村落的社会基本结构和形制规模奠定了基础。第二,移民运动丰富了北方村落类型,构建了新的移民文化,移民们或到旧有村庄与原土著民杂居,或另择新地独立建村,形成了多姿多样的村落形态,也创造了与之相适应、相伴随的移民民俗文化,成为移民村落的重要标志。移民族谱、族碑是其民俗传承的重要方式,移民传说故事的传播则是移民村落社区精神空间标志。第三,移民运动重铸凝成了移民群体的文化性格。移民是整个迁徙历史的主体,移民运动带来了巨大的历史变迁,也重塑着移民的群体文化性格。他们具有坚韧不拔、吃苦耐劳、善于合作、兼容宽厚的品质,这是因为一方面他们在长期的迁徙生活中遭受了流离之苦,饱尝了人世辛酸,应对着新的生存空间所面临的各种压力,磨炼出了无比坚韧的能吃大苦、耐大劳,击不倒、摧不垮的硬骨头精神。另一方面,移民在迁居异地之后,面对原土著居民表现出的排他性,在生存空间、社会空间、文化空间等方面都会面临前所未有的困难,他们要学会应对,学会包容,学会与他人合作。可以说艰苦的环境激发了移民群体的主观能动性,使之释放出了人类本身惊人的创造力,大量事实表明,移民后裔成才率高,"能人"多,文化名人多,对移入地文化教育事业做出了很大贡献,原因概出于此。在移民过程中,迁民们既拥有从家乡带来的固有文化,又吸纳了迁入地的新文化,二者相互融合,使移民群体提升了文化品位,整体创造力得到激发,从而在社会竞争中获得了优势地位。

无论对于迁出地还是迁入地来说,洪洞大槐树活动对北方村落文化重构带来的影响是深刻和广泛的。移民们以血缘关系和地缘关系为经纬,在移出地与移入地之间共同编织了一张极富有张力的文化网络,将北方广大地区有机地联系了起来,随着时间的推移,越来越显示出文化扩张能力,最终成为推动社会发展的精神源泉。山西洪洞古大槐树遗址自清末以来经过了多次修建,自1991年开始每年清明节在此举行"洪洞大槐树寻根祭祖节",每届祭祖节都有来自海内外华人多达十几万前来参加,使寻根问祖的梦想在这一刻得到实现。

二　山陕"走西口"习俗对蒙汉交
汇区村落文化建构的影响*

"走西口"是我国历史上移民运动的一个重要组成部分,指的是清朝以及民国年间山西、陕西等地的大量民众经长城西段张家口、独石口、杀虎口等关口出关,徙居长城以北的内蒙古地区,从事农耕与商业经营等活动的移民运动。它从清康熙年间开始,到民国后期达到高峰,持续了近三个世纪。在"走西口"这一漫长的移民过程中,移民们在移入地创造或重建了相应的民俗文化,这是一种既有别于其祖籍地山、陕家乡,又有别于客居地内蒙古的民俗文化,这种文化对地处农耕与游牧交汇区的山西、陕西和内蒙古地区的社会发展均产生了巨大影响,其中对内蒙古的影响尤为突出。大批来自内地的汉民的进入,使内地汉文化广泛地传播到内蒙西部地区,引发了当地人口结构和社会风俗的剧烈变迁。有别于蒙古族以迁徙流动为特征的、杂糅了蒙古包和汉族四合院两种聚落方式的定居村落在这里广泛地建立起来,一种兼具蒙汉两个民族特征的村落文化逐渐形成。

1."走西口"产生的原因

① 自然原因

首先是晋西北、雁北、陕北等地恶劣的生态环境。

"走西口"比较集中地出现在晋西北的河曲、保德、朔县、平鲁、左云、右玉以及陕北的府谷、神木、定边等地,它与这些地区恶劣的生态环境密不可分。晋西北、雁北、陕北属于典型的黄土高原地貌,沟壑纵横,土壤贫瘠,山体植被稀少,水土流失严重,可耕地面积少。如神木县:"邑处极边,多沙冈石碛,幅员虽广,而可耕之地

---

* 本节以原题目发表在《山西大学学报》(社科版),2006 年第 5 期。

计以顷亩,诚不及沃野之十之二三耳"①,保德"地偏僻且瘠薄,舟车不通,商贾罕至,民贫鲜生理,耕种而外或佃佣陕西贸易邻境……农勤力作,而土不肥泽,遇丰年差足糊口,荒年冬储蔓菁,春以谷糠,采荼杂而食之,不至死,犹愈于明季食干泥者"②,这些地区自然灾害频发,旱灾涝灾不断,严酷的自然环境使得当地的农民在死亡线上挣扎。偏关县"晋北土质干燥,气候较寒,山田高耸,无川流灌溉,所凭籍者雨泽耳,故晴雨稍有失时,便成灾歉。于西北地势最高,苦寒特甚"③,光绪大旱期间,靖边县更是"民啮草根,继食树皮,叶而俱尽,又济之以班白土,或割饿殍臂以延残喘,甚有杀生人以供餐者"④。正是这种极端恶劣的自然环境迫使人们背井离乡,不得不出外寻找新的生存之路,"细麻绳绳捆铺盖,两眼流泪走杭盖",保德民歌道出了这种选择的无奈,"走西口"也正是在这种恶劣的生存环境下催生出的产物。

其次是内蒙古有着适宜于农业生产的优越的自然条件。

内蒙古总体来说是以游牧经济为主导的省区,但也有很多地区是适合农耕生产的。"草原有肥沃的土壤条件,只有温度和降水有可能制约农业,但蒙古草原的大部并不构成限制……蒙古草原中南部地区的积温条件更为充足,完全可以满足一般北方作物的生长需求。至于雨量条件,大兴安岭东、哲里木盟和昭乌达盟南部,锡林郭勒盟南部,大青山南麓、蛮汉山山区和鄂尔多斯高原的

---

① 〔清〕王致云修、朱埙纂,张琛补编《神木县志》卷4《建置·里甲》,道光二十一年(1841),中国国家图书馆藏。

② 〔清〕王克昌修,殷梦高纂《保德州志》卷3《风土篇》,康熙四十九年(1710)铅印本,成文出版社有限公司,1976年。

③ 〔明〕卢承业原本,〔清〕马振文增修《偏关志》卷上《风土》,民国四年(1915)铅印本,山西省图书馆藏。

④ 〔清〕丁锡奎修《靖边县志稿》,光绪二十五年(1899)铅印本,中国国家图书馆藏。

东南部,降雨量达400mm,可以满足北方作物一季的生长需求。"①
尤其是内蒙古的土默川及伊克昭盟的后套等地区,因有黄河灌溉
的便利,以及黄河改道以后淤积的肥沃的土壤条件,因而更适合农
耕生产的推广。当地的蒙古族由于长期以来固守游牧传统,缺乏
农业生产的相关技术,所以这些地区一直没有得到很好的开发利
用。这些适宜农业生产的优良的土地资源对缺地少地的内地汉人
来说无疑具有强大的吸引力,加上这些地区紧邻长城,靠近内地,
更是山、陕等地逃荒汉人的首选之地。所以,随着清政府对长城内
外人口流动限制的逐步放宽,山西、陕西等地大批的农民便穿过古
关口纷纷涌入这些地区,在广阔的蒙古草原上安家落户,与之相伴
随的一种兼具原住地和移入地两地文化特征的"走西口"民俗也在
这一过程中应运而生了。

　　② 社会历史条件

　　第一,内地日益严重的土地兼并激化了人地矛盾,加速了"走
西口"的进程。

　　极端的贫困促使山、陕北部的农民离开家乡远走口外,而造成
这种贫困的原因除了自然条件的恶劣之外,还存在一个重要的社
会原因,这便是日益严重的土地兼并这一封建社会始终难以克服
的顽疾,从道光后期便又开始困扰着整个社会,它使晋西北、雁北、
陕北等土地最贫瘠地区的人地关系更加紧张,掌握在农民手中日
渐减少的可耕地资源和日益增长的人口之间形成一对尖锐的矛
盾,由这一矛盾引发的生存压力最终迫使普通百姓背井离乡,踏上
"走西口"的道路。

　　第二,历史上各朝代内地人移入长城以北的活动成为"走西
口"的前奏。

----

①　《内蒙古农业地理》编辑委员会编《内蒙古农业地理》,内蒙古人民出版社,1982
年6月,第15—18页。

　　长城以北的内蒙古地区自古便是游牧民族活动的地带,辽宋以后更是蒙古族的领地,蒙古族人口占据绝对优势地位,但这并不是说这里就没有汉族人口。长城内外的物质文化交流古已有之,内地人口移居长城以北也并非始自清代,辽宋以降各朝都有,到了明后期,由于边内日益严重的土地兼并和颇为繁重的苛捐杂税迫使很多汉族农民流亡到蒙古地区,再加上大同守边士兵和白莲教反明起义失败后一批失事避罪的士兵和白莲教教徒的流入,使得内蒙古的汉族人口日益增多。到16世纪末,仅土默特万户领地内,就已流入汉族农民十余万之多,这些农民在内蒙古开田地,盖房舍,在这块新的土地上继续从事农业生产,为内地汉民日后的"走西口"开辟了道路,他们在内蒙古的垦荒活动为清以后的汉族人口进入这些地区提供了可资借鉴的经验,正是因为有这些先驱者们的开拓活动,才使得后来的人们敢于踏入这块异乡的土地,最终促发了"走西口"的潮流。

　　第三,清朝以来长城内外的统一为内地人大规模地移民长城以北提供了政治保证。

　　游牧与农耕两大民族的矛盾由来已久并且时有激化,二者之间的战争也屡屡爆发,长城内外长时期的对峙虽然到元大一统王朝确立时暂时告一段落,可是在蒙古族不到一个世纪的统治之后,随着汉民族统治地位的重新确立,长城内外两大民族又再次回到了战乱与争夺的状态。清王朝的重新统一为日后长城内外的人口流动提供了和平稳定的环境,尽管清初为了防范蒙古族王公的反叛实行过一段时间的蒙禁政策,然而在长城内外日益强烈的物质文化交流需求和在大一统的政治保障下,政府对人口流动的限制最终全面放开,以前用于军事防御的各个关口也失去了昔日的防御功能,逐渐荒废,大大便利了口内人民向口外的流动,"走西口"的人们正是通过这些关口纷纷涌入内蒙古,昔日的关口不再是阻断口内外物质、文化交流的屏障,而是变成了"走西口"习俗顺利传播的便捷通道。

第四，康熙以来蒙禁政策的逐步解除促进了长城内外人口的自由流动。

清王朝对内地人口移入内蒙古的政策有一个逐渐演变的过程。清朝初年，为了加强对蒙古族的防范，防止长城内外的蒙汉势力联合抗清，巩固新生的满族政权，清政府对延绥边墙以北的毛乌素沙地一带严格封禁，规定边墙以北，南北五十里、东西千余里为"禁留地"，又称"黑界地"，不准汉人进入垦种，也禁止蒙人在此放牧。这一规定在康熙时期稍有放开，允许适量内地人口移民长城以北，但对出口移民实行严格的印票制度，"每年由户部给予印票八百张，逐年换给"①，内地汉人只有领取了印票才能进入内蒙古，而且不准携带家眷，也严格禁止与当地的蒙古族通婚，此时，陕西、山西到内蒙开垦土地者多为春去秋回的"雁行人"。到了雍正时期这一政策进一步放宽，雍正八年（1730），政府"仍以五十里定界，命附近地方官折征粮草，雍正十年（1732，作者注），鄂尔多斯荒歉，复准蒙古情愿招民人越界耕种收租取利者，听其自便。从此，内地民人以口外种地为恒产，蒙古亦资地租为养赡"②。到了光绪年间，由于帝国主义势力向内蒙古的不断渗透，更由于《辛丑条约》的签订使清王朝陷入了空前的财政危机，为了加强边防、缓解经济上的困顿局面，清政府推行了"移民实边"政策，将蒙古地区的大片土地收归国有，由国家组织放垦，这一政策的直接后果便是清初以来对蒙封禁政策的全面破产，由内地通向口外的大门彻底打开了。

---

① 《清会典事例》卷九七八，《理藩院一六》"户丁"篇，中华书局影印本，1991年。

② 潘复《调查河套报告书》，（北京）京华印书局，民国十二年（1923年）本，第219页。

从清初严格限制到康熙时期有限度放开直至光绪以后彻底开禁，与这种政策变化相伴随的便是长城内外蒙汉人口流动的日益频繁，这其中更多的是内地人口向内蒙古的大量移民，"走西口"的人群逐渐汇成汹涌的潮流不断涌入内蒙古西部地区，伴随着移民浪潮而形成的"走西口"习俗也深刻地影响着这里的民俗生活，推动着北部边疆的民俗变迁，内地的村落民俗在这块土地上孕育生长，并与这里特殊的地域文化相结合，最终以崭新的形态呈现在世人面前。

2."走西口"习俗催化的内蒙古农耕村落

勾勒"走西口"的路线，其行程大体是：来自山西的移民先从保德、河曲、偏关渡过黄河进入陕西，然后与陕西移民一同从府谷出发，向北经古城进入内蒙古，之后经准格尔旗、纳林、东胜、达拉特旗到达包头，随后以包头为转折点分为两支，一支向西到达五原，另一支向东北方向到石拐沟矿区及达子店、固阳，又向西经大余太、乌兰脑包到五原会合后又分作两路，一路向西南经邬家地、临河到陕坝镇，另一路向西经狼山到陕坝镇和米仓，这便是"走西口"的大致路线，也是"走西口"人流的主要走向（参见附图："走西口"地域范围图）。实际上，更详细的路线并不局限于此，也有一些人到了包头以东归化等地。"走西口"的人们正是经过这一路线进入内蒙古地区，"走西口"习俗也就沿着这一路线在内蒙古各地播布开来。

"走西口"的人群较为广泛，其中绝大部分为山、陕北部地区迫于生计、无奈离走的贫苦农民，同时也包括一些身有一技之长的民间匠人，如木工、陶工、毡匠、泥瓦匠等，另外还包括少量到口外从事贸易活动的商人，这些隐含着内地文化标记的人们进入蒙地后，承载内地的文化因子，与这里的土著文化展开了持久的互动，在活跃当地经济、社会生活的同时，也在一定程度上改造着已有的民俗风貌，推动着兼具两地文化特征的内蒙古村落民俗的形成。

"走西口"地域范围图

"走西口"习俗对内蒙古农耕村落构建的影响主要体现在这样几个方面：

① 推动村落这一地缘组织在内蒙古的广泛建立。

清朝以前，内蒙古是蒙古族人口占绝对优势的地区，蒙古族的游牧文化是这里的主导文化，逐水草而居的游牧生活方式决定了他们不可能象汉族一样形成定居的村落，为了寻找适合放牧的草场，蒙古族部众需要不定时地进行集体性地迁徙，与之相适应的蒙古包文化应运而生，并伴随着游牧业的发展延续了近千年。在内蒙古，村落是伴随着农业生产的出现而产生的。蒙古族虽然也种植农作物，但是其种植活动的范围很小，而且在技术和作物品种上远不及汉族丰富，只是作为游牧经济极小的一部分补充出现的，还不能形成规模。随着汉族移民的到来，内蒙古开始出现成片的农业区，村落也随之产生。所以，农业和村落在内蒙古的出现要早于清代，并且那些从事定居农业和村落生活的也基本上为移民而来的汉人群体。以归化和土默特为例，这里靠近内地，早在辽代便有内地汉人前来从事耕作，建屋定居，据《呼和浩特市郊区志》记载，当时呼和浩特郊区的丰洲城已"有数万户人家定居,村庄达上百个"①,这当是内蒙古西部地区出现较早的一批村落。进入明代之后,避难到内蒙古的白莲教首领丘富"起室屋三区,治禾数千顷",士兵刘天麒"筑土堡一座,可二里,有马牛五千,糗粮五千余石"②。丰洲滩上出现了五塔和八座大"板升","'五塔和八座大板升',可能是连为一体的建筑群,板升,即土木结构的房屋,当时是汉人所居。八座板升,实际是八个由板升房屋组成的村落"③。这里所说的"板升"正是今天位于内蒙古自治区呼和浩特丰洲滩蒙汉聚居地的民居建筑,亦有"板申"、"拜牲"、"白尖"等称谓,它是汉语"百姓"的蒙语音译,有城、屋、堡子之意。明代在呼和浩特郊区已经出现了蒙汉杂居的村镇,当地把这些村镇称为"板申",明代中叶阿拉坦汗率土默特部驻牧丰城一带后,在土默川平原上有了大大小小的"板申",甚至出现了"连村数百"的局面④。这里需要强调的是,定居村落在内蒙古的出现虽然远在"走西口"之前,但其在内蒙古的广泛建立并普及为蒙汉两族人民共有的生活方式是在"走西口"之后,这应为不争的事实。在清代"走西口"盛行的时期,大量内地人口进入内蒙古西部地区,村落才逐渐在这里扩展开来。伊克昭盟是典型的蒙汉交汇区,从该盟村落的创建时间和数量变化可以大体窥见这一时期内蒙古村落的生长过程。

---

① 雷忠《呼和浩特市郊区志》,内蒙古人民出版社,1996年7月,第396页。

② 瞿九思《万历武功录·俺答传》,转引自《蒙古族通史》编写组编《蒙古族通史》(中卷),民族出版社,2001年1月,第157页。

③ 《蒙古族通史》编写组编《蒙古族通史》(中卷),民族出版社,2001年1月,第158页。

④ 雷忠《呼和浩特市郊区志》,内蒙古人民出版社,1996年7月,第396页。

伊克昭盟建村情况表

年　代	东胜	准格尔旗	伊金霍洛旗	达拉特旗	乌审旗	鄂托克旗	鄂托克前旗	杭锦旗
光绪之前	-	27	6	4		1		
光宣时期	9	86	24	32	6		4	2
民国时期	9	124	58	71	1	1	6	21
解 放 后	15	10	14	7	-	18	6	10
情况不明	57	104	336	165	99	116	160	156
总　　计	90	351	438	279	106	136	176	189

资料来源:《伊克昭盟地名志》,1988 年,内蒙古自治区地名委员会编印。(参见王卫东《鄂尔多斯地区近代移民研究》,《中国边疆史研究》,2000 年 12 月第 10 卷第 4 期。)

上表统计数字清晰地显示出该盟村落的建立大都在光绪、宣统时期至民国年间,正与山、陕"走西口"进程相吻合。在内蒙古蒙汉交汇区的村落里,既有汉族人口的定居村落,也有蒙古族的村落,还有汉民和蒙民混合杂居的村落。从居住格局上看,蒙汉两族总体上分别居住于牧区和农区,即蒙古族主要集中在北部牧区,汉族主要分布在南部农区。在农业区内部和农牧交错地带,蒙汉两族的村落则是插花式混合分布,有的村落甚至是蒙汉两族共同居住,那些富有民族融合特色的村落正是在这些农业区和农牧交错地带孕育生长的。

②使农耕、畜牧生产方式成为内蒙古村落的物质基础。

内蒙古地区长期以蒙古族的游牧经济为主导,然而单一的游牧经济具有不可避免的脆弱性,难以抵御突发的自然灾害,所以需要农耕生产对其进行补充。在汉族人口大量进入内蒙古从事农业生产以前,蒙古族对粮食的需求主要是靠与内地的互市贸易来满足,另外也通过极少量粗放的作物种植来填补。贺扬灵在其《察绥蒙民经济的解剖》中对蒙古族的这种落后、粗放经营方式作出了描述:"蒙古人附带生产是农业,而主要的生产是牧业,所种植的多为一些糜黍子,这亦是蒙古固有的谷种。其方法,多是四月间入种,先以牛很简单地锄耙一下,就把种子播下去。雨后这些种子自然会侵入土层里面,再过相当时期,到了秋天,就穗而结实了。他们又没有特别刈获农具,腰上只带一把小刀子,只是胡乱割了了事。这种耕种与收获法,是最原始的。"[1]"走西口"将大批的农业人口带入了内蒙古,同时也使较先进的农业生产方式在蒙古草原迅速推广开来。一方面,大批内地移民在这里开田种地,安家落户,建立村落;另一方面,土著蒙古族也受到这些移民的影响进而学习汉人的农耕生产,逐渐掌握了精耕细作的生产技术,大大提高了粮食种植的效率。"十二旗群的正黄、正红两族及伊克昭盟近河套各旗,凡是蒙民归农者,在收获上都能与汉农民获得同样的结果。""土默特和伊克昭盟有大部分蒙民,都成为'道地'的农民了。"[2]与定居的农耕生活相适应,蒙古族逐渐放弃了游牧,在从事粮食种植的同时进行家畜畜养。这样,就从单一的非定居的游牧文化外化出以定居的农耕畜牧村落为标志的新的文化体系,大量的土著蒙古族终于在这些"走西口"移民们潜移默化的影响下,逐渐整合进了定居的农耕村落的文化圈内。当然,与内地村落不同的是,由于原有的生态环境与生产传统的特殊性,生长在草原上的这些村落,在普遍进行农耕生产的同时,还多少会保留一些牧业生产的特色,畜牧所占的比重要明显高于内地村落,这在纯蒙民的村落里更为突出。人们不再以牲畜的放养为主业,然而家畜的圈养还是会作为蒙民生产活动的重要组成部分长期延续。虽然牲畜的绝对数量呈逐渐下降趋势,但其在村落生产中的比重依旧高于内地,同时,由于民族文化在互动的过程中形成双向交流,汉族移民在对边疆生态环境积极适应的过程中也逐渐接受并习得了蒙民的肉食、奶食的饮食习惯,也将牲畜饲养作为其生产结构里的一项重要内容。

---

① 王建革《定居与近代蒙古族农业的变迁》,《中国历史地理论丛》,2000(2),第29号。

② 同上,第35号。

另外,与内地村落将牛作为农耕主要的畜力不同,这些扎根于内蒙古地区的村落更多的是以马为畜力使役的。

③ 促发了内蒙古西部一批小型村落向商业城镇的发展。

"走西口"在将内地的农业生产方式带入内蒙古的同时,也促进了当地商业的发展,催发了一批商业城镇的产生。来自山西的商人既是内地商业发展的一支极其重要的力量,也是口外商业的开拓者,正是这些来自内地的商业移民的到来让新兴的商业城镇在塞外这片土地上生根开花。鄂尔多斯的一批小市镇,甚至包头和归化这些大城镇的兴起均得益于这些商业移民艰苦卓绝的努力。

鄂尔多斯在清朝初年还不见有商业集镇的记载,当地同内地的商业贸易只在清廷指定的横城一带进行,物资流通极为不便,康熙三十六年(1697),在鄂尔多斯贝勒阿松拉布的奏请下,清政府准许当地蒙古人在定边、花马池、平罗城三处就近贸易,这就便利了口内外的贸易往来。随着进入鄂尔多斯的内地移民的增多,"一小部分商人逐渐进入鄂尔多斯地区,尤其是近边汉族移民聚集的地区,如鄂尔多斯左翼前旗的十里长滩,在咸同之际已发展成一个'商民云集'的较大市镇,靖边县口外的宁条梁也是一个较为重要的商业市镇"[①]。包头在清康熙年间也仅仅是刚形成的一个小村落,到嘉庆时期才发展为市镇。"先有复盛公,后有包头城",包头由村落成长为一个大市镇,这与复盛公的创始人——山西商人乔贵发有着极其密切的联系,正是在以乔贵发为代表的一批山西移民的开拓下,包头才迅速崛起成为内蒙古西部的一个商业重镇。归化城的繁荣也不例外,大盛魁、元盛德、天义德这三家山西人创办的商号将归化的商业推向了顶峰,也使归化成为了内

---

① 王卫东《鄂尔多斯地区近代移民研究》,《中国边疆史地研究》,2000 年 12 月,第 74—84 页。

蒙古西部的商业中心。正是由于这些"走西口"商业移民的开拓活动，推动了内蒙古村落的多元发展。在归化、包头以及鄂尔多斯这些新兴商业市镇的带动下，内蒙古西部地区的商业从此得以迅速地成长起来。

3. 农耕与游牧交汇区的村落民俗文化

"走西口"促使大量的内地人口进入内蒙古草原，由此带来的是内地汉族移民与当地土著蒙古族住民的大范围的互动，关内农耕文化和口外游牧文化经历了长时期的对抗，同时也形成了大范围的融合。在"走西口"初期，当汉族移民人数较少、尚未形成规模的时候，汉族与蒙古族的互动主要表现为蒙古族对汉族的同化以及农耕文化对游牧文化的依赖，这也是移民群体在自身文化尚处于弱势地位时对当地主流文化做出的积极适应与选择。到"走西口"的中后期，当进入内蒙古的汉族移民不断增多并在数量上逐渐超过土著蒙古族人口时，汉族文化开始全面扩张且日益向蒙古族社会渗透，农耕文化以强大的优势冲击着当地的游牧文化，在这种外来文化的挤压之下蒙古族内部出现了分化：一部分人仍然坚守自己的游牧传统，另一部分则逐渐放弃了游牧生活转向稳定的农业生产。那些坚持游牧生活方式的蒙古人在他们的牧地被汉族人占垦后，不得不从开垦区向北部牧区迁移，道光、同治年间托克托和杭锦旗蒙民的逃亡就是典型例子。留下来的蒙民则选择了农业，开始了定居的村落生活，并在与汉族村落的杂居共处中日益走向融合，一种兼具蒙汉特色的村落民俗在此过程中逐渐孕育成型。

首先看村落物质民俗。在居住方面，蒙古族原来的蒙古包虽然在游牧生活过程中显示着强大的适应性和优越性，但在蒙民日益放弃游牧选择农耕的形势下，蒙古包与定居生活的不协调日渐显露出来，随着定居生活方式的逐渐确立，蒙古牧民也学习汉人，开始修建固定房屋。这里需要指出的是，虽然汉族向口外移民的规模不断增大,导致汉族在当地人口构成中的比重占到绝对优势,汉族文化日益成为这里的主导文化,同时使得蒙汉双方的文化交流更多地表现为汉族文化向蒙族的流动和蒙族对汉族文化的吸收,但是,这种流动和吸收绝不是简单的原样复制,这种流动与吸收的过程更多地体现着蒙古族对于汉族文化积极、主动同时也是渐进的选择。蒙古包向定居房屋的转变过程就体现着这种积极的态度,蒙古族仿照汉族所建的土房子有着自己的特色:"平地画圈,围约四丈,立柱于周,凡十数根,而钳木纵横架于柱间,使相衔接以代墙垣,上覆以毡或厚布,马尾束之,犹汉人之屋也。"①即使是土木建筑也要在院内置包,寄托对往日生活的留恋,示不忘本也,反映了他们充分利用本地自然条件、就地取材对汉族建房习俗有选择地采借与改造。这一转变过程同样不是一蹴而就的,其间经历了若干过渡的环节:先由移动的蒙古包到固定的蒙古包再到圆形屋,然后才是近似于汉族的平顶屋。阿·马·波兹德涅耶波夫在《蒙古与蒙古人》中指出,内蒙古"没有一个巴林人是从毡篷(蒙古包)直接过渡到汉式土房子的。他们是这样过渡的,当毡篷破损时,从事农业的巴林人已经不能用新毡来加以更新了,而是在木架子周围造一道芦苇篱笆,用泥抹住。这样他们就有土房子了"②。"在第二阶段,汉化程度进一步加深,房子周围一定有围墙,墙内往往栽种树木,帐篷已经抹上泥,里面的灶已经固定。在第三阶段,巴林人开始建造汉式的土房子,有炕和炉子,还专门为畜口盖了棚子,已完全汉化。"③所以,正是在这种长时期渐进、积极的选择中才最

① [清]光绪三十三年《蒙古志》,收入《中国地方志民俗资料汇编·华北卷》,书目文献出版社,1989年5月,第726页。

② [俄]阿·马·波兹德涅耶波夫《蒙古与蒙古人》,张梦林等译,内蒙古人民出版社,1983年,第428页。

③ 王建革《定居与近代蒙古族农业的变迁》,《中国历史地理论丛》,2000(2),第25—42页。

终形成了兼采双方优长的复合型文化形态。

在饮食方面，两个民族各取所长，形成了具有良好互补性的共同的饮食风俗。汉族也喝奶茶，做乳制品，吃烤全羊，蒙古族同样也吃小米、白面。蒙古族的乳制品、肉制品对于进入边疆的汉族人抵御这里寒冷的气候是很有帮助的，而汉族主食小米、白面、荞面等饮食习惯对于蒙民来说也有利于其营养结构的平衡，增强蒙民防病抗病的能力。

服饰上由于蒙古族游牧改农耕的需要而更多吸纳了汉族服装简便且利于生产的优点。康熙年间，土默特蒙古为了耕作方便而改长大的蒙古袍为汉族短服，男子日常服饰、节日礼服概与内地汉人无异。丰镇县"在乡村者，衣冠雅素，殆皆粗造土布，老羊皮等类"[①]。

其次看村落信仰民俗。由"走西口"习俗催发的内蒙古村落，其浓重的民族融合特征不仅呈现为显在的、表层的物质民俗，更蕴含在深层的信仰民俗之中。汉族和蒙族本是两个不同的民族，他们有着各自不同的民俗信仰系统，有着各自尊崇的神灵和各不相同的祭祀活动。"走西口"将两大地域、两个民族空前紧密地联系在一起，在邻近甚或是同一村落活动空间里展开旷日持久的、广泛的、深层的社会互动，这种长期的互动最终促成两个民族由物质文化的接纳和学习逐渐走向精神文化的一定程度的认同，在蒙族的村落里出现了供奉着汉族传统神灵的庙宇，同样，在汉族村落里也出现了对蒙族神灵的祭祀。康熙年间，土默特地区出现的观音庙、土地庙、三贤庙、奶奶庙、财神庙、十王庙、关帝庙等，就有一部分是蒙古人修建的，其中的关帝庙又被称作"蒙古老爷庙"。在清中后期，蒙古族修建并祭祀汉族神庙的现象更为普遍，龙王这一内地汉族普

---

①　民国二十三年(1934年)《绥远省分县调查概要·丰镇县》，收入《中国地方志民俗资料汇编·华北卷》，书目文献出版社，1989年5月，第743页。

遍信奉的农业神也经由"走西口"的人们带入口外,渐为转向农业生产的蒙古族所接受,在土默特和归绥的蒙古族村落里均修建有龙王庙,村里的蒙民们定期举行祭祀活动。同样,汉族也在接受蒙古族信仰,参与蒙古族的宗教活动,清水河县的汉族与蒙民一道祭祀敖包即为其中一例。土默特地区出现的蒙汉信仰民俗融合的现象更为典型,"清代民俗宗教信仰呈多元发展趋势,土默特地区已形成了蒙汉改易转型、相互融合的新特点"[①]。事实上,这一特点也同样体现在内蒙古其他蒙汉杂居地区,只因土默特是内地农业文化进入较早、蒙汉民俗融合较深的地区,所以这一特点较其他地区体现得更为突出。

第三是村落的社会、游艺民俗。在蒙汉交汇区村落的民众生活世界里,社会游艺民俗的交融应该是最具日常色彩和生活气息的族际互动了。在人生仪礼方面,蒙古族大量地吸纳了汉族的一些礼俗形式,他们接受了汉族给幼儿开锁的风俗,在婚俗上也将汉族为男女双方配八字、算命相的传统引入了自己的定亲过程,"蒙古亦沿汉俗,以男女生年月日时干支合婚,如干支不合,亦不结婚也。"[②]丧葬方面则逐渐放弃了传统的野葬和火葬形式,实行土葬。与此同时,汉族也在吸收蒙古族的一些礼俗惯制,他们婚礼过程中送"探话羊"、喝"拦门酒"的习俗便源自这里的蒙古族婚俗。在岁时节日方面,蒙古族也和汉族一样过春节,贴对联、放鞭炮、供灶神,他们对春节的重视程度不亚于汉族。在节日里,原流行于汉族中的游戏杂耍、荡秋千、踢毽子、抖空竹、踢球以及流行于蒙族中的摔跤、骑马、射箭等娱乐活动已经逐渐模糊了各自的民族界线而成为蒙汉民众共同的民间竞技娱乐项目。在塞外这片土地上,庙会已不仅仅是汉族村落进行祭祀娱乐的舞台,在这里时常会出现蒙

---

① 肖瑞玲《明清土默特蒙古地区社会文化风貌的变化》,《内蒙古师范大学学报》(社会科学版),1994 年第 4 期。

② 林传甲《察哈尔乡土志·礼俗》,《地学杂志》民国五年(1916)第 75 号,第 26 页,中国国家图书馆藏。

汉联欢共庆的热闹场面。郡王旗"每年于十月初八日,在与东胜县交界处之桃黎庙,举行庙祭,汉人演剧,喇嘛跳神,娱乐而外,并为皮、毛、盐、碱、布、茶、牲畜之市集"①。

蒙汉民间艺术的交融,更反映出两个民族在共同参与民俗活动的同时又进行着独特的文化创造。"走西口"带动了蒙汉两族长期的社会交往和频繁接触,就在蒙汉文化共同浸润的这方土壤上亦产生了一些独具特色的民间艺术,"二人台"、"蛮汉调"便是其中最突出的代表。"二人台"这一原本为关内的汉人到内蒙后招揽生意用的唱曲,经由蒙古族艺人改造后充满了豪放、高亢的草原格调,它与舞台演出相结合逐渐发展成为一种民间小戏,蕴含了两族民众共同的审美情趣,深受当地蒙汉人民的喜爱。蛮汉调也是两种文化交流的产物,它是汉族的山曲、信天游与蒙古族的短调(包古尼道)经过磨合、渗透、融化而形成的新歌种。可以说,"二人台"和"蛮汉调"是"西口文化"最集中的代表,它们在众多关内民众"走西口"的过程中形成,是"走西口"实践给了它们生长的土壤,而蒙汉两族民间艺人的共同创造又使得它们能够在边疆的土地上开花结果,最终成为蒙汉两个民族民众共享的民俗文化。

民族融合是中国历史上民族关系发展的一个基本走向,"走西口"习俗的孕育生长是与这一走向相伴随的文化现象。"走西口"推动了内蒙古村落的广泛建立,也引发了独具特色的蒙汉村落民俗文化的形成,这种村落文化是两个民族的民俗渐趋融合的产物,是蒙汉两族人民用心血和汗水凝成的既有别于内地农耕文化又有别于内蒙古游牧文化的新型区域文化。

---

① 傅增湘修《绥远通志稿》卷7《民族志·蒙族》,民国三十年(1941)稿本,中国国家图书馆藏。

三　山西移民村落的民俗文化变迁

山西作为中国北方重要的移民发生地,不仅有以明代大槐树移民和清代"走西口"习俗为标志的移出民运动,而且也一直是河南、河北、山东等外省区移民迁入的重要地区。本节所说的移民是指清末民初迁入山西境内的各省客民以及本省小区域内由于人口迁移而产生的移民,从本质上讲,他们"是为了维持自身的生存而不得不迁入其他地区定居的人口,或者说以改变居住地点为维持手段的迁移行为"①。因此,称之为"生存型"移民,从民俗学科角度研究这些移民村落的生长发展历程、移民民俗文化重构与变迁的轨迹、移民作为一个特殊社会群体所拥有的民俗性格,这对研究社会变迁中的民众生活及其移民村落的现代化建设具有重要的借鉴意义。

1. 山西社会生态环境与移民村落的分布

山西地处黄河中下游的黄土高原东部,明代以来与邻省的河南、河北、山东相比,具有相对稳定的生存环境,因此一直是中国北方重要的移民发生地,明代由官方组织的大槐树移民在北方民间留下了极为深刻的社会记忆,明末民初山西平民的外迁以晋西北"走西口"为代表,这些都是山西民众出外谋生的"移出"活动。然而,清代以来由于战乱、灾荒等原因,山西更是河南、山东、河北等省移民最集中的迁移地区,山西境内分布着各种形态的大大小小的移民村,或直称"山东村"、"河南村"。根据《山西近现代人口统计与研究》②的资料核算,山西省民国八年至十五年,二十二年至二

---

①　葛剑雄、曹树基、吴松弟著《简明中国移民史》,福建人民出版社,1993 年 12 月,第 504 页。

②　参见李玉文编著《山西近现代人口统计与研究》,中国经济出版社,1992 年 2 月,第 390—393 页。

十三年等十年迁移户数,共迁入户数为76038户,迁出64034户,机械增长12004户。十年间合计迁入男150212人,女为92152人,计242364人,而迁出男128565人,女为76676人,计205241人,机械增长人口数男21647人,女15476人,计37123人。年平均机械增加人口数为3712人。从山西移入民整体情况来看,外省客民集中迁移的地区是晋南、晋东南,这些地区的移民村落最多,移民来源主要是山东、河南、河北等相邻省份,山西移民大规模迁移的时间是在民国年间的二、三十年代,迁移的主要原因是灾荒和战乱。下面试以晋南霍州、安泽、襄汾三县为例,具体考察移民村落的分布情况。

霍州。位于山西省临汾地区北端,属半山区,东倚太岳山主峰霍山,从东北向西南倾斜延伸;西襟汾河,由北向南,逶迤而过;南连洪洞县北接灵石县。地理座标东经111°38′—112°03′,北纬36°23′—36°42′,总面积765平方公里。境内东北高、西南低,平原、丘陵和山各占三分之一,耕地27万亩。据重修《霍州市志》①记载,明末崇祯十四年(1641)全市大面积荒旱和明末清初的连年战乱,使该地农商皆废,人口锐减。后随着清初和中期较为安定的社会生活和经济发展,渐有河南、山东、河北等地的客民迁徙至此,佣耕土地,休养生息,至清道光五年(1825),全市人口增至100296人,其中有很多移民客居。光绪三年(1877)连年大旱,人口锐减,全市仅剩6万余人。后又因战火不断,人民流离失所,至民国三年(1912)全市人口再次下降为5340人。二十世纪二十年代后期至三、四十年代,全国军阀混战,然山西境内战祸不多,又有大批河南、山东等地的移民迁徙霍州。霍州北通京师,南连秦豫,素有"官道"之称,农业耕作条件较好,易于生存,所以,从清中叶至民国年间,外籍客民移入霍州者很多,其地域有山东、河南、河北、陕西、江

---

① 赵光明主编,重修《霍州市志》,评审稿(未正式出版)。

苏、吉林13个省、自治区及本省其他51个县、市,据统计移入户达5342户,21414人,其中河南省迁民最多,为1824户,8021人,山东次之,为1351户,5864人。目前全市总人口248163人。外籍客民移居本地的分布情况以城关镇最多,全镇总计1343户,7286人;其次是李曹镇,总计897户,4709人,其中东湾村,朱杨庄西村的外籍居民最多,东湾村378户,2442人,朱杨庄275户,893人,占当地总人口的大多数,土著居民反成了稀有户。我们实地调查的东湾村、朱杨庄、北关村就是最有代表性的移民村落。

安泽。古称岳阳,位于山西省南部,太岳山东南麓,东经112°05′至112°25′,北纬35°53′至36°30′,东邻长治市的屯留、长子,西接临汾地区的古县、浮山,南连晋城市的沁水,北靠长治市的沁源。沁河由北向南纵贯全境,总面积1967平方公里。安泽全县11个乡镇,105个行政村,居民7.72万人,88.6%以上务农,追本溯源安泽居民大多数是外省迁入,客籍民多,土著民少,是该地人口构成的最大特点。究其原因,与其特殊的自然地理环境有关,安泽县虽属山区,然而处于沁河谷地,气候温和,水源充足,土地肥沃,宜种玉米、谷子、豆类等农作物。同时,由于它位于晋南通往晋东南的咽喉要道上,因此,自古就是一个较大的物资集散地,四方客商云集于此,使这里的农商业都很发达。元以后渐有河南、河北、山东及本省客民迁徙该地,佣耕土地。光绪二十六年(1900)至民国三年(1914)先后有数百户山东人在府城、和川、良马一带定居。民国八年(1919)至十二年(1923)迁入的主要是河南人。民国二十一年重修《安泽县志》"序"云:"土著丁口不过万余,而鲁直豫三省客民暨本省平遥潞沁等处客民则几倍之。"据1986年对11个乡镇105个村逐一调查,得知全县农村常住居民来自全国16个省,167个县,在16780个农户中,来自河南省的6846户,21331人,分别占农户的40.8%和人口的33.6%。河南客民来自39个县,其中林县最多,占一半以上,济源、内黄次之,河南客民集中分布在良马、杜

村、英寨、冀氏、马壁、石槽一带,他处散见。来自山东的 3166 户,
13558 人,分别占农户的 18.7% 和人口的 21.3%。山东客民来自
33 个县,莱芜居多,约占三分之一,安丘、益都次之,多分布在城关、
和川、罗云一带。河北客民来自 29 个县计 1230 户,4362 人,分别
占农户的 8% 和人口的 6.9%,多散居于唐城、三交、和川、城关等。
本省客民来自 42 个县,计 4050 户,17161 人,分别占农户的 24% 和
农村人口的 27%,其中沁水、长子、平遥人较多,沁水客民多集居于
马壁、石槽两乡,长子人多留居于杜村一带。平遥人多散居于和
川、城关、冀民三镇的沿沁河诸村。当地流传的一首古民谣是:"穷
到口外,富到京,不穷不富到府城,摔了拐子跌了胯,圪圪倒倒到良
马",意思是自古以来到"口外"谋生的人多穷困,到京城的人富裕,
而安泽的府城、良马也是可以养家糊口,安居乐业,可见,安泽县确
实有一个良好的移民环境。

　　襄汾。位于晋南盆地,1954 年由襄陵、汾城两县合并而成,是
晋南典型的农业大县,总面积 1300 平方公里,耕地 91.5 万亩,总人
口 39.4943 万。南同蒲铁路从该县穿行而过,公路四通八达,交通
极为便利,汾河从县境自北向南流淌,河东、河西土地平展,东面塔
儿山,西面姑射山,西山脚下有部分坡地,总体来看,土地肥沃,宜
种粮棉,自古就有"金襄陵,银太平"之称。因为有优越的地理环境
和广阔肥沃的土地,明清以来成为邻近各省民众逃荒避难的首选
之地。外省迁来襄汾的客民主要以农耕型移民为多,也有部分商
业移民。移民的分布大都在县城正西姑射山脚一带,在襄汾与乡
宁接壤处的山坡地垦荒居聚而发展成村落,也有一部分是在平川
地带的村与村交叉结合部开荒种地,另外扎村而形成村落的,如襄
汾县城南面的官滩村。本文调查地连村,由于地处襄汾正西的汾
城、古城、南贾三镇的交汇处,交通便利,所以,移民人口结构较为
复杂,有逃荒民、经商民、寻亲民等多种移民类型,是混杂型移民
村落。

　　山西作为移民迁入地,形成了众多移民村落,其原因主要有:

　　从地理环境看,山西东有太行之险,西有吕梁之阻,南有大河之堑,北有大漠、边关之蔽,使之成为中国历史上的"安全岛"。就农业资源来看,山西山地多,平川少,地形复杂,这对逃荒避难而来的客民来说既安全可靠,又易于生存,只要找块坡地,耕耘下种就有收获,用老百姓的话说就是"山里林木果实多,好养活人,既饿不着又相对安全"。加上山西境内土地资源相对丰富而分布不均,平川盆地人口稠密,人均土地面积少;而东西山区,人烟稀少,有不少荒山野林可以开垦利用,有利于移民在那里落脚扎根。

　　从社会条件看,光绪三年"丁戊奇荒"后,晋南土地人口死亡严重,出现了地广人稀的局面,大片土壤肥沃的良田无人耕种。清政府实行垦荒政策,招徕外地客民,恢复农业生产,山西巡抚曾国荃向全省官员发出了《与牧令书》,鼓励各州县招引外省平民前来开垦,这一大灾之后恢复农业生产的重要举措,从政策上为外地客民进入山西提供了前提条件。在民国年间灾荒频发的年月里,相邻各省"客民"以寻亲、逃难等方式纷纷涌入山西,形成了山西移民的繁荣期①。

　　从民俗心理来看,山西有悠久的移民传统,明代洪洞大槐树移民家喻户晓,人人皆知,这一历史上的官方移民运动在漫长的历史长河里已经内化为浓浓的民间根祖意识,成为一种民俗文化心理象征。它作为蕴含着多种历史基因的民俗资源,产生了许多民俗事象,如家族村落,口碑传说,折槐枝、供神树特殊民俗行为等,最终也凝结成了一种民俗心理期待。周边各省的移民,尤其是河南、山东、河北等地移民普遍存在着一种心理认同,即认为自己的老祖先是从山西大槐树下迁出去的,到了灾荒、战乱频发的民国年间,他们一旦无法生存决定迁徙到异地他乡之时,山西作为他们祖先

---

①　参见安介生《清代山西境内"客民"争议》,《晋阳学刊》,1998 年第 6 期。

所在地也就会成为首选之地。

2. 山西移民村落的民俗文化重构

明清至民国年间，山西人口发展的重要特征是地理分布的不平衡，俗谓："南稠北稀，东密西疏"，意思是晋南地势平坦，自然条件优越，农业最为发达，人口稠密，晋北无霜期短，土地瘠薄，农业生产一直在较低水平上徘徊，人口密度也相当低下，东部太行山区人口又多于西部吕梁山区。贫瘠僻远的山区，对于外省苦无土地而愿意吃苦的百姓而言，便是理想的去处，自清代以来外省客民就迁徙到山西的边远地区。从历时态角度而言，山西移入民运动主要可以分为三个阶段：

第一个阶段，清中叶至清代末年，以光绪三年（1877）为界线，前期客民主要来自河南、山东、河北、陕西、湖北等省区，迁徙原因是因为旱灾、涝灾、黄河决口等自然灾害。人民生活困难，流离失所，开始了漂泊生涯。迁徙地区主要是僻远的州县，如隰州、吉州、岚县、临县、永和、浮山、岳阳（今安泽）等。光绪三年（1877）以后，由于山西遭受历史上罕见的"丁戊奇荒"，灾荒过后对晋南地区破坏极大，很多村庄荒芜，人烟稀少。灾荒过后，由于该地的地理优势，加之官方提出"清荒、劝荒、招荒"政策，吸引了外省客民纷纷而来，迎来了移民运动的第一个高潮。民国二十二年（1933）纂修的《临汾县志》"户口略"云："光绪三年大祲后，人民减去强半。此年直鲁客民络绎而来，几占全县之十分之三。"按照该方志记载，临汾民国二十一年户口为："户二万八千六百三十八，口一十五万六千零九十五。"以此推算，当时该县来自河北、山东的客民达四五万之众①。这种情况从移出地也可得到印证，河南《鹿邑民俗志》记载，元朝末年，清朝中叶，战争频繁，有"三袭河南，七袭鹿邑"之说，加

①　参见行龙主编《近代山西社会研究》，中国社会科学出版社，2002 年 2 月，第 36 页。

之黄河决口,黄河水从兰考经睢、柘汹涌而来,墙倒屋塌,人死畜亡,土地荒芜,人烟稀绝①,存活的人大多逃往别处,大多数人向北渡过黄河,进入山西境内,在晋南一带谋生,日久定居。

第二个阶段,民国年间军阀混战时期,中原大地战火不断,连年灾荒,人民无法生存下去,而山西因地理等各种因素使之不处于军阀混战的主线,所以战祸不多。于是,河南、山东、河北三省大批难民来到了山西,形成了继"丁戊奇荒"之后移民山西的又一个高潮。这一时期移民的迁入是以清末以来"客民"持续不断地入迁为前提和基础的,他们通过各种渠道得知早先迁入山西的客民找到了稳定的生存环境,前期移民的"信息反馈"在一定程度上引发了祖籍地后续移民进入山西的心理欲望,把山西作为最佳去处。重修《霍州市志》有类似的记载:"据统计,移民移入霍州的高峰期是二十世纪初。那一时期,迁居霍州的移民人数占移民总人数的47.5%。"②

第三个阶段,建国后至今,尤其是国民经济三年困难时期以及社会主义"穷过渡"时期,也是外省客民移入山西的重要时期。这个阶段的移入民大都是在山西有早先迁来的亲戚或朋友作为引路人,或者大都有一技之长,凭技术谋生,或能吃苦耐劳,靠劳动,卖力气,以此发家致富。不过这期间的移民具有"回流"的特点,即一旦原籍生活好转,社会安定,就纷纷返回。

从移民村落的生长历程和民俗文化建构过程来看,移民村落的生长过程大体可以分为初期移民,中期移民,稳定期移民,其民俗文化建构经历了一个依附——交融——自足的构建过程,下面试结合实地调查进行具体分析。

① 初期移民:场境选择的依附性

---

① 张鹏举、丁云岸编《鹿邑民俗志》,中州古籍出版社,1991 年 2 月,第 78 页。
② 赵光明主编,重修《霍州市志》,评审稿(未正式出版)。

　　移民进入迁移地之后首先面对的是基本的生存问题，是对基本的生产生活资料的需求，这是他们迁居异地之后最起码的生存条件。其次是移民携带的原籍民俗文化发生交织、碰撞、重构，获得迁移地地方文化圈的认同。这两者相互联系，相辅相成，缺一不可。移民最初进入迁移地之后在场境选择关涉的这两个方面都体现出极强的依附性。

　　在物质生产生活资料方面，他们首先要得到住房，有土地耕种。初到异地主要是为了避难，生活很不稳定，当地土著民形容他们是"串房檐"的，这形象地反映出其居住条件的低劣，或者租借别人房子住，或者投靠寄身于亲戚家。土地资源的获取主要是租种，或在主村之外，偏远的地方开荒种地，得到生活所需。一般来说，移民到达迁入地后大都作为佃农、雇工，靠租种当地土著富裕人家土地为生，有的是为富人家赶大车、干粗杂笨重的家务活来养家糊口，如安泽境内的土著民大多是土地的拥有者，移民们要租用土地就得与当地人签订租种契约，有中人说合，最后立契画押方可生效，土著民与移民是雇佣与被雇佣的关系。

　　在进入地方社会，获得文化认同方面，移民在定居过程中要真正站稳脚根，融入当地社会，就必须使移民定居身份进一步合法化，对原有的血亲身份进行地方化改造，以进入当地社会文化圈，获得土著民的心理认同，真正成为"村子里的人"这是他们生存发展过程更高层次的社会需求。其主要的途径是认干亲、招赘亲、结拜。

　　认干亲，是移民进入迁入地后建立社会关系时所采用的一种民俗策略，是通过模拟血缘关系，从家族血缘方面深入地方社会，进而落户定居的方式，主要表现形式是认义子、改姓等。

　　案例一：霍州观堆村共1500人，周姓占三分之一，村中主要有刘、马、张、王、李等姓，村西头的五队大都是灾荒年间从河南逃荒来的，单独聚居在村子的东面。曹立横原籍山东博兴县人,弟兄六个,1959 年他逃避灾荒先到了霍州的李曹镇,后来又去五里窑找活路,那是个外地人集中的村子。听人说观堆村有一个姓刘的婆婆没人管,于是就有人撮合让他给刘婆婆做儿,当时说好只做儿,不改姓。说事那天来了婆婆的兄弟,大队、小队的干部也都在场。当时他三十一岁,住了三年后,婆婆找来她弟弟和侄子,当着曹立横的面要他改姓,曹立横说当初说好的不改姓,为此母子闹了不和,1962 年分了家。①

案例二:襄汾县汾城定兴村、永固乡马村、西贾乡西李村是该县三个有名的不要外来户的村子。西李村自然条件较好,一般是在春天二、三月份接受移民打工,阴历十月份农忙结束后移民就返回原籍,移民若要想长住就需找个德高望重的人作保。该村来了个河南逃荒过来的人叫老康,刚来的时候就住在关帝庙台阶上,后来经人从中说合,给比他大不了几岁的西李村秦马喜过继为儿子,并且改姓秦才落户到西李。②

由于初来乍到,生活困难,一些移民被迫选择"认干亲"这种虚拟血缘关系,使自己在迁移地获得名正言顺的民俗身份,不但被接纳为特定家庭的成员,而且获得当地人的认同,从此就当做是自家人,在村子里做人行事会如当地人一样有许多方便。当然,也有的移民或移民家庭在经过一段时间后生活条件好转,社会地位有了提升,就又恢复原姓,或以分家的形式独立生活。这一方面是由于现实生活中产生的矛盾冲突,如随着岁月流逝,双方因为财产、赡养等问题产生纠纷;另一方面是深层的文化根源,在中国传统社会里,宗法家族观念根深蒂固,姓氏是父系家族的标志,一般不会轻易更改,即使一时为生活所迫不得已而为之,那么在生活条件改善

---

① 被访谈人:曹立横,男,78 岁,霍州陶唐峪乡观堆村人。访谈人:卫才华,男,山西师大 2002 级民俗学专业研究生。访谈时间 2004 年 11 月 1 日。访谈地点:曹立横家。

② 被访谈人:周峻耀,男,79 岁,襄汾县西李村人,原县志副主编。访谈人:卫才华。访谈时间:2004 年 5 月 2 日。访谈地点:周峻耀家。

之后也会重新另立门户,恢复原姓。

招赘亲,主要是通过和本地人结亲的姻缘关系而获得定居资格,以本地户亲属的"合法"身份在迁移地生活。初期移民的婚姻状况表现为两种特点,一是限于移民之间的通婚;二是移民招赘给移入地的土著民。后一种情况更为常见,在实地调查中发现,山西襄汾连村,60岁以上移民的招赘婚有:

任学财,原籍河南,招亲连村改姓刘。

刘庆兵,原籍河南,招亲连村改姓李,妻子为再婚,比他大五六岁。

孙根有,原籍河南,招亲连村改姓刘。

冯春生,原籍山西万荣,招亲连村改姓赵。

移民通过改姓招亲建成新的亲属关系。在移入地落户扎根,这也是他们初期建立社会关系圈子的重要方式。

结拜,是传统中国社会民众建立社会关系的一种重要手段,是"为了谋求生活上、道义上的亲密交往和互助,把一般的不同宗姓的社交往来关系增进为兄弟般的亲缘关系"[1]。尤其是在流动性很强的近代社会,更是民间扩大交际,获得生活帮助的主要方式,初期移民正是通过"结拜"的方式在土著村获得稳定的定居生活。

　　案例:韩百顺,男,原籍河南青丰县双庙镇苍上村人。1935年生,三岁丧父,七岁时因躲避战乱和灾荒,由守寡的母亲带着他和九岁的姐姐,沿途乞讨,由河南翻山到山西长子、安泽、新绛,辗转来到连村。他们投奔连村很有名气的河南青丰弟兄五个,后来,姐姐卖给邻村作童养媳,母亲遂改嫁连村王香林家,他靠干苦力活为生。十八岁那年结拜了四个弟兄,除韩百顺本人外,另外三位是孙钢锤(原籍山东)、关玉印(南贾镇东牛村人)、刘印发(连村)。他们四人平日里生活上互相

---

① 乌丙安《中国民俗学》,辽宁大学出版社,1985年8月,第188页。

帮助,兄弟之间谁家有白事都穿孝服披麻戴孝奔丧,情同
手足。①

据韩百顺介绍,他们那一辈结拜的很多,仅连村一个村就有四
十多个。从结拜者的身份看大多以移民为主体,其中也有当地土
著,他们通过结拜,依年龄、辈份组成新的社会群体,移民以一种新
的姿态、新的身份融入了乡村地方社会,不仅团结了所属的移民群
体,而且与土著结为兄弟,巧妙地消解了"土客相分"的隔阂心理,
山西初期移民充分利用了"结拜"这种民俗手段获得了加入土著社
会的资格。

② 中期移民:文化构建的交融性

移民们通过多种方式加入当地土著社会,选择了自己的生存
场境,也创造了多种移民村落样态,概括起来移民村落的主要形态
有:其一,镶嵌型,即逃荒民组成一个生产队镶嵌在土著主村或自
然村的边缘,如山西襄汾盘道村的西坡第七生产队,汾城镇尉村的
水峪和高一村的大有庄都是处于襄汾与乡宁交接地带的依附于主
村的移民自然村,自然条件恶劣,大都是山坡旱地,靠天吃饭,至今
人畜用水仍很困难。其二,独立型,即整个移民村落就是一个完整
的行政村,山西霍州、安泽这类村落较多。其三,后添型,即原先为
土著村落,后来逐渐加入移民,成为土著与移民混杂而居的村落,
甚至成为以移民为主的村落,这类村落所占比例较少。

山西移民经历了艰难的定居场境选择过程之后,构建了移民
生活的基本场境,获得了较稳定的社会身份,外籍客民和山西土著
民之间有了稳定的交流,移民群体逐渐进入了发展阶段,开始在新
的社区重构移民村新的民俗规范,以扩大自己在地方社会的影响。

---

① 讲述人:韩百顺,男,1935 年生,襄汾连村人,农民。调查人:卫才华,山西师大
2002 级民俗学专业研究生。访谈时间:2004 年 5 月 1 日。地点:襄汾县城韩百顺二儿子
家。

移入民与土著民的文化交融可以概括为两句话：入乡随俗，乡音难改。

入乡随俗。移入民与土著民的文化交流，更重要的是对土著地域文化的适应和吸纳，他们首先面临的是民俗的同化与重新规范，这是因为，一是他们进入迁移地山西之后，该地特有的地理条件、文化环境迫使他们必须改变原有的生活方式以及生计手段；二是民俗是他们融入土著地方社会的"入场券"，他们必须通过民俗方可与当地土著民进行交流，进而获得认同。双方民俗的交融最直接、最经常地发生在物质生产、生活的物质文化领域，其次才是深层的民俗信仰、伦理价值等非物质领域。如饮食民俗方面，霍州乡村通行一日三餐，冬季到第二年二月（春耕前）则实行两餐。早餐叫"早饭"、"早起饭"；午餐叫"午饭"、"晌午饭"；晚餐叫"晚饭"、"黑夜饭"、"后晌饭"。从河南方城迁入本境的移民也是一日三餐，不过称谓不同，早午饭称吃饭，晚饭叫喝汤，现在大体采用霍州人的叫法。在婚俗方面，山西人结婚凤冠霞帔，坐轿，吹喇叭敲鼓，还有金瓜斧钺鸾驾等，山东人则结婚简单，一般只穿小红袄。移民迁入山西后都以山西为准，故乡民俗被移入地民俗所同化。

乡音难改。这里包含着本意和引申意两个层次，其本意是初到山西的移民对当地土著社会是高度依赖的，移民们只有学会当地方言，熟悉当地的风俗习惯，彻底融入地方社会，才能在移入地居留下来。移入地对移民的同化并不带有强制性，而实际上反映的是地域文化对个人的选择，或者说个人对新的文化的适应。然而，移民是以"客民"和"移入民"双重社会角色，以适应与冲突的"二重文化心理"完成这一文化进程。毫无疑问，土著文化是当地的强势文化，在居住、饮食、信仰、节日等方面居于主流地位，而移民对家乡首属群体和先赋文化存在着强烈的归属感和认同感，家乡意识深埋在心底，并以这样那样的形式呈现出来。就语言来说，移民在聚居地的地域范围内，或者移民与移民相见，仍操家乡方言,如山西襄汾县盘道村西坡第七生产队,共住四五十户移民,原籍大部分是河南或山东,他们平时交流都用家乡方言,到主村办事或到邻村赶集就改用当地方言,他们的子女上学时,到了学校与老师、同学交流用当地方言,回家后与父母、家人交流用原籍方言。安泽县在同籍移民聚居地,家乡方言完整地保留了下来,尽管移民回到原籍后,故乡人并不认为他们说的是地道的家乡话,但是在安泽境内把河南话、山东话、平遥话分得很清楚。移民们固守着自己生活方式,把故乡的方言视为神圣,把说当地土著话当成是"忘本"。"乡音难改"还有其引申意,即移民来到移入地后,不仅操持着家乡的方言,而且固守着原籍的习俗,甚至也部分地改变着当地习俗。如河南方城移民进入霍州境内之后,常做一种叫"锅盔"的馍类,其制作方法是由发酵的白面或粗细混合的面擀成大而厚的饼,在锅内用慢火烙,烙成后用筷子戳出眼来,形如帽盔,吃时用刀切成三角块。霍州土著则不吃这种食品,有的人甚至没有见过,原来这是方城移民从故乡带来的,建国前生活困难,方城移民中间流传着这样一首俗谚:"面条省,疙瘩费,吃了锅盔当了地。"意思是锅盔对世俗百姓来说也是上好的食品,现在霍州境内的方城移民把做锅盔作为调剂饮食的一种方法。山西安泽人喜欢喝大叶茶,这明显是由山东移民带过来的,山东人好喝茶,来到山西后发现喝茶有克服水土不服的功效,可以强身健体,把这一饮食习惯承继下来,久而久之当地的安泽人也都爱喝大叶茶。安泽境内的"小莱芜"移民村在过年时至今依然沿袭"正月初一送家堂"的习俗,其仪式是,初一这一天,人们将家堂(即神祇)悬挂起来祭拜,然后上坟、烧纸、鸣炮、叩头,将祖宗送回坟茔,回家后再把家堂收起来,春节祭祖遂告结束。这说明民俗信仰这种心理意识层面的习俗更是根深蒂固,传承的时间更久。

　　民俗适应与选择仅仅是文化交融的一个方面,更重要的是还有文化冲突与对抗,从一定意义上讲这是移民进入土著社会的必然过程,也是文化交融的一种特殊形式。正是在矛盾与冲突中,双方才接触到了文化的深层,理解了其文化性格,进行着新的磨合与协调。移民是在重大社会动荡中产生的社会群体,是处在祖籍地和移入地两种地域文化接壤处的文化载体,他们是文化上的混血儿,具有特定的民俗心理与行为模式,民俗学的研究,要关注他们的生存状况,要深入发掘他们由于特定的境遇而形成的"边际人"的性格特征。移民与土著村的矛盾冲突、抗争主要是围绕着乡村权力而展开的,乡村权力是指乡村民众在该地域政治、经济、文化等方面所拥有的权力或所处的地位,主要是围绕着生存资源而进行的,这些生存资源主要包括地权、水权以及乡村政治权力、文化权力等。移民进入土著村之后,在发展期最关键的是要获得地权和水权,在诸多矛盾冲突中这两方面的纷争最多。

　　个案一:山西霍州东湾村是紧靠汾河的一个移民村,河流改道的自然现象造成了该村和对岸陈村对滩地的争夺。汾河一段时间靠西流,东边滩地就多;靠东流,西边滩地就多,俗谓"三十年河东,三十年河西",河道更改本是自然现象,可两个村为了扩大耕地面积,就修坝筑堰把河水驱赶到对方地界,为此双方冲突不断。相传有一年两村闹起来了,东湾村凡能跑动的都参加村与村械斗,村里还做了一个土炮抬到陈村,一到之后先把陈村的门楼给摧毁掉了,吓得陈村再没人敢出来。1982 年,东湾村田王柱在滩地割麦子,陈村有人过来抢,他赶紧跑回村里叫人,村里人都去打架,他还把镰刀掼在对方某村民的屁股上,被村里传为美谈。①

　　个案二:霍州北关村七十二岁的张玉仙老人,祖籍山东,她曾祖那一辈开始迁移到霍州,据此往上推算大约为明末清

---

① 讲述人:蔺成林,男,1931 年生。调查人:卫才华,男,山西师大 2002 级民俗学专业研究生。调查地点:霍州朱杨庄蔺成林家。调查时间:2004 年 11 月 7 日。

初之际。现在该村居民几乎都是山东移民,是一个典型的移民自然村。她听别人说,她曾祖刚迁来时遭到当地土著居民的排斥和欺负,村中有一口老井,供全村人用水,可当地人不许她曾祖从井中挑水。为了避免麻烦,她曾祖只好在夜深之后人都睡下了,才去挑水。村里的祠堂也不让她曾祖进,甚至不让接近祠堂。当地人认为外地人接近祠堂是对自己祖先的冒犯。后来,她曾祖忍受不了当地人的欺辱,于是联合村中其他几户山东人在霍州城西开垦了一块荒地,他们在那里盖房、开地,才得以生存下来,后迁徙的山东人也都寻亲问友居住于此,到现在形成了一个大村落。①

个案三:东湾村八十六岁高龄的胡玉山老人,十一岁那年父亲领着他从河南新乡爬山涉水逃难来到霍州,落脚于霍州白龙镇寺庄村,当时村中有刘、曹两大家族。由于不了解情况,没去拜访这两大家族的族长,从而招来了很大的麻烦。这两大家族几乎天天派人去撵他们,要他们立即搬家,不然就乱砸东西,父子俩仅有的碗筷瓢盆让他们砸得支离破碎。后来被逼无奈。只好迁到移民比较多的村子东湾村定居下来。②

从上述三个案例可以看出,中期移民从依附型转入交融型之后,主要是围绕生存资源的竞争与土著民产生了矛盾冲突,他们到达迁移地之后面临着自然和社会的双重压力。从移民村建立之初,土地、用水就成为移民生活中的核心问题,其中又交织着家族权力、信仰权力等矛盾冲突,这些冲突事件突出表现了移民村在发展过程与当地土著社会形成的复杂纠葛,也反映着民间社会复杂的权力文化关系。移民村落的生长步履艰难,除非遇到大的社会

---

① 讲述人:张玉仙,女,霍州北关人,1924 年生。调查人:曾先会,女,山西师大 9601 班本科生。调查时间:2000 年 5 月。

② 讲述人:胡玉山,男,1919 年出生,霍州东湾村农民。调查人:曾先会,女,山西师大 9601 班本科生。调查时间:2000 年 5 月。

变革,他们方能从根本上、从整体上改变原有的政治地位和经济状况。

以土地改革为标志的革命事件,使移民及移民村落发生了翻天覆地的变化,极大地提升了移民在地方社会的权力。现代山西移民迁进移入地之后,正是中国乡村社会经历一系列重大变革的时代,其中最重要的是土改运动中斗地主、分田地、分浮财,这一政治事件直接带来了移民政治社会地位的根本性变化。

首先,在共产党及其地方工作队领导与支持下,掌握了村落的领导权,移民由原来土著人眼中的"另类"、"边缘人"一下子变成了村落政治生活的主体,进入了当地社会的领导层。土地改革运动中,乡村社会政治变革的切入口是划分阶级成分,根据各家经济状况,雇工剥削和被剥削情况,"盘三代看现在",自报公议,三榜定案,把乡村居民划分为雇农、贫农、中农、上中农、富农、地主等不同的阶级成分。雇农、贫农是农村里主要受剥削者;中农一般是自食其力,不剥削别人,也不受别人剥削;富农是自己参加劳动并雇工或放高利贷;地主是拥有大量土地,靠雇工和放高利贷发家,本人不劳而获。在农民协会领导下,发动群众对地主、富农进行斗争,除按政策规定留给部分生产、生活必需品外,没收其大量房屋、土地、大牲畜、大农具和其他财物,分给那些没房、没地、没牲畜、没农具的贫雇农。在移民村落里,移民贫下中农从政治上、经济上翻了身,原先贫穷困苦的移民大都因阶级成分好,政治上可靠,担任了村里农委会主席或者各小队队长。以山西襄汾连村为例,民国三十年(1941),移民孙怀东从祖籍河南濮阳迁居此地后,本村地主"根娃子"不让住,要撵他出村,刘玠是本地人,读书人出身,出面从中说合,孙怀东才得以住下来,靠给地主"根娃子"做长工为生。1947年连村进行土地改革,从前的本地老户大都因成分不好整天提心吊胆,地主"根娃子"吓得逃走了,再没消息。移民群体在土改运动中一跃而成为村落主体,掌握了村落政治生活的主导权。

1949年后,在连村担任过农会主席或村主要领导职务的有:孟凡洲(祖籍河南滑县)、任万顺(祖籍河南青丰)、李天德(河北)、南自华(河南)、赵宪元(祖籍山东阳谷)、崔金海(山东)、苗水忠(山东)、南克强(河南),从这些名单可以看出,解放后在村落里担任主要领导职务的几乎都是移民贫下中农。与此相比,考证该村清乾隆三十年(1765)《本庄城外分建三星庙》碑文,开列的总理人有:柴常清、李支靖、柴腾霞、柴本功、刘经基、刘世贵、刘企盈、刘元英、柴本卓、柴支端、柴文全、柴德林、刘晋鼎、柴支万、柴兆彬、柴支琴、刘晋爵、刘学曾、刘廷江。清道光七年(1827)《重修云寿寺记》碑刻,出现的首事人有:刘河书、刘炳、柴存敬、柴得寿、柴永绘、柴利吉、柴明诚、李维、刘效尧①。碑刻上的总理人、首事人都是本地土著,主要是柴、刘两大姓。然而1949年后,村落的组织领导者几乎全部为外来移民。村落政治生活的主体由原先的土著民转化为外来移民,移民政治地位的提升深刻地影响着移民村历史变迁的民俗社会格局。

其次,土地改革这一革命事件对原有村落的社会权力进行了重新分配与整合。以“血缘”、“姻缘”关系为特征的土著村落社会遭受重创,阶级成分成为划分村落群体阶层、选拔乡村精英以及生存资源分配的新标准,主流政治话语直接改变着地方社会的民俗生活秩序。土改对移民带来的直接经济利益是:土地的合法拥有。山西襄汾连村土地改革前的土地分为民田、族田、村田、社田、学田等类型,民田占耕地总面积95%,而其中地主、富农人口少,占有面积却多达三分之一,占全村人口50%以上的贫下中农,拥有耕地仅占总面积的20%。因此,解放前地主、富农不从事生产劳动,靠雇工、半种、租佃等经营方式生活,中农一般自耕自种,贫下中农因劳力多、土地少,只有靠打长工、打短工、半种或租种土地为生。1949

---

①　王希贤编著《连村纪事》(内部资料本),1997年10月。

年6月3日当地获得解放,当年冬天土改工作队进村,使90%以上的贫苦移民获得了土地。土地改革使山西移民第一次合法地获得了土地,土地对移民来说不仅有了生活保障,更重要的是使他们得到了社会保障,是对移民定居合法化的认可。移民对土地的合法拥有冲击并改变着乡村社会以家族形态为主的土地制度,直接导致村落固有民俗体系全面崩溃,移民也由原来的"外来户"、"边缘人"真正变成了村落主体。

第三,革命事件使移民真正地进入了地方社会并且成为领导力量,独立的移民村为地方社会所认可,镶嵌型与后添型村落的移民取得了平等的社会地位,山西移民进入了稳定的发展期。在这个时期,移民与土著民真正实现着社会的、文化的交融,甚至反客为主,由原来的"边缘人"成为地方社会的领导群体,使乡村权力格局发生了根本性变化。以土改为标志的革命事件极大地冲击了以血缘关系为纽带的乡土社会结构,土著民本身也开始分化,一些稳定的家族、宗族内部发生分离,以阶级成分不同,分属于几个不同的乡村阶层和政治群体,从而弱化了土著的势力。革命事件对乡村民俗文化的影响表现在它中止了原有的民俗文化活动,如家族活动、神庙祭祀、迎神赛会全被当作牛鬼蛇神,封建迷信而排除在日常生活之外,使乡村社会生活完全置身于国家政治话语的控制之下,导致了日后乡村社会民俗失范,民俗呈现为无规律、无秩序的复杂多变的状态。

③ 后期移民:民俗文化的传承性

民俗文化以其突出的生活特性伴随着民众的物质生活与精神生活,它一方面固守传统,传承着古老的生活模式,另一方面又适应变革,在不同的历史时期创造着新的民俗。山西移民们有着辛酸曲折的迁徙历史,移民村落有传奇式的生长过程,适应移民精神生活的需求,移民村创造、传承着独具特色的民俗文化,主要包括移民民俗信仰,移民家谱续修,移民传说故事。

移民民俗信仰。移民民俗信仰是移民村落社区精神空间的核心内容,它是移民群体生活经历、文化积淀的产物。移民民俗信仰突出特征是民俗信仰的边缘化,与土著村落相比,晋南各地的移民村普遍无庙,而当地土著村至少有一、两个甚至十多个庙宇,移民由于是后来迁徙异地的社会群体,对土著信仰除了认同之外,更多的是疏离、淡忘,经历了土改、四清、文革等政治运动,移民们由于对迁移地文化缺乏感情,响应革命的号召,把大量民俗标志物——神庙、祠堂都拆了。用移入地土著民的话来说:"移民对移入地没感情,拆起庙来不心疼。"于此同时,迁徙不定、漂泊流离的生活又迫使他们寻求精神的抚慰。他们被放逐于地方主信仰的文化圈之外,然而,在遇到灾难、困惑时,期望得到心灵的寄托,因此也有自己的信仰活动。具体来说,由于晋南移民村落大都在农耕文化区内,他们对粮食丰歉备加关注,对土地神、龙王特别崇信,尤其是在遭受灾荒之后,以祈丰为主要内容的鞭春牛、祭土地神、求雨等民俗活动颇为盛行,求子、求财活动也较普遍。但不同于土著村落的是,他们不是在本地的娘娘庙、财神庙去求,而是到远在五十里开外的洪洞县广胜寺去。他们并没有在所属社区内形成自己的主导的精神信仰空间,只有到大的区域性神庙去祈祷,以地方区域主信仰为崇信对象,这说明其信仰活动处于边缘化。在山西移民村常常发现有因为突发性事件而导致的民俗信仰,如山西襄汾晋城村是一个移民村,2000年二队群众集体捐钱共建关帝庙,一队一位青年说了句:"盖那庙有啥用呢?"结果第二天就得病了。于是他赶快买香火、鞭炮到庙上许愿并捐了200元钱,才把病治好。这件事传开后,村里再没人敢不相信庙的作用了。从此以后村里人有事就去烧香磕头,每逢初一、十五更是香火不断。霍州朱扬庄最近几年总有年轻人出事故,村民们说这是因为村里没有庙,神鬼没地方去,所以就出来捣乱,于是全村人商议集资修庙。安泽县山区庙宇很少,移民求子求财去洪洞广胜寺路途遥远,听说邻县古县的某山洼突然有一株牡丹开放,人们相传是神仙显灵,就蜂拥前去烧香许愿。由此可见,移民村落新民俗信仰的发生有极大的偶然性,一个突发事件,甚至一个奇特的自然现象就可以成为播布久远的一项民俗活动,这表明了移民村落由于其精神空间的贫乏导致其村内民俗呈现为一种无规则、无秩序的状态,在现代化进程中,要创造村落社区精神文明,移民村落的精神空间特征应当引起重视。

移民家谱纂修。移民初到山西后,缺少原籍深厚的家族关系和民俗文化活动,个体家庭成为民俗活动的主要场所,在家族民俗方面的突出表现是对祖先的信仰崇拜。当地土著民每逢过年、清明,大都成群结队的同姓、同宗人一起行动,而移民亲戚较少,过年除了在本村走动外,主要活动是在家族内部祭祀三代以内已故祖先,仪式是在主屋中间设置牌位或悬挂祖先照片,摆上供品,烧香祭祀。这种以个体家庭为单位祭祀祖先活动一方面表现了移民不忘家乡的尊祖意识;另一方面移民们选择近辈祖先祭拜,反映出他们动荡迁徙的生活特征,他们最宗拜的是自己的家族祖先,不像当地土著民那样过着稳定的农耕生活,有地域神可以祭祀。1978年以后,随着农村改革开放的深入,民俗活动范围更为广阔,农民精神生活更加宽松,移民纂谱、续谱活动非常频繁。移民们一方面为了追溯家族的来源,确认自己的民俗身份,另一方面为了在地方社会中加强族人团结,明确家族意识,修谱续谱成为移民村落最为生动丰富的民俗内容。"越是移民,越修家谱,越要拟一个绵延宽广的子孙园。"①实地调查中发现,纂修家谱的活动集中在山东、河南籍移民村中,尤以山东移民村修谱最为普遍。在霍州有朱杨庄舒氏家族,1994年回祖籍山东博兴县曹王镇东鲁村续谱,现在朱杨庄舒姓人口100多人,保存有《舒氏家谱》。东湾村田氏家族光绪三年(1878)迁来,1993年山东老家来人联系,1994年本族派人回原

① 董晓萍《田野民俗志》,北京师范大学出版社,2003年3月,第192页。

籍续谱,《田氏世谱》分别于乾隆五十七年（1792）、道光五年（1825）、民国四年（1915）、1954 年、1994 年先后五次重修,现保存有《田氏世谱》共九册。东湾村蔺氏家族光绪十八年（1892）由山东省博兴县冯家堡官庄徙居山西洪洞苏堡村,1952 年本族蔺相峦又迁移到霍州朱杨庄落户,现保存有《蔺氏族谱》。山西移民以族谱为媒介与原籍取得联系,频繁地进行联宗祭祖活动,形成了一系列值得注意的新民俗活动,它的社会意义在于一方面使原来模糊的家族意识、血缘意识在移民村重新唤醒,加快了地方化进程;另一方面通过修谱这一民俗活动,移民与原籍相互交流,扩大了社会影响。这两方面结合起来使移民村既是原籍一分支,又是移入地的新的社会群体,这样的双重民俗身份特征凸现出来,具有重要的现实意义。

移民传说故事。主要指乡村社区空间范围内流传的与移民相关的民间叙事作品,内容较为庞杂,深刻地反映了移民民众生活特征,主要可分为创业传说、习俗传说、居官传说等几类。

创业传说,主要内容可分为表现移民创业的艰辛和偶得财富的传奇性经历两种类型。前者以写实的手法,真实地复现了移民村初创阶段的历史和开村创祖的非凡经历;后者是对迁徙生活的艺术想像,移民来到迁移地打长工,在地里挖出了大量财宝,发了大财,最后还娶了财主的女儿,这是对早期移民生活的审美描述,通过一个个虚幻奇妙、生动有趣的移民发家故事,超越了现实生存中的困顿愁怨,激发起对未来生活的向往,获得了现实中无法实现的心理慰藉,这类故事在移民家庭中代代相传。

习俗传说,以移民村特有的习俗为解释对象,附会以诙谐风趣的情节,有的介绍一种新习俗的来历,如长治辉河村流传着《灰骡与辉河的故事》,是说河南籍的张知县不忍心让本乡人干重活,下令灰骡不支差,为纪念此事,原来的王家庄遂改名为辉河村,从此当地产生了"灰骡不支差"的风俗习惯;有的表现不同区域习俗的融合,如《鼻窟窿压合捞》说的是安泽人和沁水人结婚,在婚礼过程中怕不懂礼节,结果相互盲目模仿对方的习俗,引发了一系列笑话,这是由移民之间相互通婚的习俗而引发的诙谐故事,颇有喜剧色彩;有的表现民俗的传播,如山东人吃煎饼和喝大叶茶等饮食习俗在山西得以吸纳扩布。

居官传说,主要指移民中流传的关于自己祖先是因为做官而落户山西的故事。襄汾南柴村吴氏家谱、西李村杨氏家谱都述说自己祖先曾在襄汾为官,后来就在山西安家落户,慢慢发展成现在的村落。这类传说和清代国家体制背景有密切关系,清朝建国之初对户口和赋役严格控制,在乡村推行里甲制,流动到外地的人口必须是奉命迁移,或者有编入迁移地的户籍,这是民间移民获得国家承认合法身份的两大重要根据。然而事实上,大批的移民到达最初定居地之后,以后的几代又处于迁徙不定的状态中,尤其是明清各个历史时期自发的由外地迁入的移民更是飘泊不定,辗转各地,在这种情况下,说明自己的合法身份是非常重要的,于是自然而然的将家族迁徙和因祖先居官而来结合起来,居官传说正契合了移民迁移不定,盼望找到归依的心理需求。由此得出,居官传说反映的社会背景应是国家在清末民初加强对地方乡村社会土地开发、人口迁徙的控制,各时期迁入的人口不断被国家整合进近代农村行政体系的过程,通过这些传说,我们得以了解移民村的内部关系和社区重构整合的过程①。与居官传说相关联,在霍州移民村广泛流传着呼延庚的传说,移民们说呼延庚是山东人,先后两次当过霍州州官,替山西境内的山东移民办事,其中有一则内容是:有一个姓康的山东移民,他与退沙村一个本地人因为浇地发生冲突,结果康姓村民把本地人给打了,双方到霍州县衙打官司。康姓村民

---

① 参见陈春声、陈树良《乡村故事与社区历史的建构——以东凤村陈氏为例兼论传统乡村社会的"历史记忆"》,《历史研究》,2003年第5期。

十分聪明,他知道县太爷呼延庚是山东籍的,就让本地人先说,那个本地人说:"他把我给打了。"康姓村民接着说:"县太爷,他骂我'操山东人娘'了",呼县官一听大为恼火,立刻说:"那他就该打,往死里打,活该。"查阅相关的地方志资料得知,呼延庚是山东济南人,清光绪三十二年(1896)任直隶州知州,民国四年(1915)任霍县知事①。这一则很有生活趣味的故事包含着丰富的文化内涵,首先它反映了乡村社会土著民与客民异常激烈的矛盾冲突,直到现在东湾村还与本地土著村郭庄因拦河坝纠纷而打官司。其次,同籍县官呼延庚是移民群体记忆和民间叙述的连接点,因为有同籍地方官的出现而使移民村生活发生了巨大变化,至今在移民村里流传着"官向官,民向民,山东人向着山东人"的俗谚,这种对同籍官员纪念性的口承故事消融在岁月的长河里,会转化为一种有特殊意味的民俗生活,比如东湾村民众就一直传承着对呼延庚的祭拜活动。

　　民俗是社区生活的文化标识,社会生活是民俗发展的内在逻辑。移民们创造传承的独具特色的民俗文化,构成了移民村落历史的一个重要层面,它适应了移民精神生活的需求,表现了移民们迁徙、开村、续谱、抗争的丰富内容,构成了一部包含特殊时期社会历史内涵的移民口述史,也可以从另一个侧面使我们透视后期移民自觉重构自己社区历史,从口述史中获得地方社会认同的文化历程。

　　3. 移民村落民俗文化的主要特征

　　移民主体和移民村落民俗文化是我们研究移民村落相互关联的两个着眼点。移民是移民村落社会的主体,是移民民俗文化的承载者、传承者,他们由于特殊的创业历史、艰辛的生活经历形成了"民俗边际人"的社会角色和独特的"移民群体民俗性格",他

---

　　① 参见《霍州文史资料》第四辑第 59 页。

们创造的村落民俗文化与土著村落相比也显示出独具的特征。

首先考察移民的"民俗边际人"角色。所谓"边际人"是指在社会文化变迁或地理迁徙过程中产生的一种转型社会群体,它是在传统文化与现代化,或一种亚文化与另一种亚文化相互碰撞、选择中形成的产物。从理论上讲,它具有两种形态,其一:是处于两种时代或两种社会形态的交替之处,通常称之为"过渡人";其二:是处于不同的亚文化的接壤之处,被称为"边缘人"。"民俗边际人角色",主要指移民在民俗活动和社会历史变迁中表现出的游离、边缘以及非主流的民俗角色,他们离开了原籍,固有的生活方式和行为模式已经或正在打破,而新的生活方式和行为模式尚未形成,他们是同时属于原籍与现籍,又同时游离于原籍与现籍的边缘民俗人,在原籍地与移入地的民俗隔阂、抗拒、冲击、渗透、融合的过程中形成了转型人格以及模糊的民俗规范。民俗边际人角色的主要表现是:第一,从使用的语言来看,山西移民大多是双方言者,操持着原籍和移入地的两种方言,在家说原籍母语,和本地人交流说当地方言。经调查大多数移民村都操持着原籍方言,然而这种方言既非原籍方言又非现籍方言,是一种经过"改造"的语言。这样,移民群体从语言上形成一种民俗识别,使移民与土著民之间始终保持一种"外乡人"的心态。第二,民俗交际上的平衡性,移民初到移入地,大多是从原籍娶亲成婚,再把媳妇接到移入地共同生活,或者是移民与移民通婚。到了后期稳定发展阶段,即建国后随着移民阶级身份的确定和政治地位的提升,尤其是改革开放后村落评价体系主要是以经济指标来衡量,那些先富起来,家境条件好的移民子弟成为女子首选的对象。可是无论娶亲还是嫁女一般都以本地风俗为准。实地调查中霍州朱杨庄一位移民妇女说:"咱们这儿的礼节,只要是和本地人打交道,都依人家的风俗,一直就这样,也没有人笑话。"移民固有的民俗在土著民俗的同化下受到冲击甚至消解,使得移民村普遍存在着民俗失范的状态,每个移民家庭或民俗个体都可以按照自己的意愿各行其事,较之土著村风俗习惯缺少历史传承的严肃性。第三,移民村普遍没有民俗活动中心,与土著村相比就是庙宇、祠堂、庙会的缺失,民间社火等民俗文艺活动贫乏,这使得移民村游离于地方民俗文化圈的边缘,处于无统一规范的民俗生活状况。移民村民俗生活在原籍与现籍民俗的双重涵化中,民俗规范呈现出模糊无序的样态,世俗生活中存在着许多不确定的因素,无法形成绵延的历史和约定俗成的村落惯制。

其次,应该分析移民整体的民俗性格。美国社会学家罗伯特·E·帕克曾形象地将边际人比喻为文化上的混血儿,认为他们寄托在两个不同的群体之中,但又不完全属于任何一方,他们生活在两个世界中,在两个世界中他或多或少都是一个外来者①。不过,这种特性并不只是一种负担,更是一种财富。因为相对他的文化背景来说,他会成为眼界更为开阔,智力更加聪明,具有更加公正和理性观点的人。移民们由于曲折艰辛的创业经历和长期的边际人角色,熔铸出了忍辱负重、吃苦耐劳、头脑灵活、勇猛好斗的双重民俗性格。这种民俗性格的形成既与他们奋斗的历史有关,也与他们在所生存环境中互为矛盾的心理体验有关。运用“主位”研究法,站在移民自身的角度看,不吃苦、不厉害就难以在移入地站稳脚根,就要受人欺负;从当地土著民的角度评价,正如霍州陈村一位老人所说:“外乡人可野呢,打架时又抱团又厉害,而咱本地人一般都性子软。”从移民村和土著村的口头回忆资料看,双方对移民性格、土客冲突的看法明显不同。我们认为除了上述原因之外,移民整体民俗性格的形成还与他们所接受的文化有关,由于他们处在两种文化接壤处的“边际性”,决定了他们进入移入地的初、中期的状态是既跨出了原籍地的大门,又未完全投入移入地的怀抱,

①　参见周晓红《传统与变迁——江浙农民的社会心理及其近代以来的嬗变》,三联书店,1998 年 12 月,第 285 页。

在两难的困境中生存。到了后期,随着政治地位的提高,生活的改善,他们成为移入地生活的主体,他们所受到的两种不同文化或亚文化的影响、熏陶又使其在社会竞争中具有文化性格上的优势,例如实行农村生产责任制以后,许多移民因头脑灵活或有一技之长先富起来,他们的子弟因聪明肯吃苦,上大学的也比较多。

最后,概括移民村落民俗文化的主要特征。在实地调查中,我们重点考查了晋南安泽、霍州、襄汾的移民村落,力图通过深入研究进而把握近现代山西移民村落的变迁轨迹和民俗特征。我们认为,社会变迁与民俗认同,是历时态的也是共时态的,是流动性的也是情境性的,是交织着多重利益的心理过程。要运用宏观研究和微观研究的方法,将宏大的移民村落背景与民俗学的个案调查结合起来,着力展示山西移民这一特殊社会群体的生活史、奋斗史、心灵史,进一步认识移民村落和乡村社会结构的关系,透析社会变迁过程中移民们的精神世界,为中国现代化进程提供有益的借鉴。山西移民村落民俗文化受原籍地和移入地的双向影响,伴随着乡村社会变革与文化变迁,形成了以下几个特征:第一,适应性。移民是处在不同文化接壤处的特殊群体,他们从祖籍地迁徙到移入地,对当地的地理环境和生活方式都有一个适应的过程,他们对移入地文化的采借吸纳,不单纯是学习该地的风俗习尚,实际上包含着环境许可的因素。如民俗信仰的选择上,他们自己没有专门创建庙宇而是到大的区域性神庙中祭拜。饮食习惯上山东人仍保留了自己吃烙饼和喝大叶茶的习惯,这些都是由环境条件和日常生活实际需要而作出的文化选择。而在居住民俗方面,最初只能在山洞或临崖的地方挖窑洞、搭窝棚,随着社会的变迁、经济条件的改善,也在平川地盖起砖瓦房。这些现象反映了移民民俗文化变迁过程中的地理适应性和文化适应性。第二,阶段性。移民村落民俗文化的建构呈现出明显的历史性变动特征,在移入初期主要是对居住地的选择和当地方言的掌握;在移入中期更多的是移入民与土著民文化的交融,其中冲突也是交融的特殊方式,土客冲突总是围绕着土地、水利等生存资源而展开的,革命事件是移民社会地位和文化生活发生根本变化的催化剂;移入后期,移民全面建构自己的文化空间,尤其是通过纂修家谱,创造口述传说故事,构筑起移民村落社区的精神文化,形成一个自足的生产、生活、文化的空间。从历时态角度看,移民村落经过了初期——中期——后期几个阶级,从文化重构的历程看,经历了一个依附——交融——自足的发展过程。第三,渐次性。移民对移入地民俗文化从适应到采借,最后相互交融吸收有一个漫长的发展过程,是缓慢进行的,表现出渐次性特点。从内容变化上看,移民对移入地文化的接收,通常情况下,先是物质层面的居住、饮食、服饰等民俗的适应,其次才是对非物质层面的心意信仰、人生仪礼、伦理道德、价值观念等方面的吸收。通婚作为两种文化深层交融的标志,一般是在后期,因为它不仅包含着土著民对移民经济地位的看法,更存在一个对移入民社会评价这样一个深层心理转变的过程,这需要有较长的时间跨度。以空间分布来看,不同文化区的移民民俗文化变迁速度不同,变迁的程度不同,一般说来平川地区的移民村落民俗转型快,被同化的程度高;而山区地带的移民村落民俗文化变迁慢,原籍传统的民俗生活方式保存得多。总之,物质文化更偏向实用功利方面,不为意义问题所困扰,所以变化得快些,而婚丧嫁娶、心意信仰等仪式文化或观念文化领域,由于涉及到深层的文化心理和价值观念系统,采借吸收时需要有过滤的过程,所以变化就比较缓慢。第四,复合性。移民村落民俗文化的创造主体是移民群体,他们受到了两种不同文化或亚文化的熏陶影响,移民村落的民俗文化又通过他们进行着双向文化选择与交融,在原籍地与移入地民俗文化的交流中,任何一方都不是被动的接受者,而是主动的学习者和接受者,是一种"合目的"性的借鉴,有的可能是全部吸收,有的可能是二者融合,也有的是形同实异或形异实同,其结果是一种经过对接、渗透、融汇之后而形成的合成文化形态。移民是一个特殊时空下成长起来的社会群体,是文化上的混血儿,由他们创造的民俗文化也是复合型的多重粘合体,是最有生命力的。

第九章 山陕村落的民俗传承方式

民俗传承是村落民俗研究关注的重点,传承学研究的内容应该包括传承途经、传承功能,更应该包括传承的媒介。在民俗学研究领域里,对民俗文艺如神话、传说、民间故事的口头传承方式研究成果颇多,而对口头传承之外的乡村碑刻、手抄本、刻印本等物质媒介的搜集探索相当薄弱。

山西、陕西的许多村落处在闭塞、偏远的山区乡野,干旱少雨是其主要的气候条件,恰恰是这样的地理环境,使许多神庙碑刻在历次以清扫四旧、破除迷信为中心的政治运动中得到幸存,使许多手抄本、刻印本不会像江南潮湿地区那样发霉变质而毁坏。上个世纪七十年代末以来,伴随着思想解放和传统文化的复苏,这些珍贵的民俗文物接连不断地被发掘整理出来。当创造它们的主人从家乡的土地上逝去之后,物质媒介并没有随之而去,而是承载着创造者所赋予的文化信息向后人无声地倾诉着,通过这些民俗媒介我们重温着已消逝的历史,和古人进行着文化对话,实现着一种跨历史的代际交流。

一 山陕村落的民俗传承媒介

民俗传承是指一个地域或民众群体继承并传布着自古形成的风俗习惯,通过上传下承一代一代保存下来的文化事项及其动态运行过程。它既包括时间上的纵向传承,也包括空间上的横向播布,进而形成了民俗文化在时间上传衍的连续性即历时的纵向延续性和在空间延展上的蔓延性即民俗文化横向传承的过程。"民俗传承性和扩布性,使民俗文化的传承成为一种时空文化的连续体。"①民俗文化的传承不仅发生在不同时代文化的纵向传承中,也发生在不同区域、不同文化共同体横向交流融汇中,传承的核心是民俗文化信息,但是,对民俗学来说,更重要的是要研究民俗传承的主体——民众群体和他们特有的传承媒介、传承方式。正如乌丙安先生所说:"民俗学不仅要研究民众们传递了什么,即研究所传的民俗符号的内容与形式,而且更重要的还要研究民众们是怎样传递那些用民俗符号构成的民俗文化信息,亦即研究'传'的活动本身。在没有现代大众传播媒介的传统习俗环境中,民众们是如何自发地传递并自发地接受民俗信息的,这是民俗学从建立之初便十分关注的焦点问题。"②这段话启发我们,研究民俗传承应抓住传承主体、传承机制、传承媒介三个关键点非常重要。研究民俗传承,不能以民间文化的口头传承方式取而代之,也不能混同于现代大众传播。口头传承是民间文学也是民俗学重要的传承方式,但不是唯一的方式;现代大众传播主要是适应现代社会科学技术发展而产生的印刷、影像、电子媒介等,传统的民俗文化其传承主要是与特定历史条件、自然环境相适应的媒介和方式。黄河中下游山西、陕西、河南等省区以现存的民俗文化资源来看其传承媒介主要是群体传播和物品传播。群体传播是指每个文化圈的民众群体都是文化的携带者、传承者,他们凭借记忆、行为、语言等方式传承着特定时代、特定区域的民俗文化,移民家谱、移民传说故事属于此类。物品传播在以往的民俗传承研究中最易被人们忽略,事实上物品都是民众群体在自然系统中为

---

① 钟敬文主编《民俗学概论》,上海文艺出版社,1998 年 12 月,第 13 页。
② 乌丙安《民俗学原理》,辽宁教育出版社,2001 年 1 月,第 279 页。

了维持自身生存而创造的,它们身上带有鲜明的民俗文化印记,是"文化化"的产物,在物品的形体内流淌着人类群体智慧的潜流,使之成为文化的载体。"物品既是文化载体,又是文化传播媒介,它自身凝聚着文化,也传递着文化。物体传播媒介在代际传播和区域传播中发挥着重要作用,它可以跨越特定的时空,将自己的信息传向久远和广袤。"①作为传播媒介的物品不是指为了满足生命需求而创造的一般生活物品,而是作为传播工具的物品,它们是特定区域民俗群体生存环境、思想观念的物化形态,在山陕地区主要是乡村碑刻、手抄本、刻印本。

乡村碑刻。这些碑刻大量地集中在乡村神庙、家族祠堂,也散见于街头墓地,其内容包括神灵祭祀、家法族规、水利管理、村规民约等,有神庙碑、家族碑、水利碑、灾荒碑等名称,大而至于皇帝谕旨、望族宗约、灾异变故、关隘修筑、开水之功、祈雨感应;小而至于公议罚饬的条文、禁伐古木的告示、严禁赌博的合同、禁止男女相杂观戏的规定、村中公益事业资费摊派办法都镌刻在上。这些乡村碑刻为府州县志所不收,却是历史的见证,是文化的"活化石",展示着村民自我管理的真实历史,表露着百姓内心的真实感情,是研究民俗民情不可多得的资料。

手抄本、刻印本。黄河中下游的山、陕、豫各省是华夏文化的发源地,耕读传家的传统久而有之,在乡野山村读书识字,雅好书法者大有人在,许多关于家族、村落、地方社会的大事他们都通过手抄笔记的形式珍藏起来,代代相传,保留下大量手抄本。这些手抄本以家谱家训数量最多,也有乡村迎神赛社的礼节传簿。山西晋东南俗称古上党地区,千百年来传承着有浓郁的原始傩文化色彩的迎神赛社活动,伴随着这些活动中的请神、安神、圆神、游神、

---

① 萧扬、胡志明主编《文化学导论》,河北教育出版社,1989年9月,第243页。

送神等仪式有许多书面记载的书面文范,这些民俗史料大都珍藏在乐户和堪舆家手里。潞城县南舍村堪舆世家曹占鳌、曹占标兄弟保存有明万历年间手抄本《迎神赛社礼节传簿四十曲宫调》,长子县谷村乡大关村牛希贤家藏有清嘉庆年间手抄本《礼节传簿唐乐星图》,成为研究晋东南傩文化及其迎神赛社活动的珍贵文本。民间历书、劝善书、雨经、宝卷、民间戏曲则更多的是以刻印本的形式传世,他们往往使用于民俗活动的重要场合,像乡村的朝圣聚会、庙会、集市、岁时祭祀等,与特定的仪式结合起来,成为民众对抗天灾人祸、酬谢神灵、贺岁庆丰、娱乐教化的重要手段。

碑刻、手抄本、刻印本等民俗传承媒介不是绝对封闭的,也不是各自为政,各种传承媒介往往互相交叉,尤其是对于轰动一方的重大历史事件如外族入侵、农民起义、特大旱灾等,不同的物质传承媒介都有记述,成为研究区域历史文化和民众生活史不可缺少的资料。

二　光绪旱灾的群体记忆
——以山陕碑刻、刻印本的分析为例

清光绪初年,黄河中下游的山陕豫数省遭受了特大旱灾,这场旱灾发生于光绪三年(农历丁丑年),史称"丁丑奇荒",因这场旱灾延续到光绪四年(即农历戊寅年),所以又称为"丁戊奇荒",或曰"光绪大祲"。此次旱灾波及到山西、陕西、河南、河北、山东五省及苏北、皖北、陇东、川北等地区,尤以山西、陕西、河南受灾最为惨重,灾情所及的范围之广,死亡人数之多,前所未闻,令人怵目惊心,不堪回首。灾难所至,十室九空、人相惨食、饿殍盈途、尸骨遍野。自上个世纪八十年代以来,学术界或从总体上进行分析,或对灾害史料予以整理,或分省区专题研究,取得了一批富有学术价值的研究成果。本文所依据的材料是山陕地区至今尤存的碑刻和刻

印本,这些民俗传承媒介是"光绪大祲"的劫后余生者痛定思痛,把自己所见所闻所想刻之于碑、刊之于书,引为借鉴,告诫后来者居安思危,不忘古人"耕三余一"、"耕九余三"之训。本文研究的重心是这些碑刻、刻印本中所反映的灾荒中民众的生存状况、社会心理、官方赈灾的方法及乡村民众对他们的历史评价,灾后乡村民众总结的经验教训及防灾抗灾的思想,本着民俗学研究生活和生活的主体——民众之要旨,试图展示出真实的民众荒年生活图景。

1.山陕乡村碑刻中记载的"光绪大祲"

在实地调查和查阅地方文献的过程中,我们发现山陕乡村记载光绪奇荒的碑刻很多,数十通碑刻记载同一个历史史实,这在中国金石史上实为罕见,而且内容之丰富、涉及社会问题之广泛、揭示该地民众心灵感受之真切、语言之精美都超过了其他类型的碑刻。研究记载光绪奇荒的碑刻,要尽可能多地查阅碑文,综合分析比较,方可全面深入地理解其民俗内涵和社会价值。(见表)

山陕乡村"光绪奇荒"碑刻

省区	县、乡、村	碑刻名称	规格	镌刻时间	公布情况
山西运城	平陆县洪池乡洪池村	灾年后掩藏暴骨记	碑为圆额长方形,高147厘米,宽55厘米,楷书	光绪五年(1879)	《河东百通名碑赏析》,2002年10月
山西运城	稷山县西社镇韩家庄土地庙内	历年遭劫记	碑为横幅,高39厘米,宽89厘米,楷书	光绪六年(1880)	《河东百通名碑赏析》,2002年10月
山西运城	运城市上王乡牛庄村	丁丑大荒记	碑为圆额长方形,高136厘米,宽54厘米	光绪九年(1883)	《河东百通名碑赏析》,2002年10月

省区	县、乡、村	碑刻名称	规格	镌刻时间	公布情况
山西运城	芮城县南卫村1979年移立于芮城县大禹渡电站古柏处	荒旱及瘟疫狼鼠灾伤记	碑呈竖式,高157厘米,宽63厘米	光绪十年(1884)	《河东百通名碑赏析》,2002年10月
山西运城	万荣县贾村乡杜村巷中	杜村灾情碑	碑为横幅,高30厘米,宽56厘米,楷书	光绪九年(1883)	《河东百通名碑赏析》,2002年10月
山西介休	介休市芳村乡薛家堡村	光绪三年凶年饿岁记		光绪十年(1884年)正月十四	《晋中碑刻选粹》,山西古籍出版社,2001年6月
山西晋城	沁水县中村镇中村村	荒政碑		光绪五年(1879)	《晋城金石志》,海潮出版社,1995年12月
山西晋城	高平市牛庄乡西李门村南岭二仙庙内	纪荒警世碑	碑高186厘米,宽74厘米	光绪三年(1877)	《晋城金石志》,海潮出版社,1995年12月
山西晋城	阳城县河北镇南梁城村	南梁城荒年碑记		光绪七年(1881)	《晋城金石志》,海潮出版社,1995年12月
山西晋城	阳城县河北镇小西头村	小西头记荒碑		光绪十一年(1885)	《晋城金石志》,海潮出版社,1995年12月

省区	县、乡、村	碑刻名称	规格	镌刻时间	公布情况
陕西渭北	合阳县坊镇灵泉村,碑额存该村党氏总祠堂,碑身存合阳县博物馆	记荒文		光绪十一年(1885)	
陕西渭北	原立于韩城西彭村外路口,现入藏陕西省博物馆	荒岁歌碑文	高177厘米,宽62.5厘米	不明	《韩城市水利志》,三秦出版社,1991年2月
陕西渭北	韩城县	光绪三年赈务碑记			《韩城市水利志》,三秦出版社,1991年2月

以上是目前能看到的山陕"光绪奇荒"的碑刻,实际上散落各地未被收集的不在少数。这次灾荒的时限是从清光绪元年(1875)开始,一直到光绪四年(1878)止,持续长达四年,其中光绪三、四年即丁戊两年尤为严重,碑刻撰写者以亲历者的身份对灾荒年代的民间社会作了真实描述,具有很强的历史可信性。

①旱灾情形及民众生存"苦状"的描述。史料记载光绪丁戊旱灾在同治十一年就已经开始,但据乡村碑刻来看,则主要描述的是光绪三、四年遭灾的情况:"窃忆光绪二年,岁在丙子,天气亢旱,秋夏薄收。至次年丁丑,自春迄秋,旱魔为虐,二麦皆未交土。旧既没,新亦无望,室罄空悬;谷未熟,菜仍弗生,腹

枵难忍。"①历史上最严重的旱灾记载,未有若光绪三、四年之甚者,灾荒期间三年不雨,千里赤地,粮食奇缺,价格飞涨,再兼清朝统治者救赈不力,百姓只能在死亡线上挣扎:

> 或摘槐实以疗饥,或剥榆皮而延命,或拾雁粪以作饼,或煮皮绳而为羹,处处鸿思鼠泣,人人鹄面鸠形。乞食远方,亲老委沟壑,尽作他乡之鬼;逃舍故里,子幼置道路,哭杀无主之魂。人食人而犬食犬,腥气冲天,鬼神为之夜哭;父弃子而夫弃妻,饿尸横野,天地於焉色黯。八口之家死五、六,十室之邑留一、二。②

戏有"苦戏",文有"苦文",该通碑文堪称绝代"苦情散文"。碑文在内容上,把灾难降临之时百姓饥饿难忍,亲人分离的苦情写得十分真切感人。艺术上句与句骈散结合,对仗工稳;整体上,排比成文,壮势广义,把苦难的现实展现在人们眼前。在灾荒的年代里,槐实、榆皮、雁粪、皮绳都成为充饥的食物,人们被迫流落他乡,四处讨饭,"乞食远方者"命运是"亲老委沟壑,尽作他乡之鬼";留在故乡的人们是"子幼置道路,哭杀无主之魂"。"人吃人而犬吃犬"与"父弃子而夫弃妻",犹如一个个特写镜头,让人们看到了人人自顾不暇,人犬相食的不堪入目的一幕幕惨状。类似这样描述灾荒中民众生活的"苦状"、"惨状"的文字,在乡村碑刻中比比皆是。这场灾荒给山陕民间社会带来的直接影响是人口锐减,对此,官方的文献记载颇为笼统,《光绪山西通志》曰:"晋省户口,素称蕃盛,逮乎丁戊大祲,顿至消减。"③乡村碑刻却更为具体,晋南稷山县西社镇韩家

---

① 《灾年后掩藏暴骨记》,收入《河东百通名碑赏析》,山西人民出版社,2002年10月,第377页。

② 《荒旱及瘟疫狼鼠灾伤记》,收入《河东百通名碑赏析》,山西人民出版社,2002年10月,第390页。

③ [清]张煦《光绪山西通志》,光绪十八年刻本,户口卷65。

庄土地庙内保存的碑刻《历年遭劫记》云:"稷邑东北乡有韩家庄,由来久矣,人烟聚处约有一百余家,生齿繁多,概有五百余口。"而光绪三、四年的旱灾使本村人口损失惨重,"及劫过而后,余庄仅留四十余家,一百人口"①。运城市上王乡牛庄村《丁丑大荒记》曰:"一家十余口,存命仅二、三,一处十余家,绝嗣恒八、九。……村庄共绝户一百七十二户,死男女一千零八十四口,总计人数死者七分有余。"难怪作者沉痛地感叹道:"此诚我朝二百三十余年,未见之凄惨,未闻之悲痛也。"②地处晋中的介休也同样如此:"到如今饿死人千千万万,众百姓仅留着十有二三。"③陕西韩城西彭村清光绪《荒岁歌碑文》也有"留人不足十之三"的记载,晋东南阳城县河北镇南梁城村《南梁城荒年碑记》曰:"统计脱活之人东南十存其一,西北十存其二,城关十存半。念及本村男妇七百有余人,今仅有三十七人,南窑四百有余人,尚存一百有余人。"④据这些碑刻记载的数字估计,山陕两省灾区人口平均亡失率至少在50—60%,旱灾对山陕地区来说几乎是毁灭性的。

②灾荒期间反常现象与怪陋习俗。由于久旱无雨,粮食奇缺,灾荒期间最突出的现象是粮价飞涨,"金贱粟贵",《丁丑大荒记》曰:"先时,麦市斗加六,每石粜银三两有余。至是,每石银渐长至三十二两有零,白面每斤钱二百文,馍每斤钱一百六十文,豆腐每斤钱四十文,葱韭亦每斤钱三十余文,余食物相等。"平时被乡民视

---

① 《历年遭劫记》,收入《河东百通名碑赏析》,山西人民出版社,2002年10月,第380页。

② 《丁丑大荒记》,收入《河东百通名碑赏析》,山西人民出版社,2002年10月,第386—387页。

③ 《光绪三年凶年城岁记》,刻于大清光绪十年(1884年)正月十四日,现存介休市苏村乡薛家堡村。

④ 《南梁城荒年碑记》,收入《晋城金石志》,海潮出版社,1995年12月,第844—845页。

为财富的房屋、木器土地等财产价格却猛然下滑:"房屋器用,凡属木器,每斤卖钱一文,余物虽至贱无售。每地一亩,换面几两,馍几个。家产尽费,即悬磬之室亦无,尚未能保其残生。"①山西沁水县中村镇中村村《荒政碑》记载光绪三年:"由春及夏,金贱粟贵,业产地土、器皿家具,皆作无用守物,而饿死者不胜□指粮食日夜增价,较常一倍、十倍、玉麦每市斗价二千八百文,米每市斗价三千六百文,豆每市斗价三千三百文。"②在粮食资源断绝的情况下,为了活命,有些地方出现了极其残忍的"人食人"现象,晋东南高平市牛庄乡西李门村南岭二仙庙保存的《纪荒警世碑》云:"且又有杀子女以省米食,更有父食子,兄食弟,夫食妻,妇食夫。婴儿幼女抛弃道旁,遍野填巷,惨不忍见。"③阳城县河北镇南梁村《南梁城荒年碑记》曰:"始则剥食尸骸,终竟杀食活人,甚至父子相杀,兄弟相杀,夫妻相杀,其食人肉以偷活者处处皆有,尸横遍野,白骨满地,伤心哉!"在空前的灾荒和严重的饥饿面前,最重要的问题是填饱肚子,保住性命,苦难的现实动摇着传统的伦理观念、婚恋观念,为了活命,太平年代男人的尊严、妇女的羞涩都被击毁了,正如陕西韩城西彭村《荒岁歌碑文》所云:"各村皆有刁抢汉,即有粮食也不安。四乡争夺不胜算,大街抢物人难看。路有女流辈,不识东西南,随人奔走往外县,那时节,何论女和男。"④沁水县中村镇中村村《荒政碑》载:"红颜佳人,自求匹无主收留,父子相顾,兄弟妻子离散。"⑤平陆县洪池乡洪池村《灾年后掩藏暴骨记》也云:"可怜季女斯饥求

---

　　　① 《丁丑大荒记》,收入《河东百通名碑赏析》,山西人民出版社,2002年10月,第386—387页。

　　　② 《荒政碑》,收入《晋城金石志》,海潮出版社,1995年12月,第842页。

　　　③ 《纪荒警示碑》,收入《晋城金石志》,海潮出版社,1995年12月,第843页。

　　　④ 《清光绪荒岁歌碑文》,收入《韩城市水利志》,三秦出版社,1991年2月,第196页。

　　　⑤ 《荒政碑》,收入《晋城金石志》,海潮出版社,1995年12月,第842页。

嫁,不惜千金体;竟以丈夫溺爱逃生忍抛三岁儿。"①值此饥饿难忍的时节哪里顾得上谈婚论嫁,更无暇论及财礼嫁妆。晋南稷山县西北镇韩家庄,原有村民一百余户,五百多口人,属中等村庄,然而经历了光绪三、四年的旱灾之后,该村仅存四十余家,一百余口人,大灾之后人口锐减。更让村民难以对付的是旱灾之后,各种瘟疫鼠灾、狼灾接踵而至,鼠伤田苗,蟑螂伤人,豺狼当道,令耕者不便于野,行者不便于途,这些灾害对于贫弱的民众来说真是雪上加霜。在巨大的灾难面前,乡民不是组织捕杀,而是求助于土地神,于是灾荒年代的怪陋习俗——为土地神穿神衣事件产生了,现存于该村土地庙的《历年遭劫并穿北坡土地神衣记》碑文载:

> 由是纠众共议,金曰:惟巡山土地司此毒物,因之有穿神衣一事。但大祲之余,囊赍奇缺,议捐麦子,庄人共好善乐施矣。及功程告竣,为历年遭劫并穿神衣,嘱余为记。②

土地神本来属于古老的自然崇拜,原始先民崇拜土地的自然性质及其作用,通过宰杀牲畜或将人体埋于地下而向土地直接献祭礼拜。后来演化为地区性的神,不同地域的人们在自己的生存环境里,"封土立社",社就成为一种地区性的土地神。清代以来土地神更为普遍,民间普遍称之为"土地爷",人们认为土地神可以执掌人畜兴旺,保护地方安宁,并且有震慑猛兽灾异的威力。稷山县西社镇韩家庄为土地穿神衣就反映乡村祭祀土地爷的习俗,虽然碑文中没有详细记载其祭祀仪式,但是乡村民众在"大祲之余,囊赍奇缺"的情况下捐物施钱,希望通过给土地穿神衣来祈求庇佑,足见其对神灵的虔诚;也从一个侧面反映了面对兽虫之害,当地民众不是靠科学手段和群体力量消除灾异,而是求告神明,这无疑是

① 《灾年后掩藏暴骨记》,收入《河东百通名碑赏析》,山西人民出版社,2002年10月,第377—378页。
② 《历年遭劫并穿北坡土地神衣记》,收入《河东百通名碑赏析》,山西人民出版社,2002年10月,第380—381页。

一种落后愚昧的陋俗,反映了乡村民众对现实苦难的无能、无力、无奈,它为我们了解当时的民俗民情提供了实证资料。

③官方赈灾方法及民众的评价。每当灾害降临,乡村民众田园遭毁,饥饿难忍,贫病交加,人口死亡流徙,社会动荡不安,国家最高统治者为避免社会动荡,也为了显示浩荡的"皇恩",就对灾民加以赈济安抚。古代灾民由于缺乏储粮观念和手段,遇到灾荒只能引颈企望,苦苦盼望官府能及时赈济钱粮。国家最高统治者对灾区民众的体恤安抚是以地方官为中间环节的,依据地方官上奏的灾情,恩准批拨钱粮,再由地方官负责分发给乡村民众,以赈济为主要内容的"荒政"自古以来就是地方官的重要职责,也是考核其政绩的主要方面。山陕灾荒碑刻中真实记载了官方赈灾方法和民众对地方官政绩的评价。

官方对遭受旱灾的难民,从赈济来源上有朝赈、官赈和民赈。朝赈,就是朝廷采取首先蠲免租赋,再拨发粮款的措施。官赈,是地区性的、局部性的灾荒发生后,由地方官主持,动用地方库藏的钱粮赈济难民。民赈,又称义赈、私赈,是动员当地的绅士及富户人家捐粮施粥,充当朝赈、官赈的补充。山陕灾荒碑刻对这几种赈济方式都有记载,山西万荣贾村乡杜村保存的《杜村灾情碑》云:"此时我皇上征税全免,曾抚院发粟赈济。然水路不通运难骤至,虽损上究未能益下也。"[①]尽管皇上免除赋税,时任山西巡抚的曾国荃也开仓赈济,终因赈灾不力,未能避免浩劫。地方富户捐粮救济乡民也呈现出复杂的状况。总体来看,虽有一些富户破家捐赈,而无如人多而粮少,杯水车薪不能解救难民。更多的富户是拒捐自保,因为在粮食奇缺的灾荒岁月里有了粮食就意味着保住了性命,所以乡村富户是不会多捐,更不会全部捐出的。于是在山西平陆

---

① 《杜村灾情碑》,收入《河东百通名碑赏析》,山西人民出版社,2002年10月,第283页。

县洪池乡一带出现了"报捐富户"之事件,即由当地乡村举报出该村富户,官府派役勇捕捉,严刑追逼其交出粮食,"由是,有余者多纳官府,无食者难度光阴"①。施赈的方式主要是赈粮分面、发钱、施粥等,平陆县洪池乡洪池村《灾年后掩藏暴骨记》载:"我圣上轸念民依,给发帑金数十万两,差买粟米,县城设粥厂,乡村设赈局",结果能救活者,"每村十分之中不过二、三"②,其中的原因是多方面的,而地方官及其乡村代表"社首"、"公直"从中舞弊,置民众于水火而不顾是一个重要的方面。

乡村灾荒碑刻涉及对地方官评论的文字很多,表达了民情民声,是民众公正的评判。这些碑文通常是采用对比的手法把各级官吏在灾荒期间的行为表现披露于世。阳城县河北镇南梁城村《南梁城荒年碑记》,写地方官"卢公"办理赈务时秉公办事,令各里社公直沿门造册,视灾民经济状况分等级投册领赈,执法甚严,然而社首公直仍多舞弊或从中勒索迟延,或假公济私③。陕西韩城西彭村的《清光绪荒岁歌碑文》则是把前后两任知县的赈灾举措进行对比,前任"王知县",软弱无能,措施不当,为了节省开支而不招乡勇,遇到土匪侵扰时乡村民众只能惊慌逃入堡寨,忍受饥饿之苦,最后,他知难而退,离开韩城。后任知县沈心阳受命于危难之中,解民众于倒悬,被乡民誉为"沈青天":"后任幸有沈青天,恰似菩萨下尘凡。仓中无粟难筹款,先请富户把粮捐。富户捐银也有限,上省求粮赈济宽。"④他采取劝富户捐输,派绅商到外地采买等得力措

---

① 《灾年后掩藏暴骨记》,收入《河东百通名碑赏析》,山西人民出版社,2002年10月,第377页。

② 同上。

③ 《南梁城荒年碑记》,收入《晋城金石志》,海潮出版社,1995年12月,第844页。

④ 《清光绪荒岁歌碑文》,收入《韩城水利志》,三秦出版社,1991年2月,第196—197页。

施,"阅半月,户口清,赈粮散,人心稍定"①。山西晋南地区乡村灾荒碑刻是把出任山西的两任抚宪阎敬铭、曾国荃进行对比。阎敬铭在山西赈灾时,因未能及时将从外省购的救灾粮运入灾区,致使大批灾民饿死。山西芮城县南卫村《荒旱及瘟疫粮鼠灾伤记》载:"阎钦差运赈,天朝缓征,移粟难救已毙之饥民;给食散银,莫济无食之饿莩。"②灾民们还编唱民谣称其为"阎罗王"。而曾国荃接任抚宪之后,先是发粟赈济,接着又通过水路调运粮食,灾荒结束后,"令设义仓,囤积皆在各都",救灾政绩较为突出。由此可见,灾荒后的社会调控非常重要,而国家的赈灾是依靠各级官吏来完成的,社会调控成功有效,就会减少灾民伤亡,维持社会稳定,否则灾民化为饥民,饥民化为流民或"乱民",社会就会进入无序混乱的状态,山陕乡村碑刻用物质传承媒介记下了中国历史最真实的一页。

　　④灾后教训的总结及民众的防灾思想。乡村民众灾后刻碑,最重要的原因就在于要人们吸取用无数生命换来的沉痛教训,总结教训,在当时社会历史条件下增强抗灾能力。概括碑中体现的民众防灾思想主要有这样几点:一是牢记古人"耕九余三"、"耕三余一"之遗训,在山陕灾荒碑刻里时常出现的字眼是:"不忘古人余一余三之训焉耳"③,"当以耕九余三,耕三余一,准王制为常经焉。"④"虽不能如古之耕三余一,耕九余三,亦可使务积粟,荒不成灾。"⑤明确告诫人们不论年景如何,都要有防灾的准备,尤其是丰

---

①　《清光绪三年赈务碑记》,收入《韩城水利志》,三秦出版社,1991年2月,第197—198页。

②　《荒旱及瘟疫粮鼠灾伤记》,收入《河东百通名碑赏析》,山西人民出版社,2002年10月,第390—392页。

③　《灾年后掩藏暴骨记》,收入《河东百通名碑赏析》,山西人民出版社,2002年10月,第378页。

④　《丁丑大荒记》,收入《河东百通名碑赏析》,山西人民出版社,2002年10月,第386页。

⑤　《记荒警世碑》,收入《晋城金石志》,海潮出版社,1995年12月,第844页。

收之年要有准备对付灾荒的意识。二是"黜浮华,崇节俭,多积粟,有备无患。"碑上撰写者以"亲历"者的口吻,推心置腹告诫后人务必节俭,多积粮食,"余等身逢其灾,亲尝其苦,恐世远年湮,忘其艰难,故志诸石,永为炯戒云尔"①。三是以农为本,"民以食为天"。《丁丑大荒记》开篇起调不凡,以圣门论政,提出了"民以食为天"的要旨,"昔以圣门论政,以足食为先,盖以食为民天。得之则生,弗得则死,理固然也"②。由韩城知县沈心阳撰写的《清光绪三年赈务碑记》末尾道:"愿绅民此敦本重农,庶几有备无患,是余所深望也。余之记此,盖亦痛定思痛之意云。"该通碑文虽然是由知县沈心阳撰写,但无疑也概括了该区域民众"以农为本""重农轻商"的思想。碑文中的防灾思想通常是"合村公议"之后"铭之于石",成为民众共同信守的思想观念。

2.民间刻印本《陕西荒年歌》论析

刻印本《陕西荒年歌》,规格长 24cm,宽 15cm,共 18 页,432句,4320 字。刻于光绪二十五年(1899),作者董常义,字宜斋,为光绪至宣统年间御赐宣讲生,合阳知堡人,一生喜欢编歌刻版,并在州县集会上宣讲。《宜斋思苦歌》与《陕西荒年歌》同时刻印,并编订为一本。据此文介绍,作者在丁丑年得到好友送给的一幅善恶图卷,遂请画师绘于洋布上并附有格言,光绪四年二月因缺粮举家逃奔西安,靠贩估衣服为生。劫难之后编下荒年歌抄写讲传,光绪五年因绅士告发,而身入囹圄。释放后为刻版印书而卖房三间,光绪六年(1880)刻荒年歌存于西安,为此又遭县衙提审,被关押 14天,并因此耽误了会试。光绪七年(1881),作者在西安"院门"劝善,给生员宣讲,还派人去河南印刷《宣讲拾遗》,在西安刻版。《陕

---

① 《荒旱及瘟疫粮鼠灾伤记》,收入《河东百通名碑赏析》,山西人民出版社,2002年 10 月,第 390 页。

② 《丁丑大荒记》,收入《河东百通名碑赏析》,山西人民出版社,2002 年 10 月,第386 页。

西荒年歌》最早刻于光绪六年（1880），此后多次刻印，较流行的版本有光绪二十年镌刻本，"版存合阳县南知堡村无力堂"，光绪二十五年镌刻本署为"此书西安省城内顺城巷马杂货铺出卖"。除《陕西荒年歌》外，董刻本还有《醒世恶俗歌》、《思苦歌》、《瘟牛歌》、《俗言士农工商歌》、《劝继母宽待儿女歌》、《劝妇女莫寻短见歌》、《醒世捷言》、《劝戒刻印买贩淫画歌》、《俗言戒赌歌》、《俗言教子训女歌》、《捷言杂字》等被各地刻印，由于这些刻本内容翔实，论据有力，紧扣实际，通俗易懂，为广大乡村民众所喜闻乐见，所以在山、陕、豫乃至京、津、沪、冀等地广泛传播。

山、陕、豫地区民间刻印本传播的现实基础是：一方面这些省区为华夏文明发祥地，文化积淀深厚，唐宋以来的民间说唱活动盛行，明清时期"宣讲"也成为乡村常见的文化活动，加之封建社会末期社会矛盾更为激烈，现实生活更为复杂，各种民间宗教兴起，民间宣讲及其刻印本就成为主要的传经布道的载体；另一方面，是这些地区刻书业的发达为刻印本的印行奠定了基础。印刷术经唐五代以来的发展，到了宋代已具有了相当的基础，雕版技术进一步提高，再加上自宋太宗以后学术风气愈浓，人们需要的书籍量更大，从中央到地方政府、书院、书铺、私人等都普遍开展刻书活动，民间刻书也很盛行，有的是专门经营书业的书铺刻的，也有的是私人刻的，刻书组织形式有官刻、坊刻、家刻，甚至还有靠民间和社会支持的刻书活动。元代未能重视宋代发明的活字印刷术，仍是雕版印刷印行书籍并影响到民间，在北方坊刻最集中的地区是山西平阳。明代以来随着工商业的发展，以手工业为主的雕版事业出现了蓬勃发展的景象，官刻、坊刻、家刻都有大量书籍印行问世。明清时期陕西合阳刻书业形式上官刻、家刻、坊刻齐备，内容上文集、课艺、劝善兼有，董常义作为光绪至宣统间的御赐宣讲生，在西安及本村天地庙刻印了《陕西荒年歌》，有单册和合集共近30种，流传范围相当广泛，传承时间很长，直到解放初仍在印刷。

《陕西荒年歌》主要记载了光绪三年"丁丑年"（1877）发生的大旱,着重记载了合阳县境的受灾情况。歌词皆为十字句,每句"三、三、四"顿,如歌的开头为:"自亘古遭荒年载在史鉴,尧涝九汤旱七话不虚传。"通篇每句尾均押"an"韵,如:"鉴、传、见、言、板、观"等,读来朗朗上口,用词通俗易懂。在《陕西荒年歌》里,作者在地域范围上还涉及到了河南、山西,及本省的韩城、澄城、蒲城;在时间范围上也有光绪四年、五年的灾情以及旱灾之后瘟疫流行状况的描述,但所写的人、事、景大都集中在合阳县境内,使合阳境内的旱灾成为山陕豫各省区灾荒的一个缩影。作品开篇描绘了合阳遭灾后的悲惨景象,按时间先后顺序、以翔实准确的数字写出了粮价飞涨的情况,这些灾害打破了原先宁静平稳的乡村秩序,造成农民生活贫困、社会治安混乱、人们的伦理价值观念发生裂变。如商业方面:"各行里无买卖静坐闲谈","集会上买绸衣比布还贱",商业萧条,几乎停顿,"四乡镇无买卖半开半掩,走粟行贩估依得些利钱",当铺停开,或只赎不当,正常的商品价值规律被打破了。乡村地主、富农借此机会实行土地或产业兼并,使大多数贫苦农民走向苦难的深渊:"好田地每一亩价钱有限,有一两无人要三钱二钱",要出卖自己的田产还得托"中人"从中说情:

　　央中人向富豪卖地卖院,一家子未烧火整整几餐。

　　有几亩近手地价钱和便,还有那房一院紧靠跟前。

　　有钱人说不要这些年宪,当中人想割食连二连三。

　　卖田产者受到了富人和"中人"的双重盘剥,乡村的贫富差距更为悬殊。灾荒期间人们的伦理道德观念也受到了冲击,夫妻反目,寡妇私奔,女子白嫁人为妻的事情屡见不鲜。由于饥饿所逼,人吃人的现象常有发生:

　　四乡里人吃人不分亲眷,杀自己亲生子煮的吃餐。

　　兄吃弟弟吃兄手足不念,父吃子子吃父逆理灭天。

　　集会上卖人肉韩合地面,妻吃夫夫吃妻并无虚言。

严酷的旱灾最后导致的是人口锐减，仅合阳一县就有"十二万游魂鬼鬼魄升天"，"十二万人性命断绝香烟"。一个县死去的人数竟达十二万之多，这真是惨绝人寰的灾难！灾难之后举目望去乡村人口稀少，一片萧索："十口人八口人饿死大半，五口人三口人断了香烟，中年人饿死了千千万万，小村庄户口稀十分留三。"更令百姓难以承受的是大灾之后，各种鼠灾、狼灾流行，匪患不断。

《陕西荒年歌》从一个侧面反映了官方赈灾情况和百姓对地方官吏的评判。在民众的眼中，皇帝是体恤百姓的明君，而地方官吏则贪污腐败："万岁爷发赈粮钱粮挂缓，饿死人尽发了污吏贪官。"尤其是灾荒期间在合阳就任的易润芝、蔡福谦两位知县更是罪恶滔天，被万民唾骂："遭荒年陕西省缺少好官"，"易知县贩幼女卖在湖南"，"易知县"不是设法解救百姓，而是发国难财，他以五百钱一人的身份，将许多幼女贩卖到湖南湘阴。他不怜悯赈济百姓，却在县城南寺挖了两个"万人坑"，将饿死、疫死及被杀死的百姓填入其中，尸骨堆积如山。饥民被逼起义夺粮，他又带领丁勇追捕斩杀，将人头悬于四城门，以警"愚顽"。离任时还操纵一些乡绅赠送他"万人伞"，为其歌功颂德，而合阳百姓评论是："这些年尽富了坐官为宦，饿死人尽发了污吏贪官。赃官落万人伞百姓遭难，百姓落万人坑做鬼遭冤"，一边是因饥饿卖掉幼女的穷苦百姓，一边是因此发财致富的贪官污吏；一边是百姓的"万人坑"，一边是知县的"万人伞"，两相比较，反差悬殊，难怪百姓们怨骂道："易知县坐合阳万民恨怨"。灾荒过后，时至光绪五年（1879）易知县离任之后，又来了"蔡知县"，更是毒如虎蝎，"易知县坐合阳劫上加难，蔡老爷复合阳冤上加冤"，"蔡知县三六九催粮比限，里长家下了乡有口难言"，"又征收三年上四年四欠，得新病未治好旧病又添"。灾荒之后，按皇帝旨意是要蠲免灾民，抚平灾荒带来的创伤，而作为一县父母官的蔡知县则从中作祟，勒逼征收光绪丁戊灾荒期间农民旧欠粮钱，借此横征暴敛，监牢里押满了无力缴粮的百姓，逼其家中以钱赎人,从中大发横财,此乃"苛政猛于虎也"!

《陕西荒年歌》的作者受时代和身份地位的局限没有从更深刻的层面上总结造成这场灾荒的原因,而是简单地归咎于世俗百姓"恶孽积攒",如平素不注意节约,不孝顺父母,宰杀耕牛等,所以遭遇大劫,受到报应。歌中唱道:"遭大劫皆因人恶孽积攒","皆因人平日里孽重如山","风不调雨不顺莫将天怨,只恨人恶孽重太甲古言",表达了消极的因果报应观念,最后劝诫世人:"从今后再不可抛洒米面,晴防阴夜防盗丰防荒年。"

诵读刻印本《陕西荒年歌》切不可忽略灾前老道人显灵传诗预言和灾后老道人因腊月降大雪题诗两个情节,其中包含着丰富的文学趣味和深刻的社会意义。整首歌前面讲述了一个故事:光绪元年由甘肃来了位老道人,到陕西后走州游县,身背红大药葫芦,每逢街镇集会总是唱念着四句诗:"天上下雨地不滑,一口吹开青红霞,壶中无酒人自醉,六月开的腊梅花。"听者却不解其意,灾后人们才悟出:"天下雨地不滑应了天旱,口吹开青石霞无云遮天,壶无酒人自醉饿死千万,六月开腊梅花百草旱干。"劫难之后人们才知道这是神仙指点,老道人是得道成仙借口传言。《荒年歌》结束之后,又附有赤脚道人因腊月天降大雪题诗:"空中梨花朝下落,一霎遍地似白鹅,明年一定收成好,年丰大有家家乐"。预示灾后会有丰年。这种情形类似民间叙事中神仙显灵情节,也颇似汉代以来社会上流传的谶言,对其内容认真考察与研究,将可以给我们提示官方文本、主流思想之外的民间真相或民众的史观。谶言又称妖言、流言,或称民谣、童谣,实质上是民众用来诠释历史的一种方式,是对社会历史的一种象征表现。它常常和灾异情境密切结合,呈现出怪诞妖异的色彩,其本质内容诉求却表达了世俗大众关注的社会焦点、心理期盼、批判目标,具有很强的群体性,它有助于我们解读特定历史时空中的群体心态,描绘出更多维、多层、多彩的社会生活图像。从这个意义上讲,《陕西荒年歌》在文前篇后附加的老道显灵预言故事并非闲笔,而是有着深刻的寓意。

三　农商文化语境下的晋中村落
——清代手抄本《谷恋村志》解读

我们在晋中祁县实地调查时发现了光绪年间的手抄本《谷恋村志》,写作时间为光绪七年(1881)至光绪十年(1884),前后长达三年之久,撰写者为谷恋村民高顺理,该抄本宽 13cm,长 20cm,共136 页,通篇均用小楷毛笔书写,极为工整美观。

祁县地处晋中盆地,本来为农业文化区,由于该地区东部为太行山脉,西部为吕梁山脉,耕地面积少,气候干燥,制约着农业的发展,到了清代初年地窄人稠,强大的人口压力成为困绕区域经济发展的难题,在这种情况下不少人看到了工商业获利更为迅捷丰厚,不再把土地看做是生存的唯一渠道,甚至弃农经商,凭着勇于创业、吃苦耐劳的精神走向竞争激烈的市场,赢得了誉满全国的"晋商"之美称。晋商发迹于明,兴盛于清,在民国年间逐渐走向衰败,前后三百余年的商业辉煌推进了山西社会经济的发展,使该地域形成了"农业+商业"的经济模式,也带来了当地民众价值观念的急剧变化。该区域的乡村民众具有双重民俗性格,一方面固守本业,辛勤务农,"其民重厚知义,尚信好文"[①];另一方面又在商业大潮冲击下,从商人数剧增,看重眼前利益,表现出明显的"重商"倾向,这种双重民俗性格在《谷恋村志》里有突出表现。

光绪手抄本《谷恋村志》总体上可分为四个部分:

第一部分,气象。有太阳出入时、太阴出入时、预知晴雨法、预知风暴法、定十二用星黄黑道先吉日、预知春牛颜色芒神服色等篇章气象不仅和农业丰歉密切相关,而且对商人出外经商至为重要。

---

　　①　清光绪《山西通志》卷九九,引明一统志。

晋商踏入市场经济的最初阶段以行商居多,即使到了晋商的最盛时期行商也是活跃在乡村与城镇之间的主要力量。在旧时代科学技术尚不发达,无法科学预报天气的历史条件下,商人出行首先要看云识天,随后再决定可否行动或出行时间长短,所以作者把气象放在村志开头这一显著的位置。

第二部分,灾异。记述较为简略,其特点是把天象和人事结合起来,表达了乡村民众崇信天地等自然神的思想观念,如:"光绪九年于十一月十二月两月内每日出日落,有赤气光明普照,上天慈爱下民不啻父母之保赤子,奈有一种愚蠢之不敬天地,不畏三光,诃风骂雨,抛洒五谷,不孝父母,不敬尊长,衣食过分骄傲奢侈,种种造罪上天,因降兵灾水旱荒年以警之。"

第三部分,重大事件。记述颇为详细,主要有:①太平天国农民起义。这场暴发于 1851 年,结束于 1864 年的声势浩大的农民起义,在北方乡村民众的记忆中谓之"长毛起义"。《谷恋村志》的作者以北方乡村平民的眼光具体记述了这次起义的起止时间、路线以及被镇压的过程,有的从反面进行揭露,如巡抚哈宏奉旨带兵抗击"长毛贼"而不敢应战;有的从正面给予赞扬,如"僧王"智勇多谋,保国救民的功绩,作者对历史的评论与官方正统观念并不完全一致,可以作为研究正史的参考。②光绪三、四年旱灾。"惟山陕两省之民屡受饥馑之苦者,兹不胜纪。试以山西之地言之,自同治七年以至光绪四年,其间屡遭旱灾,惟光绪三年合省全旱荒极,汾、平、蒲、降、辽、沁、潞、霍等处胜重,黎民残伤困苦无比。饥者难为食,渴者难为饮,五六月之间仰观大道密云而不雨,俯视地理禾苗而枯槁粮价昂贵。"作者重点叙写了晋中祁县的灾情、赈灾方法、村民死伤情况、灾荒期间的社会治安,认为灾荒期间,省、府官员筹办无能,地方官吏借机贪污,尽管自光绪三年冬至四年夏,也散资放粟,然最终不能救民于困扼。把高顺理撰写的《谷恋村志》和董常义刻印的《陕西荒年歌》相互比照,可以让我们看到丁戊奇荒期间山陕乡村民众真实的生活状况。③英军入侵中国，火烧圆明园。咸丰十一年(1861)夏"西洋国鬼子从东海水路反至北京城边，朝有奸臣一党端华、肃顺等心怀不良，诓诱皇上至热河，明谓躲难，暗有调度鬼子反至圆明园，火烧围场，毁坏宫室，又攻打京城德胜门，有破城之势"。后两相讲和，咸丰皇帝崩在热河，死因不明，朝中皇太后听政后将端华、肃顺提京定罪。作者对统治集团内部的斗争记述得具体，也不乏尖锐的政治性评论："咸丰皇帝在位十一年天下无一日太平。"④同治年间陕西回回造反。同治元年(1862)朝廷命圣保带罪征讨，圣保不敢应战，后由"多大人"征之，左宗棠又征之，到同治六年(1867)夏，回民义军又由河南至潼关，入陕西境内到灞桥一战而大胜，自此威名四达，兵民惧怕。

作者高顺理以一个普通村民的身份记下了他耳闻目睹的全国性的重大社会历史事件，我们惊叹一位乡民何以能知道这么多的重大事件！何以能对每一事件都记述得这样清晰详实！这从一个侧面反映了晋中祁县谷恋村地处平川地带，是陕西、山西、河北、北京交往的通衢，国家发生的重大事件势必影响到这里。同时，由于祁县乡村在外经商者甚多，全国各地的消息通过这些商人会以最快的速度传到家乡谷恋村。农商文化语境下村落与偏远封闭的山区村落相比，更关心与乡村命运、与商业环境息息相连的国家大事，也体现出明显的"信息优势"。

第四部分，地理境域。采取由远而近的写法，先写山西省，再写祁县，最后写谷恋村。其中在祁县概况的介绍中，村落民俗资料最为翔实："祁县城在太原府西南一百四十里，领村庄堡寨一百零二村，其地五千三百八十一顷。"全县分为四乡，每乡分为六部，每一部分为十甲，共二十四部，除管辖的一百零二个村之外，还有东西路旁村庄二十八村，称为"铺路村"，主要是护送人犯，修理道路桥梁，支付差役，甚至对村落纳税标准、数量都数字准确。

作者对谷恋村生长、发展历史的描述，对研究黄河中下游平川村落民俗有重要的价值。

①谷恋村的村名、概况。谷恋村原名圐圙村,又称圐圙堡,"在祁县城东北十八里,明嘉靖二十年(1541)筑堡,周围五百五十步,有东门、南门二座,俱有楼,小北门一座,西门后开"。光绪四年(1878)村中造户口时,有人口537户,2420口人。造地亩册有57顷93亩6分,内含庙地1顷53亩8分。共民粮174石4斗3升,官粮银25两8钱3分3厘。

②谷恋村的水利。村里大东渠在顺治四年(1647)高进登等人开,在东门外观音堂后,渠宽二丈,河内有南北渠堰,自东六支河引水,路经马家堡村西地界至谷恋村村北。渠簿、渠图在河神庙勒碑刻石,河神庙每年六月六、七月十一日献羊祭祀河神。文中尤其详细地记述了围绕该社区的水资源所产生的重要纠纷与械斗事件,从嘉靖年间到光绪年间,与谷恋村发生纷争的村落多达11个。可见,对于谷恋村这样一个农商文化区的村落,旱年争水,涝时护堰,以防他村毁坏,这是关乎到粮食丰歉、生活平安的大事。

③村中人口,咸丰元年3000人左右,咸丰七年2900人左右,同治十一年约2700人,光绪四年约2400人,光绪七年约2270人,光绪十八年十月共450余户,2040人。这说明谷恋村虽然也和山陕其他乡村一样遭受天灾人祸,但是由于它处于农商文化区,有较丰裕的经济条件为依托,所以人口数量总体上处于平衡状态,如果说人口呈减少的趋势,我们认为应考虑到清代末年该地商业发展,带来的外出经商人口剧增是一个重要的因素。

④村中庙宇,不仅记庙宇名称,而且记创修、重修时间以及祭祀仪式、演剧习俗:

文昌庙,光绪元年重修,二月初七动工,十月初七修成开光并献戏,由永福寿戏班演出。

五道庙,光绪元年十月初七与文昌庙同日开光,献戏三出。

玉皇阁,光绪元年重修,二月动工,九月开光献戏。

关帝庙,于光绪六年九月动木工,光绪七年二月动土工,是年七月十一日献"秋报戏"。光绪八年七月初四又举行开光献戏仪式。

真武殿,民间俗称真武大帝,曰权尊北极,在东出厂内学门上。

作者只是记述了谷恋村影响最大的神祇信仰与祭祀仪式,实际上,乡村民众崇信的俗神远多于此。这一部分还记述了本村大姓高氏宗族续谱情况,《高氏族谱》自道光二十六年(1846)续修之后,至作者撰写该村志时即光绪十八年(1892),已四十六年未续,光绪十八年七月宗谱修纂经理人有高则裕、高必昌、高锡辟,该宗族的规模为五院共四百三十余家。这为我们研究谷恋村家族构成及其演变提供了宝贵的资料。

第五部分,祁县商业。作者详细列出宝银价值、谷米价格、境内商铺、外出经商路线。尤其是对晋中商人来往最频繁的经商路线记述最为清晰明确,计有祁县至沁州路程,祁县至归化城路线、祁县至陕西郿县齐家寨路线等,兹以祁县至归化城路线为例:

从祁县城北出发,经祁县贾令镇、清源县尧城、徐沟高华县到太原府东桥、小店镇、阴家堡,再到阳曲县、青龙镇、石岭关,到忻州城新口,至崞县原平镇、代州阳明堡、南口、雁门关、广武城,山阴县安应铺、怀仁县黄花梁、左云县吴家窑、秦家山、右玉县杀虎口西行,进入陕西的榆林城,又经榆树梁和林格尔、南沙尔庆、归化城出口向东行至宁远厅、杨盖板申、大青山。沿途经过 35 个城镇,跨山西、陕西到达内蒙古归化城,全程 1070 里。

对于各条路线所经州县、村镇及它们之间的距离均有详细记录,对沿线设有税收点的地方一一标明,如太原府、忻州新口、代州阳明堡、杀虎口共四处。对归化城的大小街道、庙宇位置、茶坊、衙门及所处位置均有记录。归化城周边城镇及其行程一一列出,有宁远城、和林格尔、萨拉齐、托克托、毕齐克齐、西包头河口、三西庄、清水河、吴公坝、绥远城、察素齐、保尔合少、可可以力、东北塔儿。离归化城距离最远的是位于归化城西偏北 270 里的萨拉齐。对归化城税局的记录："化城里有总税局,东西南北四栅口俱有税亭,柴火市也有税亭。"从中反映出作为商人对经商所在地的税收情况特别关注,显示出敏锐的经商意识。归化一带的乡镇村落都留下晋商活动的身影,村志真实地记录下了晋中商人艰辛的创业历程。

《谷恋村志》还记载有归化城庙宇寺观,谷恋村祭祀土地爷的《谢土祭文》,以及民间传承的择日、婚娶、生育、治病等方面的知识,堪称该村的百科全书,是当地民众知识的总汇。不过,统观全书可以明显感受到,农业和商业的记述是其重点,这反映了一方面在"以农为本"的传统乡村社会里,祁县民众面对地窄人稠、干旱缺水的农业条件,他们对水极其重视,围绕着大东渠等水资源与邻村展开了一次次争夺;另一方面也正是因为恶劣的环境所迫,祁县人背井离乡,踏上了商业经营的漫漫途程,他们沿途所遇到的艰辛、创业初始的困难是现代人难以想象的,他们正是靠这种艰苦环境中培养起来的艰韧顽强、求实精明的品质,历经几十年、上百年的发展,到了清代已成为举世闻名的商界骄子,创造了辉煌的历史。《谷恋村志》中保存的这些资料无疑有助于当今地方经济的发展和扩展省际之间贸易交流。

四　民俗控制视野下的村规民约

民俗控制既包括风俗习惯中大量无意向、无目的、自然而然的约束;又包括有意向、有目的性的人为的约束。在乡村习俗环境中,民俗控制的手段大致可以分为两类:"一类是由民众群体依据习俗规范的约束,有具体意向地要求民众成员无条件遵守,如有违规越轨行为,就会受到惩罚;如能模范遵守就会受到表彰奖赏。另一类是由某些民俗事象在习俗化过程中对民众个体施加影响,促使民众在实践中想当然地恪守其约束,形成一种自然而然的控制力,一旦违背了这些民俗的约束,立即在民众的心理和精神上产生巨大的压力,并把这种压力做为一种自我惩罚或超自然力的惩罚。"[1]乡村民俗控制中的民众个体表现为"双重身份",既是控制主体又是控制客体,既是创造者又是接受者,广大民众以整体生活形态共同参与并维系着民俗控制网络的存在。民俗控制与社会控制相比较,是一种多维的、立体化的软性控制,更多地从民俗心理、道德情感、社会舆论等意识形态方面对民众个体进行全方位的、综合性的影响与制约,使民众们在整体的民俗氛围中认同它、接受它,成为生活有机组成部分。而社会控制是通过国家权力、社会力量使人们遵从社会规范,达到维护社会秩序的目的。它"既指整个社会或社会中的群体、组织对其成员行为指导、约束或制裁,也指社会成员间的相互影响、相互监督、相互批评"[2]。其显著特点是有意性、有目的性和强制性。民俗控制既不同于国家法律,也有别于社会控制,它大都是依据民众实际生活需要而自发形成的、总结了习惯性规范的并内涵有统一权利义务观念的行为规范,它是有一定权威的民间习惯法。民俗控制源于生活,每个民众都生活在民俗控制的情境之中,在乡村民众生活的小传统中以民间法为主要内容的民俗控制,比大传统即国家力量、精英统治更为有用。因此民俗控制从本质上看也是特定时代、特定地域民众之生存经验与知识,表征着民众处理乡村事务、人际关系的能力与智慧,从这个角度讲,民俗控制可谓地域生活表象和民众生活的展示。

黄河中下游山陕豫村落民俗控制的指向是民众生存的重要资源如水利、土地、住宅或乡村社会秩序,其主要载体是村规民约,通过村规民约来把握村落民俗控制的基本特征和运行机制,可以为

---

① 乌丙安《民俗学原理》,辽宁教育出版社,2001年1月,第138页。
② 费孝通主编《社会学概论》,天津人民出版社,1984年,第181页。

农村的现代化建设提供有益的帮助。这里所探讨的村规民约是指非官方的、非政令的、由乡村民俗群体制定的用来维持生活秩序的民俗控制力量,其内容涉及到修桥铺路、打井浇灌、栽树护林、迎神赛会、禁赌防盗等乡村生活的诸多方面。从产生的时间来看,黄河中下游山、陕、豫等省区的村落大都是在 14 世纪元明交替时期,结束了长期战乱和残杀之后形成或重构的,北方村落进入了稳定发展的阶段,由此也为以村落为空间,以村落民众为主体的乡村民俗控制力量的形成提供了历史的契机,经过数百年的酝酿发展,形成了一系列严谨、简便、适用的村规民约。

村规民约中涉及的社会事件、生存问题都是一方土地上民众最为关切的大事,围绕村规民约的制定也形成了相关的习俗惯制:

一是乡村精英人物参与制定。国家政令下达到乡村民众,或乡村民众制定村规禁约,都是以乡村精英人物为中介的,他们是促进乡村社会正常运行的枢纽。这些精英人物既包括血缘、地缘的负责人如族长、村长、社首,也包括冠有耆老、监生、生员称谓的乡绅,由于他们既通晓国家管理规范又熟悉乡村民众生活,所以在国家与乡村,大传统与小传统的互动中发挥着关键作用。晋中祁县贾令镇谷恋村关帝庙存放的清咸丰三年(1853)碑刻《院宪通饬兴修水利条示》开头曰:"院宪通饬兴修农田水利条示发谷恋村公正、耆老、绅士、乡地,该村绅士人等接到此谕后共同耆老人等讲解商办,限十日内将情形逐条禀复。"国家权力机构发布的政令是依靠乡村精英人物贯彻落实的。晋南河津市樊村镇魏家院村《阖庄公立禁赌碑》落款写有生员八人,芮城县陌南镇庄上村《合村公议禁止诸条碑》也列有"合村公举首人"八人。村规民约正是通过他们产生了实效,发挥着控制功能。

二是公众场合传播。乡村神庙,尤其是主庙宇是最具有影响力的活动场所,村内事务的商定,节庆酬神活动、地方戏曲的演出都在这一空间进行。在这样的场合公布村规民约,接受范围最广,传播也最迅速,因此,"演戏立约"是晋南最常见的方式,如晋南闻喜县阳隅乡丈八村保存的清乾隆四十五年(1780)《千秋鉴乡约碑》云"乡总甲保、地方牌头等,公同合议,演戏立约"。临猗县耽子乡孙远村保存的清嘉庆十九年(1814)《孙远村箴铭》也有"历年演戏立规"的记载。在立规时举行戏曲演出,通过戏曲演出吸引观众扩大影响,达到妇孺皆知之目的,由此可见,把戏曲演出剧场作为村规民约传播的扩散地,实在是乡村民俗文化信息传播的最佳方式。

三是刻之碑石,传之久远。民间利用碑刻把乡村社会的重大事件、制度规约以稳定的传媒方式保存下来,这是民众进行社会管理的习惯法。通过对记载各种社会内容碑刻的研究,可以带动我们准确评价民众变革自身生活和进行乡村自治的能力,了解乡村民俗文化的魅力。在山陕乡村碑刻中时常可以看到"勒诸贞石,以垂永远"①,"具禀本县老爷案下,乞勒石永遵,以挽颓风"②,"又恐岁月永远,纸契难存,因勒诸贞珉,以垂不朽"③等字眼。由于黄土高原地区气候干燥,这些碑刻都竖于神庙之内,历代乡村民众在崇神观念支配下对它们加以保护,所以历经政治运动破坏仍有大量碑刻保存下来,成为研究乡村社会的实证资料。

下面我们将对山、陕、豫各省区村规民约主要类型、功能及传承情况进行具体分析。

1. 生产经验型

在山陕豫乡村用于协同村民利益的水规、水法及井规、青苗会约等村规民约通过碑刻保存了下来,这些村规民约都是村民生产、生活经验的总结。耕耘在干旱贫瘠土地上的农民们经过反复实践,总结出了物质生产和生活各个方面的经验,浇地有渠规,吃水

---

① 山西垣曲县谭家乡南登板村清乾隆二十七年(1762)《三社振风励俗恪守碑》。
② 山西河津县樊村镇魏家院村清·雍正二年(1724)《阊庄公立禁赌碑》。
③ 山西芮城县岭底乡东峪村娘娘庙内清·咸丰九年(1859)《娘娘庙村规碑》。

有井规,收获有护青会约,祭祀有轮流办法,保证了生活秩序稳定。在河北邢台县水利体系中,用水者联合组织的名称叫闸会,它管理当地民间数个村落灌溉用水的分配,虽非官方设立,但有绝对的权威,在用水期间谁违反了规则都要受到惩罚,这些规约是由各个用水村落联合起来制定的,也被各村乡民自觉遵守。山西襄汾盘道村原家巷保存的道光八年(1828)《修井碑记》云:"议定九甲轮流取水,不得乱甲,如违,罚银五钱入官;议定取水之人日出下绳,日入盘绳,如违,罚银五钱入官。"这个规定既保证了众多取水用户绞水时前后有序,又使得井源有修养恢复的机会,以保证水井服务于日常生活。山西霍州大张堰一带至今依然用堰水三七分,自上而下出工者才有资格浇地的旧制。生产经验型村规民约是乡村民众生产与生活管理中智慧的结晶,是民众生存策略的条约化表述,形成了科学独到的管理体系,使村民能科学、有效、有序地利用资源。

2. 赛会演剧型

山陕豫乡村庙宇遍布,如后土庙,东岳庙、稷王庙、城隍庙、关帝庙、观音庙、玉皇庙、牛王庙、龙王庙等,从供奉的神灵来看,大多与农耕文化区民众的生活需求相关,伴随着生产节律、生活内容最普遍的是春天祈求风调雨顺、粮食丰产,秋收后庆贺丰收、酬谢神灵,这成为当地最庄严、最盛大的活动,春祈秋报、迎神赛会的活动成为广大乡村的狂欢节。为了保证"社祭""报赛""庙会"活动的顺利进行,在祭祀组织、庙会管理方面都要制定相关的制度规约。

山西万荣庙前村的后土庙每年的祭祀活动由附近十村六社承办。大村独为一社,如汤元村、西头村、斜口村、志范村四个大的自然村即四个社;小村联合为社,如仓里村和庙前村是一个社,中和南、中和北、阎村、大用村为一个社,这十村六社以"社"为单位轮流掌管后土祠,形成了独村的社六年轮一次,联合社十二年或二十四年轮一次的习俗惯制。山西蒲县东岳庙的祭祀组织为"四醮朝山",这是一种有组织有秩序的团体祭祀活动,即在县城东西南北方各建一醮,每年轮流主醮。以 1937 年为例,东醮包括县城东面的 15 个村,西醮包括县城西边的 12 个村,南醮包括县城南边的 12 个村,北醮包括县城北边的 12 个村。各醮组织叫"社"或"会",牵头者称为"社首"、"纠首"。纠首人数为 10 人左右,参加"社"、"会"的俗众达几百人之多,每年朝醮活动需要的经费由当年醮主承担。在举行迎神赛会、庙会祭祀活动中由于参加者人数众多,各社之间争强好胜,常常引起争端,所以各祭祀组织都制定了严格的"会规"。临汾市魏村牛王庙建于元代之初,祭祀活动以"社"为单位进行,共有二十二个管社轮流负责每年的赛会,据清光绪二十四年(1898)《牛王庙元时碑记》载,元代初年牛王庙的二十二户管社分别是魏村、交底村(刁底)和岭上村、西郭村、车辐村和山底村、亢村、梁家庄和吉家庄、土门村、大枣南和大枣北、南羊村、羊舍村、和村、东郭村、乔化村、徐村、阳皇村、南王村、太明村、吴村、官地里、太涧村和北王村、东郭北、潘家庄,这二十二个管社轮流办赛的习俗也一直延续到清代后期。到了清同治年间,由于民众生活困苦,社会动荡不安,人们对牛王崇拜的程度淡化,祭祀呈现出混乱局面,有的社退出了祭祀组织,据道光二十五年(1845)《重修正殿廊房碑记》所载仅剩下七社,为岑上村、官地里、西郭村、和村、车辐村、羊舍村、魏村。延至同治三年(1864)又有岑上退出,七社缩减为六社,同治三年《牛王圣会七社为六社缘起碑记》的碑阴专记此事。碑阴镌刻于清同治十一年(1872),额题《三王会碑》,详细记写了牛王庙会献牲、交牌、写戏、迎神、送神、逢会期间因雨误期另建山棚以酬神的诸多仪礼规范:

　　议定会规:每年逢会初十日,六社献牲,挨次转牌交社,本社人在中,交社人在东,接社人在西,甚勿紊乱。所写之戏,或是本县,或是外县,总要初九日早到迎神,十二日早刻送神为止。倘敢以官挟势,强行拉戏,六社公办,决意不准。三王之威名,反不如伊乎?逢会之期,天雨若大,误了日期,出钱四十千文入公修理山棚,上面要做五大名山,中间五马破曹,下层士农工商游山玩景之势。又因外村中不要停留贼匪损人利己,如若强留者,六社公议,定要将窝主贼人立送死地,以除其害,决不食言。

越是传统的祭祀活动受到冲击呈现出混乱无序的局面,就越是要重新整肃,制定新的规约,以保证祀神演剧活动正常进行。

3. 惩戒恶习型

村落社会要良性运行,乡村民众要和谐相处,不仅要有生产上的邻里互助,信仰上对地方保护神的崇祀,还需要有惩罚性的村规民约来作为社会控制手段。赌博作为一种社会病态陋习由来已久,明清时期随着商品经济的发展,它更是不断扩延,呈现出猖獗之势,在山陕豫各省区不仅地痞无赖设局赌博,而且官僚富商、乡村士绅,乃至贫民百姓也卷入其中,围绕赌博引起的争执纠纷以及犯罪活动越来越多,成为严重的社会问题。而国家政权结构体系由于最高统治集团的腐败,外国帝国主义的入侵处于多极化、分散化状态,出现了权力断层和权力真空,乡村民间社会从维护家族财产利益和乡村社会秩序的双重角度出发,对赌博持坚决抵制的态度,一般采取"防"、"治"、"惩"诸种办法结合,许多村落采取乡规民约的形式禁戒村民赌博,并刻之于碑石,山陕豫乡村保存着大量的禁赌碑。在晋南河津市樊村镇魏家院村,保存着清雍正二年(1724)镌刻的《阖庄公立禁赌碑》,碑呈竖立式,高 113cm,宽54cm,碑文曰:

粤稽圣王教民井田,学校使士农工商各归本业,何常有赌博之事混于四民之中哉!延及后世,圣王之教衰,而赌博之风起。近见我庄游手好闲之徒,勾引赌博,恶风尤甚。若不禁止,则邪教易入,将有日流于下而不返者矣。是故阖族公议,永行禁止。具禀县老爷案下,乞勒石永遵,以挽颓风。蒙批:赌博乃贼盗之源,滋害无穷。故本县到任之初,随出示申禁在案。今该生等公禀勒石永禁,留意桑梓,甚属可嘉,准照禀行。嗣后如有怙终不悛,仍事赌博,一经拿获,除本犯照例治罪外,仍量伊父兄家资之厚薄,议罚备赈,以戒其不教。乃或谓刑罚并用似属太严,而不知法严知畏,刑以辅教之至意也。自今以后,凡我族人,务宜返邪归正。士理经书,农务田畴,则家业可守,礼让可兴。虽非盛世之休风,亦可谓一时之善俗也。固勒石以垂不朽云。

大清雍正二年岁次甲辰仲秋谷旦

该碑文是魏家院村全体民众公议,经县主批准的地方法规的警世碑。针对当时赌博恶习蔓延造成"邪教易入"、"日流于下"的社会现实,合村制订共同遵守的规约,赏惩有据,刑罚并用,严惩不怠,目的是为了彻底遏制住赌博之风。在山陕乡村大量地保存着这类禁赌碑刻,仅晋东阳泉地区就有:

平定县东回镇瓦岭村清道光二十八年(1848)《州正堂禁赌谕文碑》;

平定县马山乡马山村马齿岩寺清咸丰九年(1859)《合村人等公议禁赌引》;

平定县娘子关镇西塔堰村真武庙清咸丰九年(1859)《公议禁赌原引》;

平定县娘子关镇娘子关村关圣庙清同治二年(1863)《创建禁赌碑记》;

平定县岩会乡神子山村清同治九年(1870)《戒赌合同碑记》;

阳泉市郊区荫营镇上千庙坪村清道光二十六年(1846)《禁赌碑记》;

阳泉市郊区三郊乡韩庄村观音庙清咸丰元年(1851)《严禁赌博村规》;

阳泉市城区小阳泉新泉观清道光二十八年(1848)《戒赌碑之志》。

除此之外,晋南襄汾、洪洞、浮山、乡宁、隰县、汾西等县的乡村都发现有保存下来的禁赌碑。这些碑刻反映了乡村社会控制系统都对赌博恶习给予抵制、禁止。禁赌方式首先是权力之禁,即由国家权力机构的县、府出示严禁;其次是家族之禁,即家族以家规族法来教育族众戒赌;再次是村社之禁,全村、合社的民众联合起来共同订立戒赌公约,也有的是严厉打击,如上述河津魏村魏家院村《阖庄公立禁赌碑》,规定连同赌徒父兄一起受罚,以示其管教不力。晋南汾西县禁赌碑里规定对违者“罚戏三天,罚猪一口”,颇有地方特色。这些禁赌规约,对扭转社会风气,保护民众利益起到了地方性法规的作用,对今天实行的村民自治、基层自理乡村社会管理仍有借鉴意义。

4. 生活秩序型

乡村碑刻中记载的村规民约,都是适应乡村社会生产生活各方面需要,进行民间自我管理而产生,其内容涉猎广泛,如山西芮城县岭底乡东峪村行宫正殿保存的道光二十九年(1849)《公议村规碑》提出“四禁”:“一禁经犯贼盗;一禁收留匪类;一禁开场窝赌;一禁宰杀耕牛。”对于违规犯禁者,视情节大小给予不同的处罚。现存于晋南芮城县陌南镇庄上村的乾隆四十一年(1776)《合村公议禁止诸条碑》云:“一条抉首蓿者,罚银一钱。一条盗割首蓿者,罚银三钱。”“抉”为当地方言,意是用手拽,对首蓿伤害不是很大,所以处罚较轻;而用镰刀割取则伤害严重,所以处罚较重。19世纪至20世纪中叶河南陕县各村都订有《五知条例》[①],包括“知业”,要求村民必须从事正当职业;“知教”,必须懂得家礼、学礼、乡礼,懂祭祖活动,重品德、尊老爱幼;“知禁”不违背伦理,不能游手好闲,不能坑害别人;“知防”必须防盗、防疫病、防灾害;“知工”,积极

---

① 参见河南省地方史志办公室编纂《河南省志·民俗志》,河南人民出版社,1995年4月,第247页。

参加各种修路筑桥、修祠堂等公益活动。要求每位村民熟记并遵守五知,村长派五位"村执事"进行监督。各村把以五知为主要内容的村规民约刻于石碑,立于村内庙宇、戏楼、或宗祠等公共场所。在陕西西安市灞桥区刘郑村学校内现存有光绪三十二年(1906)咸邑县令刘德全和高陵县令王海涵为两县两地争夺泾渭河滩地纠纷合订的规约,要求刘郑村和高陵县泾寨村世代遵守。中华人民共和国成立以后,国家实行集中管理,村规民约一度中断,20世纪80年代之后,农村实行家庭联产承包责任制,国家权力下移,乡村社会秩序更多依赖于村民自我管理,许多村落为求和谐稳定,文明卫生,都制定了内容不同的新的村规民约,扶贫致富,学习科技文化知识,搞好计划生育,重视植树造林等富有时代特征的内容都订入其中,体现了村规民约的时代性。

传统的农业社会不同于工业现代化社会,它更多使用的是习惯法基础上生成的组织或权威,村民们在劳动和生活中达到一种默契或共识,形成一种公认的行为规范和惯例,这是具有普遍性的乡村社会控制制度,如瑶族的"石牌话",苗族的"理词"、侗族的"款词"、以及海南岛黎族的"峒",台湾高山族的"社"等。所不同的是,从传播媒介来看,南方的类似村规民约的社会制度大都是用口承民俗形式表达,成为不成文的祖传法规,而北方黄河中下游乡村的村规民约大都刻之于碑石,具有耐久不变的特质。村规民约与国家法律相比较,它不是依靠外在的社会力量实行外在化的社会控制,而是采取与村民内心力量更接近的内在化控制,是"习"出来的俗制,更具有民间权威。中国乡村社会正朝着法治社会迈进,法制观念的增强和法律的推行势在必然,这是现代社会必备的条件。不过,在推行法治的过程中,要紧紧结合国情、民情。山陕豫乡村以村规民约为核心的民俗控制是浮动于国家政权与乡土村落之间的重要纽带,在农村现代化进程中,必须对村落民俗控制力量做出谨慎的思考,为今后乡村现代化建设提供有益的构思和想法。

第十章　乡村信仰民俗与庙会文化

信仰民俗是乡土村落民众生活的一个重要方面,我们认为,乡土村落的生活世界应该包括三重空间,即物质的区位空间民俗、社会的家族邻里组织空间民俗、信仰的精神空间民俗。信仰民俗是深植于民众生活之中的文化,属于"潜文化"或"隐文化"的范畴,溯其源流可以追及太古,其历史比任何一种国家宗教或世界宗教都更为悠久①。山陕豫地处黄河中下游,是典型的北方农耕文化区,其地理环境和社会文化历史孕育出了烙有深厚农耕文明印迹的信仰民俗,其神祇大都和农业祈丰有密切关联,神诞日伴随着农耕生产的自然节律,围绕神祇祭祀而形成的庙会直接渊源于远古时期的春祈秋报,大都在春秋两季。在漫长的历史演变中,乡村民众崇信的神祇十分庞杂,有的是皇帝直接敕封的正祀之神,有的是适应本区域民众生产生活需求而形成的常祀俗神,有的则是各文化亚区为适应特定环境、解决特殊困难而产生的淫祀杂神,各民祀区的信仰民俗既有共同性,也存在着明显的区域差异,呈现出多元化的特点。研究黄河中下游山陕豫乡村的信仰民俗体系,辨析不同文化亚区的信仰差异,有助于对乡村社会历史文化的全面解读,对今天农村现代化建设也有着重要的现实意义。

---

① 参见金泽《中国民间信仰》,浙江教育出版社,1990年11月,第1页。

一　山陕豫乡村信仰民俗之特征

山陕豫地处北方,黄河流经三省,这里自古就是中华民族重要的发祥地,从地理环境和气候条件来看属于北温带,地处内陆,气候干燥少雨,最早进入了农耕文明。她以博大的胸怀接纳着外来宗教,在漫长的历史发展中实现着外来宗教的世俗化、民间化,适应乡村民众生存的多方面需求,形成了驳杂的信仰民俗体系,因此山陕豫信仰民俗的鲜明特征是历史性、农耕性、开放性、多元性、区域性。

历史性,山陕豫民俗信仰的发生,渊源于原始质朴的自然崇拜,古老的信仰有山神、水神、河神、树神、天神等,反映了人类对自然奥秘的探索。黄河流域是远古氏族部落活动的场域,是夏商周以及历代帝王建都的地方,与之相适应形成了氏族祖先诞生神话和远古氏族祖先崇拜。氏族祖先诞生神话折射着古老的图腾崇拜,据《史记·五帝本记》云,炎帝是其母感龙神而生,殷民族的始祖契是其母简狄吞玄鸟之卵而生,周民族的始祖后稷是其母姜嫄履熊迹而生,尧是其母感赤龙孕十四月而生,这些讲述始族祖先诞生的感生神话反映了在远古时期各氏族都把自己关系最密切的动物作为其标识或徽号,形成了古老的图腾崇拜,更为重要的是,在原始人看来,本氏族的图腾不仅具有护佑本氏族成员的神职功能,而且认为这些图腾具有增殖的功能,本氏族女性成员与之接触就会怀孕生育,达到繁衍氏族之目的。氏族祖先崇拜如黄帝、炎帝、尧、舜、禹、商汤、周文王,以及历史上英雄人物如关羽、张飞、尉迟恭等都成为崇祀的对象。从自然崇拜到图腾崇拜再到氏族祖先崇拜,以及英雄崇拜,反映了黄河先民认知演进的轨迹。

农耕性,在人类文明发展史上,山陕豫是最早由采集狩猎进入定居农业的区域,农耕文化颇为发达。农耕民族以土地为命根,土能孕育万物,满足民众基本的生存需求,所以"后土"崇拜在山陕地区颇为盛行,在山西最大的后土庙是晋中介休后土庙、晋南万荣后土祠。介休后土庙位于山西介休市城内庙底街北端,总面积约6000平方米,主体建筑30余间,殿、台、楼三位一体,布局紧凑、气势雄伟。其创建年代已无可考,据明嘉靖十三年(1534)仲春所立《重修后土庙》碑文所载"南朝宗孝武帝大明元年(475),梁武帝大同二年(536)皆重修之"。宋、元、明、清历代都重修之,成为由后土庙、三清观、真武庙、三官祠、吕祖阁、关帝庙、土地祠等七个道教庙观组成的古建筑群。晋南万荣的后土崇拜历史悠久,据《汉书·郊祀志》云,汉武帝于元鼎四年(公元前113年)在汾阴脽上建造后土祠,并亲自祭祀后土,开封建帝王祭祀后土之先例①。现存的晋南万荣庙前村后土祠,是清代同治九年(1870)由荣河县知县戴如珍和龙门县令程逢春共同筹划,全县百姓踊跃捐献、各地官员慷慨解囊重建的,位于黄河与汾河交汇处万荣县庙前村北黄土崖上,东靠峨嵋岭,西邻黄河岸,南北长240米,东西宽105米,占地25268平方米,祠内有山门、品字戏台、献台、献殿、香亭、正殿、东西五虎殿、秋风楼、宋真宗碑廊等建筑,至今保存完好。丁山先生认为,后土是由初民社会所祭的"地母"神演变而来,因为土地能生殖五谷,五谷由野生培植为人工作物,这一农业发明是由妇女创造的,女性具备生育能力与大地孕育万物的特点正相吻合,原始人很容易经过类比把二者联系起来,于是形成了地母崇拜。他进一步推断说,不论任何民族,其原始的农神,不是神农或后稷,往往是"地母"或"大祖母大地"②。可见,后土信仰是伴随着农耕文化的出现而形成的。同时,由于山陕豫各省区大陆性强,降水的季节分配和年均分配极

---

① 《汉书·郊祀志》卷二十五(上),中华书局,1962年,第1222—1223页。

② 参见丁山《中国古代宗教与神话考》,上海文艺出版社,1988年3月(影印本),第30页。

不平衡,播种季节需雨水然而常常久旱不雨,秋季收获之后则是阴雨连绵,旱灾与涝灾成为影响农耕区生产与生活的主要灾害,在这样的自然条件下龙王崇拜、求雨习俗就非常盛行,陕北绥德、安塞、延安、靖边等县在每年春夏之交发生旱灾时都有隆重的祭龙神日,发展到民国年间成为盛大的赛神活动,在陕西关中乡村也有在太白庙祈雨的习俗。

多元性,黄河流域的本土宗教发源甚早,除了诸多自然神之外,道教神祇如玉皇大帝、王母娘娘、太上老君、城隍、东岳、关公很早就在民间受到崇祀,儒教神孔子、文昌、魁星等也备受青睐。汉代以来佛教传入中国,经过漫长的民俗化改造,使民间信仰系统更加完整,成为天上有玉皇大帝、王母娘娘、如来佛祖;地上有后土、城隍、五岳大帝;人间关公、二郎;阴间有阎王判官、牛头马面,"三界"观念成为世俗大众普遍的民俗心理,与此同时,日常生活中举凡各项生产、每个行业、衣食住行等方面都有相应的神灵,民间信仰呈现出多元混杂的特征,也体现了山陕豫信仰民俗的包容性、开放性。这种民间信仰的多元性、开放性,概源于乡村民众信仰选择上的功利性,"我国民间信仰的一个显著特点是极富功利性,尤其讲究人神互惠。一般来讲,凡是被认为是灵异昭著,能庇佑一方的神祇,民众都会通过修建庙宇、塑造金像、撰写庙记、请求赐封等方式来回报神祇,故这些神祇多会在地方志、文集、碑铭中留有记载"①。在实地调查中,许多乡村庙宇里,不同宗教所崇信的神灵会聚集一起,共享民众的祭祀,他们共同担负着保护一方民众安宁,满足民众愿望的"神圣"职责。陕西佳县白云山庙群位于黄土高原,濒临黄河岸边,始建于明万历三十三年(1605),主要建筑分布于南北向的山梁上,五十多座庙宇依山势而建,错落有致,该庙群

---

① 张晓虹《明清时期陕西民间信仰的区域差异》,《中国历史地理论丛》,2000年第1期。

主要供奉的是真武大帝,同时还有三皇、三清、三官、东岳等道教诸神,亦有释迦牟尼、观音等佛教神,还有不少民间俗神如河神、山神、土地、福神、禄神、财神、药王、瘟神等,成为西北地区最大的明清建筑群。

区域性,研究乡村信仰民俗不仅要在历时性上研究其发生、演变的过程,还应该从共时性上揭示民间信仰地域上的分布及其差异,才能对乡村信仰民俗获得整体的认识。山陕豫各省区由于自然环境、社会变迁、地方民俗等因素不同,形成了明显的地域性差异,如陕北长期是半农半牧地区,自西汉时期形成了以农业文化为主体,融汇游牧文化的格局,东汉年间就有匈奴、羌、乌桓等游牧民族大量内徙,唐代又有大批突厥人入迁,隋唐以后打开了和印度、伊朗文化交流的通道,西域诸国宗教文化传入,农业文化、游牧文化、西域文化在该地区扩散、碰撞、叠压、融汇,形成了独特的文化区域,其信仰民俗呈现出散漫多元的特点,但由于陕北是陕西气候干燥的地区,农业的发展对雨水的需要十分急切,专司雨泽的龙王成为这一带主要的崇祭对象。陕西关中的凤翔府和邠州地区是周民族的发祥地,盛行周人祖先崇拜,以岐山县为中心构成了周人祖先神话传说圈及其神庙建筑群,姜嫄庙、太三庙、太姜庙、大任庙、大姒庙、王季文庙、周公庙、仓颉庙、郊禖庙等,体现出农耕区信仰民俗的特征。在豫西、豫北和晋东南地区盛行着成汤崇拜,因为这里自殷商时代就是“京畿”之地,成汤不仅在殄灭夏桀创建商王朝时立下功绩,而且他体恤民情,关心百姓,遇有旱灾亲自祷雨,开创了承传三千年的雩祭传统,成为历代民众传颂的贤君。宋元以来,在北方旱灾愈来愈频繁的严峻背景下,流行于民间的成汤崇拜终于物化为一个庞大的汤王庙宇群,赋予成汤以降雨除旱的神职功能。山西阳城析城山成汤庙是规模最大的成汤庙,以此为中心,在山西的阳城、晋城、泽州、陵川、高平、长子、武乡、潞城、壶关、沁水、垣曲、闻喜、虞乡、翼城、曲沃、文水、平遥、祁县、太谷等县,以及河南的济源、武陟等地都建有成汤庙,形成了一个规模可观的成汤祭祀圈,使商汤在太行山区成了仅次于玉皇大帝的至尊之神。

乡野村落作为最基层的社会组织,一方面是一个自给自足的自在空间,千百年来以小农经济为主要生产方式,形成了封闭的特点;另一方面,在较为恶劣的自然环境下,它又是一个较为脆弱的组织,上层统治者的权力、政策常常难以直接达到或渗入,此时,信仰民俗体系既是乡村民众认识、对抗自然的精神空间,也常常成为以上层统治者为代表的国家意识形态对乡村实行控制的"隐性"手段。于是,那些代表国家权力、上层意识的神祇或直接进入或逐渐融化置于乡村信仰民俗的体系之中,以信仰为中介实现着上层与下层、官方与民间、大传统与小传统之间的对话、互动,使民间信仰的多重倾向更为显著。需要强调指出的是,国家权力的干预对民间诸神的荣衰涨落起到了重要的刺激作用,如城隍信仰起源于八蜡中的水庸神,水庸即沟渠,古代把护城沟渠作为城市守护神也很自然,南北朝时期就由个别地区扩展到全国各地,隋唐以后其神职功能不仅守御城池,保护社会治安,而且还掌管当地水旱吉凶乃至冥间事情,成为直接对上帝负责的最高地方神祇。唐宋以后,随着封建社会的发展,人口增加,城市兴盛,人口聚增,城隍作为城市守护神的地位更为牢固。明太祖朱元璋对城隍神大行封赏,下令各级政府建造城隍庙,通过城隍神对地方官吏和民众实行管理。文庙、关帝庙、后土庙的创修在一定程度上也与上层统治者的倡导有关。当然,山陕豫民间信仰也有很强的适应性,即顺应民众生存的需要,解决民众生活中的各种难题,成为民众对付各种人间灾难的手段,在贫困落后的环境里神灵成为民众心灵的慰藉,民间俗神、地方杂神和国家推崇的正祀之神共同构成了民间信仰的庞大系统,成了山陕豫乡村民众的精神家园。

二　山陕豫乡村信仰民俗之体系

山陕豫乡村"多神崇拜"的民俗传统,使各种神祇职守分明,各司其职,形成了多元共存的庞杂的神祇系统。总体来看,中国社会经历了原始社会到奴隶社会,再到封建社会,直至社会主义社会几个大的社会变革,但对于山陕豫乡村来说,由于千百年来延续着的农耕文化,其生存环境、生活方式以及民俗心理并没有发生根本性转变,许多植根于农业社会的民俗信仰仍然有其生存蔓延的条件。对一个特定的乡村民众来说,人们自耕自足,相互扶持,文化发展迟缓封闭,信仰民俗也呈现出稳定性的特征,这成为我们剖析山陕豫乡村信仰民俗体系的前提和基础。

对山陕豫乡村信仰民俗类别的划分,不宜采取一般的依据信仰对象来划分的方法,而应该从山陕豫独特的地理环境、社会变迁和民众的真实生活出发来对纷繁复杂的信仰民俗进行归类。还应看到,信仰民俗体系是乡村社会民众构筑的精神空间,是一个象征世界,是一个民众解释人类社会的系统,它折射着真实的、客观存在的"民间",来自血缘的、地缘的、国家上层社会的各种力量在这个象征世界里磨合、互动,可以让我们从另一个侧面窥视到乡村社会各种权力的对比。据此,山陕豫乡村信仰民俗体系可以划分为国家正祀之神、乡村常祀之神、文化亚区的淫祀之神三大类型。

1. 正祀之神

这是指得到国家权力认可并敕封的全国性神祇。华夏民族的神系正是以黄河流域诸神为主体并逐渐融合了周边各民族崇祀的神灵而构成的。黄帝、炎帝、颛顼、帝喾、唐尧、虞舜都被当作具有神和人双重性格的"帝",被后人崇祀为神,或称为祖先神。山陕豫是黄河文化的发源地,从其境内分布着的大量历史文化遗迹可以知道是历朝建都的地方或处于京畿之地。因此历代上层统治集团的思想观念影响深远,体现在民俗信仰上,就是在漫长的历史发展中,国家崇祀的神祇也是乡村信仰民俗体系中的重要内容。国家权力借助这些神的威力达到对广大乡村的软控作用,乡村百姓从这些神祇身上得到心灵的慰藉,以实现现实生活理想。代表性的正祀神祇有黄帝、炎帝、尧、舜、禹、后稷、后土、孔子、关羽、泰山神、城隍神,各地均有神庙供奉,历代香火兴旺,如民国《洪洞县记》载:

> 黄帝庙,在县西公孙堡,元至正十四年,里人侯义夫建。尧庙二,一在县南东张村,宋天圣八年建,有碑记。一在县南羊獬村,元至正十四年,里人杨道甫建。舜庙三,一在县东苏堡村,康熙间,邑绅刘衷等重修;一在县南范村,元大德十年,里人张元庆建;一在县西圈头村,宋天圣七年,里人李良辅建。①

在古代晋南是尧、舜、禹为代表的氏族部落的主要活动区域,洪洞县属于该区域,所以对尧、舜、禹的崇祀久传不衰。民国《米脂县志》卷之四"坛庙"所列为:社稷坛、先农坛、文庙、关帝庙、文昌帝君三代庙、土地祠、城隍庙等②,其中文庙、关帝庙所存的创建或重修碑刻最多。在山陕豫乡村关羽崇拜最为盛行,遍布各地的关帝庙数量众多,种类各异,名称不一,常见的称谓有关帝庙、关圣庙、关王庙、关圣帝庙,山野乡村的百姓把关羽称之为"关老爷",把关帝庙习惯上称之为"老爷庙",既示尊崇又显得亲切。从供奉的神祇数量来看有专祀和合祀两类:专祀即专门祭祀关羽;合祀是把关羽与其他神明一起供奉,如三义庙,合祀刘备、关羽、张飞。在山陕豫地区规模最大,影响最远的是山西运城解州关帝庙,蔚为壮观,至今保存完好。

---

　①　民国《洪洞县志》卷八,山西人民出版社,1992年8月,第128页。
　②　民国《米脂县志》,《中国西北稀见方志续集》,中华全国图书馆文献缩微复制中心,第385—396页。

　　在山陕豫乡村,不论是由原始崇拜演化而来的神祇,还是随着社会变迁、朝代更替而产生的帝王或英雄,这些为国家所尊崇的正祀之神代表了不同时代上层统治集团的意志,也在乡村信仰民俗体系中占据主要地位,成为最具有权威性的神灵。

　　2. 常祀俗神

　　是指来源于民间社会并得到国家认可的世俗性神祇。常祀之神在山陕豫乡村信仰民俗系统中占有很大的比重,其种类也十分繁杂。关于正祀之神与常祀俗神地位的评价,清道光五年版《直隶霍州志》云:

　　　　夫礼以时为大,我国家昭格神明,为锡福,凡坛庙祭祀,皆折衷古今,规制备极精详,故于创建诸条,敬谨载列昭令典也。至于乡社常祀,义苟近正,亦加采辑,以为习俗相沿,未能骤易,姑去其已甚焉耳。①

　　道光五年(1825)版《直隶霍州志》是当时的知州崔允昭主修的,编纂者对于正祀之神与常祀之神的区分无疑是从上层统治者的立场出发的,不过,他对国家正祀之神与常祀俗神的划分对我们研究乡村信仰体系颇有裨益,编纂者指出国家正祀之神为"国家昭格神明","规制备极精详","敬谨载列昭令典也",且在州、县一级的地方权力机关所在地建坛庙祭祀之;而常祀俗神只局限于"乡社"的范围,是"习俗相沿,未能骤易"的世俗神灵。《直隶霍州志》详细列出了正祀神祇和常祀之神的庙宇寺观,编纂者明显地把"二郎神"归入常祀俗神之列:

　　　　二郎庙:在城宣二里。嘉庆二十四年(1819)合州重修。按二郎即宣觊真君也,祀之观阜尤可,于城非议也。

　　关于"二郎神"的来历有多种解释,一般认为是李冰的二儿子,是南方神祇,列入祀典始于唐宋,传之北方时间应更晚一些,所以

---

① 〔清〕道光五年版《直隶霍州志》(上册),霍州市史志编纂委员会,第273页。

不会被列入"正祀"之列,"祀之观阜尤可"。

在山陕乡野村落里对社区运行起作用的并非只有来自官方的国家权威,还有错综复杂的民间力量,这是由乡村社会客观实际所决定的。正祀之神和常祀俗神分别象征着不同社会力量在乡村民众生活中的权威,不同等级的神灵各司其职,共享祭祀。常祀俗神主要有吉祥神、财神、祖先神、土地神、河神、山神、雨神、门神、生育神(高禖、观音、女娲)、祖师神、药神、谷神、行业保护神等,这些常祀俗神都有着各自的神职功能,分别服务于乡村民众生活的各个方面,从衣、食、住、行到婚丧繁衍都有相应的神祇。山陕豫农业区经常干旱少雨,祈雨是乡村民众生活中至为关键的神事活动,龙王庙遍及乡野村寨,光绪《蒲县志》云:"蒲无淫祀,其不秩诸祀典者,唯龙神处处有之。地高畏旱,农民之所仰在是也。曰'龙母'、曰'唐侯'、曰'天神'。均之一神,而殊其号云"①。围绕着龙王崇拜形成的求雨仪式是最具地方特色的民俗活动,光绪《蒲县志》卷之十"艺文志"中《龙母洞祷雨碑记》②详细描述了清癸亥(1863)夏月的一次祷雨活动,县令朱元袷率邑之绅士父老,徒步往祷于龙母洞,途中不畏"洞殊绝险",虔诚所致,其后三日果大雨,求雨告成。陕北地区几乎每个村落都建有龙王庙,对专司雨泽的龙王祈拜格外隆重,神木县"龙王庙大者四处,其余农民醵建者指不胜屈"③,榆林一带是在农历二月二日"乡人集龙神庙,刲羊以祭,谓之开门"④。每遇天旱乡民们就要到龙王庙跪拜祷雨,并定期在龙王庙举行盛大的祭祀活动,至民国年间演变为地方性的赛神活动。除此之外,许多地方性神祇也兼具降雨的神职功能,被乡村民众列为崇祀的对象,关中地区的同州府、凤翔府和邠州、乾州、鄜州遇有旱灾是到

① 光绪《蒲县志》,山西省蒲县县志编纂委员会,1986年重印本,第162页。
② 同上,第381—383页。
③ 民国《神木县乡土志》卷三《祠寺》。
④ 道光《榆林府志》卷二《风俗》。

太白庙中求雨,宋元以后,直至明清时期,太白山神崇拜又非常普遍。晋东南地区乡村民众每逢久旱不雨则到阳城析城山向商汤祈雨,相传这里是汤王祷雨之所。商汤作为中国历史上著名的贤王,其至尊地位得到了历代最高统治者认同,而商汤由祷雨成功渐被民众视为雨神,因而商汤是兼具正祀和常祀双重身份的神祇。

　　财富是农耕区民众富裕的表征,是支配世俗百姓日常生活和社会交往的最重要的异己力量,山陕豫乡村对财神的崇祀非常普遍。财神有文财神、武财神之分,文财神为大忠臣比干和大富翁范蠡。武财神种类繁多,关羽作为武财神之一而受到山陕商人的崇祀。在乡村信仰民俗体系中既信奉正祀之神,又执着于常祀俗神,或将不同的心理需求集于同一神祇,这种“诸神崇拜”、“一神多能”的现象并不少见,因为随着社会的发展,乡村民众的价值取向不再单纯和趋同,而呈现出多元化、多层次的态势,不同的社群或民众个体可以根据实际需要或利益诉求崇祀不同的神祇,或赋予同一神祇不同的功能。

　　3. 淫祀杂神

　　是指被官方统治者禁止,而盛行于特定地域范围的民间杂神。正祀之神和常祀俗神构成了山陕豫乡村信仰民俗体系的主体结构。然而,具有地域特色的淫祀杂神也是研究信仰民俗的“亮点”和关键,正是这些杂神最直接地、最真切地反映了当地民众的认知水平和民俗心理发展的独特轨迹。淫祀杂神大体可以分为自然神、动物神、物品神、人格神、行业神五大类,具体名称不一。因自然环境和人文环境不同有不同的称谓,以晋东南地区为例就有三峻、二仙、咽喉神、蝗蝗爷、痘疹娘、五瘟五鬼等,晋东南盛行的迎神赛社习俗,有所谓请神、迎神、安神、送神仪式,意思是把天地人三界,各路神灵都请来,这些神灵里既包括国家正祀之神,也包括常祀俗神,更多的是地方性的淫祀杂神,这里择要介绍。

　　三峻神,其原型为上古神话中射掉九日的后羿,高平县赵庄乡鸦儿沟三峻庙保存的《三峻庙记》云,三峻神又称护国灵贶王。相传为善射之后羿,司冰雹。羿佐尧弹九日,缴大风,为民除害,数立大功,"尧舜禹无羿,日月之光以荒,壤断水绝"①。充分肯定了羿的卓越功绩和重要地位。晋东南地区保存有三峻神碑刻的尚有:原泽州城东北二十里盘龙山天眷元年(1138)立《三峻庙记》、晋城郊区大阳镇三峻庙嘉靖十七年立《阳阿镇建三峻庙碑》。潞城县史迴村三峻庙每年二月初一都有迎三峻神的民俗活动。晋东南地区的三峻神崇拜经历了一个由上古神话中的"神"逐渐历史化、民间化,最终成为地方杂神的过程,其中包含着深远的种族记忆。

二仙神,又有"二圣"之称,二仙祠庙几乎遍及太行山区各县。相传二仙本来是两个被继母虐待致死的女孩,故事发生在唐代,陵川县城西溪真泽宫现存的金大定五年(1165)《重修真泽二仙庙碑》对这一传说的原委记之甚详,其基本情节是:

> 所居任村,俗姓乐氏,父讳山宝,母亲杨氏……生俱颖异,不类凡庶,静默不言,七岁方语,出言有章,动合规矩,方寸明了,触事警悟。有识知其仙流道侣。继母李氏酷虐害妒,单衣跣足,冬使采菇,泣血浸土,化生苔苣,共待一筐,母犹发怒。着令拾麦,外氏弗与,遗穗无得。畏母捶楚,踏地凌竞,仰天号诉。忽感黄云,二娘腾举;次降黄龙,大娘乘去,俱换仙服绛衣金缕,绘以鸾凤宝冠绣履。又闻仙乐响空,天香馥路,超凌三界,直朝帝所。②

二仙本是平民家女子,后来化仙为神,当时一个十四岁,一个十一岁。她们化仙之后还有显흡传说,一次是"宋崇宁年间,曾显灵于边戍。西夏弗清,欠屯军旅,缺于粮食,转输艰阻。忽二女人

---

① 晋城市地方志丛书编委会编顺治十六年至康熙元年(1659—1662)立《三峻庙记》,载《晋城金石志》,1995年12月,第648—650页。

② 晋城市地方志丛书编委会编著《晋城金石志》,海潮出版社,1995年12月,第380—383页。

饘饭救度,钱无多寡,皆令餍饫;饭瓮虽小,不竭所取,军将欣跃"[1]。二仙因此加封为冲惠、冲淑真人,庙号"真泽",勒功刻碑,存放于庙内。另一次是,陵川县岭西庄张志母亲秦氏因浣衣于东南涧,见二女人服纯红衣,凤冠俨然,至涧南,弗见。夜里又见二女曰:"当前所睹红衣者,乃我姊妹二仙也。汝家立庙于化现处,令当子孙蕃富。"秦氏与其子张志创建庙于涧南,春秋享祀不怠,自此人丁兴旺,家景富裕。可见二仙上可以救助官方守边部队,下可以助佑平民百姓。更主要的是还可以解救地方亢旱,遇旱祷之即雨。这些灵验传说更强化了二仙的神力,使信奉的人越来越多,对二神的崇祀成为该地区特有的信仰民俗活动。至今保存下来的二仙神庙碑刻还有壶关县神郊村真泽宫宋大中祥符五年(1012)《再修壶关县二圣本庙记》、高平市牛庄乡西李门村与张庄之间真泽庙蒙古庚子(1240)《重修真泽庙碑》、陵川县城西西溪真泽宫洪武二年(1369)《二仙感应碑》等,是研究二仙崇拜的珍贵文物资料。

咽喉神,是晋东南"乐户"这一特殊社会群体供奉的戏神,"乐户"是指在迎神赛会仪式中从事乐器吹打、唱戏、演艺的人,在当地社会被视为贱业,蔑称为"王八"。然而,这一群体也有自己崇祀的神灵。关于咽喉神的来历,有人说此神为宋真宗所封;有人说本是楚国一员大将,被伍子胥打败后逃到乐户演奏队伍中,死后封为戏神;也有的说为《道藏》中的"喉神",为人体"二十四神"之一[2]。究竟哪一种说法更为准确还有待进一步考证。其相貌青脸虬髯,身着盔甲,左脚着地,右腿盘起,左手叉腰,右手挂锤。咽喉神主要司掌咽喉,说明乐户艺人在演艺过程中非常看重嗓子的保护。这一神灵常常和戏曲行业神唐明皇供奉在一起。咽喉祠分布在晋东南

---

① 晋城市地方志丛书编委会编著《晋城金石志》,海潮出版社,1995 年 12 月,第 380—383 页。

② 参见王宁《咽喉神:一种颇具特色的地方性戏神》,《民俗研究》,2000 年第 3 期。

地区的高平、阳城、沁水、陵川、泽州等县市,如陵川县礼义镇东陈丈沟咽喉神庙、泽州县府城村玉皇庙咽喉殿、晋城市李寨乡望城头村开元宫咽喉祠、沁水县玉皇庙咽喉殿、泽州县五聚堂咽喉祠、泽州县神南村咽喉神殿、阳城县润城镇上伏村咽喉殿、高平浩庄咽喉祠、高平县县城咽喉祠。咽喉神是乐户这一独特的社会群体在特定生存环境中的精神寄托,晋东南各地广泛创建咽喉祠也体现了地方绅士、乡村民众对"乐户"这一处于社会底层的弱势群体的某种程度的同情与体恤。

淫祀杂神与正祀之神、常祀俗神相比较更具有鲜明的地域特色,寄托着本地域民众的美好愿望,它们的内涵较为具体,其影响力及社会覆盖面也极为有限,然而它们所起的独特作用却是正祀之神、常祀俗神无法代替的,在乡村民众的心目中这三种神祇共同护佑着生产生活的各个方面,构筑起了象征性的精神空间。

三 传统宗教文化的民俗化

正祀之神、常祀俗神、淫祀杂神是按各种神祇在信仰民俗体系中所处的地位划分的。其实,在山陕豫乡村的神灵中还有不少是来自儒、释、道三教或者说融合进了三教的教义与精神内核,所以,要对信仰民俗体系进行整体观照,还必须具体考察传统宗教文化对乡村信仰民俗的影响,探究儒教神、佛教神、道教神的民俗化过程。

儒教神。儒学是形成于春秋战国时期的重要思想体系之一,"它与国家的制度、法律和公私生活关系密切,并与极大多数人的思想融为一体,因此,它是准宗教化的宗教,而且在儒、佛、道'三教'中,居于主导地位"①。在历代统治者推崇下儒学取得了正统地

---

① 王志远主编《黄河文化丛书·宗教卷》,宁夏人民出版社,2001年5月,第159页。

位,儒家始祖孔子被尊奉为神。在黄河中下游的山陕豫各地,为孔子建造的庙宇俗称"文庙",明、清至民国时期,私塾开学时,塾师、学童、学生要向孔子牌位行叩头礼,日常生活中人们忌将带字的纸当手纸用,否则视为对圣人的不敬[①]。儒家道统传继的顺序是:尧→舜→禹→汤→周文王→周武王→周公姬旦→孔子→孟子,从这一排列来看,山陕豫乡村信仰民俗系统中正祀之神大都具有儒教的性质,供奉尧、舜、禹、孔子的庙宇遍布各地。在这些儒教神祇身上既有祖先神的性质又蕴含了"仁、义、礼、智、信"儒家"五德"的伦理道德内涵。围绕着这些神祇形成了相关的神话传说圈或祭祀圈,如晋南洪洞、临汾、运城等地尧舜神话传说圈,陕西蒲城北部围绕尧山庙形成的尧祭祀圈都颇有代表性。在漫长的历史岁月里,许多能够代表儒教道义的历史人物和文化英雄在"造神运动"中也被推向了神坛,据道光《直隶霍州志》记载,既有流传久远的帝尧庙、关帝庙、三结义庙,又有当地民众所熟知的地方性神祇如樊村的樊哙庙、祀介之推的洁惠侯庙、还有祀历代邑令的刘公祠、秦侯祠、赵侯祠等。在河南汤阴等地建有岳王庙,专门用于崇祀南宋抗金名将岳飞。这些神祇大多为历史人物,生前所创业绩符合儒家的仁义道德,为官方和民间共同接受。这些儒教神以符合封建正统道德准则和伦理观念为特征,逐渐以礼教化、道德化的人格神取代原有信仰民俗体系中朴素的精灵崇拜、自然崇拜,给民间信仰体系带来了深刻变化。

佛教神。"一个国家或民族接受一种异质文化,往往有两种倾向,一是本土文化完全被异质文化所吞并;二是表现出两种文化的融合与再创造。"[②]佛教信仰由印度传入中国,并逐渐被广大民众所

---

① 参见河南省地方史志办公室编纂《河南省志·民俗志》,河南人民出版社,1995年,第357页。

② 参见拙文《观音信仰成因论》,《山西师范大学学报》,1998年第2期。

接受应属于后者。山陕豫是佛教盛行的地区,特别是山西更是流传时间早,信徒众,寺庙多,影响大。佛教于汉明帝永平十一年(68)自印度传入中国,次年就上了五台山,山西省的寺庙信徒遍布各城镇乡村。

佛教在魏晋南北朝时期盛行于黄河中下游各省区有着深刻的社会历史原因,这个时期是中国历史上分裂割据、动荡不安的时期。在外,民族矛盾异常激烈,百姓遭殃,生灵涂炭;于内,统治阶级日益腐朽,沉重的政治压迫与残酷的自然灾害同时加在民众头上,使其精神防线几近崩溃,人们急需要有一种强有力的精神支柱,渴望得到存活的信心和勇气。而中国传统文化面对严峻的现实又显得窘迫无力,儒家“修身、齐家、治国、平天下”的价值目标与劳动民众的实际情况相去甚远;道教虽摒弃世俗杂念,强调返朴归真,乐不思蜀,然而道教方术却走向另一极端,求仙炼丹只是一片虚无,于世人的实际生活无补。乡村民众的心理屡遭失望的打击,社会灾难纷至沓来,正在此时佛教东传走进了中国寻常百姓家庭,以救世主的身份出现在民众面前,与民众的心灵渴求形成契合,这样观音信仰轻而易举地走进了民众的精神世界。

佛教神灵在山陕豫乡村的传播经历了一个世俗化的过程,其中一个重要的方面就是佛教信仰的民俗化,一方面佛教观念渗透到民俗生活中,如因果报应、轮回转世、饿鬼地狱等心意信仰以及由此形成的超度、焚香、浴佛、赶庙会等行为仪式;另一方面中国固有的民俗也影响佛教,佛教作为外来宗教要想在中国乡村落户扎根,也必须在一定程度上调整自身以适应民众心理,如观音菩萨传入中国后,就经历了曲折而有趣的衍变过程,不仅其身世、形象彻底中国化了,由佛门大士变成了汉家“公主”——妙庄王的女儿,而且自唐至近世,其性别也由“男”变“女”,外貌端庄雍容,慈善安祥,宛然一副中国贵妇人的模样。观音性别的改变包含着深层的民族文化心理,这就是女神崇拜以及世人的“恋母情结”。中国民众在接受观音的时候,关心的是现实的利益和来世的幸福,具有鲜明的功利性,观音的神职更加具体化、感性化,观音菩萨"观"人"世"苦难之音,又随叫随到,令人感到可亲可敬,也可以信赖。在观音众多神职中最具体可感、最具有信服力的当数观音的送子功能,唯其如此才更令万千妇女神往,才更符合中国的实情。中国是一个农业大国,繁重的农事劳动培育了中国人重生的观念;中国又是一个宗法制国家,男权在血缘传承中居于主导地位,"不孝有三,无后为大"的观念深深压抑着人们,在人们还不能真正弄懂生儿育女奥秘的时候,就会把希冀生子的欲望寄托在观音身上,妇女们都盼望早生贵子以提高自己在家族中的地位,这样观音与中国妇女就结下了不解之缘,从而获得了众多的女信徒。在山陕豫乡村送子神还有高禖、女娲、九子母等,但观音信仰更具有普遍性,妇女们将生子的企愿诉诸观音,烧香祷告,偷送子观音的绣鞋以求得子,形成了特有的求子风俗。

　　道教神。道教是中国的本土宗教,它与佛教一样,若要在乡村扎根生长,也必须符合世俗百姓的社会心理,真正渗透到民间日常生活。因此,道教宗教观的突出特征是直接吸收了中国传统的神仙观念、鬼神观念、养生观念以及伦理观念而形成。山陕豫乡村道教神谱中更多的是民间信仰的俗神,直接对应并满足民众的各种生活愿望,遇有洪涝,人们就祈求河神、水神,晋南、晋西北、陕西韩城、河南孟州、济源等地建有"禹庙",黄河中下游的龙门、风陵渡、三门峡、孟津都留有"禹迹",这些地域存在着一个大禹治水的神话传说集群;遭遇乱世,人们就祈求保护神,关羽的神职由保护安全扩展到保佑发财,成为民间信仰中的"万能神",关帝庙几乎遍及每个乡村,其神格被道教信徒奉为"荡魔真君"、"伏魔大帝",由"将军"升为"帝君"、"大帝"。在山陕豫乡村影响较大的道教神有玉皇大帝、九天玄女、东岳大帝、太上老君以及八仙等神祇。

在乡村信仰民俗体系里，以上的分类并非泾渭分明，儒、释、道常常交融在一起，在民间生活中发生着综合效力。民众对宗教神灵的崇祀往往出于对生活幸福、趋利避害的直接利益的诉求，其突出表现是把"灵验"作为信仰的前提，谁灵验就信谁。因此，在信仰民俗体系中形成了多神崇拜的格局，在一个庙宇里常常会出现同时供奉的各种神灵，如前述陕西佳县白云山，是一座著名的道教名山，属全真教龙门派，主张三教并存，三教合一，该庙供奉的神祇多达210余位，其中有道教的真武大帝、华阳真君、玉皇大帝、碧霞元君等；有佛教神灵观音菩萨、释迦牟尼、文殊等；有儒教神灵文昌帝君，此外，还有福神、财神、河神、痘神娘等俗神。在山陕豫信仰民俗体系中还有一种现象是多种宗教信仰集于同一个神灵，关羽是典型代表，他不仅是"忠"、"义"的化身，而且扩展为兼具财神、护法神、雨神等多种功能的"全能神"；不仅成为民间供奉的神明，而且成为国家祭祀的正祀之神，甚至佛、道两家也争相将关羽拉入本教，以壮声势，于是，关羽成了儒、释、道共同尊崇的"超级神"。

四　山陕豫乡村信仰民俗的区域差异

山陕豫地处黄河中下游地带，有着深厚的原始文化遗存，在华夏文明的起源、发展过程中占据极其重要的位置。在漫长的历史演进中，相近的自然地理环境和生产方式孕育了共同的黄河文明，信仰民俗的发生、演变经历了大体一致的轨迹，从原始崇拜的自然神到文明时代的社会神，从本土神灵产生到外来宗教神灵的渗入，构成了山陕豫乡村多元化的众神谱系。但是，仅仅历时性地对山陕豫信仰民俗的形成、神灵体系进行研究还远远不够，要全面深入地把握山陕豫乡村信仰民俗还必须进行共时性的地域差异性研究，这种差异性不仅体现在省区之间，也体现在同一省区的不同文化亚区里,我们称之为民祀区①。

1. 山西

　　山西的中部和南部地区紧靠黄河中游流域,西、南省界以黄河划分,全省自北向南由黄河的巨大支流——汾河贯通,东部绵延太行山脉,南部的古河东地区是华夏文明的重要发祥地,"大量的历史文献记载和越来越多的考古资料都充分说明,河东地区是中华民族的摇篮,华夏文明起源的中心,上下五千年古老的中华文明的'直根'即在这里"②。从唐尧到夏禹都以古河东地区即今天的晋南为其统治中心,在这样一个山河阻隔、文化底蕴深厚的地域空间,尧、舜、禹、后稷等氏族部落祖先逐渐成为具有鲜明区域特色的地方性神祇。在晋南洪洞的羊獬、历山一带,每年都要举行"迎姑姑"活动,所祀神灵有尧、舜以及娥皇、女英,这项民俗活动历千年而不衰,两个地方的民众因神而结亲,"神亲"使本来为地缘关系的不同村落联结为姻缘关系的社会群体,长久地维系了和谐安宁的地方生活秩序。

　　晋东南地区与河南毗邻,古中州地区曾是炎帝、黄帝、商汤活动或建都的地方,晋东南与豫西、豫北处于同一个大的地域环境,经历了共同的社会历史变迁,对炎帝、轩辕、商汤等古代部族首领或古帝王的崇拜一直延续至今。关于炎帝部族的起源,历来有"陕西宝鸡说"、"湖南炎陵说"等观点,但是,在晋东南高平、长治、长子三县交界的羊头山及周边地区近年有大量新的考古发现,保存的碑刻达五十多处,形成一个炎帝神话传说圈。高平炎帝庙有高庙、中庙和下庙之分,高庙位于羊头山中段马鞍形山岭之上;中庙建于高平市神农镇下台村,占地面积在 12000 平方米;

----

①　参见张晓虹《明清时期陕西民间信仰的区域差异》,《中国历史地理论丛》,2000年第 1 期。
②　李元庆《发祥于河东地区的华夏文化》,《文史知识》,1989 年第 12 期。

下庙位于高平城东关。高平市神农镇庄里村还保存有五谷庙,每年农历四月初八为五谷庙会,主办庙会的首领从七村八社中推举,规模盛大。这些大量的遗迹、碑刻、祠庙、传说充分说明晋东南高平一带是古炎帝活动的重要地域之一,对炎帝的崇祀在该地区传承已久。在太行山区的寿阳县壮神山建有轩辕圣帝庙,每年农历七月十三相传是轩辕的生日,这天要举行祭祀仪式,演出傩舞《轩辕战蚩尤》。

　　佛教传入山西的时间较早,扩布的地区范围也较广泛,从传入初期便主动迎合着北方地区传统文化。晋北大同云岗石窟是北朝开凿的石窟寺,其造像艺术已带有中原地区的特点,所供奉的主佛依北朝五位皇帝建造,其线条粗犷遒劲,带有北方鲜卑人的风格,这种"以帝为佛"的现象正是佛教受到了少数民族与汉民族文化双重影响且与皇权结合而造成的。忻州五台山是中国著名的佛教圣地,五台山内外现存寺庙多达四十七座,历史上最多时达到三百多座,佛教影响所及五台山附近的府、州、县、镇、村都有佛寺,甚至有些荒村野店在深山老林的悬崖峭壁上都建有佛庙或凿有佛龛。然而就在这样一个佛的世界里却有一种独特的现象颇值得重视:五台山虽为文殊菩萨的道场,但当地民众似乎对主智慧的文殊菩萨并没有多少感情,而对他的化身——五爷神崇信有加。五爷庙紧邻塔院寺,建有文殊殿、五龙王殿、古戏台等,其规模在五台山主要寺庙中最小,却香火最旺,原因就在于"五爷"是佛教信仰与当地龙王信仰融合之后产生的。在当地流传的五爷庙创建传说里,说五爷是东海龙王的五儿子,由于暗助文殊菩萨借歇龙石而被文殊菩萨度化,从东海龙宫搬出来,住到了五台山,东海龙王也同意让五爷带上雨师在五台山一带司掌雨水,为民众施云布雨。五爷来到五台山一带后,先是住在北台顶的一个寺庙里,每天从北台顶上下来布雨不便,就托梦给台怀镇东庄村的村民,在东庄村建庙安身,后来又迁到了五佛阁,即现在的五爷庙,比住在东庄村更便于为当地民众服务①。在这个传说里,五爷受到文殊菩萨的度化,其言行与文殊一致,从此成了文殊菩萨的化身。又因为他是雨神,能给当地民众带来实惠,所以几易庙址,最后迁到了五台山的中心位置。这说明,在五台山地区,旱灾是民众面临的最大灾害,在科技不发达的时代,民众希望神灵给自己带来实惠,能及时送来雨水,为确保雨水丰沛,人们自然而然地联想到了龙王,而且担心一个五龙王能力有限。于是,在他身旁又安排了其他龙王、雨师,发展到今天,五爷不仅司掌雨水,而且兼具求官、求子、求财、求救的多种神职功能,赢得了社会各界、各个阶层民众的信奉。五爷能在五台山佛教圣地安身,佛教宝地能接纳五爷,实质上核心的环节是民众生活与祈愿,这正是佛教信仰在当地民俗化的表现。

吕洞宾信仰在晋南流传久远,宋金时在其家乡运城芮城创修宫祠名为"大纯阳万寿宫",又叫"纯阳宫"、"永乐宫",规模宏大,建筑精巧,宫内大型壁画代表了当时高超的艺术成就,成为今天研究艺术史和民族文化交流的重要文物。以运城解州为中心的关羽信仰已成为普遍性的信仰。山西解州是关羽的故乡,这里流传着许多关羽青少年时期的传说,突出其惩恶助善、见义勇为的性格特征,与现实生活紧密联系,该地区的关公信仰有着明显的凡人化倾向,体现了"关老爷为咱家乡人"的民俗心理,与河北、河南、湖北等区域流传的关羽传说相比较,体现出明显的地方化叙事特征。

2. 陕西

陕西,古称三秦,在中国文化发展史上有着极其重要的地位,渭河流域和黄土高原是中华文明重要的发祥地。关中的长安是周、秦、汉、隋、唐等十一个王朝建都的地方;陕北则自古就是汉族与西北少数民俗融合的重要场所。今天的陕西主要包括陕北、关

---

① 参见山西师范大学 2003 级民俗学硕士研究生曲雪峰硕士论文《五台山佛教信仰的民俗化研究》。

中、陕南三个区域,由于该省地跨三个自然带,地理环境、气候条件、历史文化存在差异,各民祀区的信仰民俗也各具特色。

陕北是中原农业文化区与北方草原游牧文化区接壤交汇的地带。首先它是一个农业文化占主导地位的区域,由于接近中原王朝,内地先进的农业生产方式也较早传到这里,陕北米脂县出土的东汉画像石"农耕图"就是明证,其内容是二牛挽杠拉犁,一位农民在后面扶犁深耕。可是由于这里土地贫瘠,干旱少雨,长期处于"广种薄收"的生产状况,反映在信仰民俗上就是崇奉龙王信仰,祈雨习俗盛行,以鬼神崇拜为内容的信巫祭祀之风非常普遍。其次,它是一个多民族碰撞冲突整合的地区,先秦之猃狁、秦汉之匈奴、魏晋南北朝之鲜卑、隋唐之突厥、两宋之契丹与女真、元之蒙古族、明清之满族,一次次激烈的民族战争与文化交融均以此为主战场,在漫长的历史文化进程中形成了多元并存的文化格局,反映在信仰上是以道教文化为基础,兼容多神崇拜,例如陕北佳县白云观,地处佳县县城6公里的白云山上,是陕西建筑规模最大的道观。白云山恰恰位于陕西、甘肃、宁夏、山西、内蒙五省(自治区)的交界处,便于各族民众往来贸易,该观以真武大帝为主神,同时汇聚了儒释道三教以及民间崇祀的多种神灵,客观上起到了不同省区、不同民族的人们相互尊重其宗教情感、和睦相处的作用。

关中地区包括西安府、凤翔府和邠州、乾州、鄜州,这里是典型的农耕文化区,属暖温带半湿润气候,春旱与春夏连旱比较严重,求雨成为最普遍的信仰活动,与陕北不同的是,该区域乡民们求雨大都是到太白山进行,武功县尤为典型,自宋代以后,每遇大旱,地方官员亲自组织并参与"取水"的仪式,关中地区不仅武功、鄜县以南的终南山(即太白山)上建有太白主庙,而且凤翔、扶风、三原各县都建有太白祠,太白崇拜遍及关中。关中还是远古时期华夏祖先活动的主要区域,炎帝、黄帝崇拜也颇为盛行,宝鸡市南秦岭腹地的天台山保留着大量炎帝遗迹,改革开放后,宝鸡市又重修了炎帝陵,每年清明节都要举行庄严的祭陵仪式。黄陵县桥山之巅是黄帝陵寝所在地,清代的地方官员每年都要在春、秋两季和正月分别祭扫一次黄陵。其中正月举行的祭祀活动称之为"岁祀",每三年举行的祭祀活动称为"大祭祀"。在中国现代史上颇有纪念意义的是1937年清明节,国共两党派出代表祭祀黄陵,毛泽东亲自代表中共写了祭文。关中地区的凤邠府及相邻的邠州地区是周人的发祥地,长期保留着祭祀周人祖先的习俗,岐山县境内有多处与周人祖先相关的庙宇以及人物传说,如姜嫄庙、太王庙、周公庙、郊禖庙等,岐山县每年三月十五举行盛大的周公会。姜嫄则由于生育了周氏族始祖后稷,而被奉为高禖神,民间称之为送子娘娘,陕西境内保存的姜嫄祠甚多,武功县民众每年农历正月十六都在上阁寺姜嫄祠举行盛大的祭祀活动,俗谓"祭婆婆"。

陕南包括秦岭及其以南的地区,地处秦巴山地的汉水、丹水流域,历史上汉中府、兴安府、商州属此辖区。该区域信仰民俗的突出特点是巫风盛行,鬼神崇拜在世俗生活中占据重要位置,这是由于该地是秦、蜀、楚三省交汇地区,多民族杂居,又深受南方楚文化的影响。此外明代官员原杰因招集流民,安抚民众功绩卓著而被崇拜,秦岭以南各县都建有原公祠并定期祭祀。在汉中一直存在着对汉初君臣以及三国人物的祭祀,汉高祖、张良、韩信、诸葛亮、张飞等人的祠庙遍布各地。

3. 河南

河南,古称中原,地处黄河中游,是我国古代初民驰骋的舞台,也是最早定型的农业文化区,与山陕两省相比,其自然环境更适宜农耕生产,境内地势以平原和丘陵为主,山地较少。千百年来,民众以农为本,精耕细作,拙于商贾,产生了"重耕稼,鄙商贾"的重农抑商观念,这种以农为主的生产形态促成了河南信仰民俗中传承了许多人类原始宗教中崇拜大自然和祖灵的习尚。同时,由于这里自古以来就是许多朝代统治阶层活动的中心,国家正祀之神在信仰民俗体系中居于主导地位。

河南大部分地区以旱作为主,部分地区水旱轮作,多两年三熟或一年两熟,农业用水基本上是靠天降雨。在漫长的历史发展过程中,由于生产水平落后,旱涝灾害严重,向神求助以保丰产成了广大乡村民众的现实选择,求雨、祈晴成为普遍的民俗活动。主管雨泽的神祇有龙王爷、老天爷、关爷、猴王爷。各地祈雨的形式,一种是"撂马子求雨",亦称"捉马",每逢久旱不雨,当地乡民聚会在一起,夜以继日地敲锣打鼓,如遇有人反映特殊,便认为他是"马子",问他是何神灵,他答曰某神,接着让其拿出某神的本领表演一番,这些"马子"仿佛就是某神的替身,当场显灵,言明几日内必会下雨,人们方散而等雨①。另一种是"打坛求雨",主要流行于豫东虞城一带,其方法是在村内选一宽敞处搭座"神棚",内供关公神像,选出三个"马匹"分别扮演关公、关平、周仓,参与打坛的人都吃住在棚内,打坛时扮马匹者闭目静坐于神像前,打坛的人将烧红的犁铧用醋浸过用铁钩拉着,绕着马匹和神棚转。每三天转一次,直至下雨。第三种是"煮鳖精祈雨",此俗见于林县一带,民众认为久旱不雨是因为鳖精把水喝光了,因而要煮鳖精使其下雨,其方式是在村子十字路口支起一口大锅,家家把面捏成的老鳖投入锅中煮沸,并念着咒语,以求上天降下甘霖。除此还有跪拜求雨,即全村人跪在神案前或晒台上,把大旱的责任归于民众触犯天威,祈求上天原谅。河南境内驳杂繁复的求雨仪式说明农业生产在该地占据十分重要的地位,雨水是保证农业丰产的必要条件,求雨是乡村民众面对无法抗拒的旱灾而寻求心灵抚慰的方式,是无奈的抗争。

豫南、豫西山区自古重视林木保护和种植,如南阳人喜欢在门前种国槐,豫西人喜在院中栽石榴树、桃树或椿树、榆树,许多村把

---

① 河南省地方史志办公室编纂《河南省志·民俗志》,河南人民出版社,1995年4月,第95页。

年代久远的老树奉之为"树神"，有疾病时在树上挂袍，写着"有求必应"、"心诚则灵"等字样，在古树前烧香、求药、许愿。山区丘陵多有山石，所以自然崇拜中的山石崇拜在河南较为普遍，豫西南山区采集山萸果时要举行祭祀"药王爷"的仪式，采集结束后还向药王还愿。山区民众结伙狩猎时要敬当地猎人保护神——武昌爷。可见在河南信仰体系中，具有原始意义的自然崇拜占有很大比例，在自给自足的小农经济条件下，社会变迁较为缓慢，这些自然神祇在民间一直保存了下来。

河南信仰民俗的另一特点是祖先崇拜久传不衰，这里是华夏文明的发祥地之一，留下了原始先民活动的足迹，也积淀了具有区域特征的神话传说和信仰民俗。太昊伏羲氏是古代传说中的"三皇"之一，其活动中心在今河南淮阳一带，主要功绩是始造网罟，教民田猎畜牧，发明了八卦，淮阳建有规模宏大的太昊陵，历代王朝把它列入正式祀典，祭祀不废。至今当地乡民每逢农历二、三月便到陵前祭祀，陵前备有泥狗、泥龟、泥娃、泥坝，相传无子者到陵前求得泥娃就可喜得贵子，在西华、上蔡也有供奉人祖的庙宇。在豫西北商汤崇拜非常盛行，汤王庙或汤王行宫分布于沁阳府、武陟县、济源县、河内县、修武县、温县、巩县、偃师县等地，与晋东南地区的汤王庙共同构成了商汤崇拜的民俗祭祀圈。

山陕豫信仰民俗共同孕育在黄河中下游的文化土壤上，按照宗教信仰发生、演变的规律形成了自己的信仰对象和祭祀仪式，有许多相似之处，同时，由于不同文化亚区的民间文化传统存在差异，信仰民俗在共性之中又蕴含着独特性。总体来说，山西信仰民俗中的远古神祇瑰丽神秘，陕西作为历朝古都所在地信仰民俗缜密厚重，河南以农为本的农耕区信仰体现出中原乡野的质朴自然，这些都成为黄河中下游各民祀区信仰民俗的鲜明标识，对我们研究信仰民俗的区域特征及其当代传承仍有着重要意义。

五　庙会的嬗变轨迹及其文化品位

庙会是一种独特的民俗活动,也是一种特殊的社会形态,它是依托宗教信仰、神庙剧场、神诞庆典而形成的集信仰、游艺、商贸于一体的群体性活动,由于参与人数众多、内容丰富多样、持续时间较长而成为综合性的民间活动,也是某一地域某一时代民俗文化的标识。有学者认为,庙会群体的出现必须具备这样一些条件:"一、人口的相对密集;二、社会的相对稳定;三、文化的相对丰厚;四、地域交通的相对便利;五、商贸的相对活跃;六、环境的相对开放;七、时代政治的相对宽容;八、一定的宗教信仰所具有的影响力"①。庙会产生的这八个条件具有相当的普遍性,但应注意,在不同的历史时期或不同的文化亚区这些条件是此消彼长,并非绝对均等,随着社会的发展,庙会群也有一个演变的过程,由特殊的地理条件和各种社会因素综合渗入而形成。山陕豫地处黄河中下游,是历代政治、经济、文化较为繁荣的区域,因此庙会群甚为集中,且呈现出多类型、多层次、多元化的特点,分析其发生原因、嬗变轨迹、文化品位,有利于因势利导,促进乡村社会主义精神文明的建设。

1. 庙会的产生

《尚书大传·洛诰》云:"庙者,貌也。"②《释名·释宫室》也曰:"庙,貌也,先祖形貌所在也。"③可见庙起源于对偶像的供奉,是指奉祀祖宗、神佛或前代贤哲的地方。神庙的创建与信仰崇拜有着密切的关系,人类信仰从发生演变的过程看,大体经历了这样几个

---

① 高有鹏《中国庙会文化》,上海文艺出版社,1999 年 6 月,第 189 页。

② [汉]伏胜撰《尚书大传·洛诰》,郑玄注,《四部丛刊初编》第 9 册,上海书店,1989 年。

③ [汉]刘熙撰,《四库全书》第 221 册,上海古籍出版社,1987 年 6 月,第 409 页。

阶段：自然崇拜→图腾崇拜→祖先崇拜→偶像崇拜；从崇拜的对象看，有自然神、祖先神、宗教神等；从神庙的种类看，总称为寺庙宫观，实质上应有区别："寺"，一般指"佛寺"、"寺院"，是佛教僧众供佛和聚居修行的场所；"宫观"，是道教修炼养生或祀神作法的处所；"庙"，是供奉祖宗神位的地方。而对于世俗百姓来说，并无严格的划分，习惯上将寺院、宫观、庙宇都笼统地称之为"庙"。围绕着庙宇举行的对各种神灵的祭祀活动就是最早的庙会。信众的数量决定了祭祀圈的大小，庙会的规模就有村际之间庙会、跨县的庙会、城乡交叉处庙会，乃至跨省的大型庙会。

　　庙会是以宗教信仰为内核的，庙会文化也是以神灵崇拜极浓的各种朝神佛事活动为始源的。崇祀的对像不同就形成了不同类型的庙会及其庙会日期，第一种是祭祀祖先神的庙会，黄河流域的祖先神有黄帝、炎帝、盘古、伏羲、女娲、商汤，这些民族或氏族的祖先神的神诞日就成为固定的庙会日期。如民国《淮阳县志》载：二月二日"黎明用灰圈地，作囷仓形，以兆丰年。儿童拍瓦缶唱歌。是日居民诣太昊陵进香奠牲，至三月三日始止"[①]。伏羲是河南淮阳一带祭祀的祖先神，每年农历二月初二到三月初三是举行庙会的日子，届时数以百万计的群众从四面八方赶来朝祖进香。第二种祭祀是在佛祖、道祖或前代贤哲诞生纪念日举行的庙会，如五台山庙会与文殊菩萨有关，陕西耀县的药王庙会与道教色彩浓厚的孙思邈有关，河南登封每年农历三月和十月在嵩山举行传统的中岳庙会，关帝庙会多在五月十三日，相传这是关羽的生日。第三种是属于小地域的祭祀地方俗神或"淫祀之神"的庙会，如山西垣曲一县之内既有玉皇庙、关帝庙、泰山庙、五龙庙、汤圣庙、白衣庙、舜帝庙、三义庙等,又有仙姑庙、狐仙庙、鹰咀庙、娘娘庙、药王庙等①。可见,乡村庙会包罗万象,分布很广,有的地方甚至无庙也过会,如山西河曲县共有412个自然村,大小庙90多处,古会的名目有"游灯会"、"西瓜会"、"祈雨会"、"磨刀会"、"人口会"等。在五台县一带流传的谚语是"四大会、八小会、七十二个普通会",一年四季庙会不断,而规模最大者当推五台山六月六庙会。

2.庙会的嬗变

庙会的形成发展有极其漫长的历程,随着社会的变迁体现出不同的功能特征,探讨庙会嬗变的轨迹有利于准确认识庙会的演变规律和未来走向。通过对山陕豫庙会活动的考察,我们认为其嬗变过程大体可分为:娱神→娱神兼娱人→娱人三个阶段,各个阶段有其自身的特征,其背后隐含的是民众主体意识的醒觉和社会生产力的提高。

①娱神

庙会产生之初,祭祀神灵是其中心活动,人们通过举行各种仪式、供奉牺牲祭品来取悦神灵,表示自己的虔诚,祈求物产丰收、趋利避害。这其中存在着一个人与神的"对话机制",其民俗心理动因就是民众们不但相信万物有灵,而且也相信人与神是可以沟通的。在这场对话中,民众作为主动的一方常常选择自己熟悉的方式与神灵沟通,这些方式主要有祷告语、牺牲、神器、仪式,庙宇就是人神对话的场域。《礼记·祭统》记载:"夫祭有三重焉,献莫大于祼,声莫重于升歌,舞莫重于武宿夜。"②是指用供献祭品、演出乐舞来取悦神灵,寄托人的意愿。而将牺牲和祭品或化为灰烬或投入水中焚灭之后,即意味着祭品已为神灵享用,民众就会从神灵那里得到恩赐,一次人神之间的对话就告完成。道光《赵城县志》

---

① 垣曲政协编《垣曲文史资料》第三期,1987年3月,第22页。
② 《十三经今注今译·礼记·祭统》,岳麓书社,1994年4月,第939页。

载:"惟尚淫祀,村必有庙,醵钱岁课息以奉神,享赛必演剧,祭物以首承之而进,跪拜无常仪,飨献无常数,妇女老幼什伯为群。"①乡间民众对神灵的祭祀虽无严格的礼仪,但这个材料说明直到清代中期乡间庙会仍然以取悦神灵为主要目的。晋南曲沃任庄每年元宵节前后举行祭神活动,由"十二神家"手持彩鞭,敲击扇鼓,表演傩礼傩戏。祭祀活动一般在正月十四、十五、十六举行,祭祀活动的中心是由 36 张方桌摆成的八卦坛,坛内设神位 207 个,延请的神灵多达 500 多位。"十二神家"绕坛、游村、拜神、演戏,其中游村后回八卦坛举行傩仪,程序为:入坛、请神、参神、拜神、收灾、下神、添神、送娘娘、放焰火。添神之后演傩戏,代表剧目为《坐后土》,曲沃任庄傩祭活动保留了远古时期巫觋文化传统,"十二神家"可以看做是巫觋的遗留,《国语·楚语》曰:"在男曰觋,在女曰巫"②,远古时期神人的对话往往以巫觋为媒介,巫觋一般为部落长、氏族酋长或知识技能超常的人担任,由他(她)们充当神的使者,在祭祀活动中起到主演、导演的作用。曲沃任庄的傩祭自始至终由"十二神家"主持进行,整个祭祀活动气氛神圣庄严,取悦神灵、酬神祈福的主旨非常明确。

②娱神兼娱人

随着社会的发展,庙会已不再是神权大一统的阵地,而呈现出多元化、世俗化的态势。这是因为生产技术的进步、科学技术的运用,带来了人们认识水平的提升,民众不再把命运完全寄托于神灵的护佑,而开始认识到人自身的力量,这种民俗心理的变动体现在庙会文化上就是娱神的成分减弱,娱人的成分增强,庙宇成为一个神人共享的空间,庙会成为全民狂欢的场所。这其中存在着一个"调控机制",

①　《赵城县志》三十七卷,清道光七年(公元 1827 年)刻本,《中国地方志民俗资料汇编·华北卷》,书目文献出版社,第 672 页。

②　《国语·楚语》(下),上海古籍出版社,1978 年 3 月,第 559 页。

即在庙会活动中,不同地缘群体的人、不同阶层的人、不同性别的人、不同年龄的人都可以自由的参加,传统的封建礼教规范被冲淡了,区域内人际关系得到了调节。同时,庙会顺应了农事活动的节奏,"百日之劳,一日之乐",庙会节日恰恰是农事周期转换的标志,民众个体借酬神娱神放松一下,原有的精神束缚被冲破了,人们的心理压抑获得了宣泄,长期劳作造成的困顿得到了调节。对于庙会的娱乐活动、狂欢景象地方志资料记述甚多,宋代孟元老《东京梦华录》描述汴京城外保观庙会,上演的曲艺杂耍达 20 余种①,反映了宋元时期庙会从祭坛走向世俗,完成着从娱神向娱人的转向。光绪《文水县志》载:"十五日,名'上元节'。祭天地,设鳌山,悬花灯,放烟火,于宽闲处埋九曲,士女竞游赏焉。聚饮弦歌,彻于三日。"②民国《临县志》曰:"至春秋祈报,牲醴酬神,酒食宴乐之事,往往有之。农人终年勤苦,幸逢乐岁,且以喜乐永日,犹有《唐风·蟋蟀》之遗焉。"③民国《淮阳乡村风土记》写到该地"斋公会"时,对其"娱人"的功能记之更详:"斋公二字为我处对敬神妇女之通俗的称呼,斋公会在我处亦颇盛行,其形式虽为敬神,然有的亦在娱乐……集会时期,每年一次,多在每年三、四月间,因此时正届农暇,不致有误农事故也。"④娱神的成分弱化和娱人的成分增加,也体现在各种祭仪中,如神庙演戏已不限于神剧,而是为人们喜闻乐见的表达民众日常生活和喜怒哀乐的世俗戏剧。戏台的布置、戏台样式的变化也适应着世俗大众娱乐的心理需求,以山西为例,长治市城隍庙、平顺县东河村有山门戏台,即下面过人,上面演戏;洪洞县侯村有二连台,上面一个稍矮稍窄,下面一个稍宽稍高,两台合一,形成一座高楼,庙会期间上面一层演木偶小戏,下面一

---

① ［宋］孟元老《东京梦华录》,文化艺术出版社,1998 年 8 月,第 53 页。

② 《中国地方志民俗资料汇编·华北卷》,书目文献出版社,1989 年 5 月,第 598 页。

③ 同上,第 609 页。

④ 《中国地方志民俗资料汇编·中南卷》,书目文献出版社,1991 年 12 月,第 172 页。

层唱乱弹大戏,各有妙用;芮城县东吕村、介休关帝庙、壶关县神池村真泽宫、运城池神庙有三连台;运城万荣后土庙则有品字戏台,由一座山门戏台和前面的二连台组成;山西蒲县东岳庙一庙之内竟有六个戏台,戏台与戏台之间的距离最远不过三百米,各神有各神的庙,各庙有各庙的戏台。戏台创建的前提条件是宽阔的场地和趋之若鹜的观众群体,山西戏台的种类繁多,充分说明世俗大众借娱神来娱人,各种各样、大大小小的戏台可以使不同阶层、不同年龄的人们在同一时间里到各个戏台去观赏演出,不受戏台空间的限制,任意选择自己喜爱的剧种或剧目,戏台之设达到了娱神兼娱人的双重目的。

③娱人

庙会娱乐是庙会的主要功能之一,演戏游神之类的文化娱乐活动是庙会初始就有的行为,是敬神的内容和手段,进入现代社会之后演变为一般性的群众娱乐,社火演剧由娱神转向了娱人,其社会功能发生了变化。山陕豫乡村长期处在自耕自足的自然经济条件下,形成了较为封闭静止的空间。随着社会的发展,民众的物质需求与精神需求不能得到满足,他们渴望与外界沟通交流,举行庙会恰恰成为实现这一愿望的最佳方式。一方面,庙会期间个人与个人、个人与村社、村社与村社,上层官方与下层民众乃至更大的区域社区范围的群体形成了广泛的对话交流;另一方面,在传统乡村社会,少有城市里专门的娱乐场所,因而人们的娱乐活动很少,庙会中的赛社演剧给他们提供了娱乐的机会,如万荣贾村后土庙会期间"游艺杂耍穿插其间,凡会必有名戏助兴,有时还唱对台。通爱、扬郭、巩村、吴薛、贾村等庙社还组织高跷、抬阁、花鼓、锣鼓等红火热闹祭神赛社"[1]。山西河曲县关帝庙会,每年三次,分别为三月初十、五月十三、八月十五,每次庙会均演戏三日。山西翼城县城内后土庙会上的社火节目有高跷抬阁、鼓车竹马、旱船花鼓

---

① 山西省万荣县志编纂委员会《万荣县志》,海潮出版社,1995年,第290页。

等。庙会期间说书艺人、杂技演员、戏曲班社纷纷前来进行文艺演出,连许多名演员也争相献艺。正是这些丰富多彩的娱乐活动,构成了庙会娱乐文化,吸引了众多的民众"赶会",形成了"人摩肩,车击毂,庙内几不相容","道为之塞"的热闹拥挤的场面,终年胼手胝足、辛勤劳作的下层民众从庙会中得到了乐趣,也接受了地域民俗文化。可见,庙会源于祭祖娱神、祈求丰收,但愈到后世愈是演变成了乡村民众不可缺少的民俗娱乐形式。

3. 庙会的文化品位

庙会的文化品位是指"历史和现实生活中,在寺庙或其附近于寺庙节日或规定日期举行的某种市集形式中,所表现出的满足人们精神需求的程度"①。如果满足的是民众积极向上的,有利于社会主义新文化建设的精神需求就是高品位;如果满足的是人们一般物质或精神需求的并对民众日常生活身心健康有益的是中品位;如果满足的是人们迷信的、消极颓废的、引导人们向后看的心理需求,那么就是庙会文化的低品位。事实上,庙会文化是一个历史悠久、良莠参差的特殊社会形态,其文化内涵驳杂多样,很难做出低、中、高三个级别的划分。不过,从历时态的角度探寻庙会嬗变的规律,把握庙会文化的特征,因势利导,使之为社会主义文化建设服务,是摆在我们面前的现实问题。从庙会文化所处的生态系统和演变过程探究,我们认为庙会文化具有以下三个级位。

①原生态:宗教信仰型

宗教信仰是庙会产生的始源,这在早期庙会中反映最为集中,也是庙会文化的精神内核。宗教信仰本来是人类认识进程上特有的产物,人类在未能认识自己和自然的情况下,把神灵看成是自己命运的主宰,原始舞蹈、祭祀仪式、佛经故事、戏曲演出都是取悦神灵的方式。随着宗教信仰赖以存在的社会基础发生变化,原生态

---

①　程云瑞《庙会文化品位论》,河北《社会科学论坛》,1992 年第 3 期。

的信仰崇拜也必然会逐渐淡化并失去其主导地位。但是,在实地考察中发现,由于民间文化强固的延续性,由于山野乡村民众的生存环境还相对落后,原生态的信仰民俗仍是村落庙会的主要内容,巫婆神汉、算卦占卜、乡村神社娱神游神等活动仍然是庙会上的主要项目,封建迷信率并未减弱,地方政府、文化管理部门要积极引导,在保护宗教信仰自由的前提下,要通过宣传教育、示范带路等方式,使之向健康有益的方向发展。

②再生态:娱乐交往型

进入文明社会后,庙会由祀神娱神性质向世俗化演变,它成为农民进行社交活动、商品贸易最理想的场所。庙会日期一般选在农闲时节,农家收割完毕。仓廪富足,当庙会临近时就接亲戚邀朋友,宰猪烹羊,欢聚一堂,使平日呆板凝滞、循规蹈矩的生活节奏变得活泼欢快。万荣贾村后土庙会期间方圆百里的乡民都赶来聚会,场面热闹非凡:

> 农历三月十三,九月十三日的贾村庙会,为祭祀该地后土娘娘而立。会期3—5日,清代至民国时期,异常繁盛,赶会的除万泉和邻县荣河、河津、稷山、临晋、猗氏、闻喜、夏县、安邑、永济等县外,陕西的韩城、合阳、渭南和甘肃、宁夏、河南客商,亦携带其特产前来。人山人海,车水马龙。

> 会内设有丝麻绸缎、日杂百货、粮油棉花、木材煤炭、畜禽蛋类、农副产品等市场。各种名吃和服务业罗列成行……除此外,还有田望村三月二十、腊月二十的后土娘娘庙会,王显村三月初十、十月初一的后土娘娘庙会,宝井二月初二的后土祠会,庙前三十、十八后土庙迎神赛会。①

由上述记载可知,围绕贾村后土庙会形成了一个商品交换圈,这个交换圈以万荣荣河为圆点,辐射到晋南各县,乃至陕、甘、宁、

---

① 山西省万荣县志编纂委员会《万荣县志》,海潮出版社,1995年,第290页。

豫各省区,庙会不仅吸引了万荣当地民众,同时也为跨县、跨省更大范围内的民众交往提供了机会。据 1988 年《五台县志》关于五台山六月骡马大会的统计,交易额最低的年份是 1952 年,上市牛、驴、骡、马 2699 头,成交 1480 头,成交额 116 万元;交易额最高的是 1981 年,上市牛、驴、骡、马 21701 头,成交 9118 头,成交额 329 万元[①]。以交易骡马为特色的五台山骡马大会,促进了山陕蒙三省文化交往和地方经济的发展。这种能为农民提供交往机会、能有益于农民身心健康、能为促进地方经济发展服务的庙会比率占有绝对优势,可以预见庙会今后不仅仍然是地方文化资源,而且将继续成为地方经济的重要支柱。

③新生态:商业贸易型

改革开放之后,"文化搭台,经济唱戏"已经成为各级地方政府的共识,庙会文化作为地方文化资源,不仅是乡村精神文明建设的一个窗口,而且正在为激活区域经济发挥越来越大的作用。表现之一,山陕豫乡村庙宇大都建在风光瑰丽、交通方便的名山大川之间,庙宇高超的建筑艺术与壮美的自然风光融为一体,具有慑人心魄的吸引力,旅游和商贸一起成为民众参加庙会活动的重要动机。表现之二,跨县、跨省的庙会常常设置在城乡结合部,在这样的庙会上,城乡的界限已不分明,乡村民众积极参加城镇中的庙会,有时为城市庙会提供表演队伍,庙会成为促进城乡居民互动的输送器,这种城乡之间边缘地带的庙会对农村走向城镇化,进而扩大地缘交往,其意义不可小觑。表现之三,在国家现代化背景下,庙会把商品交易、文艺演出、信息服务、时政宣传融为一起,许多地方推出了"大开放、大经贸、大市场"的庙会文化发展策略,借传统庙会来举办各种各样的文化艺术节,堪称"形式庙会"。例如,2003 年 4

---

① 参见张余《庙会文化概观》,宋孟寅等编《庙会文化研究论文集》,甘肃人民出版社,1994 年 7 月,第 31 页。

月 18 日到 20 日(农历三月十七日至十九日)在万荣县后土祠举行
了癸未年华人公祭后土圣母大典暨中国·运城·万荣首届后土旅
游文化节。山西运城地区连续举办四届关公庙会暨经济贸易洽谈
会,五台山每年六月举办为期一个月的"五台山国际旅游月"。在
顺应文化发展规律、保留传统庙会精华、赋予庙会以全新的内容诸
方面,各地进行了有益的探索,使古老的庙会在促进精神文明建
设、发展地方经济方面重放光彩。

第十一章　社会现代化进程中
的家族村落建设

　　社会现代化是一场伟大的社会实践,是一场由亿万人参与、关系到亿万人现实生存和未来发展的既气势恢宏又曲折艰难的伟大变革。中国社会正处在一个由传统农业社会向现代工业社会的全面"转型"时期,转型社会的特点概括起来主要包括六大方面:一是从产品经济社会向市场经济社会的转型;二是从农业社会向工业社会的转型;三是从乡村社会向城镇社会的转型;四是从封闭半封闭社会向开放社会的转型;五是从同质的单一性社会向多样性社会的转型;六是从伦理型社会向法理型社会的转型[①]。我们清楚地看到,以改革开放为标志的中国社会现代化是首先从农村开始的,社会转型的内容又无一不指涉中国的农村,传统的乡土社会是中国社会现代化的根基,中国社会现代化的进程最终必然要取决于乡村现代化的程度。社会现代化对中国来说来得这样急迫,又必须做出审慎地、周到地选择,与西方国家相比较,西方发达国家的现代化经历了从农业文明到工业文明,再到后工业文明这样一个历时递进的过程;而中国的现代化历程快速启动是从上个世纪后期开始的,经历的是共时共存的过程。中国的社会现代化过程是独特的,它所面临的社会历史环境也是特殊的,这就决定了中国不能重演西方发达国家的现代化发展模式。制定建设有中国特色的

　　[①]　参见邹广义《人类文化的流变与整合》,吉林人民出版社,1998 年 10 月,第 347 页。

社会主义现代化发展战略必须面对中国传统乡村社会的实际,必须发掘传统乡土社会可利用的资源予以整合;必须考察现代化进程中农民的生活以及与之共生的民俗文化心理,进行全面的、深刻的、具有世界历史意义的整体变革,促进中国社会的现代化转型。

一　关于社会现代化

"现代化"是用来概括人类社会近期发展进程中急剧转变的总的动态的一个新名词,《不列颠百科全书》解释为:"指从一个传统的乡村农业社会转变成一个非宗教的城市工业社会。"[①]这是一个偏重于社会学的解释,实质上,现代社会是从农业社会向城市工业社会"现代化"的过程中形成的新社会,它包含着生态、人口、社会、政治、经济、文化以及国际交往等各种因素,在各个方面都有自己明确的指标,工业化、个体性、高度劳动分工和科学合法性是其重要标志,现代化正是人类社会急剧变动过程的统称。社会现代化是一个国家或民族实现现代化的社会变迁过程及其表现出的显著特征。社会现代化体现在社会结构的各个层面、各个领域内,在政治领域,简单的村社权威系统让位于以普选制度、党派制度、科层制度为基础的民主制度;在教育领域,文盲减少,经济生产技能增强,更多的人从事脑力劳动或精神产品的制造;在宗教领域,世俗化的信仰系统代替传统的宗教;在家庭领域,扩展性的亲缘纽带失去控制作用,代之而起的是地缘和业缘关系占主导地位[②]。至于现代性则是"现代化"了的现代社会所具有的特性。

---

① 《不列颠百科全书》第 11 册,中国大百科全书出版社,1999 年,第 281 页。
② 参见寇鹏程《古典·浪漫与现代——西方审美范式的演变》,上海三联书店,2005 年 7 月,第 231 页。

中国现代化的进程走过了一百多年的历史,经历了从无到有、从蹒跚起步到迅猛崛起的探索历程,大体可分为四个时期。

第一个时期,中国现代化的准备期,时间为 1843 年至 19 世纪末,封建社会发生结构性瓦解,以鸦片战争为标志成为中国近代史的开端,也成为中国走向现代化的最初起点,由康有为、梁启超领导的维新运动,是推进中国现代化的一次重大运动。

第二个时期,中国现代化的探索期,时间为 20 世纪初至 1949 年,中国处于半殖民地半封建的状态,其大的背景是争取民族独立,只有实现民族独立才能为进入现代化创造基本前提,这个时期的显著特征是新文化的启蒙和现代政治体制的酝酿。兴办现代工业,建立民主共和制,废除科举制,实行新学制,引进西方科学技术,都是推进现代化进程的重要举措。不过,由于战争等方面的原因,这个时期的现代化速度非常缓慢。

第三个时期,中国现代化试步时期,时间为 1949 年到 1978 年。新中国成立后,社会主义制度的建立为现代化建设提供了前提条件,先是仿效苏联模式,继而进行了一系列激进的社会改革,总体上是以政治运动为核心,而把现代化放在从属的位置上,现代化的模式未能确定下来。

第四个时期,中国现代化全面启动和制度创新期,时间为 1978 年以后,中国以现代化建设为中心,以社会主义市场经济体制的建立为标志,进入了经济、文化、民主全面高速发展的新阶段。

农村现代化是整个中国现代化的有机组成部分和重要表征,在中国这样一个典型的农业社会里,传统村落作为最普遍的基层地缘组织在现代化的浪潮冲击下正发生着深刻的变化,社会现代化与传统村落存在着深刻内在关联。首先,中国由传统向现代的变迁,自始至终最大的问题就是中国乡村社会的改造问题。中国是一个农业社会,农业人口占 80% 以上,农民是我国最大的社会群体,农村则是农业经济的载体和农民的聚居地,因此,要实现全国的现代化,就必须推进农村的现代化,推进传统村落社会的现代化变革。其次,进入新时期,中国为实现现代化而推行的改革便是从农村拉开序幕的,这场将中国全面拉入现代化建设轨道的改革运动从一开始就与乡村紧密地联系在一起,由家庭联产承包责任制引发的农村生产关系的变革迅速波及到农村社会的方方面面,也推动着传统村落的现代化变迁,传统村落正以崭新的容颜显示给世人。第三,探索具有中国特色的农村现代化道路是建设有中国特色的社会主义现代化事业的重要组成部分和有益尝试。在物质文明快速发展的形势下,国家的执政者适时提出了要同步推进精神文明建设,设计出建设社会主义新农村的宏伟蓝图,指出要充分利用中国传统文化中的积极因素为现代化服务。在这种情况下,传统村落作为传统文化不可分割的部分,蕴含着许多符合现代化要求的合理成分,如何挖掘传统村落文化中的健康因子,实现传统村落文化资源的现代转换,对现代化建设有着特殊的意义。

从上个世纪70年代末开始,中国真正走上了农村现代化的探索之路,经过二十多年实践已形成了比较清晰的轨迹,陆学艺先生把农村现代化进程概括为四个步骤:第一步是实行家庭联产承包责任制,这是农村现代化道路的新起点,对促进农村社会结构变迁以及城乡二元对立格局转型有深远的社会意义;第二步发展乡镇企业,为农村小城镇建设奠定基础,最终促进整个国家的工业化进程;第三步建设小城镇,使农村成为工业化的基地,有助于农民走向市场,走向社会的广大空间,消除农村固有的宗族、亲属关系的影响,建立起适应现代化要求的新的地缘与业缘关系,进而让农民走出传统,从生活方式、价值观念、素质技能各个方面向现代化演变发展;第四步,最后实现城乡一体化和区域现代化。这将经历一个长期、艰难的历程,方法上可从沿海地区开始,然后推向中西部①。这四个步骤可称为农村现代化的四部曲,要实现它所蕴含的宏伟目标就必须一步一步完成由传统村落向现代化新农村的转型,放眼远瞻,关隘重重,征途漫漫。

二　传统村落的现代化走向

1. 中西传统社会的差异

传统与现代,乍一看似乎是水火不相容的一对概念,传统村落与现代化的矛盾也是学术界的热门话题,从中西传统社会结构比较的视野看,中西文化差异主要有四个方面。

首先,从政治制度看,中国传统社会实行的是大一统的中央集权,是专制与集权的统一,罗荣渠把它概括为"巨型帝国"式的金字塔结构。金字塔的顶端是皇权;金字塔的中层是庞大的官僚系统,设有对皇帝负责的多层办事机构;金字塔的下层是由乡绅操纵的、以乡村民众为主体的、家族本位的、高度分散的半自然经济社会,构成一个无比宽厚的底盘②。在这样一种政治结构里,皇权与百姓缺乏政治制衡力量,一方面专制达到了极端;另一方面整个乡村处于失控状态,乡民如一盘散沙。这种情形既不同于西方的专制与分权并存,也不同于日本的皇权万世一系,更不同于罗马帝国一再被打破之后又一再得到修复,从而使得中国社会变迁呈现出渐进性的微变模式。

其次,从生产方式看,千百年来中国一直保持封闭式的小农经济生产方式,以家庭为单位,处于男耕女织、自耕自足的状态,这正

---

① 陆学艺《农民问题:中国社会现代化的最大问题》,收入《社会学家的视野:中国社会与现代化》,韩明谟等著,1998 年 9 月,第 59～64 页。

② 参见罗荣渠《现代化新论——世界与中国的现代化进程》,商务印书馆,2004 年 1 月,第 291 页。

是马克思所说的"亚细亚生产方式",在这种生产方式下,单个的人同自己的家庭紧密地结合在一起,独立的在属于他的份地上劳作,获取最基本的生活资料,进而扩大到一个村社内,在村社内部实行一定程序的分工,使整个村社的生活资料从村社内部解决,这种情形在印度和俄国也曾经延续到了 19 世纪,在这种小农经济内部缺乏扩大再生产的动力,也容易形成因循守旧的生活模式,而没有追新求异的内在活力。

第三,从伦理价值来看,传统中国社会是以家族为本位,整个社会构成模式亦为宗族之放大,崇拜祖先,重视血缘传承,个人价值受到贬抑。费孝通先生把这种个人与社会的关系精辟地概括为"差序格局",其本质内涵是,以个人所处的位置为圆心,以父系家庭制度下的血缘关系向外推出去,下至孙子构成一个关系最为紧密的同心圆,再往外推至房和族,构成这个同心圆上的点,"我们社会中最重要的亲属关系就是这种丢石头形成同心圆波纹的性质",这波纹"一圈圈推出去,愈推愈远,也愈推愈薄"。"在差序格局中,社会关系是逐渐从一个一个人推出去的,是私人联系的增加,社会范围是一根根私人联系所构成的网络。"[1]在这样的血缘宗族社会里,民众个体确立的是以"忠"、"孝"为核心的伦理价值观,是"入世"的人生态度。而西方是宗教社会,西方人对待宗教不像中国人只是从功利的目的出发视之为附属物,他们视宗教为神圣的上帝,西方中世纪曾存在着雄厚的宗教势力,教会是足以与世俗王权相抗衡的力量,这样就形成了政教分立的二元社会系统,整个社会被分为两个权力中心。

第四,从人际关系看,中国传统社会的人际关系是先赋性的,一个人在家庭中所处的角色、地位是预设好的,民众个体只能被动接受。即使是婚姻关系,虽为后致的"获得性"关系,然而一旦男女

---

[1] 费孝通《乡土中国 生育制度》,北京大学出版社,1998 年 5 月,第 26—30 页。

双方结缘联姻就再也不得改变,俗谓"嫁鸡随鸡,嫁狗随狗"。由这种先赋关系推及到社会就构成了人伦、人缘、人性三位一体的人际关系模式,形成了看重关系、依赖关系的"关系取向"。而西方的人际关系是后致关系,每个民众个体可根据自己的兴趣、意愿、需求、价值取向自主地与他人交往,他是一个独立的个体,而不依附于任何一人,这种后致性的关系表现在法理上是一种契约关系,更具理性和现代性。

2. 传统村落的现代转型

中西方不同的历史道路和国情决定了其社会结构存在着明显的差异,所以在实现传统村落的现代化进程中,照搬西方的模式是行不通的。中国村落的现代化,要从中国的国情、村情、民情出发,总结其本质特征,探索其现代转型,主要包括以下几个方面:

①从伦理社会走向法理社会

中国传统村落一个重要的特征就是家族统治,在漫长的封建社会,国家政权的力量只延伸到县一级,没有能力渗透到山村乡野,所谓"王权止于县政",中央对基层社会的管理依赖的是乡绅和村落里普遍存在的宗族组织,乡绅也是各自家族的代表,代表着国家和家族处理着乡里日常生产生活事务,乡村内部形成的一套约定俗成的习惯法与伦理观协调着各个社会群体的关系,家族从本质上成为维持乡村秩序和谐运行的重要力量,宗族管理下的村落社会呈现出浓重的人治和伦理色彩,正如梁漱溟所概括的那样:"在中国,从家庭生活的需要而产生了伦理,伦理本来是指家庭骨肉关系说的;可是中国的伦理关系,则不单限于家庭,它是社会上一切关系都伦理化,把骨肉之情,推而及于社会上一切有关系的人。"[①]正是这种由家庭到家族再推及整个村落社会的伦理原则,使

---

①　梁漱溟《中国社会的构造问题》,《梁漱溟全集》第 5 卷,山东人民出版社,1990年,第 1855 页。

得传统村落成为伦理本位的社会。村民的日常交往、亲友的馈赠、祭祀的礼仪、婚娶与丧葬的各种程序等无不是在伦理关系的氛围中展开的,在村落文化里,乡民的日常生活均打上了特定的宗族关系烙印,富有鲜明的伦理情调。

现代化以地缘和业缘社会组织为标志,农村现代化的推进,打破了传统的社会结构和统治秩序,也冲刷着传统村落的旧有面貌,尤其是新中国成立后历次政治运动对作为家族势力象征的祠堂、族谱、族规给以摧毁。然而,作为家族势力根基的血缘关系和家族意识并没有从根本上动摇,反倒在新时期再度复兴。今天,在国家建立民主法制社会浪潮的推动下,要抛弃其带有封建性的家族礼法和私有观念,利用其注重亲情伦理,看重人际关系和谐等因素,逐步实现由传统伦理社会向现代法理社会的过渡,把村落建设纳入法制化的轨道。

②从封闭保守走向开放创新

传统村落是一个封闭的社区空间,村子里的居民世代居住在同一片土地上,固守土地,以农为业,春种秋收,周而复始,缺乏流动性。用于耕种、排灌、运载、收割的生产工具也是世代相袭,少有变化,犁、耙、耕、锄、播、收、"晒场"、"起场"、"搭垛"等生产操作习俗也沿用千百年,敬祖、祭祖、婚丧嫁娶、年节娱乐等习俗长期保持着旧有的仪式风貌,缺少变革创新的内在动力。这种生产和生活方式决定了乡村民众在民俗性格上形成了恋乡土、求安定、重依附、尊传统的保守性格和经验主义的从众心态;在文化传统上形成了向后看的"后喻文化",即未来的重复过去的,在生产生活上经验性的传递方式占据着绝对的统治地位,在文化代际传承中永远是后人学习前人。这种"后喻文化"对文化的传承具有两面性,一方面使农业社会里保存在老一辈手中的宝贵经验得以一代代传承下来;另一方面又模塑了民众因循守旧、凝滞保守的文化心态。

在传统的村落里信息是封闭的,李银河认为,信息共享是村落

文化的一个突出特征,在村落群体中"每个人对群体内其他成员的
情况都谙熟于胸;发生于这群人之间的一切事件都不会逃过每个
成员的视野"①。这一特征形成的根本原因是,村民们缺乏了解外
部世界广泛信息的畅通渠道,出于对信息需求的强烈欲望,人们才
会对村落群体的内部成员投以异乎寻常的关注,村落群体中任何
一员的细微变化都可能成为其他成员街谈巷议、评头品足的内容。
一句话,村落内部信息的通达源自与外部世界的隔绝,在传统村落
这一狭小的地域空间长期定居的生活造就了村民内向封闭的群体
性格。

美国当代文化人类学家 M·米德(Margaret Meed 1901—1978)
在研究文化传递方式时概括出了"三喻文化说",她说:"我现在用
后喻的(Postfigurative)这个词来指未来重复过去,同喻的(cofigura-
tive)表示现在是未来期望的指导,而前喻的(prefigurative)则表示
这样一种文化,在那里长辈必须向孩子学习那些他们从未经历过
的经验。"②按照她的理论来分析,中国传统社会基本上沿袭的是
"向后看"的后喻社会与文化,而西方较早地进入了资本主义和工
业文明时代,与飞速发展的社会相适应,其文化传递方式主要表现
为同喻的和前喻的形态。中国 1978 年以后加快了农村现代化的
步伐,现代化摧裂了农村与城市坚固的屏障,其主要表现是,其一,
农村家庭承包责任制的落实改变了农村产业结构,极大地提高了
农村生产力,将大批农业人口从土地上解放出来,农村人口开始向
城镇或大城市流动,频繁的人口流动打破了村落传统的生活模式;
其二,广播、电视、电话等现代通讯手段的使用,将广泛多样的信息
传入村落;其三,国家对户籍管理的放宽和农村教育的扶持,打破

---

① 李银河《论村落文化》,《中国社会科学》,1993 年第 5 期。
② 参见朱希祥《当代文化的哲学阐释》,华东师范大学出版社,2006 年 1 月,第 46
页。

了城乡二元对立的格局,更多的村落成员走向城市求学、打工、求职,村落与村落、村落与城市之间的人口流动日益频繁,村民获得了走出村落小天地进入外部大千世界的机会,也将外部先进的文化与技术带回了村落,转型期的村落已是今非昔比。

③从家族群体走向家庭个人

传统的村落与家族有着密切的联系,村落生产生活的诸多方面都要受到家族制度、家族文化的影响,家族对每一位家族成员来说,不仅是血缘共同体、文化共同体,而且又是利益共同体、政治共同体。村民的一生都与家族群体联系在一起,家族是其首属群体,家族成员也是其先赋角色,他们从一生下来就固定在村落的小圈子里,个人的行为、意识始终受到家族制度的制约,受到家族长辈的管束,而无法选择表现自我、自由自在的生活方式,如果把乡村农民与城市市民作个比较,"可以这样说,市民是孤立的人,农民是群体的人;市民是可以独往独来的人,农民是在群体监督下的人;市民是自由的人(在选择生活方式上),农民是受束缚的人"①。家庭成员的被"束缚",不仅在于家族有严格的族规族法等家族制度,还在于它是传统社会里生产生活的基本社会单元,承担着一定的政治与行政的功能,是家族成员物质生活的主要依托,也是他们寄托情感、慰藉心灵的精神家园。

现代社会的一个重要特征是以个人为社会结构的基本单位,而不是将群体或群落作为基本单位。中国的社会变迁为乡村民众走向社会、发挥个人才能提供了舞台,1949 年以后社会主义制度的建立,使传统家族从根本上改变了原有的组织特征和社会功能,家族丧失了惩罚奖励族员的有效权力,家族的修谱、祭祖也不再具有往日的神圣和权威,家族对其成员来说更主要地体现为一种文化

---

① 李银河《生育与村落文化》,中国社会科学出版社,1994 年 5 月,第 83 页。

共同体,而非利益共同体,更不是政治共同体①。1978 年改革开放以来,建立法制社会成为人心所向,个人权利不仅得到法律的认可,也得到了社会的认可,民众个体尤其是女性成员从家庭、家族中真正独立出来,中国社会已开始从家族主导的群体社会向个人为基础的社会转变。在对个人独立和民众权利确认的基础上,乡村普遍实行村民自治、民主选举、现代法制,为民众个体的自由发展提供了制度保证。

三　现代化进程中的传统村落重建

1."后现代性"思想的启示

"后现代性"与"后现代"、"后现代主义"有密切联系,它们产生于 20 世纪 60 年代,经过 70 年代与 80 年代的发展而影响到全球,成为人们谈论的热门话题。一般来说,"后现代"是就西方如今是否进入"后现代社会"、"后现代时代"的社会变迁方面的讨论;"后现代主义",是当今世界上流行的一种文化思潮,美国的詹姆逊把它看做"晚期资本主义的文化逻辑",强调后现代理论是建立在对资本主义社会发展阶段进行分期的基础上而提出的,"后现代"、"后工业社会"即晚期资本主义社会生活中的主导性文化形式;而"后现代性"则是偏重于认识论意义上的,以福柯为代表,倾向于把现代性当作一种"态度",作为一种思想与行为的方式,标志着某个时代的精神气质。可见"后现代性"本身是一个包含各种不同的思想倾向和理论主张的共同体,其中有的强调与现代激进的断裂;有的把后现代解释为现代性内部的一种变化、现代化的另一种样式;有的则对后现代也持怀疑悲观的态度,认为后现代社会面临的是

---

①　参见项继权《家族的变迁与权治的转型》,《中国农村研究》2001 年卷,中国社会科学出版社,2002 年 5 月。

一个人口过剩、种族灭绝、环境破坏、大灾变的、社会秩序紊乱的时代①。在"后现代"的旗帜之下,它们的共同之处就是对现代性的批判,对理性主义的批判,对多元化思维的追求,后现代作为一种思潮或者批判方式在社会、思想、文学艺术各个领域风行久远。

后现代性的思想价值主要表现在对"现代性"、对工业社会的忧虑及反思。在社会领域,认为现代性早期阶段强调理性、科学、民主、人性、合理性,而越往后发展,其消极性就暴露出来,社会意义的丧失、自由的丧失、魅力的丧失,造成了大量的风险性和不确定性。现代信息社会远距离的作业越来越普遍,作为与大规模计算机配套的全国性数据库,使得获取个人档案越来越容易,这直接威胁到个人隐私,甚至个人自由。在经济领域,技术与经济的重构促进了社会发展的速度,但与之相随的高失业率成为现代社会一个挥之不去的痼疾,终生职业、充分就业、工业保障等概念成为遥远的记忆。在文学艺术领域,黑格尔最早发现了"现代"给人类带来的困惑,在他看来,现在的人们只安心于此岸的物质世界,而不关心彼岸的精神世界,精神的萎顿带来的是世俗性、散文性,反破坏了"诗的时代"。尼采认为在现代工业文明社会里,人们只拼命追求物质财富的享受,这造成了人自身感性肉体的羸弱,所以他强调感性生命,肯定原始生命张力。海德格尔则把现代看做一个"世界图像的时代",即世界被把握为图像,把世界作为图像来看待,世界作为一个存在者整体被人所"摆置",强行纳入一种人与自然、我与物、主体与客体的二元分离的关系之中,世界成为一个放在人面前供人认识的对象,这样人作为主体,世界成了图像,万物被蒙上了阴影,人的存在意义也被遮蔽,与此相关联,科学技术的"座架"本质,使人类凭借技术向大自然蛮横的逼近、强索,使得这个世界

---

① 参见陈喜明《现代性与后现代性十五讲》,北京大学出版社,2006年4月,第135页。

诗意全无,"无家可归"成为现代人生存状态的写照,他期盼着人能够"诗意地栖居在大地上"。正因为如此,马克斯·韦伯对现代性也深感失望,他认为在现代社会里,工具理性与价值理性分离,造成了工具理性泛滥,世界又被"祛魅",现代化的进程就是世界的"祛魅"过程,其结果导致了人类终极的、最高价值的迷失。

"后现代"理论的代表人物分别从社会、哲学、文学艺术等学科角度对"现代性"予以反思或批判,人们在思考"现代性"、"后现代性"的同时,自然地要找到传统的象征、前现代的文本——乡土村落作为参照,来思考乡村与城市、传统与现代深层的内在关联。在这里,乡土村落不仅是一个地理空间、生态空间,同时也是一个独特的文化空间,在由全球性和现代性组成的横向与纵向的坐标上,乡土村落与之发生了微妙的关系,其占据的位置再度受到人们的重视,乡土村落无疑成为中国现代化这座"金字塔"的根基。

2. 后沟村:农耕文化区古村落的典范

山西省榆次市东赵乡后沟村是近年来国家抢救非物质文化遗产工程中确定的古村落的范本。2002年10月,中国民间文艺家协会主席冯骥才组成了一个考察小组,成员有民俗学家、辽宁大学教授乌丙安,民间文化学者向云驹,中央美院教授乔晓光,山东工艺美院教授潘鲁生,民居摄影家李玉祥,民俗摄影师樊宇、潭博等,对后沟村实地采样考察。他们认为,国家抢救民间文化、进行文化普查需要有统一标准、统一形式,而后沟这个地处黄土高原、民风淳厚的小山村具有中国民俗村落的典型特征。正如冯骥才先生所说:"从物质到精神他们都是有滋有味和自给自足的。这才是农耕文明一个罕见和地道的村落典范! ……这个极具个性、气息非凡的小村落的深层一定蕴藏着更丰富和独特的文化信息。"[①]经过详细的考察论证,后沟村被确定为全国性民间文化普查抢救中唯一

① 冯骥才《榆次后沟村采样考察记》,《收获》2004年第4期。

的古村落调查范本,对农耕文化区古村落研究具有典型、示范意义。后沟村作为古村落的典范,其民俗文化特征以及在社会变迁中的未来走向是我们关注的重心。

①和谐的区位空间建构。"空间"在社区民俗文化研究中有两层含义,一是指有形的"空间",包括村落形态、职能、构成要素、结构等,它是一个客观、外在的封闭系统,称之为"区位空间";二是指无形的"空间",包括信仰、习俗、经验、行为等,是一个开放的系统,依靠习俗、道德、礼仪、伦理等精神的作用控制一定区域的民众,称之为"精神空间"。传统的家族村落不仅在外部特征上呈现为独立的空间系统,而且从文化意识层面制约着民众的日常精神生活。后沟村全村仅有 251 人,75 户人家,高低错落地散布在黄土高坡上,整个村子的布局暗合八卦的内涵,村口一左一右两座土山,恰似青龙白虎围拢上来,身居其中给人以安全吉祥的感觉。村内的民居多为清代至民国年间建造的窑洞,其形式有靠崖式、下沉式以及独立式,院落主要是传统的三合院、四合院,合计 32 处。这些民居大都是充分利用自然地形,就地取材依靠当地资源,追求最经济实惠的效益,同时达到人与自然的和谐配合。从该村民居中保存的两副神龛对联可以看出后沟村民众的亲土性和自然生态观,一副是"地载山川水,天照日月星",横批写着"天高地厚";另一副为"土中生白玉,地里出黄金",横批是"人勤地丰"。这其中凝聚着民众对人与自然关系的思考与认识,在对自然的朴素体认中,反映出对土地的崇拜、感激、敬重的态度,昭示着人类与大自然"生命一体"的生态理念。最令人叹为观止的是后沟村的排水系统,该村最高海拔 974 米,最低 908 米,相对高差 66 米,坡度较大,民居又相对松散,这样的地理条件极易造成洪水排放时的污染或水土流失。后沟村的先民们因地制宜,建造了令人称道的兼具实用性与科学性的排水系统。在每家院子的西南方向都有一个小的排水口,下水全部使用暗道,各户的分道通向总道。这样,山顶院内的积水就

可顺流而下汇到最低处,最低处有几个用石块砌成的渠口,从渠道口流下去,进入另外几户人家的院落下面,在相对低的地方又设几个入水口,让第二高度的几户人家院子的水流入,依次渐下,最后汇集到全村最低处的大水渠,排入龙门河。这样,明渠与暗渠相结合,有效地防止了雨水冲毁山道,避免了雨水对山体的破坏,既具有很强的防洪功能,又应合了"明走暗泄"的民俗讲究,难怪一些专家评论说,这里的排水系统可以和一流的水利专家设计的工程相媲美。

②自治的社会组织系统。后沟村是个杂姓村,其中张姓47户,范姓15户,侯姓4户,贾姓、刘姓、韩姓各3户,最早在这里扎村的是张氏家族和范氏家族,两个家族的族谱均已遗失,据张氏族人回忆,张氏族谱50年前丢失,但从年节时供奉的"家堂"上尚可推算出至今已有30代,可以肯定后沟至迟到了明初已开始建村。张氏家族发展到第五代时人丁渐多,导致房桃分立,按居住的片区分为南窑股、北窑股、圪老院,南窑股的几个兄弟为清、定、美、路;北窑股四个兄弟叫贵、枝、同、扒。最初这些不同的分支都居于村落的不同方位,到后来形成混居状态,其家族的排列顺序为"家"、"院"、"股"、"祖先",张姓族人和其他姓氏的族众能够和睦相处,这大抵是由于长期的杂姓聚居使得各个家族相互应合,不得不接受和平共处的交往方式。

村长由全村选举,张姓、范姓都曾有人担任此职,现任村长是贾姓族人。在村民的记忆中,村落纠纷的解决沿袭了古老的习俗,村民之间有了纷争,自己解决不了就跑到位于村落中心的玉皇庙敲响悬挂在正殿屋檐下的一口钟,然后村长前来裁定,不论结果怎样,当事人都没意见。分析其中的原因,一方面是村长具有一定的权威性;另一方面,玉皇殿作为公共场合,裁判时有神祇监督,其结果就带有神判的意味。

后沟村村民恪守着自耕自足的古老生活方式,遇有灾年,他们有一套特殊的应对措施。在观音庙下厢房右边的仓库里放有两个俗称为"川"的粮囤,专门用来存放谷子,这是该村的库存粮,一个"川"可存谷1500斤,两个"川"合计3000斤,作为全村人的储备粮、救急粮。这些粮食一般不外借,只有遇上灾年,或个别家庭在青黄不接时断了粮可以借给,规矩是借走多少,当年秋后还多少。那么,如果久无灾害,存放的粮食发霉变坏怎么处置呢? 这不用愁,距该村40里的榆次城旧时有制造饴糖的作坊,其原料就是谷子,而且越陈的谷子越好,所以后沟村"川"里的陈谷子拿到饴糖作坊变换,不仅可以换回新谷子,而且还可多换点,补回社仓的库耗。用现代的眼光来看,社仓中的存粮正具有公益和保险的作用。

③神圣的精神空间创设。对神灵的虔诚膜拜,对祖先传说的笃信以及多种形式的民俗教育的潜在进行,构建起了后沟村古村落的精神空间。后沟村民俗信仰有着强烈的功利性和包容性,民众们崇信的神灵很多,形成了儒、释、道相互包容的泛神信仰。村子里自古流传着"东有文昌庙,西有关帝庙,南有魁星庙,北有真武庙"的说法,现在保存下来的仅有村口的观音堂、村内的菩萨殿和古戏台以及村南面的关帝庙。

观音堂是后沟村最大的一座神庙建筑,正殿面阔五间,正殿以下有东西厢房。观音殿内塑有十八手观音圣像,还绘有水月观音,四大天王、天龙八部和二十四诸天等佛教故事的壁画。在观音堂内现存五通碑刻,最早一通为《重修观音堂碑记》,时间标注为大明天启六年(1626)岁次丙寅七月吉日。第二通是《重修碑记》,年代漫漶不清,署有附近阔子头村生员郭峻撰文。第三通是《新建左右耳殿并金妆庙宇碑记》,时为清乾隆四十一年(1776),另有《修路碑记》《重修月亭碑记》,这几通碑不仅证明了观音堂创建的历史之久,而且也说明了历代村民对观音倾注了极大的热情,观音深得当地民众的信奉。

后沟村村民还信奉掌管人间雨水的神灵——龙王,这是因为黄土高原十年九旱,农民们世代代靠天吃饭,雨水的多少决定着粮食的丰歉。每遇旱灾,人们都要向龙王祈雨,其方式有文祈和武祈两种。更有特色的是,相传龙王的老婆是附近龙田村人,所以后沟村与龙田村结为"神亲",两个村通过这个传说进一步密切了村际关系,形成一个更大的地域间协作单位,由于共同的区域信仰使两村一直保持着友好、互助的关系。除了观音、龙王之外,土地、关公、三官、三霄也是民众崇信的神灵,反映出民间信仰的兼容性和泛神性。后沟村在长达数百年的乡村社区发展过程中,适应农耕生产和乡土传统的需求,形成了独具的信仰体系,这些民俗信仰通过耳濡目染以及岁时、神诞的仪式作用着每一位民众,并内化为一种民俗品质,长久地影响着村落民众,村民们在黄土高原这块土地上、在朴实天然的生存环境中传承着属于自己的文化。

农耕文化区山地型古村落后沟村是一个相对封闭的生存空间,这个空间由特定的区位空间、精神空间和世俗生活组成,形成村民共同的文化传统。后沟村是一个文化生态保持相当完整的古村落,将它作为村落文化的标本进行深入研究有着重要的学术价值和社会价值。

3. 传统村落民俗文化资源的现代转换

乡土村落历经千百年的延续,一方面积累了富有地域特色的传统习俗、日常生活经验、民众生活策略;另一方面又受到传统小农经济影响,形成了凝滞保守的生活方式,不利于民众主体意识和创造能力的发现,在社会现代化进程中成为文化阻滞力,产生了负面效应。现代化是人类社会发展的崇高目标,但是,正如后现代理论家所指出的那样,政治、经济、科学技术的发达推动了社会的急速发展,同时也带来了人的异化、焦虑、孤独、无家可归,人们普遍陷入了失去"精神家园"的困惑。因此,我们认为研究社会发展的规律,必须纠正线性观点和片面化观点,要树立一种整体的观念,寻求传统与现代的对接,在二者互动中求得社会的和谐发展。在社会现代化进程中,乡土村落有许多宝贵的资源可资借鉴。

①乡土村落的生态观念。生态文化是"指人类处理人与自然以及由此引发的人与人关系的基本立场、观点和方法,是在这种立场、观点和方法指导下人类活动所取得的积极成果的总和"①。广义的生态文化包含人与人、人与社会、人与自然和谐共存的深刻内涵,山陕豫乡土村落的民众们在长期的生活实践中积累了一套保护环境、合理利用资源的传统知识,他们在对自然界的直观体验中认识到了自然与人类生存及与社会发展的密切关系,这些原生型的生态意识尽管带有自发性、素朴性特征,但其中蕴含了人与自然和谐共存的意识,对地方社会的可持续发展至为重要。黄河中下游的民众们根据黄土高原水土流失地带的自然环境,认识到自然界各要素之间的内在关联,古村落从选址到布局都强调与自然山水融为一体,大都具有枕山面水、坐北朝南、植被茂盛的特点,有着显著的生态学价值,可以合理利用地理优势,充分吸收光照,利于生产生活,可以更好地调节村落小气候,人与自然同生同息,建构起一个充满生机的聚居空间体系。

②村规民约的民俗控制功能。法国早期社会学家杜克姆曾用"集体表象论"理论来概括习俗惯制对于民众的影响力,他认为集体表象(或被译为集体意识)对于个人来说具有强制力量,其范畴包括宗教、法律、道德、教育、风俗和习惯,这些都具有对民众个体的束缚作用②。其实,在传统的乡土村落,对民众个体约束力最强的还是村规民约。村规民约是乡村民众在长期的生产生活实践中自发生成和整理的,是对该村民众形成约束力的禁约、惯例、成规等行为规范的总和,它与国家法律相比较,有明显的地域性、自治性,适用上受到特定地域群体、人情天理的影响,强调与世俗伦理、

---

① 参见单保庆《生态文明观的演进与可持续发展》,《生态经济》,2001 年第 1 期。
② 参见乌丙安《民俗学原理》,辽宁教育出版社,2001 年 1 月,第 136 页。

道德、宗教、信仰、禁忌结合，将惩罚与教育互补；而国家法律具有强制性，是适用于更大的地域范围乃至全国的。以村规民约为核心内容的习惯法是一种"准法律制度"，正是这些习俗惯制规范着民众的行为，保护了既定的生存环境和社会秩序，事实上发挥着现代法的作用。在山、陕、豫的许多村落或较大的地域群体内部创制了一系列带有生态保护倾向的乡规民约，例如，山西蒲县东岳庙现存有清康熙三十四年（1695）《禁伐山林碑》、清道光二十六年（1846）《东神山禁伐松柏树碑记》，当地还流传着这样一个传说：清末民初政治腐败，社会动荡，乱民滥伐东岳庙周围的林木，县府屡禁不止。民国四年（1915）时任知县石映棨急中生智，借神灵显圣，梦中赐对联于县人曹棨秀、冀向魁，并在农历三月二十八日举办庙会期间，亲笔书写一副对联，悬于东岳庙天王殿大门两侧明柱之上，联曰："伐吾山林吾无语；伤汝性命汝难逃。"当时百姓云集，争相传阅，神威震慑了民众们，从此，滥伐山林之风敛迹。该传说又演绎出许多民间口承作品，构成了系列传说故事。当地民众讲述，民国二十七年（1938）日军侵占蒲县后，焚烧县城，准备继续烧毁东岳庙和柏山森林，只因看到这副对联，慑于神威而作罢。至于刁钻乡民砍伐神山树木遭报应的传说更是广为流传。我们认为，这些传说故事为生态环境的有效保护提供了智力支持，有这些世代传承的故事教化民众，再加上严格的管理，制定出相关的森林法，依法护林，做到外在的法律惩戒与内在的道德约束相互结合，相辅相成，地方环境保护就会开展得更好。可见，村规民约为代表的习惯法是现代法律形成的基础，尤其是在当代中国，新的村规民约是官方与民间、国家与社会博弈、碰撞中的产物，二者有着内在的契合，在实现由伦理社会向法理社会转型、以法治国的进程中，积极利用民间习惯法中的合理成分促进乡村自治，是正确的选择。

③村落内部互助协作的意识。在乡村史研究中，有人对传统

乡土村落提出了"乡土和谐论"的解释模式,即"把传统村落视为具有高度价值认同与道德内聚的小共同体,其中的人际关系包括主佃关系、主雇关系、贫富关系、绅民关系、家(族)长与家(族)属关系,都具有温情脉脉的和谐性质"[①]。在漫长的封建社会里,国家政权的力量只能延伸到县一级的情况下,乡土村落正是靠高度自治来维护乡村社会秩序。这种解释创设出一种"后现代"的佳境,对乡土社会不无浪漫的、夸张想象的成分。但是,我们也应该看到千百年的中国社会变迁是"治"、"乱"交替进行的过程,除过风起云涌的农民起义引起的动乱岁月,在治平的年代里,乡村社会有自己约定俗成的一套秩序使之正常运行,生活在社会底层的乡村民众固守着男耕女织的小农经济模式,在统治阶级的横征暴敛和一次又一次的自然灾害摧毁下十分孱弱,同时又有顽强的生命力,不断地被摧毁,又不断地滋生、复苏、延续,这皆缘于乡村民众为了摆脱困境、免遭毁灭、求得生存而自发地以各种方式展开的互助互救活动,形成了团结协作的民俗传统。乡村民众协作的内容与方式通常包括生产中的农忙换工互助(陕北、晋北俗称"变工");农户盖房起屋和承办红白喜事;生活上的集资救助;全村性的公共设施修建;设立义仓,成立会社等。村落居民协力互助的习俗世代相传形成惯制,成为乡土村落的良风美俗,这种情形在经济较为落后、信息相对闭塞的山陕地区多姓杂居村落表现尤为突出,随着社会的变迁,这种互助逐渐突破了族内救济,扩展为地缘群体内的相互扶持。由血缘走向业缘,由家庭生产单位扩展为地缘生产群体,是乡土社会文化转型的重要标志。地缘群体协作的传统对民众个体摆脱家庭、走向社会、实现家庭服务社会化有着现代意义。

　　④家族村落中的伦理精神。伦理精神的产生并非偶然,以宗

---

　　① 参见秦晖《传统十论——本土社会的制度、文化及其变革》,复旦大学出版社,2003年10月,第64页。

法血缘为纽带的乡村伦理系统能延续千百年是有其深厚文化土壤的。以农业为主体的生产方式,使祖祖辈辈的乡村民众生活在同样一种相对稳定的生活环境中,家族组织可以在这种稳定的环境中繁衍和扩大,家族伦理精神既是族长统治家族成员的思想武器,也是家族和睦的根本保证。家族伦理的基本范畴孝、悌、忠、仁、义、礼、智、信等都是在宗法体制下孕育产生的,这种宗法色彩扩布于中国社会的各个层面,在社区生活中,经验主义、教条主义、人情关系、裙带关系渗入到各种社会活动领域;在国家社会的各个领域,历代统治者提倡移孝为忠,由父为子纲推及为君为臣纲,忠成为孝的延伸,形成一种扩大化的泛家族主义。这迥异于西方伦理道德中以正义、幸福、勇敢、智慧、信念、义务等为基本范畴,以个体品性的发展为标准的价值体系。以宗法伦理精神为内核的文化其特征是表现出极强的封闭性、重复性与自在性,使乡村社会变迁的步伐迈得过于沉重。但是,现代化和市场经济也有其负面效应,它在一步步斩断人对土地的依赖、对亲情血缘的凭依的同时,技术精神和人本理性也改变了民众自在自为的生活方式。我们的思考是,在社会现代化进程中,应通过文化启蒙和现代教育,使乡村民众在吸取保持传统伦理精神中有益成份的同时,逐步接受适应现代工业文明的价值观念,形成对传统伦理精神的改造与重建,以全新的精神面貌投入到现代化建设中去。

传统村落是中国农民世代生存的家园,也是现代化无法切断的根脉,在实现社会现代化过程中,一方面应该积极借鉴西方先进的思想和技术,尽快加强综合国力;另一方面也必须保持清醒的头脑,立足本土,从中国传统村落社会里去发现民众的生存智慧和生存策略,实现传统村落民俗文化资源与现代社会的对接、转型,促进乡村社会可持续发展,未来的社会主义新农村展示在世人面前的应该是一幅幅人与自然、人与人、人与社会共生共荣、平稳和谐的美丽图景。

下编　个案研究

第十二章　晋南农耕文化区的家族习俗
——新绛丁村高氏家族制度的个案研究[*]

　　新绛古称绛州,位于晋南汾河下游,属典型的农耕文化区。这里千百年来形成的民俗文化内容丰富,颇具特色。在家族制度方面更是礼多俗重,十分讲究。晋南历史上有著名的闻喜裴氏家族、襄汾丁氏家族,而随着历史的演进,这些家族的祠堂、民居、族谱等已成为历史的陈迹,供世人观赏,真正意义上的家族文化淡薄了或曰消逝了。然而,在新绛丁村却有一高氏家族不但祠堂犹在,而且族风依旧,他们共祀一祖,共祭一家,跨过家庭的边界,所有高氏家族的成员在同一血缘关系上组织起来,遵照一定的族制族规和睦地生活着,家族意识占据着每一位族员的精神世界。这种家族在晋南农耕文化区颇具典型性。高氏家族的族风族俗为何能延续至今? 其内部组织结构又是如何? 宗族观念怎样影响着人们的行为方式? 依照民俗学田野调查的科学方法,全面调查新绛高氏家族制度,无疑对回答上述问题,对研究农耕文化区家族文化的特点及其变迁有着重要的意义。为此,我们对新绛丁村高氏家族制度作了专项调查,以便为家族文化的深入研究提供实证。

---

　　[*]　本部分发表于《民俗研究》,1997 年第 4 期。

一 高氏家族的渊源、发展及其生计手段

新绛丁村位于山西省新绛县城关镇西二十里，以村内多丁字街而得名。该村有高、杨两大姓，其中高氏家族族风古朴，源远流长。

高氏家族究竟何时迁入该地？来自何处？从研究高氏家谱的谱系入手该是一条捷径。

高氏家谱首页载有："稷山白池，始祖高十，字报中，三子焉腰、智廉、和庆……，陕西蓝田苜宿沟三支世冒，…十二世陞移绛州。"①由此可见，高氏始祖为山西稷山人，后来其中的第三支从高世冒起迁移到陕西蓝田苜宿沟，传至十二世的高陞又移居山西绛州。家谱上还写着："十四果。"很明显，这是从始祖高十往下推算，传至高果为十四世。再翻阅高氏家谱第二页，清晰地书写着："头支一世有原、有名、有鸾，二支一世祖宗，三支一世祖宗，四支一世高果。"这就告诉我们，高氏家族至第十四世移居山西绛州丁村，共分为四支，其中除二支三支没有记下姓名外，头支的高有原、高有名、高有鸾和四支的高果分别为头支和四支的始迁祖（即迁移到新绛丁村的第一代）。

那么高果是在何时迁入新绛，高氏家族产生于何时呢？家谱并无详细记载。不过，新绛丁村高氏家谱是以四支一世高果为第一代的，距最近一次即1993年的高氏修谱，从始迁祖高果算起，已传至十五世。若以三十年为一代，向上推十五世即450年，那么高果徙居绛州的时间当为1543年，因而可以初步判定高氏先祖入居新绛丁村的年代为明嘉靖年间。若要追溯整个高氏家族的起源，可再上推十四世（因为高果从始祖算起为十四世），那么高氏家族

---

① 见《高氏家谱》。

的始祖生活年代为 1123 年,也就是说,约在北宋宣和年间高氏家族就已生存繁衍了。

入居新绛丁村的高氏家族共四支,头支一世为有原、有名、有鸾三兄弟,四支一世为高果,二支、三支直至五世方有名字,二支五世为松旺。三支五世为足金、足银①。高氏家族发展到清乾隆四十七年(1783)时,族属庞大,人口繁盛,据家谱载,当时仅第一支八世,名字排在景字辈的就有 44 人。到光绪二年(1877)之际,发展到鼎盛时期,一支十一世已有 63 人,而总人数达五百余人。

高氏家族重视耕读传世,务农为本,同时以入仕为教养宗旨。他们一方面竭力扩充田亩,另一方面注意加强对子女的教育,以求有饭吃,有书读,有官做。但是,正如清代知州宋敏求所言:"河东举子性朴茂而词藻不工,故登第者少。"②事实确是如此,据高氏家谱记载,高氏家族的第一个登第者为清代乾隆年间四支十一世的高登甲,也不过是个州判生六品衔,后来其子逢午也得了个六品衔,次子逢泰作了监生,沾的是父辈的光。同治年间,四支十二世高云鹏中武进士,算是高门的显赫者了③。其余都默默无闻,日出而作,日落而息,埋头躬耕而已。高氏家族成员重视置田买地,扩大耕种面积,靠农业加大经济实力。以一支十一世高日清为例,仅同治至宣统这几十年内,与其子尔垣、尔墇、尔坦、尔诚除在本村购地百余亩外,还在近邻的辛堡、东韩、古交、周流、刘村等地置地一顷有余,仅此一个家庭就占地约 300 亩左右④,土地或地租收入是这个时期高氏家族生活的重要条件。

除此而外,高氏家族的手工业也有一定的发展,因村东的一股

① 见《高氏家谱》。

② 见《新绛县志》(1990 年版,内部资料),第七分册第二十六卷教育篇,第 1 页,第 7 页。

③ 见《高氏家谱》。

④ 此资料是笔者在实地调查中,由 72 岁的高全锁老人介绍的。

泉水自北向南流入汾河,沿途多有芦苇生长,族众便用芦苇编织苇席,用以铺炕或围起来做粮囤,除供自己使用外,更多的是拿到村镇的集市上出卖,编织业成为高氏家族补充经济来源的不可或缺的项目。

总之,高氏家族从徙居绛州至今的数百年间,尽管历史的发展沧海桑田,风云变幻,而其族众们一直过着较为安逸平稳的农耕生活。

二　高氏家谱的组织系统

每个封建家族内部都有十分严密的组织系统,高氏家族也不例外,其组织系统颇具特色。

一般的家族组织多是设有族长,所谓"族有长,尚尊也"[1]。而且族长是一家族的最高首领,"族有宗长,犹国之有相臣"[2]。在这种组织系统内,族长有极大的权力,如主持祭祀祖先的仪礼,管理族田收入及族中其他产业,解决族人分家析产问题,受理族内户婚、田土纷争等纠葛,对违犯家法族规的族人实行处罚等,所以族长成了高踞于全体族众之上的主宰,整个家族组织系统成了类似于封建国家的专制组织。

比较而言,高氏家族的管理则民主得多,整个组织系统如下:

1. "老人"四名,每支推举一名,统管整个家族的事务,由德高望重的人担任,为终身制。其产生办法是,在头一任"老人"死后的第二年正月实行选举,先由其余三位"老人"提名,然后征求该支族众意见,必须有三分之二的族众通过方可当选。"老人"的权利是:a. 主持祭祀祖先。每年的祭祀由四位"老人"轮流承担;b. 物色本

---

① 　转引自徐扬杰《宋明家族制度史论》,中华书局,1995 年 11 月,第 16 页。
② 　同上。

支"头儿"侯选人；c. 监督其他三位"老人"和本支"头儿"；d. 解决本支内族人分家、财产继承等问题以及为族中小儿取名；e. 主持本支族人婚礼。

2. "头儿"四名，每个支族各设一名，由聪明精干的人担任，每届任期四年，其选举日期是正月十五。由本支"老人"提名，须三分之二的本支族众通过方可当选。"头儿"的权利是：a. 管理本支的族田收入和族中其他产业；b. 赈济病残孤寡和遭遇不测的族人；c. 协助"老人"处理族内事务。

3. "门头"，全族设"门头"一名，任期一年。由四位"老人"和四位"头儿"共同选举。"门头"是服务性质的职务，主要承担以下义务：a. 掌管祠堂门钥匙，负责每年祭祀前祠堂打扫、张贴对联等事宜；b. 保管族内共同财产，如祭品，乐器等；c. 置办祭祀用品。

4. 族众，处于家族组织系统的底层。族众平等是封建家族结构形态方面的特点之一，这大概是原始共产遗风的存留。在高氏家族内部，辈份平等、嫡庶相同的男性成员在名义上是平等的，属于同一个祖先的子孙，在祠堂内有同等的发言权，决定族中的共同问题时有同等的表决权，族内进行选举时有同等的选举权和被选举权，祭祀时有同等的参加各项仪礼的资格。但是，名义上的族众平等隐含着事实上的不平等，如辈份不等，尊卑不等，辈份大的年轻人对辈份小的老年人无礼甚至是可容忍的。另外，在家族内部，男尊女卑，女子不得参加祭祀，不能上谱等，使外表温情脉脉的大家族隐含着错综复杂的矛盾。

三　祠堂、祭祀、族田

祠堂是家族的中心，是每一位族众心中的图腾，这里安放着祖先的灵牌，象征着家族的传延。家族成员一般围绕祠堂居住，生活在大致有限的地域之内，通过祭祀祖先的活动，使之更强固地纽结在一起,成为一个严密的血缘群体。族田是家族繁衍的命脉,族田的收入用于兴办族内各种公益事业,救济贫困族人,开支大小费用,从经济上维系着族众而不致离散。祠堂、祭祀、族田成为家族制度必不可少的要素。

高氏家族的祠堂位于村西高家湾巷的最东头。始建已不可考,重建于1919年冬,题记为证:"时民国八年梅月初一日卯时上梁上柱祥宝和户、吉祥如意。"祠堂坐北向南,其结构是"明三暗五",即外部看是三大间,内部则分为五小间。堂内建筑式样是"彻上明造",即无顶棚,可直接看到梁柱椽,给人以高大辉煌的感觉。一进祠堂即可看到摆放在堂中央的大方祭桌,祭桌后为神龛,神龛两侧的对联是:"须记荣光耀祖,勉为孝子贤孙。"神龛内置放着祖先牌位,牌位上用蓝底馏金字书写着"高氏历代祖宗之神位"。在祠堂东间另设一小神龛,龛内设有牌位,中为"高氏三代祖宗之神位",右为"先考讳怀足之神位",左为"先妣曹氏之神位"。祠堂内的东北角竖有一通石碑,碑高1.88米,宽0.67米,厚0.15米,底座高0.24米,为清代同治八年(1869)二月初立,题为"韩堡里十甲规例碑记",反映高氏家族成员之间经济互助的状况。祠堂西间为库房,存放着家族公共财产,现有宴用餐具和乐器各一套。其中餐具有:大碗184个、帐子1个、醋水碟174个、茶碗184个、酒壶20个、食摞两幅(为装食品的木质家什,五层,高一米),大方桌40张、长凳160条。乐器有:锣鼓四面、铜锣1面、铙1个、大铜钹2对、小铜钹2对、唢呐2个。这两套器物原用于高氏家族祭祀宴享的场合,现供族人婚丧嫁娶时免费使用,若外姓人用则要收取租金。

祠堂作为血脉的圣殿,其主要功用是祭祀祖先。每逢春日祭祀,全族聚会,齐集祠堂。由"老人"率领,作礼设祭。另外,祠堂还是全族聚会的地方,族中老人、头儿、门头的选举都要在祠中进行,族中遇到难以解决的纠纷需要全族共议时,则集合族众到祠内商议。据族内77岁的老人高凌霄回忆:1934年的一次族内集会是因族人高进财酒后闹事,误伤邻居高文盛并对其妻进行调戏,引起众怒,全族成员共聚祠堂,商量处理办法,最后达成一致意见,即命令高进财向对方磕30个头,并罚麦子50斤。迫于众威,高进财最终服从。祠堂还是"老人"向族众宣传封建伦理道德的场所,每年正月十五祭祀后,各支老人轮流演讲先人的美言懿行和本支先人中有关忠孝节义的典范事迹。

祭祀是高氏家族的主要活动之一,按照祭祀的地点划分,有三种祭祀形式:家祭,即个体小家庭的祭祀;墓祭,包括个体小家庭墓地祭祀和全族的墓地祭祀;祠祭,全族春节祠堂祭祀。

先说家祭。家族中的每个小家庭都在家中的庭堂正中设立神龛,供奉直系祖先的神主牌位。一般包括高、曾、祖、考四世。在特定时日,作醴备牲设祭,多数家庭在神龛内还放有祖考画像(现在多是照片,放在橡框内)以供祭拜。没有条件的家庭只裁张红纸,写上祖宗名讳,贴在墙上代替之。祭拜的参加者是小家庭中的全体成员,不同的节日有不同的祭祀内容:①正月初一早起,放炮接神祭祀祖先,迷信冥中之神庇佑后辈在新的一年平安如意。祭品一般有枣馍、馒头和猪头,在早餐前还要用饺子祭祀。②正月十五,晚间家家以面塑吉祥物祭祀神灵,其中有花篮、元宝、猪头、蛇头、麦囤,既有对祖先的祝愿,又有对新的一年好运的企求。是日晚,列祖列宗牌位前红烛高照,灯火辉煌。③清明节,用佛手、凉面、馒头祭祀。④农历五月初五,端阳节,用棕子老虎馍供神。⑤农历七月十五中元节,用油炸面人祭祖,据传所炸面人为秦桧。全家集中到龛前,请神主、焚香、燃竹、放炮、奠酒,全家老幼依次跪拜行礼,仪式十分隆重,还要焚化大量纸钱纸稞,供祖先在阴曹地府享用。⑥农历八月十五中秋节,陈月饼、瓜果、毛豆供月神儿。⑦农历腊月二十三,用糖瓜献灶王爷,据说这天是灶王爷上天述职的日子,人们怕他上天说坏话,让他吃糖瓜,粘住其口,不能说话。除此而外,还有诞辰之祭,是家祭中比较隆重的祭记,因祭祀的对象不是全体族众的祖先而是某个家庭的祖先,所以祭祀前要先请神主,即把该祭祀的那个祖先牌位拂净移至神龛中。祭祀时供上时鲜、洒醴和火锅等供品,燃烛焚香,家中老幼依次跪拜。祭毕,时鲜礼醴由全家食用。贫穷族众无法举行诞辰祭,就在当祭的那日,在全家吃饭时让出一个座位,多添一碗饭,多备一双筷子,请该祭的祖先同家人吃一顿饭而已。家祭祭祀的是直系祖先,反映了人们朴素的尊祖敬宗、祈求幸福的愿望。

再说墓祭。高氏家族每年清明节这一天都要进行墓祭(即扫墓)。这是比家祭规格更高一级的祭祀。墓祭是全家族的重要活动,族中成年男子都必须参加,因故不能参加者要向本支"老人"请假,否则要受处罚。墓祭前几天,老人、头儿、门头就开始为全族扫墓作紧张的准备,筹办祭品、祭器、仪仗鼓乐、铁锹锄头、纸幡、花炮等。到扫墓之日,全族男子整好衣冠,于清晨齐集祠堂,举行简单的祭祀仪式后,排队出发,走在最前的是鼓乐队、纸幡队、后面紧跟着的是族里的四位老人、四位头儿和门头,再后是抬着祭品的族众。祭祀队伍到了始迁祖的坟茔后,先祭土神,然后祭始迁祖。祭祀时陈设牺牲祭品,把纸幡插于坟顶,燃放花炮,接着全体族众跪拜,焚烧纸钱,奠酒,祭祀完毕察看墓地,如有倒塌、水灌、裂缝或鼠獾的洞,就用随身携带的工具加以修理,并在坟顶添置新土。最后把所有的牺牲醴酒、供奉祭品都挪到坟边那棵古树下,族众野餐。古树,据说是四支一世祖高果儿子所植,所以几百年来已成为高氏家族繁衍的象征,老人们说高氏家族死一人,此木枯"一枝",生一人,此木长一新枝,故此木茂则高氏兴。

祠祭是全族性的祭祀,又称族祭,是高氏家族中最盛大、最隆重的典礼,一般在正月初一举行。族里的门头在农历腊月三十就打开祠堂大门、房门,把祠堂里外洒扫干净,张贴对联,清洗祭品,商定厨师,筹备筵席。到正月初一,人们穿戴整齐,神态安祥,从四面八方聚集到祖先神灵安息的处所——祠堂,进行年复一年的祭祀大典。于是,一向冷清的祠堂,穿梭着络绎不绝的人群,粉饰一新的墙壁弥漫着静穆肃严的气氛。十时许,"门头"在祠堂内鸣放炮仗,祭祀开始,主祭"老人"焚香燃烛,击磬奠酒,诵读祝辞,内容为颂扬高氏祖宗功德,请求庇护子孙等意。祝告完毕,族众依次跪拜行礼。奠拜的次序依次是:先中龛始祖,次左昭祖,次右穆祖,次左昭祧祖,次右穆祧祖。各八拜毕,序尊卑,依次递拜。祭祀完毕在祠堂内大摆宴席,全体族众会餐一顿,并有族内的鼓乐队助兴。祠祭除全族性的祭祀外,还有特定情况下的祭祀,高氏家族规定,子孙大喜包括娶妻生子、中举、出仕、升任都要祭祀祖先以感谢祖宗的保佑,并祈望祖先在阴间继续为自己赐福除灾。

祭祀是一种祖先崇拜,归根到底又是一种血缘崇拜,崇拜者和被崇拜者之间必须有血缘联系。高氏家族规定,在本家族参加祭祀的必须是本族成员,而且女子不具备祭祀资格。这是因为,本家族女子虽同本姓祖宗具有同一血统,但出嫁后便成为外族成员;另一方面,外姓女子嫁入本族只能作为传宗接代、延续香火的工具,她们依附于男子,在家族内不具备独立人格,因此无论是本家女子还是外姓女子皆不得参与祭祀。

高氏家族的"老人"们有权对行为不端的族人处以剥夺祭祀资格的处罚。他们认为,先世祖宗尽善尽美,后世子孙应以他们为楷模,规范自己的言行举止,只有这样才能获得祖宗的保佑和恩赐。如果子孙行为不端,即违背祖训而成为不肖子孙,这是玷污了祖宗传下的血脉,从而无颜再入祠堂祭祀,因此高氏家族规定:子孙不孝、不悌、奸淫赌盗或从事低贱职业的人一概剥夺其祭祀资格,不许入祠堂或墓地参加祭祀活动。例如,最近的一次是1990年因族人高xx偷盗,1991年正月初一,族内祭祀时三支"老人"宣布高××终生不得参加祭祀。

建设祠堂和祭祀祖先,反映了古老的祖先崇拜观念,表示后人慎终追远,不忘根本的民俗心理。而这些均须有一定的物质依托。高氏家族有族田 40 亩,为全家族的公共财产,收入主要用于支付祠堂祭祀的各种费用和抚恤族众。

高氏家族的族田在始迁祖坟茔周围,属中等田地,其经营方式主要是招佃收租,族内规定,本族族众不得承租。实际上,族田多年来一直是由与高氏家族关系较亲密的杨姓人租种。族田由门头管理,司掌族田的租佃、收租和收益的分配,受到四位头儿的监督。

族田的收入有多种功用:

1. 祭祀祖先。祠堂的修葺、家谱的增订,祭祀时的牺牲、祭品、用具,宴乐的开支等均出自族田的收入。

2. 赈济贫困。救济族众中生活贫困、寡妇孤儿及因遭灾无法生活者,如光绪三年(1877)遭旱灾,族内其他活动开支缩减,族田收入主要用于族中贫困者。

3. 延师办学,一是办义学族塾,供族中儿童上学,清康熙六年(1696)高氏家族捐田十五亩,在本族祠堂内开塾延师办义学供族中儿童上学①。二是补贴族中学子之束脩,对族中子弟到县学就读者由族中补助学费。

祠堂和祭祀用以尊祖敬宗,族田则以团结族众。三者分别从精神上、物质上吸引着族众,形成了聚族而居的血缘群体,使家族显示出很强的凝聚力。

四　家谱和家规

聚族而居的血缘群体形成之后,一个家族族大人多,关系复

---

① 见《新绛县志》1990 年版(内部资料),第七分册第二十六卷教育篇,第 1 页,第 7 页。

杂,便需要确定族人之间的关系,制定一些约束族众思想行为的规矩,并把这些记载下来以便传承,这就有了家谱和家规。

笔者在调查高氏家族制度时,在高氏家族一支十六世孙高喜儿家找到了家谱。家谱放在一个檀木匣子内,每页长 37 厘米,宽 25 厘米,共 30 页(双面),纸质为麻纸,毛笔楷写,字迹清楚。由十五世孙高福祥重修。家谱从始迁祖高果记起,直到十六世。

从家谱可知,高氏家族分四支,上谱顺序是以世为序,每世内又按支排列,即头支一世、二支一世、三支一世、四支一世;头支二世、二支二世、三支二世、四支二世……依次类推。具体方法是标明几支几世,后面横列此支世的人名,竖排其子姓名,并标明长子,次子,三子……。由此,从世系图中可以清楚地找到任何一个族众的名字并且很容易确定他在本族等级系统中的地位。

家族的人口是流动的,过些年总有老人过世,婴儿出生,所以家谱总要有所增补,高氏家族规定,每三十年一修谱,这样,大体上可以把家族中的两代人衔接起来。三十年是一代人成长的时间,每隔三十年续修一次家谱就能乘老一辈还健在,新一代又长成的时候,把族中新增人口、血缘关系、老人丧葬等情况准确地记录下来。

家谱的重修或续修要进行长时间的材料准备工作。高氏家族规定,由各支头儿负责这项工作,即从新修谱到下次修谱的三十年内,及时而又准确地把增修后族中的人口出生率,族产购置,新添祖墓等情况记录下来,以免下次修谱时遗忘或疏漏,而且要求族众中凡有生死婚娶,随时报明,经账注册,不论何时申报,都要打开祠堂召集有关族众在场证明,老人、头儿核查属实方予登记。

续修家谱的期限来临时,正月初一这天族内召集由全体男性参加的族内会议,推举修谱人,由各支老人交出所积累的材料,修谱人在正月的一个月内修订完成。

高氏家谱的修撰有特定的义例和笔法,最基本的义例即指导思想是"隐恶扬善，为亲者讳"，即祖宗功德、宦绩一定要标明，如：四支十一世高杰名上书有："首吏州判生员六品衔"，三支十二世逢午名上标"六品衔"，高逢泰名上标"监生"，一支十三世高云滕前标有"武进士"①，而对祖先做的坏事却不能记入家谱。修谱笔法是指文字或格式上的表达方式，是受义例制约并贯彻义例原则的形式，高氏族谱的记写方法主要是：1. 不书姓氏，字号标明。因族人必然都姓高，所以姓氏省略。但是有字号者要在姓名右侧标明。2. 父子直排、兄弟横列。世系图中，父子关系上下直排，兄弟关系左右横列。3. 见名直书，临文不讳。本来在封建社会里很讲究避讳，子孙见到父祖名字，笔不能书，口不能呼。但家谱是记载家族血缘关系的，如因避讳而将父祖先辈的名字加以改动或空着，势必使人和名对不上号，那么家谱就失去意义了，故采用这一写法。4. 女性族众不得上谱。5. 嗣子、继子从实直书，义子要在其父名下标明。如高族四支十世高万禄有义子高魁，在谱中记为"万禄义子高魁"，还要在记高魁这一世即四支十一世时，在高魁名字上方标明"义子"二字。另外，养子、随娘子也用同样方法上谱。

家谱是家族道德观念、思想意识的反映，高氏家族的族谱中蕴含着这样一些文化信息：

a. 弥布着浓郁的封建伦理道德色彩，体现了剥削阶级的处世哲学，这从高氏家族族人所取名字中可反映出来。如思贤、思孝、思忠、怀仁、怀信、景礼、景孝、景孟等是宣扬纲常名教、伦理思想；得宝、得财、加官、加爵、大贵、大禄等则是追求大富大贵、升官发财。

b. 阐述民族传统品德，教育子弟认真做人。高氏家族族众的名字或提倡勤俭厚道，如克勤、克俭，或崇尚真善美，如宗智、宗真、宗善、宗美等都是证明。

---

① 见《高氏家谱》。

c. 重男轻女意识严重,高氏家谱中无一女子姓名,俗规曰:"女性不得上谱。"

d. 重长子建制,家谱上父辈虽是兄弟横排,但子辈兄弟则必须竖列,且要标明长次。

e. 对非血缘关系的族人予以排斥或歧视,如对族内养子或义子,虽已改为高姓,然而家谱中仍非常醒目地书写着其来历。

除家谱外。家规更能反映家族的思想道德规范,令人遗憾的是高氏家族族谱中族规一册已佚失,笔者在调查中仅收集到一些祠规,列述如下:

①祠堂所以报本,"门头"当严洒扫扃钥之事,所有祭器不得它用。

②祭祀务在孝敬、不得伸腰、打哈欠,喧哗,违者必罚。

③子孙入祠堂,必须正衣冠,不得嘻笑,对语、疾步。

④奸淫、偷盗、赌博、从事低贱职业者不得参加祭祀。

综上,家谱的主要作用在于把全族的子孙固定在一个地方——祠堂的周围,不致因社会动荡、人口流离而使家族瓦解,也不致因异姓或同姓异族者迁入而使家族的血缘关系发生混乱。家规则提倡尊尊亲亲、向族众灌输血亲相爱、亲族团聚的观念,规范族众行为,从思想意识上防止家族溃散,两者共同维系着家族的存在与发展。

五　结语:几点有益的启示

高氏家族并非名门望族,势力并不雄厚,但其家族意识和家族活动却能延续至今,究竟靠的是什么呢? 归结起来主要是:

1. 严密而富有民主气息的家族组织系统。在整个家族组织系统中,每一名族众都能找到自己的确切位置及与他人之间的关系,使家族成员处于一个家族关系网中,而且族内领导阶层的设置和选举都是通过族众进行的。他们的言行都要受到族众的监督,从而杜绝了"一言堂"现象,显示出民主的气氛。

2. 坚持不懈而又常讲常新的传统思想教化。家族中的"老人"、"头儿"每年都要利用各种活动向子弟族众训话,加强了传统美德教育,并适应社会发展注入新的内容。

3. 热闹而富有吸引力的家族组织活动。在传统农业社会中,僵化不变的生活环境、机械古板的谋生手段、枯燥乏味的生活方式,使平民百姓缺乏必要的精神生活,而尊祖敬宗的祭祀活动为同姓子孙提供了适宜寄托。同时,还可以借此强化他们的群体意识,在雍雍睦睦的祭祀活动中弥补社会交往的不足,以祠堂为精神上的归宿,通过对祖宗之灵的顶礼膜拜沟通同宗成员的精神联系与情感交流①。

改革开放使中国社会发生了重大变迁,农村联产承包责任制的推行,使家族的作用又趋活跃。我们在调查中看到,虽然封建时代的家族已成为历史的陈迹,传统社会的血缘习俗也不如先前鲜明突出,但是家族文化始终是中国传统文化的固有成分,家族意识仍然是中国民风主题的一个重要乐章,总是或隐或显地体现在民众生活的方方面面,尤其是农村承包责任制落实之后,恢复了农村家庭作为直接的生产经营单位的地位,便自然而然地用经济纽带在更广的范围内,更紧密的程度上,将业已分化的家庭、家族联结起来。加上与突变的社会相比较,法制尚不健全,社会问题较为严重,反倒使传统大家族那种温情脉脉的天伦之乐具有越来越大的诱惑力。改革后的农村,家族意识不同程度地复燃起来,这是社会发展的一个轨迹。那么,在传统与现代互动的转型期,对家族制度与家族意识应如何引导以利于社会的进步,不是应该深思的吗?

---

① 参见刘黎明《祠堂·灵牌·家谱——中国传统血缘亲族习俗》,四川人民出版社,1993 年 5 月,第 55 页。

第十三章　晋西北家族村落
现代化的繁难进程
——以河曲范庄为例*

在中国,没有农村的现代化就不会有国家的现代化,而经济欠发达地区农村的现代化则是其重中之重。本项研究着眼点是经济欠发达地区家族村落在现代化进程中的困境和出路,这出于两方面的考虑:一是从家族村落习俗角度探求这些村落发展滞后的原因,即家族村落习俗与现代化发展的相关性研究,这将有助于改进以往以反复的物质投入为主的扶贫思路,使其更具针对性和长久的价值。二是通过对晋西北欠发达地区家族村落发展的描述分析,从一般意义上加深对北方家族村落的理解,为南北方家族村落的比较研究提供实证。笔者所采用的调查方法有以下三种:一、文献法。从范庄所在的河曲县委、农委、统计局、图书馆、文化馆、镇政府、村委收集当地的地方志、文史资料、地方传说、政府文件、统计报表、历史档案等。据最后统计结果,收集到的文献资料合计280余万字。二、访谈法。访谈的对象有县、乡、村行政部门的负责人,通晓家族事务的老人,作为乡村文化精英的教师,村里的普通村民等。由他们勾画描述自己的生活世界,使笔者对此处的民众生活有一个较为丰富的认知。三、实地观察法。笔者进村入户,在获得许可后,观察、体验农民生活实景,得到直观感受。本调查报告是笔者于2001年8月、2002年1月两次深入范庄调查的基础上完成的。

---

* 本部分曾发表于《晋阳学刊》2004年第1期。

一　历史与传承:范庄的地理
环境和家族文化背景

　　范庄位于晋西北地区的河曲县。河曲因黄河由东、西、南三面环绕、蜿蜒曲折而得名,自古就是历代镇守边疆的"古塞雄关"。它东部与偏关、五寨县接壤,南部翠峰山与本省岢岚县、保德县对峙,西部与陕西府谷县隔河相望,北部跨过黄河则是内蒙古准噶尔旗。介于东经 111°09′ - 111°37′,北纬 38°55′ - 39°25′之间,是晋、陕、蒙三省(区)交界处的经济文化重镇。这里依山傍水,凝聚了农耕和游牧、中原与边塞多种文化内涵。在这片土地上生活的民众勤劳、善良、淳朴、敦厚。《河曲县志》载:

　　　　河曲风俗不好词讼,惟务耕耨。

　　　　河邑诸生及各绅衿,无出入衙署干与公事者,土习之端,甲于他邑,民风之淳,益可概见。

　　　　河邑,山多地少,几有地可以耕种者,固必及时树艺,即无地者,或养牲畜为人驮运货物,或赴蒙古租种草地,春去冬回,足称勤劳。

　　　　河邑丁瑶米豆,如期完纳,无烦比追。

　　　　河邑,尊信神道,虽自奉常约,而布施于庙,颇不吝惜。[①]

　　范庄隶属于河曲西北部偏南的 M 镇。距镇上不到 1 公里,距县城 15 公里。背靠东山,前临黄河,地势由东向西倾斜,村子南头有洞沟河流过,长期受山里洪水的冲刷切割,形成宽达数丈、长几十里的河沟。这个自然村目前有 253 户人家,总计人口 770 人,劳力数 195 人,2001 年年末耕地 52 公顷,其中水浇地 38 公顷[②]。

----

① 道光《河曲县志》,曹春晓校,1999 翻印,第 19 页。
② M 镇镇政府,《2001 年农业生产基本情况表》,2001 年。

据村里 81 岁的老艺人范 MM 讲,范庄有六百余年的历史,约在明洪武二年(1369),湖北襄樊有兄弟二人来到山西,其中老二到了与河曲毗邻的偏关县标杆坡庄,而老大则来到此地安家落户,繁衍子孙,形成现在的范庄。说起范氏祖先选此地居住的原因,另一位老人范 MW 说:"我们村啊,西有东山,东有黄河,南有洞沟河,背山面水,风水好得很,整个村庄样子就像个展翅的凤凰。你看,东山半腰那块巨石是凤尾,村北观音阁是凤头,村子就是凤凰的身子和翅膀。还有,观音阁西面有一眼水井,水质特别好,一年四季喝这口井的生水也不会闹肚子,村里那些做豆腐的、酿醋的一直用这里的水,做出来的副食品味道比别的地方要好得多。"从老人说话时那骄傲的神态、激昂的语气里不难读出他对祖先的崇敬,对本土的热诚。

范氏家族自洪武二年迁至本地后,繁衍生息,人口渐多,分为东、中、西三支。其中,中支人丁较为兴旺,曾在村中建造了祠堂,修订了家谱,开辟了族田。每年到祠堂和祖坟祭奠六次,分别是正月十五、清明节、七月十六、冬至、十月初一和腊月三十。其中,七月十六的祭祀最为隆重,(据了解,范庄与周围的任庄、韩庄古时为一社,祭祖时在社里公共戏台上演戏,为避免冲突,社里协调,韩庄祭祖为正月十四,任庄祭祖为正月十五,范庄祭祖为正月十六)。早上十点多钟在祠堂祭祀,供品与婚丧宴席相似,多为八瓯八碗。八瓯是:"豆腐、丸子、过油肉、小炒、拉嘛肉、拔丝山药、酱糟肉、溜鸡片;八碗是:红条肉、清真羊肉、黄焖肉、红炖猪肉、酥鸡肉、八宝粥、肉丸汤、羹汤。"祭祀结束还要在祠堂前聚餐,商议族事。这类家族活动均为会首组织,会首由三个族支的负责人轮流担任,其主要职责是组织家族祭祀、议事、联络戏班唱戏、管理本村土地灌溉等。范庄在划分田地时,给范氏家族专门留出 7 个场的田地作族田(一场等于三亩),家族的活动费用便从族田收入中支出。

在范庄,还有一个人人皆知的家族传奇:范氏祠堂内除挂有画着家族世系表的"云"和祖先牌位外,中梁上还挂有一个高二尺、宽一尺的镀金牌位,是专门用来供奉康熙皇帝的,其来历不详。1939年日军侵入河曲一带,到了范庄烧杀抢掠,无恶不作,西门口范 LE 家的大门也被拆下来劈了当柴烧,但当侵略者闯进祠堂看到中梁上高悬的康熙牌位后,其头目率其部下连磕三个头,退着走出祠堂大门,悄然离开范庄。讲传奇的人每讲到此处,大都会感慨一声"多亏了那康熙牌位,多亏了范家祠堂,才救了全村人啊!"因为这一偶然事件,范氏家族在当时名气颇大。

使范氏家族名声远播的另一因素是,上个世纪五六十年代,范氏族人组织起家乐班,美其名曰"俱乐部"。起初,规模很小,演员七八人,道具三五件,农闲时,在街巷、大院演简短的二人台剧目。后来发展很快,短短两年内培养了一批青少年演员,俱乐部骤增为三十余人,从地摊演出走向戏台。道具也增加不少,枚、笙、四胡、二胡、三弦、扬琴、大提胡,样样齐备。其繁盛期,戏装、道具等能装九大箱,要四匹骡子拉车才行。这时不但能演二人台多个剧目,还能演现代戏,八个小时的《血泪仇》尚能撑得下来。剧团还根据村里发生的事创作了《亮新井》,歌颂老村长范 FX 忍着病痛为村里打井灌溉田地的事迹。更令人称奇的是,在这种土生土长的家乐班里,还出了"老百灵"、"小百灵"这样的名演员。他们常受外地邀请到乡里庙会或县上表演,甚至远赴内蒙古演出。

在如此浓重的家族文化氛围里,范庄人平淡和谐地生活着,恬静而自然。

二　荡涤与遗留:范庄人浓厚的家族心理意识

中华人民共和国成立之后,范氏家族受到了极大的冲击,1947年1月至1948年5月河曲实行土地改革,按人口平均分配土地,族田划分给农民,范氏的族坟则在"破四旧"时夷为平地,家谱在文革中失传,祠堂在合作化和公社化运动中收归公有,后来一直作为孤寡老人的居所。这样,祠堂、族田、族坟、族谱这些作为家族共同体象征的物态的东西已消失殆尽。甚至现在许多范氏家族的年青人连自己属于哪一支也说不清楚。但是,这并不意味着维系家族关系的家族意识和活动也荡然无存,恰恰相反,它以另一种方式存在着、延续着,直至今日,仍显示出顽强的生命力。

在范庄人的日常生活中,家族观念和网络或隐蔽或显现地存在着,这在婚丧嫁娶,迎来送往的亲属交往中最为常见。这里重点描述分析范庄人婚丧仪礼的习俗,从中我们可以看到家族观念呈现的状况。

1. 婚礼习俗

男大当婚、女大当嫁。旧时男娶女聘,均由父母之命、媒妁之言而定。如今,青年男女自由恋爱,只要二人合意,双方父母多半是促成其好事而不轻易反对。一到谈婚论嫁时,无论男方、女方都常说的一句话是"新社会了,新事新办",但实际上,许多传统的做法还是沿用下来了。具体表现在以下诸方面:(1)迎娶前要给女家"大送"。所送的东西有:用2斤面做的油饼24个,油糕120片,羊肉100斤,猪肉100斤。女家返还男家油饼2个、糕1片。迎娶日"小送",有如下礼品:离娘肉(猪肉)20斤,娶女羊20斤,42个馒头,42片大糕,两条黍子面做成的油炸糕鱼,两个酒壶。女家返还男家两个馒头、两片糕、一条糕鱼。(2)新娘出门前穿上婚礼服,但要松开一个衣扣。出门时由其父代为扣上。新娘由父亲拉着手步入婚车。(3)迎娶队伍到家附近即鸣炮、点旺火。接亲者递给新娘一只"宝平壶"。新娘必须攥中间,否则被认为是"欺公婆"。(4)拜天地时,有人"撒帐子",即抛撒五谷、核桃、红枣、铜钱、干草节等,边撒边唱吉庆歌。(5)次日上午"认大小",新娘由专人带领,在新郎的陪伴下,认识男方亲戚,并一一行礼。第三日"回门",新夫妇至女方家认亲。

　　婚礼的功能是多方面的,最主要的是婚姻获得社会的承认,在这一过程中,首属群体的认同与接纳至为关键。此外,男女两家的交往及礼物馈赠也是一个方面,男方每次送礼物都有或多或少的回报,体现了乡里社会重视礼尚往来之俗。离娘肉和娶女羊,单从名称上讲便知这是对女方父母抚育女儿的象征性回报。新娘接"宝平壶"必须攥其中间,暗含了她在新家庭中所处的位置是中间,要听公婆的话,这一环节则象征性地教导新娘应明确自己在新的家族中的社会角色和行为规范。范庄的人拜天地至今不用五彩纸屑而沿用"撒帐子",其意识深处有着对农耕文化的眷恋,对延续后代的期盼。而"认大小"则以极正规的方式加固、强化宗亲关系。所以说婚礼以或隐或显的方式对新人乃至所有参加婚礼的亲戚朋友进行了一次家庭、家族文化的教育。

　　2. 丧礼习俗

　　从古至今,家人亡故,子孙以礼埋葬,报答养育之恩,此乃人之常情。河曲人一向崇尚礼俗,殡葬繁文缛节颇多,解放后有所革除。比如:"取水""转莲池""做施食""烧夜纸""家祭"至今已很少见到,而其他程序仍在民间流行。范庄一般的丧礼程序是:(1)入殓:给死者穿衣,然后装入棺材。(2)设灵堂:于室内或帐篷下设灵桌、灵牌、纸扎,早晚烧纸、哭灵。(3)小叫夜:死后第三日,孝子到土地祠烧纸、叩首。(4)做七:第七日通知亲朋来烧纸、敬供、超度。(5)开吊:安葬前一日吊祭死者。(6)聒灵:开吊当晚,吹鼓手在灵前吹打一夜。(7)出殡:孝子们舁棺送葬。(8)路祭:棺木停于巷道口,置桌祭祀。(8)下葬。(9)服三:安葬后三日,亲戚持火锅、蒸馍、柴炭齐集坟前祭祀,之后分食祭品而归。

　　在范庄,无论婚礼还是丧礼均有以下几个特点:

　　①卷入大量人力。范庄人有句俗语是"红事叫,丧事到"。某家举行婚礼,必于前几日通知亲戚朋友,亲朋便赶来帮忙,购置物品,联系乐队等。娶亲当日更是必须到场、上礼、享用喜宴,否则,

被认为是看不起主家。丧事更是如此，凡闻讯的亲朋无需他人通知便来到主家，否则便被看做不近人情。因此，许多做生意的、外出打工的每每遇到此类事情，都要停下手中的活计，返乡参加仪式。其中，商议后事、确定丧事规模、决定哪些人参加等大事均由本家族精英人物决定。

　　②花费大，浪费极多。以2001年7月范YT家娶亲所办的丰盛宴席很能说明这一点。现将当日菜单照列如下。热菜十五种：过油肉、黄焖肉、红条肉、红烧丸子、八宝粥、腰板、清炖鱼、鱼香肉丝、黄焖带鱼、红烧鸡、香酥鸡腿、炖羊肉、水煮肉片、肉炒蒜苔、蛋饼；凉菜十种：盘碗、蒜泥黄瓜、糖酥花生米、肘子肉、牛肉、压肉、皮冻、凉拌豆角、鸡肠肉、金钟香拌。八个人坐一桌，能吃得了这么多吗？不怕浪费吗？主人范YT很无奈地说："咱家只是个中等人家，家庭情况和我差不多的都是这样，不随大流，别人要说闲话的，在咱这村里，天不怕，地不怕，就怕别人说闲话啊！"比起婚事来，人们对丧事的操办更重视。过去，人们常说："有钱的是埋钱哩，没钱的是埋人哩！"而现在很多人认为丧礼操办的隆重与否是儿女是否孝敬老人的标志。因此，富裕户大操大办，贫穷户哪怕债台高筑也不愿让别人瞧不起。范庄人范FZ1998年2月去世，开吊时请偏关县和本村的两班乐队扭彩门，搭灵篷彩灯，做一千余元纸扎，放焰火两天，还请了内蒙古准噶尔旗的剧团唱戏3天。迎祭、起棺、路祭、游莲池、聒灵、大小叫夜仪式全有，总计开支三万余元，用白布一百余丈。丧葬仪礼无疑成为家族势力的一次展示。

　　③联络宗亲，体现家族意识。因为婚丧嫁娶是一个家庭中经历的重大事情，所以亲戚朋友都来帮工、上礼，这种约定俗成的习惯在礼单中表现得最为突出。礼单事先按父方亲戚朋友，母方亲戚朋友，小辈朋友的顺序写好，出席婚礼仪式的人上礼时索名填写。这种做法表明范庄人在日常生活中的走动是按照一种人人遵守的先期约定的规则组织起来的，没有人违规。此外，婚礼中的

"认大小",丧葬礼中的开吊,送葬队伍的前后都按照族人辈分大小而有严格的顺序。

由此可见,范氏家族中作为专门化的家族活动如祭祖、修谱等活动停止,而婚丧嫁娶中的家族意识和家族网络关系却处处可见。"生活在熟人社会中的中国农民,更多地从日常生活的角度体会了家族和家族活动。"[①]

三 传统与现代:范庄人的两难选择

家族是以父系血缘关系为原则组合而成的聚居群体,是中国传统社会的基本单位,村落是依地缘关系形成的小型社区组织,是国家权利系统中最低的一级。在中国乡村,因世居而成的单姓村,其家族和村落是合一的,即使是双姓村或杂姓村,村政权和家族也存在着错综复杂的关系。自上个世纪五六十年代开始,随着作为家族象征三大支柱的祠堂、族谱、族田的消失,家族组织也逐渐消隐,代之而起的是作为国家政权中最基层组织的村落凸现了出来,范庄也不例外。表面上看原有的家族组织消失了,而实质上,村落作为家族活动的场域,其发展与家族有着密不可分的联系。

1. 范庄政治的尴尬处境

范庄的村政权过去基本处于范氏家族的控制之下,下面列出范庄1963年以来历任村支书的任职时间如下:范 YS(1963 年—1973 年),范 ZS(1973 年—1978 年),范 CL(1978 年—1983 年),范 GM(1983 年—1986 年),范 XT(1986 年—1988 年),范 FG(1988 年—1990 年),范 LY(1990 年—1991 年),范 YL(1991 年—1994 年),康 FT(1994 年—2002 年)。在长达三十年的历史中,范氏掌

---

① 杨善华、刘小京《近期中国农村家族研究的若干理论问题》,《中国社会科学》,2000 年第 5 期,第 86 页。

握着村政权,这将意味着范氏对稀有资源的分配有绝对的优先权,范庄多年来一直是河曲县的扶贫重点,每年都能领到救济物资、扶贫款项,这些都优先分配给范家人。但越来越短的任期说明范庄的管理出了问题,一户姓田的老人说:"他们只知道分东西,分救济钱物,分好地,分好宅基。可是,到收税费时都傻了眼。都是范家人,收不来钱不好意思翻脸,上面交给的任务完成不了,总拖欠,官就被免了。"1994 年,乡政府启用了做建材生意的康 FT 当村支书,希望康能带领全村致富,起初两年,康很想干出个样子,积极为村里办事,四处筹款,打了三眼深井,给村里引上自来水,得到村民的好评。但后来,康遇到与他前任书记相同的问题:收税费难。而且此时乡里规定,征收税费与村干部工资挂钩。康因完不成任务几乎领不到工资,再加上近年来建材生意火爆,康便把精力放在生意上,常年在外。范庄村部设在范氏宗祠,宗祠大门上的两个挂牌表明这里是范庄敬老院和村委会办公室。敬老院仅有一户五保户老人居住,村委会房门上锈迹斑斑的铁锁和室内的蜘蛛网、灰尘证明多年未有人出入。村民告知:所有村委文件档案材料都在村干部家中,开会也在支书家,村组织基本瘫痪,无所作为,"村无头不长,鸟无头不飞",没有积极的领头人,范庄这只展翅凤凰也只能静静地卧在山沟。

2. 村落经济发展的迷惑

①农业

农业收入是范庄村民赖以生存的根本,该地的自然地理条件限制了农业发展。这里西北靠内蒙古沙漠,境内植被覆盖少,地面湿度小,多数年份雨雪稀少,素有"十年九旱"之说。雹灾、霜冻、风灾、涝灾时有发生,给农业生产带来极大危害。范庄的土壤属粗骨性灰褐土,土薄,有机质少,有效养分低,砾石含量高。汛期雨量集中,水土流失严重,村南的洞沟河在下大雨山洪爆发时,常从山间挟带大量泥石滚滚而下,淹没大量田地,日积月累,河道越来越宽。

据统计,上个世纪80年代最宽处约为20米,而现在将近200米,而且河道有2600多米被不同程度地拓宽。二十年来,河流冲毁的土地约为190亩。导致农业发展迟缓的还有人为因素,在农村,由于多子多福、人多势众、养儿防老、传宗接代等观念的影响,农民总是希望多生子女,尤其是多生男孩,于是人口逐年增加,1958年全村有370多人,1971年为402人,1980年500余人,2001年为764人,近年来,世代同居的现象已不多见,年轻人成家后,另造新房与父母分住。由此也占用大量耕地,据村委会的测算,30年时间住房占地达60多亩。因各种原因范庄耕地面积减少的速度令人吃惊:1960年为570亩左右,1970年减少到530亩,1980年不到460亩,而现在仅剩290亩左右的耕地了。一方面是土地减少,一方面是人口膨胀,这无疑会加剧人口与耕地的矛盾:人均耕地0.4亩,这点可怜的土地注定了村民们即使丰产,也难丰收。

②副业

商品经济的发展给范庄人带来新的观念,但未能使生活发生大的改观。范庄有5户村民办家庭工厂织地毯,一般雇三至五人,年收入5000元左右,在村里已是富户。其他有4户喂奶牛,4户做豆腐,3户养羊,2户酿醋,2户做荞面碗托(一种当地食品),2户开小卖部,2户养猪。但都因规模小,不成气候,收益也很有限。

③其他收入

河曲一地自古有顺口溜:"河曲保德州,十年九不收,男人走口外,女人挖苦菜。"这也是范庄村民过去艰难生活的写照。在旧社会迫于生计,范庄许多村民成群结队给口外(泛指内蒙古西部的伊克昭蒙、准噶尔旗、包头、大青山等地)的地主揽工打短,或下煤窑、跑河路(这里指船夫搬运、划船等劳作)。现在范庄每年外出打工的男子约在30—35人,多半是打零工、建筑工、搬运等,到农忙时便返家做农活。打工所得收入仅够养活家庭,很难有积蓄,若碰上个病灾,还得借外债。整个范庄没有一户靠打工致富的,究其原因,一是工作机会少,揽下活就干几天,没活儿就得歇着。二是文化层次低,技术活儿干不了,所以工资很少,除男子外,本村尚有 40 多名妇女到饭店或地毯厂打工,收入微薄。

3. 文化教育的误区

范氏家族素有重视读书的传统,较好的文化传承使他们非常重视对后代的培养。现在村内 95% 左右的青少年都能读到初中毕业。因经济原因和名额限制,1/3 左右的学生能升入高中,他们都非常珍惜这来之不易的学习机会,学习极为勤奋,几乎都能上大学。自 1977 年恢复高考到现在,村里共出了 14 个大学生。这在全县引起不小的轰动。村民们认为好不容易供孩子升入高中,就一定要把孩子送进大学,以求得改变命运的敲门砖。所以一年考不上,便让孩子再复习一年。有一个学生竟复习了六年,终于考上了大学。也有些虽然考上了大学,但交不起学费,那就再到高中免费复读一年,等攒够上学的钱再上。然而整体上看,劳动力素质还是很低的,大多是初中、小学或初小文化程度,近些年来的初、高中毕业生大多外出打工,所经营的活计与范庄的生产生活关系较远。范庄农民们需要懂技术、懂科学的人才来指导他们种田,但自己培养出的人没有能帮上忙的。

4. 扶贫的失败

1991 年到 1993 年由省煤炭厅医院资助,县里派了驻村扶贫工作队,先是给范庄打了一眼小井灌溉田地(于 1995 年塌方废弃),修筑了 50 米的护岸,后又投入大量资金让村长买苹果苗倡导村民家家种苹果,由于树苗品种欠佳,加上护养技术较差,三年后长出来的是又苦又涩的小红果,卖不出去,村民们先后砍掉了果树,致富梦破灭了。

四　结论与思考:晋西北家族
村落现代化的困境和出路

"现代化是这样一种特殊的社会转型过程,即社会在日益分化的基础上,进入一个能够自我维持增长和自我创新,以满足整个社会日益增长的需要的全面发展过程。"①它不仅表现为生产方式的更新,经济的发展,也表现在文化科技革命,政治体制改革,思想观念更新等方面。晋西北地区众多的村落自然条件恶劣,生产技术落后,农民收入低下,文化水平较低,思想陈旧保守。范庄是其中一个典型。范庄在走向现代化的道路上因面临众多的矛盾而显得步履蹒跚,行动艰难,几近陷入困境,这些矛盾主要表现在:

1.现代化对村落有效治理的要求与乡村基层组织疲软之间的矛盾。现代化对村落的一个要求便是村落管理的有效性。即有人既乐意管理又有能力管理好村落,但传统的家族式管理已不能适应现代社会的需要,能人管理也因缺乏动力而显示出极明显的局限性。在这种基层组织几近瘫痪的村庄实行现代化几乎是不可能的。

2.现代社会的发展对观念更新的迫切要求与落后凝滞的传统观念之间的矛盾。现代社会要求人们具备高速、高效、简洁、开放的思想观念和行为方式;而在传统村落中,农民们头脑里固有的那种封闭、守土的心理和由此衍生的固步自封、不思进取的观念以及由家族文化心理衍化出的铺张浪费以求光宗耀祖的观念如同幽灵一般难以驱除。当觉醒的人们为了生活的自由而四处奔波时,他们却在墙根下晒太阳,聊天,或在婚丧事上大操大办。这既费钱财又费精力,而他们却乐此不疲。

---

① 郑杭生主编《社会学概论新修》,中国人民大学出版社,1999 年,第 102 页。

3. 现代社会对科学知识、技能的高要求与落后的文化素质之间的矛盾。"文化贫困既是山区农村社会发展陷入困境的结果,更是山区农村难以摆脱贫困的原因。"①土地的日益减少呼唤的是科学种田,工业现代化的普及要求有知识、有技能的劳动力,而范庄村民落后的文化素质很难适应现代化的要求。因为范庄令人羡慕的大中专毕业生们跳出了农村和农业,没有形成对村落的文化回流。常住人口只是一些文化水平很低的中老年人和为数不多的初高中毕业生。这样,范庄的三大经济来源:农副产品(种植和养殖),手工业品(地毯编织),走西口(外出打工)在现代化大潮下显得软弱无力。

4. 对扶贫致富的期望与实际低收效之间的矛盾。传统的扶贫方式多是发放财物,期望能以此激活当地农村发展。但实际上,由于基层组织管理的混乱和个别人严重的私心杂念,这些钱财往往落不到实处。而且,扶贫如果不了解当地情况,一厢情愿,简单行事,最终不但解决不了贫困,还可能助长某些人的恶习,加剧扶贫村的贫困化程度。范庄多年受到扶贫政策的优惠而最终没能脱贫,就说明了这一点。

要解决这些矛盾,可行的措施和目前的任务是:

1. 加强基层行政组织职能,把各个分散的小家庭协调和组织起来,保护现有耕地,夺回流失的土地,改造贫瘠的土地。在传统的家族权力消解,现代的基层管理组织软弱的情况下,谈公共福利和公益事业的发展几乎是不可能。为此范庄必须建立一个坚强且有效的领导班子,组织村民实行村落整体规划,制止乱占耕地的现象;改造洞沟河,治理水土流失;加强水利设施建设,把黄河水引进山地,改造田地灌溉条件。使村民有地可种,使田地有水可浇,使

---

① 杨树美、李申文《反文化贫困:山区农村文化发展及对策》,《云南师范大学学报》,2002年第5期,第38页。

依靠土地生存的村民成为真正意义上的农民。

另外,还要提高农民的政治参与意识,选举出能干而又肯干的能人管理村落,变原来单一的能人管理为能人管理为主、群众代表管理为辅的管理模式。

2.通过教育宣传、示范引导,改变范庄村民婚丧事大操大办、互相攀比的社会风习。大办婚丧事最直接的后果是有限的家庭财产的骤然流失和劳动时间的白白耗费。村民除看病求医,最大的支出项目便是操办婚事、丧事,还有一点,就是遇上婚丧之事,全家族及亲朋好友都来参与,尤其是农闲时间,村民们一户户办婚事、祝寿,使大家的时间都耗费在这些民俗仪礼上面,难以脱身。要改变这一陋俗,村委需要做认真细致的思想工作,因势利导,改变村民观念,一方面鼓励他们把资金投入到后代教育和农业中去。另一方面组织有威望的人成立红白理事会之类的组织加以约束。

3.积极推进村民的文化教育工作。在传统社会中,我们过多地重视了对儿童的教育,而忽视了对成人的再教育,且在"学而优则仕"的思想观念主导下,人们把教育的终极目标定为"考出去"、"以后找个好工作"等。这样一来,没有"考出去"的人回到农村后,由于农村科技推广和普及程度低而发挥不了读书的优势,相反,由于对传统耕作方式的生疏和体质较弱而难以适应农村发展的要求。所以应加强村民的职业教育,比如,农业技术、手工业或服务业等方面的教育、培训。使他们能够靠自己的本领在日趋现代化的今天找到一片属于自己的领地,有所作为。

4.改进传统的扶贫方式。在传统的家族村落管理中,个人色彩较浓厚,干群关系疏远,村民思想观念落后,文化水平偏低,这是造成传统家族村落经济发展水平低下的重要原因。因此改进村落管理方式,提高乡民文化水平应该是国家扶贫工作的重点。在发放扶贫款、设计扶贫项目时一定要充分了解当地的村落自然条件、社会文化背景、政治经济文化发展情况,使扶贫款成为农民从事副业和多种经营的启动款。在工作中深入民众,始终同村民直接接触,倾听他们的声音,才能加快传统家族村落走向现代化的步伐。

范庄是一个窗口,透过它,我们可以看到整个晋西北农耕区农民的生活图景,他们在思考、在探索,或许在不远的将来,我们再到此地,会看到一幅富有生机和活力的崭新的农村生活画面。

第十四章　晋东南潞城迎神
赛社习俗考述*

　　晋东南,古称上党郡,处於晋、冀、豫三省交会区,向以潞、泽、沁、辽四州十九县为它的辖区。溯其历史沿革,商周为黎国,战国改上党郡,后并入赵国。秦、汉、北魏至隋代都属上党郡。唐、五代时为潞州、泽州。宋代为隆德府、泽州。金元时期为潞州、泽州。明、清两代设潞安府、泽州府。民国间属冀宁道。1959年为晋东南专区,1971年改名为晋东南地区,1978年又为晋东南行政公署,1985年建长治和晋城两个省辖市。察其地理环境,上党境内多崇山峻岭,海拔高1500公尺左右,著名的太行、王屋二山纵贯南北,漳河、沁河、丹河三条河流穿越其间,属中原农耕文化区。这里自然环境相对封闭、文化环境比较落后,时至今日,多数农村仍保持着传统的生活方式和生存观念。因此,古老的迎神赛社习俗得以延续下来。明清以来直至民国初年,上党各县如屯留、平顺、壶关、陵川、长子、潞城的迎神赛社每年都按照神庙传统的祀神节日举行,尤以长子、潞城为盛。

　　乡村办赛大都在春夏或秋后,目的是为了求得当年风调雨顺,或者丰收之后对神灵予以酬谢。而赛事的规模由于人力、物力、财力所限,大小不等,大体有三种类型:一是"官赛",以潞城西街城隍庙的赛事为代表,是由全县举办,官府衙门筹办资金,县官亲自出

　　* 本部分曾发表于(台湾)《民俗曲艺》第110期。

席请神,然后在神庙内开赛。二是"乡赛",以潞城崇道乡南贾村碧霞宫的二月二古会与四月四的香火会为代表,由该神庙周边的村庄联合举办,轮流办赛。三是"村赛",俗称"调家龟",以潞城崇道乡南舍村玉皇庙赛事为代表,独村举办,在本村神庙内报赛。

笔者曾多次赴晋东南进行调查,考察了办赛地点,走访了年逾七旬的老人,他们多为旧时迎神赛社的参与者或观看者。这里分别描述潞城西关城隍庙的官赛、南贾村碧霞宫的乡赛和南舍村玉皇庙的村赛,以了解迎神赛社的祭祀地点、祭祀对象、祭祀组织、祭仪俗规,试图弄清旧时赛事活动的原貌,从中探寻晋东南民众传统的生活方式和信仰状况,为民间文化史的研究提供一些佐证。

一　赛社祭祀的场所

民间举办赛事都有固定的祭祀场所,潞城县城西关为城隍庙,南贾村为碧霞宫,南舍村为玉皇庙,微子镇为三峻爷庙,这里重点介绍南贾村碧霞宫。

潞城县崇道乡南贾村的碧霞宫,又称九天圣母宫,位于村子中心,是该村最大的庙宇,也是迎神赛社的重要场所。经有关部门的鉴定,它为元代建筑,距今已有六百余年的历史,当地流传着"先有碧霞宫,后有潞城县"的谚语。经过战乱和政治运动的冲击,该庙主殿已毁,只有后殿和残破的配殿尚存,近年又有修茸。据该村68岁的宋枝群、70岁的曹培林两位老人回忆,早先的碧霞宫整个建筑坐北向南,为二进院落,中轴线为山门、大殿、后殿。尤其是大殿的建筑异常雄伟,殿高九公尺之多,面阔五间十八楹,飞檐斗栱,雕梁画栋,红墙黄瓦,石砖铺地,殿内进深三丈,供桌上建有木质陶彩暖阁,且雕刻遒劲雄朴,艺术高超,其顶棚更是精雕细刻,色彩绚丽,各种塑像栩栩如生,形象传神,它是整个庙内的精华。后殿为三间十二楹,两侧有角殿三间,因大殿已毁,碧霞元君的塑像置放在这里。连接角殿的是东西配殿,在配殿中各并列对开着六个殿堂,贯穿着前后两个院落,使建筑形成了完美的整体。东西配殿的殿中供奉着民间诸神,殿神门口贴着对联,表现了民众的情感和评价,东边配殿自南向北依次为:

马王:南宋泥马渡康王,东汉赤牛扶广武。

皇皇:甘露清凉济群生,海波浩荡弥天福。

眼光:银河思明登彩章,金光眼视宜孤照。

三峻:灵光普照同日月,威风流行如山河。

六甲:千秋正气壮山河,一代精忠悬日月。

东阎王:天知地知何谓无知,善报恶报终须有报。

西边配殿自南向北依次为:

五瘟:慈云普遍利群生,妙手挽回思再造。

龙王:炎炎灵光镇四方,赫赫神武昭东土。

子孙:子孙满堂栋梁材,诚心积德总有应。

召泽:海天日月共光华,今古乾坤昭化育。

六丁:五云时现七星旗,万物总归三尺剑。

西阎王:赞乾坤化育曲直无私,纠善恶是非总有报应。

东边角殿供奉的是三皇,西边角殿供奉的是八卦,其对联分别是:

三皇殿:推良方十代医宗,走乾坤三皇圣祖。

八卦殿:行盛盘古千秋业,道启中天万代功。

庙的山门为三阙,上与宽阔的大戏楼建为一体,戏台两侧还有配楼,供演艺人或乐户住宿。庙的前后院内,植有四棵高大的白皮古松,枝繁叶茂,矗立云霄,使庙宇气势非凡。特别是两个殿堂的大门扇,轻轻摇动有铜铃声响,若要猛推,声响全无,被视为当地一大奇观。总之,该庙历史悠久,建筑宏伟,布局严谨,体现了元代建筑的高度成就。可惜部分建筑已被毁坏,近年群众自愿捐资修缮,使之逐渐恢复原貌。

从碧霞宫供奉的俗神来看,以碧霞元君为主,同时列有十多种神灵,可谓诸神并陈,相互混杂,体现了晋东南民众兼容并蓄、多神崇拜的信仰风尚。而诸多神灵中,无论是对自然物、自然力的崇拜,或对超自然力的幻想物的崇拜,大体都与人们的两大生产——物质生产与人的自身生产有着密切的关系。即以碧霞元君的神格分析,尽管对于碧霞元君的来历众说不一,但最为流行的说法是碧霞元君为东岳大帝之女,传说他们父女都住在泰山上,故碧霞元君又叫"泰山娘娘"。《易经》"泰卦"释:"泰者,小往大来,吉,亨。则是天地交而万物通也。"[1]"岱居本位,其色唯碧,东方主生 一本乎坤元之滋生万物。"[2]这位女神最突出的特征就是主生,可以"滋生万物",而把她视为"送子娘娘",则是后来人们的附会。碧霞元君的"主生"、滋生万物的神格与乡村民众通过春祈秋报、举办赛事来达到趋利避灾、促产丰收的愿望不谋而合,达到惊人的一致,所以,南贾村以碧霞宫为举办赛事的主庙也就成为必然。

二 潞城西街城隍庙的官赛

四月十五日是正日,赛期四天,由全县办赛。费用摊派的办法是,清朝收银子,民国时期把银子折算成钱,在每家地亩税里另加一些地租,俗称"香资钱",交地租时一并带回。香资钱按地亩和房产多少收取,全部用于赛事活动。赛事的最高指挥称为"维首",潞城城关镇有四街,每街每年选出两名维首,四街八个,然后分工。具体组织赛事者称为"科头",主持祭祀仪礼的阴阳先生称为"主礼生"。

四月十三日上午约10点开始"接神",地点是到县城东门外山

---

① 徐子宏《周易全译》,贵州人民出版社,1991年5月,第66页。
② 转引自燕仁《中国民神66》,三联书店,1990年8月,第52页。

岗上的"天齐庙"迎接东岳天齐大帝。据《三教源流搜神大全》载①，泰山是群山之祖、五岳之宗、神灵之府。东岳大帝就是盘古氏五世的后代金虹氏，因在长白山有功，到伏羲氏时封为太岁，到神农朝赐为天符都官。汉明帝时封他为泰山元帅，掌管人间百姓的贵贱高低及冥间之事。到了唐代武后垂拱二年封为"神岳天中王"，武后万岁通天元年（696）尊为天齐君。玄宗开元十三年（725）加封天齐王。宋真宗大中祥符元年（1008）十月十五日诏封"东岳天齐仁圣王"。到祥符四年（1011）五月尊为帝，号"东岳天齐圣帝"。潞城一带民众对东岳大帝就沿用了这一称谓。民间传说他是阎罗王的上司，主管阴府的事，而且能兴风雨、主水旱，所以对他顶礼膜拜。这一天人们抬着神庙中的主神——两个木雕的城隍爷，组成浩大的请神队伍，邀请东岳天齐大帝驾临城隍庙享赛。

去时仪仗队计100余人，前后顺序是粗乐（大鼓、大号）8人，细乐（丝弦乐器）8人开路，旗6人，伞2人，扛牌4人，銮驾32人，两个城隍爷被人抬着，且有膘骑（县官下面的差役）四人骑马护卫，及若干随从人员。相传城隍爷是县里最大的官，侍候出门的也只能是县官差役。队伍里还抬着全猪全羊各一。回来时仪仗队增至200余人，因为按照俗规，队戏演员约100人需提前到天齐庙，全部化装，主要扮演二十八宿神祇和队戏角色，等待接神仪仗队到来，完成迎神仪式后，列队随行。乐户有特别规定的服饰，主奏人（吹唢呐的）头戴金箍短帽，鬓角上插一雄鸡翎尾，一般演员则头顶一种似戏班上跑龙套的红矮平顶帽，身着三尺半长红心绿边有领没袖的褂子。所用乐器有大鼓、大锣、小锣、钹、梆子、芦哨、笙等，吹奏的曲牌大体有【朝天子】、【五福荣】、【一枝花】、【辕门鼓】、【雪里梅】等，接神队伍至下午1点多返回，回到城隍庙后，把东岳天齐大

---

① 转引自宗力、刘群《中国民间诸神》，河北人民出版社，1987年3月，第287—288页。

帝安置在城隍爷殿内,俗称"安神"。晚上6点后,祭东门风,由乐户扮"前行"导引,庭子、帏子、小伞随行。晚上8点起由乐户吹第一局棚,开始演戏,演出的戏为哑队戏,当地称为"哑剧"或"哑叭队",其特点是不说不唱,只有刀枪比划,乐器也只用粗乐,没有细乐,风格粗犷豪放。剧目有《佛殿》、《监斋》、《封侯挂印》等。

　　神殿前面引人注目的是一座"花祭",俗称"插祭",这是一幢用白面制作的高三公尺、宽五公尺的面食屏风。据83岁高龄的高仁贵先生介绍,制成一幢花祭要用500斤面粉。厨师制作花祭,俗称"煮花祭"。制作这幢"花祭"的配料,以每公斤面粉搀入饴糖200克,蜂蜜60克,水300克,姜黄适量。用具:1.5公分×160公分擀面杖一支,3公分×30公分擀面杖若干支,2.5公分×30公分擀面杖一支,24公分×24公分大方砖块一块,12公分×24公分砖块若干块,熨板一块,麻纸若干张,各式削刀一套。操作程序:以10公斤面为一次制作过程,将面调好(硬度与吃面片的硬度相同),用大擀杖处理成若干块,再用小擀杖处理成条,宽度不得超过28公分,厚度1.5公分,接着将面胚按顺序压在一起,用曲尺按规定尺码裁下四方形方块,然后用削刀剜成"大心子"的图案及各种花纹,放于油锅内炸,火候一般不超过十成。最后是压蜜,做大檐子、大小柱子,建基座,缀连组接成亭台楼阁。屏风上饰有各种吉祥图案或戏曲人物,构成一幅生动传神的巨型画屏,做工精密细致,造型壮观大方,是由专门的民间厨师(俗称"神厨")与艺人合作完成的。

　　四月十四、十五、十六享赛三天,这三天的祭祀仪程大体相同,负责祭仪的人员编制主要有:"香老",是由大家推举的德高望重的长者,负责执香祀神的具体事宜;"庭子",是指掇供盏盒的15岁以下的儿童,专门侍奉诸位神灵并为之进食供盏;"帏子",手中拿着"响杖"(竹竿上缀有图筒,拴着铜钱),其功用类似武器,用以保护供品;"伞夫",打着小伞为神灵和馔食遮阳避光,不让空中禽鸟飞来啄食供品。全天的先后顺序是早晨"省晨",即侍奉诸神盥洗,用供盘端上毛巾、梳子供神灵使用,接着依次供上葡干茶、金粥、寿面。上午"供盏",给神灵献上种种荤素食品。上供时的仪式是,由乐户打锣鼓、吹唢呐在前导引,后面跟着庭子、主礼、帏子等一起从神前走过,在院内穿越一遍,最后复至神前跪叩,第一次上干果,第二次上油果,一干一水为一盏,每一盏完后唱一次队戏,俗称"衬队",共进七盏,衬三次队戏。下午由阴阳先生挂牌标示,点一本戏。十四日晚上6点祭东门风,8点吹奏第二局棚,开队演戏。十五日下午祭西门风,吹第三局棚,开队演戏。十六日一切照前,唯上午戏曲剧目增加。晚上唱戏,其规定是:只有对子戏才能在庙院内对着神龛的戏台上出演,其他大戏只能在庙门外东西戏台上演唱。

三　南贾村碧霞宫的乡赛

　　潞城县崇道乡南贾村的乡赛主要有二月二古会与四月四香火会。赛事是由南贾、崇道、东天贡、西天贡、小天贡、羌城、翟店、南舍八个村落联合举办。其中每个村落有的是一个社,也有的是几个社,例如南贾村就有三个社(前社、后社、中社),管八小社。每社都有庙,三大社分别据有九天圣母庙;白衣堂、东阁、关帝庙、崔家堂;祖师庙、三官庙、吕祖庙、土地庙、玉皇庙等庙宇。其中九天圣母庙(又名"碧霞宫")为总庙,是三大社第一庙。每社约有100亩公田,收入用于迎神赛社或庙宇维修等项目的开支。在这里,社并不是行政组织,而是信仰相同、志趣一致者结合的民间团体,一个普通的村民不一定是社的成员,而参与赛社活动则是获取地方社会认同的重要条件。每个社都有"社首",由社内德高望重又有经济实力的人轮流担任,举办赛事之前有专人负责联络,俗称"跑社"。

1. 二月二古会

据80岁的秦连忠和68岁的秦连升兄弟二人回忆,自正月初十开始由"跑社"联络各社首开会,具体研究二月二的"吉巴",即分工。正月十六夜晚把派工的榜示贴出,十七日一大早人们争相观看。派工的主要内容为仪仗队使用的大伞、小伞、銮驾、幌杠的制作。这些活计的分配往往视社内成员的经济状况而定,富人做杠,中等人家做伞,贫困户做小旗、门锣、飞虎旗等。各类仪仗用具的数目开列如下:

(1)大伞(又称皇罗伞)36把,小伞12把。

(2)銮驾12个(龙头、金龙、玉斧、朝天橙、桃仁、剑戟各一对),幌杠1驾。

(3)清道旗、飞虎旗各2个,"肃静"、"回避"的杠牌各2个。

仪杖用具准备停当,正月二十七、二十八日派四人去西面老爷山上的龙王庙向龙王爷"取水",取上后放在史回村三峻庙内,待迎三峻神时一同迎回。

正月三十迎驱蝗神,俗称"蝗蝗爷",地点是在距村五华里的南边一座名为蝗蝗岗的小山上。迎神仪仗队的先后顺序是,最前面幌杠打头,接着是香火队的指挥官(俗称"摆布官")开路,紧随着的是锣鼓,飞虎旗,"回避"、"肃静"牌子,全幅銮驾,大小伞。其中幌杠约20人撞着,大小伞中间有十个端供盘的庭子(由15岁以下的儿童担任),还有四尊神驾,俗称小驾老爷,据说是四海龙王,其神泥头加冠,木驾着衣,只有上半身,着黑色衣服,分别由四名壮士扛在肩上,五匹神马随行,最后是乐队10人穿着和尚袈裟,吹着笙箫笛管压阵。两个"马神"赤着上身,手执钢刀、马鞭前跑后窜打路,是仪仗队伍中不可或缺的角色。仪仗队约300余人。

到了蝗蝗岗的蝗蝗庙,仪仗队排开两列,主礼生念祭神表文,大意是:X年X月X日南贾村合村民众来此庙迎接尊神,请尊神到碧霞宫观赏香火会,请上马。迎接蝗蝗爷的队伍除仪仗队外,随从群众有上千人,途经小天贡、崇道二村,进村时放礼炮三响,沿街转游,出村又放三响炮,当地群众也放炮烧香,夹道欢迎,盛情款待,更炒热了迎神的气氛。

接回蝗蝗爷后,到主庙门口念下马表文,请尊神进去,读安神表文,安置在蝗蝗殿内。

关于蝗蝗爷究系何人,传说甚多,潞城一带民众都说是唐太宗李世民。相传李世民执掌朝政时,蝗灾严重,蝗虫直飞到皇宫里李世民的面前,李世民一气之下吃下两个蝗虫,说道:"宁肯让你吃我的肚肠,也不要吃百姓的食粮。"此话果然应验,蝗灾消除了,从此民间尊之为驱蝗神。中国是一个农业大国,在古代威胁农业的灾害除旱灾、水灾之外,蝗虫也是农作物之大敌,人们忌之既深,又无力对付,遂采取种种方式与之抗争。《礼记》"郊特牲第十一"曰:"土反其宅,水归其壑,昆虫毋作,草木归其泽。"①这是远古时代人们举行蜡祭时的祝辞,它并非被动的祈求和祝愿,而是依靠语言魔力对异己力量的一种强制,是对害虫的命令。而与潞城相毗邻的晋南新绛县稷益庙内绘有一幅"捕蝗图",则生动形象地描绘出了神人协同驱捉蝗虫的情景,从图中可以看出农夫们满面焦急与恼怒,手拿捉蝗工具与虫王部将们一起抓住了危害庄稼的"蝗魔"或"虫王精",大有将蝗虫捕捉尽净、毋留余孽之势,这是后世人们了解自然、战胜自然的进取精神的再现。然而更多的情形是,在生产力低下的农耕区域,民众们驱蝗无术,不能抵御蝗虫造成的灾害,于是不得不寄望于神灵,信仰不衰,潞城南贾村民众隆重迎接驱蝗爷,正折射出了这样的历史文化信息。

二月初一迎三嵕神,俗称"三嵕爷",该神的谥号是"昭显护国灵贶王",地点是到距南贾村十余里的西北方向的史回村三嵕庙内。史回村的三嵕爷神庙古朴壮观,正殿坐北向南,左右设有配

---

① 《周礼·仪礼·祀记》,岳麓书社,1989年7月,第383页。

殿,对面是入庙的大门,大门上面是戏台,正殿中央是三嵕神的泥胎坐像,高约三公尺。尤为奇特的是三嵕神像下面,紧紧连接的是龙王爷神像,龙王爷神像的供桌下是一眼深井。二月初一这天南贾村迎神仪仗队除了迎接三嵕爷的神像外,还要在龙王爷神像下面的深井里取水,其方法是备下尺余高的长颈瓶子,用绳子系住,放进水井里灌满水,取回来后供在神案上,预示着全年不遭干旱,风调雨顺。

关于三嵕神的来历,上党地区普遍的说法是远古射九日的后羿。潞城一带则流传着另一个传说:几百年前,潞城一带发生旱灾,民众难以饱腹,饿殍遍野。一天,有位银发白须的老翁,手提着一只篮子来到这里,他从篮子里拿出一个又一个窝窝头施舍灾民,很多人以此得救。人们看到这位老翁的篮子简直像个取之不尽的大仓库,甚觉惊奇,便问老者从那里来。老翁并不回答来自何方,只说他有弟兄九个,每个人的名字都带“宗”字,分别到各地普救众生,自己排行老三,被派往此地。人们一边听讲,一边跪拜,竟无一人看见老翁去向,后来人们就建起了庙宇,塑了一尊神像,称之为“三宗爷”。

据调查,上党地区建三嵕爷神庙的地方很多,仅潞城一县除史回村外,还有微子镇。每年正月二十四日,各家各户都蒸“添仓”,其加工方法是,将玉米、谷子、大豆等搅和在一起碾磨成面,捏成仓官、布袋、谷穗、谷囤、石碾等形状,祭祀三宗爷,祈求五谷丰盛,届时还要给神灵唱干板秧歌戏,谓之“神戏”。

迎三嵕神的具体时间是二月初一下午,仪仗队先在村里大街小巷转游一圈,在此期间乐队把两个“马神”、“小驾老爷”(四海龙王)分别从三官庙和玉皇庙接到奶奶庙(即碧霞宫),等待仪仗队回来后一同出发到史回村迎接三嵕爷。迎接三嵕爷的仪仗队一如去蝗蝗岗时的阵势,其路线是到朱家川(距史回村二华里)时放礼炮,进村沿街转一圈,出村又鸣放礼炮。到史回村后,先在大街小巷转游一圈,再走向三嵕神庙,仪仗队在庙外等候,只有小伞 20 个、马神 2 个陪同主礼生进庙,焚香磕头,诵祭神表文(最初是迎三崚神真像,后来仅仅拿着其牌位放在神马鞍上替代)。返回时途经南舍、崇道二村,仪仗队全体人马又进村转游,必须在天黑时才能回到南贾村,到碧霞宫后读下马表文和安神表文,举行安神仪式。有趣的是迎回三崚爷后在村口上放两束谷草,俗信可以防止其他神仙蒙混进来。

二月初二"圆神",仪仗队在村内和田间游行,临行前社首在碧霞宫里祭祀祷告,祈求神灵保佑物产丰饶,四季平安。接着仪仗队抬着四海龙王、三崚爷、蝗蝗爷等神像浩浩荡荡出发,然后聚集到村子东南角的一块"神地"里绕转,方法是"里七外八",即仪仗队由外向里转,共转七圈,圈子越转越小,转至中间时,燃香放炮,众人全部跪下,主礼生读"圆神表文":

> 昊天上帝以及诸神位前,曰:惟神无微不照,有感必应。既乘鹤而来临,应虎帐而设位。愚民无知,不识尊卑之伦,神圣广大,各依次序之班。下民礼殷瞻仰,敬天拜神,激切精诚之至。谨具状以闻。

最后,又反转八圈,由内向外转出来回村。晚上照例是庙内演队戏,庙外唱大戏。至此,迎神赛社古会结束。

2. 四月四香火会

传统的碧霞宫四月四迎神赛社每年均有赛,到 40 年时为一大赛。每次赛社主要由潞城微子镇朱家乐户与平顺西社村王家乐户支办,最后一次赛社是 1938 年,村里上了 70 岁年龄的老人都还记得。据说早先办赛地点是在玉皇庙,后来才移至碧霞宫。

四月初一"下请",地点是到土地庙,意思是让土地爷通知各路神仙享赛。

四月初二"迎神",乐队和仪仗队分别到玉皇庙、三官庙、老爷庙、祖师庙迎神,其中只有玉皇是泥胎真像,其他神均取个牌位代替,迎回后放在碧霞宫(俗称奶奶庙)"安神"。

初三至初五是三天正会,祭仪程序大体相同。二月二天刚亮就打地鼓,从6点钟开始打第一趟,鼓者四人,绕村走一遭,回来后稍事休息;7点钟开始打第二趟,鼓者增至6人;8点钟开始打第三趟鼓,鼓者增至8人。

接着是祭太阳,由乐队带着社首、阴阳生、庭子、帏子等,抬上供品,吹吹打打,到村子的东南方向上供焚香,阴阳先生朗诵赞词:

> 赫赫辉辉,无物而不照;炎炎炳炳,有感而辄能。照万里之明,大鉴群之表。常悬载覆之间,普照群炎之下。几微而不匮,容光而必然。伏维尚飨。

回来后在主庙内供三盏,按照俗规,早晚供盏时,只有乐户细乐吹奏而无戏,供盏完毕,大家用早饭。

中午10点左右开始供七盏,与早晨供盏不同的是,不仅庭子供盏时有乐户吹奏,而且同时乐台上有乐户演出,其伴奏为粗乐。每次供盏由细乐领着庭子跑两遍,先上茶酒为一趟,再上其他供食为一趟,两趟为一盏。中午供盏时乐台上演出队戏,所演剧目为《温酒斩华雄》、《薛仁贵征东》、《尉迟恭访河东》、《米粮川》、《泗水关》、《五郎出家》、《三战吕布》等,其中演《斩华雄》时关公追赶华雄,从台上跑到台下,在人群中乱窜,华雄跑到供桌前偷吃供品,最后跑到台上被斩。

下午祭风,形式规模与祭太阳相似,只是祭文不同。回来后再供三盏,大家用晚饭。饭后开始吹棚,演出队戏。戏曲演出的习俗先开队戏,而且在庙内乐台演出,然后庙外戏台上的大戏才能开演。队戏演出约一个多小时,一般不准妇女、小孩观看。演出队戏的过程中总要加演一出别具风味的小剧,内容粗俗低级,表现男女性爱,俗称"荤戏"。据74岁的牛春则老人回忆,1938年的四月四香火会第一天晚上演《小放牛》,第二天晚上演《谎张三》,第三天晚上演《土地堂》。《小放牛》是两位演员分别扮演婆娘和放牛郎,二人对话粗俗。《谎张三》的对话更是淫秽不堪。表演完对戏之后是两个角色对口猜谜,表面上说男女情爱,实际上并非如此,俗称"说猪肉猜豆腐"或称"荤谜素猜"。例如有一段话表面听来是描述男女性交或男子性器,实际上谜底是洗锅用的刷子。

为什么要在神圣的殿堂前演出荤戏?当地民众都说这种戏是专门为二仙奶奶演出的,俗语有"二仙奶奶好听荤"。民间传说二仙奶奶本是平民女儿,姐姐名冲淑,妹妹名冲惠,为给民众治病遍山采药,不幸中毒而亡,感动了上帝而成仙。办大赛时,诸神赴会,二仙奶奶姐妹俩也在座,她俩爱听荤话,否则还不高兴呢!另一种解释是,办赛时二仙奶奶宴请各路神仙,怕姜子牙老婆马氏来捣乱,故意讲此粗话,她听后害羞就不来了。这些只是传说而已,其中真正的原因,还有待深入探讨。

四 南舍村玉皇庙的村赛

潞城南舍村独村办赛,每五年一次,地点在玉皇庙,时间是正月初八至初十,最后一次赛事是民国二十七年(1938)。

南舍玉皇庙有正殿和戏楼,正殿塑有玉皇神像,身后绘有二十八宿的壁画。玉皇大帝是民间信仰中的最高神,老百姓认为他掌管着天上、地下乃至人间的一切神祇,神威无比。玉皇大帝的圣诞日是在正月初九,这一天也是南舍村办赛的正日。南舍村赛组织的最高指挥是"调龟总经理处",由社首和十二科头组成,下面分设"下台科头"和"上台科头"。前者有二人负责,专门指挥乐队吹奏和神灵前供盏,还有祭太阳、祭风、供盏、献礼、吹棚等事宜;后者专门主持排剧,指挥乐户演出队戏。

南舍村赛最吸引人的是调家龟(即演队戏)。村赛上重要的项目就是演队戏,队戏的演员主要是乐户,乐户在旧时地位低下,被视为贱民,称为"王八"、"龟家",所以队戏又叫"乐户戏"、"龟戏"、"乐剧"。调家龟虽是本村村民自己组织演出,但乐户仍然是演出

的主体。南舍调家龟的特色有三:

1. 人数众多。按照俗规凡本村 18 岁以上、55 岁以下青壮年男子一律参加扮演,除本村的乐户之外,还跨县邀请长子、平顺的乐户搭班演出。

2. 演出古朴。调家龟的队戏演出是台上台下交互表演,乐户村民一起参加。如演《唐僧西天取经舞》要上 134 人,而唐僧取经途经黑风山、宝象国、碗子山、盘丝洞、车迟国、乌鸡国、火焰山、女儿国,最后到西天雷音寺,一本舞剧几乎要涉及《西游记》的全部内容,人数多,场面大,舞台上无论如何摆置不开,必须台上台下结合才能完成。再如演《过五关》,第一场《封金挂印》演罢,全体演员列队走出庙门,依次为"纱灯"一对,"土铳"一对,"标旗队"十余人,关羽骑红马(象征赤兔马;两名马僮保护,甘、糜二夫人乘车,执事銮驾队伍随后。村里搭起五座草台,有守兵拦路,关羽下马上台表演开打,表示过五关斩六将,最后又回到庙院舞台。这种戏曲演出队伍庞大,形式古朴,不受舞台限制,是戏曲形成阶段由台下走向舞台的过渡,是一种原始的戏曲形态。

3. 形式奇特。队戏为诗赞体,有科白,有诵,无唱,演出时夹以锣鼓等打击乐,不配管乐丝弦。锣直径八寸,俗称"庚锣",鼓高 2.5 尺,鼓面 1.5 尺,俗称"墩鼓"。每唱一句,击锣鼓"卜噔噔"两次,或敲打"隆咚噔"等不同花样的鼓点。乐户头戴插有雉尾的金箍短帽,身着"前如马褂后如袍"的褂子,前襟长,后襟短,衣上绣有带枝花朵,镶嵌有绿边条。

以上是潞城各种类型的迎神赛社活动的大致情况,这种赛社从明清一直延续到民国,至 1938 年后销迹。赛社是农耕文化的伴生物,其形成的原发性动机在于人们祈求趋利避害、五谷丰登的共同心理需求,在于人们对自然节律的适应与把握。在相对封闭落后的传统农业社会里,它作为一种生存手段融入民众的生活,在娱神的同时也娱人,有着不可忽视的历史文化功能。

第十五章　避不过的旱象
——山西祁县求雨习俗调查[*]

　　山西地处华北区西部,位于黄土高原东部,该省的水资源为142亿方,每平方公里产流量和亩耕地拥有水量均低于全国水平(见表)。地表水严重不足,人均地表水更少得可怜,不足全国平均(2700方)的五分之一,是一个水源贫乏的省份。境内的河川径流,主要来源于自然降水,大多是季节河,虽有几条较大的外流河,但因山区面积大,地形破碎,河道下切,耕地面积高,不利于灌溉。同时,山西为大陆性半干旱气候区,地处中纬度,地势偏高,尽管距海不远,由于受山脉屏障,海洋季风影响由东南向西北递减,所以干燥少雨,年降雨量少,且分布不均,与农作物需求期常不一致,尤其是春秋农作物正需要雨水时,老天爷故意作对,极易形成旱情。在山西,干旱问题不是一时一地的现象,而是一种较为恒久的、几乎每年每月无处不在的天象,普遍性的干旱是千百年来山西民众躲不开的自然灾害。

省市名称	全国	山西	陕西	内蒙	河北	河南	江苏
产流量 (万立米/ 平方公里)	26.2	8.76	21.4	5.5	12.4	25.2	25.0

---

* 本章曾发表于(台湾)《民俗曲艺》第127期。

省市名称	全国	山西	陕西	内蒙	河北	河南	江苏
亩耕地拥水量（立米/亩）	1780	198.5	731	8.9	174	325	357.6

晋中地区的祁县也不例外，它位于山西省的中部，大部分面积在晋中盆地内，还有一些丘陵和山地属温带大陆性气候，属干旱地区，"十年九旱"是该地长久流传的谚语。旱象恰似一个巨大的阴影笼罩着祁县大地，历代县志关于久旱成灾的记录不绝如缕。《祁县县志》（光绪八年本）云："光绪三年，久旱不雨，死人一半，民易子而食。"

《祁县县志》（民国三十年本）载：

民国九年，天大旱，全年歉收，大小米钱二千四百文。

民国十三年，旱情严重，夏秋无收。

民国十八年，夏秋遭旱灾，灾民约六万。

民国二十年，天大旱，夏无收……。

可见，该地区旱灾不仅复发频率高，而且范围广，历时长，危害大。旱象困扰着本地民众的生存，却是他们必须面对的生存环境，这种艰难的环境决定了民众生存的状况，也形成了特有的生活方式和生存观念。从明清到民国，乃至现代，由于生产力水平低下，人们认识水平有限，求雨成为人们在艰难的生存环境中同自然抗争的一种主要方式，是山西乡间一种重要的民俗传统。笔者自1997年3月至1998年4月多次到该县的北谷丰、贾令、南团柏、谷村等村镇进行了调查，本文记述的是最有代表性的求雨民俗事象。

一　北谷丰村十三善人赴麓台山求雨

祁县城关乡北谷丰村，在县城的西北角，距县城仅5公里。据参加过求雨活动的本村老人陈步阁（79岁）回忆，民国二十年

（1931），天气大旱，农历五月的一天，村中乡间（专门为村公所当差的人）敲响了挂在老爷庙（关帝庙）钟楼上的大钟，村民听到钟声后云集而来，村长宣布准备组织大家求雨，开会商议求雨事宜。会上选出 13 名自愿参加求雨的"善人"，被选的善人必须是 50 岁以下、18 岁以上身体健壮且无恶行、虔诚信奉求神可以致雨的男子。

　　祈雨这天，13 位善人身穿白孝服，头戴白孝帽，赤巴脚，早晨 5 时在村公所集合，准备步行到祁县来远镇石佛窟村外的麓台山求雨。为首的两位善人，一个人光膀子"扛楣"（楣是用三寸厚的松木或柏木做成的二尺见方、约 20 斤重的木架子），胸挂两个小水瓶；另一个人"挂钩"，即用筷子粗的白银打制的银钩从背后扎进去再钩出来，以示虔诚，表示向神灵负荆请罪。后面紧跟着的三人分别敲着小锣，拍着小钗，肩扛月鼓进行演奏"当当卜冬钗"，嘴里念念有词："南无阿弥陀佛。"奏一遍，念一遍，节奏缓慢，声调悲切。另外的八位善人，有一人用独轮车推着一只绑缚四蹄的活绵羊，准备用于祭祀麓台山龙王爷；还有一人是在沿途照料挂钩的善人，专给挂钩人的刺伤处敷药以防溃烂。剩余六人每两人为一组，分抬着三只食盒，当地亦称"食笋"，为木制椭圆型盛具，内分三层，有木盖。盖顶钉有铁环，把木棒穿过铁环可抬着走，共高 1.5 公尺，里面摆放的供品是：

　　四碟子干果：瓜子、花生、冰糖、柿饼。

　　四碟子鲜果：桃、梨、杏、苹果各四个。

　　八大碗：馄饨、肘子、喇嘛肉、烧肉、软米、丸子、粉肠和豆腐。

　　三烩碗：整鸡、整鱼、整鸭。

　　另有四碟子馒头、四瓯碗米饭、32 个油炸面果、八个莲花大供等食物。

　　这一行善人头顶烈日，脚踩碎石渣子路，从北谷丰出发途经下申、张名、郜北、新寨等村，直至 60 里外的麓台山龙王洞祈雨。

　　麓台山位于祁县城东南 60 华里外的来远镇石佛窟村山垴，因其山顶平斜若台而得名。在半山腰的东端有一天然石洞,洞深四丈余,俗称麓台龙洞,内分四大洞,三十六小洞。四大洞是龙王洞、太子洞、润济侯洞、南乡侯洞。龙王洞,洞中有一水池,池上横搭三根粗大的柏木,过木入后洞,有一块钟乳石下垂滴水,相传大旱之年,乡民们就在此祈雨。太子洞,洞内有东汉献帝之子的石像,洞内常年有一股清泉潺潺流淌,好似优雅的琴声,水量可供千人食用。润济侯洞,洞中央有润济侯石像,此洞深不可测。南乡侯洞,洞内有东汉末年南乡侯王凌石像,洞内整日风声如吼,空有流水之声,却不见水,时而有两人对话之声,时而云雾满洞。龙王洞口建有一庙,形成了麓台山特有的人文景观。据《永乐大典》载:"麓台山,一名顶山,在本县东南六十里,宋相张商英修麓台祠于其上。"①"麓台神庙,在县东南六十里麓台山上,有庙尚存。"②《祁县县志》(光绪八年本)也有记载:"公元265年,祁衙在麓台洞内供奉龙王,故名'麓台龙洞'。"洞口之庙是为纪念汉末司徒王允的侄子王凌而建③。相传王凌任官期间被朝廷追捕,逃到麓台山谷峪沟,见一只白鹿带箭飞跑,就紧紧跟在后边,进入山中,白鹿跑进一个山洞,王凌随之钻入,却不见白鹿的影子,就坐在地上歇息,不一会儿就坐化了。后来朝廷传下圣旨,封他为润济侯,掌管行云布雨之事,当地民众在此立庙祀之④。当地民众中还流传着这样一个有趣的传说:麓台爷是大韩村的外甥,他自幼父母双亡,靠给别人牧羊为生。他吃苦耐劳,乐于助人,深受乡邻喜爱。有一年大旱,庄稼颗粒无

---

① 《永乐大典》卷五二〇二。转引自山西省地方志编纂委员会办公室编《山西古方志辑佚》(内部资料本),第2页。

② 《永乐大典》卷五二〇二。

③ 王凌,字彦云,三国时魏人,原籍祁县修善村,任太尉期间,忠魏而死,后人在南山麓台龙洞建祠纪念,人称"麓台爷"。

④ 祁县民间故事集成编委会主编《祁县民间故事集成》(内部资料),1990年,第17页。

收,他来到大韩村舅舅家借粮,舅舅虽是大韩村有名的财主,但生性吝啬,不仅不借,还辱骂他:"你王门休要求我韩门,我韩门也不求你王门,如求你王门,叫我韩家死一口人。"并把王凌赶出大门。王凌愤而出走,行至南山时饥渴不支,坐化为一座石像。据说,自此以后当地乡民天旱去石像前求雨,有求必应,人们便盖庙祭祀,尊为"麓台爷",把南山也改名为"麓台山"。只是凡有大韩村的人来求雨,必然要死一位善人,大韩村人只好在村里修了座龙王庙,内设"麓台殿",以示悔过,并常年香火不断。尽管大韩村的村民如此烧香供献,衷心祈祷,每次祈雨总不免要死一个人。因此,"大韩村祈雨一定死人"的说法流传至今①。

北谷丰求雨的十三善人光着脚板,在炎热如火的山路上行走,从来远镇进入峪口,一步磕一头,直上麓台山去,在正午前赶到龙王洞内,跪在龙王像前,祈雨善人将带来的水瓶置于龙王洞钟乳石的滴水处,往瓶内滴一滴水,就意味着天降一寸雨。有一个人点一炷香,这炷香烧完祈雨停止,其中一名称为"记事官"的善人记下祈了几滴水,当众宣布,如祈三滴以上,大伙儿高兴地跳呀、唱呀、锣鼓齐鸣。抬食盒的分别把供品摆在龙王和麓台爷神像前的供桌上,桌上点两支红蜡烛,烧八八六十四把香,吹奏六六三十六段曲,磕七七四十九个头,跪拜时口里念叨着一些天旱成灾,乞求神灵显灵降雨的祷告语,但无统一的样式,把心愿说出来即可。最后许愿,降雨后必定谢神。这样跪了一个时辰,十三善人才站起来收拾供品,到洞内取回水瓶,小心翼翼地双手捧在胸前走出洞外,诸事完毕后,才在山下找个树荫休息②。

到下午4时,天空突然乌云密布,霎时,一场大雨倾盆而下,求雨善人们顿时欣喜若狂,跪在雨地里,张开双手接着甘霖,倒入干

---

① 讲述人:李翠玲,女,农民,70岁,大韩村人。

② 据祁县来远镇石佛窟村民白四则(男,72岁)讲述。

裂的嘴唇里,所受的煎熬此刻已化为乌有,心情无比畅快。这一行苦善人认为自己虔诚请罪,终于感动了麓台爷恩施雨泽,于是忙又返回神庙,跪在麓台爷的神像前许愿一番,并给龙王洞内全部神像磕三个头出洞,洞外各殿的神像前点燃三炷香,磕个头,这才转身下山,返回到下申村①,按惯例住在该村隆盛寺内等待接雨的队伍。

北谷丰村村长和村民,在善人们祈雨走后,时刻关注着天气的变化,看到老天爷果降大雨,人们马上齐集本村关帝庙内敲钟放炮,供献磕头。村长一面派"报马"到下申村联系接雨事宜,安抚一行苦善人;一面给周边村庄下请帖,通知其按时到下申村接雨。第二天,接到请帖的各村接雨队伍陆续来到下申村,在队伍前有一人高举写有村名的纸制横匾,白纸黑字引人注目。接着是锣鼓队和身穿道袍、肩挑纸做黄色水桶的童子队和手拿拂尘的道童队,依次是细乐吹奏队,后面跟随的是接雨的民众,大约近20个村的队列。各村接雨队伍在下申村外自行集中,由最排场的北谷丰接雨队在前领头,其余各村相随鱼贯进村。各村仪仗队虽不尽相同,但参加接雨的人一律头戴柳圈,光着脚板,且不许女性参加。仪仗队通过下申村大街时,锣鼓喧天,唢呐声声,密密匝匝的观众站满街道两旁②。

据说,此次接雨,县官也赶来了,轿子到了下申村的南门口停下,然后赤脚走到庙里,表示与民同乐,因为祈雨虽是北谷丰一村发起,而全县民众受益。在接雨仪仗队表演的各种技艺里,让人拍手称绝的有三项:一是丰固村的大钹。在该村的锣鼓队中,一人拍着大钹,到了兴头上突然手一扬,一钹就飞上半空,落下时用手接

---

① 据谷村村民陈永禄(男,74岁)解释,求雨的一行善人落脚在下申村等待各村迎接,为什么选择下申村呢? 主要原因在于:a.下申村是个集中地,于各村联络方便。b.取其中"下"之意,企盼求雨成功。

② 参见薛贵芬《农村习俗琐记》,原载祁县政协文史资料委员会编《祁县文史资料》(内部资料本),1993年5月第九辑,第168页。

住继续拍而鼓点不乱。二是修善村的大鼓。此大鼓平时在村内大寺内存放,用时因鼓太大寺门里出不来,就由二三十人分两班用绳子把鼓吊起,里边的人在下面推,外面的人在墙上接,方可取出寺庙。此鼓由16人抬着行进,鼓上有二人敲击,鼓大音高,振耳欲聋。三是北谷丰村的万民伞,伞杆高约四公尺,伞盖直径约二公尺,由一青壮汉子用布袋裹着一个石钵套在脖颈上,石钵放置在小腹前,伞杆插在石钵内,以骑马姿势向前行进,两手交替转动伞杆,表演甚为壮观。三项技艺夹杂在各村组成的浩大的仪仗队伍中,表演到精彩处,人们的欢呼声、呼啸声、喝彩声、锣鼓声、吹奏声混杂在一起,鼓乐喧天,声震如雷。在欢乐的气氛中,人们把祈雨的一行善人迎送出村,走上回北谷丰村的大道,各村队伍也各自回村,等着观看北谷丰村许下的谢雨戏哪!

北谷丰十三善人祈得甘霖后,全村一片欢腾,为感谢麓台龙王爷,乡民们摊钱请来戏班子,在村里财神庙戏楼上唱起了大戏,连唱三天,皆为喜庆吉利的剧目,如《满床笏》、《断桥》、《珍珠衫》、《忠报图》,其中太谷县"锦霓园"、祁县"聚梨园"两个戏剧班社演出的剧目被誉为"好戏中的好戏",备受青睐。演戏前,村长率善人及村民们到观音堂里献供,供品为祭祀麓台爷后抬回来的东西,祭祀完毕,村长把用褐色丝绸剪成的61只蝴蝶①放在香炉里烧化,以为麓台爷已化为蝴蝶前来享用了供品。然后,谢雨戏开始了,四乡村民扶老携幼,盛况不亚于赶庙会。

二　贾令镇四善人赴狐神庙求雨

贾令镇地处祁县北部,是昌源河、乌马河、萧河等几条河流的冲积平原,地形由东南向西北略呈倾斜,三条河流在这里同时汇入

---

① 61只蝴蝶象征距离麓台山61公里。

汾河。天涝时洪水涛涛,这里成为一片泽国;天旱时,有限的河水被上游拦截,下游滴水难见,土地干裂,庄稼焦枯。据贾令镇"前营村村史"[1]记载:"光绪元年至三年大旱,寸草不长,颗粒不收,民众苦不堪言。当地流行的歌谣是:'天遭荒旱整三年,大人小儿死一半,树皮草根全啃光,人吃人来犬吃犬。'"这就是当时旱情的真实写照。光绪二十六年又是大旱,加上清政府繁重的苛捐杂税,可谓天灾人祸,民不聊生。直到农历五月二十七日才下了一场大雨,人们抢种了一些庄稼,当时有"蛤蟆耕地鬼锄田"的说法,意思是牲口饿得骨瘦如柴,打一鞭子便拱起腰,四条腿向前跳动一下,像蛤蟆一样;锄田的农民面黄肌瘦,黑水满脸不成人样,故称"鬼锄田"。78岁的村民郝晋光说,光绪前该村是祁县八小镇之一,居民两千余人,而连年遭灾后,人口骤减,房倒屋塌,成为一片烂摊子。直到1949年仅有人口975人。

由于天气大旱,颗粒未收,繁重的苛税不能幸免,无奈,这些朴实憨厚的庄稼人只好乞求上天恩赐,普降甘霖,帮助他们度过难关。据82岁高龄的段亮老人(1918年出生)讲述,在他六七岁时,曾亲眼见到贾令村组织的祈雨队到附近交城县狐爷山祈雨。

在贾令村西南方向(现在贾令高中所在地)有一座狐神庙,相传是为纪念春秋时晋大夫狐突父子而建(狐突之子狐偃,字子犯,因是晋文公之舅,故称舅犯,是助晋文公成就霸业之人)。再加上贾令一带的人经常看到乌云从交城那边滚来便能下一场透雨,以致把两处联系起来当作一家,每逢大旱,便由贾令村村长与邻近村庄联络,达成到交城狐爷山祈雨的协议。

祈雨之前,要请七位善人在本村狐神庙内烧香祭拜,这七位善人都是自愿参加,且平日就吃斋念佛,品行端正。祭拜的方式是七天一轮,在祭拜期间,七位善人不得出庙门,庙内香火不可间断。

---

① 参见"祁县地方志丛书"《贾令镇志》(内部资料),1997年。

他们在庙内只能吃豆角、地瓜等素菜,不得食荤。若拜七天不下,就接着再拜七天,一直拜七七四十九天,若还不下雨,这才派人到交城狐爷山祈雨。通常情况下,在49天内老天不可能滴雨不下,因此当地求雨只是在本村庙内祭拜,而不外出祈雨(据段亮老人介绍他仅见过一次贾令村人赴交城狐爷山祈雨)。

到交城狐爷山求雨的当天,村里张贴布告,严禁屠杀,不准抽烟,忌说"旱"、"干"二字,例如"豆腐干"要说成"豆腐疙瘩",各家门前都要设香案,放上插有柳枝的水坛或水瓶,供奉龙王雨师。

这次自愿求雨的有四位善人,他们在贾令村狐神庙祭祷后,相偕向交城狐爷山出发。四位善人的分工是:一个打着"祈雨求泽"的小旗领队前行;另一个在肩膀上刺入筷子粗的银钩,因为一连49天的祭拜都未能感动上天,可见罪孽深重,所以要承受难以忍受的苦难向神明表示自己的改过之心,赐给雨水;还有一个胸前吊着水瓶,俗称"紫金瓶",准备盛放求来的水;最后一个是沿途照料受难之人。一行四人头戴柳帽,赤脚跋涉,不断高喊"南无佛"("南无"为梵语"敬礼"之意)、"阿弥陀佛"(梵语意为"无量寿佛",是大乘佛教信奉的一个佛,西方极乐世界的教主),沿途及狐爷山下都有寺庙住持照应。从祁县贾令到交城狐爷山相距约一百里,第二日即可到达。

狐爷山,位于交城县西南方向,距该县的古洞道乡约有六公里,原名马鞍山,因为晋文公外祖父晋大夫狐突并二子狐毛、狐偃葬于此地而得名。世人尊崇狐突,于该山建庙立祠,常年祭祀,两汉以后历代皇帝都以狐突忠贞报国的正义行为为楷模。及至宋代,狐突声望日隆,宋徽宗封他为忠惠利应侯,邑人也四季祭祀,逢旱祷雨。清光绪三年大旱,为祈雨求神,光绪皇帝下旨敕加"灵弼"二字,于是狐神庙山门悬九龙蟠珠竖匾"灵弼忠惠利应侯庙",并在每年农历七月十四日唱大戏、抬铁棍(当地的社火节目),隆重祭祀。贾令村四位善人到达狐爷山后,将带去的水瓶放在山洞内滴水的隙缝上,跪拜三昼夜,然后抱着滴有泉水的水瓶往回走。

贾令村民在四善人走后的第七天,便组成接雨队前去迎接,在文水县西社渡过汾河迎上祈雨归来的善人,相偕而归。

在接雨的前一天下午(即四善人赴狐爷山祈雨的第六天),所有参加接雨的邻近各村信众都集合在贾令,为第二天的接雨进行编队行进练习,俗称"踩街"。其组织办法是,凡有男丁的家户,除老弱病残外,必须有一名男丁参加。对参加踩街的民众按年龄大小,分为三种类型的编队。

祈祷队,走在队伍最前面,由20岁以上的青壮年组成,持香呼佛祷告(所呼口号与祈雨者相同)。

担水队,排在队伍中间,由15岁以上者化装为戏中的仙童、道童,他们身着彩色衣裙,肩挑精致的水桶,边走边舞。

磕头队,跟在队伍最后,由15岁以下的少年儿童组成,他们手拿裹有棉垫的小凳(也有人备有专门用于磕头的凳子),排队前进,有一成年人持长竿在队伍前引导,每走十几步,便用长竿在地上画一下,持凳儿童在原地转一圈后,在小凳上磕一个头,再继续前进。

此外,各村都有自己的音乐队,随从的人员一律头戴柳帽,赤巴脚,高声喊佛。排列在队伍最后的贾令狐神仪仗队最为特殊,他们抬有三乘轿子,一乘内专放神的印盒令箭,一乘内放着神的木制牌位,还有一乘空着,准备安放从狐爷山请来的小神像(也有人说由三个身着道袍、骑着高头大马的人,分别背着令箭、大印和牌位,行走在队伍中间,有神仙派遣之意)。在轿子后面跟着一只羊,最后是持有各色彩旗的队伍。在下午的踩街演习中,各村的队伍鱼贯而行,布满了长长的街头,街道两边观看的人们摩肩接踵,热闹异常。次日,各村在早饭后整队出发,正午,到达文水县西社村,渡过汾河迎接祈雨归来的善人。祈雨者从狐爷山带回一尊小神像,与接雨队相遇之后,便把小神像放在那乘空轿内,一起返回贾令。按当地的讲究,要尽量赶在日落前返回。归来时,如恰逢天降大雨,各家门前的水坛和从狐爷山抱回的水瓶一起倾泻,顷刻之间,满街汪洋,万众欢呼,以为神真灵验。于是,将接雨队带着的那只羊杀掉来祭神,同时供奉猪头三牲,并唱谢雨戏。

如果在祈雨期间或祈雨归来后,仍一直不下雨,四位善人就要在请来的小神像前继续拜祷七天,直到最后一天还未下雨,才宣告祈雨结束。若在七天之内下了雨,则同样也要唱谢雨戏。

谢雨戏一般唱三天,第一天称"起场",第二天称"正场",第三天是"末场"。与上述北谷丰村求雨演戏不同的是,演戏之前,管事人用褐色丝绸剪成蝴蝶黏在小神像头部,象征着狐神已化为蝴蝶前来,以此加重求雨仪式的神秘色彩。演出时,不可更易的规矩是,由神来确定演出剧目,方法是把写有戏名的签子放在一竹筒内,由主持人摇晃竹筒,哪个签子掉出来,就唱那个签子上写定的戏。相传一次唱戏前抽签定戏,神签上的戏名为《八义图》,但人们认为这出戏没有水,因此就改名为《乾坤带》,结果当天晚上轰隆隆地打了一晚上雷,却未下一滴雨。于是当地便流传下了这样的谣谚:"《八义图》换成《乾坤带》,干听打雷雨不来。"也许这是偶然的巧合,然而人们却信以为真,更觉得神命不可违。

三　南团柏村的抬龙王求雨

祁县东观镇距县城 12 公里,位于县城东南方向,与太谷县交界,这一带乡村流行"抬龙王"的习俗。据 74 岁的张锦光老人回忆,东观镇南团柏村最后一次也是最盛大的一次求雨活动是在民国二十一年(1932)。那时大旱已持续两年,庄稼颗粒无收,甚至有饿死人的现象,本村不少人离乡背井走西口,即到包头谋生。于是被村民称为"张善人"的该村地主张锦年,一方面开仓救济灾民,一方面又发起求雨。农历初六上午 9 时许,社(村内按家族划分的民众聚合组织)中长老张锦年在"神头"(即社首)的陪同下,来到村西头的龙王庙,早已等在庙外的 12 岁以上的社中男子(皆为张姓)百十号人,准备听候长老的差遣。

龙王庙里供奉着四位龙王,分别是黑、白、黄、红四种颜色。其中黑龙王为泥塑,位居庙内正殿的中央,另三位龙王则为画像,绘于黑龙王像后面的墙壁上。黑龙王通体墨黑,头梳单辫,斜挽于脑顶左侧,脑顶右侧为一短角,身着黑色龙袍,正襟端坐于形如太师椅的神座上。那一双黑白分明、大如砖块、双睛暴突的眼眶,煞是吓人。

张锦年长老来到庙里,先跪在龙王塑像前献上三炷香,由神头把两支粗二寸、高五寸的大红蜡烛点在供桌两边,再把祭品放在供桌上的碟子内。祭品有面蒸:面佛手、面石榴、面寿桃、面莲花各四个;油炸的九丝十八弯、细如粉丝的麻花及麻黏水脱(即上面黏有芝麻的面饼)等。摆放好祭品后,长老向龙王行三拜九叩大礼,同时,院子里也跪满了黑压压的人,礼毕,长老把写在黄纸上的祭文焚烧在火盆里。祭文曰:

伏惟

大慈大悲神威无比惩恶扬善有求必应乌马河龙王,亢旱二载,生灵涂炭,惶乞普降甘霖,以润万物,以泽生灵,救万民于水火,拯百姓于一旦,诚惶诚恐敬拜。

尚飨

壬戌年闰六月

祭祀完毕,由神头从人群中叫出事先选定的四个壮实后生,着一色崭新的青色裤褂,头戴柳条圈,脚穿黑色鞋,肩搭白羊肚手巾,前额系着"有求必应"的红缎带,每人拿一根碗口粗的、外表用红布包裹的"明杆"(粗木棍),神头站在殿门左侧,吆喝一声"请龙王",四个后生应声扛着明杆走进龙王殿,把明杆成"口"字形交叉穿过龙王神座,用红绸带缚紧,这时神头又大声叫着:"起驾!"于是便抬着龙王塑像缓缓出殿。抬到庙外面的戏场里,等待着黑龙王的娘娘"彩彩"到来,然后与彩彩一起回娘家——距南团柏二里地的王乔堡村。

南团柏村西北二里地外,有条河叫乌马河,河北岸有个王乔堡村,村头的河岸上建庙一座,俗称"彩彩庙"。相传彩彩为王乔堡人,她端庄美丽,与南团柏村叫张龙的后生私定终身,但遭家人反对,绝食而死,张龙遂自投乌马河殉情。后来玉帝念张龙、彩彩情深意笃,封之为乌马河龙王和女河神。当地农民天旱求雨甚为灵验,于是在岸边建彩彩庙一座予以祭奠。庙中彩彩的塑像凤冠霞帔,面容秀丽。据说六月初六是她的生日,而六月十二为黑龙王的生日。因此,当地村民求雨便从六月初六开始,直到六月十二,延续整整七天。

接彩彩的花轿一大早就从南团柏出发,花轿后跟着细乐队,由八人组成,吹着笙、箫、唢呐等乐器,打着小鼓。花轿由四位身着青衣、青裤、黑口鞋,头戴柳圈帽的轿夫抬着,花轿的顶部塑一凤头,四角分别挂一个红布绣球,轿篷绣着龙凤呈祥的花纹,一路吹吹打打去迎彩彩。

迎回彩彩后,便和黑龙王一起抬着游街。彩彩的花轿走在最前,接着是由四位后生用明杆抬着龙王,明杆后跟着 16 名身穿斩衰①孝服,手拿哭丧棒的孝子,全部由村民自愿充当;再后是 36 人组成的乐队,锣鼓喧天,喇叭、唢呐"嘟儿哇、嘟儿哇"的吹着;最后是社里头戴柳圈帽的 12 岁以上的男子,他们有的手里拿着各式各样的纸扎,有的提着一公尺多高的金山、银山,有的举着两公尺高的金光闪闪的锞幡,还有纸糊的戏台、暖阁,五光十色,耀人眼目。

游完街后,将黑龙王和彩彩一起抬到王乔堡,俗称"回娘家",把二位神同时供奉在彩彩庙里,由王乔堡的社首领着本村信众祭

---

①　这种孝服用粗麻做成,不缉边,断处外露。在民间是子女为父母守孝之服,是守孝最重的服饰。

祀一番后,当天再将黑龙王抬回南团柏,而彩彩留住娘家一个晚上,第二天再接到南团柏。如此反复举行这种仪式,直至七天后的六月十二日,祈雨才告结束。

在这种抬龙王的祈雨仪式里,姑娘、媳妇们不但不准参加,甚至连看热闹的份儿也没有,当地人认为这会使求雨不灵验,有渎神灵。

据说这次求雨到了六月十二日这一天后晌(下午),果然降了半个时辰的暴雨,立时街满沟平,百姓欢呼。现在该村每年六月十二日还有赶会的习俗。

四　其他求雨方式

1. 晒土地求雨

祁县东观镇和贾令镇的许多村庄,旧时有"晒土地"求雨的习俗。作为社主的土地爷,掌管一社之事,本该和天官雨师搞好关系,把本地旱情禀告上去,让其普降甘霖,以拯救黎民,可是土地爷在干旱时却怠忽职守,不为这一方百姓作主。于是便有七个村童相约从别人家偷出土地爷(丢失土地爷的人家是不予追查的)①,集中在一家院内,面朝南蹲在烈日下曝晒,使其亲尝烈日煎烤的滋味,吃点苦头,逼其上天报告天官降雨。据贾令镇73岁的高庆文老人介绍,在民国三十一年,他曾与其他六位孩童相约,偷出土地爷集中在村东袁培蕊家进行曝晒,结果一直晒了七天仍滴水未降,只好再将这些土地爷送还各家。在东观镇一带如偷土地爷之后七天内下了雨,村童便向大人们要上一碟子扒了皮的鸡蛋、一块豆

---

① 旧时晋中农村,家家都有土地爷,一般在正对院门的影壁上设有神龛供奉,土地爷为陶制像。

腐、一把老葱供奉土地①，烧香叩头，以谢神灵。

这种求雨方式，已不是对神灵的讨好与乞求，而是对其进行挪谕与嘲弄，是一种天真大胆的惩罚。

2. 寡妇洗罗汉求雨

距县城六里地的谷村，旧时有"九寡妇洗罗汉"求雨的习俗。据本村84岁的陈三女老人回忆，民国十五年（1926）久旱无雨，谷村申姓族长召开家族议事会，讨论求雨事宜，决定挑选本村贞节老寡妇到本村隆兴寺洗十八罗汉，因"汉"与"旱"谐音，洗罗汉意即洗"旱"。

这一天，本族（申姓）选出九个老寡妇洗净手脸，穿着素洁衣服，手端铁制洗脸盆，盆里放着白色的新布手巾，她们相继入寺，跪在十八罗汉像前，烧香磕头。口中不断念着"南无阿弥陀佛"，边念边跪在神座上拿布手巾洗"旱"，从罗汉的头到脚揩试尘土，祷告下雨救民。祷告时念的顺口溜是：

　　洗的老②，洗得旱爷爷③哭了；

　　洗身子，洗得旱爷爷跑了；

　　洗两足，洗得旱爷爷再也来不了。

并许愿在七天内降雨后，全村上供，演唱三天猴儿戏（即皮影戏）酬谢神灵。但这次祈雨并未巧遇甘霖，故也未酬神。调查中，我们询问其中的原因，一位老太太挺神秘地说，那是因为在九名求雨的寡妇中有一个不贞节，私养汉子，结果欺骗了神灵，犯了禁忌，使神灵发怒而不降雨。

贾令村民段亮老人回忆说，民国十三年（1924），天气大旱，本村选出18名贞节寡妇到村内二郎庙去洗十八罗汉，洗的方法一如

---

① 采访中，祁县的老人们说，土地老儿不吃"大供献"，即不用馒头之类的面制供品。

② 的老，祁县方言，即"脑袋"。

③ 旱爷爷，即民间传说中的旱魃。

上文,并许愿降雨后全村唱戏三天。结果在洗罗汉后的第三天,果降大雨,为此在二郎庙唱了三天皮影戏。

五　结语

从以上祁县求雨习俗的个案中,我们可以大体了解到旧时山西晋中地区乃至整个华北农村求雨的状况,通过对这些个案的综合分析,可以得出以下几点认识。

首先,晋中求雨习俗中三教互融、多神信仰、兼容并蓄现象尤为突出。在晋中地区的祁县、太谷等地,求雨的信众既供奉龙王,同时又崇祀关公或观音菩萨。在祁县北谷丰的接雨仪式中,大伙口念"阿弥陀佛",可是队伍中又增加了不少打扮成道童的儿童。求雨中形成的惯俗是,只能男子参加,妇女则禁止加入,甚至连看看热闹都不行,这显然是受儒家文化思想影响所致。据老者回忆,1949 年以前祁县北门外,曾有一座三教阁,里面供奉着孔子、吕洞宾、释迦牟尼像,阁顶悬有傅山先生书写的匾额:"谁知水乳交融。"可谓道出了三晋传统文化的特质,这种三教互融的文化特征也必然在求雨习俗中体现出来。

三教互融的前提是三教互通,从文化史的角度考察,儒家文化是中国的主导文化;道教是中国土生土长的本土宗教,同时又凝结、融合了诸多文化因素;佛教虽是外来文化,但在漫长的播布过程中,经过本土文化的同化,使之成为中国化的佛教。儒家注重现实,佛教追求的是彼岸的世界,道教则迎合世俗人欲,观照的是现实生存的利益。然而三者任何一家都不能解决民众生存的现实问题,无法满足其心理需要,因此三教互通导致了三教融合,这也是社会历史的必然要求。从山西地域环境来看,它位于黄河中游的中原文化区,其经济、社会文化长期属于领先地位,对其他地域遂产生一种凝聚力或向心力,通过各种方式进行着文化冲突与交汇。

在民俗信仰中,各种与民众生存命运相关的神祇被接纳过来,从而形成了该地区多神崇拜、兼容并蓄的文化特色。晋中的求雨习俗也不例外。

其次,晋中求雨习俗中的龙王,大多是历代民众在长久的文化传承中,由历史人物、传说人物擢升起来的地方神祇。如狐神庙供奉的是春秋时晋大夫狐突,南团柏村抬的龙王原型是朴实憨厚的农村青年张龙,这些出自本地区的实有的历史人物、英雄祖先或普通的某位群体成员,大多有为民造福、舍己奉献的人格精神与历史功绩,从而得到该地区民众的景仰,因景仰而立祠成神,进而予以崇祀,寄寓着求其庇护帮助的良好愿望。而在民众看来,外来的神也好,官方赐封的神也罢,"远水不解近渴",都没有本地的神现实可靠,这大抵正是民众造神的共同规律。

民众祭祀的龙王具有升天入水、变化不居的神性和司水理水、兴云布雨的神职功能。总之,龙王和雨水有着密切的关系,理所当然地成为民众祈雨的主要对象,因为雨水乃是农耕民族赖以生存和发展的最基本的自然条件之一。至于祭祀关公,崇信土地爷,实际上是一种全神崇拜,他们都是全神形象,其神职是无所不能的。但在诸多神职中,主雨的职能必不可少,因为尽管民众的祈愿是多种类、多层面的,如求子、求财、求安全、求健康,而对于农耕地区的民众来说,祈求风调雨顺、五谷丰登,满足生存的第一需要尤为重要。因此在民众崇信的神祇中,许多神都有主雨的神职,或者说同一个神具有的多种神职中,降雨也是其最重要的神职功能。

另外,求雨是山西历史上特殊的文化现象,它反映了民众社会心理的嬗变。晋中祁县的祈雨大体包括祭品、献祭方式、祭祀程序等方面的内容。祭祀神灵的祭品不外乎牲祭和物祭,而物祭是最普遍的。祭祀仪式中的献祭方式最典型的是"暴"和"乐"。所谓"暴",指在久旱不雨的情况下,心急如焚的民众,对龙王一改敬拜为惩罚,将神像或神的代言人置于烈日下曝晒,使之亲受煎熬,通过这种巫术手段达到致雨的目的。所谓"乐",指用奏乐、舞蹈及各种社火节目来祭神娱神。从祁县北谷丰和南团柏的求雨仪式中可明显看到这种现象,这是人们将己比神,以为最能引起人们振奋的游艺节目,也必能使神灵愉悦,而舞蹈本身又是模拟神灵降雨的仪式,人们通过这些活动进而实现自己的愿望。祭祀的程序经过历代传承也已模式化,一般是先祈雨,再接雨,最后唱戏酬神——谢雨。

求雨成为山西文化发展史上一道特殊的景观,这应该从山西人艰苦恶劣的生存环境中去寻找根源,在旱象笼罩之下,水对于农耕地区的民众来说是生命之源,求雨是生命攸关的大事,旱象构成了山西人特殊的生存环境,求雨是无奈的抗争方式,特定的地域文化环境凝定了山西人靠天吃饭、崇信龙王的生存观念。这种传统信仰发展到当代有了新的变化。总的说来,在风调雨顺的年景或水利条件较好的地方,求雨活动少些,而在旱年或自然条件差的地方则仍流行此俗;从求雨者年龄结构来看,老年人持虔诚信奉的心态多些,中年人则持"宁信其有,勿信其无"、"参与比不参与保险些"的随俗态度,年轻人则态度冷淡,甚至只是出于好奇,为看新鲜而参与求雨。笔者于1997年6月4日到太谷县北洸村观看了在该村龙王庙举行的求雨活动,龙王殿仅有一间房子大,东面是真武殿,西面是观音堂,龙王像①供在庙里十层砖台砌的神位上,像后面墙上挂着"有求必应、心诚则灵"的绸幅,求雨的是年逾六旬的二十多个老汉。尽管在传统农业社会里,求雨作为一种经验代代相传,它曾经使贫苦的民众在神灵的怀抱中,心灵得到抚慰与补偿,但它毕竟是生产力落后的产物,随着社会的进步,固有的信仰心理在现代文明的冲击中必然会发生变化,经历着从笃信→半信半疑→否定的过程,这是历史的必然。

---

① 该龙王庙正在维修,故用红布条蒙着龙王双眼,身上披挂着红布,等待开光时揭开。

第十六章　抹不掉的集体记忆

——山西祁县昌源河洪涝灾害与民俗调查[*]

　　旱灾和涝灾是直接威胁农业丰产的两大灾害。山西,因地处太行山脉西侧,黄河中游东岸而得名,地理位置在黄土高原东部,华北西部,整体轮廓酷似一平行四边形,东西宽约330公里,南北长约720公里,总面积15.6万平方公里,境区属干旱、半干旱大陆性季风气候,冬季多大风,夏季多暴雨,历史上就是一个灾害高发区。在这里,山岭与盆地毗邻,沟壑与平川接壤,黄河的第二大支流汾河自北至南从山西的腹地穿过,汾河沿途的各县区又有许多古老的河道。昌源河就是晋中盆地祁县境内的一条大河,每逢夏秋之交,或阴雨连绵,或大雨滂沱,山洪暴涨,河水澎湃,汹涌的洪水像肆虐的猛兽奔涌而来,淹没庄稼,摧墙毁屋,对农业生产和农民生活造成了惨重的损失。按常理来说,中国以农立国,水利与农业的关系至为密切,历代皇帝都很重视水利成效,设有水利职官,治水也成为传统中国地方官重要的政绩。例如,明代设"工部尚书、左右侍郎,掌天下百工营作山泽,采捕、窑冶、屯种、权税、河渠、织造之政令,属有水部,后改水部为都水清吏司,设郎中、员外郎、主事、分掌川渎、陂池、桥道、舟车之事"[①]。中国历史上也曾涌现出许多在河流治理中政绩卓著的官吏,对山西汾河治理有方的宋代水官陈尧佐就是其中之一,他先是知河南府,后"徙并州,每汾水暴

---

　*　本部分发表于(台湾)《民俗曲艺》第143期。
　①　郑肇经《中国水利史》,上海书店,1984年,第333页。

涨,州民辄忧扰。尧佐为筑堤,植柳数万本,作柳溪"[1]。但是,由于历代政府实行分级管理的水利管理体制,中央政府只管理大的河流,小的流域则交由各地方政府管理,而地方政府采取谁受益谁出资修渠的办法,受益者往往是地方上的乡绅、地主,他们把持着地方上的水权,修治不力,导致河患无穷[2]。祁县境内的历代民众在抗御和利用洪水的过程中形成了富有地域特征的渠规水法,也因生产力水平低下,缺乏抗灾能力而形成了以水神崇拜为主的心意信仰。民俗是民众生活经验的结晶,每一个民族,每一个特定地域的历史,都是在其民俗传统中度过的。祁县昌源河的洪涝灾害,以及由此而形成的水利习俗和心意信仰,作为一种群体的生存体验,凝定成一种集体记忆,存活在民众的生活中。当我们走进祁县这一片土地,沿着昌源河沿岸走村串户,察今问古时,看到古村落的庙宇中竖立着一通通古碑刻,沿河两岸自上而下,保存着镇河牛、镇河兽、镇河楼,这些民间的碑刻、文物向我们述说着过去的历史。本文将以祁县昌源河的洪涝灾害与民间信仰为考察对象,时间范围主要限定在明清至民国年间,同时为了显示历时的对比,也部分涉及民国以后的洪涝灾害。碑刻文物、口述记录、文献资料是我们寻检民众生活的门径,也为我们的研究提供了实证。

一　地理环境及其灾害特点

中国是一个农业大国,山西是典型的农耕文化区,人们最为关心的是与农业生产以及同广大民众生存关联紧密的自然灾害,在对人类物质财富和生命造成巨大损失的诸种自然灾害中,莫过于

---

① 《宋史》,中华书局,第 9583 页。另参见张念祖《中国历代水利述要》,第 43—44 页,收入"民国丛书",上海书店,第四编第 89 册。

② 郑肇经《中国水利史》,上海书店,1984 年,第 325—347 页。

旱灾和涝灾。山西由于境内山地丘陵破碎,沟壑纵横交错,植被不断遭受破坏,水土流失严重,加之降水量不适农时,雨水大都集中在七、八、九三个月,而作为社会基层组织的村落,都是一个个自给自足的自然经济单位,千百年来沿袭着小农生活模式,经济力量薄弱,防御和承受自然灾害的能力有限,因而造成了几乎无年不灾、无地不灾的状况,在空间和时间上形成了"旱中有涝,涝中有旱"的特点。自明洪武十四年(1381)至1949年的568年间,山西省内大的和较大的洪水灾害共发生364次,平均约1.6年发生一次。如果时间跨度缩小到从清初到民国时期的300余年间,由于史料记载比较详实丰富,全省大的和较大的洪水灾害平均周期缩短为1.2年一次[①]。《山西水旱灾害》一书对山西省境内自十五世纪到二十世纪的洪涝灾害做过长时段的统计,测算结果为一般洪涝灾害大约每隔1.5年出现一次,洪涝灾害随着时间的推移发生的次数呈而递增趋势。

世　纪	15	16	17	18	19	20
一般洪涝年数	30	50	66	68	77	71
间隔年数(次/年)	3.3	2.0	1.5	1.5	1.3	1.4

(资料来源:山西省史志研究院,《山西通志·水利志》,中华书局,1999年,第84页。)

从上表可以得知,随着时间的推移,愈到后来,洪灾的频率愈高,这与人类活动的日益加剧,砍伐森林,开垦土地,自然环境遭受破坏有直接的关系。

祁县,地处山西省中部,太原盆地南端,太岳山北麓,汾河中游东岸,地理坐标为东经112°12′5″—112°39′6″,北纬37°4′5″—

[①]　山西省史志研究院编《山西通志·水利志》,中华书局,1999年,第109页。该书统计"自明洪武十四年(1381)至1949年的567年间,全省大的和较大的洪水灾害共发生364场次,平均1.5年发生一次。"经仔细核算,应表述为"平均约1.6年发生一次"更为准确。

37°38′6″,地势由东南渐向西北倾斜,平面轮廓呈东南至西北长条状。距山西省会太原市约 67 公里[①],县境东南为山区,中部为黄土丘陵,西北地势平坦,土壤肥沃。《周礼·职方氏》载有"其泽薮曰昭余祁"[②],《尔雅·释地》记为"燕有昭余祁"[③],其地理位置在今山西省祁县、平遥以西,文水东南和介休以北一带,这一地区战国时曾为燕国属地[④]。是一片长满杂草的积水地带,祁地由此而得名。该县总面积 850 平方公里,现辖 6 镇 6 乡,人口 23.28 万。

　　昌源河,是祁县境内的第一条大河,也是汾河的重要支流,由东南向西北横贯祁县全境。它的发源分为西、南二源,西源为正源,出于平遥县仁义乡南苑庄村境;南源出于武乡县境内分水岭一带。西源由西南往东北流,南源由南往北流,二源之水流至武乡县南关相汇,然后合流向北流入祁县来远镇,经盘陀川出子洪口,转向西北,经峪口、东观、贾令、里村等地,至丰固村西北又与乌马河汇合,再于苗家堡村折为西南流向,最后汇入汾河,干流全长 88.55 公里,在祁县境内 75 公里。昌源河多年平均径流量为 7190 万立方米,最大流量为 2050m³/秒(据 1977 年 7 月 6 日实际测量所得),枯水季节最小流量仅有 0.01 – 0.02m³/秒[⑤]。

　　昌源河又是一条古老的河道,先秦时期,由于诸泉丰盈,河水丰沛,四季常流。明清以降,由于人们修建房屋,无度采伐山林,垦山为田,造成生态环境恶化,成为季节河。据光绪八年版《祁县志》载:"胡甲水,源出东南百六十里武乡县胡甲山,北流经龙舟谷,名龙舟水,汇诸泉折而西流,经县北又西经平遥界入于汾,名昌源河。"由此可知昌源河是下游的名称,其上游尚有"胡甲水"、"龙舟

①　祁县地方志编纂委员会编《祁县志》,中华书局,1999 年,第 1 页。
②　[清]阮元校刻,《十三经注疏》(上),中华书局,1980 年,第 863 页。
③　同上,第 2615 页。
④　《十三经注疏今注今译》(下),岳麓书社,1994 年,第 2020 页。
⑤　《祁县水利志》,祁县水利水保局(内部资料本),1987 年 11 月编印,第 8 页。

水"之别称。祁县境内,昌源河流经的地域,按地形可划分为以下三个部分。

东南部,即昌源河上游,为土石山区,海拔在 950 公尺至 2,033 公尺之间,相对高差 200 公尺左右,包括来远镇全部和任村、峪口乡的南部地区,面积为 401 平方公里,人口密度是每平方公里 25 人。其地理特征是山高坡陡,交通不便,气候较寒冷,雨量相对较多,土地瘠薄,耕作粗放,产量不高。

中部区域,即昌源河中游,属黄土丘陵阶地区,海拔在 800 公尺至 1000 公尺之间,包括峪口乡,任村乡的北部和东观、古县乡的南部,面积为 114 平方公里,人口密度为每平方公里 224 人。其地理特征是沟谷纵横,气候干旱,雨量集中,地面黄土深厚,质地疏松,地形破碎,灾害严重。地表林木稀少,覆盖面较差,水土流失严重。

西北部,即昌源河下游,是冲击平原区,海拔在 750 公尺至 800 公尺之间,相对高差在 50 公尺左右。这部分土地由汾河、昌源河、乌马河和伏西河冲击而成,地势平坦,坡度很小,包括祁县西北晓义、贾令等八个乡的大部分土地,面积为 344 平方公里,人口密度达每平方公里 462 人。其地理特征是气候温和,交通便利,地势宽阔,土质肥沃,耕作细密,农业生产水平较高,是全县的粮棉生产基地,也是昌源河洪水冲淹的重灾区。

自然灾害依其形成过程和来势的缓急,可以分为缓发性灾害和突发性灾害,前者主要有旱灾,一般情况下是持续几个月,后者主要指洪水、地震、飓风等。在祁县,旱象是人们难以躲避的灾难[①],它直接影响着粮食生产,而洪灾更是令人猝不及防。其特点,一是旱涝并发,一年之内同一地域范围往往是先旱后涝,多灾并

---

① 参见拙文《避不过的旱象——山西祁县求雨习俗调查》,载(台湾)《民俗曲艺》第 127 期。

发。祁县年平均降雨量为 441.8 毫米,一年之中的雨量分布极不均匀,六、七、八三个月的雨量约占全年降雨量的 60%[①],雨季多为暴雨或连阴雨,常常集中在两、三天到四、五天,雨水一下,洪水就发。洪水对民众的生存往往是利害参半:利,如若久旱不雨,洪水适时适量,尤其是头次洪水裹挟着山区牛羊粪肥和沤烂的草叶,有很大的肥力,以之浇地产量大增;害,洪水暴发,往往难以预报,历时短,以致造成水灾。二是来势凶猛,带来的危害大。这和山西的自然地理环境有密切关系,山西祁县地处黄土高原,昌源河上游紧接太行山脉,这里地表破碎、沟壑纵横,植被破坏严重。每遇洪水,河川极易冲刷砂土造成灾害。洪水暴发往往集中在六、七、八三个月,其时,暴雨如注,洪水塞满河床,流速急剧加快,掀起重重巨浪,咆啸翻滚,冲坏引水干渠,淹没耕地,淹没房舍,甚至冲走财物、淹死人口,情形惨不忍睹。三是发生的频率高。小的洪水灾害几乎每年都有,大的灾害每隔几年就有一次,给民众的生命财产造成了难以估量的损失。

二　昌源河流域的险段灾情

祁县境内洪灾虽然没有旱灾那么频繁,但由于雨季降雨高度集中,且多暴雨,有时阴雨连绵,最长多达 40 天,境内河道浅狭,大雨过后极易形成洪涝灾害,而且常常是摧毁性的,在老一辈人的记忆中,洪灾往往比旱灾更可怕。有史记载的昌源河洪涝灾害出现于元大德十一年(1307),淹没冲毁了不少庄稼。灾情最大的一次出现于清顺治九年,"夏淫雨四旬余,水溢漂没田庐,荡徙林木"[②]。

传统的防洪办法,多是以村落为基本单位,各管一段,以"堵"

---

① 参见祁县地方志编纂委员会编《祁县志》,中华书局,1999 年,第 51 页。
② 参见祁县地方志编纂委员会编《祁县志》,中华书局,1999 年,第 71 页。

为主。由于洪水暴涨,往往险象环生,堵了西岸,东岸决口;堵了东岸,西岸出堰。昌源河从上游至下游重点水患地带有来源镇(右岸)、元台沟湾(左岸)、大韩村东北(左岸)、武乡头工地段(右岸)、河湾(左岸)、南社柳泉口(左岸)、刘家堡东北(左岸)、丰泽湾(左岸)、沙堡村南(右岸)、前营村前(右岸)、丰固村北道口(左岸)、苗家堡村南等,其险段大多集中在大韩和刘家堡一带,从以下表中可见一斑。

昌源河洪灾险段灾情一览表

时　　间	险　　段	灾　　情
光绪 12 年(1886)	刘家堡	决口成灾。
光绪 18 年(1892)	刘家堡	决口成灾。
民国 2 年(1913)	刘家堡	决口,大水冲荡改道,经高村、秦村、王村、东关、城南、九汲、高城、郑家庄、雅安一线入平遥县境,流入汾河,沿途冲成了一道绵延数十里的沙河。
民国 6 年(1917)	大韩、刘家堡	两处决口。
民国 8 年(1919)	刘家堡	决口成灾。
民国 12 年(1923)	大韩、刘家堡	两处决口,东起大韩、刘家堡,西至平遥县汾河边,方圆几十里一片汪洋。
民国 22 年(1933)	刘家堡	决口。
1939 年	刘家堡	决口。
1942 年	大韩、刘家堡	决口成灾。

　　(资料来源:《祁县志》祁县地方志编纂委员会,中华书局 1999 年。祁县水利水保局《祁县水利志》[内部资料],1987 年编印)

　　除了昌源河险段大韩、刘家堡经常决口成灾外,昌源河沿岸的村庄因暴雨遭受灾害的年份也很多。例如,1952 年 7 月 8 日下午,昌源河河水暴涨,受灾面积万余亩,冲毁房屋 160 余间,受灾村庄

80 余个,21800 亩田地颗粒无收。1964 年 9 月 1 日至 14 日,阴雨连日,昌源河、乌马河、祁太退水渠等河渠决口 12 处,124 个村庄受灾,淹没土地 57000 亩,倒塌房屋 1000 余间。尤其是 1977 年 7 月 6 日凌晨 3 点 18 分,昌源河上游山洪暴发,最大流量达 $2050\text{m}^3/$ 秒,北关水库大坝冲垮,北关至子洪沿河土地被冲洗一空,武乡、河湾、南社、秦村等地决口数十处,交通中断,全县 11 个公社的 54 个村受灾,面积达 11.16 万余亩。1982 年、1988 年,直至最近一次是 1998 年,都遭受了大的洪水灾害。

民众口述资料与地方志的记载完全一致,我们实地走访了历史上决口次数最多的刘家堡,该村现有 100 余户,约 450 口人,村中现有魏、王、李、马四姓,相传最早迁居到这里的是魏姓,其余三姓是后来搬迁来的。村民魏生岐说:"我们这个家族是明朝洪武年间从洪洞大槐树下迁来的,老祖先一个姓魏,一个姓王,是结拜兄弟,最初的祖坟都在一块地里,魏姓和王姓家族每逢清明祭祖都到一个祖坟上去,60 年代后期村里把坟地平了,才分为一姓一边,各祭奠各的祖先,然后再去祭祀本门的祖坟。"① 村民王玉琛说:"我知道的洪水决口有两次,第一次是民国 22 年(1933),河堤决口,大水奔涌而来,把整个村子都淹了。第二次是民国 31 年(1942),昌源河决口,口子有 500 多米,洪水一直淹到县城东门外,刘家堡村北头靠决口的地方倒塌的房子很多。住户房屋塌毁后,投奔到邻村亲戚家,然后迁移过去,定居在那里,分别在会善村、马家堡、塔寺村、贾堡、北左村安家的有十余户,直到现在他们也时常回来看看。"②

---

① 魏生岐,男,1927 年生,祁县西六支乡刘家堡村农民。采访时间:2002 年 10 月 6 日。采访地点:刘家堡村魏生岐家。

② 王玉琛,男,1926 年生,祁县西六支乡刘家堡村农民。采访时间、地点同上。我们采访时,魏生岐的家里正聚集着六位老人玩扑克。老人们说当时遭受洪灾的情形时,表情是沉痛的,当讲述结束后,很快又恢复了平静,继续他们的娱乐活动,历史的记忆似乎已很遥远。

到刘家堡村子北头曾经决口的地方一察看,由于山洪裹挟的河石太多,积淀在河床,使河床越来越高,堤坝也随之每年筑高,河堤比村子高出 2 米多,昌源河成了一条名符其实的"悬河"。一旦洪水暴发,随时都有决口的可能,刘家堡的村民们承受着洪灾带来的最深重的苦难。为了抵御水灾,他们耗费了大量的人力物力在村外修筑起了高约 3 米,宽约 2 米的厚实高大、绵延几华里的护村堰。

在刘家堡前街西头的老爷庙旁边一家住户的大门边,我们发现了平铺在地上的一块残碑,碑首题写着"筑堰碑记"(附碑文 1),此碑立于乾隆五十四年(1789)七月二十五日,比本节《昌源河洪灾险段灾情一览表》中所列的光绪 12 年(1886)要早近百年,说明入清以来,昌源河岸决口,河水为患,已成为关乎民众生存的头等大事。碑文因年深日久,已漫漶不清,仔细辨认,仍可看出基本内容:"夫祁邑之有昌源河由来久也,然河水为患□大无穷……损坏地亩,淹没官道,为害甚矣。"治理河患的办法就是动员附近村社民众捐银,加筑旧堰,以防后患。参加筑堰的有高村、秦村后街、秦村前街、秦村圪垛等村庄,捐银人数多达 41 人。作为村社中的普通民众不仅要出力,还要捐银两,家境困难缺乏现金者,甚至卖掉土地,以地抵银。在此碑的左下角,镌刻着两份死契书。

其一:

死契书人郭府隍,因无银使用,今将自己东河白地一段计地六亩,楼□三□□垄,东至南北刘家堡两村堰地,西至卖主,南至□庄,北至郭英章,四至明白,今立死契□□,卖于南北刘家堡两村村堰,永远□水,同中方定死,得□银一十六两,其银笔□交□外,无人等争碍立,并不干买主之事,有卖主一面承担,恐后无凭,立死契存照,计开滩地粮二亩。

其二:

立死契书人李有旺,因无银使用,今将自己村东南白地一段计地二亩五分,楼行五回,东至李文贵,西至郭府隍,南至顶

□,北至□□,四至明白,情愿出卖于南北两村打堰逼水,同众言定,死价纹银二十五两整,其银笔不交足倘有房亲人等争碍者,并不干买主之事,卖主一面承担,恐后无凭,立死契存照,计开滩地粮二亩五分。立死契人李有旺。

从两份死契书里,我们知道当时刘家堡分为南北两村庄,由于这两个村庄紧靠昌源河岸,堤岸决口首当其冲,所以筑堰打坝是由这两个村牵头搞起的,以当时几个村庄有限的人力、财力,要把易于决口的昌源河堤坝修筑牢固,确实是一项浩繁艰巨的工程,且耗资甚多,这对于仅能维持温饱的普通民众来说是难以承受的。卖主郭府隍、李有旺二位村民的地界相连,他们卖掉自己田地,以地抵银,其原因一方面是郭、李二人缺乏现金,迫不得已而为之;另一方面也是为了"立字为证"以证明村堰所使用的土地系合法购买所得,使产权清楚,这是当地延续已久的习俗。

洪水造成的灾害从昌源河下游的一些村名也可得到印证。沙堡村,在祁县县城西边十五里,距镇所在地贾令镇一华里,南临昌源河,当地流传着这样的谚语:"石不过涧,沙不过站。"涧,是指东观乡的涧村;站,则指贾令一带。意思是说昌源河从上游奔泻而下,从山上冲下的石头到涧村一带就沉淀到了河底,而再流到沙堡一带,由于地势趋于平坦,泥沙沉落,河床越来越高,昌源河经常在这里决口,沙堡一带土地表层积存着很厚的沙土,沙堡村因此得名。塔寺村的来历也与洪水灾害有关,村民刘安民讲,相传,唐朝以前该村就有一普救寺,清末普救寺重修,后来塔毁而寺存[①]。"塔寺村"没塔,原因是被多次洪水冲毁。

---

① 刘安民,男,1939年生,祁县贾令镇塔寺村村民,采访时间:2002年10月5日,采访地点:塔寺村。

三　村落渠规水法与纠纷械斗

山西的河渠灌溉工程,唐宋以前多系官府征召民力修建,为"官办水利";唐宋以后,民办水利增多,大都是由官方督促,而由地方乡绅联合或组织村民合开水利工程,随着发展农业生产的需要,"民办水利"随之增多。分布在河渠沿岸的乡村,每建成一项水利工程,或挖一条分渠大都要制定渠图、渠簿、渠帖、渠规,由用水户协商议定用水的分程、用水顺序,制定一些简明的规约,并且刻碑记之。这些规约由少到多,由简到繁,愈到晚近愈加全面具体,规约的内容由水量分配、灌溉顺序扩大到管理组织渠堤维修、灌溉经费、使水规则等。这些水规水法是千百年来总结出的协调人际关系、保障正常秩序的民俗控制手段,它浮动在官方与乡村民众之间,对社会的稳定有着重要的软控功能。在昌源河沿岸的谷恋、塔寺、王贤等村落都能找到实例。

谷恋村是一个保存较完整的古村落,它在祁县城东北方向 15 华里,贾令镇东 7 华里,塔寺村东北 1 华里,地界紧靠昌源河岸。谷恋村,原名"圐圙",后改为现用名,村内有东、南、西、北四条马道,长均约 150 米。最初居民为安姓,明燕王时迁来高姓,高姓人口渐旺,至清末民初成为该村大姓。本村地势平坦,渠灌方便,是重要的产粮区,明清时期外出经商者甚多,村民比较富裕,素有"金塔寺,银谷恋"之美称。本村旧有三官庙、观音殿、水神庙、结义庙、玉皇庙、关帝庙等寺庙建筑,现在仅有关帝庙尚保存完整,庙内置放着两通水利碑。

第一通:碑阳《院宪通饬兴修水利条示》,碑阴《顺治四年六月圐圙村大东渠渠水流簿》。

刻碑时间:咸丰三年(1853)九月

规　　格:高 195cm,宽 96.5cm,厚 15cm(附碑文 2)

第二通:碑阳为祁县圈圙村大东渠渠簿﹒

碑阴为渠长高作宾就渠簿内容所作的解说

刻碑时间:咸丰三年(1853 年)。

规　　　格:高 159cm,宽 65cm,厚 14.5cm(附碑文 3)

第二通碑刻的碑阳已脱落难辨,碑阴的内容字迹清晰。以新发现的这两通清代水利碑刻为线索,查阅相关的地方志等文献资料,可以使我们了解到清代至民国年间的昌源河沿岸村落水利管理的民俗文化信息。

1. 管理组织

昌源河总河设一渠长,谓之总渠长,掌管全河事务,除此之外,各村水渠都设有渠长或渠头,渠长下面又有堰长或甲头。渠长,由全体渠户共同选举产生,一般在德行上人品端正,办事公道,干练持重,在村民中威信较高,财产方面也要家境富裕,土地较多,方可被选定。其任务是统筹渠务,预先布置水渠维修使用等活动,所用物料、开支应准备齐全,及时召集甲头、堰长召开会议,安排河渠事务。从现存的碑刻资料看,祁县圈圙村高氏家族中高进登、高作宾都担任过渠长,他们是本村拥有大量土地和修渠筑堰出钱多的乡绅,是农村中的精英人物。渠长除料理渠务外,以县衙为代表的官府下达的劝谕兴修农田水利工程、征收钱粮赋税等大事也都由他们完成。他们成为游动于民间与官方的中介人物,国家权力对乡村民众发挥效用是以他们为中枢的。正如《院宪通饬兴修农田水利条示》云:"发圈圙村公正、耆老、绅士、乡地,该村绅士人等接到此谕后共同耆老人等讲解商办,限十日内将情形逐条禀复。"官府的一纸条示十日之内必须传达给各村乡民,靠什么人? 靠的正是以渠长为代表的乡绅,可见渠长在乡村中的权威是很高的。甲头、堰长,协助渠长工作,听命于渠长的安排,主要任务是巡守渠道,巡查灌溉情况,监督使水工程,组织渠户疏浚河道。渠长、甲头的选举一般是在正月初至二月初期间,任期以一年为限,"该年轮流"。

2. 灌溉惯制

昌源河沿岸古村落保存的水利碑刻中,明确规定了水的使用权,谁兴工,谁受益,以亩分水,按工分水,依次轮流,井然有序,"此等工程须令有地之家计亩筹费,按户派工,即令地主轮管,官为指示,毋需猜疑滋扰"①。这种由乡村基层行政负责人村长、村副督办,由渠头具体组织实施的情形,在祁县古县镇王贤村万圣寺内大雄宝殿左窗台下镶嵌保存的民国七年(1918)镌刻的碑刻中(附碑文 4)有具体的描述:

> 立合约王贤村合村□照中阎裕珍等,为村北渠道向经渠头等佣工□□创□,前明迄今三百余年,原日底据失落无稽,且渠道拥塞不通,屡欲行工整理,实难凑款。今央阎储峰阎集云与村长商酌垫款,由村督办,平分其利,是出两愿,决无反悔。自此以后应行工程,村中与渠头各摊一半,由村长督饬,渠头修理,所需款项,村中先行垫出,俟秋后每亩以二百五十文水利收毕,除讫垫款,所余若干,村中与渠头按两股均分。设有大工,彼此商酌,另行筹划。其渠起名为公利渠,所有渠头等锹俸及灌地之规,俱照向章办理。此合约共膳两张,村中与渠头各执一纸,立此存据以垂久远。

该村碑证实的内容是王贤村欲疏通维修此渠道,因难凑维修经费,央求阎储峰阎集云垫款,由村督办,平分其利。自此以后的维修则由村中与渠头合办,所获其利也由村中与渠头均分。谷恋村关帝庙保存的《顺治四年六月圆圙村大东渠渠水流簿》中开头则明确刻有"渠长高进登见水使头程",可见,受益是以摊工多少为依据的,而摊工又以土地多少为标准,土地多者受益多,这样,拥有大量土地和出资多的往往是乡绅和渠头,他

---

① 参见附碑文 2,祁县谷恋村关帝庙内碑刻《院宪通饬兴修水利条示》。

们是利益的既得者,乡村水权往往被他们把持。

3. 渠堤维修

渠堤维修既是保证灌溉的前提,又是防止洪水灾害的基础。山西利用山溪雨洪进行灌溉历史悠久,《宋史·程师孟传》记载:师孟"徙河东路。晋地多土山,旁接川谷,春夏大雨,水浊如黄河,俗谓之'天河',可灌溉,师孟出钱开渠筑堰,淤良田万八千顷。"[①]可见,在宋代已积累了较为完整的经验,至元、明、清三代水利灌溉工程更多,形成了系统的水规渠法[②]。祁县境内神庙碑刻中保存的水规渠法很有典型意义,且地方特色明显。保存在谷恋村关帝庙内的《院宪通饬兴修农田水利条示》这份以官方名义下达的"劝谕",实质上总结了千百年来民间的治水经验,包含着丰富的民众水利思想,择其要,主要有这样几点,一是预防与利用结合,排洪与灌溉并举,防患于未然。"古人治塘浦必令阔深者,盖欲取土以成堤岸,非专为决积水也。若徒知决积水而不知治田之为本务,则所开浚者不过积土于两岸之侧,霖雨荡涤,依然复入塘浦,不二三年填淤如旧。"强调了决积水的同时,要利于灌溉,利用水资源的同时,也去除了水患,而不是单纯地为防水患而修渠固堤。二是因地制宜,因势利导,旱涝有备。处山区地带的居民应"将谿间中石块堆砌两旁,厚实垫平,根脚要宽,上面要狭,使暴涨之水皆由涧之中缝而行。则垫平之石块又可往来行走,逐渐踏实,使成道路,盖急湍奔流遇下则趋,遇漕则落,有以杀其势而抑其威,自无冲激之虞。若平衍之地则唯有开沟通渠之法,亦须责令曲折深通,周流无滞,涝时不止漫潴,旱时藉以灌阴,则旱涝有备,蓄泄咸宜"。"须伏秋雨汛之前,按地势情形酌量,何处可以引水灌田,则开港以引之,何地

---

① 《宋史》,中华书局,第10661页。

② 参见中国水利学会水利史研究会、山西水利学会水利史研究会编《山西水利论集》,山西人民出版社,1990年,第24页,第199页。

可以杀势,则开支河以泄之。所谓因其势而利导之也。"三是加强河津桥梁修筑,重视植树造林,从整体上加以治理。《条示》中要求对坍塌败坏的河津桥梁予以修复,对通衢大道两旁因车马往来蹂躏的树木培土栽种,"盖树木上有枝叶可以资其堰,盖下有根茎可以藉其肥,牢此项有益之举,民间何乐而不为。"官方的倡导,在民间得到了回应,从咸丰三年谷恋村渠长高作宾刻立的水利碑中有具体的反映,"渠簿各程名下所载一张二字,系剁渠筑堰每张出锹夫八名,除二三四程无工水外,合渠共锹夫七百一十二名,至期渠长甲头率众疏筑。"这里"张"的意思据实地调查有两种解释,一是指灌地时使用一张锹那样宽的水;另一种解释是指修筑河渠应出的劳力①。以"张"为单位,修渠时,一"张"出八个劳力,合渠共出劳力七百一十二人,可见工程之浩大,劳力之众多。

在实地调查中我们还发现了光绪二十七年(1901)五月大东渠修渠的一份公告,其内容为:

告　　白

合村诸位台知,情因大东渠灌地甚多,务要渠堰高厚,渠心深阔,乃能容引洪水以遍灌溉耳。奈今人不自重,往往于渠堰上牧放牲畜,践踏不平,刨砍树根,剁挖不固,以致开口废水,不惟不能灌地,亦且有害于人,开渠以后备叠各堰不准骡、马、羊践踏,剁拉沙土,如不遵者,查明重罚。今择于五月初四开渠,有工各做,脱工贰佰,揽工加倍,去得太迟不打土程,渠成之日村中与渠上鸣锣,赶紧各打各闸,倘若迟误,放水过去,不准随便打闸,待等浇完再行打闸,毋得迟悔,此白。

光绪二十七年五月,大东渠公立。

①　讲述人:高必玉,男,1921年生。高康玉,男,1924年生。采访时间:2002年10月6日,2003年6月30日。采访地点:祁县贾令镇谷恋村。二位老人说他们也搞不清楚,上述两种解释系老辈传言。"张"的确切含义有待进一步查证。

　　每年上半年在洪水来临之前修渠补堰,已列为乡村公共活动的议事日程,公告中对修渠的目的要求一一道出。成为一地居民共同遵守的规约。

　　4. 纠纷械斗

　　祁县属晋中盆地,是比较富庶的农业区,境内人口历代上升很快。由汉及清该县行政隶属一直归太原管辖,其人口数量可从太原所辖县区的人口平均数中窥其梗概。西汉元始二年(公元二年)本县人口仅有 3.2 万人左右,宋元明清由于战乱频繁,灾荒不断,人口增长时快时慢,但至光绪六年(1880)全县已增至 15.16 万人。近代至民国年间人口总量保持在 10 万人以上。1965 年为 15.15万人,1993 年增至 24.43 万人①。人口激增,人均耕地面积锐减,人的温饱问题就难以解决。与之相关联的是,由于人口猛增,乡村大兴土木,建造住宅,山区或河边森林砍伐严重,生态环境日益恶化,在雨量集中的夏秋之季最易造成洪涝灾害。天旱时,农田待泽,为了增产增收,人们要争水浇地;天涝时,洪水涛涛,为了防止村墙民房被冲毁,每个村落都要筑坝固堤,排水抗洪。因此,浇地、排水就成为村落与村落形成纠纷,乃至械斗的两个主要原因。

　　因浇地而产生的纠纷。1950 年以前,祁县农田灌溉,主要依赖河水,官渠之外还有民渠数十条,引水时须在河床上临时打坝筑堰,上下游之间有明确的用水规章,每渠执事首领称"涨头",河工称"长锹"。沿河各村庙宇大都有水碑,详细载明开渠时间、受益范围、使水规章等内容。昌源河下游贾令镇的东阳羽村张可化等人要经过塔寺村的地界开渠引水浇地,被塔寺村的刘清等人阻挡,张答应给刘以优惠的条件,刘方才允许对方剜渠②。至今保存在塔寺

<hr>

　　① 祁县地方志编纂委员会《祁县志》,中华书局,1999 年,第 83—84 页。
　　② 参见附录文 5《南左渠水辰序》。我们在实地考察时南左渠已经填平,我们在紧挨村子南边的地方发现了其遗迹。

村菩萨庙内刻于清代咸丰八年(1858)的《南左渠水辰序碑》就是例证。(附碑文5)

因排水而形成的械斗。光绪三十四年(1908),乔家堡与张庄两村因排水发生争斗,乔氏族人开枪打死对方一人,酿成命案。县官闻讯赶来,先入乔家,张庄村人认为袒护对方,激愤难抑,用砖石砸县官乘轿。后来县官为了平息众怒,拘囚了乔家仆人,判刑住监,并向受害者赔偿道歉①。

河湾村与武乡村分别属于西六支乡、东观镇两个不同的乡镇,居于昌源河中游的左岸和右岸。1998年8月,正值汛期,河湾村人按照上级指示加固护村堰,开挖昌源河河道,村委会从全村抽用三百多名男劳力,分成两组,一组在紧靠村口的河岸边加固堤堰;另一组约30人在副村长带领下坐拖拉机绕到上游,驶过昌源河大桥,开到本村对岸的武乡村地界,开挖河底泥沙,以便洪水顺利排泄,劳动中砍倒了武乡村防护林里的三棵树,被武乡村一位村民发现,迅速跑回村里报信,武乡村村中心的喇叭里一讲此事,顿时全村男女老少一呼百应,蜂拥而上,有的扛着铁锹,有的挥舞棍棒,有的手持菜刀,纷纷集拢而来,双方短暂的争吵之后,矛盾激化,发生械斗。河湾村人少,寡不敌众,欲开车逃回,但车被堵截住,只好跳下车逃跑,大多数人沿河岸跑回到本村,有四个人匆忙之中涉河而过,正值洪水下来,被河水淹没,结果三人被村民救出,一人丧生②。由此可见,村落是国家政权中最基本的社会共同体,村庄中的乡民个体都有极强的维护特定地域内小群体利益的意识,这些意识在平时隐而不见,然而一旦与他村在村境、水资源等焦点问题上发生

---

① 祁县地方志编纂委员会《祁县志》,中华书局,1999年,第771页。

② 死者罗吉光,年仅27岁,由河湾村村委会出资厚葬。他死时妻子正怀孕八个月,待男儿出生后满一周岁,妻子留下孩子给公婆,改嫁外村。讲述人:罗吉文,男,1969年生,系死者罗吉光的哥哥,祁县西六支乡河湾村村民;罗学芳,女,1957年生,祁县西六支乡河湾村村干部。采访时间:1999年4月19日。采访地点:河湾村。

冲突时,就会强烈地突现出来,村落水利械斗着实包含着深刻的乡民社会心理。

四　沿岸村落的水神信仰

祁县境内雨季降水集中,河道浅狭,大雨过后极易形成洪涝灾害,如若上游的县区阴雨连绵,昌源河水就会不断涨高,对中下游村庄造成摧毁性灾害。民国十九年至二十一年(1930—1932)昌源河下游一连三年决口成灾,特别是民国二十一年(1932)六月,贾令镇左墩村遭受了惨重的灾害,浑浊的河水一连两天滚滚进村,房倒屋塌,猪、羊、鸡、犬卷浸在洪水之中,土地被冲毁,庄稼被淹没,树木被冲倒。洪灾过后,村民们推举贾凤银、韩占二人到县衙请求减钱粮,不但没有获准,反被诬以带头闹事而责打一百诫板①。一九四三年六、七月间,大雨滂沱,昌源河决口,五尺高的浪头涌进贾令镇前营村内,积水三尺,房子倒塌 350 余间,灾后一片荒凉,多数人外出逃荒,钱定华的母亲把亲生儿子白白送给西高堡村郝家,自己却到夏家堡村给别人奶孩子②。秦村的许克金老人回忆说:“民国 35 年(1946)昌源河在刘家堡村决口,大水很快淹了我们村,冲塌了房子,村内有二尺多深的水漫过,村子外边的水就更大了,洪水停止后所经过的地方都成了沙地,沙子深达 1.5 米。时隔二年又发了洪水,淹过之后,田地就不能种了,都成了沙地。”③在生产力水平低下、科技不发达的年代,面临巨大洪涝灾害的威胁,无助的乡民怀着对生存的渴望和对涝灾恐惧的心理,一系列与洪水灾害相关联的心意信仰相伴而生。昌源河沿岸村落的水神信仰以及相应的

---

① 参见祁县地方志委员会编《贾令镇志》,(内部资料本)。
② 同上。
③ 许克金,男,1923 年生,祁县西六支乡秦村村民。采访时间:2002 年 4 月 12 日。采访地点:秦村村中心商店门前。

民俗活动主要有以下几种。

1. 舞龙灯

此项活动大多在昌源河中下游两岸的村庄举行,时间或在大年三十,或在二月二,并不一致。龙体以竹、帛扎制,共有 12 节,逢闰年则增加 1 节,为 13 节,由竹条编成。每节长 1 米,直径 40 厘米,圆筒状,外蒙纱布,彩绘鳞饰,节中点燃蜡烛。龙头用竹与纸箔制作彩绘而成,重约 10 公斤,龙尾则以条竹扎把,龙灯全长十余米。因龙体内燃蜡烛,所以很少做大幅度的翻腾动作,演出时,有人跟随舞龙队伍挑着水桶,以备应急。谷恋村每年大年三十,组织一批青壮男劳力舞龙灯,其路线是沿着昌源河往上走,走到上游转一遭,绕回来,通过本村的谷恋渠又走进村内,届时村长及村内体面人物都来迎接。龙灯耍过之后就存放在老爷庙内。里村舞龙灯时伴着大鼓,大鼓平时保存在庙里大殿庑下,因鼓体太大,出不了庙门,就由人们从庙墙上吊出吊进,当地至今流传着"里村的大鼓出不了门"的民谣。温曲村的龙灯头重二十余斤,一般人举不动,需由武术功底深厚者持舞,每年农历二月二在本村龙王庙内表演。

2. 铸镇河牛

"河湾村三件宝,砖塔、铁牛、芦子草",这是河湾村流传的顺口溜。河湾村因位于昌源河拐弯处而得名。唐代以前,昌源河经常泛滥,多次决口,河湾村常遭水灾。到了唐朝,全县公众出劳力挖河改道,使昌源河从河湾村村东穿流向北而过。尽管河道改流,水患仍然不断,遇到汛期,河水往往泛滥进村。五代时,人们为镇昌源河水,在河湾村旧河道上铸铜铁二牛,俗称"镇河牛",到了明代,又在铁牛附近建起镇河塔一座,挖成水井一眼,现在仅存镇河塔和一头镇河铁牛[①]。镇河塔的塔体为实心,高 6.5 米,六角五层,中层从西北到东南向有穿心拱门,拱门内有水神大禹像,面向昌源河。

---

① 　参见祁县县委通讯组编《祁县通讯》,第 2 期,2001 年 1 月 10 日(内部发行)。

在塔之东南有一卧姿铁牛,长1.6米,基座与塔身相连。铁牛虽经历千百年的风吹、日晒、雨淋,却没生锈,可见当时冶炼技术之高超。在河湾村,流传着这样一个传说:镇河牛很有灵气,每遇昌源河发大水,大水将要漫过河湾村的护村大堰时,夜里人们总能听到卧牛"哞哞"的叫声,只要牛吼一声,水便下降一尺,所以自从铸了铁牛后,河湾村再也没有被淹过①。对于牛能镇水的功能,河湾人深信不疑。村里还流传着另一则卧牛显灵的传说:对岸的武乡村有一放羊人在镇河牛附近的滩地上放羊,闲着坐在铁牛身上,无意间把铁牛的一个角给弄断了。从此以后昌源河发大水,紧靠河岸的河湾村平安无事,而对岸的武乡村却常遭水灾。武乡人知道事情的原委后,怪罪这个放羊汉,认为是他激怒了神灵,武乡村的人又给铁牛补做了一个角,并举行了隆重的祭奠仪式,以求得神的宽恕②。奇怪的是,铁牛全身都是光亮亮的,唯有后来补做的一只角是生锈的。直到现在,每逢岁时节日河湾村的人们都要到铁牛处供献河神,以保佑村民们消灾除难,日子兴旺。

　　3. 置独角兽

　　南社村紧靠昌源河岸,洪水暴发,堤岸决口,该村遭灾最多。为了镇住河水,在村口地堰上置放一石质的独角兽,高1.5米,长1.7米,此兽面似雄狮,抬头迎面朝着河岸,后身蹲卧,威风凛凛。因为有此兽坚守呵护,本村很少遭受大的洪水灾害。在村子里也流传着独角兽显灵的传说:文革期间,破四旧时,一村民看到近些年由于昌源河上游建了子洪水库,中下游很少再有洪灾,就掉以轻心,对独角兽也开始非礼,拆毁了放置独角兽的地基砖石,随意把独角兽推倒在地边。不料他家连出凶事,最奇怪的是小儿子不小

---

　　①　祁县民间故事集成编委会《祁县民间故事集成》(内部资料本),1990年,第123页。

　　②　同上。

心把一杯热水倒在炉堂里,冒出的热气竟然把孩子熏死,他仔细想想,方才悟出是得罪了神灵,连忙祭奠赔罪,并重新在原来的位置上摆好砖块,把独角兽安放好,家中的日子才又恢复安宁①。

4. 建镇河楼

镇河楼位于祁县贾令镇正街南端,楼属二层重檐阁楼式建筑,高 15 米,面阔 16.11 米,深 13.61 米。第一层有砖砌拱式门洞,南北直通。楼体略呈锥形,楼之东侧设有楼梯供人登临。一层楼南面横匾上书写着"川陕通衢",二层竖匾上书写"永镇昌河";一层北面横匾上书写"恩庇百姓",二层横匾上书写着"昭余胜景"。远处望去结构精巧,气势雄伟。关于镇河楼的来历,民间流传着这样一个传说:昌源河最初像一匹脱缰的野马,东奔西窜,危害生灵。祁县人请了许多法师道士治水,都被水怪吞没了,最后请来了昌源河上游麓台山的和尚"空了"。空了步入天界请玉帝帮忙,玉帝带着四大天王亲自下凡治水,在一场雷声大作、山崩地裂、天昏地暗、飞沙走石之后,昌源河下游贾令镇竖起了一座富丽堂皇的楼阁,这座楼阁高入云间,有四门四角。每个门上都写着"永镇昌源"四个字,楼阁内塑有玉帝金身,四大天王各把一门。自从玉帝坐镇昌源河,昌源河的水改道而流,再也不发脾气了②。事实上,地处昌源河下游的贾令镇时常遭受洪水灾害,这里曾于明天顺年间(1457—1464)建一楼,后倾塌圮败,明嘉靖三十五年(1556)重建,希冀"河水泛溢之患将为楼所轧而保其必无矣……斯民之免昏垫而复于丰富也。"③(附碑文6)遂名为"镇河楼"。1988 年、2002 年曾两次对镇河楼进行整修,面貌更为壮观。(附碑文7)镇河楼最初建立的愿

---

① 这一资料是笔者 2002 年 10 月 6 日在南社村实地调查时一位正在田间劳动的村民讲述的。采访地点:南社村外放置独角兽的地堰附近。

② 杨立仁《麓台山传说》(内部资料本),1995 年 6 月印刷,第 171 页。

③ [明]阎绳芳《重修镇河楼记》,原载光绪八年版《祁县志》卷十一艺文十六,收入《祁县志》,中华书局,1999 年,第 695 页。

望就是祈求镇住河患,发展到今天又成为供游人参观的景点。

5. 盖河神庙

　　昌源河沿岸各村几乎都有河神庙,所供奉的神祇是大禹。刘家堡村头原有河神庙,河神像有一人多高。每逢昌源河洪水瀑涨,村民就在河神庙内写封信,内容是祈求河神保佑百姓,然后盖上章子,派人投放到河里,意即给河神寄去,河神知道后,这个村就淹不了[①]。谷恋村东头原建有河神庙,庙内供奉着三个河神。关于河神的来历,除庙内原来就有的泥塑大禹神像外,后来道光年昌源河发大水,漂来一个神像,村人见之捞起请回村中,金妆之后供奉在河神庙内。不久,又有一次发洪水时,河里漂下来一条又粗又大的蛇,据说那是乾隆爷的化身,随之把乾隆也供成了河神,不过河神庙内只给他立了一个牌位,上面写着"乾隆"二字。河神庙每年旧历六月六和七月十一日要为河神献羊祭祀,七月十一日开始,村中心的关帝庙唱戏时,也把河神请到关帝庙内观戏三天,戏唱完后送回[②]。在封闭的小农经济条件下,洪涝灾害成为晋中祁县乡村民众无法预料、难以抗拒的异己力量。水神信仰是他们在无力、无奈的情况下采取的一种消极防范措施,在特定的生存境遇和特定的历史条件下,水神信仰给民众以慰藉,神灵是民众按照自己的意愿创造的,反映了民众期望通过敬奉神灵来祛除自然灾害,保佑物产丰收、生活安宁的美好愿望,但事实上,众神灵并没有斩断洪水猛兽的魔爪,从明清到民国年间,乃至1949年以后,洪涝灾害都频频暴发,镇河牛、镇河兽、镇河楼都已成为乡村民众集体意识的物化形式,成为企图征服自然,又无力征服自然的一种象征符号。洪涝灾害形成的原因及其防治,肯定还有更深层的东西等待我们去探索。

---

　　① 魏生岐,男,1927年生,祁县西六支乡刘家堡村农民。采访时间:2002年10月6日。采访地点:刘家堡村魏生岐家。

　　② 讲述人:高著玉,男,1932年生,祁县贾令镇谷恋村村民。采访时间:2002年10月5日。采访地点:谷恋村。

五 小结

"洪水猛兽"一词是民众对洪水肆虐给人们生存带来灾害的具体形象的概括。试想,当昌源河床里宽约 200 米、深约 2 米的洪水倾泻奔涌而来,以几十户、上百户村民组成的村落,要抵御它的侵害是何等的艰难,自然力的强大与农耕社会特定地域小群体力量的弱小形成了巨大的反差! 本文正是以昌源河的洪水灾害为个案,重点记述了明清至民国年间与之相关的洪涝灾情、水规水法、村落纠纷械斗与水神信仰等民俗事象,这些群体民俗文化经验积淀为一种集体记忆,构成了乡村社会史研究中引人注目的一页。哈布瓦赫在《集体记忆》一书中指出:"尽管集体记忆是在由一个人们构成的聚合体中存续着,并且从其基础中汲取力量,但也只是作为群体成员的个体才进行记忆。"推而论之,在一个社会中有多少群体和机构,就有多少集体记忆。当然,进行记忆的是个体,而不是群体或机构,然而,这些植根于特定群体情境中的个体,也是利用这个情境去记忆或再现过去的。所以"每一个集体记忆,都需要得到在时空被界定的群体的支援"[①]。昌源河洪水灾害与相关的民俗,正是通过河流沿岸一个个村落中民众个体的口述资料及碑刻资料,让我们了解到了历史的真貌。此项研究具有典型性与类型性,它对于了解黄土高原河流沿岸的村落由传统社会向现代社会的转变提供了借鉴,也给我们以有益的思考。

1. 传统的乡村以自然村为单元,采取筑堰补堤的方法抗洪救灾,力量薄弱,收效甚微;现代社会依靠社会的整体力量和现代化技术防洪救灾,收到了明显效益,大大减少了灾害。1949 年以

[①] 〔法〕莫里斯·哈布瓦赫《论集体记忆》,毕然、郭金华译,上海人民出版社,2002年,第 39—40 页。

来,随着社会的变迁,地方政府一改过去以村为主,各管一段,以"堵"为主,小打小闹的作法,立足长远,整体规划,发动全县民众大规模地修建防洪设施,较大的工程一是开挖祁太退水渠、汾河退水渠两大退疏退水工程,并对昌源河的河床部分地段进行了改弯取直工程。二是60—70年代,分别建成了北关水库、鲁村水库、子洪水库,缓供蓄水,控制洪涝且灌溉农田,在历年汛期承洪能力差的地段筑起护堤和疏水大坝并植树造林,加固河堤。与此同时,清除了以前随意沿河扒堤引水的现象,把27个进水口合并为五条干渠引水,可浇地14万余亩,变害为益,为防洪减灾积累了宝贵的经验。但是,这些水库、退水渠建成之后,由于水库里大量的水用于经济建设和满足局部利益,结果河床常年无水下泄,两岸沙化严重,生态环境遭受破坏,一旦遇到大暴雨或连续几天的大雨,水库往往难以承受,便打开闸门,造成下游的涝灾,在农村现代化进程中,这些新问题如何应对,值得各级政府部门关注。这告诉我们,根治洪涝灾害一方面有赖于生产力水平的提高和社会整体力量的关注与投入,另一方面,当国家力量介入地方河流治理的时候,又要从整体着眼,兼顾昌源河上游、中游、下游整个流域民众的利益,以全体民众的幸福为防涝防灾、水利建设的出发点和归宿点。

2. 现代社会的发展、现代化技术的广泛运用也给民众生存带来了负面效应。1960年以后随着水资源的缺乏,昌源河道长期干涸,土地灌溉、人畜用水有很大困难,地方政府开始推广王村“河井两灌,以井为主”的经验,大力开发地下水,四年时间里新打井1000眼,更新旧井970眼,深井370眼。高科技的机井配套虽然缓解了一时的旱情,但造成的直接后果是地下水位下降,河湾村的村民说,过去挖井用锹在地上挖,不到1米就出水,现在却要挖十几米才出水。这种为发展农业而采取竭泽而渔、急功近利的作法,造成了地下水资源的恶性循环,不利于农业生产可持续发展。同时,随着城镇工程建筑的扩大,乡村居民建设的聚增,沙石用量很大,人们纷纷到昌源河床上乱采乱挖,造成河道毁坏或沙石淤积,一旦遇上大的洪水将束手无策,造成洪水灾难。这告诉我们,不论是利用水资源发展农业生产,还是城乡建设,都不能操之过急,而要着眼未来,立足于乡村经济的长远发展。

3. 从地方文献资料对昌源河洪水灾害的统计和明人阎绳芳《重修镇河楼记》一文可以推断,以明代正德年间(1506—1521)为分界,在此之前昌源河是汾河的主源之一,它的发源地的祁县东南属太行山系,是古代北方郁闭成林的地区,树木繁茂,清泉长流,即使有大雨,也未造成灾害,祁地因此富裕。据史念海《河山集》记载,尽管宋代、明代封建统治者大兴土木,修筑宫室苑囿,加上人们开始砍伐森林作为燃料,对森林破坏较为严重,然而,地处晋中的祁县远离京都,这一带的森林并未遭受大的损害,"太行山上森林素称茂密,至明初还未稍减"①。自嘉靖开始,由于人口激增、农业发展速度加快,导致伐林开荒,盲目增加耕地面积,同时,乡村民居建造兴盛,农民滥伐山林,过度垦荒,严重破坏了当地植被,导致了水土流失和暴雨洪灾。"正德以前,树木丛茂,民寡薪采,山之诸泉汇而为盘陀水,流而为昌源河。长波澎湃,由东六支、丰泽等村经上段都而入于汾,虽六七月大雨时作,为木石所蕴,放流故道,终岁未见其徙且竭焉。以故从来远镇而及县北诸村,咸浚支渠,溉田数千顷,祁以此丰富。嘉靖初元,民风渐侈,竞为居室,南山之木采无虚岁;而土人且利山之濯濯,垦以为田,寻株尺蘖必铲削无遗。天若暴雨,水无所碍,朝落于南山,而夕即达于平壤矣。延涨冲决,流无定所,屡徙于贾令南北,坏民田者不知其几千顷,潴庐舍者不知其几百区也。沿河诸乡甚苦之,是以有秋者常少,而祁人之丰富减

---

① 史念海《河山集》,三联书店,1981 年,第 303 页。

于前之什七矣。呜呼！河之为害有如此哉！"[1]森林对于雨水具有截流蕴蓄的作用,阎绳芳在《重修镇河楼记》一文中生动而具体地记述了昌源河流域在极短时期内生态环境破坏的过程及其严重的后果。这告诉我们,治理涝灾必须与水土保持、植树造林的生态环境保护相结合,妥善处理好人类生存发展、水土流失、森林消减三者之间的关系。在农村现代化进程中,适当吸收传统农业生态的优点,追求人与自然的和谐,创造人类优美安静的生活环境,这是长治久安、安邦立国的最可靠的保证。

---

① ［明］阎绳芳《重修镇河楼记》,原载光绪八年版《祁县志》卷十一艺文十六,收入《祁县志》,中华书局,1995年,第695页。

附碑文 7 通：

附碑文 1　　《筑堰碑记》

刻碑时间：乾隆五十四年（1789）七月二十五日。

规　　格：高 120cm，宽 73cm，厚 14cm。

存放地点：祁县刘家堡村关帝庙附近农家门边。

夫祁邑之有昌源河由来久矣然河水之为患□大无穷□□□□□ □□损坏地亩淹没官道为害甚矣所以于……（一丈五尺）老爷同官所筑旧堰以防后患计□坐权顶一丈长六百步又有所植之柳树又铸□于后……

高村　村中施银□两二钱　李□施银十八两五钱　李鹤龄施银十八两三钱　王诰施银一两　李正光施银一两　李惠芳施银五钱

秦村后街　程奇识施银十八两　程奇□施银八两　程奇文施银四两五钱　程奇姓施银四两　李□□施银三两五钱　程奇艺施银三两　程世昭施银三两　程现清施银二两　程奇伟施银二两程现智施银一两五钱　程奇元施银一两三钱　李□发施银一两程奇有施银九钱　程奇亨施银六钱　程奇智施银五钱　李芳吉施银五钱　李廷柱施银五钱

秦村□街　王谨枢施银五两　王□海施银五两　魏忠璋施银五钱　韩应茂施银五钱　王进发施银五钱　王志□施银四钱　张现□施银三钱　王进春施银三钱　王维昌施银三钱　王岐山施银二钱　王现富施银二钱　王维荣施银二钱　王贵元施银二钱

秦村圪垛□诚施银三两　兴顺社施银二千零六十文　曹□□施银一千零三十文　王照昌施银一两　吕德魁施银一千零三十文曹良图施银一千零三十文　殷积功施银一千零三十文

死契书人郭府隍因无银使用今将自己东河白地一段计地六亩楼□三□□垄东至南北刘家堡两村堰地西至卖主南至口庄北至郭

英章四至明白今立死契□□卖于南北刘家堡两村村堰永远□水同
中方定死　得□银一十六两其银笔□交□外无人等争碍立并不干
买主之事有卖主一面承担恐后无凭立死契存照计开滩地粮二亩

　　立死契书人李有旺因无银使用今将自己村东南白地一段计地
二亩五分楼行五回东至李文贵西至郭府隍南至顶□□北至□□四至
明白情愿出卖于南北两村打堰逼水同众言定死价纹银二十五两整
其银笔不交足倘有房亲人等争碍者并不干买主之事卖主一面承担
恐后无凭立死契存照计开滩地粮二亩五分　　　立死契人李有旺

　　　　　　　　　　　　　　乾隆五十四年七月二十五日

附碑文 2　祁县谷恋村水利碑碑阳《院宪通饬兴修水利条示》

刻碑时间：咸丰三年（1853）九月

规　　格：高 195cm，宽 96.5cm，厚 15cm。

存放地点：祁县贾令镇谷恋村关帝庙内。

　　院宪通饬兴修农田水利条示发圊圕村　公正　耆老　绅士
乡地

　　该村绅士人等接到此谕后共同耆老人等讲解商办限十日内将
情形逐条禀复

　　祁县正堂军功一等随带加二级记录三次汪　为劝谕事本年七
月十二日蒙

　　巡抚部院苏　宪牌饬令各属兴修农田水利修理道路津梁并开
明条约一十二条颁发到县蒙此除现在筹办外合行劝谕为此谕仰合
属士民人等知悉尔等查照后开条约即将何处农田水利应行兴修何
处道路津梁应行修理各就本村情形逐一预为公同谋画以便本县公
清绅士人等再行酌议于秋后农隙之时即为办理此系地方切要之图
尔等务当交相劝勉踊跃从事俾居民行旅共获利赖无穷并仰副

　　院宪大人为万民兴利至意切勿视为具文特谕

　　抚宪颁发条约列于左方

　　一曰敦本务以勤业也古人治塘浦必令阔深者盖欲取土以成堤岸

非专为决积水也若徒知决积水而不知治田之为本务则所开浚者不过积土于两岸之侧霖雨荡涤依然复入塘浦不二三年填淤如旧当相视田地高下令于地旁开沟通洫即于地中挖塘筑坡如临大道即将所取之土垫高道路又可修筑田岸沟洫务深务接连塘浦务阔务坚致阔则可以舒缓受水深则可以长久畜水接连坚致则不至渗露而有流行活泼之至圩岸既成本基永定水患自去道路悉平

一曰协人力以成功也百姓非不知筑堰固田之为利然而不能者或因贫富地错区析段分用心不一出力不齐或因公私相杂因循不治倡率无由十成九毁此非协齐心力断乎不可且百姓鸠聚工力有限必须官为经理令有地土之家各照原步亩分出钱与佃租之人酌办另给更相修筑互为照管并令地主遣率一人从旁督责自备盘盘不扰佃户毋须签派胥以乡甲不烦按验察勘逐件记工以臻成效庶官无所费民不为劳

一曰因天时以收利也晋省州邑错处山中者居多而建置平衍者亦复不少山间坡峤之地亩多开井壑广布池塘以受雨泽之施其雨麓溪间止须令就近居民将溪间中石块堆砌两旁厚实垫平根脚要宽上面要狭使暴涨之水皆由洞之中缝而行则垫平之石块又可往来行走逐渐踏实使成道路盖怨湍奔流遇下则趋遇漕则落有以杀其势而抑其威自无冲激之虞若平衍之地则唯有开沟通渠之法亦须责令曲折深通周流无滞潦时不止漫潴旱时藉以灌阴则旱潦有备蓄泄咸宜庶不负天地之频沛甘霖也

一曰开支流以避河患也晋河邻河州邑多有地高河低不等处所或遇水涨之年宣泄不及势必低地先淤后及高地若下流雍阻反使河高于地须于伏秋雨汛之前按地势情形酌量何处可以引水灌田则开港以引之何地可以分流杀势则开河以泄之所谓因其势而利导之也总要审明地势然后方可挑挖宜湾曲不以逼陡宜深广不以浅窄庶免于沙垫阻然此等工程须令有地之家计亩筹费按户派工即令地主轮管官为指示元需猜疑滋扰

一曰浚旧渠以利农业也晋省州邑往制皆设有渠堰并列渠长堰长司之今以迁徙无常湮塞无定日复一日年复一年迷踪失据者十常八九无须亟为清厘使前人之良法美意不至泯没然须审其人力之易为者而疏浚之约计可以灌田若干亩者则派令田主修复之其有当大路通衢者则官为劝雇人夫以挖通之要于农隙之时田禾获刈之后酌令兴举则民不废业人力可施

一曰开井泉以厚山邑也晋省州邑有延袤坡阪砂崚之间者城郭居民阡陌尘市倚山傍岭雨泽过骤则受冲泻数日不雨则旱暵立形且又无渠之可浚无地之可开者唯有开井一法足资汲引务令按亩多开或五亩一井或十数亩一井或一家之地亩毗连者合开几井或数家之地亩错聚一处者共开几井星罗棋布均在日前歉水之年令其多置桔槔以便引灌或公同共置者并令轮流灌溉毋许互相争夺滋生事端或为之阄定前后造册存案

一曰审潴蓄以纳分流也晋省各州邑地亩负山则泉深而土润近河则淤肥而壤沃即边陲诸地亦有旱潦足备者泉从地涌一决即通水与田平一引即至惟于水□时行之际地方官责令民户先审度某地低洼某地遄塈可以蓄水处所即当先事预防酌用民力将低洼遄塈等地签□分记或筑堤堰或作闸坝然后审分流之水从何地经过从何地归宿有埂塞者急疏通之有石块者则除去之有两头高中间低者立铲平之务使各村各堡各地各垄皆有潴蓄之处以汇众流之归则水势杀而无霖潦之患众水聚而无旱暵之忧矣

一曰画疆界以均盈缩也查开浚支河汊港挑挖沟洫甽浍不无刨毁地亩之处今除官地不论外其民间现在纳粮之地虽肯以私济公须仿照东坍西长之法而行之或所用之地有数家共之者则查计亩分或详请题豁有一家之地者或按照时值给与价买或令得资灌溉之各地主派量分亩照所毁数目以补偿之或肯情愿捐输则照例给匾旌奖要在酌盈济虚苦乐适均不可强勒派扰务须善为劝导

一曰设津梁以利行涉也查津梁一项晋省在在皆有即不能开渠

之州邑志载亦班班可考率皆坍塌败坏莫为修举有司视官府为传舍百姓视道路为公物尔推我诿迁就因循习为故常毫不介意过往客商敢怒而不敢言有司百姓若罔闻而若罔见弊坏至此亟须挽回速即查明修理将地方经由之大道即令各地户于两旁沟内取土垫高沟既深通道亦平坦其崩陷者或令砌筑完整其崛突者或令锹镩铲平有洞壑溪流处所或叠土桥或安木筏有通津往来要道或砌马头或制舟楫所费甚属无多官可捐俸办理至善后成规务期永远弗替或责乡约稽查或劝令地方大户董理或造入交代册内令接手官员源源修理

一曰植树木以培土脉也查通衢大道车马往来难免蹂躏残缺雨水淋漓不无冲涮坍颓唯两旁有树间有损坏之处断无过甚之虞盖树木上有枝叶可以资其堰盖下有根茎可以藉其肥牢此项有益之举民间何乐而不为地方官漠不关心遂使荒凉万状行旅嗟吁除前已专檄饬种外合再为劝谕有司视种植之踊跃以觇民情本部院验树木之多寡定为殿最

一曰平坡阪以便车马也晋省绿山度岭道鲜坦夷而车马驮载难免颠蹶须详察坡阪之陡峻山路之崎岖阪有径直者则迂曲之以缓其势阪有急促者则削平之以宽其步有倚山而傍涧者则设木石以拦挡之有两旁空旷而下视深邃者则置栏杆以护卫之要使车马之驰如履平地行道之子如步康庄此不过一举手之劳即所费亦属有限而造无穷之福渺众口之碑轻重得失必有能办之者

一曰明赏罚以示劝惩也凡地方上公事一兴如前项开沟浚渠修桥种树各事不无需用民力之处本是一件寻常事体本分应行职业第因积玩成风疲弊已久民间视为创业遂有奸匪积蠹从中阻挠或藉端科敛分肥或因此推诿不前或擅称劳逸不均或藉口占地废稼此种情弊须当惩一儆百也务须实心化导好言劝慰并云系有益于尔等身家性命之务为尔永远基业之图与来去官府毫无相干然后敦请地方有德行之绅衿耆老人等剀切敷陈指授方略各令公举一人董理其事以专责成时常轻骑减从亲往察勘或犒以酒肉或赏以花红勤者奖励之

惰者训诫之鼓舞作兴诰勉肫至宛如家人父子则民皆视如己事踊跃争先也

附碑文 3　碑阴:咸丰三年(1853)大东渠渠长高作宾对渠簿内容的解说

刻碑时间:咸丰三年(1853)秋。

规　　格:高159cm,宽65cm,厚14.5cm。

存放地点:祁县贾令镇谷恋村关帝庙内。

咸丰三年秋渠长高作宾因念开渠至今二百余年剜渠筑堰遵照旧章历来不替惟有　抚院苏注朱渠帖县公汪铃印渠簿日就腐蠹诚恐久而漫灭废坠　先君子创始之功必思刻著于石庶几乃可永传因会同甲头等公议将渠帖渠簿并渠势渠图曲折始末嘱予逐次录明公同勒碑其有渠簿各程名下所载一张二字系剜渠筑堰之时每张出锹夫八名除二三四程无工水外合渠共锹夫七百一十二名至期渠长甲头等率众疏筑渠必深下堰必高厚定规八日为止如功不竣再按各程花名一张内从头至尾拨工不拘周数总以功成不泄水为主遇河有水甲头等率长锹由河顺水至头道水闸验渠长之地灌完顺水使下令长锹等沿渠上下巡查俾冲者塞之壅者通之该地户等必须上轮下使均不得横水滋事致犯渠规违者重罚不贷至于各程渠长甲头等每年上渠须按渠簿所载前辈之名各门挨次经理自是各程之事与渠上无干如所挨之人有害公不循合渠共驳着各程另择一人永不可使渠规紊乱此系合渠公事各宜一体遵循所有碑上镌刻经理人名适遇该年轮流并非永据其事此作宾等立石之意与创始之功善虽不同其归于治一也于戏莫为之前虽美弗彰莫为之后虽盛弗传前人创之于前后人述之于后旧事重新岂不伟哉故予乐书数语附之碑阴并示不朽云

监生高昭武书并绘图篆额

经理人　高作宾　高毓璞　高福来　高步森　高昭金　高克宇　高作喜　高锡璠　高锡烈　高锡鼎

元成石厂成光全　成光义镌

附碑文4　祁县古县镇王贤村万圣寺内大雄宝殿坎墙上镶嵌的碑刻

刻碑时间：民国七年（1918）阴二月初八日

规　　格：高59cm，宽75cm。

存放地点：祁县古县镇王贤村万圣寺大雄宝殿左边坎墙上。

吾村公利渠自锹俸家与村中合管之后凡涉此渠之权利并一切办法当已立有条约以作证据第恐年代久远后人或忘此约之存在设有锹俸家未经立约之前典质与人立约之后乃欲回赎此中纠葛难免生不持平之争执于是村长村副召集渠头以及中证人等开会公议众谓打消此种顾虑惟有镌诸碑石可垂永久而资遵爱勒此石以为永记

后附合约

村长　王诰廷　　村副　阎秉钧

经理　阎一相　王玘

闾长　王建鼎　曹天书　阎储峰　阎树声　阎豫贞

中华民国八年中秋月谷旦

立合约王贤村合村□照中阎裕珍等为村北渠道向经渠头等佣工□□创□前明讫今三百余年原日底据失落无稽且渠道拥塞不通屡欲行工整理实难凑款今央阎储峰阎集云与村长商酌垫款由村督办平分其利是出两愿绝无反悔自此以后应行工程村中与渠头各摊一半由村长督饬渠头修理所需款项村中先行垫出俟秋后每亩以二百五十文水利收毕除讫垫款所余若干村中与渠头按两股均分设有大工彼此商酌另行筹划其渠起名为公利渠所有渠头等锹俸及灌地之规俱照向章办理此合约共膳两张村中与渠头各执一纸立此存据以垂久远

中证人　阎储峰　阎集云

村长　王诰廷　　村副　阎秉钧

经理　阎一相　王玘

渠头　渠为宪　阎裕珍　阎照中　阎晋芳　王照

中华民国七年阴二月初八日公立

附碑文 5 《南左渠水辰序》

刻碑时间:清咸丰八年(1858)

规　　格:高174cm,宽70cm,厚17cm。

存放地点:祁县贾令镇塔寺村菩萨庙内。

碑阳

尝思率由旧章日久全凭书契而包藏法物年深必至销亡里中南左渠水辰自前朝万历末年与东阳羽村已立合约迄今二百余载契纸既将朽蠹字迹遂虑洇残兹将合约所载公议勒石以垂久远将见闻此事者即思睹此文读此文者即可明此事则旧物可以常存旧规自能常遵矣岂不懿哉岂不懿哉(合约附后)

侯铨儒学教谕恩贡生乡人董园撰

侯铨儒学训导附贡生乡人刘礼书

立合同约人东阳羽张可化塔寺村刘清等南左渠旧在东阳羽迤北开渠引水今昌源河移在塔寺村南背渠不通欲挑剜至河塔寺村刘清等阻当不容张可化情愿许以每月初一日无工水积堰灌地余日平水灌地塔寺村地许张可化挑剜并无粮价渠行五尺两堰各照地段如塔寺村再有人阻当刘清一面承当引众锹夫挑剜此约二纸各执一约如者反口禀官究治(照原底誊)

万历四十七年五月十三日立张可化刘清

署祁县正堂垣曲县正堂加五级黄批

中见人　卢万斗　薛志大　武纪

皆大清咸丰八年岁次戊午孟夏谷旦立

碑阴

每月水辰锹分开后

初一日独池水　初三日锹二张　初九日锹五张　十一日锹五张　十三日锹九张　十八日锹二张　二十日锹一张(单月前半日后半夜　双月后半日前半夜)　二十三日锹五张　十六日独池水(系刘氏东股)经理人姓名开后

头甲　　刘廷相　　刘广来　　耆宾董治业

二甲　　刘廷桂　　九品刘璧　　刘云鹤

三甲　　刘旺玮　　刘崇善

四甲　　刘克肇　　刘立山

五甲　　刘立广　　刘公达

六甲　　刘步升　　刘光异

七甲　　董治礼　　刘士璞　　刘廷顺

八甲　　刘镛　　刘质　　刘雨霓

九甲　　刘廷凝　　刘凤狄　　董照

十甲　　刘廷官　　刘畅升　　刘广祉

乾隆四十三年　堂谕各修各渠自此遂奉行断案嗣后宜永遵旧规毋得改易

附碑文 6　［明］阎绳芳《重修镇河楼记》

原载光绪八年版《祁县志》,卷十一艺文十六。收入《祁县志》,中华书局 1999 年 10 月版,第 695—696 页。

祁之东南有麓台、上下帻诸山。正德以前树木丛茂,民寡薪采,山之诸泉汇而为盘陀水,流而为昌源河,长波澎湃,由东六支、丰泽等村经上段都而入于汾,虽六七月大雨时作,为木石所蕴,放流故道,终岁未见其徙且竭焉。以故从来远镇而及县北诸村,咸浚支渠,溉田数千顷,祁以此丰富。嘉靖初元,民风渐侈,竞为居室,南山之木采无虚岁;而土人且利山之濯濯,垦以为田,寻株尺蘖必铲削无遗。天若暴雨,水无所碍,朝落于南山,而夕即达于平壤矣。延涨冲决,流无定所,屡徙于贾令南北,坏民田者不知其几千顷,潏庐舍者不知其几百区也。沿河诸乡甚苦之。是以有秋者常少,而祁人之丰富减于前之什七矣。呜呼!河之为害有如此哉!贾令镇中街旧有楼,宣德间,镇人以斯有驿署而鼎建之壮,并峙之观也。迨嘉靖丙申,驿署迁于县城中,而斯楼亦颓蔽弗振,镇人阎邦瀛、袁尚清乃倡众更修之。经始于丙辰夏六月,落成于戊午冬十月,翚飞鸟革,金碧辉煌,巍丽实倍于前矣。然集财于众而弗私,励事于久而匪懈,二人之志亦殷矣哉。县令李公春芳喜斯楼之新也,乃名之曰"镇河"。盖以天下之势有轻重,而理有相轧,风水者之所常谈,君子亦习之而不置也。自今观之,楼其峙于北,壮主之势厚重而不迁乎;河其环于南,丽客之形悠然而循轨乎,主客既分,轻重斯别,河水泛溢之患将为楼所轧而保其必无矣。李公命名之义固冀斯民之免昏垫而复于丰富也,用心亦仁矣哉。虽然楼镇之家,文物衣冠,通今学古者济济辈出,行将陟云宵、腾事业,炫光闾里,与斯楼并高于千仞,则河水之流声又于我祁而增美矣,岂独使无冲决之害而已哉。庠生阎子邦汶、阎子铠、康子继志,以楼之再修也谒予记之,遂叙镇河之所由名而望于诸生者如此,若夫输镪协力有与于斯楼者,法得备书于碑阴云,是为记。

附碑文 7　《镇河楼再修碑记》

刻碑时间:2002 年 9 月 26 日

规　　　格:高 185cm,宽 74.5cm,厚 18cm。

存放地点:祁县贾令镇镇河楼前。

贾令,古邑也,乃帝尧后裔唐叔虞少子贾李封地,春秋时曾为晋大夫贾辛施政之所,由是得知史称久远。地当交通孔道,历有驿站之设,长街绵亘五里,沿街店铺鳞次栉比,今犹依稀可辨旧貌,足证当年客商云集盛况。明宣德间,街之南北各有楼峙立,宛然城邑气象。嘉靖十五年,洪水淹庐舍,南楼亦圮倾,镇人阎帮赢、袁尚清纠众更新,乃集财鸠工于嘉靖三十五年就原址增广,建成斯楼,即今所见规制。额曰:"永镇昌源",拱门下原塑四天王像,盖祈风调雨顺,谷熟民丰之意,而实增一方人文胜景也。数百年历经修缮,巍然耸立,方圆州县概未见有能若此之雄伟瑰丽者。"文革"浩劫,楼亦横遭践踏,像倒椽损,圄失柱折,长期疏于管理,致蛛网尘封,虫蚀鼠啮几成危楼。一九八三年,时任镇长、书记,睹此楼之残败,遂请诸省、县多方筹款,残缺者补之,破损者固之,已见前之勒石不赘。

公元两千年伊始，邑人袁亚英等鉴于斯楼因排水、路基等设施不全，致积水不畅，基础下陷、墙体开裂、隐患仍存，乃邀副县长李友忠敦促县文物主管部门多次勘测，并报请省、地有关部门，再次动工修复之。以李郁明为工程总指挥，杨琦、田瑞生、阎汝威、阎文威五人辅之。并聘约罗志刚、董如汤、柳扣兔为顾问。此番大修，由基座至四层楼顶几皆落架施工，柱门拱、望板、角檐、大梁、楼板、屋顶琉璃凡残损者悉更换之，历一年又六月而告竣。华构如初，更施丹彩，金碧辉煌，美轮美奂，较前更为壮观。非特壮一镇之势，亦我历史文化县之一大胜迹也。夫天下景观，维之护之则万世不朽，由之任之则遗迹难寻，能有卓识复固此五百年古建者，功莫大焉。故凡有功于斯楼者，当刻诸碑阴，永志勿忘。

本次承建者山西省晋阳古建公司，施工责任人张毅、牛跃清，工程监理高云虎。

撰文胡毓贤

　　　　贾令镇人民政府公元二零零二年九月二十六日立

第十七章　山西临汾平水神祠碑刻及其水利习俗考述*

　　山西省临汾市西面 30 里以外的姑射山脉,重峦叠嶂,连绵起伏,《庄子·逍遥游》所云:"藐姑射之山,有神人居焉,肌肤若冰雪,绰约若处子。"①平山,属姑射山的一个支系,位于临汾城西,山下清泉汩汩而出,汇聚成河,汤汤东流,注入汾河,沿线浇灌着临汾、襄陵二县数万亩土地,俗称平水。平水源泉的北侧,建有平水神祠一座,现存大门、龙王殿、水母行宫及元明清三代的十通碑刻。这里集自然景观与人文建筑为一体,不仅自古以来就是居民上巳节游春之所,而且当地民众利用水利资源为达到促产丰收之目的,形成了特有的水神信仰和用水习俗。

　　为了探寻元明清直至民国年间该地的水利习俗,进而了解民众的生存方式和信仰习惯,我们在 1998 年 4 月至 1999 年 8 月先后五次去该地进行田野调查。我们为本次"乡村水利习俗专题研究"确立的方法是"考之于碑刻,证之于文献,验之于民间",三者相互结合,力图勾勒出民众用水习俗的历史真貌,增强科学性。

一　平水神祠庙貌与碑刻保存

　　临汾,古称平阳,因筑城于平水之阳而得名。平水源出平山,

＊　本章发表于《民俗研究》,2001 年第 1 期。
①　陈鼓应《庄子今注今译》,中华书局,1983 年,第 21 页。

东流入汾。平山,平水,平阳城,自西向东,依次分布,构成一幅山川形胜图。千百年来,在这山水城邑之间,人们用水、管水、争水、崇水神,扮演着一幕幕壮丽的史剧,描绘出了巨幅水利风俗画。

《山海经》曰:"平山,平水出于其上,潜为其下。"[①]《水经注》称:"平水出平阳县西壶口山。"《元和郡县志》亦云:"平山,一名壶口山,在县西八里,平水出焉。"[②]平水潜出于平山之下,无数个泉眼如蜂房蚁穴,喷涌于乱石平沙之间,未出数十步,即汇为巨流,如碧玉万斛,一泻千丈,惊湍怒涛,奔腾而东。平水发源处,其水清澈见底,游鱼细石,直视无碍,每个泉眼均呈喷涌之状,有诗曰:"藐姑神境曳平坡,仙液钟灵孕碧波。龙卵一祠探穴古,蜂房诸洞浚流多。"[③]

平水泉分为南泉、北泉,流量平均为 5.50 立方公尺/秒,最大流量为 7 立方公尺/秒,现在流量为 3.50 立方公尺/秒。明代以前,平水脉分十二官河,灌溉临汾、襄陵二县的民田。十二官河又分为北河与南河。北河为:上官河、上中河、庙后小渠、下官河、北磨河;南河为:南横渠、南磨渠、中渠河、高石渠、晋掌渠、李郭渠、东靳庙后小渠。至清代又分为十六河,北河上官河有上官首河、上官二河、上官三河,加青城河而成十六河,其中又以下官河、北磨河支系最多。

1950 年以后,随着社会的变迁,平水实行集体公有,重新修筑渠道,统一调配用水,渠水的名称也烙上了时代的印迹,自北到南依次为:红卫渠、反修渠、母子渠、统一渠、红旗渠、跃进渠,共六渠。

平水源头有金龙池,池子东北有清音亭,亭畔有云津桥,过云津桥为平水神祠,俗称龙子祠,是为供奉平水泉之神而修建的。平水神祠现存门楼、龙王殿、水母行宫,由南向北,沿纵轴线排列,组成有层次的庭院。

门楼三间,歇山式,门的两侧各有一把门将军。相传把门将军气势雄伟,有火眼金睛,能看穿一切,使得妖邪鬼魅不能入内。

龙王殿,庑殿,其屋面分为前、后、左、右四坡,屋顶构架宏大,屋角和屋檐向上微翘,屋面略呈弯曲状,正脊两端有吻兽。此殿又称"康泽王宫",供奉平水之主龙王。殿共有三间,旧时殿内有龙王坐像,高约四公尺,脸色黑红,头戴加冕,两侧各有一侍卫的立像,较小。

水母行宫,即龙母殿,坐落在平水神祠的后部,此宫宽 13 公尺,高 6 公尺,殿内进深约 12 公尺,前檐深 4.5 公尺,左右各有四间配殿。宫内上部有一匾额,书有"水母行宫"四字。宫内后半部分自东到西有一大炕,炕前部塑有水母坐像及童子像。水母像高约三公尺,身着蓝衣,半盘腿坐于水缸之上,一腿垂于缸外,两手梳头别簪,两侧各有一童男童女相伴。平水神祠中的把门将军像、龙王坐像、水母坐像及童子像均在文革中被毁无存,实在令人惋惜!

值得庆幸的是,祠庙内现存有元、明、清三代十通碑文,其中庙门内东西各一通、龙王殿西南角院内平放二通、龙王殿东西两庑檐下各两通、龙王殿至龙母行宫过道东面平放一通、龙母行宫大门西侧一通。兹依其镌刻年代之先后为序,分列如下:

至元二十三年(1286)《增修康泽王庙碑》

元至正九年(1349)《重修普应康泽王庙庑记》

元至正二十六年(1366)《兴修上官河水利记》

明嘉靖五年(1526)《平阳府重修平水泉上官河记》

明嘉靖七年(1528)《张长公行水记》

清道光八年(1828)《重修龙子祠记》

清道光二十三年(1843)《重修康泽王龙母神殿序》

清咸丰七年(1857)《重修龙子祠记》

清同治三年(1864)《龙子祠重修碑记》

清光绪二年(1876)《恩沛纶音》

这些碑刻内容主要记述平水泉的渊源、神庙修建与沿革、水利管理组织与水规、水利纷争之过程等。仅管有的碑文因年代久远，石质剥落，字迹漫漶，但仍为我们了解历代水利习俗提供了实证。

二 水神崇拜与求雨习俗

龙王是平水之主，供奉在平水神祠的龙王殿内。关于龙王的来历，《平阳府志》载：

> 永嘉中，有韩媪者，野中见巨卵，持归育之。得婴儿，字曰
> 橛儿。方四岁，刘渊筑平阳陶唐金城，随筑随坏，不能就。募
> 能成者，橛儿应募，变为蛇，令媪遗灰志其后。谓媪曰："凭灰
> 筑城，可立就。"竟如所言。渊怪之，逐蛇至平山之麓，入山穴
> 中，露尾数寸，使者斩之，忽有泉出穴，汇为池，遂名为金
> 龙池。[1]

在龙祠村一带却流传着这样一则传说：有一老媪拾到一颗鸡蛋，想要什么就有什么，后查明是蛋中姑娘所为，遂以母女相称。母女俩以纺纱织布为生，一天，姑娘揭下一张筑城布告。老媪为之担忧，姑娘却不慌不忙，摇起纺车，霎那间狂风大作，飞沙走石，持续了三天三夜。风停了，城也筑成了，结果上宽下窄，不合要求。于是姑娘倒转纺车，三天三夜后，城墙也上下颠倒过来，下宽上窄，牢稳如山。皇帝看见这么好的城墙，就要看看筑城的工匠是什么样子，一见便被姑娘的美貌所吸引，欲纳为妃子。姑娘不从，逃至平山脚下，见一洞，便化为一蛇钻进去，皇帝持剑而追，一剑砍下去，将蛇尾分为两段。洞中汩汩流血水，之后是浑水，一直流了八

---

[1] 《平阳府志》卷三一，第864页。

百年,才变为清水,就是现在的金龙池。

平水资源丰富,千百年来源源不断,灌溉临汾、襄陵二县数万亩土地。二县之民,得山水之惠,以为有神灵佑助,于是设祠祀之。有诗曰:"阡陌承波远,临襄受泽先。旱涝无足虑,禋祀秉心虔,灵爽昭民物,长歌大有年。"①龙子祠附近,家家泉水,户户垂杨,依山傍水,风景秀美,历代名人留下了不少诗篇。至平水下游,又聚为平湖,为居民上巳日(三月三日)游春之所,更为历代名士泛舟游兴之地。金代陈赓《平水神祠歌》里描述道:"是时三月游人繁,男女杂遝箫鼓喧。"②可见这里亦保留着上古"仲春之会"的遗风。元代毛麾在《康泽王庙碑记》中记述其盛状云:"凡断岸绝涧,则架以乘虹之桥,采莲捕鱼,则泛以画鹢之舟。当春之时,太守与州人来游,花光柳色,画船游骑,箫鼓相间,车马相望,于山水清晖之际不知'浣花'、'曲江'之美,较此孰多?"③大约到了明代之后,平湖就不存在了。迄今登山远眺,依稀可见一大片盆地,即当年平湖痕迹。然今日韭畦井然,稻田千顷,另有一番风光,也是本地人春游的佳地。

平水神祠最早建于晋怀帝永嘉三年(307),刘元海僭据时修建。《一统志》云,一名龙子祠④,司平山之水。宋熙宁八年,守臣奏请,封泽民侯庙,额曰"敏济";崇宁五年再封灵济公;宣和元年,又加封为康泽王⑤。祠前有清音亭,元代元贞年间建⑥,亭畔乃云津桥。元时,在康泽王庙后修筑龙母殿,"庙貌状其巍峨",形成了"前为康泽王宫,后为龙母神殿"的格局,此时,神祠规模扩大,创献殿,设斋厅,

①　《襄陵县新志》卷二四,第701页。
②　《平阳府志》卷三六,第1049页。
③　《平阳府志》卷三六,第1108页。
④　《平阳府志》卷十,第186页。
⑤　《平阳府志》卷三六,第1108页。
⑥　《平阳府志》卷三一,第864页。

置风师雷师，山灵河伯之殿，庙门仍旧曰"敏济"，中门三门曰"善利"，正殿曰"康泽"，后设龙母殿①。清代时，又增加了财神殿。

水母行宫里供奉的龙母不是韩媪，而是水母娘娘。关于水母娘娘的来历，当地流传的传说是：襄汾燕村有个姑娘因家贫，很小年纪就童养给龙祠村一户人家，婆母虐待她，每天让她从老远的地方往回挑水。一天，路途遇见一骑马老者要喝水，之后，老者将马鞭赠与姑娘，嘱咐她将此鞭放入缸内，缸内的水就随舀随满，永不枯竭，切记不可把鞭子提出来。后来，婆母趁她回娘家探亲的时候，出于好奇将马鞭提出，"轰"的一声，大水从缸里迸发出来，水流成河，淹没了整个村子。此时，姑娘正在娘家梳头，听见声响，知道事情不妙，急忙赶回婆家。临别时掉了几滴泪，把石头都砸了几个坑。到了婆家，她一屁股坐在水缸上，大水才被止住，只剩有涓涓细流。村民们为纪念她，盖祠祀之，尊为"水母娘娘"。

水母娘娘与韩媪相比，她的故事生活气息浓厚，其处境遭遇令人同情，心性品格更有被尊崇之处。可见，民众总是从自己的实际生活出发，构想某些故事，以求得对周围事物的较合理的解释。

水母娘娘与康泽王相比，谁更灵验呢？从调查中得知，当地百姓男性求雨一般到龙王殿，妇女求雨则到水母殿。据74岁的尉兴胜老人（男）回忆，龙王殿前的献厅两壁原有壁画，描绘的是百姓向龙王祷雨的情景。临汾刘村一带的百姓在遇旱年求雨时，派五、六位男性"善人"，头戴柳帽，挽起裤腿，赤脚走向龙子祠，当他们行走到距龙子祠十余里的小榆村时，一溜小跑来到龙王殿，献上祭品，磕拜一番，然后掏出身上装的空瓶，到龙王殿前面的泉水前灌满水返回去。襄汾县燕村一带的妇女求雨则是到水母行宫。据67岁的尉金保老人（男）介绍，一则因为她们是水母的娘家人，感到水母更亲近可靠；二是因为龙王乃水母之子，故水母管龙子，其权威超

---

① [元]毛麾《康泽王庙碑记》，《平阳府志》卷三六，第1109页。

过了平水之主康泽王。通常是在好几个月未下雨的情况下,派十几个寡妇到平水神祠求雨。其服饰一如戏子,头上盘好几个发髻,身挂太宝铃,一手执马鞭,一手拿小罐(可盛水一斤左右),两腿外侧绑有鸡毛掸子。领头的称为"雨报子",即报雨之义,她前前后后小跑,催促众人。民国以来祈雨服饰有所变化,不需如此庄重,求雨的妇女,不一定是寡妇,而是上了年纪的热心的妇女,她们头戴柳帽,手拿柳条棍,赤脚,带着祭品从本村出发,伴着鼓乐来到庙中求雨。沿途遇上戴草帽者,必用柳棍捅掉,而路人不能有怨怒的神情。到了庙内,进门先洗手,然后到水母行宫前烧香,燃放鞭炮,磕头许愿。旧时,求雨的妇女一定要在水母行宫内住一夜,俗谓"陪姑姑住",此宫内后半部分自西向东为一条通炕,面积很大,故无论有多少人都能住下,食用由庙内负责。或许因为水母乃燕村女儿,故有求必应,据说,不待求雨者回到家,天必降雨。

求雨时,许愿应验后必须择日到水母殿前烧香还愿,否则会惹怒水母,不再显灵。一般许什么还什么,如唱戏、说书、上钱、裁衣等。唱戏时一般唱当地的蒲剧,必唱的老戏剧目是《香山寺》,其余的剧目可按折子点。开戏之前,戏曲艺人必须烧香祭祀戏神,态度非常虔诚。有趣的是演戏时,平日供奉在后台的戏神也可用来作道具,如以之代替妇女怀中所抱的婴儿,俗云:"抱出来是娃,放下来是爷[方言 yá]。"唱戏时,艺人十分小心,唯恐有半点差错,因为台下有人专门听着,看有无唱错的词儿,一旦发现唱错,要受重罚。戏剧班社定出去的还愿戏在未还愿前不能再到别处唱,否则就会得罪神灵,戏班的道具会无端起火的。

唱戏要有戏台,旧时平水神祠的戏台在庙的东南角,但不属庙里掌管,而是由龙祠、晋掌二村掌管,经费也由二村负担,龙祠村出三分之二,晋掌村出三分之一。还愿时凡占用此戏台唱戏,需经二村同意后方可使用。

三　水资源管理俗制与祭祀仪式

平水神祠巍峨宏敞,历代都有修葺或重建,现存十通碑文中就有七通述及于此。究其原因,不外有二:一是祈求神灵保护,首先信众要虔诚保护神灵。"乃今春大风拔木,夏复霆雨连旬,前既伤于栋折,后又见其榱崩,因谋同事共深浩叹,谓修葺之宜。"①清同治三年(1864)《龙子祠重修碑记》曰:"龙子祠距上次重修十有七年,而祠内外已皆有倾圮穿漏之处,不足以蔽风雨,何能妥神灵而安渠。"于是,众相约在初三日和初六日,十六河渠长督工,齐集本祠献庭,公议修理。二是报答龙恩,寻求心理平衡。据载,康熙三十四年(1695)龙子祠因地震倾塌,四十六年(1707)太守刘棨步行祷雨有应,因重建两庑②。元至正九年(1349)碑刻《重修普应康泽王庙庑记》也云:"至正丙戌春,渠长下当里申恭,席坊里贾和,瞻其庙庑有腐坏者,感而相谓曰:'我等受神之福不为浅矣,安忍坐视其圮,而不为之葺理耶?'"遂乃捐资,招募工匠,细加修缮,"倾者扶之以朱楹,覆之以碧瓦,摧者基之以瓴甋,涂之以丹腹垩,风雨攸除,鸟鼠攸去,檐楹绘彩,焕然一新。"

平水神祠的修葺方式有独修、分修、伙修等。

独修:即某位地方官或本地开明绅士独自一人出资修理。据《重建平水龙子祠记》③载,太守刘棨重建平水神祠时,虑百姓"贫无余财",就一人出资修葺,众人认为此举乃积德行善,故相帮完成此业。

分修、伙修:即临汾、襄陵两县共修,通过抓阄,按平水各条河

---

① 李绳祖撰碑文《重修康泽王龙母神殿序》,清道光二十三年(1843)。
② 《平阳府志》卷十,第186页。
③ 《平阳府志》卷三六,第1161页。

浇地面积大小,得益多寡,具体承担修庙任务及开支费用。清同治三年(1864)《龙子祠重修碑记》中介绍,这次修筑规模浩大,工程繁杂,龙神正殿、献庭、清音亭一律重修,还重修了八字照碑、龙神殿前左右鱼池,新增设雷公殿、财神殿等,其修葺方式:"有伙修,有分修,逐处同验。北自水母殿,南至清音亭,分为四节,开单拟价,各匠人投阄包做,诹吉于初十日开工。一时并起,限于四月十四日会前完工,各工匠答应同力合作,届期果如所约。"①

所需经费,源于平水各渠,据《龙子祠重修碑记》:"一切花销共费钱一千二百贯有零,无非按水分均摊。"而人力、物力则由各个承担修葺的包揽者具体负责。

平水神祠的守护看管者俗称"司庙主",元代以前是由段氏一族掌管,"凡开阖庙门楗钥之具,段氏宗族世掌焉,而他姓不得与,以庙地为其先祖所施故也"②。司庙主不止一人,根据元代陈克敬纂《重修普应康泽王庙庑记》碑阴开列的名单多达九人,"段皋、段秀之、段信、段义、段秀实、段若夫、段和甫、段克明、段敬实"。传至后世,祠庙有专人管理,并不一定是段姓,其一切开销都从庙中所买的土地中留取。庙里买下地并不自己种,而是分于就近的村民,让其为自己耕种,到时上交部分粮款或提供庙内祭祀用的某项供品或用具即可。如襄陵刘庄人被称为"浆糊锅",就是因为古时平水神庙在刘庄有块庙地,交由该村租种,该村在春祈秋报或岁时节日时,专为庙内提供贴对联所用的浆糊。兰村有块"席子地",即专给庙中提供盛放供品的席子。这些土地数目极小,因属庙中所有,故无需上交官税。

平水一带的百姓得益于水,"不圩而稻粳茂,不雨而麻麦熟"③,

---

① 张兆熊纂,清同治三年《龙子祠重修碑记》。
② 陈克敬纂,元至正九年《重修普应康泽王庙庑记》。
③ 明嘉靖五年《平阳府重修平水泉上官河记》。

遂建庙祀神,以龙神为此水之主,称平水神,自唐宋以下有碑文可考①。其祭祀情况大致如下:

1. 致祭时间:除"岁时箫鼓弗绝,仰答灵贶"②外,主要是"仲春祭祀","春祈秋报,县尊分司其事,古制也"③。春祈,是在仲春之际祈求神灵保佑一年丰收;秋报,是在秋季收获之后酬谢神灵的恩赐。最隆重的是农历四月十四庙会时大祭,相传这一天是水母娘娘的正诞日。天旱时也祭,目的是让龙王、龙母显灵降雨。

2. 致祭组织:由平水总渠渠长发起,提前下帖子请管辖区域内的各渠渠长参加。是日总渠渠长率吹鼓手在平水神庙门口迎接各渠渠长及其随从人员。相传北渠因在临汾境内,路近,其渠长一般坐轿;南渠在襄陵境内,路远,其渠长一般乘马。各渠渠长身着袍子、马褂,头戴礼帽,左肩垂挂一小串东西,包括胡梳、牙签、挖耳勺等,带领着众人翩翩而来,人数多达百人,浩浩荡荡,气势宏大。官府也派副手前来参加。

3. 致祭供品:一般是四类。一是血食,如整猪、整羊、活兔等。整猪整羊要去掉内脏,拔光毛的。活兔则是将兔子的前后腿缚于小木板上,使其不能动弹。二是素食,如蒸的花馍、馒头等。三是果品、酒类等。四是纸制祭品如纸马、香烛、黄裱等。

4. 经费:源于平水流域各村,作法是"依地纳税",按土地面积受益多少分担祭祀费用。

5. 致辞:元代毛麾曾作《康泽王庙迎神送神辞》:"神之来兮风雨萧萧,不破块兮不鸣条。兹多稼兮满平皋,享血祀兮闻欢谣。神之去兮日光沉,岩穴暝兮烟云深。庙门阒兮来栖禽,空山水兮遗清音。"④人们一边让神祇只享用"血祀",一边用"欢谣"来娱乐之,对

---

① 明嘉靖五年《平阳府重修平水泉上官河记》。
② 元至正九年《重修普应康泽王庙庑记》。
③ 清同治三年《龙子祠重修碑记》。
④ 《平阳府志》卷三六,第1051页。

神灵迎来送往,表达对神的颂扬感激之情。宋代王士元曾作《龙子祠农人享神》:"割牲酾酒父老趋,坎坎击鼓吹笙竽。报答龙神醉饱余,宛若泽园江乡居。"[1]孔尚仁《二月朔日同人游龙子祠》也云:"剪韭畦旁春味早,赛神祠下野人稠。风光正是中和节,社舞村歌看未休。"[2]从这些诗句里,可见当时迎神赛社盛况之一斑。

6. 分胙规定:一般是十分之六留于庙中,让庙内人享用,十分之四则由参加祭祀者当日分享。如整猪的分配方法是将四分之一或二分之一让祭者分享,猪头供奉水母娘娘,其余留给庙里。祭拜完毕,各渠即用供品大摆筵席,旧时神祠庙内设两灶,南河(襄陵县)一灶,北河(临汾县)一灶。南河渠少人少,设席也少,用当时俗语说即"吃一桌看一桌",意思是有点支不起摊子。而北河人多势众,设席摆桌显示阔气,无形之中各渠之间有攀比之风。享宴之后,总渠长主持召开会议,大家商议决定河渠管理诸事项,诸如修理河渠的时间,人力物力的分配,经费的筹措等。

四　水利械斗与水规水法

因争水而械斗是经常发生在农业社会里特有的民俗事象。平水灌溉临汾、襄陵二县,襄陵县境的水必须经过临汾的地盘,故两县常为水而发生争斗,尤其是襄陵县民众浇地,必在临汾朔村一带拦坝截水,这里自然成为械斗事件频发地带。相传,临汾人以平水源出本县为由,常不让襄陵人用水,一次官司打到镇台府,临汾申述对方不能用水之理由:"山乃临山,水乃临水,襄何能用之!"襄陵秀才辩驳道:"山乃国山,水乃国水,为何不能用!"于是镇台判定襄陵可用此水,临汾不得加以干涉。虽然明断襄陵可以用平水,但由

---

① 《平阳府志》卷三六,第1063页。
② 同上,第1092页。

于争水而发生的械斗却一直绵延不断,甚至闹出人命大案。

据龙祠村67岁的尉金保老人回忆,20世纪40年代初,襄陵县襄陵镇人与临汾县北社村人争水,在北社村外曾打死北社村民一人,主家长期不葬,一直上告,停柩于村外,几年后才不了了之。又有一位北社人,人称"三瞎子"的,管水极严,他将浇过的地用装有白灰的筐子一筛,用漏下的白灰作为记号,不轮完不准重浇,违者将草绳搭于肩上示众,以示惩罚。制止分水之争时,用柳条棍打死人不偿命。

现存于平水神祠龙王殿与水母行宫之间的元至正二十六年(1366)《兴修上官河水利记》,是反映元代水利纷争习俗的一通碑刻,尽管由于年代久远,且保存不善,致使风雨剥蚀,文字漫漶难辨,但若仔细阅读,仍依稀可以看出碑文大概内容,此碑文对水利纠纷记述颇详,"据上流者专其利,地未乾而重溉者,以月计之率三四次","其在下流者渴其利",因用水不均,而相率互斗,"与斗者百千人,有致人命于死数起",纷纭纠诸,变幻百出,经年累月而讼不得解[1]。为了制止械斗,官府不得不采取一些措施,以平纠纷,息讼事。首先是公平分配水源,均其利益。"盖利之所在,众必趋之,趋之不得则斗讼兴焉。"[2]于是官府把平水分为四十分,临汾襄陵各半,临汾得水二十分,分别为上官河十分,下官河五分,北磨河五分[3]。襄陵二十分,八渠分灌,分别为南横渠六,南磨渠四,高石渠二分有半,李郭渠二,晋掌渠分有半,东靳庙后两小渠各分半。其次是划定界限,"两河分界处,原有牛心石,或又曰中心石,石既久湮,乱是用长"。"剖分既明,中立石堤一道,自碑亭前分水处起,斜迤而南,至中地止。高四尺,宽三尺三寸,长一十丈,共九桩,每桩

---

① 元至正二十六年碑文《兴修上官河水利记》。
② 同上。
③ [清]王轩等纂修《山西通志》,师道刚、马玉山点校,中华书局,卷六七,第4752页。

高五尺,以树不朽之疆,以止无穷之祸。"①三是处罚严明,"若有作奸毁界,先犯禁令者,必重惩之,即于祠前枷示一月,从重治罪,且以其地没官。"②

平水的组织管理,责任分明,各司其职。平水设一总渠长,统一督水治水。下管十二渠,各渠都有渠长,渠长一般由村中家道殷实,人品端正,干练耐劳,素孚乡望者担任,主要职责是管理整个水渠,包括浇地护河、征收费用、奖赏惩罚、接应上下来人等。渠长三五年一轮换,需由合渠选举。渠长以下有沟头、堰子。沟头,一般负责管理支渠,并协助渠长办理有关事务,选地广者二人担任,上下半月轮流管理。堰子,每渠设四个,专门负责看守陡口,即分水处,也需由"行正廉慎,勤于农事"者担任③。还有巡水夫头,负责在上下游渠道上巡游,维护堤坝与石桥工程。

在漫长的用水管水过程中,人们不断总结经验教训,形成了渠规水法,选举条件,用水之程,以及奖赏处罚,无不备载。根据《万历四十三年正月吉旦陈士枚平河均修水利碑》④记载,襄陵县令朱次琦管理该县,确定"以地随粮,以水随地"之制,复于境内设四纲维持之。这"四纲"是:

一曰水则,把流入县境内的平水分为二十分,八支渠分灌,视土地面积广狭区别对待。

二曰用人,渠有渠长,司水之禁令,沟头治浇灌,堰长守陡门,皆听于渠长,违者听任渠长处罚。

三曰行水,昼夜有程,通闭有节,传牌有部次,淘河有式,动碾有候,而制访密矣。这里"牌"是专用作浇地的标志,一般长二尺,宽一尺五寸,厚二寸,上面书有用水规定,由渠长掌管,遵照牌章使

---

① 《临襄两河交界说》,载《襄陵县新志》卷二四,第 453 页。
② 《临襄两河交界说》,载《襄陵县新志》卷二四,第 453 页。
③ 元至正二十六年碑文《兴修上官河水利记》。
④ 《襄陵县新志》卷二四,第 455 页。

水。"自五代晋时铸铁牌一,铁印一。"①元明清各代改用木牌。

四曰陡门,筑门管渠,渠上广七尺,下广三尺,门广一尺,其夹深尺二寸,以石块建筑,以木板平栏,专门有人看守。

此四纲作为用水之法规,从用人到管理,从水利设施到浇地方法,都细密具体,且便于操作。

灌溉之时,各支渠轮流灌溉,据元至正二十六年《兴修上官河水利记》:"自下而上,昼夜溉田六百亩。"而在调查中了解到,实际情况常常是上霸下,上游村民凭藉有利的地形,将地浇完后,才让下游浇。轮到某支渠浇地时,陡口处设四人看守,每斗口约一百亩,一个斗口浇完后转至下一个陡口。不轮浇时,各渠口筑坝只能用柳条拦截,不许用栏板截水,以免将水堵死,要顾全大局,保证每渠都有水。遇洪水时,各渠同溉,以分担水势,保护河堤。

为使河水畅通,淘泉浚河必不可少。龙祠村的村民们讲,平水泉靠近出水处自古以来不曾淘过,相传一淘泉水就停止,前些年北泉被淘,不再涌水,这其实与泉的地质结构及形成有关。所以,淘河只是淘出水处二里以外的渠道。淘河通常一年两次,春秋各一,由下游村民淘河,上游村民则坐享其成。所淘之河距离远近按浇地多少划分,如有无故不去者,每亩罚交三升麦子,这远多于修渠时支付的劳力。如未完成任务或完成不好者,要受"游渠"之罚。具体作法是,当事者脱去上衣,胳膊反剪,缚以草绳,俗称"蒲腰",由村警押着沿渠周游,以警戒别人。游渠时只用草绳缚住,表示乃民间乡规民约,而不用麻绳,因麻绳乃法律之象征。

在长期的治水活动中,涌现出了一些治水的能人,他们集群众智慧于一身,出主意,想办法,解难题,倍受人们称赞。嘉靖五年(1526)碑文《平阳府重修平水泉上官河记》就记载了一个善治水

---

① 〔清〕王轩等纂修《山西通志》,师道刚、马玉山点校,中华书局,卷六七,第4752页。

者——张滋,"遂使滋决席坊之壅,浚平水上官河之源,于是上官河滔滔东注,直抵刘村镇"。其经验就是善于分析问题,抓住症结要害,果断处理问题。明嘉靖七年(1528)碑刻《张长公行水记》则是专门为之竖碑纪念。

为延长河堤使用期,河堤古有保护之法,除栽桩外,最简单最普遍的办法是堤边栽树。1949年以前是各家在自己的土地边上栽种树苗,栽种者受益。1949年以后,由集体买树苗,个人栽种管理,利益均分。1978年至今,改为利益三七分,即集体得益百分之三十,个人得利百分之七十,既有效地保护了河堤,又美化了自然环境。

五　结语

水,农耕民族生存的命脉,它如同血液在人体中流淌一样,须臾不可缺少。从以上对平水神祠碑文及相关水利习俗的调查与考述中,我们约略可以了解到元明清乃至民国时期民众在水利方面的信仰与风俗习惯。在传统的农耕社会里,水的利用改善了人们的生存处境,大幅度地提高了生活的质量。但是由于人们不能有效地把握自然、利用自然,把收成的丰歉当作是神灵的意愿,进而崇神祭神。水毕竟是有限的,不可能满足所有人的需要,在春夏之交,农田待泽,乡民们咸竞争于一溉之利,同渠者,村与村争;异渠者,渠与渠争。争水之患时有发生,因争水而械斗是水利灌溉区特有的民俗事象。为了平衡利害,相互制约,上与下,村与村,在管水用水方面形成了一定的规约惯制,这些渠规水法是民众治水用水经验的总结,有助于更好地利用水利资源,促进社会的稳定。从水神崇拜到用水惯制的调查与考证,无疑可以帮助我们进一步探讨民众的生存境况和精神秘史,从另一个侧面窥视到多姿多彩的人类文化历史。

附碑一：康泽王庙碑记

盖闻水经云："平水出平阳西壶口山，自壶口而西南二百余里，曰平山，水潜出其下，曰平水。"州图经亦曰："晋水其源乱，泉如蜂房蚁穴，麕沸于浅沙平麓之间，未数十步，忽已惊湍怒涛，盈科涨溢，南北溉田数百顷，动碾硙百余。东汇为湖，曰平湖。粳稻菱芡，晋人取足焉。"其事见于宋名士谢景初记，宋敏求书。泉之旁有旧祠，世祀神龙，为此水之主。相传刘元海僭据时，重筑陶唐金城，有韩媪得巨卵婴儿化蛇之异。斩蛇尾而泉涌焉。遂资以灌溉，新旧图经，寰宇记并载其事。后因祀之曰龙子祠。遇旱致祷辄应。宋熙宁八年，守臣奏请，封泽民侯庙，额曰"敏济"。崇宁五年，再封灵济公，宣和元年，加康泽王庙。有唐天佑二年，宋宝元三年，政和四年，感应碑传。祀既久，官民崇敬，庙制寝广，草木蔽翳，清流白石，为州胜地。封连甍接，凡断岸绝涧，则架以乘虹之桥，采莲捕鱼，则泛以画鹢之舟。当春之时，花光柳色，作虹云翠霞，蒸照远近。太守与州人来游，箫鼓相间，车马相望，于山水清晖之际，不知浣花曲江之美，较此孰多？兵火荡尽，将四十余年，民思所以兴起，而未有倡之者。江陵黄公来宰临汾，理成化洽，匹古循良之吏。故能一新县署，再创宣圣祠。继大修陶唐祠。又审民心，欲成龙子祠而修之，创献殿，设斋厅，置风师雷师，山灵河伯之殿。庇二庑以序，前凿养鱼池，长廊，周步几二百间。至于厨库，靡不周备。庙门仍旧曰敏济，中门三门曰善利，正殿曰康泽，后设龙母殿，以事韩媪，增葺溪上，旧亭曰清音。然后见公善政，与此山此水，俱无穷焉。乃合众愿以志于石，作迎神送神之曲，以侑神云。

（元，毛麾《康泽王庙碑记》，载孔街仁编纂，《平阳府志》（康熙四十七年版，山西古籍出版社 1998 年 12 月重印）卷三六，第 1108页）

附碑二:平阳府重修平水泉上官河记

赐进士及第平阳府解州判官前翰林院修撰,高陵吕柟撰,开篆关西种云汉书。

平水上官河,泉出府西南三十里平山之下。平山者,庄周所谓藐姑射山也。平水之源为金龙池,池上为龙祠,祠西南近条山,数泉皆入平水。又东二百步为平水神祠,祠前为清音亭。东过清音亭之后,为云津桥,而平水分流,俗所谓十二官河,以灌临汾、襄陵之田者也。盖自是第一流为上官河,以至刘村镇,夹河三十六村,为田二万余亩,皆资焉。然自张家桥,东过石曹涧,至于赵半沟,其南支流为上中河,而居民新开饮水之处,则在其北焉。又其东为席坊桥,其北受小石桥之平水。席坊间之山水,多泥淤砂砾,上官河遂不复东行,而南入上中河矣。于是席坊、禄窄、麻册、南小榆诸村,皆受其利,而麻册涧以东二十余里,无复勺水之润矣。于是上官、上中民交讼焉。太守王公曰,上中河者,私也,上官河者,公也。上官河博而远,上中河狭而近。不法不德,则守不坚,法则民畏而讼平,德则民化而讼息。究厥病本其在席坊桥乎?有张滋者,善治水,遂使滋决席坊之壅,浚平水上官河之源,于是上官河滔滔东注,直抵刘村镇,以复其旧。而界玉、下院、东宜、补子、塔头、段泽、马务、南刘、辛息诸村皆成陆海。不圩而稻粳茂,不雨而麻麦熟,盖虽江渚湖滨,不足以方其美也,而上中河之民,亦分程限日均沾其泽。或有尊宾嘉客,道出平阳,太守则邀谒平水神祠。坐清音亭上,瞰官河之源流,赋诗饮酒,与民同乐。歌曰:"官河漾漾兮百谷成,水无私心兮民不争。"判官吕柟曰:"王官谷瀑布泉下流为贻溪水,可灌田千余亩。唐司空表圣立法谷,人以时用之至今不废。异时太守李公义方,亦作永利池,利泽渠。而赵城、洪洞、临汾亦甚赖焉。"太守常云:"政在善俗,俗先礼让,礼让之兴,在闾里田桑鸡豚之间。夫虞、芮亦平阳属邑,昔人讼田不决,如周以平,皆惭而还,置闲田焉。今犹有遗风也。于乎人孰无是心,安知他日两河之民,不为贻溪,永利诸渠乎。于乎!上官河其永矣。"嘉靖四年三月二十二日工兴,四月四日成。太守字公济,名溱,开州人,辛未进士,前监察御史。

明嘉靖五年秋平阳府同知许琦、通判黄钟、推官乔年、临汾知县袁准、县丞刘经立石。

长安叶文举、上党沈铭刻。

(明·吕柟,嘉靖五年(1526)《平阳府重修平水泉上官河记》。规格:笏头高103公分,宽110公分,厚42公分,碑身高210公分,宽100公分,厚30公分。现存平水神祠庙门内东边)

附碑三:张长公行水记

昔尧都平阳,有洪水之儆,舜乃命禹作司空以平水土,于时地平而民作。又书曰:"浚畎浍。"可征己。嘉靖三年夏,王子守是邦,岁值大旱,乃渡汾而西,将谒平水神祷焉。田有渠洴,其畎浍之迹乎!观于阡陌之间,西南其亩者,厥田滋以茂。北东望之土燥,而苗将槁焉。问之田父,田父曰:"上官河塞者,于是乎四纪矣。"乃观于平山之下,平水出焉。祠其上,前为龙池,东流至于清音亭,过云津桥十二官河分焉。东出石槽涧,至于分水口。东南分渠得水十之三。为上中河,溉辛家诸村之田焉。东北过新开口,又东北山水决其防,上官河塞焉。乃观于席坊桥之上,厥水溢于上中河,遂入于汾。曰:"嗟乎!圣有遗迹,地有遗利,仁者不为也。民有遗力,水有遗流,智者不为也。"于众将疏之。佥曰:"张长公其人行孚于乡,无私而好惠,盍属诸。"明年乙酉春二月中旬,乃属长公疏渠。自席坊西为堰,以防山水之冲。北过禄阱桥,至于小榆桥。又北夹岸而西出麻册、涧北,于是乎溉麻册诸村之田。北至腾槽而东分斗门,于是乎溉界谷诸村之田。北过西宜桥,分洴东流。又北夹西宜观,东流为二洴。又北为计家沟,于是乎分溉东宜诸村之田。北为涧北沟,又北为八沟涧,东流而西过小桥,于是乎溉段村之田。北为石桥东流分洴,北东过卫家沟分四洴,又北过武亭桥分洴,北历五桥而分为二渠,于是乎溉刘村之田。田计二万有奇,村计三十有六。皆于上官河有赖焉。渠之广一丈二尺,深倍之,凡四十日告其成功。王子曰:"天地成而聚于高,归物于下,表为山河,以戒其域。疏为川泽,以导其气。区为陂塘沟洫,以钟其美。今夫河水之归也,渠川之分也,田民之依而财之薮也。是故民非田弗养,田非水弗殖,民之大事在田。神之粢盛于是乎。供人之蕃庶于是乎,出国之供给于是乎,赖天下之安阜辑宁于是乎。成凡以水,无散越壅,滞田有所资也。长公之行水也无私,则行所无事好惠,则泽溥而众服,故行无事庶乎称智焉。泽庶乎称仁焉。功四十日告成,而民争趋之,庶乎称义焉!一功成而三美具,所谓行孚于乡者,其在兹乎!乡之耆老,王铭张威率诸村之人,请表其功,乃于平水祠前之西刻石,以示不忘。人皆曰长公以孝友知名,邻里乡党之贫者,长公多恤之,或病而死不能葬者,必为棺以助焉。高河之上,尝总石桥之役,出百金以先尚义者,斯其素履之大者也。长公姓张氏,名滋,字宗乾,大中丞西磐先生之兄也,人故称长公云。

大明嘉靖七年岁次戊子十月初吉。

赐进士中宪大夫知平阳府事前监察御史开州王溱撰。

赐进士承事郎推平阳府事前工部观政临清张相篆直。

武英殿中书德平郭谌书。

赐进士文林郎临汾县事卢施董珊县丞曹州阎嵩立石。

长安叶文举镌。

(明·王溱,《张长公行水记》。规格:笏头高 103 公分,宽 110公分,厚 42 公分。碑身高 210 公分,宽 110 公分,厚 30 公分。现存平水神祠庙门内西边)

附碑四:临襄两河分界说

龙祠之水,以四十分为则,下官等河,北条也,剖二十分,临汾全用之。南横等河,南条也,剖二十分;临汾与襄陵兼用之。渠规尚在,沟界井然,诸无争者,不必具论。惟是下官河与南横渠,壤址相接，水道相连，源头之外，有枝泉三穴；其一在北，其二在南。北虽一泉，而流衍颇盛；南二泉，仅足以当之。问之故老，考之册卷，两河分界处，原有牛心石，或又曰中心石，石既久湮，乱是用长。下官人妄欲兼其三，而南横人并不让其一。啄鸣穴斗，滋蔓无已。本府会同三厅，及临汾襄陵等县，亲诣水滨，讲求故界，少少得其绪。始知每岁雀角之讼，初不在大，即前三泉是也。三泉无界则争，故其要，在于分界。本府矢诸天日，反复指迷，参伍求当，舆论金协。乃划其地而两分之。据勘：北一泉原与下官河逼近，即本河旧物也，而归之下官矣。南二泉原出南横地畔，亦即本河故有也，而今归之南横矣。剖分既明，中立石堤一道，自碑亭前分水处起，斜迤而南，至中地止。高四尺，阔三尺三寸，长一十丈，共九桩，每桩高五尺。以树不朽之疆，以止无穷之祸。本府三厅与临襄等县各称为善，招申三院，俱蒙俞允。犹恐其易败也，因议立石，表其颠末。虽然，水者千百世之利赖也；官兹土者，传舍也，官各为其民，民各行其私，安知今日之石，不又为当年之石乎！尚须汾、襄二县，剖破封畛，明示三尺，自今每岁每县各报一公直渠长，同守疆界，永绝侵陵。每月朔，投结到县。每季终，县申报府。每岁终，府申报道。杜渐防微，遵而勿失。两县正官，仍于春秋二祭，同赴龙祠，躬亲相视，若有作奸毁界，先犯禁令者，必重惩之。即于祠前枷示一月，从重治罪，且以其地没官，庶法行而乱止，当不至以养民者殃民矣；亦不至以长民者，并受累于民矣。

　　平阳府知府高登龙

　　　　同知刘　芬

　　　　通判张维纲　　同立

　　　　推官周　鼎

　　临汾知县张廷玉

　　襄陵知县马逢皋　　勒石

　　（明，高登龙《临襄两河分界说》，载《襄陵县志》(民国版)卷二

四,第452页)

　　附碑五:龙子祠重修碑记

　　康泽王之神,泽被临襄,有功德于予建祠以祀之。府尊为主,春祈秋报,两县尊分司其事,古制也。其祠巍峨宏敞,代有修理之工载在碑志,昭昭可考,顾工程当其时而必举,亦待其人而后行。有一时之人以举一时之工,斯整旧如新,祠宇下至荒废。今龙子祠距上次重修十有七年,而祠内外已皆有倾圯,穿漏之处,不足以蔽风雨,何能以妥神灵而安渠。众相约初三日、初六日十六河渠长督工,齐集本祠献庭,公议修理,有伙修,有分修,逐处同验。北自水母殿,南至清音亭,分为四节,开单拟价,各匠人投阄包做,诹吉于初十日开工。一时并起,限于四月十四日会前完工,各工匠答应同力合作,届期果如所约。是役也,工本不大,适逢县试府试大典未及请训,谨拟章程数条,经理各工。水母殿西山墙彻底砌以砖灰,立脊兽,并修卷棚。龙神正殿前坡翻瓦七间,东廊翻瓦七间,修东西挑角,西南三檐挑角。献庭东南挑角并修脊齐檐。大门二门补脊齐檐,重修八字照壁,西建碑楼一座。清音亭修厦、立脊、齐檐,重修东西花墙及西灶房南北四间。复重修龙神殿前左右鱼池,东西两洞掏开,西天口七眼,东天口三眼,洞口一并修好。伙修之工已讫。北八河修南厢门楼,翻瓦东廊二十八间,大修理牌楼一座,窑前鱼池一所,马棚三间,溷厕一间,筑大门边围墙,复插补雷公殿前檐,北窑前檐,暨窑前小门楼,伞儿亭。南八河修西八间,重修财神殿三间,西南厢房七间,牌楼一座,公馆一所,补厦齐檐,筑大门西边围墙,分修之工亦既勤垣墉,惟其涂茨既勤补,惟其涂丹,巍然焕然。一律重新统计,两县伙修分修一切花销共费钱一千二百贯有零,无非按水分均摊。踊跃趋事诸凡撙有节。窃以工之繁不同而人心则同,费之多寡不一而成功则一,我十六河渠长督工秉公无私,和衷共济,不辞烦劳,不务奢侈,固　神圣冥冥之中佑启之灵,而亦两县人急公好义之所为也。蒙　龙神河润之福施泽民于者无涯而因以报德于　神者最切。工既竣,同事诸公叙开节略,属记于愚,未敢以简陋不文辞爰据其重修巅末编次为记,敬告后之有事于斯祠者。

　　钦赐六品壬戌　制科孝廉方正改就教职　恩贡生张兆熊撰文

　　例授文林郎吏部拣选知县己未　恩科举人辛未大挑二等即补儒学正堂柴甲荣书丹

　　旹大清同治三年岁次甲戌五月谷旦立

　　(清·张兆熊,《龙子祠重修碑记》。规格:高 220 公分,宽 85 公分,厚 20 公分。现存平水神祠龙王殿东边房檐下北边)

第十八章 乡村权力文化网络中的"社"组织

——以晋南万荣通化村、荣河村和河津西王村为例[*]

在社会现代化进程中,中国乡村的社会结构和文化权力呈现着多元互动的组合模式。对于中国农村,既不能从主流政治的立场把它简单地界定为国家权力的基层组织,也不能从纯行政区域的眼光看待其空间组合,而要从历史文化变迁、人文地理状况等多方面深入考察不同区域的社会文化特征。我们在晋南万荣、河津等地的田野调查中,就深刻地体会到不同区域乡村组织的复杂性,"社"这一从古代传承下来的民间组织,在其他地区已经销声匿迹了,但是,在河津、万荣以及与此隔河相望的陕西韩城、合阳却还存活着,而且正显示着实际的社会功能,这引起我们对当前乡村民俗组织的结构特征、存活形态、运行机制等问题的浓厚兴趣。经过考察,我们发现"社"这种民俗组织在不同历史时期、特定地域内显示着不同的社会功能,因而在乡村社会中也表现出相异的民俗特征,它作为民间文化权力网络的交织点正在社会现代化进程中发挥着不可替代的作用。

对社的研究是一个古老而又新颖的课题,在此领域,学界已经取得了相当丰富的成果,学者们的着眼点主要集中在以下三个方面:一是对地方行政体制中的里社制度,尤其是对元代以来里社作

---

[*] 本章曾发表于《民俗研究》2005 年第 4 期。

为基层组织的研究,其中包括社的各种组织形态,如民间私社、信仰团体等问题[①];其次是对历史上社与社神、社祭的起源、演变、信仰以及功用等问题的考述[②];第三是对民间社火的研究[③]。这些研究成果基本辨清了与社相关的概念以及它们之间的相互关系。所

① 参见:杨讷《元代农村社制研究》,《历史研究》,1965 年第 4 期;宁可《述"社邑"》,《北京师范学院学报》,1985 年第 1 期;马新《论两汉乡村社会中的里社》,《文史哲》,1998 年第 5 期;魏光奇《清代直隶的里社与乡地》,《中国史研究》,2000 年第 1 期;于云瀚《古代城市中民间社、会的组织与活动》,《山东师范大学学报》,2001 年第 2 期;胡兴东《元代"社"的职能考辨》,《云南师范大学学报》,2001 年第 7 期;傅晓静《唐代民间私社的组织形式与活动方式》,《理论学刊》,2003 年第 7 期;此外,丛翰香主编《近代冀鲁豫乡村》一书也曾论述了元代"社"制产生的缘由(第 3—6 页),以及"里""社"作为赋税征收区划和人文地理概念之间的关系,第 11 页,载丛翰香主编《近代冀鲁豫乡村》,中国社会科学出版社,1995 年;董晓萍在《山西四社五村用水民俗调查》一文中论述了霍州以四社五村为核心的水利组织的运作(第 627—669 页),载董晓萍《田野民俗志》,北京师范大学出版社,2003 年。

② 参见:聂立申《社神崇拜与老子的哲学思想》,《泰安师专学报》,1994 年第 1 期;晁福林《试论春秋时期的社神与社祭》,《齐鲁学刊》,1995 年第 2 期;韦小明《壮族社神探赜》,《广西民族研究》,1997 年第 2 期;王兆乾《安徽贵池的社祭祀圈》,《池州师专学报》,1997 年第 4 期;萧放《社日与中国古代乡村社会》,《北京师范大学学报(社会科学版)》,1998 年第 6 期;高臻、贾艳红《略论秦汉时期民间的社神信仰》,《聊城大学学报(社会科学版)》,2003 年第 4 期;王作新《社神的物化形态与社崇拜的文化意蕴》,《中南民族学院学报》,1999 年第 3 期;杨琳《社神与树林之关系探秘》,《民族艺术》,1999 年第 3 期;杨琳《社之用途考述(上、下)》,《文献》,1999 年第 10 期、2000 年第 1 期;张二国《商周时期社神崇拜的宗教学考察》,《海南师范学院学报》,2000 年第 3 期;彭德玉《"社"之浅探》,《福建教育学院学报》,2002 年第 4 期;唐仲蔚《试论社神的起源、功用及其演变》,《青海民族研究》,2002 年第 7 期;此外,郭于华从传统丧葬仪礼中的意识角度分析认为,"社"神、"社"祭是生死两界之间的通衢(第 163—165 页),见郭于华《生命的续存与过渡:传统丧葬仪礼的意识结构分析》,收于王铭铭、潘忠党主编《象征与社会:中国民间文化的探讨》,天津人民出版社,1997 年。

③ 参见:赵世瑜《明清华北的社与社火——关于地缘组织、仪式表演以及二者的关系》,《中国史研究》,1999 年第 3 期;董晓萍《陕西泾阳县社火调查》一文主要探讨了社火仪式与民间水管理之间的关系(第 612—626 页),载董晓萍著《田野民俗志》,北京师范大学出版社,2003 年;"话说社火"(第 267—284 页),载董晓萍著《说话的文化:民俗传统与现代生活》,中华书局,2002 年;其他文章可参考《中华戏曲》各辑、《中国民间文化》各辑、《民俗研究》、台湾《民俗曲艺》等杂志。

谓社,是上古民众崇祀的土地神,后来把崇神的特定空间或祭祀社神的组织也称为"社",这样"社"就成了"聚落"的代称或延伸发展成为乡村的基层社区组织,同时,"社"又演化成为按职业、爱好、年龄、阶层、性别、以及特殊目的等结成的群体。社火,或称社会,是广义庙会之一种,是一种通过歌舞杂耍以娱神娱人的活动。所谓火,通"伙",表示群体和众多之意,与"社会"的"会"同义,以后渐失其本义,以"火"为红火、火爆、热闹之意,而社火也就成为一种在城乡各地年节演出的一种群众娱乐形式了[①]。社神究竟是活跃在民间的哪位神祇,目前仍众说纷纭,但可以肯定的是社神与土地神崇拜有密切的关系。一般来说,社祭的性质大致可以分为两种:一种是出于对所耕种土地的崇拜,因为土地生长五谷,供给人们粮食,人们祭拜它以报德;另一种则是出于对所定居的土地的崇拜,因为人们在土地上营建乡邑,安居乐业,人们祭拜它以感恩[②]。当历史的车轮驶向了今天,在社会转型期的中国乡村是否还存在着"社"的组织形态,它有着怎样的规模和实际的社会功能,它所影响扩布的地域范围如何? 它的性质与历史上的"社"相比发生了哪些变化? 它在乡村社会中是如何运作的? 基于如上思考,我们就现存"社"组织比较密集的晋南河津、万荣等地进行了实地调查,并在此基础上对当前"社"组织做了初步探讨。

通过田野考察我们发现在山西万荣、河津一带乡村里依然活跃着民间的"社"组织,事实上,现存"社"已成为地缘共同体的重要组织形式,不过,这种地缘关系是复杂的,是与血缘关系、信仰关系相互融合的产物,它是一种"民俗社区"或"民俗聚落"。社里有社首、社长、会计等管理人员,主要承办民间活跃的婚丧嫁娶、求雨、

---

① 赵世瑜《明清华北的社与社火——关于地缘组织、仪式表演以及二者的关系》,《中国史研究》,1999 年第 3 期,第 134 页。

② 唐仲蔚《试论社神的起源、功用及其演变》,《青海民族研究》,2002 年第 7 期,第 87 页。

闹社火、道德评价等民俗活动,同时也协助处理基层行政的相关
"公务",如集体修路、摊派资金、处理纠纷等村落公益事务。这些
村落中的"社"组织处于不同的地理环境、文化氛围、民俗社会当
中,功能不一,形态各异,呈现出鲜明的地方特色,通过对它们的考
察研究,我们可以反观传统社会中"社"制度、社神信仰在民间的演
变轨迹,特别是它作为民间组织在当代乡村文化权力网络中的特
殊意义。2003 年 8 月至 2004 年 8 月,近一年时间,我们先后四次
到山西河津西王村和万荣通化村、荣河村等地进行关于"社"的民
俗学田野调查,搜集到了传说、家谱、碑刻、社内帐簿等许多资料,
同时也对社首以及社内普通成员、村长、家族老人等不同身份的民
众进行了访谈,录音时长达 20 个小时,摄像时长 200 余分钟,整理
笔录资料五万余字。

与以往用历史学的眼光对社进行理论研究不同,本项研究以
田野资料为基础,以河津、万荣等地现存社组织为研究对象,运用
民俗学的眼光重点分析由村、社、巷、家庭、家族这样一些以地域、
血缘为单位组成的乡村文化权力网络中"社"的民俗活动与社会功
能,发挥民俗学熟悉生活的优势,动态地展示民众围绕"社"所形成
的一系列思想、信仰、行为中蕴藏的民俗内涵,从而揭示"社"在当
代乡村社会中的社会文化功能和现实意义。

一 晋南"社"组织的三种民俗 类型与文化生态环境

"社"在晋南一些村落比较活跃,作为民俗组织它表现出的功
能特点非常明显,这与不同的文化生态环境有关,就调查村落而
言,主要有以下几种类型:

1. 农耕信仰型"社"的文化生态环境:万荣荣河村

万荣荣河村的"社"组织形态较为模糊,主要表现在社火方面,

通过访谈、碑刻资料我们发现，荣河村各社都曾有自己的社神，这一地区基本都是以地域信仰为核心形成的社组织，就社所呈现的民俗特征而言，我们把荣河村社组织称之为"农耕信仰型社"。

万荣是由万泉和荣河两县合并而得名，县境内地势东南高、西北低，黄河、汾河两大河流在万荣庙前村汇流而过，庙前村现有规模宏大的后土庙，庙内有闻名于世的秋风楼。在民间，后土作为地方主神有着深厚的民众信仰群，形成了以万荣后土祠为中心遍布晋南各地乡村的后土神信仰圈。2003 年 4 月 18 日至 20 日（农历 3 月 17 日至 19 日）在万荣县后土祠，举行了"癸未年华人公祭后土圣母大典暨中国·运城万荣首届后土旅游文化节"，这是近年来政府为开发后土旅游文化而实行的重要举措。荣河村位于万荣县城南端，西距后土祠 50 多华里，原名冯村，据说因为冯姓最早来到这里，所以称"冯村"，但现在冯姓几乎没有了。全村约 2000 余人，经济来源主要以粮食、果品业为主，村中有东、西、南三社，东社主要是 1、2 队，西社以 8、9、10 队为主，有三四百户，在三社中最大，南社是 3、4、5、6、7 队，也有三百余户。东社有个庙叫"显圣殿"，村民称"吕祖庙"，至今香火不断。调查时有位老妇人正在庙内轮值，她说每月初一、十五都要在庙内烧香，庙管理人员共有 23 人，大都是妇女，由总管安排轮流在庙内照看，庙对面有座修造精致的古戏台，因长年失修，略显败落。东社以柴姓为主，社长叫柴玉奇，49 岁，他保存有 1991 年正月柴化璋整理的柴家第九世大分的家谱图，柴姓是荣河村的老户。西社以樊、李两姓为主，社长樊英杰，50 岁，该社没有单独的戏台，但是镇里的大戏台恰好就在西社，所以西社唱戏也使用这个戏台。南社以陈姓为主，社长杜金胜，55 岁，南社后土庙已经改做荣河小学，我们看到除了校园里几处残碑、石础外，已经看不见原庙的任何影子了。1998 年南社在原泊池处重新修建了一座新式戏台，并在戏台的上面建了后土庙，戏台东侧墙壁上镶嵌的《荣河后土庙小考暨南社建楼台记》碑文云：

　　我村后土庙俗称南庙。规模小于庙前之祠,然布局严伟,斗拱之奇巧却甚之,曾有木制鸾驾执奉,五十年代后渐失。庙处南社腹地;历为村社戏社火中心,清末,庙设学堂,遂发展楼殿亭台,渐改建教室,去岁建教学楼,旧貌无存,农村改革开放以来,生产发展,群众生活提高,随之对文化活动需要日渐增强。乃据有志之士倡议,社委会议于填起池泊处将原小锣鼓庙,改建为南社文化活动中心,全社四组两街八巷 1200 余人,人均摊资 10 元,社内外贤达捐资□□元,正月二十日破土,三月廿五日平安竣工,斯楼下台上庙向东而立既是我社群众文化活动社火热闹之场地,亦示对古迹纪念和对后土圣母之敬仰。楼台凝众脂牵众心更仰赖众人自觉保护以扬社威以传社风。

　　在荣河村的三社里,南社的民俗活动最为活跃,新建了南社戏台和后土庙,社里还经常组织民间自娱活动,社长杜金胜特意为我们介绍社里业余自乐班近几年的表演情况,南社的女子锣鼓队经常到地区、县镇参加表演,1998 年在全镇锣鼓比赛中得了头等奖,南社女子锣鼓队成为荣河村文化娱乐活动的主力。

　　2. 家族地域型"社"的文化生态环境:万荣通化村

　　调查发现,万荣通化村"社"组织,无论是井然有序的结构特征,还是民俗功能特点,都突出地表现为"家族"组织的变形,因此,我们把它概括为"家族地域型社"。

　　万荣县通化镇通化村,处于万荣和河津的交界处,曾隶属于河津管辖,1971 年划归万荣。村民说大文人王通就在此出生,后羽化成仙,故谓之通化村,现在村东头有座王通庙,"三王研究会"就设在庙内。通化村共有 21 个生产队,1、2、3、4、19、20、21 队分为一大队,5、6、7、8、9、12 队分为二大队,11、13、14、15、16、17、18 分为三大队。原本应按顺序依次划分三村,但是,镇政府考虑到经济实力均衡,尤其考虑到家族势力的均衡,把较差的 12 队和较强的 11

队互换了一下。通化村有九千余人,苏姓占全村人口的三分之一,蔡姓占九分之一,约一千余人,依次为庞、武、李姓,各有一千余人,还有张、王等杂姓。1971 年后半年,通化村三个大队改为三个行政村,分别为通化一村、通化二村、通化三村。通化二村因为紧靠 209 国道,可以出租门面房,每年收入约九万元,经济实力最强,全部特产税、农业税也由村委支付,而一村、三村每年只收入一万元左右,经济状况就显得窘迫。

通化村按地域划为三大社,东社、西社、南社,三社又包括十个小社。东社包括前苏社、后苏社、宗海社、中社四个小社,其中前苏社、后苏社主要是苏姓,宗海社与中社是杂姓。西社包括西中社、西腰社、庞社三个小社,其中西中社、西腰社以蔡姓为主,庞社主要是庞姓,庞姓人口有 888 人,男性 456 人,女性 432 人(含娶进来的媳妇和庞姓姑娘)。南社包括前武社、后武社、南社三个小社,前武、后武以武姓为主,南社以李姓为主,有 260 余户,分三个居民组。从实地调查的情况来看,各社都是独立的民俗区域,即使是兄弟两个,如果在地理位置上分属于两个社,那么他的一切民俗活动也以各自的社为中心,甚至村委会在划分宅基地时也是按社来规划的,各社有各社的宅基地。

3. 行政亚型"社"的文化生态环境:河津西王村

行政亚型社特指"社"组织严格的管理模式和模糊的半行政半民俗功能,主要是以西王村为例,这里的"社"组织成员有级别与职责,其组织运行秩序与村委会等行政机构基本相似,具有非常明确的功能特点和理性的现代社团特征。

河津市位于山西省西南、运城地区西北隅,西临黄河与陕西相望,西王村隶属于河津市黄村乡,往东越境入稷山县,堪称是河津的东大门。全村共有 1338 户,5300 人,耕地 5396 亩,以种植业为主,近年大力发展大棚蔬菜、规模养殖和第三产业,村中的支柱企业有铁厂、铸造厂、面粉厂,人均年收入 2507 元。耕地数和人口数在全乡7个行政村中均排第一,可人均年纯收入却列全乡最后。西王村的社分为东社、西社、南社,又称东头、西头、南头,东社的主姓为:王、曹、郭,西社的主姓是:申、武、黄、杨,南社有主姓:翟、薛、赵、王,该村社组织以地域划分,家族特点并不明显,但是却有较强的行政社团特征。下面是西王村西社1992年所立的《为兴社业记》碑文,全文四十六句,每句十言,节奏为三、三、四顿,它是一篇"社"史,也是一篇精彩的村落发展史,通过它我们可以看出社在西王村的特殊地位及其生长历程。

为兴社业记

西王村地处在河津东门,北高垣南汾河山青水美,自古来东西南三社鼎分,地理优人缘好和睦乡邻,我西社首迁来申杨二宗,次续有黄王武立下门庭,后又有董段周李侯翟毛,再加上三姓人赵薛和高,总户数四百一悬殊不大,至今日算人口一千有八,本社人和为贵勤本为善,既忠厚又朴实礼义唯先,我西社历史悠人杰地灵,出英才有贤良可亲可敬,黄履中为道台治河有功,大清帝赐御匾名振龙庭,申天玉老秀才栽桃育李,名盈社誉满乡至今传颂,花鼓戏一花秀独树河东,虽土气河东闻仍负盛名,逢盛事国运昌群情激昂,举社事建大业礼所应当,在古历端月间一十七日,第二届社委会予以成立,招群贤请英才共议社事,你献计我献策热情洋溢,择定于二月初六七八日,前庙底搭舞台举行募捐,鞭炮鸣鼓乐喧声势空前,唱蒲剧花鼓戏整整三天,众义士为兴社慷慨捐款,仅两天总集资两万二三,举社事顺民意符合人愿,取于民用于民理所当然,在前头建官房置蓬两扇,六十套圆桌凳一下置全,添灶具扩大乐器数件,全西社老与少拍手称赞,择清明佳节日唢呐赠匾,既红火又热闹气派非凡,古往今谁人能千年长寿,望子孙应敬仰先辈之功,效前贤不忘记创业艰难,兴社业时刻要奋勇当先,为铭记先辈功刻碑留念,撰成文勉后人代代相传。

这通碑文传达出这样一些信息:首先,它反映了社内成员对自己家乡山水的讴歌赞美之情,这是同一村落文化圈内民众常见的口述内容,表达了民众对居住场所的审美化认识。其次,碑文叙述了社内各姓氏家族的由来,回忆纪念社内的精英人物,如治河有功的本社官员,桃李满天下的老秀才等,这使村落文化圈内优秀的历史文化得以传播与宣扬,同时,我们也可以看出,在村落这个民俗圈内究竟什么样的生活内容可以成为民众塑造传承的民俗信息。最后,碑文重点阐述本次社委会成立的意义。全篇追忆本社人杰地灵之事,庆贺当前社里置社产的壮举,体现出"社"组织从文化意义上团结管理本社成员的特点,通过"刻碑记事"这一全社范围内的民俗活动,新一届社委会领导以仪式象征的方式确证了自身的能力,增强了社管理委员会的权威性。可以看出,民众围绕"社"形成了相对独立的民俗活动区域,同时,在"社"这一民俗空间建构背后也隐含着民众的行为活动以及思想、信仰等更为深层的意义。

二　"社"的空间建构与民俗生活

"社"是集中分布在万荣、河津等地域范围内,至今约束民众又服务于民众的独具特色的乡村民间组织。从调查结果来看,"社"这种民间自发组织一般处于规模较大的行政村内部,是交织着血缘关系、信仰关系形成的以地域观念为中心的民俗组织。据说,解放前社的权威特别大,民间有"天子不压社"的说法,我们可以从民众口碑中想象出当年"社"在乡村社会的权威性。如今,社的主要职能是组织社区内民俗仪式性活动,同时配合村委会参与公益性的工作。社管理人员基本延续了家族的传统,家族中有族长、族老,社里有社长、副社长以及分管其他事务的锣鼓头、户头等职守,只不过与家族相比较,"社"更加社会化、群体化,地域性更强而血缘性较弱,对村落小区域内民众在社会文化功能上具有较强的凝聚力和约束力。

此外,有的地方"社"也叫"片"、"帮"、"窑",同"社"的职能基本一致,民俗活动是每年正月十五以社为单位举行的闹社火,它由各社长组织,全体社员都参加,排练文艺节目,现在社内所存碑刻材料大多介绍家族先人、村落精英的事迹,社内各主要姓氏都保存有家谱。调查表明,"社"集中分布在晋南河津、万荣以及黄河对岸的陕西合阳、韩城等地,主要存在于农耕区村落中,"社"民俗圈内有稳定的主信仰神,这一定程度上体现了信仰圈与地方家族组织的交织融合,"社"在当代乡村社会的管理运作方式灵活多样,既有传统文化的内涵又有现代社团组织的特征。概括起来,当前"社"组织结构形态主要有以下三个特点:

1. 家族的空间:家族是社的组织形态

社是家族血缘关系弱化后,依附于地方信仰组织的一种特殊形态,尽管村民们习惯于依地理意义把"社"理解为特定空间范围的小社区,但是,就其性质而言,社主要是以家族为基本社会单元来建构的。万荣通化村同一姓氏大都属于同一个社,苏户因为家族庞大还分为前苏和后苏两个社。此外,现存社的活动中心,大都是各家族的祠堂,或者是一些地方小庙。如通化村庞户在西腰社有本户的祠堂,祠堂里有本家族的神祇,社里还存放着写有"庞户"字样的桌椅碗筷等社里公共财产。各社每年正月初一在祠堂(也称"社里")祭拜祖先,如苏户每年正月初一大约九点钟,都要买香码、烟酒、麻花、炮等祭品,由全体男性成员到祠堂祭拜。其仪式是,每人都拿上香码,先对着神祇(后苏社的神祇在各门里轮流)磕头烧香,然后由最晚的一辈开始,给上一辈磕拜,由低到高,一辈一辈拜上去,参加者有五六百人,不仅祠堂院内挤满了人,连院子外的巷子里也摩肩接踵,人头攒动。祭祀结束后,麻花、水果等供品就分给晚辈们吃了。武户后社、苏户前社都有祠堂,也有社的固定活动地点,本社成员生下男孩要给社里捐10元钱,娶媳妇要捐10

元钱,外姓人入社要提出申请,经社长和大家商议后,交20至30元入社钱方可正式入社。

在通化村,社与家族的功能有许多相似之处,唯一的区别是正月初一祭拜家族祖先时,只能是同宗同姓的家族成员参加,社里的外姓成员不许到祠堂内。可以看出,"社"的管理模式、组成人员都具有典型的家族特点,难怪采访中村民们认为家族和社是合一的,实际上,这些"社"组织并不完全是家族形态,拥有同一祖先、具有直接血缘关系的人不一定在一个社,如有的亲兄弟两个因居住地不在一起,就可能分属于两个不同的社,反过来,没有直接血缘关系的外姓成员,因生活在同一社区也可以吸收为社里成员,不过,就基本的组织形态来说,社是以具有同一血缘关系的族众为主体而形成的地缘群体。正因为如此,社的称号也就是家族的称号,如前苏社、后苏社、庞社等,各社的民俗标志物,如灯笼、社旗、桌椅板凳上都标有"庞户"、"蔡户"等鲜明的家族字眼,家族内隐的作用可见一斑。麻国庆指出,传统中国村落社会存在着两种村落系统或类型,即以"会"为中心的北方村落社会和以"宗族"为中心的南方村落社会,即会型村落和宗族型村落①。笔者认为这一结论概括出了南北方村落的主要特征,但对于北方村落并不能一概而论,在地处华北地区的晋南乡村,"会"型村落是包含着"会"、"社"、"宗族"等多种民俗团体的社会共同体,它有别于家族血缘型村落,却也不仅仅是单一"会"型村落,何况在北方乡村也存在着不少以单姓为主的宗族型村落,应结合实际情况具体分析,才能更准确地把握北方家族村落的构成特点。

家族型"社"是村落社会的民俗组织形态,然而社还有另外一条隐性线索,那就是千百年来民众对社神的信仰,它才是民众对"社"充满精神归属感的原因所在。

①　麻国庆《"会"与中国传统村落社会》,《民俗研究》,1998年第2期,第9页。

2. 信仰的空间：地域信仰是社内成员情感维系的纽带

社的形成最早源于对土地神的崇拜，以后又泛指乡村各社的迎神赛会社火活动。社神的信仰活动具有双重内涵，一是出于对所耕种土地的崇拜，因为土地生长五谷，由全体享受大自然馈赠的村民所举行的春祈秋报活动，是对大地供给人们粮食的酬谢，主要体现社神作为土地神所带来的丰产意义；其次则是出于对所定居土地的崇拜，是对土地上营建乡邑保护人们安居的感恩，这反映了民间社会将丰产神与安全神混同糅合的信仰特点。正是这两种以"土地"为中心的信仰活动内涵形成一种合力，构成了乡村民众绵延不绝的对土地神的祭祀与膜拜。

村落"社"组织与信仰神有着密切的关联，只不过由于其隐性的信仰特点，不如家族特征表现明显，在实际的民俗生活中，对社神的心意信仰成为联结社内民众感情的重要方式。通化村的十个小社几乎是社社有庙宇，前苏社有菩萨庙作为群体活动的场所，重修之后更换了一个富有时代气息的名称"文明阁"，后苏社和宗海社有关帝庙，西腰社有观音庙，此外，各巷也都有些小庙。据当地老人讲，以前每个社都有庙，由于历史原因，很多庙都被破坏了。万荣荣河村的东、西、南三社，各社都有自己的神庙和戏台，据当地卫奋之老人回忆，1949年代以前荣河村每年正月十四举办盛大的迎神赛社活动，其内容是迎请西娘娘回南娘娘庙。相传西娘娘是南娘娘的女儿，出嫁到西社，每年正月十四这天要回娘家，全村各花会（各地域组织的民俗团体）的人们抬上銮驾，最前面两队人鸣炮开路，接着是刘、关、张三人一尺多的小塑像，中间是近两米高的凤冠霞帔的西娘娘塑像，后面跟着各社的头目和村民，老稚相呼，观者甚多，并且在南社后土庙戏台上要唱三天大戏，三天之后再把娘娘送回去，这是荣河村最热闹的日子。

同一居住地的村民们，相互熟识，拥有一个相对独立的民俗社区，共同的信仰活动和灵验传说成为区域内民众共享的历史记忆，这是一个民俗圈内情感维系的纽带,也是民俗地方性传承的结果。在荣河考察时,房东孙亦荣老太太曾告诉我们:"东社的吕祖庙特别灵验,我两个儿子考大学时,都到庙里烧香占卜,结果与卦上所说的一模一样,所以这个庙的香火特别旺。"

与隐性的社神信仰相对应,社火是乡村民众的狂欢活动,它是围绕着区域信仰神而展开的,具有娱神娱人,强化区域情感,增强村民地方认同的重要民俗功能,通过全社成员参与的闹社火,民众在心理深层构筑起了以"社神"为中心的精神想象空间。

闹社火是给神献艺表演的,是迎神赛社的主要内容。通化村的社火活动从1983年开始恢复,从那时起全村性的闹社火每三年举行一次,地点就在通化三个村,由村委会出面统一组织协调,各社具体组织敲锣鼓、扭秧歌、划旱船、踩高跷、跑锣、唱花鼓戏等文艺活动。社里要求年轻人都必须参加闹社火,这是强制性的。闹社火时要"踩院子",即到门市部或富裕户门前表演,户主付给酬谢的钱,30元至100元不等。通化三村闹社火的先后次序是,若在一村闹,别的村社火队伍走在前面,一村的走后面,下一年闹到另一个村,也依次轮流,每个社都有固定的闹社火的财产。

> 万荣通化村武户后社的"热闹"财产
>
> 奖旗1面,太平单子1条,线毯子2个,小花子20个
>
> 帅旗1面,热闹牌子6个,花鼓子衣服4身,哨子8个
>
> 横标1幅,灯口355个,铁丝巷南到北2根,三翘子6个
>
> 小红旗7面,黄灯泡24个,尼龙绳巷南到北2根
>
> 纸马8个,红灯泡22个,电线绳巷南到北2根
>
> 马鞭子8根,蓝灯泡23个,白大布(作神祇用)1块
>
> 大刀8把,绿灯泡15个,兰哗叽布7尺
>
> 云发子8个,白灯泡21个,油彩8瓶
>
> 裹腿16条,小人衣服1身,划笔4个
>
> 帽花19个,轴承4个

闹社火是团结凝聚社内成员的民俗活动,也是向外社人员显示本社力量的表演场境,家族型"社"在每年的乡村民俗生活中展示各自的实力,重新制定村落秩序。以前,闹社火时各社在出场先后顺序上争高低,社与社之间经常闹矛盾,每个社都想走在最前面以显示在村里的重要地位,据说这样能给本社人员在来年带来好运气。闹罢社火要唱戏,各社争先把本社最好的节目表演出来压倒别的社,为此,纠葛不断。民国时,苏户和武户因为争戏台子发生了冲突,苏户是大户,人多势众,武户是小户,但是武户文艺活动搞的好,苏户的人拦住戏台不让武户的人唱,武户只能在柳沟的破土堆上唱戏,苏户有顺口溜"武家户不嫌丢,不上台子上柳沟……",后来事情闹大了,武家有个人脱光上衣,头上绑黄裱,在戏台上扛上大刀镇住了苏户,武户才上了大戏台子演戏。

河津西王村每年正月十五都唱戏,唱一台眉户,一台花鼓,唱戏的钱由各社按人口、年龄收,除学龄儿童外,成人每人均摊 10 元,东、南二社多唱大戏、折子戏,西社多唱传统的花鼓戏,三社错开日子分别开唱。在清明节村民由社长带领,抬上香炉、香桌去法王庙献爷,去的时候各社排好队,回来的时候也保持次序,三个社轮流排头,轮流打大旗和闹锣鼓。

社组织通过祭祀活动、迎神赛会、社火节目以及相关的乡村传说故事,构成了乡村信仰象征系统,强化了"社"的文化优势;社内成员以地域信仰为核心,进而找到了情感的归宿,获得了地方认同,社在乡村权力网络中觅得了生存的空间。

3. 民俗的空间:民俗社区是社组织发挥功能的场境

所谓民俗空间是指社以特定的地域为活动范围,制导着民众的日常生活,共同居住在同一空间的人们围绕"社"的需要,形成了群体遵守和享用的习俗规范。家族是社内成员的人文环境,而同一地域上生活的民众则是社的实际服务对象,也是"社"组织直接管辖的民俗空间。社往往与信仰、家族等多种因素交织在一起,以模糊的家族形态为组织模式,在特定地域的空间区位实现其民俗功能,除了举行祭祀、组织社火的功能外,"社"在处理日常生活事件时同样具有重要的生活职能。

　　① 处理家庭邻里纠纷

　　这种情况主要在社和家族一体性很强的社里出现,如通化庞户、武户、蔡户、苏户等,由于社里的社首就是家族里的长辈,所以一旦本族出现纠纷矛盾,就以社的名义出面解决调和。西社1997年曾制定社规,对不孝子媳和虐待父母的儿女,群众反映强烈者,社里一定要严加惩治。这些制度一经出台往往非常管用,后苏社有个人叫苏七子,他媳妇平常对老人不孝顺,他惧内不敢管教。父亲去世后,他要用社里的锣鼓送葬,社首不予理睬并且告知别的社也不借给,故意刁难他,让他无法收拾,最后只好和媳妇一道乖乖地认错。这件事在社里很快就流传开去。"社"一方面借助惩罚性民俗树立民间权威,另一方面也通过奖励性民俗积极进行乡村道德塑造,前苏社的苏克应,50多岁了,是在邻近太赵村领养回来的养子,对两位老人特别好,前苏社特意给他赠送了一块匾,并号召所有社内成员向他学习。可以看出,社运用传统的力量,惩恶扬善,维护乡村道德秩序,这使它在民间更具有权威性,更具有生命力。正如通化二村庞祖会村长所说,"社"的规约不是法律,但比法律要管用得多,以至于村里有什么关系到集体性的事情都要和社里碰碰头,否则办不成。但这种效力并不是各社都如此,比如说通化中社就只管有白事的时候出锣鼓,其他事情都由村里的红白理事会管,他们按户轮流任社长,社里没有固定活动的地方,锣鼓家伙和大旗轮到谁家就放在谁家,这是因为中社多由一些杂姓组成,而且成立社的时间很短,六七十年代才成立,目的也很简单,正如中社的人解释说,当初遇有埋人的大事,因原来的社里人太多,用锣鼓不方便,就自己成立了个社。

　　② 料理红白事

这是"社"的主要功能,也是"社"管理体制中树立威信的重要场合,尤其是在村民有白事的时候,各家都要用社里的锣鼓,还有桌椅碗筷、灯笼、香炉、烛台等其他办事用的东西。遇有白事,户主通常在前一天请社里的社首到自家商议,就算是请定了,因为可能同一天有好几家办事,主要是用锣鼓,因此锣鼓头的地位很高,他不来不能开席。有的社首是从本家族各分支推选,俗称"老家",在他手底下又分锣鼓头和管事的。有的社比较简单,社首就是锣鼓头。送葬的时候,一个社大约有一个鼓,五六个锣,五六个钹,位置相邻的几个社都出锣鼓帮忙,行走的时候,距离较远的社在前,本社在最后,队伍里一般有5、6面社旗在前面打头,后面紧跟着"老家"和6、7个长辈,然后是跟着其他小字辈的村民,约有百十个人。丧事办完后,主家要象征性地给社里一元钱和一块"号布",即白布,这是民间办丧事时的特殊称呼。有的社里红白事分工很明确,通化武户的"老家"手下有两个"事头",一个管白事,一个管红事,有事的时候,老家统管全局,手下管事的各司其职。各社的具体情况不同,通化三村村长苏全山说社里是管白事的,红事则由通化三村红白理事会管①。在山西其他地方,主家遇有白事是最繁忙的时候,办丧事也成了家庭地位、家族势力的竞争,通常都是请乡村自乐班,这种班子多由原县剧团的成员组成,也收一些会跳爱唱的新成员,下葬前一天晚上在灵棚前唱戏,现在都改为电声乐队,唱的是流行歌曲或者一些戏曲。"事主"管自乐班吃喝,一次付钱1000元左右,这些费用一般由去世者的女儿承担,如果有两三个女儿,或者家庭条件比较好的,同时请两三个自乐班,同台表演,观者人山人海,非常热闹,一定程度上它就是农村生活的文化乐事,也有村民说丧事就是要比一比谁家办的隆重排场,给去世的人办事,给

①　调查对象:苏全山,男,57岁,通化三村村长,宗海社成员,宗海社是从后苏社分出的社。

活着的人争光,有钱的摆阔,有人的展势,丧事成为民间社会评价、竞争的最佳场所。万荣通化则不同,由于有社出面统一给主家筹办丧事,规格费用是统一的,俭省而又热闹,成为约定俗成的惯制。

同晋南乡村"社"型乡村民俗活动的井然有序相比,当代村落社会中普遍存在民俗活动泛滥的不良倾向,究其原因主要有:第一,国家行政对乡村民俗生活管理的乏力,一般村落中都缺少"社"这类民俗实体,这使得民俗生活直接由民俗个体承担,民俗活动呈现多元化走向。第二,村落是一个特别敏感的民俗社区,村落地域空间的民俗惯制一经塑造成型就会不断重复传承,不易变革,所以导致某些民俗活动的失控,因此,"社"作为民间自发组织在当代乡村社会中所发挥的作用是值得我们借鉴的。

在以经济为中心的当代乡村社会,社在乡村文化权力网络中功能的发挥不能仅仅依靠文化的内隐传承,更需要在现实生活中发挥切实的作用,服务每个民俗个体,毫无疑问,社正是在民众与民俗活动之间行使着中介权力。从社的经济来源和支出,我们可以看出"社"在乡村社会中是如何实现其民俗价值的。

(1)社里公共开资的筹措是靠社员们捐资,一般是先找有钱的人,动员其出资,捐一千元送一个大匾,捐五百元送一个小匾,捐三百元送更小的匾,用鼓乐把匾送到捐资者家里,这是比较通行的办法。

(2)闹社火时转至谁家,户主也会给些钱,如庞户正月十五耍龙灯,转到每户,户主都出一两元钱。武户后社闹社火时要踩院子,到门市部去踩,主人均给钱30元或100元不等。

(3)租赁公共财产付给一定的费用,各社都有桌椅碗筷等公共性财产,社内成员办事时可以租赁,此外,逢会时社里还收摆摊钱,这些都成为社里的集体资金。

(4)收取入社钱,如前苏社生下男孩给社里捐20块钱,结婚娶媳妇、招亲或外姓做义子的捐40元钱。武户后社生下男孩要给社里捐 10 元钱,娶媳妇捐 10 元钱,外姓人入社要提出申请,再交 20 到 30 元钱,方可接收。

下面是实地调查中发现的一份万荣通化村武户后社账簿:

万荣通化村武户后社帐簿

自 1988 年开始到 2000 年 8 月 16 日终

1. 上期余额 2. 本期收入 3. 支出 4. 库存现金

收入来源:

1. 收入喜儿钱生男孩每人 10 元

2. 收入结婚钱娶媳妇每人 10 元

3. 收入棚布租赁钱每顶 3 元

4. 收入使用灵具架钱一次 10 元

5. 租社里的房子(价格:注者)不一定

6. 5 天一会摆摊钱一年 30 元

7. 买社里东西的钱东西主要有孝布 7 尺一块

8. 英泽舅女人在文化室上马钱 50 元(文化室即武户后社的祠堂)①

社的支出主要有这样几项:1. 过年祭拜祖先的供品等;2. 修祠堂;3. 补锣鼓;4. 闹社火;5. 祭拜神。其中 4 项都是用于仪式活动,实用的仅有 1 项补锣鼓。社是典型的民事性活动的社会组织,它一方面通过各种方式收取社里成员的捐资,另一方面又在仪式性活动中支出公共积蓄,这表明经济活动不是"社"的主要目的,但依靠这种经济手段确实起到了强化民间认同、树立民间权威的目的,它通过仪式化的民俗展演,如闹社火、献神、家族庆贺等民间仪式活动,使传统民间力量继续在村民生活中保持活力,不断构建"社"组织在乡村社会的民间权

---

① 武英泽的舅舅年老无妻,好不容易托人找了个妻子,由于女方没地方出嫁,就在武户后社的祠堂上马(即出嫁)。

威。由此可见,社具有软性控制的作用,主要体现在以下三点:

(1)"家"的功能。社内成员英泽的舅舅年老无妻,好不容易到了迎娶媳妇的时候,女方没地方出嫁,只好在祠堂上马(即出嫁)。祠堂本身体现出两个隐含的价值:①祠堂这个民俗标志物可以引导村落舆论机制,增强婚嫁事件的"合法性"。无论外人怎样说,整个家族承认族人的"合法"性,在没地方出嫁的时候,给族人提供一个象征权威的场所,使之得到族众的认可。②对家族和民众个体而言,娶妻是件大事,也是件好事,双方更容易在这个民俗事件中建立牢固的联系,"社"的观念深入人心,从而使其民间象征权威得以加强。

(2)整合功能。①通过上谱、入社等方式确证各家户的身份,增强了"社"内成员的文化归属感,有利于族人进一步团结;②闹社火时各社、各户的竞争攀比内化统一着社内群体心理,如通过各社自编的讽刺对方的顺口溜,很容易促使各家族形成以"社"为文化空间的小地域群体。

(3)民俗仪式功能。这方面体现得比较灵活,也是"社"树立民间权威的重要模式。例如在白事上,必须请本社的锣鼓家伙,必须让"老家"们走在前面,这已经成为民众共同遵守传承的生活模式,缺少哪一个环节,都无法正常运行,正如村民所言,这是老辈子传下的规矩,现在不会变,也没有人敢变,以后也是如此。"社"里红白事上锣鼓的文艺活动是村落道德评价的标准和手段,对于在村落中有突出贡献的精英,社里会动用最高级别的三社锣鼓。通化南社83岁的李有嘉老汉说,动用过三村锣鼓的不多,他记得只有两次,一个是抗日战争时期,大约是1940年,苏户有个人叫苏恩西,因为替村里给日本人干活,不幸死了,全村出十社锣鼓给他送葬。另一位是解放临汾战役的英雄,叫苏随杰,是个烈士,为村里人争了光,全村也出了十社锣鼓。调查时通化中社社首苏天麒说,武户曾有个善婆婆因为家底好,无子女,丈夫去世后一直寡居,她经常帮助别人,为孩子治病,死后把家产分给十个社,社里给她送葬时也动用了十家锣鼓①。八十年代,三村有个支书叫苏存竹,他父亲去世的时候,想动用三村十社锣鼓风光一下,但各社都不同意,最终没有办成。

村落社会里能够得到三社锣鼓表彰的有两类人,分别代表了基层社会能够认同的两类主导力量:道德精英和政治精英,前者如"善婆婆",后者如革命英雄等,在"社"的民俗空间里,它们规范联结着两个社会文化圈,一方面是国家主流文化圈,另一方面是小地域内民间文化圈,二者既有联系又相区别。革命政治型精英是与国家意识形态相符的,表明行政力量在乡村社会获得认同,国家权力逐渐强化对乡村民俗生活的渗透和影响;道德精英是与传统的道德评价体系相适应的,突出体现了在乡村自足的奖惩空间里民间力量的调控性,这种精英塑造的多元性使得以"社"为载体的乡村文化权力之网呈现复杂交织的状态。

我们可以看出,围绕"社"所形成的文化空间,是乡村社会各类民俗个体、基层行政、信仰圈等对民俗生活不同态度的集中反映,体现了现代化进程中乡村民俗空间的构建过程,既有历史的延续,又有现实的适应,呈现出多元互动的状态。田野调查表明,"社"是与民间组织、血缘家族、地域主神相互融合而生的产物,在现代社会里它越来越突出地表现为社会化的特征,将其他传统因素改变甚至消解。随着社会的不断发展,人们的精神信仰变得多元灵活,对社神的信仰,有的已经被地方"大神"统一而代了,"社"已不是唯一的信仰来源。与此相应,现代社会的经济建设,使得乡村传统生活的要求被忽视,而社的组织性功能与家族职能不谋而合恰好填充了这一空白,于是,社在民间生活中日益彰显出社会化的活力,

---

① 调查对象:李有嘉,男,83岁,"王通庙"(简称"文庙")的管理员。

社不但吸收外姓人口,壮大自己的力量,而且本身切实处理许多村民生活中的日常事件,比如说红白事的帮忙料理、村落中的公益事业等,正是由于它生活化的特点,才使得它在晋南这片土地上久传不衰。

三　文化权力网络中的"社"

"社"处于乡村社会的文化权力网络之中,"权力的文化网络"这一概念,最先由杜赞奇在《文化、权力与国家:1900—1942年的华北农村》提出,他将"国家政权建设"和"权力的文化网络"两个中心概念贯穿全书,深入地阐明了在1900—1942年时间段里,农村精英、乡绅阶层、地方信仰、地方政权等各个阶层、角色的社会文化意义,从一个宏阔的视角表现了中国乡村社会的政治观、民间权力观、民众心理等多方面的内容[1]。本书文化权力主要指乡村社会中各类以象征为特点,并对民众生活产生影响的隐性权力,重点展现乡村文化权力网络中民众的民俗生活,并对其中"社"的独特意义做系统的勾勒。

苑利认为华北地区村落权力是二元结构,村务、村政归村长管理,而民事以及与宗教有关的大事小情(如祭祀、唱戏、祈雨、敬神等信仰活动),归社首掌握,二者虽有交叉,但更多的是独立[2]。笔者认为这一看法部分地概括出了中国乡村权力结构的特征,但忽略了民间象征文化权力对村落基层行政的制约,只把"社"作为民俗事象来看,没有充分认识"民俗人"角色的多面性,在以"人治"为特征的乡村社会里,各种身份的人的活

---

① 杜赞奇(Duara Prasenjit)《文化、权力与国家:1900—1942年的华北农村》,王福明译,江苏人民出版社,2003年,第3页。

② 苑利《华北地区祈雨仪式中的男性社会组织》,《西北民族研究》,2003年第3期,第123页。

动才是体现文化权力流动的场境。他以山西省河曲县五村四社三十六马道为例,详细分析了这个祈雨组织中的主管——"社首",指出社首是一社的领袖,也是整个祈雨活动的组织者和协调人,但是社首却极少出自殷实的大户和穷困潦倒的人家,求雨中最具活力的是有点土地的自耕农,这些人对土地最牵挂,割舍不断的土地情结使他们成为祈雨的真正主力。这与晋南农村"社"组织的主要职能大不相同,求雨成为晋北"社"组织的突出特征,这显然与地理生态环境有关,同晋南富庶的农耕区相比,水资源的短缺成为晋西北地区民众生活的主要矛盾,于是求雨自然成为民间"社"组织的主要功能。"社"因地域的不同而呈现出不同的组织结构和社会职能,但都表现出对民众生存状况的关注,这是"社"组织的普遍特点,它不是与国家农村建设毫不相干的、独立的民众精神活动的需要,而是嵌入到乡村民众的生活世界,成为乡村权力结构的重要因素,"社"是乡村文化权力网络中的交织点,这在民事生活更强的晋南农耕地区表现得更为突出。

　　"社"型村落社会是由社所代表的民间调控和以村委会为标志的基层行政共同构成的,二者分别以虚拟的和实践的两种操作形态在现代乡村社会发挥作用,具体来说,"社"是以外显内隐的方式传播民俗知识,它艺术化地隐喻着民间社区的历史、政治、经济等思想规范,而基层行政是以国家制度的政治手段规范调节村落社区的经济发展、计划生育、政策实施等问题,它和社之间呈现出复杂多样的关系模式。

乡村"社"组织与村行政组织职能关系图

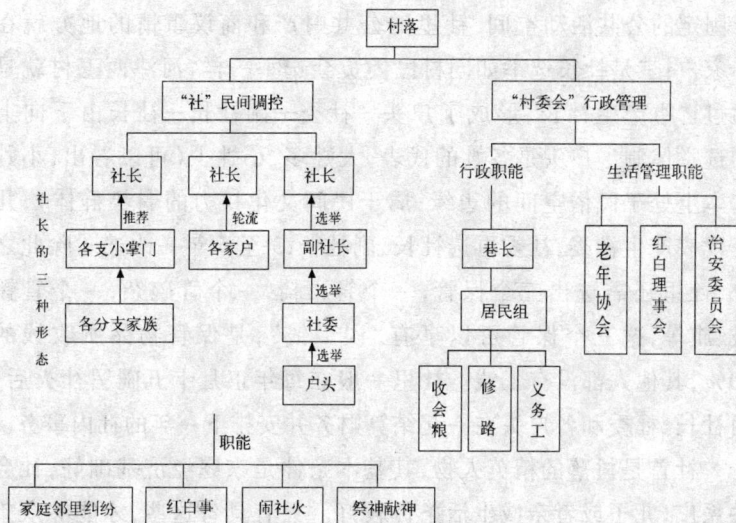

社首的产生是民间轮值秩序的投影,是乡村民俗空间与家庭道德空间的共同表现。有的社首按本族本门辈份来选,又叫"老家"(社里对德高望重的老人的称呼),在他手底下又分锣鼓头和管事人(如通化武户有分管红事与白事的人)。有时"老家"专指本族的长辈,遇有事情时社首必须和老家商议。锣鼓头、户主都是对社里管事人的称呼,锣鼓头是负责敲锣鼓的总管,有的社比较简单,社首就是锣鼓头。一般情况下,社里负责人有三位,一位管财务,一位管社里红白事务,如通化苏户、蔡户就有专人负责红白喜事,另一位就是专管敲锣鼓,在河津西王村又叫"保管"。户主单指本族本姓的负责人,户头则是家族下面的分支负责人,或某一家庭负责人,这四种民俗称谓不同,职责范围也不同,都体现着民间家族社会的组织观念,不过有时候,他们在各社的作用也是相互重叠的。社首的产生有三种:一是由家族里各门的小掌门担任,每年正月二十八交接,依次轮接,如前苏社、后苏社、庞社均是如此;二是按家户每年轮流,不分长次,每户都有机会担任社首,如中社,它没有固定的公共活动空间,社里的公共财产和商议事情的地方就在各家户;三是社长选举如同村民委员会选举一样,河津西王村就是通过选举产生社长,形成了户头—社委—副社长—社长由下向上的选举体制。户头是各姓的代表,大姓多,小姓少(可以看出,小姓基本上处于民俗空间的边缘,属于民间文化权力的弱势群体),几个代表产生社委,社委再选社长、副社长,3 至 5 年一改选。除此之外,社里还需选出三个保管,一个管桌椅,一个管碗杂,一个管锣鼓、旗等,这三个保管可以享有"误工钱",是保管物品所收钱的40%,其他人都没有工钱。社里一般在每年正月十五闹罢社火后,由社长、社委和各户头在一起结算财务并安排下一年的社内事务。

社首是村落的精英人物,其基本条件是家庭经济基础好,社会关系广,儿子或者亲戚生活条件较好。只有具备这些,才能够众望所归,否则社里人不服他。社首的职责在各社的情况也不尽相同,采访时,庞社的社首庞定亮(男,79 岁),为人和气,口齿麻利,精明能干,而后苏的社首苏建堂(男,64 岁),一脸抱怨之气,觉得担任社首是一种义务,很是费心,很是无奈。这和后苏社首轮流的选举方式有关,也和社首的个人性格有关,有的人开朗活泼,有的人内向好静,但究其原因还是和社的管理方式有关,有的社首"经营"有方,上与村落行政,下与村民个体关系都处得融洽,社里搞得红红火火;有的社首,不善管理,社内成员人心不齐,大家对社里的事不闻不问,那么轮到谁当社首当然就成了一种苦差使了。后者流于"民俗"的形式,缺少有力的管理机制,属于乡村文化权力网络中的盲区,反映出当代乡村民俗生活所面临的"失控"状态,社组织应该积极引进现代竞争意识,就如西王村,社长实行选举制,反之,如果长期由各门长者出任社首,采用家族管理方式,社的发展就不容乐观。

基层行政和社组织常常相互交叉,具体到各地方又有不同的表现情况。有的社红白事都管,如武户后社,有的社只管白事时用锣鼓。有的人既是社长又是巷长,如前苏的苏振丰,既是前苏户的负责人,又是南巷的巷长。总体而言,社比较偏重于民俗生活,与村民家庭生活关系密切,如无论谁家筹办丧事都要用锣鼓家伙,否则就办不圆满,生下孩子要入社交钱,确认你属于社里的人。乡村行政也和民众生活息息相关,但它更倾向于事件生活,比如组织村民硬化路面、下达征收粮食的任务等,社和基层行政既有分工也有合作,通化村硬化各大小街道的路面,都是由村委会统一组织领导,但是资金筹集,尤其是各村摊派民工,就是通过社里、巷里完成。

雷特菲尔德(Robert Redfield)在研究小社区时提出大传统和小传统之分,村镇级组织代表大传统,社、巷级组织代表小传统,大传统是社区内的主导文化、强势文化,大传统总是影响着村落的小传统,但不能否认的是,小传统不仅仅是被动的、缺乏体系的落后因素,它是大传统的文化折射,而且本身也制约着大传统的导向[①]。近年来通化村针对村民红白事大操大办的风气,发出《关于改革陈规旧俗,努力减轻农民负担的联合通告》,各社随即响应号召,改革旧俗,作出了自己的新规定。

　　社会发展的需要,村民强烈的反映,为废除旧俗和不良习俗,经西社全体社首反复磋商特定如下规定:

　　(1)红白喜事、盖房上梁、封顶和看病人等,亲戚朋友的食盒、礼品等一律不与打散。

　　(2)生子吃喜,不准乱放鞭炮,巷友吃喜放炮者,炮钱事主不给开支。

　　(3)定亲,送亲,婚嫁,安葬不能额外收取亲朋的现金和礼品,更不能以任何名义给亲戚散红贴。定亲,送亲不准乱敲乱

　　①　夏建中《文化人类学理论学派》,中国人民大学出版社,1997年,第155页。

要亲戚礼品,特别是不能锁门。

（4）安葬老人祭灵中间不给女婿安排陪跪。

（5）对不孝子媳和虐待父母的孩子,群众反映强烈者,社里一定要严加惩治。

这份以社的名义发出的民俗改革倡议,有三方面内容值得注意:首先,红白喜事是民间恒久不变的仪式性生活,"社"的改革内容主要集中在帮助户主节省民俗生活开支和加大对不孝子女的惩戒两方面。其次,"社"确实成为服务于乡村家庭的功能性组织,由"社"出面倡导推行的婚俗改革顺应了乡村民众变革旧俗的社会心理,使他们摆脱了传统惯习与现代社会二者相互矛盾冲突的尴尬处境。因为,一方面民众不得不依照民俗仪式谨慎地例行民间生活秩序,每个民俗个体都不愿,或者说不敢打破村落固有的民俗惯制;另一方面,现代社会带给农村太多的变因,传统的民俗生活被冲击的令人眼花缭乱,民间丧事一边是白布灵棚,一边是电声乐队高唱"今天是个好日子",民间传统在消解与冲荡的过程中获得重塑,民众往往稍有不慎就会滑入乡村红白事大操大办的奢靡,而这些是大多数村民本不愿接受的,但对此又无可奈何。最后,面对村落社会"民俗失范"的状态,国家意识形态的介入恰逢时机,既可以弥补村行政在执行公共事务时给村民带来的负面形象,又可以借助民间手段重新树立村落权威,村委会凭借社首的民间权威制定了符合民众根本利益,又能顺应主流社会的村规民约。实际上无论对"社"组织、村民还是村行政,这一民俗倡议的发出无疑都是一个"互谋"的结果,一个三赢的局面。这体现了"社"这个民间组织在当代社会的适应性转换,同时,这也是"社"不断获得生命力的重要源泉。

由此我们可以看出,民间话语正以内隐的方式与官方话语保持一致,行政通告同社的倡议不谋而合,国家舆论导向深刻地影响着村落的民间风俗,民俗生活自觉和不自觉地采用主流意识形态的符号,官方则巧妙地利用民间资源实现了其精神文明建设和社会改造的目的。在当下乡村社会里,民间组织正由纯民俗团体向行政亚组织转换,民间精英正在日渐趋附于主流意识形态,民间资源正在被权力政治内化为各级行政组织的同盟。

村行政与"社"组织既有合作也有矛盾,对民俗生活的控制是二者合作的基础,双方在此之上建立共同的目标。但是,从民间深层次的精神要求来看,村行政与"社"的关系还是比较微妙和紧张的,调查时村民说村委会对于社内信仰活动既不支持也不反对,民众的地域神信仰以及由此形成的思想观念一直是"社"内民俗生活的主导因素,然而,对这一点村行政采取回避的态度,尤其体现在重修庙宇等民俗事件方面。调查中我们看到的碑文多是各巷的修路碑志,巷规民约等,组织者大多是"居民组长"、"后苏巷修建工程领导组"等行政名称,用老百姓的话说,这样写表明"规约"是得到公家同意的、正式的,有村委会监督的。通化村中唯一一块有关庙宇的碑刻是前苏巷重修菩萨庙即"文明阁"的碑文,同样是村落集体活动的组织者,这块碑文的落款却用了一个传统称呼"首事人",而且给菩萨庙赋予更鲜明的时代色彩,题之为"文明阁",碑文着力表现符合当下精神文明建设的倾向,如"继承民族传统弘扬华夏文明"、"熔古今于一炉凝中外为一体推陈出新古庙扩建名曰文明阁"。可以看出,村行政人员在参与庙宇等传统文化的复兴活动时,特意突出了自己的民俗身份,回避了行政角色,反映了在国家意识形态与民间精神需求的矛盾之中,村落精英人物的尴尬形象。

"社"除了作为村落内部的文化交织点,其自身也存在着文化权力的争夺。通化二村庞祖会村长介绍说今年通化村发生一件事,蔡姓是西腰社的主姓,蔡姓置办西腰社的锣鼓家伙,主管"社"里的活动,但是西腰社内的李姓成员,发展很快,其中仅男丁就有一百多口,李姓有个人家里很富有,给社里捐了一千元,他提出要将西腰社的蔡姓旗改为李姓旗,蔡姓坚决不让,于是他就要投靠别的社,别的社谁也不敢接收,怕和蔡户闹矛盾,到现在这事还拖着没处理①。可以看出,"社"仍然是各家族较量的重要场所,随着社会的变迁,社里各家族力量的发展呈现出不平衡状态,最初成立社时的小姓弱族后来居上,而原先大家族在经济、家庭、人口等方面均呈下降趋势,乡村秩序亟待重构,村落权力面临新的划分,于是不甘退落的老牌"社"与羽翼日渐丰满的新兴"社"围绕民间象征权力展开了激烈的竞争。

对于每个家庭和民俗个体而言,"社"具有民俗性和人际关系性两种功能,传统的民俗仪式活动正在转向人际关系交往,更加重视现代社会的理性交往。就各家族结构而言,随着家族的日趋庞大,民俗生活也矛盾重生,如通化庞户清明祭祖时,本族同姓男丁全部都去,庞户二门人多,上祖坟时要分麻花,大门的人觉得吃亏,就不想分;但是二门人多,大门人唯恐产生纠纷后,本门有白事的时候二门人不去,所以又不得不均分麻花。分麻花是一个家族的民俗活动,这一行为本身包含了仪式与生活、传统与现代多种矛盾因素的转换。首先,随着各门人口不断壮大,原先的分配机制面临重新组合,这与传统家族规矩明显有悖。在这一行为活动中,民众畏惧的不是家族理念,而是覆盖在家族结构之上的现代理性的人际交往,这是因为现代小家庭的脆弱性使得它无法独自承担重大的民俗生活,所以在交际过程中更注意对"帮助"关系的培养。其次,社内民俗活动本身规定着、激发着理性人际交往的需求,如红白事时要求本家族成员必须参加,这在民众看来是最体面的,也是民俗个体在村落舆论体系中成功的标志。这表现了当代民俗生活理性化和仪式化趋势的交织和互补,它们相互联系、相互影响,成为当代村落民间文化的一个重要特点。

---

① 调查对象:庞祖会,男,47岁,初中文化程度,通化二村村长,调查时庞村长十分强调"社"在村落行政中的重要作用。

四　结论

文化权力网络中的"社"由官方制度文化和民间隐性文化共同构建,强烈地体现着国家对村落民俗生活的理想化改造,同时,社又是一个矛盾的集合体,是一个村落家族、信仰、传说、基层行政、道德等多种力量交织的结晶物,通过对它的各种形态进行梳理分析,我们可以看出社在各个历史时期的发展、演变脉络,从而也能够审视整个中国乡村的历史风貌。

第一,早期村落人口少,地广人稀,单姓村落整体实力弱小,没有能力单独完成水利灌溉、防灾御患、春祈秋报等集体行动,于是民众选择了"社"这样一个以信仰为凝聚核心,以祭祀为联络手段,以地缘为组织范围的民间组织协同行动,这是社在乡村的原初形态,至今,我们还可以看到许多出于同一信仰之下的神社组织,晋南万荣后土庙主持祭祀的有十村六社,大村独为一社,其中汤元村、西头村、斜口村、志范村四个大自然村即四社,小村联合为社,如仓里村和庙前村是一个社。中和南、中和北、闫村、大用村为一个社。十村六社以社为单位轮流掌管后土祠,因此独村的社六年轮一次,联合社十二年或二十四年轮一次[①]。平陆洪池乡南王村西,芮城岭底乡坛道村东有个后土庙,原为平芮两县十村九社所共有,平陆五村五社,芮城五村四社,两次修建都是四六出资,平陆出六成,芮城出四成[②]。这里的后土就是社神,也有学者指出后土是由初民社会所祭的"地母"神演变而来,但都揭示了后土与土地之间的微妙关系,同时,这也表明"社"是同祭祀土地神有关的组织,

---

① 潘新杰《后土习俗二题》,万荣后土文化研究会《后土文化》,2000 年第 3 期,第28 页。

② 《平陆县志》,中国地图出版社,1992 年,第 466 页。

在信仰后土神的特定地域圈内,有多个村落共同体联合起来共同行使维修祠庙、按时祭祀等职能,这类"社"就是早期村落中的信仰型"社"。

第二,随着村落的不断发展壮大,家族人口增长,各家族经过数代的发展,已经有了诸如家族传说、家族神话等精神资源,逐渐的将信仰核心转化为祖先崇拜,乡村社会信仰呈现为多元混杂的状态,民众则形成了以家庭经济为主的生产模式,不需要再去通过"社"的信仰组织舍近求远与别人分享不多的自然和社会资源,于是村落地域内各家族间的争斗成为主要矛盾,以家族形态为特征的"社"与其他社的相互竞争自然而生。

通化村居住时间较长的苏户和庞户之间历来竞争不断,苏姓是通化村的大姓,人口占多数,通化苏姓约有300来户,占总户数的50%,庞姓较小,但因其是财主,经济实力较强,为了与苏姓抗衡,庞户联合各杂姓、小姓组成联合社,苏户随之联合各杂姓组成宗海社与之抗衡,后来随着人数不断增多,联合社分成西中社、西腰社和庞社,宗海社分成前苏社、后苏社、中社和宗海社。

关于"宗海社"的来历,庞社的庞祖会村长介绍说该社是取四海为家之意,把各姓都团结在一起,为的就是与庞社成立的"联合社"抗衡。采访苏户人时,同一事情却有不同的说法,因为苏户有个人叫苏宗海,他给苏户社里捐了许多东西,后来由于苏户人口太多,一个社容纳不了,就分出一个社,为了纪念苏宗海的义捐,就取名叫"宗海社"。这两例故事具有截然不同的解释,但都真实地反映了正在从家族型"社"向地域型"社"转化的曲折过程。

从前,苏户流传着一首顺口溜"当初一言错,不该投联合,板没人抬,小子把袄脱,搭到板盖上",意思是投奔联合社之后,社组织管理不好,老人去世后棺材没人抬,这是苏户讽刺庞户联合社的话,我们可以想象出当年两姓之间的争斗,也可以看出民间社会中各"社"在村落口述资源上的较量,家族对于自然资源的占有、对于民间权力的争夺成为这个时期晋南乡村社会矛盾的焦点,更是村民关系日趋紧张的真实写照。

第三,在有限的村落空间里,人口的多少成为衡量社强社弱、社大社小的重要指标,于是家族各自以聚居区为中心招揽民心,此时的社已经成为家族间明争暗斗、扩充地盘势力、团结民众的一种保护组织,家族型"社"正在向区域民俗型"社"过渡。

区域民俗型"社"是在家族斗争之后形成的以地方观念为核心的新型"社",在此阶段,家族矛盾趋向缓和,民俗信仰生活成为民众的关注对象,居住地域的划分成为民众确认民俗身份的标志,以至于村落在调整地方秩序时,迫不得已而采用强行分割地域的办法。通化村在分队和分村时的安排都体现了村落管理阶层对于均衡村落势力所做的努力,通化村原为21个生产小队,本来应按顺序划分,但为了使经济实力均衡,就把较差的12队和较强的11队互换了一下,为了避免家族势力控制地方权力,特意把苏姓一部分到南社3队,又把南社李姓分到武户等地,依次类推,使得同姓在三个村都有分布。可见,国家行政权力在划分区域范围时也充分考虑了区域型"社"的因素,从而建立了和平稳定的村落秩序。

第四,近代以来,国家行政体制转换频繁,对社的影响巨大,在我们调查时,有的村民认为社是建国后五六十年代才有的,混淆了农村基层组织"公社"和民俗意义的"社"组织。八十年代以来,有两个因素直接刺激了社组织的繁荣:一方面是整个国家乡村家族文化的复兴。另一方面是现行农村基层行政体系对于民俗空间管理的缺失,这二者使社的存在不但成为可能,而且使社非常容易的团结了各种乡村非正式力量,发展壮大,辅助甚至制约以村委会为代表的行政制度,成为村落民俗权威的实际控制者。所以,我们看到社在这些村落中分别依照各自的实际情况,延伸了其民俗内涵。

村落社会中不同类型的社,揭示了民间生活文化的内在结构和运行机制,它不仅建构了民众心目中的乡村民俗空间,并且发挥着独特的作用,成为当代乡村社会文化权力网络的交织点。社是一个矛盾的集合体,"社"的转变、演进轨迹,恰恰说明了民俗性组织在乡村社会的发展、演变过程,深层的关注当代民间仪式性、生活性组织能够为中国农村现代化建设提供有益的借鉴。

主要参考文献

著作类

费孝通《乡土中国·生育制度》,北京大学出版社,1998 年 5 月。

费孝通《江村经济》,江苏人民出版社,1986 年。

费孝通《从事社会学五十年》,天津人民出版社,1983 年。

林耀华《金翼——中国家族制度的社会学研究》,三联书店,1989 年
　　12 月。

秦晖《耕耘者言——一个农民学研究者的心路》,山东教育出版社,
　　1997 年。

吕思勉《中国制度史》,上海教育出版社,1985 年。

徐扬杰《中国家族制度史》,人民出版社,1992 年。

徐扬杰《宋明家族制度史论》,中华书局,1995 年。

冯尔康等《中国宗族社会》,浙江人民出版社,1994 年。

冯尔康《中国古代的宗族与祠堂》,商务印书馆国际有限公司,1996
　　年 7 月。

[美]许烺光《宗族·种姓·俱乐部》,薛刚译,华夏出版社,1990 年
　　12 月。

郑振满《明清福建家族组织与社会变迁》,湖南教育出版社,1992 年
　　6 月。

陈支平《500 年来福建的家族与文化》,三联书店上海分店,1991 年
　　5 月。

[日]滋贺秀三《中国家族法原理》,张建国、李力译,法律出版社,

2003 年 1 月。

尹钧科《北京郊区村落发展史》，北京大学出版社，2001 年。

王沪宁《当代中国村落家族文化——对中国社会现代化的一项探索》，上海人民出版社，1991 年。

唐军《蛰伏与绵延——当代华北村落家族的生长历程》，中国社会科学出版社，2001 年 9 月。

徐建华《中国的家谱》，百花文艺出版社，2002 年 5 月。

刘沛林《古村落：和谐的人聚空间》，上海三联书店，1998 年 1 月。

李银河《生育与村落文化》，中国社会科学出版社，1994 年 5 月。

高占祥主编《论村落文化》，河南人民出版社，1994 年。

赵世瑜《狂欢与日常：明清以来的庙会与民间社会》，三联书店，2002 年 4 月。

周山《村野文化》，辽宁教育出版社，1993 年 12 月。

[美]黄宗智《华北的小农经济与社会变迁》，中华书局，2000 年 6 月。

劳格文主编"客家传统社会丛书"，国际客家学会、海外华人研究社、法国远东学院，1996 年至 2002 年陆续出版。

罗荣渠《现代化新论——世界与中国的现代化进程》，商务印书馆，2004 年 1 月。

董晓萍《田野民俗志》，北京师范大学出版社，2003 年 3 月。

杜赞奇(Duara Prasenjit)《文化、权力与国家：1900—1942 年的华北农村》，王福明译，江苏人民出版社，2003 年。

[法]莫里斯·哈布瓦赫《论集体记忆》，毕然、郭全华译，上海人民出版社，2002 年。

司马云杰《文化社会学》，山东人民出版社，1990 年 3 月。

侯仁之等《黄河文化》，华艺出版社，1994 年 10 月。

张晓虹《文化区域的分异与整合》，上海书店出版社，2004 年 1 月。

周振鹤主著《中国历史文化区域研究》，复旦大学出版社，1997 年

9月。

钟敬文主编《民俗学概论》,上海文艺出版社,1998年12月。

乌丙安《中国民俗学》,辽宁大学出版社,1985年8月,第188页。

乌丙安《民俗学原理》,辽宁教育出版社,2001年1月。

高丙中《民俗文化与民俗生活》,中国社会科学出版社,1994年
9月。

叶大兵、乌丙安主编《中国风俗辞典》,上海辞书出版社,1990年
8月。

费孝通主编《社会学概论》,天津人民出版社,1984年。

郑杭生主编《社会学概论新修》,中国人民大学出版社,1999年。

刘豪兴主编《社会学概论》,高等教育出版社,1992年3月。

萧扬、胡志明主编《文化学导论》,河北教育出版社,1989年9月。

索绪尔《普通语言学教程》,高明凯译,北京商务印书馆,1982年。

《马克思恩格斯选集》,人民出版社,1972年。

《孙中山选集》,人民出版社,1981年10月。

《毛泽东选集》(合订本),人民出版社,1968年。

《梁漱溟全集》,山东人民出版社,1990年。

李博主编《生态学》,高等教育出版社,2000年。

江帆《生态民俗学》,黑龙江人民出版社,2003年。

王跃生《十八世纪中国婚姻家庭研究》,法律出版社,2000年4月。

郭于华《死的困扰与生的执着——中国民间丧葬仪礼与传统生死
观》,中国人民大学出版社,1992年7月。

刘黎明《祠堂·灵牌·家谱——中国传统血缘亲族习俗》,四川人
民出版社,2003年1月。

陆震《中国传统社会心态》,浙江人民出版社,1996年3月。

侯杰、范丽珠《中国民众意识》,山西教育出版社,1999年1月。

沈海梅《明清云南妇女生活研究》,云南教育出版社,2001年8月。

郭于华主编《仪式与社会变迁》,社会科学文献出版社,2000年

10 月。

史宗主编《20 世纪西方宗教人类学文选》(上、下卷),上海三联书店,1995 年 4 月。

孙周兴选编《海德格尔选集》,上海三联书店,1996 年。

孟德斯鸠《论法的精神》,商务印书馆,1982 年。

[法]阿·德芒戎《人文地理学》,葛以德译,商务印书馆,1999 年。

刘岱总主编《敬天与亲人》,三联书店,1992 年 3 月。

乔志强主编《近代华北农村社会变迁》,人民出版社,1998 年 11 月。

行龙主编《近代山西社会研究》,中国社会科学出版社,2002 年 2 月。

袁方等《中国社会结构转型》,中国社会出版社,1998 年 9 月。

鲍宗豪《婚俗文化:中国婚俗的轨迹》,上海人民出版社,1990 年 7 月。

布雷多克《婚床》,上海三联书店,1986 年。

马之骕《中国的婚俗》,岳麓书社,1988 年。

王雅林《人类生活方式的前景》,中国社会科学出版社,1997 年 12 月。

刘景华编著"世界思想文化名著精读丛书"《文化·社会·人类学卷》,花城出版社,2003 年 8 月。

雷家宏《中国古代的乡里生活》,商务印书馆国际有限公司,1997 年 3 月。

刘文峰《山陕商人与梆子戏》,文化艺术出版社,1996 年 6 月。

唐力行《商人与中国近世社会》,商务印书馆,2003 年 12 月。

穆雯英主编《晋商史料研究史》,山西人民出版社,2001 年 3 月。

史若民、牛玉琳《平、祁、太经济社会史料与研究》,山西古籍出版社,2002 年 5 月。

范文澜《中国通史简编》(修订本),人民出版社,1966 年 11 月。

费孝通主编《中华民族多元一体格局》(修订本),中央民族大学出版社,1999 年。

《平阳民俗丛谭》,山西古籍出版社,1995 年 10 月。

衣俊卿《回归生活世界的文化哲学》,黑龙江人民出版社,2000 年 1 月。

乔润令《山西民俗与山西人》,中国城市出版社,1995 年 8 月。

李秋香《中国村居》,百花文艺出版社,2002 年 10 月。

克里斯蒂安、乔基姆《中国的宗教精神》,中国华侨出版公司,1991 年。

元亮、元羽《风水与建筑》,百花文艺出版社,1999 年 2 月。

王深法《风水与人居环境》,中国环境科学出版社,2003 年 1 月。

[美]明恩溥《中国乡村生活》,午晴、唐军译,时事出版社,1998 年 1 月。

郑肇经《中国水利史》,上海书店,1984 年 5 月。

中国水利学会水利史研究会、山西水利学会水利史研究会编《山西水利史论集》,山西人民出版社,1990 年。

史念海《河山集》,三联书店,1981 年。

徐旭生《中国古史的传说时代》,科学出版社,1960 年。

葛剑雄、曹树基、吴松弟著《简明中国移民史》,福建人民出版社,1993 年 12 月。

安介生著《山西移民史》,山西人民出版社,1999 年 10 月。

《蒙古族通史》编写组编《蒙古族通史》,民族出版社,2001 年 1 月,第 158 页。

[俄]阿·马·波兹德涅耶波夫《蒙古与蒙古人》,张梦林等译,内蒙古人民出版社,1983 年。

周晓红《传统与变迁——江浙农民的社会心理及其近代以来的嬗变》,三联书店,1998 年 12 月。

夏建中《文化人类学理论学派》,中国人民大学出版社,1997 年。

金泽《中国民间信仰》,浙江教育出版社,1990 年 11 月。

丁山《中国古代宗教与神话考》,上海文艺出版社,1988年3月(影印本)。

高有鹏《中国庙会文化》,上海文艺出版社,1999年6月。

宋孟寅等编《庙会文化研究论文集》,甘肃人民出版社,1994年7月。

邹广义《人类文化的流变与整合》,吉林人民出版社,1998年10月。

寇鹏程《古典·浪漫与现代——西方审美范式的演变》,上海三联书店,2005年7月。

朱希祥《当代文化的哲学阐释》,华东师范大学出版社,2006年1月。

陈喜明《现代性与后现代性十五讲》,北京大学出版社,2006年4月。

秦晖《传统十论——本土社会的制度、文化及其变革》,复旦大学出版社,2003年10月。

燕仁《中国民神66》,三联书店,1990年8月。

宗力、刘群《中国民间诸神》,河北人民出版社,1987年3月。

《周易译注》,周振甫译注,中华书局,1991年4月。

《四书五经》,岳麓书社,2002年12月。

《周礼·仪礼·礼记》,岳麓书社,1989年7月。

《诗经译注》,周振甫译注,中华书局,2002年7月。

陈鼓应《老子注译及评介》,中华书局,1984年。

李民、王健撰《尚书译注》,上海古籍出版社,2004年7月。

张双棣撰《淮南子校释》,北京大学出版社,1997年。

魏徵等撰《隋书》,中华书局,1973年8月。

《四库全书》,上海古籍出版社,1988年。

《十三经注疏今注今译》(上、下),岳麓书社,1994年4月。

[清]阮元校刻,《十三经注疏》(上、下),中华书局,1980年。

《说郛》(宛委山堂本)。

［宋］高承《事物纪原》。

［宋］孟元老《东京梦华录》，文化艺术出版社，1998 年 8 月。

［清］徐珂《清稗类钞》，中华书局标点本。

［清］顾炎武《顾亭林诗文集》，中华书局，1959 年 8 月。

［清］顾炎武《日知录》，周苏平、陈国庆点注，甘肃民族出版社，1997
　　年 11 月。

《清朝经世文编》，中华书局，1992 年 4 月。

《马可·波罗行纪》，冯承钧译，上海书店出版社，2000 年。

［清］王轩等纂修，光绪《山西通志》，师道刚、马玉山点校，中华书
　　局，1990 年。

《黄河文化丛书·民俗卷》，陕西人民出版社，2001 年 5 月。

《黄河文化丛书·宗教卷》，宁夏人民出版社，2001 年 5 月。

张余、曹振武编著《中国民俗大系·山西民俗》，甘肃人民出版社，
　　2003 年 11 月。

杨景震主编《中国民俗大系·陕西民俗》，甘肃人民出版社，2003 年
　　5 月。

张建忠主编《陕西民俗采风》"陕南·陕北卷"，西安地图出版社，
　　1999 年。

河南省地方史志编纂委员会编纂《河南省志·民俗志》，河南人民
　　出版社，1995 年 4 月。

《中国地方志民俗资料汇编》"华北卷"、"西北卷"，书目文献出版
　　社，1989 年。

《中国地方志民俗资料汇编·中南卷》，北京图书馆出版社，1991 年
　　12 月。

《中国民事习惯大全》，1926 年上海法政学社编集、广益书局出版，
　　上海书店出版社，2002 年 3 月影印出版。

《中国西北稀见方志续集》，中华全国图书馆文献缩微复印中心，
　　1997 年。

雍正《陕西通志》,收入"四库全书",上海古籍出版社,1987年6月
　　民国《续修陕西省通志稿》。

国家档案局二处、南开大学历史系、中国科学院历史所图书馆编
　　《中国家谱联合目录》,中华书局,1997年9月。

山西省社会科学院家谱资料研究中心藏《中国家谱目录》,山西人
　　民出版社,1992年4月。

山西资料汇编编辑委员会编《山西资料汇编》,山西人民出版社,
　　1960年1月。

雷忠《呼和浩特市郊区志》,内蒙古人民出版社,1996年7月。

孔尚仁编纂《平阳府志》,康熙四十七年(1708)版,山西古籍出版
　　社,1998年12月重印。

河曲县志编纂委员会编《河曲县志》,山西人民出版社,1989年
　　4月。

方山县地方志编纂委员会《方山县志》,山西人民出版社,1993年
　　2月。

祁县地方志编纂委员会编《祁县志》,中华书局,1999年。

襄汾县志编纂委员会《襄陵县志、太平县志合刊》,1986年重印。

民国《洪洞县志》,山西人民出版社,1992年8月。

光绪《蒲县志》,山西省蒲县县志编纂委员会,1986年重印本。

[清]道光五年版《直隶霍州志》,霍州市史志编纂委员会。

赵光明主编,重修《霍州市志》,评审稿(未正式出版)。

合阳县志编纂委员会编《合阳县志》,陕西人民出版社,1996年
　　10月。

河南省商丘县志编纂委员会,[清]康熙四十四年《商丘县志》,中州
　　古籍出版社,1989年。

[清]王致云修、朱墤纂,张琛补编《神木县志》,道光二十一年
　　(1841)。

[清]王克昌修,殷梦高纂《保德州志》,康熙四十九年(1710)铅印

本,成文出版社有限公司,1976 年印行。

[明]卢承业原本,[清]马振文增修《偏关志》,民国四年(1915)铅
　　印本。

[清]丁锡奎修《靖边县志稿》,光绪二十五年(1899)铅印本。

栗守田编注《皇城石刻文编》(内部资料)。

刘武经主编《古城镇志》,黄河水利出版社,2001 年 12 月。

山西省乡宁县光华镇七郎庙村乾隆《杨氏家谱序》。

戴景琥主编《义马民俗志》,中州古籍出版社,1991 年 1 月。

张鹏举、丁云岸编《鹿邑民俗志》,中州古籍出版社,1991 年 2 月。

李社记主编《安李村史》(内部资料),1999 年。

程来运主编《今古解家村》(内部资料本),1999 年 11 月。

张十老著《张家庄史话》(内部资料本),1998 年 3 月。

张青主编《洪洞大槐树移民志》,山西古籍出版社,2000 年 11 月。

郑守来、黄泽岭主编《大槐树迁民》,中国档案出版社,2000 年 5 月。

张玉吉等编著《洪洞大槐树志》,山西人民出版社,1988 年 10 月。

卢有泉《山西古关隘》,辽宁人民出版社,2005 年 1 月。

张鸿仁、李翔主编《三晋石刻总目·阳泉市卷》,山西古籍出版社,
　　2003 年 3 月。

王大高主编《河东百通名碑赏析》,山西人民出版社,2002 年 10 月。

晋城市地方志丛书编委会编著《晋城金石志》,海潮出版社,1995 年
　　12 月。

山西省史志研究院编《山西通志·水利志》,中华书局,1999 年。

《祁县水利志》,祁县水利水保局(内部资料本),1987 年 11 月
　　编印。

韩城市农业经济委员会水利志编纂领导小组编《韩城市水利志》,
　　三秦出版社,1991 年 2 月。

雷耀曾主编《团结村志》,2001 年编印(内部资料本)。

李秋香、楼庆西、陈志华著《郭峪村》,重庆出版社,2001 年 1 月。

王希贤编著《连村纪事》(内部资料本),1997年10月。

山西省地方志编纂委员会办公室编《山西古方志辑佚》(内部资料本)。

"祁县地方志丛书"《贾令镇志》(内部资料),1997年。

祁县地方志编纂委员会编《祁县志》,中华书局,1999年。

"中原民俗丛书"孟宪明著《民间礼俗》,海燕出版社,1997年5月。

论文类

李银河《论村落文化》,《中国社会科学》,1993年第5期。

杨善华、刘小京《近期中国农村家族研究的若干理论问题》,《中国社会科学》,2000年第5期。

常建华《二十世纪的中国宗族研究》,《历史研究》,1999年第5期。

赵世瑜《中国传统庙会的狂欢精神》,《中国社会科学》,1996年第1期。

赵世瑜《明清华北的社与社火——关于地缘组织、仪式表演以及二者的关系》,《中国史研究》,1999年第3期。

麻国庆《"会"与中国传统村落社会》,《民俗研究》,1998年第2期。

王庆成《晚清华北村落》,《近代史研究》2002年第2期。

王玉波《中国家庭史研究刍议》,《历史研究》,2000年第3期。

郭于华《农村现代化进程中的传统亲缘关系》,《社会学研究》,1994年第6期。

王思斌《经济体制改革对农村社会关系的影响》,《北京大学学报》,1987年第3期。

钱宗范《中国宗法制度论》,《广西民族学院学报》(哲学社会科学版),1996年第4期。

麻国庆《汉族的家族与村落:人类学的对话与思考》,《思想战线》,1998年第5期。

唐喜政《宗族势力对我国现代化进程的负面影响及遏制对策》,《郑州轻工业学院学报》(社会科学版),2002 年第 3 期。

王毅杰《论当前我国乡村家族现象》,《四川大学学报》(哲学社会
　科学版),1999 年第 5 期。

肖业炎、周木岚《宗族势力兴起的原因及对农村稳定作用之思考》,
　《江西公安专科学校学报》,2001 年第 1 期。

唐军《当代中国农村家族复兴的背景》,《社会学研究》,1996 年第
　2 期。

邵冬霞《浅析家族组织在建国后四次社会变革中所受到的影响》,
　《山西高等学校社会科学学报》,2001 年第 9 期。

钱杭《现代化与汉人宗族问题》,《上海社会科学院学术季刊》,1993
　年第 3 期。

周维德《宗族文化与农村现代化》,《徐州师范大学学报》(哲学社
　会科学版),2001 年第 4 期。

刘沛林《论中国历史文化村落的"精神空间"》,《北京大学学报》
　(哲学社会科学版),1996 年第 1 期。

刘沛林《中国传统村落意象的构成标志》,《衡阳师专学报》,1994
　年第 4 期。

黄忠怀《从聚居到村落:明清华北新兴村落的生长过程》,《河北学
　刊》,2005 年第 1 期。

张勇等《寻访韩城"军事要地"——201 座古村寨堡》,《城乡建设》,
　2002 年第 3 期。

金涛等《中国传统农村聚落营造思想浅析》,《人文地理》,2002 年
　第 5 期。

赵克尧《论魏晋南北朝的坞壁》,《历史研究》,1980 年第 6 期。

黄涛《村落的拟亲属称谓制与"亲如一家"的村民关系》,载《中国
　人民大学学报》,2001 年第 2 期。

白丽梅《民俗的符号学诠释》,《光明日报》,2004 年 8 月 17 日。

韩晓莉《从祁太秧歌看晋中社会女性观》,山西区域社会史学术讨

论会会议论文（内部资料）。

张正明、陶富海《清代丁村土地文书选编》，《中国社会经济史研究》，1989 年第 4 期。

胡英泽《水井碑刻里的近代山西乡村社会》，《山西大学学报》2004 年第 2 期。

王卫东《鄂尔多斯地区近代移民研究》，《中国边疆史地研究》，2000 年 12 月第 10 卷第 4 期。

王建革《定居与近代蒙古族农业的变迁》，《中国历史地理论丛》，2000 年第 2 期。

肖瑞玲《明清土默特蒙古地区社会文化风貌的变化》，《内蒙古师范大学学报》（社会科学版），1994 年第 4 期。

安介生《清代山西境内"客民"争议》，《晋阳学刊》，1998 年第 6 期。

陈春声、陈树良《乡村故事与社区历史的建构——以东凤村陈氏为例兼论传统乡村社会的"历史记忆"》，《历史研究》，2003 年第 5 期。

张晓虹《明清时期陕西民间信仰的区域差异》，《中国历史地理论丛》，2000 年第 1 期。

苑利《华北地区祈雨仪式中的男性社会组织》，《西北民族研究》，2003 年第 3 期。

程云瑞《庙会文化品位论》，河北《社会科学论坛》，1992 年第 3 期。

后　记

　　从 1997 年在《民俗研究》上发表《晋南农耕文化区的家族习俗》一文,转入对黄河中下游家族村落民俗的研究,至本书出版,整整经历了十个年头,这应了学术界的一句话"板凳要坐十年冷"。追忆往事,感慨颇多。本书责任编辑张彩梅女士严谨认真,使本书能够如期面世,让我对中华书局的出版工作充满了感激。

　　2000 年我申报的《黄河中下游家族村落民俗与社会现代化研究》有幸被批准为国家社科基金项目,当时的心情是喜忧参半,欣喜的是,这项研究课题得到了国内同行专家的认可,又有了经费保障,可以从家族村落这一专题入手,对区域民俗文化研究进行一次有益的尝试;担忧的是,该课题涉及的地域范围广,研究内容多,要在有限的时间内完成黄河中下游包括山、陕、豫、蒙四省区的家族村落民俗研究实属不易。于是,在方法上选择了个案与整体互补、微观与宏观结合的方法,先就近在山西境内选点调查,然后扩展到其他省区,最后进行整体概括。数年来,跋涉在黄土高原的山野村寨,穿行于山川谷地的乡民家庭,进行了艰苦细致的田野调查,取得了大量的第一手资料。虽然先后两次延期,总算圆满完成了任务。

　　这十年间,恰恰是我承担教学、行政任务最繁重的时期,担任黄河民俗文化研究所所长,兼任文学院副院长,分管科研和研究生工作,耗去了大量时间,再加上繁重的本科、研究生教学任务,几乎压得我喘不过气来。课题进行过程中,原课题组成员有的年老体弱,有的读博深造,大量的田野调查与研究工作只能由我带着研究生去做。我的研究生高忠严、卫才华数年来不辞辛劳,随着我调查了许多地方。侯姝慧、高瑞芬、刘彦、田洁、张净、刘丽丽等几位研究生在查找搜集资料、整理校对书稿过程中做了大量工作。我的妻子徐雪,多年来与我相濡以沫,默默地承担着全部家务,用她的辛劳表达着对我的理解与支持,没有她的鼎力相助,这本书也是难以完成的。山西师大科技处宁士荣同志,对我的研究工作提供了诸多方便。

　　本书得到了北京师范大学刘铁梁教授、兰州大学武文教授的精辟指点,使我受益匪浅。著名民俗学家、辽宁大学教授、中国民俗学会名誉理事长乌丙安先生在承担国家文化部委托的赴云南、贵州、广东进行民俗考察的最繁忙的时节,拨冗为本书作序,给本书以很高的评价,这对我是莫大的鼓励。

　　在本书即将付梓之际,谨向关心我、支持我的人们表示诚挚的谢意!